Haiying WANG-FOUCHER

La vérification de comptabilité en Chine à l'épreuve des modèles occidentaux

Préface de Cyrille David

L'Harmattan

Finances publiques

Collection dirigée par Thierry LAMBERT

Les finances publiques connaissent un développement important et se diversifient. Les finances de l'État, les finances communautaires, les finances internationales et comparées, la science et la technique fiscales ne sont que quelques-uns des domaines couverts par les finances publiques contemporaines.

La présente collection a pour vocation de publier des travaux originaux (thèses, essais, colloques...) ou de facture plus classique (manuels, commentaires de textes, recueils de documents...).

Elle a aussi pour ambition de rééditer des ouvrages aujourd'hui introuvables, mais fort utiles, dès lors qu'ils s'imposent comme référence et qu'ils sont agrémentés d'une préface substantielle.

Déjà parus

Dominique VILLEMOT, *Quelle réforme fiscale ?*, 2007.

Roland ATANGA FONGUE, *Contrôle fiscal et protection du contribuable dans un contexte d'ajustement structurel : le cas du Cameroun*, 2007.

Karim SID AHMED, *Droits fondamentaux du contribuable et procédures fiscales. Etude comparative*, 2 tomes, 2007.

Thierry LAMBERT (dir.), *Les sanctions pénales fiscales*, 2007.

Céline BAS, *Le fait générateur de l'impôt*, 2007.

Fabrice BIN, *L'influence de la pensée chrétienne sur les systèmes fiscaux d'Europe occidentale*, 2007.

Georges DUMAS, *Politique fiscale : le naufrage*, 2007.

Sami KRAIEM, *Le juge compétent en matière fiscale en Tunisie*, 2007.

Sophie RAIMBAULT de FONTAINE (dir.), *Doctrines fiscales : à la redécouverte de grands classiques*, 2007.

Oualid GADHOUM, *La doctrine administrative fiscale en Tunisie*, 2007.

Marc LEROY (dir.), *Mondialisation et fiscalité. La globalisation fiscale*, 2006.

Thierry LAMBERT (dir.), *Les sanctions administratives fiscales : aspects de droit comparé*, 2006.

Marc LEROY (dir.), *Regards croisés sur le système fiscal : Allemagne, France, Italie, Russie*, 2005.

5-7, rue de l'Ecole polytechnique ; 75005 Paris

http://www.librairieharmattan.com
diffusion.harmattan@wanadoo.fr
harmattan1@wanadoo.fr

ISBN : 978-2-296-06229-0
EAN : 9782296062290

PRÉFACE

L'impôt est dans la grande majorité des cas prélevé à la suite d'une déclaration du contribuable assujetti, suivie par un contrôle de l'Administration fiscale destiné à vérifier l'exactitude de cette déclaration. Cette méthode est aujourd'hui consacrée de façon très générale, non seulement dans la quasi-totalité des Etats développés mais aussi dans nombre d'Etats en voie de développement. Naturellement, la diversité des conditions économiques, sociales ou administratives prévalant dans ces multiples Etats conduit à des réglementations fort variées pour parvenir à un équilibre satisfaisant entre d'un côté les pouvoirs nécessaires des Administrations fiscales et d'autre part la protection souhaitable du contribuable.

Cet équilibre est-il équivalent dans les multiples Etats, malgré la diversité des conditions et traditions qui y règnent ? Cette question présente aujourd'hui des intérêts majeurs à la fois pratiques (étant donné le développement des affaires internationales) et théoriques (cet équilibre reflète de façon réaliste les relations gouvernants-citoyens). Madame Haiying WANG-FOUCHER essaye de répondre à cette question de principe en comparant textes et pratiques suivis dans la vérification de l'entreprise par quatre Etats dont traditions et entreprises sont fort différentes : France, Chine, Etats-Unis et Royaume-Uni.

On conçoit ce qu'un tel programme représente de recherches et de réflexions, d'autant que la comparaison a été menée de façon exemplaire, avec un égal souci des principes en jeu et de leurs applications pratiques. En outre Madame WANG-FOUCHER n'a pas borné ses recherches au seul aspect fiscal des vérifications d'entreprises mais les a étendues, de façon il est vrai plus sommaire, aux autorités de marché (§52 ; §§101 à 103), aux organismes de sécurité sociale (§49 ; §§59 à 80) et aux autorités de concurrence (§51 ; §§81 à 100). Cette extension permet de mesurer et souvent de mettre en question l'autonomie du Droit fiscal et les pouvoirs considérables de l'Administration fiscale (spécialement en France).

Certes, on pourra regretter que cette comparaison soit limitée aux vérifications d'entreprise (excluant par là même les ménages) et n'aborde pas les multiples pays en voie de développement autres que la Chine ; mais ces restrictions étaient nécessaires pour qu'une étude précise puisse être menée dans un volume compatible avec celui d'une thèse universitaire. On appréciera en effet spécialement le caractère très concret des développements de Madame WANG-FOUCHER qui soulève et s'efforce de résoudre les multiples problèmes soulevés par les vérifications d'entreprises.

Il n'est pas question de reprendre ici chacune des questions soulevées, étant donné leur diversité. Je me contenterai de quatre brèves observations :

1) 1ère observation : Madame WANG-FOUCHER remarque (§§ 183 à 184) que « il apparaît que les organismes de recouvrement des cotisations de sécurité sociale, les autorités de concurrence ou encore les autorités de marché disposent de pouvoirs qui semblent se rapprocher de ceux de l'administration fiscale. (...) Les pouvoirs de l'administration apparaissent cependant sur plusieurs points spécifiques. (...) On ne peut que regretter cette diversité dans les pouvoirs des autorités de contrôle. L'entreprise contrôlée ne peut bénéficier pleinement de ses droits, à moins de disposer en interne de personnes spécialisées dans tel ou tel type de contrôle. Une uniformisation des procédures semble donc souhaitable (...) ». Que la diversité des réglementations applicables, et parfois leur incompatibilité, soit une gêne pour les entreprises (ou d'ailleurs aussi les ménages) est indubitable ; un rapprochement des solutions serait incontestablement un progrès appréciable. Mais dans quelle mesure est-il possible ? Il faut en effet tenir compte de l'objectif variable poursuivi par les différentes branches du droit et de la diversité des Etats comparés (la protection du contribuable paraissant pour le moment tout à fait sommaire en Chine - voir par exemple §11 et suivants - comparée à ce qu'elle est dans les autres Etats).

2) 2ème observation : l'inspecteur des impôts a naturellement le droit d'interroger le contribuable sur les déclarations par lui faites, et celui-ci doit en principe répondre aux questions à lui posées (obligation de coopération non seulement en Droit fiscal mais aussi en Droit boursier, de concurrence ou de sécurité sociale : §§ 772 à 789). Peut-il cependant refuser ce dialogue et refuser de répondre ? Il semble que le droit de se taire soit restreint au seul domaine pénal à la fois aux Etats-Unis (5è Amendement : §§ 776 et suivants) et pour la Cour européenne des Droits de l'Homme (§§ 777 et suivants, citant un arrêt CEDH du 17 décembre 1976, Saunders, *JCP* 1997, I, 4000, obs. Sudre), mais ne s'étend ni au Droit fiscal ni au Droit de la concurrence, malgré l'énormité des amendes administratives pouvant y être prononcées. Cette conclusion est toutefois peu compatible avec le principe que les pénalités fiscales sont des accusations en matière pénale (CEDH, 24 février 1994, Bendenoun/France, *RJF* 4/1994, n° 503 et avis CE, 31 mars 1995, n° 164008, SARL Auto-Industrie Méric, *RJF* 1995, n° 623, concl. Arrighi de Casanova, p 326, à propos des majorations pour manœuvres frauduleuses prévues par l'article 1729-I du CGI).

3) 3ème observation : les communications entre un contribuable et son conseil sont dominées par le principe de confidentialité, et peuvent être soustraites à toute recherche de la part de l'inspecteur fiscal ou des autorités de concurrence. Mais la portée de ce secret professionnel varie sensiblement selon l'Etat en cause (§§ 710 à 721), à la fois quant aux bénéficiaires de ce secret (auditors ? communications internes à l'entreprise ?) et quant aux documents confidentiels (aucune protection en Chine : § 713). Dans quelle mesure un rapprochement serait-il possible pour éviter des distorsions regrettables, spécialement dans le cadre de l'Union européenne ? Malgré la consécration de principes fondamentaux communs, les progrès sur ce point sont peu apparents pour le moment du fait que la procédure est en principe réservée aux Etats membres ; une évolution plus rapide dans un proche avenir paraît en outre douteuse du fait de l'élargissement à 27 Etats membres qui n'ont pas sur ce point la même position.

4) 4ème observation : le recours à des procédés alternatifs de solution des conflits (médiation, arbitrage…) est fort peu développé en France en matière fiscale, inexistant en Chine et au contraire fortement développé aux Etats-Unis (§§ 581 et suivants). Faut-il encourager son extension en France ? Une telle évolution paraît contraire à des principes fondamentaux ; mais la comparaison opérée montre que ces principes sont sans doute appelés à évoluer, ce qui devrait donner lieu à un véritable débat démocratique.

On voit que l'ouvrage de Madame WANG-FOUCHER apporte de multiples informations, en particulier sur les pratiques en vigueur en Chine, et soulève des questions fondamentales, incitant à s'interroger sur le bien-fondé de principes et pratiques établis. Cette remise en question, permise par un droit comparé aussi intelligemment pratiqué qu'il l'est par Madame WANG-FOUCHER, est fort utile. Le droit, même fiscal, doit évoluer du fait des transformations politiques (Communauté européenne), économiques (internationalisation et compétitivité) et sociales (inégalités croissantes) en cours. Remercions Madame WANG-FOUCHER de concourir à cette prise de conscience en attendant des réformes nécessaires, trop souvent bloquées en France aux niveaux administratif et politique sans raisons convaincantes….

Cyrille DAVID
Professeur émérite à l'Université Paris I Panthéon-Sorbonne

TABLEAU DES ABREVIATIONS

AC	Law Reports, Appeal Cases
ACOSS	Agence centrale des organismes de sécurité sociale
Act.	Actualités
AFDI	Annuaire français de droit international
AICPA	American Institute of Certified Public Accountants
AJDA	Actualité juridique, droit administratif
AJPI	L'actualité juridique – propriété immobilière
Al.	Alinéa
All ER	All England Reports
ALR	American Law Report
AMF	Autorité des marchés financiers
Ann.	Annexe
ANP	Assemblée Nationale Populaire de la Chine
APA	Administration Procedure Act
APD	Affiches parisiennes et départementales
App.	Appeal(s)
Ass.	Assemblée
BDCF	Bulletin des conclusions fiscales
BF (ou *Bull. fisc*)	Bulletin fiscal édition Francis Lefebvre
BGFE	Bulletin de gestions fiscales des entreprises
BIBFD	Bulletin International Bureau of Fiscal Documentation
BJB	Bulletin Joly Bourse
BJS	Bulletin Joly Société
BMIS	Bulletin mensuel d'information des sociétés Joly
BOCCRF	Bulletin officiel de la concurrence, de la consommation et de la répression des fraudes
BOCD	Bulletin officiel des contributions directes (*BOI* depuis 1987)
BODGI	Bulletin officiel de la Direction Générale des Impôts
BOI	Bulletin officiel des impôts
BOSS	Bulletin officiel du Ministère chargé de la sécurité sociale
BTR	British Tax Review
Bull. civ.	Bulletin des arrêts des chambres civiles de la Cour de cassation (française)
Bull. crim.	Bulletin des arrêts de la chambre criminelle de la Cour de cassation (française)
CA	Cour d'appel (française)
C.A.	Taxes sur le chiffre d'affaires
CAA	Cour administrative d'appel (française)
Cass.	Cour de cassation (française)
Cass. crim.	Cour de cassation chambre criminelle (française)

CB	Cumulative Bulletin
CC	Conseil constitutionnel (français)
CCH	Commerce Clearing House
C. civ.	Code civil (français)
C. com	Code de commerce (français)
CDGF	Conseil de Discipline de la Gestion Financière
CE	Conseil d'Etat (français)
CEDH	Cour européenne des droits de l'Homme
CEE	Communauté Économique Européenne
CEFEP	Centre d'étude de la fiscalité des entreprises de Paris (Université Paris II Panthéon-Assas)
CFC	Controlled Foreign Company
CFR	Code of Federal Regulations
CFR	Commission Funeral Rule
CGI	Code Général des Impôts
CGSS	Caisse Générale de Sécurité Sociale
Ch.	Chambre
Chron.	Chronique
Cir.	Circuit
CIR	Commissioners of Inland Revenue
Circ.	Circulaire
Circ. DSS	Circulaire du Ministère de l'emploi et de la solidarité, Direction de la sécurité sociale
CJA	Code de justice administrative (français)
CJCE	Cour de Justice des Communautés européennes
CLJ	Cambridge Law Journal
CLR	Commonwealth Law Reports
Cmd	Command paper
CMLR	Common Market Law Review
C. mon. fin.	Code monétaire et financier (français)
CNCC	Conseil National des Commissaires aux Comptes
COB	Commission des Opérations de Bourse
COJ	Code de l'organisation judiciaire (français)
Comm.	Commentaire
Comm. EDH	Commission européenne des droits de l'Homme
Commrs	General ou Special Commissioners
Concl.	Conclusions
CPANP	Comité permanent de l'Assemblée Nationale Populaire de la Chine
CSRC	China Securities Regulatory Commission
CSS	Code de la sécurité sociale (français)
C. tra.	Code du travail (français)
CTSA	Corporation Tax Self-Assessment
D.	Recueil Dalloz-Sirey
D.	District
Doc. adm.	Doctrine administrative
D.B.	Documentation de base de la Direction Générale des Impôts
DDOEF	Divers dispositions d'ordre économique et financier
DF	Revue de droit fiscal

DGCCRF	Direction générale de la concurrence, de la consommation et de la répression des fraudes
DGFT	Director General of Fair Trading
DGI	Direction Générale des Impôts
Dir.	Directive
DNEF	Direction Nationale d'Enquêtes Fiscales
DO	Delegation order
DP	Droit & Patrimoine
DR	Décisions et rapports de la Commission européenne des droits de l'Homme
Dr. adm.	Droit administratif
Dr. sté	Droit des sociétés
Dr. soc.	Droit social
Dr. tra.	Droit du Travail
Dupont	Bulletin des contributions directes (Dupont) (avant 1975)
ECLR	European Competition Law Review
EDCE	Etude et documentation du Conseil d'Etat
EHRLR	European Human Rights Law Review (Sweet & Maxwell Ltd)
ESFP	Examen contradictoire de la situation fiscale personnelle
Ex p.	Ex parte
EWCA	England and Wales Court of Appeal
F., F2d., F3d.	Federal Reporter
FA	Finance Act
FASB	Financial Accounting Standards Board
Fed. Cl.	United States Court of Federal Claims
FR	Feuillet rapide édition Francis Lefebvre
FSA	Financial Services Authority
F. Supp., F. Supp.2d	Federal Supplement
FTC	Federal Trade Commission
GAAP	Generally Accepted Accounting Principles
GAJA	Grands arrêts de la jurisprudence administrative
Gaz. trib.	Gazette des tribunaux
Gaz. Pal.	Gazette du Palais
HC	High Court
HL	House of Lords
H.R.	House of Representatives
HRA	Human Rights Act 1998
ICTA	Income and Corporation Taxes Act
I.D.	Impôts directs
IDEDH	Institut de droit européen des droits de l'Homme
Instr. adm.	Instruction administrative
IOTA	Intra-european Organisation of Tax Administrations
IR	Inland Revenue
IRB	Internal Revenue Bulletin
IRC	Inland Revenue Commissioner
IR Code	Internal Revenue Code
IRM	Internal Revenue Manual
IRS	Internal Revenue Service

ITIC International Taxation in China (Revue Fiscalité internationale en Chine, en pinyin, *she wai shui wu*)

Juris-Cl. adm.	Juris-Classeur administratif
JCP	Juris-Classeur périodique, la Semaine juridique (éd. E, éd. G éd. A ou éd. N)
JDI	Journal du droit international (Clunet)
JORF	Journal officiel de la République française
JO Déb. Ass. Nat.(JOAN)	Journal officiel édition Débats de l'Assemblée nationale
JOCE	Journal officiel des Communautés européennes (avant 2003)
JO Sénat	Journal officiel édition Débat du Sénat
JOUE	Journal officiel de l'Union européenne (depuis le 1er février 2003)
Lebon	Recueil des arrêts du Conseil d'Etat
L.	Partie législative
LJ	Lord Justice
LNF	Les nouvelles fiscales
LPA	Les Petites Affiches
LPF	Livre des procédures fiscales (français)
L.R.	Law Reports
LSF	Loi de sécurité financière n° 2003-706 du 1er août 2003 (France)
MTF	Marchés et techniques financières
NCPC	Nouveau code de procédure civile (français)
NE, NE 2d	North Eastern Reporter
NLAPI	Nouvelle loi sur l'administration et la perception de l'impôt (Chine)
NW NW 2d	North Western Reporter
N.Y. Supp.(NYS, NYS2d)	New York Supplement Reports
OCDE	Organisation de coopération et de développement économiques
OFT	Office of Fair Trading
ONU	Organisation des Nations Unies
Ord.	Ordonnance
Pan.	Panorama rapide
PC	Privy Council
PCA	Parliamentary Commissioner Act 1967
PCAOB	Public Compagny Accounting Oversight Board
PCG	Plan Comptable Général
Plén.	Assemblée plénière
Procédures	Revue Procédures
PUAM	Presses universitaires d'Aix-Marseille
Pub. L.	Public Law
PUF	Presses universitaires de France
QB	Queen's Bench Division
Quot. jurid.	Le Quotidien Juridique, Journal spécial des sociétés françaises par actions
RA	Revue administrative
RAE	Revue d'affaires européennes
RCC	Revue de la concurrence et de la consommation
RCDIP	Revue critique de droit international privé
RDAI/IBLJ	Revue de droit des affaires internationales
RDBB	Revue de Droit Bancaire et de la Bourse

RDBF	Revue de Droit Bancaire et Financier
RDH	Revue des droits de l'Homme
RDP	Revue du Droit Public et de la Science Politique en France et à l'étranger
Rec.	Recueil de la jurisprudence
REDP/ERPL	Revue européenne de droit public
Reg.	Regulation
Rev. Proc.	Revenue Procedure
Rev. Rul.	Revenue Ruling
Rev. soc.	Revue des sociétés
RF	Revue Fiduciaire FH
RFAP	Revue française de l'administration publique
RF compt.	Revue française de la comptabilité
RFD adm.	Revue française de droit administratif
RFD const.	Revue française de droit constitutionnel
RFFP	Revue française de finances publiques
RFP	Revue finances publiques
RGDIP	Revue générale de droit international public
RIDC	Revue internationale de droit comparé
Riv. dir. fin.	Rivista di diritto finanziario e scienza delle finanze (italien)
RJC	Revue de jurisprudence commerciale
RJDA	Revue de jurisprudence de droit des affaires
RJF	Revue de jurisprudence fiscale
RJS	Revue de jurisprudence sociale
RMC	Revue du Marché Commun
RRA	Restructuring and Reform Act of 1998 (Etats-Unis)
RRJ	Revue de la recherche juridique, droit prospectif
RSP	Revue Service Public
RTD com.	Revue trimestrielle de droit commercial et de droit économique
RTD homme	Revue trimestrielle des droits de l'Homme
S.	Recueil Sirey
SAT	State Administration of Taxation of China
SAIC	State Administration of Industry and Commerce of China
Sch.	Schedule
S. Ct.	Supreme Court Reporter
SDNY	Southern District of New York
SE SE 2d	South Eastern Reporter
SEC	Securities and Exchange Commission
S.I.	Statutory Instruments
SO SO 2d	Southern Reporter
SP	Statement of Practice
Sp. C.	Special Commissioner's Decisions
SSCD	Simon's Special Commissioners' Decisions (Butterworths)
Stat.	Statutes at large
STC	Simon's Tax Cases
STI	Simons Tax Intelligence
SW SW 2d	South Western Reporter
TA	Tribunal administratif (français)
Tax L. Rev.	Tax Law Review

TC	Official Reports of Tax Cases
TCM	Tax Court Memorandum
T. confl.	Tribunal des conflits
TEFRA	Tax Equity and Fiscal Responsability Act of 1982 (Etats-Unis)
Temp. Reg	Temporary Regulations
TGI	Tribunal de grande instance (français)
TLR	Times Law Reports
TMA	Taxes Management Act 1970
TNI	Tax Note International
TNLR	Tennessee Law Review
TNT	Tax Notes Today
TPICE	Tribunal de première instance des Communautés européennes
TPS	Travail et protection sociale
Treas. Reg.	Treasury regulations
TVA	Taxe sur la valeur ajoutée
UKHL	United Kingdom House of Lords
URSSAF	Union pour le recouvrement des cotisations de sécurité sociale et d'allocations familiales
U.S.	United States Supreme Court Reports
USCA	United States Code Annotated
U.S. Ct. Cl.	United States Court of Claims (United States Court of Federal Claims avant 1982)
USTC	United States Tax Cases
USC	United States Code
WLR	Weekly Law Reports
WR	Weekly Reporter

INTRODUCTION

1. Pendant des millénaires, l'impôt a été perçu comme la matérialisation d'une domination, lever l'impôt était l'un des symboles de la souveraineté de l'Etat. À la Révolution[1], le contribuable s'est vu reconnaître solennellement le droit de consentir[2] à l'impôt. Le glissement théorique est important, en pratique, la situation du contribuable a pourtant peu évolué. Mais que serait le pouvoir de lever l'impôt sans le pouvoir de contrôler que le contribuable s'est correctement acquitté de son obligation ? On le voit aisément, le pouvoir de contrôle est consubstantiel au pouvoir de lever l'impôt. Ce pouvoir de contrôle est d'ailleurs fort ancien.

2. Ainsi, l'empire (romain) est déjà pourvu d'une véritable fonction publique à la mesure des besoins administratifs[3]. « *La politique expansionniste qui se déclenche au II° s. va accroître les charges, (...) entraînera des désordres et amènera de ce fait une intervention du pouvoir pour y mettre fin (...). Ces agents (des chargés de mission), itinérants, vont de cité en cité, examinant les comptes, vérifiant les écritures, traquant les irrégularités, précisant et dénonçant les responsabilités, nantis de tous les pouvoirs pour réaliser cette tâche d'assainissement* »[4].

3. Dès l'Antiquité, contrôler l'impôt passe par le contrôle des comptes de l'entreprise, comptes qui permettent de déterminer ce que doit le contribuable. Dans une optique de contrôle de l'impôt, l'obligation qui incombe aux sociétés de tenir une comptabilité est fondamentale ; la vérification de comptabilité repose par construction sur l'existence d'une comptabilité[5]. Dans un contexte

---

[1] L'article 14 de la Déclaration des droits de l'Homme et du citoyen du 26 août 1789 dispose que, « *les citoyens ont le droit de constater, par eux-mêmes ou par leurs représentants, la nécessité de la contribution publique, de la consentir librement, d'en suivre l'emploi, et d'en déterminer la quotité, l'assiette, le recouvrement et la durée* ».

[2] Il nous semble que la négociation par le roi de subsides, de façon extraordinaire, puis de plus en plus régulièrement, du haut Moyen-âge à la Révolution, ne traduit pas cette notion de consentement de l'impôt. Voir Michel BOUVIER, Marie-Christine ESCLASSAN et Jean-Pierre LASSALE, *Finances publiques*, 7e édition, Paris : LGDJ, 2004, p. 586 ; André NEURRISSE, *Histoire de l'impôt*, 1re édition, Paris : PUF, 1978, p. 121.

[3] Marcel AVON, *Les avocats du fisc dans le monde romain*, th. univ. Aix-en-Provence, juin 1972, Introduction, p. 2.

[4] Marcel AVON, *Les avocats du fisc dans le monde romain*, p. 24.

[5] L'obligation de tenue d'une comptabilité varie selon les pays et au sein d'un même système juridique, les obligations issues du droit des sociétés ou du droit comptable n'étant pas forcément

international, l'échange effectif de renseignements fiscaux suppose également l'existence de règles claires de tenue des registres comptables et d'accès à ces registres. Le Groupe *ad hoc* conjoint sur la comptabilité du Forum mondial sur la fiscalité de l'OCDE a élaboré des orientations sur les obligations en matière de préparation et de tenue de comptes pour les sociétés, les fiducies et autres entités ou organismes[6]. L'administration ne peut recourir à la procédure de la vérification de comptabilité que pour contrôler des bases d'imposition déterminées à partir d'une comptabilité[7]. Mais qu'est ce que la vérification de comptabilité ? Il ne s'agit pas d'une notion dont on cernerait les contours plus ou moins facilement. La première approche de la vérification de comptabilité est purement arithmétique, on mesure le nombre de vérifications réalisées et le montant des droits rappelés.

4. Ainsi, en France, le nombre de contrôles est stable, 50 505 en 2001[8], 50 371 en 2002[9], 51 242 en 2003[10] , 51 964 en 2004[11] et 52 226 en 2005[12]. En 2005, les

similaires aux obligations fiscales. Quant à la présentation des comptes, le législateur français définit un plan comptable obligatoire, le Plan Comptable Général (PCG). Il en va de même en Chine. Au Royaume-Uni, le *Financial Reporting Council* est en charge de la normalisation comptable. En revanche, aux Etats-Unis, chaque société établit son propre plan comptable en fonction de ses besoins, de manière à pouvoir établir des comptes annuels respectant les *Generally Accepted Accounting Principles* (GAAP). Une obligation de tenue de compte est imposée aux entreprises françaises et chinoises, et son absence est sanctionnée. À l'opposé des systèmes français et chinois, deux pays de droit écrit et unifié, le système américain repose sur un droit coutumier et varie selon les Etats. Le droit des sociétés aux Etats-Unis relève de la compétence des Etats. Mais, quelle que soit la législation locale, la tenue des comptes peut être prévue par les statuts. Néanmoins, une loi fédérale (*Foreign Corrupt Pratices Act – 1977*) oblige toute société cotée à tenir une comptabilité détaillée et fidèle. De plus, les règles fiscales exigent que toute personne passible d'un impôt quelconque conserve certains documents. En pratique, toutes les sociétés américaines établissent des comptes, ne serait ce que pour les fournir à leur banquier. En vertu des dispositions des lois sur les sociétés britanniques (*Companies Acts*), les entreprises sous forme de société sont censées conserver certains documents comptables. Selon les textes fiscaux britanniques, toutes les entités soumises à l'impôt sur les sociétés doivent tenir et conserver des documents comptables nécessaires afin d'établir une déclaration correcte et complète.

[6] OCDE, *Coopération fiscale, vers des règles du jeu équitables*, Paris : édition OCDE, 2006, ann. III, document final du groupe *ad hoc* conjoint sur la comptabilité du Forum mondial sur la fiscalité de l'OCDE, 6 juillet 2005, p. 65.

[7] Jean-Pierre CASIMIR, « Le champ d'application et les principales caractéristiques de la vérification de comptabilité », *RF compt.* 1982, n° 129, p. 404. Egalement, la vérification de comptabilité « *ne concerne bien entendu que les contribuables astreints à la tenue d'une comptabilité* », Pierre-François RACINE, « Contrôle fiscal et libertés publiques », *BF* 1984, n° 5, p. 277. CE, 12 janvier 1987, n° 48825 : *RJF* 3/1987, n° 315.

[8] 45 359 vérifications de comptabilité, soit 89% du total des opérations de contrôle fiscal externe Rép. min., n° 70170 à Christian ESTROSI : *JOAN Q*, 6 mai 2002, p. 2368 ; *JCP éd. E* 2002, n° 24, *pan.*, 912.

[9] 45 439 vérifications de comptabilité, soit 90% du total des opérations de contrôle fiscal externe (Source : Rapport annuel de performance 2003 de la DGI).

[10] 46 435 vérifications de comptabilité, soit 90% du total des opérations de contrôle fiscal externe (Source : Rapport annuel de performance 2003 de la DGI). 46 852 vérifications de comptabilité

droits nets rappelés se sont élevés à 6.90 milliards d'euros et les pénalités à 2.90 milliards d'euros[13]. Aux Etats-Unis, Pour l'année fiscale 2005, le montant des rectifications proposées a atteint 48.62 milliards de dollars[14]. Au Royaume-Uni, le montant des droits rappelés a atteint 4.30 milliards de livres (soit 6.40 milliards d'euros) pour l'année fiscale 2002-2003[15], 4.58 milliards (soit 6.83 milliards d'euros) pour 2003-2004 et 5.72 milliards (soit 8.53 milliards d'euros) pour 2004-2005[16]. En Chine, pendant la période 2000-2005, le montant des droits rappelés a atteint 198.90 milliards de renminbis (l'équivalent de 19.89 milliards d'euros), soit 1.8% des recettes fiscales de l'Etat[17]. Pour l'année 2005, 1 08 million de contribuables ont été contrôlés et le montant des droits rappelés a atteint 36.70 milliards de renminbis (soit 3.67 milliards d'euros)[18]. Pour les deux premiers trimestres de 2006, les droits rappelés se sont élevés à 16.80 milliards de renminbis (soit 1.68 milliards d'euros)[19].

5. La logique arithmétique ne donne qu'une approche des enjeux financiers de la vérification de comptabilité, elle s'inscrit dans la sauvegarde des intérêts financiers de l'Etat. Mais il y a également dans la vérification de comptabilité une dimension humaine prononcée. Comme tout contrôle, la vérification de comptabilité, est une phase de conflit, la vérification de comptabilité est le révélateur du conflit fondamental entre contribuable et administration fiscale. Cette relation antagonique, qui se retrouve dans tous les systèmes fiscaux, peut être définie comme une sorte de conflit fondamental entre l'administration fiscale, qui veut maximiser le revenu à percevoir[20], et le contribuable, qui veut

---

en 2004 (source : Rapport introductif général aux actes du colloque intitulé *Du contrôle fiscal à la détection de la fraude*, *DF* 2007, n° 3, p. 3).

[11] 46 852 vérifications de comptabilité, soit 90% du total des opérations de contrôle fiscal externe. (Source : Rapport annuel de performance 2005 de la DGI).

[12] 47 267 vérifications de comptabilité, soit 90% du total des opérations de contrôle fiscal externe (Source : Rapport de performance DGI 2005, Ministère de l'Economie, des Finances et de l'Industrie).

[13] Rapport de performance DGI 2005, Ministère de l'Economie, des Finances et de l'Industrie.

[14] Ces données chiffrées proviennent du site internet de l'IRS : www.irs.gov/pub/irs-soi/05db10ex.xls.

[15] L'année budgétaire commence au Royaume-Uni le 6 avril d'une année pour s'achever le 5 avril de l'année suivante.

[16] *Annual report 2004-05 and Autumn performance report 2005 HM Revenue & Customs, presented to Parliament by the Paymaster General by Command of Her Majesty, 19 décembre 2005.*

[17] Xuren XIE, ministre du SAT, « Discours à la réunion nationale de travail 2006 », *Bulletin officiel de l'administration fiscale centrale*, 2006, 1.

[18] En 2005, la recette fiscale de la Chine a atteint 3 086.6 milliards de renminbis (soit 308.66 milliards d'euros).

[19] Le Service de statistique du SAT, 25 août 2006.

[20] L'impôt peut aussi servir en tant qu'élément d'une politique économique (crédits d'impôt recherche, crédits d'impôt pour certaines installations respectueuses de l'environnement…). Cependant, ces éléments nous semblent secondaires par rapport à la couverture des charges publiques.

minimiser ce qu'il paie. C'est pourquoi « *les relations entre les contribuables et l'administration sont généralement considérées comme le terreau le plus favorable au surgissement de contentieux* »[21].

6. La doctrine a estimé, à plusieurs reprises, qu'il serait nécessaire d'instaurer un équilibre entre pouvoirs de l'administration et garanties du contribuable. Ainsi, la mission de l'administration devrait être de percevoir les impôts et taxes légitimement dus tout en respectant les droits du contribuable. Mais pour le contribuable confronté à la vérification de comptabilité, celle-ci est avant tout l'expression d'un déséquilibre. La raison en est simple. L'administration fiscale a une position privilégiée et a longtemps fait partie des administrations de l'Etat dont les relations avec les citoyens se sont exercées sur la seule base du principe d'autorité, principe jugé comme seul à même de leur permettre de jouir de l'autonomie procédurale dont elles ont besoin pour remplir efficacement leur mission. L'idée selon laquelle le contribuable est spolié par le « *fisc* » et dépourvu de tout moyen de défense efficace est largement admise. L'entreprise vérifiée se sent toujours inférieure face à l'administration, et ce sentiment est accentué chez les petites et moyennes entreprises[22].

7. Ceci étant, ce conflit est-il si déséquilibré que cela ? Pour répondre à cette question, il semble particulièrement intéressant d'envisager la vérification de comptabilité telle qu'elle se déroule en Chine. Le droit chinois met l'accent sur l'efficacité dans la perception de l'impôt. Le déroulement de la vérification de comptabilité en Chine est simple, les agents des impôts se présentent au siège de l'entreprise sans prévenir, ils montrent au contribuable leur carte professionnelle et le certificat de contrôle, ils peuvent consulter tous documents, les emporter, prendre des notes, enregistrer, filmer, photographier et photocopier tous documents qu'ils jugent pertinents. Le contribuable est dans un rôle purement passif, il subit la vérification de comptabilité. Les agents des impôts peuvent prendre toute mesure conservatoire à même de garantir le paiement des éventuels droits rappelés.

8. La vérification de comptabilité apparaît ainsi clairement comme une prérogative exorbitante du droit commun, ou plus exactement un ensemble de prérogatives exorbitantes, dont disposent les agents des impôts, pour s'assurer que le contribuable s'est correctement acquitté de ses obligations fiscales, et, le cas échéant, rectifier le montant du bénéfice déclaré. Cependant, la vérification de comptabilité est tout autant un pouvoir exorbitant de l'administration fiscale

---

[21] Manuel CHASTAGNARET, « Le règlement non contentieux des litiges : l'exemple du droit fiscal », *RRJ* 2004/3, p. 1993.

[22] Etude réalisée en mai 2000 à la demande du Mouvement des entreprises en France et consultation organisée auprès de la Confédération générale des petites et moyennes entreprises, reprises à l'Annexe 5 du 20e rapport du Conseil des impôts au Président de la République.

dans les pays occidentaux[23], avec cette précision fondamentale, que ce pouvoir exorbitant est limité par des garanties spécifiques accordées au contribuable.

9. Ce lien qu'entretiennent pouvoirs et garanties est si fortement ancré dans la tradition occidentale, qu'on en viendrait presque à l'oublier. Là encore, partir du droit chinois s'avère particulièrement intéressant. En effet, en Chine, la procédure fiscale n'en est qu'à ses balbutiements. Traditionnellement, le droit chinois se focalise sur le droit substantiel au détriment du droit procédural, de sorte que les lois relatives à la procédure sont très sommaires, et il en va de même en ce qui concerne leurs règlements d'application. Ces zones d'ombre ne facilitent pas l'exécution des vérifications et provoquent des conflits insolubles. Par ailleurs, le droit fiscal a longtemps été ignoré par les juristes chinois. Avant l'introduction du régime dit d'« *économie de marché selon le modèle chinois* », les impôts étaient peu nombreux en Chine[24]. L'économie privée n'était pas encouragée, puisque les entreprises appartenaient essentiellement à l'Etat et, au lieu d'acquitter des impôts, celles-ci remettaient systématiquement la majorité de leurs bénéfices à l'Etat. Néanmoins, avec le développement rapide de l'économie chinoise et notamment celui de l'économie privée, l'élément fiscal est devenu de plus en plus important dans la vie des chinois.

10. Arguant du montant considérable des impôts prélevés et de leur impact sur la société, une loi spécifique relative à la procédure d'imposition était réclamée avec insistance par la doctrine chinoise[25]. Sans être une véritable refonte de la procédure fiscale, la réforme menée par la Nouvelle loi sur l'administration et la perception de l'impôt (NLAPI) a, malgré tout, été considérée par la doctrine comme un premier pas propice à l'établissement d'une nouvelle relation entre administration et contribuable. La nouvelle loi impose en effet certaines obligations à l'administration et accorde au contribuable, pour la première fois, certains droits[26]. Ces droits, que l'on peut qualifier de « *primaires* » sont à la base de la procédure fiscale des pays occidentaux : droit à l'information sur la procédure fiscale, droit au recours, droit au débat avec les agents des impôts. Et,

---

[23] Le professeur Jean LAMARQUE indique que « *la vérification de comptabilité est déjà en soi un procédé de contrôle exorbitant du droit commun et particulièrement contraignant* » (*Droit fiscal général*, Les Cours de droit, Paris : Litec, 1998, Tome 2, p. 529).

[24] Ainsi, les personnes physiques n'ont été assujetties à l'impôt sur le revenu qu'à partir de septembre 1980.

[25] Zhengwen SHI, « Etudes sur la procédure d'imposition », *Revue de critiques juridiques*, Université d'Anhui, 2001, vol. 1.

[26] L'article 8 de la NLAPI a ainsi reconnu au contribuable le droit de se renseigner sur le droit fiscal et sur la procédure fiscale, le droit de demander aux agents des impôts de garder secrets les renseignements le concernant, le droit de solliciter une diminution, exonération ou un remboursement d'impôts dus, le droit de se justifier vis-à-vis des décisions des agents des impôts, le droit d'effectuer un recours administratif ou juridictionnel, le droit de demander une réparation du préjudice subi ou encore, le droit de dénoncer les violations des textes législatifs, réglementaires ou disciplinaires par les agents des impôts.

corollaire indispensable, l'administration s'est vue imposer l'obligation d'agir conformément à la loi[27]. Il y a donc, au commencement d'un système de procédure fiscale, la reconnaissance de prérogatives particulières au bénéfice de l'administration des impôts, ces pouvoirs étant nécessairement limités par ces garanties au profit du contribuable.

11. Ces droits et obligations ne sont encore malheureusement que formels en Chine. Les textes chinois sont ambigus. Les pouvoirs des services des impôts et les garanties du contribuable ne sont pas d'une clarté absolue tant dans la loi que dans les règlements d'application. Tout d'abord, les droits du contribuable ne sont pas solennellement reconnus par la Constitution chinoise. En outre, les textes législatifs n'indiquent qu'une partie des droits du contribuable. De plus, force est de constater l'absence d'une charte ou d'une déclaration des droits du contribuable [28]. En définitive, le droit chinois accorde des garanties au contribuable mais ne prévoit aucune règle permettant d'en garantir l'effectivité. À titre d'exemple, les dispositions de la NLAPI prévoient que le contribuable ou la personne assujettie à l'obligation de retenue à la source a le droit de se justifier vis-à-vis des décisions prises par les agents des impôts[29]. C'est une reconnaissance générale d'un droit de se défendre. Mais, nulle part il n'est indiqué comment obliger l'administration à respecter un tel droit. En revanche, la même loi prévoit que le contribuable ou la personne assujettie à l'obligation de retenue à la source doit se soumettre au contrôle, donner des informations et fournir les documents pertinents sans pouvoir se soustraire à cette obligation[30]. On retrouve bien alors l'idée de garanties purement textuelles, démenties par la toute puissance des agents des impôts lors du contrôle.

---

[27] L'administration est, quant à elle, tenue à l'obligation de faire connaître, de populariser le droit fiscal et de fournir gratuitement des renseignements fiscaux (NLAPI, art. 7), à une obligation de secret fiscal (NLAPI, art. 8), à une obligation de récusation en cas de risque de partialité (NLAPI, art. 12), à une obligation de collecter l'impôt conformément à la loi (NLAPI, art. 28), à une obligation de présentation du certificat de contrôle et de l'avis de vérification en cas de contrôle fiscal sur place (NLAPI, art. 59), à une obligation de réparer le préjudice subi par le contribuable (NLAPI, art. 43), à l'obligation de préserver le domicile et les articles d'usage courant du contribuable et des personnes à sa charge en cas de recours à des mesures d'exécution sur les biens du contribuable (NLAPI, art. 42).

[28] Il faut noter que le 1er janvier 1997, l'administration fiscale locale de Pékin a publié l'annonce des droits du contribuable concerné et des obligations de l'administration, énumérant dix droits du contribuable et onze obligations des agents des impôts (Longheng LIU, « Caractéristiques du mois de popularisation du droit fiscal de l'administration fiscale locale de Pékin », *Etudes en droit fiscal* (en pinyin, *shi fa yan jiu*), 1997, n° 1, p. 35).

[29] NLAPI, art. 8, al. 4.

[30] NLAPI, art. 56. Il faut noter que la traduction mot à mot du texte chinois renvoie à la notion de « *documents concernés* ». Il y a là une ambiguïté, les « *documents concernés* » pouvant signifier les documents demandés par les agents des impôts ou tous les documents se rapportant au contrôle sans forcément être précisément désignés par les agents des impôts.

12. Par ailleurs, en dépit de la volonté apparente d'informer le contribuable, celui-ci ne connaît pas ses droits. Une enquête intitulée « *Que savez-vous sur les droits du contribuable ?* » effectuée par l'administration nationale de la ville de Ganzhou, province de Jiangxi, montre que 39.4% des contribuables chinois ne savent pas qu'ils sont titulaires de droits, 54.4% ont une vague connaissance de leurs droits et seuls 6.2% des contribuables estiment qu'ils connaissent bien leurs droits[31].

13. Absence d'effectivité également au regard du très large pouvoir discrétionnaire de l'administration, à titre d'exemple, l'article 82 alinéa 2 de la NLAPI dispose que les agents qui, en abusant de leur pouvoir, ont délibérément créé des difficultés pour le contribuable ou la personne assujettie à l'obligation de retenue à la source, sont sanctionnés par des mesures disciplinaires. En pratique, ces dispositions aboutissent rarement à une sanction des agents des impôts car il est difficile de définir ce que recouvrent les expressions « *délibérément* » et « *difficultés* ». Par ailleurs, les agissements susceptibles d'être sanctionnés sont limitativement énumérés[32]. En pratique, ne sont sanctionnés que les agents qui se sont rendus complices des contribuables délinquants. De plus, les sanctions ne sont pas directement en faveur du

---

[31] Zhi XU, « Problèmes liés au recouvrement de l'impôt (en pinyin, *shui shou gong zuo nan dian wen ti tou shi*) », *Revue Vague d'époque* (en pinyin, *shi dai chao*), 2003, n° 4, p. 62.

[32] Aux termes de la NLAPI, ces circonstances peuvent être regroupées en deux catégories, celles concernant la protection du contribuable et celles relatives à la bonne exécution des textes.

En ce qui concerne la première catégorie, l'article 79 vise le cas où les agents saisissent le domicile et les biens d'usage courant du contribuable ainsi que des personnes à sa charge, l'article 82, al. 2, le cas où les agents créent délibérément, en abusant de leurs pouvoirs, des difficultés pour le contribuable ou la personne assujettie à l'obligation de retenue à la source, l'article 82, al. 3, le cas où les agents se vengent du contribuable, de la personne assujettie à l'obligation de retenue à la source ou de toute autre personne qui a porté plainte ou dénoncé des actes administratifs illégaux, l'article 85, le cas où les agents, qui auraient dû se déporter, ne l'ont pas fait, enfin l'article 87 vise le cas où les agents n'ont pas gardé secrètes les identités et informations concernant le contribuable, la personne assujettie à l'obligation de retenue à la source ou toute autre personne ayant dénoncé des actes administratifs illégaux.

En ce qui concerne les circonstances relatives à la bonne application des textes, l'article 76 vise le cas où les agents n'ont pas respecté les limites de leur compétence d'imposition et de recouvrement, l'article 77, al. 2, le cas où les agents, qui auraient dû transmettre aux juridictions pénales des dossiers violant la loi pénale, ne les ont pas transmis en raison d'intérêts personnels, l'article 80, le cas où les agents des impôts sont complices des délinquants fiscaux, l'article 81, le cas où les agents, en abusant de leurs pouvoirs, acceptent ou sollicitent des biens ou toute autre faveur du contribuable ou de la personne assujettie à l'obligation de retenue à la source, l'article 82, al. 1, le cas où les agents, par intérêt personnel ou par négligence, ne recouvrent pas ou allègent la charge fiscale d'un contribuable, l'article 82, al. 4, le cas où les agents sur-estiment ou sous-estiment délibérément l'imposition sur le revenu agricole, l'article 83, le cas où les agents, en violation de textes législatifs et réglementaires, recouvrent par anticipation, en retard, ou répartissent de leur propre chef les impositions, l'article 84 vise le cas où les agents, en violation de textes législatifs et réglementaires, prennent des décisions de recouvrement, exonération, remboursement d'impôts, etc. Enfin, l'article 97 du règlement d'application de la NLAPI vise le cas où les agents partagent des biens saisis.

contribuable ou de la personne assujettie à l'obligation de retenue à la source. En d'autres termes, la procédure d'imposition ne sera pas entachée de nullité et la décision de redressement ne sera pas annulée.

14. L'article 3 alinéa 2 de la loi chinoise relative aux sanctions administratives dispose que la prononciation d'une sanction administrative doit respecter les règles fixées par cette loi et qu'en cas de défaut de base légale et de non respect de la procédure, les sanctions administratives sont invalides. L'absence d'effectivité de cette garantie est soulignée par le fait qu'à ma connaissance, seules deux décisions ont fait application des dispositions de l'article 3, alinéa 2 précité[33].

15. En outre, le contrôle hiérarchique n'est pas efficace. Le nombre de demandes de réexamen déposées par les contribuables est nettement inférieur au nombre de demandes déposées en France, au Royaume-Uni ou aux Etats-Unis[34]. Entre 1994 et 2005, l'ensemble des administrations fiscales chinoises n'a reçu que 4 319 demandes de réexamen, dont 3 341 ont rempli les conditions de

---

[33] Le premier arrêt est celui de la Cour d'appel de Nanning de la région autonome Zhuang du Guangxi, Administration fiscale nationale de Fuyuan c/Jianzhong LING (Mingshan ZHU, *Le contentieux administratif en matière fiscale : jurisprudence de référence et application du droit*, Pékin : Edition du droit en Chine, 2004, p. 1-125). Le fait que le contribuable Jianzhong LING n'ait pas déposé, correctement et dans les temps, ses déclarations fiscales relatives à ses activités imposables, constituait un acte illégal. Pour sanctionner cet acte, en vertu des dispositions de la loi sur l'administration et la perception de l'impôt en vigueur à l'époque des faits (1995), l'administration était tenue, avant de prononcer des sanctions, d'adresser au contribuable concerné un avis le sommant de se conformer à ses obligations dans un certain délai. Le tribunal et la Cour d'appel ont supprimé la décision de sanction administrative pour violation de la procédure légale.
Le deuxième arrêt est celui du Tribunal populaire de Pingshan de la province de Hebei en date du 12 mars 1997, Administration pour l'emploi de Pingshan de la province de Hebei c/ administration fiscale locale de Pingshan (*Annonce officielle de la Cour populaire suprême de Chine*, 1997, n° 2 ; Mingshan ZHU, *Le contentieux administratif en matière fiscale : jurisprudence de référence et application du droit*, p. 1-5). En vertu des articles 31, 41 et 42 de la loi chinoise relative aux sanctions administratives, les administrations sont tenues d'informer, avant la prise de la décision de sanction administrative, l'administré concerné des raisons et motifs légaux de la décision ainsi que de ses droits de présenter des observations et de se justifier, de former un recours administratif ou juridictionnel ; en cas de sanction administrative d'un montant considérable, celles-ci sont également tenues de l'informer de son droit de solliciter un rendez-vous ; les sanctions administratives prises en violation de ces dispositions sont illégales.
[34] Ce phénomène n'est pas spécifique à la matière fiscale. À titre d'exemple, de janvier 200[illegible] à juin 2006, le ministère des finances a effectué un contrôle hiérarchique sur 56 affaires ; de janvier 2003 à juillet 2006, la Commission de Régularisation de Marchés Financiers sur 85 affaires ; de 1999 à 2005, le ministère de la santé sur 136 affaires ; de janvier 2004 à juin 2006, l'administration de surveillance de l'alimentation et des produits pharmaceutiques sur 7[illegible] réclamations de réexamen (*Discours des ministères concernés à la table ronde sur l'application de la loi relative au recours administratif des ministères*, organisée par le Conseil des affaires d'Etat chinois, en date du 23 août 2006).

recevabilité[35]. Pourquoi le nombre de recours administratifs en Chine est-il si faible ? Les agents des impôts ne veulent pas que le contribuable fasse appel à la procédure de recours administratif car certains ont peur que le taux de recours administratif et le nombre de censures aient une influence sur leur promotion. Par ailleurs, les grandes entreprises qui prennent une place importante dans l'économie locale font souvent appel au gouvernement local afin de résoudre les conflits fiscaux qui les opposent à l'administration fiscale[36]. De plus, le contribuable a peur des mesures de rétorsion de la part des agents des impôts.

16. La position des agents initiaux est souvent maintenue par les agents chargés du recours administratif. Parmi les demandes recevables, 52% des décisions sont maintenues et 48% annulées[37]. Le fait que, devant le juge administratif, le taux d'annulation ou de modification de la décision contestée ait été de 66% en 1999 et de 82% en 2000[38], signifie que le service chargé du recours administratif confirme le plus souvent la décision prise par l'agent initialement chargé du contrôle, mais que, dans la plupart des cas, cette confirmation n'est pas justifiée. Le lien de subordination entre le service chargé du recours administratif et le service initialement compétent influe de façon considérable sur l'impartialité du premier. En fait, le service chargé du recours administratif est le service juridique de l'administration directement supérieure hiérarchiquement à l'administration qui a pris la décision contestée. En pratique, soit le service de recours administratif, en raison de la relation hiérarchique qui l'unit au service initialement compétent, maintient la décision contestée, soit le service initialement compétent a déjà, avant de rendre sa décision, consulté l'avis de son supérieur hiérarchique.

17. En outre, en vertu des dispositions de la loi chinoise relative au contentieux administratif, en cas de non satisfaction après le réexamen administratif, le

---

[35] « Discours de l'administration fiscale centrale (SAT) » à la table ronde, sur l'application de la loi relative au recours administratif des ministères (23 août 2006).

[36] Le protectionnisme des intérêts locaux est très fort. Dans l'ensemble du pays, les droits nets rappelés, à la suite de vérifications du protectionnisme local, ont atteint plus de 2 milliards de renminbis en 1995, 0.228 milliards en 2003 (source : *Annuaire des impôts en Chine de 1996*, Pékin : édition des impôts en Chine, p. 383 et *Annuaire des impôts en Chine de 2004*, p. 138). Les gouvernements locaux interviennent par décisions à la suite d'une réunion (20%), par annonce officielle (7%), par instruction directe ou indirecte du dirigeant gouvernemental (53%) ou encore par négociation discrète (20%) (« Etudes comparatives sur l'état actuel de l'environnement de l'application du droit fiscal, comparaison historique de l'appui et de la coopération des gouvernements et d'autres administrations concernées en matière d'application du droit fiscal », in : Dongsheng JIN, *Administrer l'impôt selon la loi : études sur l'environnement de l'application du droit fiscal*, 2006, p. 306.

[37] « Discours de l'administration fiscale centrale (SAT) » à la table ronde, sur l'application de la loi relative au recours administratif des ministères (23 août 2006).

[38] Renqing JIN, « Principales théories fiscales en Chine contemporaine (en pinyin, *Zhonguo dangdai shuishou gongzuo yaolun*) », *Quotidien du peuple*, 2002, p. 11.

contribuable peut porter le litige devant les tribunaux, avec en défense, soit le service initialement compétent si la décision initiale a été maintenue par le service de recours soit le service de recours si la décision initiale a été modifiée par ce dernier[39]. En pratique, le service de recours maintient systématiquement la décision contestée dans le seul objectif de ne pas intervenir dans le contentieux éventuel (pour ne pas être en défense). Par ailleurs, les agents chargés du recours administratif ne sont pas qualifiés (ce sont des juristes non des contrôleurs expérimentés). Il en résulte que le contribuable chinois préfèrera bien souvent négocier un redressement amiable avec l'administration, ce qui conforte le large pouvoir discrétionnaire des agents. En revanche, le taux de différends réglés pendant la période de recours administratif est de 85% aux Etats-Unis[40].

18. Enfin, en Chine, le contentieux fiscal est très rare car le contribuable craint les mesures de rétorsion des agents des impôts concernés. Depuis l'entrée en vigueur de la loi du 4 avril 1989 relative au contentieux administratif jusqu'à la fin de l'année 2005, sur l'ensemble du territoire chinois, seulement 1 409 contentieux fiscaux ont été jugés. Ces affaires ont donné lieu à 288 décisions de rejet, 523 décisions de confirmation et 414 modifications ou annulations de la décision concernée[41]. La majorité des requérants initiant des contentieux fiscaux sont des personnes physiques ou des entrepreneurs privés[42]. Face à ces lacunes, il faut pour la Chine prendre des modèles.

19. En matière de vérification de comptabilité, l'approche comparatiste présente un double intérêt. Premièrement, l'approche comparatiste devient de plus en plus importante pour tous les Etats du fait de la mondialisation. Ce phénomène expose les Etats à des risques de pertes de recettes fiscales que seule la coopération entre Etats au cours de la phase de contrôle peut limiter. Pour ce faire, encore faut-il connaître les procédures de contrôle propres à chaque administration fiscale, apparaît alors l'importance du droit comparé, instrument facilitant, par la connaissance d'autrui, des réflexions sur son propre système juridique.

20. Plus directement, pour la Chine, il s'agit de trouver un modèle de procédure fiscale. Traditionnellement, on oppose pays de *Common law* et pays civilistes. Cette opposition (présupposée) légitime une comparaison entre les pouvoirs et les garanties conférés par le droit français, de tradition civiliste, et ceux offerts

---

[39] Art. 25, al. 1 de la loi chinoise relative au contentieux administratif.

[40] Wei PAN, « Procédure de recours administratif en matière fiscale aux Etats-Unis », *Revue Fiscalité*, 1990, n° 11, p. 11.

[41] « Discours de l'administration fiscale centrale (SAT) » à la table ronde, sur l'application de la loi relative au recours administratif des ministères (23 août 2006).

[42] « Discours de l'administration fiscale centrale (SAT) » à la table ronde, sur l'application de la loi relative au recours administratif des ministères (23 août 2006).

par les droits du Royaume-Uni et des Etats-Unis, pays de *Common Law*. Ces droits peuvent-ils servir de modèle ? Le doute est *a priori* permis puisque ces systèmes juridiques accordent une place particulière à l'individu et lui reconnaissent des droits inhérents à sa qualité d'être humain. Les fondements du droit chinois, basé sur la communauté, apparaissent ainsi à l'opposé de ceux des pays civilistes ou de *Common Law*. L'idée même d'une garantie accordée à un individu pourrait presque paraître incongrue en Chine.

21. Cependant, la Chine, après avoir été « *forcée* » au XIXème siècle, et s'être repliée sur elle-même pendant le XXème siècle, a commencé depuis une dizaine d'années à s'ouvrir volontairement au monde. La Chine se trouve ainsi à une époque charnière de son développement international. Elle a su attirer les investisseurs par l'adoption de mesures spécifiques, notamment en ce qui concerne les entreprises chinoises à capitaux étrangers et les entreprises étrangères. Pour autant, s'imposer sur la scène internationale nécessite d'adopter, sans renoncer à son identité culturelle, les règles qui font l'objet d'un consensus international entre les grandes Nations. Si la protection des droits du contribuable lors de la vérification de comptabilité est une des valeurs qui font l'objet d'un consensus international alors la présente étude pourra donner des pistes de réflexion doctrinales pour initier une réforme des procédures fiscales chinoises, réforme qui s'inspirerait des principes de procédure fiscale communs aux trois grandes Nations occidentales.

22. Actuellement, pour étayer ses critiques et dégager ces règles faisant l'objet d'un consensus international, la doctrine chinoise n'étudie que quelques droits étrangers. La proximité géographique joue un rôle important en la matière, et les droits japonais, coréen, et même taïwanais sont souvent cités. Par ailleurs, la Chine étant un pays de droit écrit, les juristes chinois évoquent avec admiration le droit allemand[43]. Et, conséquence de la mondialisation, de nombreux étudiants chinois font leurs études aux Etats-Unis, le droit américain devient également un droit de référence. Le droit français est presque totalement ignoré par la doctrine chinoise, mais le nombre d'étudiants chinois en France ne cessant d'augmenter, tout comme le nombre de travaux comparatifs, le droit français devrait progressivement s'imposer lui aussi comme un droit de référence. Cette étude présente donc un intérêt pratique pour la Chine, démontrer les lacunes de la procédure fiscale chinoise, et présenter des possibilités de mécanismes permettant d'y remédier, notamment en s'inspirant du droit français.

23. Mais il y a aussi un autre enjeu pour la Chine à étudier la procédure fiscale étrangère, prendre acte du fait que dans les pays occidentaux, les droits et les

[43] On notera qu'outre la proximité des systèmes juridiques, depuis les années 1980, l'Allemagne est le premier partenaire économique européen de la Chine.

garanties traditionnellement accordés au contribuable sont de plus en plus considérés comme insuffisants au regard de l'évolution de l'impôt. En effet, si l'impôt a toujours pour fonction d'assurer la couverture des charges publiques, pour atteindre au mieux cette finalité, on lui applique aujourd'hui des concepts issus du secteur privé. On mesure son rendement, son efficacité et sa légitimité. Les mutations que subit l'impôt sont principalement le fait d'une double dynamique, immixtion des droits de l'Homme et apparition du contribuable « *usager* ». L'impôt subit ainsi l'immixtion des droits de l'Homme dans tous les domaines du droit, fussent-ils auparavant réservés à la toute puissance de l'Etat. Ainsi, l'administration fiscale n'a plus face à elle un administré[44] qui « *subit* » mais un citoyen avec des droits qu'il faut respecter[45].

24. L'impôt subit aussi la transformation des relations entre administration et administré ; le citoyen devient usager. « *La légitimation du service public dépend avant tout de la satisfaction du bénéficiaire final, du citoyen actionnaire de son service public* »[46]. La légitimité du service public en général, et de l'administration des impôts en particulier est la condition *sine qua non* de son efficacité. En effet, pour être efficace, « *le contrôle fiscal doit être accepté par le corps social dans son ensemble et par chaque contribuable, en particulier, qui en fait l'objet* »[47]. L'administration fiscale cherche donc à faire mieux accepter les contrôles par le contribuable et à établir un cadre favorable à la mise en œuvre des procédures de contrôle. S'engager sur la voie du « *service client* » peut diminuer la résistance des contribuables à acquitter leurs impôts, l'objectif principal étant d'éviter le contentieux. Philippe Le Moing-Surzur a souligné que « *grâce à ce meilleur service rendu à ses usagers, la DGI entend rendre l'impôt plus facile et accentuer ainsi ses efforts dans la lutte contre la délinquance fiscale* »[48].

25. L'emploi du terme d'« *usager* » est considéré comme le « *symbole du renouvellement des conceptions des rapports entre la puissance publique et la*

[44] Selon Jacques AMAR, la notion d'administré recouvre les situations générales par opposition aux situations particulières dans lesquelles sont placés les usagers lorsqu'ils reçoivent une prestation matérielle d'un service public. Voir Jacques AMAR, *De l'usager au consommateur de service public*, th. univ. Aix-Marseille, préface d'Alain GHOZI, Aix-Marseille : PUAM, 200 , p.131.

[45] Hocine ZEGHBIB, « Principe du contradictoire et procédure administrative non contentieuse », *RDP* 2-1998, p. 478.

[46] « L'accueil, enjeu de citoyenneté et de démocratie : le nouveau bréviaire de l'accueil », *RSF*, n°19, février 1994, p. 14.

[47] Jean-Claude DRIE, *Procédure de contrôle fiscal : la voie de l'équilibre*, Paris : L'Harmattan, 2005, collection Finances Publiques, préface de Thierry LAMBERT, p. 11.

[48] Philippe LE MOING-SURZUR, « Pilotage, contrôle de gestion et contrat de performance à la DGI », *RFFP*, février 2005, n° 89, p. 101.

population »[49]. Jean Dubergé parle de « *dédramatisation de l'impôt* »[50]. Comme l'observe un haut fonctionnaire de la DGI, « *les contribuables doivent l'impôt, bien sûr, et cela demeurera ; mais nous leur devons le service et la qualité* »[51]. La Charte du contribuable récemment publiée veut faire de l'administration fiscale française une administration au service de chaque citoyen et veut placer les contribuables et l'administration dans une relation apaisée et fondée sur la confiance mutuelle[52]. On observe également cette tendance à l'étranger. Ainsi, aux Etats-Unis, le *Commissioner* Rossotti a souhaité conférer une nouvelle mission à l'IRS, devenir une agence « *customer-oriented* »[53], c'est-à-dire une agence tournée vers l'usager. L'idée de service client, matérialisée par le mouvement de Charte citoyen, est plus fortement ancrée au Royaume-Uni qu'aux Etats-Unis et l'administration britannique a lancé un programme d'amélioration de la qualité de ses services.

26. En pratique cependant, la culture du dialogue et de la qualité du service rendu n'est pas suffisamment développée au sein de l'administration fiscale, et un contribuable reste avant tout un assujetti et ceci est particulièrement vrai en Chine. La notion d'« *administration de service* » est pourtant apparue en décembre 1993[54]. Au cours du mois d'avril 1997, mois de popularisation du droit fiscal consacré au thème « *Impôt et civilisation* »[55], l'administration fiscale locale de Pékin a pris une mesure intitulée « *Renforcer la conscience de service chez les agents des impôts, régulariser les actes administratifs, améliorer la qualité de travail des agents* »[56]. Cependant, par delà ces progrès de façade, il ne faut pas oublier que le seul article de la Constitution chinoise qui traite de l'impôt est l'article 56 selon lequel le citoyen a l'obligation légale de contribuer. Tant les agents des impôts que la doctrine considèrent de ce fait que le contribuable chinois est « *la personne assujettie à l'obligation de contribuer* »[57]. L'administration fiscale chinoise a pour mission principale de

---

[49] Dominique MAILLARD DESGREES DU LOU, *Droit des relations de l'administration avec ses usagers*, Thémis Droit public, Paris : PUF, 2000, p. 23.

[50] Jean DUBERGÉ, *Dédramatiser l'impôt*, Aix-Marseille : PUAM, 1994.

[51] Philippe LE MOING-SURZUR, « Pilotage, contrôle de gestion et contrat de performance à la DGI ».

[52] Jean-François COPE, Préface de la Charte du contribuable publiée en septembre 2005.

[53] Exposé de l'*IRS Commissioner* Charles O. ROSSOTI relatif au projet de restructuration de l'IRS devant la Commission des Finances du Sénat américain, 28 janvier 1998, Doc 98-4308.

[54] Le principe de « *service client* » a été évoqué pour la première fois pendant la réunion de travail sur la réforme fiscale chinoise, en décembre 1993. Il a ensuite été établi de façon officielle par la réunion de travail sur la perception et l'administration de l'impôt en Chine de juillet 1996.

[55] Tous les ans, le SAT organise dans l'ensemble du pays un mois consacré à la popularisation du droit fiscal. Chaque année, les thèmes sont différents.

[56] Longheng LIU, « Caractéristiques du mois de popularisation du droit fiscal de l'administration fiscale locale de Pékin ».

[57] Jianwen LIU, « Questions importantes sur la procédure fiscale (en pinyin, *shui shou zheng guan fa zhong de ji ge zhong yao wen ti*) », *Revue Etudes fiscales* (en pinyin, *shui wu yan jiu*), 2000, n°10.

« *surveiller, sanctionner et réprimer* », et la procédure fiscale a essentiellement une fonction répressive[58].

27. À la suite de la réforme de 2001, de nouvelles missions ont été assignées (textuellement) aux administrations fiscales, missions orientées vers le service du contribuable [59]. Cependant, la propagande officielle ne parle que d'obligations du contribuable et non de droits lorsqu'elle énonce que « *contribuer à l'Etat est une obligation du citoyen* »[60] ou encore, « *contribuer à l'Etat est glorieux* »[61]. En 2002, le SAT a créé un service d'aide au contribuable soumis au Service d'administration et de perception de l'impôt, mais ce service n'était pas efficace. En 2003, le SAT a établi le principe que l'administration est au service du contribuable pour que ce dernier bénéficie d'un environnement fiscal équitable, transparent, efficient et honnête[62]. En 2005, le SAT a publié la norme temporaire relative au service du contribuable, qui précise que les administrations fiscales sont tenues à une obligation de transparence, à une obligation de faire connaître au contribuable ses droits et obligations, le droit fiscal, les critères d'appréciation des agents des impôts[63], la procédure de contrôle, les sanctions, la responsabilité des agents des impôts, la procédure et les critères d'évaluation du crédit des contribuables en matière de respect du droit fiscal, etc[64]. Là, encore, il ne s'agit que de documents internes de l'administration démunis de force légale et la doctrine chinoise réclame l'instauration effective du service client au sein des administrations fiscales[65].

28. Dans les pays occidentaux, la volonté d'amélioration des rapports avec l'usager, s'est traduite par l'émergence d'une nouvelle philosophie de gestion développée autour de la notion de respect volontaire et spontané de la loi fiscale par le contribuable, c'est-à-dire, du civisme fiscal ou « *Voluntary compliance* (respect spontané et volontaire de la loi fiscale) ». Aux Etats-Unis, le contribuable doit calculer et acquitter lui-même l'impôt. Liée à cette appréhension nouvelle du contribuable en tant qu'usager, il va de soi que la

[58] Gongren GAN, *Etudes spécifiques sur les droits du contribuable*, Pékin : Presses d'audio-visuel de Chine, 2003, p. 258.
[59] NLAPI, art. 9, al. 2 : les administrations fiscales ainsi que leurs agents sont tenus d'exécuter impartialement la loi fiscale, de remplir leurs devoirs, d'être incorruptibles et courtois, de rendre service au contribuable, de respecter et protéger les droits du contribuable et d'accepter les critiques du public.
[60] En pinyin, *na shui shi gong min ying jin de yi wu.*
[61] En pinyin, *na shui guang rong.*
[62] SAT, Annonce renforçant le service contribuable (en pinyin, *na shui fu wu*), 9 avril 2003, SAT [2003] 38.
[63] Par exemple, être souriant, correctement habillé, etc.
[64] Art. 4 de la norme temporaire relative au service contribuable, 16 octobre 2005, SAT [2005]165.
[65] Tifu AN et Qiang REN, « Rendre service au contribuable (en pinyin, *lun wei na shui ren fu wu*) », *Finance & Trade Economics* (en pinyin, *cai mao jing ji*), 2006, n° 4.

notion de civisme fiscal est pratiquement inconnue en Chine. En juillet 2003, le SAT a publié le règlement provisoire relatif à l'évaluation de la crédibilité fiscale des entreprises[66]. L'article 11 de ce règlement prévoit que les contribuables, dont la crédibilité fiscale est « *A* », peuvent être dispensés de contrôle fiscal, sauf en cas de contrôles spécifiques, pour une période de 2 ans. Cependant, cet engagement n'a pas de force légale.

29. La question se pose de savoir si la notion de service client est véritablement compatible avec la mission de l'administration fiscale. L'administration a forcément un statut particulier et l'assimilation du contribuable à un client du secteur privé montre rapidement ses limites, notamment lors d'une phase de contrôle. En effet, la nécessité de satisfaire les clients dans un rapport commercial aboutit forcément à une concurrence avec d'autres opérateurs économiques. Mais l'administration fiscale ne peut être assimilée à un acteur privé agissant dans un cadre concurrentiel. Au contraire, elle bénéficie d'une position de monopole. Le contribuable n'est pas un client dans la mesure où un vrai client peut changer de fournisseur s'il n'est pas satisfait[67]. Le contribuable n'a qu'un unique interlocuteur, l'administration fiscale, qui est fournisseur d'un service (conseil), mais qui surtout, est un censeur (contrôle). Certains estiment alors que « *le respect des intérêts des individus impliquerait une remise en cause du monopole étatique monétaire et fiscal* »[68]. Même lorsqu'une volonté de collaboration entre entreprise et administration est développée par l'administration fiscale britannique, la non coopération est sanctionnée, ce qui n'est pas le cas dans le secteur privé.

30. L'intérêt de la présente étude est donc double, il s'agit, en pratique, pour la Chine de trouver des modèles de réforme de sa procédure fiscale et sur un plan théorique, le sujet permet de replacer la procédure fiscale au cœur du droit processuel. Le premier droit du contribuable qui doit faire face à un contrôle réside dans le respect par l'administration de certaines règles de procédure. Il est en effet dans l'intérêt de l'administration d'effectuer les contrôles conformément au droit afin d'éviter au maximum les éventuelles contestations et dans l'intérêt du contribuable de connaître la portée exacte des règles. On constate un développement du processualisme[69].

31. Le service client ne peut être la seule mission de l'administration fiscale qui a deux visages, celle de service et celle de contrôle. Les relations entre

---

[66] SAT [2003] 92, 17 juillet 2003.
[67] Voir « The Success of a Uniquely British Institution – the Adjudicator », *TNI*, 4 mai 1998, p.1443.
[68] Jacques AMAR, *De l'usager au consommateur de service public*, p. 279.
[69] Daniel RICHER, *Les droits du contribuable dans le contentieux fiscal*, Paris : LGDJ, 1997, Introduction, p. 17.

contribuable et administration sont donc structurées par une double logique de service et d'efficacité dans le recouvrement. Force est de constater que ces deux logiques sont complémentaires mais qu'elles ne se combinent pas de la même façon, suivant qu'il s'agisse de relations quotidiennes ou de celles qui apparaissent lors des opérations de contrôle.

32. Lorsque l'on évoque la notion de contrôle, force est de constater que les entreprises sont soumises à une multitude de réglementations et que chacune réglementation génère son propre système de contrôle. En France, outre la vérification de comptabilité, il existe l'examen de la situation fiscale personnelle ainsi que certaines procédures spécifiques concernant les droits d'enregistrement, les impôts indirects, l'impôt sur la fortune et la taxe sur la valeur ajoutée. Autrement dit, même en matière fiscale, les moyens de contrôle concernant les droits d'enregistrement et les impôts directs sont différents. Le principe est d'exclure des droits d'enregistrement du champ d'application de la vérification de comptabilité[70].

33. En outre, la tendance de multiples contrôles est particulièrement bien mise en relief par le phénomène de la régulation. Les secteurs « *régulés* », bien que très divers (les banques, les assurances, la finance, les télécommunications, l'énergie, les transports, etc), ont en commun d'accorder une place centrale à l'autorité de régulation, cette autorité disposant généralement d'un pouvoir réglementaire, d'un pouvoir de contrôle et d'un pouvoir de sanction. La comparaison des pouvoirs de contrôle de ces différentes autorités avec ceux que l'administration tire de la vérification de comptabilité permet d'en circonscrire la spécificité, il en va de même en ce qui concerne les garanties de l'entreprise contrôlée.

34. Par ailleurs, l'administration fiscale n'est pas la seule autorité réalisant un contrôle des comptes de l'entreprise. En effet, dans un contexte de concurrence internationale, les comptes sont devenus la base de la notation des entreprises, et une importance toute particulière a été conférée à la mission des commissaires aux comptes. Le scandale *Enron* a montré combien il était important de renforcer l'indépendance de ces professionnels. Même s'il existe des analogies avec le contrôle opéré par l'administration fiscale[71], la vérification

---

[70] Cass. com., 17 octobre 1995, n° 1665 D : *RJF* 1/1996, n° 145 ; - 19 avril 2005, n° 650 F-D, Ste Fiat auto France : *RJF* 8-9/2005, n° 974. LPF, art. L. 55. En matière de droits d'enregistrement, la valeur imposable résulte des énonciations des parties et l'administration a le pouvoir de rectifier les prix en prouvant soit une dissimulation de prix soit une insuffisance de prix.

[71] On notera par exemple la forte influence étrangère sur les évolutions que connaissent les deux types de contrôle et la volonté marquée d'améliorer le contrôle international. Ainsi, en France, l'ordonnance du 8 septembre 2005 relative au commissariat aux comptes a permis au Haut Conseil du Commissariat aux Comptes de conclure des accords internationaux pour les besoins de coopération avec des instances étrangères exerçant des compétences analogues.

de comptabilité présente des spécificités certaines tant en ce qui concerne les droits de l'entreprise vérifiée que les pouvoirs de l'administration fiscale.

35. Mais insister sur la spécificité des pouvoirs et des garanties, simple photographie statique n'a de sens que si elle permet de mettre en lumière la confrontation des pouvoirs et des garanties. Si l'on s'en tient à un rapport d'autorité entre administration et contribuable fondé sur le pouvoir régalien de lever l'impôt, un équilibre, pris au sens d'un rapport considéré comme bon, d'une proportion considérée comme exacte entre des choses opposées[72], entre les droits du contribuable et les pouvoirs de l'administration fiscale n'a pas beaucoup de sens. Ceci étant, on l'a vu, l'impôt change, il subit la double influence des droits de l'Homme et des droits de l'usager. Dès lors, droits de l'Homme et droits de l'usager apportent un contrepouvoir au droit de l'Etat de lever l'impôt et de cette confrontation naît l'idée d'un équilibre.

36. L'idée d'équilibre est d'autant plus fondamentale que la notion d'équilibre renvoie également à l'idée de justice : « *sans équilibre, il ne peut y avoir de justice* »[73]. La justice, c'est aussi la protection contre l'arbitraire. Appliquée au contribuable, il ne s'agit pas simplement de le protéger contre des lois fiscales arbitraires, mais également, de le protéger contre les contrôles arbitraires de l'administration fiscale. « *Il est fondamental pour l'application de la loi fiscale que les droits et obligations du contribuable d'une part, de l'administration de l'autre, pendant les vérifications de comptabilité, soient clairement définis* »[74]. L'équilibre entre les droits du contribuable et les pouvoirs de l'administration est alors à replacer au cœur de la démocratie et de l'Etat de droit. Il faut cependant être conscient que l'équilibre parfait entre les droits du contribuable vérifié et les pouvoirs de l'administration est difficile à atteindre et à maintenir dans un environnement en constante évolution[75] ; cet équilibre suit alors un mouvement de balancier, tantôt en faveur du contribuable, tantôt en faveur de l'administration.

37. Il apparaît alors que pouvoirs et garanties entretiennent une double dialectique. Tout d'abord, en tant qu'élément de la vérification de comptabilité, ils entretiennent, pris ensemble, une relation dialectique avec les pouvoirs et garanties propres à d'autres systèmes de contrôle. Mais parallèlement, pouvoirs

---

72 Paul ROBERT (sous la direction de), *Le Grand Robert de la langue française*, 2e édition, Paris : Le Robert, 1989, Tome IV, p. 87.

73 Bernard HATOUX (sous la direction de), *Droits du contribuable : état des lieux et perspectives*, Paris : Economica, 2002, préface, p. XI.

74 Concl. de Marie-Aimée LATOURNERIE sous arrêt CE, sect., 21 mai 1976, req. n° 94052 : *DF* 1976, n° 25, comm. 878 ; *RJF* 7-8/1976, n° 344 ; chron. de Bruno MARTIN LAPRADE, *RJF* 7-8/1976, p. 224 ; BOI 13 L-12-76.

75 Bureau CFI de la DGI, « Pour un dialogue constructif, le contrôle fiscal et les droits des contribuables », *Les notes bleues de Bercy* du 1e au 15 mai 1996.

et garanties propres à la vérification de comptabilité, pris isolément, entrent en opposition, et de cette opposition, naît l'idée d'un possible équilibre. Mettre en relation pouvoirs et garanties incite donc à un double questionnement. Les pouvoirs et les garanties sont-ils spécifiques ? Les pouvoirs et les garanties sont-ils équilibrés ?

38. Pour répondre à ces questions, il convient tout d'abord d'étudier les pouvoirs des différentes autorités disposant d'un pouvoir de contrôle, pour motif fiscal, social, financier, économique ou juridique. Il sera alors possible, en se fondant sur la mission de l'administration fiscale, de montrer en quoi ses pouvoirs lors d'une vérification de comptabilité sont spécifiques, et ce, notamment dans un cadre international (en cas d'assistance administrative internationale et de contrôle des prix de transfert). Il conviendra alors de mettre en regard de ces pouvoirs les garanties dont bénéficient les entreprises vérifiées, garanties en constante augmentation depuis quelques années. L'extension des droits conçus initialement pour les personnes physiques aux personnes morales constitue à ce titre un progrès notable, d'autant plus que les contrôles sont le plus souvent effectués à l'encontre des personnes morales. Cependant, malgré le formalisme des procédures fiscales, l'application des dispositions de la Convention européenne des droits de l'Homme à la phase de la vérification fiscale est ambiguë. La spécificité des pouvoirs de vérification de l'administration fiscale se révèle également dans les modalités de contrôle juridictionnel des actes des services des impôts.

39. Sur cette base, dans une deuxième partie, il sera possible d'étudier l'équilibre qui est réalisé entre les pouvoirs de l'administration fiscale et les garanties des entreprises lors de la vérification. Pour ce faire, il est nécessaire de prendre en compte la dimension temporelle de la vérification, qui est un ensemble d'opérations qui s'étale sur une période de plusieurs mois. Il y a donc lieu de distinguer les grandes étapes d'une vérification de comptabilité, et à ce titre, la distinction entre d'une part, le commencement et l'achèvement des opérations de vérification, et d'autre part, le cours de la vérification, semble la plus pertinente. Au début et à la fin de la vérification de comptabilité, les conditions de la création d'un équilibre tiennent non seulement à l'interdiction de détournement de procédure de la part de l'administration, mais aussi au droit à l'information des entreprises vérifiées. Ce droit à l'information existe tant lors du déclenchement qu'à l'issue des opérations de vérification. Outre les voies contentieuses traditionnelles, les entreprises vérifiées peuvent exercer des recours administratifs, saisir un organisme extérieur et indépendant de l'administration ou recourir à un des modes alternatifs de règlement des litiges (conciliation, médiation ou arbitrage). Par ailleurs, le déroulement des vérifications est encadré, ce qui est dans l'intérêt tant de l'administration que des entreprises vérifiées. La complexité du droit fiscal et la procédure de la

vérification fiscale nécessitent un dialogue permettant au vérificateur et au contribuable de clarifier et de débattre des points soulevés à la suite des opérations de vérification.

40. Dès lors, la spécificité des pouvoirs de l'administration fiscale par rapport aux pouvoirs d'autres autorités de contrôle et des garanties du contribuable par rapport aux garanties accordées à l'entreprise contrôlée pour des raisons autres que fiscales (première partie) servira de base à la définition d'un équilibre entre les pouvoirs de l'administration fiscale et les garanties du contribuable au cours de la vérification de comptabilité (deuxième partie).

Première partie : Les pouvoirs de l'administration fiscale par rapport aux pouvoirs d'autres autorités de contrôle et les garanties du contribuable par rapport aux garanties accordées à l'entreprise contrôlée pour des raisons autres que fiscales

41. Tout régime de contrôle repose sur une certaine conception du pouvoir. Afin d'exercer ses fonctions et de vérifier si les législations sont effectivement appliquées, l'Etat doit être fort, et de larges pouvoirs de contrôle sont considérés comme nécessaires à la poursuite des impératifs d'intérêt général. Or, dans un pays démocratique où l'idée principale est de sauvegarder la liberté de l'individu, le pouvoir est perçu comme une menace et apparaît comme la remise en cause des principes fondamentaux. Dans son livre « *Taking Rights Seriously* », Ronald Dworkin estime que conférer des droits contre le Gouvernement est justifié car cela représente la promesse de la majorité aux minorités que la dignité et l'équité seront respectées[76]. Mais cet auteur s'inquiète des difficultés d'application de ce principe car celui-ci est complexe et la mission du Gouvernement d'assurer l'intérêt public deviendrait plus difficile et plus coûteuse. Pour l'auteur, « *ce serait une pratique frivole et fausse à moins qu'un équilibre ne soit trouvé* »[77].

42. L'administration fiscale fait partie des administrations de l'Etat dont les relations avec les citoyens se sont longtemps exercées sur la seule base du principe d'autorité. Il semble donc qu'il existe une incompatibilité entre la protection du contribuable et les pouvoirs de l'administration. Pendant longtemps, on a considéré que les autorités administratives devaient jouir d'une importante autonomie procédurale afin de remplir efficacement leur mission. Cependant, la protection du contribuable est une exigence dans un Etat de droit, où l'on doit offrir certaines garanties protégeant le contribuable contre l'arbitraire.

43. Le pouvoir de contrôle de l'administration compense le fait que le système fiscal est déclaratif et que les entreprises ont des possibilités de ne pas laisser de traces, ou de faire disparaître les traces de leurs agissements. Cependant ce n'est pas le seul objectif du pouvoir de contrôle, qui doit « *sanctionner la fraude (mais) aussi faire appliquer la loi fiscale avec mesure* »[78]. Ces dernières années, l'administration fiscale a vu s'accroître ses tâches, tout à la fois complémentaires et contradictoires, de lutte contre la fraude et l'évasion fiscales et de réconciliation avec le contribuable.

44. « *Il est fondamental pour l'application de la loi fiscale que les droits et obligations du contribuable d'une part, de l'administration de l'autre, pendant les vérifications de comptabilité, soient clairement définis* »[79]. Les pouvoirs de l'administration et les garanties du contribuable sont issus des textes ou des principes généraux de droit et ils ne sont pas identiques selon les procédures.

---

[76] Ronald DWORKIN, *Taking Rights Seriously*, London : Duckworth, 1977, p. 205.
[77] Ronald DWORKIN, *Taking Rights Seriously*, p. 198.
[78] Conseil des impôts, 20e rapport au Président de la République, 2002 : *DF* 2003, n° 4, étude 3.
[79] Concl. de Marie-Aimée LATOURNERIE sous arrêt CE, 21 mai 1976, req. n° 94052.

Les questions concernant les pouvoirs de l'administration fiscale et les garanties de l'entreprise vérifiée se posent sous deux aspects : soit c'est le souci de protection de l'entreprise contrôlée qui a entraîné la restriction des pouvoirs de l'administration, soit ce sont les garanties de l'entreprise vérifiée qui ont rendu plus difficile la tâche de l'administration. Afin de répondre à ces questions, il convient d'étudier dans un premier temps les pouvoirs de l'administration fiscale par rapport à ceux d'autres autorités de contrôle (Titre I), puis les garanties du contribuable lors de la vérification de comptabilité par rapport à celles accordées à l'entreprise contrôlée pour des raisons autres que fiscales (Titre II).

Titre I : Les pouvoirs de l'administration fiscale par rapport à ceux d'autres autorités de contrôle

45. Dans les trois pays occidentaux étudiés, l'administration tend à passer du statut d'administration-pouvoir à celui d'administration-fonction. L'administration est à la recherche d'une nouvelle image. Simplifier, comprendre, humaniser tout en contrôlant sont les objectifs principaux de l'administration fiscale. L'administration fiscale passe également d'un service de contrôle à un service de prévention, et pour ce faire, donne des conseils au contribuable pour que ce dernier rédige correctement ses déclarations. Or, en pratique, il est évident que l'administration fiscale dispose d'un large pouvoir discrétionnaire. En outre, elle dispose indiscutablement de temps et d'argent, ce qui n'est pas le cas du contribuable. Et, en dépit des déclarations d'intention, l'administration connaît toujours mal les besoins des contribuables. La seule analyse complète réalisée à ce jour en France est celle réalisée dans le cadre de la « *mission 2003* » en 1999. Par ailleurs, la métamorphose décrite ci-dessus ne concerne pas forcément toutes les administrations fiscales.

46. Contrairement à ce qui se passe dans ces trois pays occidentaux, les pouvoirs de l'administration chinoise ont récemment été renforcés. Cependant, selon certains auteurs, ce renforcement manque d'efficacité. Par exemple, pour Banggui Jin, « *le législateur chinois a su uniquement mettre l'accent sur le renforcement des pouvoirs des contrôleurs sans prévoir des procédures et des techniques légales et efficaces* »[80]. De plus, malgré la demande des contribuables chinois d'une administration fiscale de compréhension et de service, le système chinois reste très répressif.

47. Replacer l'administration fiscale au sein des autorités disposant d'un pouvoir de contrôle permet de mieux apprécier en quoi ses pouvoirs sont spécifiques (Chapitre I), notamment dans un contexte international (Chapitre II).

---

[80] Banggui JIN, *La réforme des procédures fiscales en Chine*, th. univ. Aix-Marseille, 2000, p. 134.

Chapitre I – Les autorités disposant d'un pouvoir de contrôle

48. Au sein des autorités de contrôle, deux types d'autorités doivent être distingués, les administrations de l'Etat ainsi que ses établissements publics administratifs, et les autorités administratives indépendantes. Dans les pays comparés, l'administration fiscale se rattache à la première catégorie, elle prend appui sur l'autorité de l'Etat et exerce les pouvoirs du Gouvernement. Pour analyser les pouvoirs de contrôle d'administrations diverses, seront d'abord présentés les autorités concernées (Section I) puis leurs pouvoirs respectifs (Section II).

Section I – Présentation des autorités

49. En France, les services s'occupant des impositions directes et des cotisations sociales sont séparés. Les organismes privés de recouvrement de sécurité sociale, URSSAF, gèrent les cotisations sociales et l'administration fiscale, agent de l'Etat, les contributions directes. Les URSSAF[81] gèrent un service public et prennent des décisions relevant du droit privé. Ce n'est le cas ni au Royaume-Uni ni en Chine. Le service chinois compétent en matière de sécurité sociale est le Ministère de l'Emploi et de la Sécurité Sociale, qui est, comme le Ministère des Finances, une composante du Gouvernement chinois. L'organisation actuelle des administrations britanniques et leur champ respectif de compétence sont le fruit de réformes profondes intervenues dans l'ensemble des administrations britanniques ces dernières années. Par le *Commissioners of Revenue and Customs Act 2005*, une administration fiscale unique a été créée : *Her Majesty's Revenue and Customs* (HMRC). Aux Etats-Unis, les pensions des Etats sont gérées selon la loi fédérale, l'ERISA (*Employee Retirement Income Security Act of 1974*). L'application de l'ERISA est essentiellement assurée par l'*Office of Pension and Welfare Benefits Administration* (OPWBA). Le service fiscal : l'*Internal Revenue Service* (IRS), agence administrative, est une autorité du Gouvernement des Etats-Unis[82]. Il exerce les pouvoirs du Gouvernement, confiés par le Congrès américain par l'intermédiaire du Ministre des Finances.

50. Outre l'administration s'occupant des prélèvements obligatoires, quels que soient les impôts ou les cotisations sociales, les autorités de contrôle incluent les autorités de régulation et les contrôleurs des comptes. En France, au premier rang des autorités de régulation, figurent l'Autorité des Marchés Financiers (AMF)[83] et le Conseil de la concurrence[84]. Les sept principales autorités

---

[81] Les URSSAF sont au nombre de 109 sur le territoire français. Constituées sous forme de personnes morales distinctes, elles sont indépendantes les unes des autres et les décisions prises par l'une d'elles n'engagent pas les autres.
[82] USC, § 551(1).
[83] Art. 2, section 1, titre 1er de la loi LSF.

indépendantes américaines de régulation[85] sont les suivantes : *the Interstate Commerce Commission, the Federal Trade Commission (FTC), the National Labor Relations Board, the Securities and Exchange Commission (SEC), the Federal Communication Commission, the Federal Power Commission, the Civil Aeronautics Board*. Les autorités de régulation françaises relèvent de la compétence de contrôle des juridictions administratives ou judiciaires, et la loi relative aux droits des citoyens dans leurs relations avec les administrations ne leur est pas applicable. En revanche, aux Etats-Unis, les autorités de régulation sont toutes soumises aux dispositions de l'APA.

51. En matière de concurrence, les trois pays occidentaux comparés ont créé un régulateur spécifique. Au Royaume-Uni, il s'agit de l'Office de la loyauté des pratiques du commerce (*Office of Fair Trading : OFT*)[86], qui est un service gouvernemental non ministériel, une autorité administrative jouant un rôle essentiel en matière de concurrence. Ses pouvoirs d'investigation sont énoncés au chapitre III du *Competition Act* de 1998 (sections 25-29)[87] : droit de conduire une enquête là où il dispose « *de motifs raisonnables de soupçonner* » l'existence d'infractions économiques[88]. Aux Etats-Unis, le *Federal Trade Commission Act* 1914 (*FTC Act*)[89] a créé la *Federal Trade Commission* (*FTC*)[90], agence fédérale indépendante disposant de pouvoirs quasi-juridictionnels. La FTC peut poursuivre toute enquête nécessaire dans l'ensemble du territoire des Etats-Unis[91] et ses pouvoirs sont définis dans les sections 6, 9 et 20 du *FTC Act*[92]. En France, le contrôle de la concurrence est assuré par le Conseil de la concurrence. En Chine, l'autorité principale

---

[84] Le Conseil de la concurrence a été créé par l'ordonnance du 1er décembre 1986.

[85] Elles ressemblent aux autorités administratives indépendantes en France.

[86] La structure institutionnelle veillant à l'application du droit de la concurrence au Royaume-Uni est très complexe. Quatre institutions sont en charge de cette mission : le ministère du Commerce et de l'Industrie, la commission de la concurrence divisée en deux parties dont l'une se consacre à l'établissement de rapports et l'autre à l'examen des recours, le directeur général de la loyauté des pratiques du commerce (*Director General of Fair Trading : DGFT*).

[87] Le *Competition Act* a été promulgué le 9 novembre 1998 et il fait de la loi anglaise l'une des plus sévères de l'Europe. Les pouvoirs d'investigation du DGFT lui ont été conférés par la loi de 1973 sur la loyauté des pratiques du commerce et ont été considérablement renforcés par la loi de 1998.

[88] *Competition Act* de 1998, section 25.

[89] Le *FTC Act* de 1914 a été amendé en 1994 et 1996. Title 15 (*Commerce and Trade*) USC section 41-51. Il y a aussi le *FTC Improvement Act of 1980*. En fait, les principales lois d'application en matière de concurrence fédérale sont le *Sherman Antitrust Act 1890* (texte fondateur à valeur quasi-constitutionnelle), le *Clayton Act 1914*, le *FTC Act* et le *Robinson-Patman Act*.

[90] La *FTC* est sous le contrôle de 12 Cours Fédérales d'appel et de la Cour d'appel du Circuit Fédéral.

[91] *FTC Act*, section 3 ; 15 USC, section 43.

[92] 15 USC section 46, 49 et 57b-1.

compétente en la matière est l'administration de l'Industrie et du Commerce (*State Administration of Industry and Commerce of China* : SAIC)[93].

52. En matière de marchés financiers, les quatre pays comparés ont tous créé un régulateur spécifique[94]. En France, ou au Royaume-Uni et aux Etats-Unis, il s'agit d'un organe indépendant de l'Etat alors que celui de la Chine est une composante du Gouvernement. Malgré la forme similaire des régulateurs de ces quatre pays, des nuances existent car il faut distinguer les deux fonctions d'un régulateur des marchés financiers, la surveillance prudentielle et le contrôle des marchés. Les conceptions américaine, française et chinoise sont dualistes alors que celle du Royaume-Uni est unitaire[95].

53. Au centre du système boursier américain et exerçant un pouvoir hiérarchique de tutelle sur les organisations de marché, la SEC, créée en 1934[96], a pour prérogative essentielle la régulation des marchés alors que d'autres organes, surtout créés par les Etats fédérés, sont en charge de la surveillance. Pour remplir sa mission, la SEC est investie de larges pouvoirs d'enquête et d'actions administratives ou judiciaires. En France, l'AMF est inspirée du modèle de la SEC. Autorité publique indépendante dotée d'une personnalité morale distincte de celle de l'Etat, elle a un champ de compétence large et dispose de pouvoirs de contrôle et d'enquête[97]. Au Royaume-Uni, une autorité de supervision unique pour l'ensemble des services financiers, la *Financial Services Authority* (FSA)[98] a été investie des pouvoirs de régulation et de

---

[93] Art. 3 de la loi chinoise relative à la concurrence, votée et promulguée le 2 septembre 1993 (3e réunion, 8e mandat du Comité Permanent de l'Assemblée nationale populaire de la Chine : CPANP). Cette loi est entrée en vigueur le 1er décembre 1993.

[94] L'industrie des services financiers s'étant progressivement globalisée depuis le début des années 1980, un certain nombre d'économistes plaident pour la création d'une véritable autorité unique de surveillance à l'échelle internationale, et notamment en Europe.

[95] Dans un système dualiste, l'autorité des marchés a pour mission la régulation des marchés et d'autres organes distincts sont créés pour la surveillance prudentielle. Dans un système unitaire, l'autorité des marchés est chargée de la régulation des marchés ainsi que la surveillance prudentielle des établissements de crédits, des entreprises d'investissement, des banques et des assurances.

[96] La SEC a été créée par l'article 4 de le *Securites Exchange Act* 1934 au lendemain de la crise financière de 1929.

[97] C. mon. fin., art. L. 621-9-I. Décret du 21 novembre 2003, art. 11 à 16.

[98] Jusqu'en 1988, les marchés britanniques étaient largement auto-régulés et fonctionnaient dans une opacité « *traditionnelle* ». Depuis l'entrée en vigueur du *Financial Service Act* 1986, le 29 avril 1988, certaines règles ont été posées. Cette loi a créé un certain nombre d'autorités professionnelles d'auto-réglementation (*Self Regulating Organisation : SRO*) et des organismes professionnels reconnus (*Recognised Professionnel Bodies : RPB*). Le *Financial Service Act* a été amendée par le *Company Act* de 1989.

Le *Chancellor of the Exchequer* a annoncé un projet de réforme et la création d'un nouveau régulateur le 20 mai 1997. Le *Securites and Investment Board* (SIB) a changé formellement son nom en *Financial Services Authority* (FSA) en octobre 1997. La première étape de la réforme de la régulation des marchés financiers a été achevée en juin 1998, la responsabilité de la surveillance prudentielle des marchés financiers par le *Financial Services and Markets Act* 2000 (14 juin 2000). La FSA est dotée de la personnalité morale, est placée sous la tutelle du Trésor et s'apparente aux *Quasi Autonomous Non Governmental Organisations* (corps indépendants non gouvernementaux), proches des autorités administratives indépendantes françaises. En Chine, l'autorité de régulation correspondante est la *China Securities Regulatory Commission* (CSRC)[99].

54. Pour compléter le contrôle externe sur les comptes des entreprises, le commissaire aux comptes voit son rôle de contre-pouvoir interne renforcé pour maintenir un équilibre des rapports de force. En France, en vertu des dispositions de l'article 228 de la loi du 24 juillet 1966[100], le commissaire aux comptes est appelé à garantir la régularité et la sincérité des informations financières et sa mission de contrôle légal a un caractère d'intérêt général[101] Il opère, à toute époque de l'année, les vérifications et contrôles qu'il estime utiles à l'exercice de sa mission. La mission du commissaire aux comptes n'est pas limitée à un contrôle *a posteriori*, il est investi d'une mission permanente de vérification des valeurs et documents comptables[102].

55. Le commissaire aux comptes est un auditeur légal et indépendant de l'entreprise. Il est indépendant non seulement à l'égard des dirigeants mais également à l'égard des pouvoirs publics. Or, son rôle est dominé par une ambiguïté et cette question n'est toujours pas résolue. C'est un professionnel rémunéré pour critiquer éventuellement ceux qui l'ont désigné et, s'il a donné satisfaction aux dirigeants, il est renouvelé par la personne qu'il est chargé de contrôler. Est-il un tiers pour l'entreprise ? La Cour de cassation française considère que le commissaire aux comptes n'est pas un tiers pour l'entreprise[103]. Ce paradoxe existe également aux Etats-Unis, où la forte influence des marchés financiers et les exigences importantes de transparence semblent néanmoins réduire la dépendance économique de l'auditeur externe vis-à-vis de son client. La situation n'est pas différente dans les deux autres pays. En Chine, afin de garantir l'indépendance du commissaire aux comptes vis-à-vis des administrateurs ou des dirigeants de sociétés, le projet de loi de 2005 relative

---

surveillance bancaire a été transférée à la FSA de la *Bank of England*. En mai 2000, la FSA a pris le pouvoir de l'*UK Listing Authority* du *London Stock Exchange*. Enfin, le *Financial Services and Markets Act*, entré en vigueur le 1er décembre 2001, a transféré à la FSA la responsabilité de plusieurs organisations. Le ministre des Finances (*the Treasury*) nomme la Commission de la FSA.

[99] Loi chinoise relative aux marchés financiers, votée le 29 décembre 1998 (CPANP, 9e mandat, 6e réunion), entrée en vigueur le 1er juillet 1999.

[100] C. com. , art. L. 225-235.

[101] Recommandation du CNCC n° 60 du 2 juillet 1980.

[102] Cass. com., 19 octobre 1999, Sté. Des Garages Voltaire c/Lefèvre : *Gaz. Pal.*, 1999, *juris. somm. et note.*, p. 806.

[103] Cass. soc., 24 mars 1988, n° 1255 P : *Bull. CNCC*, n° 72, décembre 1988, p. 476.

aux sociétés prévoyait que le pouvoir de décision concernant la nomination et la révocation du mandat du commissaire aux comptes soit exclusivement réservé à l'assemblé des associés ou des actionnaires. Mais la loi relative aux sociétés votée en 2005 dispose finalement qu'il revient aux statuts de conférer un tel pouvoir soit à l'assemblée des actionnaires soit au conseil d'administration[104].

56. Les contrôles fiscaux donneraient sans doute de moins bons résultats si les inspecteurs des impôts étaient choisis par la personne soumise à vérification et payés par elle. Cette situation n'est pas éloignée de celle des commissaires aux comptes qui, quelles que soient leur intégrité et leurs exigences déontologiques, ne sont pas placés dans les meilleures conditions pour être indépendants[105]. Il s'agit d'une insuffisance structurelle. L'indépendance n'est pas une fin en soi mais le moyen d'un contrôle objectif et efficace. C'est la liberté d'esprit face aux contraintes extérieures[106]. L'indépendance des commissaires aux comptes est assurée par l'établissement d'une liste de prestations interdites et d'incompatibilités. En France, la loi sur les nouvelles régulations économiques (NRE) ayant prévu l'approbation d'un code de déontologie de la profession par décret, le nouveau « *Code de déontologie de la profession de commissaire aux comptes* » a été promulgué le 16 novembre 2005[107]. Les grands réseaux internationaux d'audit ont formulé des critiques à son encontre, critiques finalement rejetées par le Conseil d'Etat le 24 mars 2006[108].

57. Le commissaire aux comptes n'est pas un organe public, mais un professionnel libéral. Cependant les autorités publiques souhaitent l'envisager comme une sorte de défenseur de l'intérêt public. Plus qu'un mandataire, il est

---

104 Art. 170 de la loi chinoise relative aux sociétés, votée le 27 octobre 2005 (CPANP, 10e mandat, 18e réunion), entrée en vigueur le 1er janvier 2006.

105 Conférence *Droit des sociétés, loi NRE : questions en débat*, Salon du Presse club de France, Paris, le 7 novembre 2002.

106 Dominique VIDAL, « Libres propos sur l'indépendance du commissaire aux comptes après la LSF », in : *Mélanges en l'honneur de Dominique SCHMIDT : Liber Amicorum*, Paris : Joly édition, 2005, p. 475.

107 Décret n° 2005-1412, 16 novembre 2005 : *JORF*, 17 novembre 2005 ; *BJS* 2006, § 19, p. 115 ; *BJS*, mars 2006, § 89, p. 409. La Commission européenne a officiellement demandé à la France le 17 octobre 2007 de modifier les articles 24 et 29, III, alinéa 2 de ce Code relatifs aux réseaux internationaux de cabinets d'audit. Le motif est que ces articles restreignent indûment la liberté de prestation de services telle qu'elle est garantie par l'article 49 du traité (Comm. Commission européenne, 17 octobre 2007, n° IP/07/1520, communiqué).

108 CE, ass., 24 mars 2006, n° 288460, Sté KPMG : *JCP éd. A* 2006, *act.*, 290 ; *JCP éd. E* 2006, 1577, jugé que l'intérêt général qui s'attache à ce que les comptes donnent une image fidèle du patrimoine, de la situation financière et du résultat des sociétés constitue une raison impérieuse justifiant des limitations à la libre prestation de services. Les mesures en cause, adaptées à l'objectif poursuivi, ne portent donc pas une atteinte excessive à la libre prestation de services. Mais le Conseil d'Etat a annulé le décret n° 2005-1412 en tant qu'il ne prévoyait pas de dispositions transitoires. Le décret n° 2006-469 du 24 avril 2006 a finalement modifié le décret n°2005-1412 (*JORF*, 25 avril 2006, p. 6188 ; *JCP éd. E* 2006, *act.*, 211).

considéré, selon le Doyen Ripert, comme « *le censeur qui exerce une fonction publique* ». Toutefois la question est de savoir dans l'intérêt de qui il agit. Pour l'Etat parce qu'il est tenu de révéler les infractions au procureur de la République ? Pour les actionnaires parce qu'il est chargé de la mission de surveiller les comptes ? Pour l'autorité de contrôle des marchés financiers ? En France, la loi du 1er août 2003 a relativement renforcé la mission du commissaire aux comptes. On voit que celui-ci, autrefois mandataire des associés, devient en quelque sorte, pour les sociétés faisant publiquement appel à l'épargne, auxiliaire de l'AMF, ce qui n'exclut pas son rôle traditionnel d'auxiliaire du ministère public.

Section II – Les pouvoirs de vérification et/ou d'enquête

58. Seront successivement étudiés les pouvoirs des organismes de recouvrement des cotisations sociales (I), des régulateurs de la concurrence (II), des autorités des marchés financiers (III) et des contrôleurs légaux de comptes (IV).

I – Les organismes de recouvrement des cotisations de sécurité sociale

59. Aux Etats-Unis, l'*Office of Pension and Welfare Benefits Administration* (OPWBA) effectue environ 5 000 enquêtes par an. Le chiffre est plus impressionnant en France : chaque année, plus de 5% des entreprises cotisantes sont contrôlées. En 2005, environ 112 000 entreprises ont fait l'objet d'un contrôle, ces contrôles ayant porté sur 34 milliards d'euros, soit près de 17% des cotisations liquidées contrôlables[109]. Tous ces chiffres montrent l'importance des contrôles en matière de recouvrement des cotisations sociales.

60. En France, le Code de la sécurité sociale ne réservait que 9 articles[110] aux vérifications en matière de cotisations sociales car les rédacteurs de ce Code ont considéré que cette procédure de vérification était normale, fréquente et rapide[111]. Cette situation a été améliorée par la réforme réglementaire du 11 avril 2007[112]. Au Royaume-Uni, le *Pensions Act of 1995* est la loi principale en la matière et prévoit les droits et pouvoirs des organismes de recouvrement. En Chine, le fondement légal du contrôle est de nature administrative, une circulaire publiée par le Ministre de l'Emploi et de la Sécurité Sociale[113].

---

[109] Rapport 2005 de l'ACOSS. Selon le premier rapport du Conseil des prélèvements obligatoires sur la fraude et son contrôle, le nombre d'entreprises, dont la situation a été vérifiée par les URSSAF, était de 173 866 en 2005 (*DF* 2007, n° 16, 434).

[110] Dont l'art. R. 243-59 du CSS est le plus important.

[111] Circ. n° 33, Sécurité sociale et allocations familiales, cotisations, recouvrement, 15 mars 1957 : *JORF*, 31 mars 1957, p. 3401.

[112] Décr. n° 2007-546 du 11 avril 2007 relatif aux droits des cotisants et au recouvrement des cotisations et contributions sociales et modifiant le Code de la sécurité sociale : *JORF*, 13 avril 2007, n° 87, p. 6779. Ce décret entre en vigueur le 1er septembre 2007.

[113] Circulaire relative aux procédures de contrôle sur les cotisations sociales, 19 mars 1999, Ministre du Travail et des Sécurités Sociales, [3].

L'administration chinoise a le pouvoir de vérifier sur place, de demander et d'examiner les documents nécessaires à l'établissement des cotisations sociales[114], notamment la liste des salariés, les bulletins de paie et les documents comptables. Elle peut également inspecter les lieux de travail, interroger les personnes concernées et enregistrer, filmer, photographier et photocopier les documents concernés.

61. En France, les agents des URSSAF disposent également de pouvoirs très étendus. Notamment, ils disposent des trois pouvoirs fondamentaux de vérification : droit d'entrée et de visite de l'entreprise [115], droit de communication des documents auprès du cotisant contrôlé [116] et droit d'interroger le personnel[117]. Cela constitue un véritable contrôle sur place[118]. Les différences entre les pouvoirs de contrôle de l'administration fiscale et ceux de l'autorité chargée du recouvrement des cotisations sociales sont nombreuses. Elles concernent tant le pouvoir de communication (A), que l'obligation d'informer l'entreprise contrôlée (B), que l'obligation du contradictoire (C) ou que l'absence d'interdiction des vérifications successives (D).

A/ Le pouvoir de se faire communiquer des documents auprès de tiers

62. Les agents des URSSAF disposent-ils du droit de communication auprès de tiers ? Ils n'ont pas en principe le pouvoir d'exiger des tiers de leur fournir des informations sur le cotisant. Néanmoins, des organismes de droit privé ou de droit public peuvent avoir l'obligation ou la faculté de communiquer des informations à certaines administrations ou organismes qui, réciproquement, doivent, ou peuvent[119], communiquer des informations susceptibles d'intéresser les inspecteurs du recouvrement, par exemple, l'autorité judiciaire [120] et l'administration fiscale[121].

---

[114] Les cotisations sociales sont obligatoires pour les employeurs et travailleurs indépendants en Chine (Loi chinoise relative au travail, art. 72, votée le 5 juillet 1994 par l'ANP, publiée le même jour et entrée en vigueur le 1er janvier 1995).
[115] CSS, art. L. 243-11.
[116] CSS. art. R. 243-59, al. 2.
[117] CSS, art. R. 243-59, al. 3.
[118] Néanmoins, les contrôles sur place ne seront plus automatiques à partir de l'entrée en vigueur du décret du 11 avril 2007. En ce qui concerne les employeurs ou travailleurs indépendants occupant 9 salariés au plus, le contrôle peut être réalisé dans les locaux de l'URSSAF à partir des éléments dont dispose celle-ci et de ceux demandés pour le contrôle (CSS, art. R. 243-59-3, inséré par l'article 4, II du décret n° 2007-546 du 11 avril 2007).
[119] CSS, art. R. 243-43-3 (inséré par l'article 3 du décret n° 2007-546 du 11 avril 2007).
[120] CSS, art. L. 114-16 (inséré par la loi n° 2005-1579 du 19 décembre 2005, art. 92, I, *JORF*, 20 décembre 2005, p. 19531).
[121] LPF, art. L. 83 et L. 152.

63. Les agents des URSSAF peuvent interroger les salariés du cotisant contrôlé[122]. S'agit-il d'un droit de communication ? En cas de contrôle fiscal, le vérificateur peut interroger les salariés de l'entreprise vérifiée[123] à condition que ceux-ci bénéficient de leur droit au silence. En fait, il ne s'agit pas ici d'un droit de communication en tant que tel. Le droit des agents des URSSAF d'interroger le personnel est également encadré. Les agents ne sont autorisés à entendre les salariés de l'entreprise contrôlée que sur les lieux de travail[124]. Ils ne doivent pas perturber la bonne marche de l'entreprise ou l'activité de la personne interrogée[125]. Ils ne peuvent pas obliger un salarié à ouvrir un bureau pour se faire remettre des documents à leur demande pressante[126]. Ils ne peuvent entendre que les salariés de l'entreprise contrôlée[127]. Une difficulté se produit lorsque la comptabilité, ou la paie, est confiée à des salariés d'une autre entité. La spécificité de cette situation est prise en compte. Ainsi, n'enfreint pas les dispositions qui autorisent les agents des URSSAF à entendre les salariés de l'entreprise concernée, le jugement qui valide un redressement, alors que le contrôle litigieux a eu lieu en présence de deux salariés du groupement d'intérêt économique dont l'entreprise contrôlée est membre, salariés nécessairement désignés par cette dernière et seuls à même de présenter les documents et supports d'informations nécessaires à l'exercice du contrôle en leur qualité de responsables de la comptabilité et de la paie de l'ensemble du groupement, en l'absence de sollicitation à cette fin de l'URSSAF[128].

64. Les documents à communiquer sont les doubles des bulletins de paie[129], tout document, comptable ou non, tout support d'information, <u>nécessaire</u> à l'exercice du contrôle[130]. Aucune liste exclusive des documents à fournir n'est prévue par les textes sociaux. En revanche, les textes fiscaux[131] fixent de manière limitative les documents comptables susceptibles d'être contrôlés en désignant « *tout document comptable, inventaire, copie de lettre, pièce de*

---

[122] CSS, art. R. 243-59, al. 3.

[123] Rép. min., à Gérard LONGUET, n° 36323 : *JO. Déb. Ass. Nat.*, 20 avril 1981, p. 1744 ; *DF* 1981, n° 24-25, comm. 1311. Rép. min., à Maurice SERGHERAERT, n° 3206 : *JO. Déb. Ass. Nat.*, 29 mars 1982, p. 1241 ; *DF* 1982, n° 22, comm. 1210.

[124] Cass. soc., 28 novembre 1991, n° 3983 PF : *RJS* 1/1992, n° 76. Cass. soc., 27 février 2003 n° de pourvoi : 01-21149, GMEP : *Bull.*, 2003, V, n° 76, p. 72. Cass. 2ᵉ civ., 11 octobre 2005 : *RJS* 2005, n° 1252 ; *JCP éd. E* 2006, n° 29, n° 2129, p. 1287, Droit de la sécurité sociale, 2° régime général, B. Cotisations, n° 7, Contrôle.

[125] Rép. min., n° 12342, à RICHARDS : *JOAN*, 6 février 1965, p. 219 ; rép. min., n° 33088, à COUSTE : *JOAN*, 1ʳᵉ septembre 1980, p. 3775.

[126] Cass. soc., 5 décembre 1991: *JCP éd. E* 1992, I, 140.

[127] Cass. 2ᵉ civ., 22 février 2005, n° 295-F-PB, n° de pourvoi : 03-30442, Sté Hôpital privé Nord Parisien : *Bull.*, 2005, II, n° 41, p. 39 ; *RJS* 5/2005, n° 568.

[128] Cass. 2ᵉ civ., 22 février 2005, n° 295-F-PB, Sté Hôpital privé Nord Parisien.

[129] CSS, art. L. 243-12.

[130] CSS, art. R. 243-59, al. 2 et art. R. 243-43-3, al. 2 (inséré par l'article 3 du décret n° 2007-546 du 11 avril 2007).

[131] CGI, art. 54.

recette et de dépense de nature à justifier l'exactitude des résultats indiqués dans la déclaration et également, les procès-verbaux des assemblées générales d'actionnaires et d'associés ou des conseils d'administration, les rapports de gestion et les rapports des commissaires aux comptes »[132].

65. La doctrine en matière de sécurité sociale interprète de façon extensive les textes sociaux, car elle souligne que « *les dispositions très générales de l'article (art. R. 243-59, CSS) habilitent les contrôleurs à se faire présenter tout autre document s'ils jugent ceux-ci nécessaires à l'exercice du contrôle* »[133]. Le ministre considère que les agents peuvent exiger la production de tous les documents qu'ils jugent nécessaires à leur contrôle[134]. La jurisprudence a retenu une conception large de la notion de documents nécessaires au contrôle. Il s'agit de toutes les pièces comptables, y compris celles dont la tenue n'est pas prescrite obligatoirement par la loi[135].

66. Or, le droit de se faire communiquer des documents n'est pas sans limite. Le principe est que l'inspecteur ne saurait demander des documents non nécessaires à l'exercice de sa mission[136]. Il s'agit de documents qui soit ne peuvent être d'aucune utilité pour la vérification, soit se rapportent à des questions totalement étrangères à l'objet de celle-ci, soit concernent des faits anciens n'ayant pas de rapport avec ceux sur lesquels celle-ci est exercée. Il en est ainsi notamment, des documents privés sans rapport avec l'assiette des cotisations et des documents confidentiels tels qu'un agenda privé. Le cotisant doit-il communiquer les documents qui n'ont pas été demandés par l'inspecteur ? Logiquement, le cotisant ne commet pas de délit d'obstacle à contrôle s'il ne communique pas des documents que l'inspecteur ne lui a pas demandés. En tout état de cause, la vérification doit s'exercer dans des conditions telles qu'elle ne constitue pas une gêne pour les personnes invitées à fournir les renseignements sollicités[137]. L'inspecteur n'est pas habilité à procéder lui-même à des fouilles ou à des recherches dans les services de la société ou dans ses archives[138].

B. L'obligation d'informer l'entreprise vérifiée

67. Dans le préambule de la Charte du cotisant de l'URSSAF, il est précisé à destination des cotisants, « *en premier lieu, vous avez droit à l'information* ».

---

132 Rép. min. n° 758 à Rémi HERMENT : *JO Sénat Q*, 21 août 1997, p. 2157.

133 Guide de recouvrement ACOSS, n° 1-1996.

134 Rép. min., n° 4716 : *JO Sénat Q*, 3 septembre 1974, p. 1116.

135 Cass. crim., 17 novembre 1955 : *Bull. crim.*, n° 496. Rép. aux questions écrites, n° 7228 : *JO Sénat*, 6 février 1988, p. 17.

136 Rép. min., à Robert LIOT : *JO Sénat Q*, 6 février 1988, n° 7228, p. 17.

137 Rép. min., *JOAN Q*, 6 février 1965, p. 219 et Rép. min., n° 33088, *JOAN Q*, 1er septembre 1980, p. 3775.

138 Cass. soc., 5 décembre 1991, n° 4288, n° de pourvoi : 89-17754.

Quel est le contenu de ce droit à l'information ? Il s'agit en principe de l'avis préalable de contrôle (1), de la charte du cotisant contrôlé (3) et de la communication des conclusions du contrôle (2).

1. Prévenir du contrôle

68. L'envoi d'un avis préalable de contrôle est une formalité substantielle dans la procédure de vérification fiscale. Il en va de même pour le délai séparant l'envoi et le contrôle. En droit de la sécurité sociale, cette exigence n'est pas autant formalisée. D'abord, elle a été tardivement consacrée[139]. L'envoi d'un avis préalable au cotisant contrôlé n'est consacré que depuis le 1er septembre 1999[140]. Il appartient aux URSSAF de rapporter la preuve que l'employeur a bien été informé du contrôle envisagé[141]. Ensuite, les textes ne donnaient aucune précision en ce qui concerne le contenu de l'avis. La Charte du cotisant précise que l'avis « *informe de la date de la visite de l'inspecteur et peut vous préciser les documents (la liste n'est pas exhaustive) que l'inspecteur souhaite examiner* ». Un document disponible sur le site des URSSAF intitulé « *Le déroulement du contrôle URSSAF* » indique que l'avis « *informe de la date de la vérification, de la liste des documents et supports qu'il conviendra de tenir à sa disposition et de la période sur laquelle va porter la vérification* (...) *de la possibilité de vous faire assister ou représenter lors du contrôle par le conseil de votre choix* ». En pratique, l'avis contenait le lieu, la date et l'heure de début des opérations, ainsi que, bien souvent, une liste des documents à communiquer. Il a fallu attendre le décret du 11 avril 2007 pour que l'avis mentionne en outre la remise d'une Charte du cotisant contrôlé[142] et le droit de se faire assister par le conseil de son choix[143]. En revanche, l'avis ne mentionne toujours pas le délai séparant l'envoi de la réception et la date effective du contrôle[144]. La doctrine

[139] En 1947, l'administration elle-même a tenté d'inciter les organismes à adresser des avis de passage indiquant le jour et l'heure de la vérification (Circ. SS, 23 mai 1947, n° 165). En 1987, la Commission Thomas a proposé l'envoi obligatoire d'un avis de passage sauf dans les cas de travail clandestin. Cette pratique a été reprise par une lettre ministérielle du 17 février 1988 (BOSS 88-12) et une circulaire ministérielle du 29 juillet 1996 (DSS/FGSS, n° 96-485) consacrant celle-ci en demandant aux agents d'annoncer leurs visites 8 jours avant le contrôle et en indiquant les jours et heures de vérification, sauf dans des cas exceptionnels tels que, par exemple, la lutte contre le travail clandestin. Cependant, les pouvoirs des agents de contrôle ne sont pas accrus en cas de travail clandestin. La jurisprudence française interprète toujours strictement les dispositions de l'article R. 243-59 du CSS et ce quels que soient les motifs du contrôle.

[140] CSS, art. R. 243-59, al. 1 (résultant du décret du 28 mai 1999).

[141] Lettre-circulaire ACOSS, n° 1999-082 du 16 juillet 1999.

[142] CSS, R. 243-59, al. 1 (complété par l'article 4, I, 1° du décret n° 2007-546).

[143] CSS, R. 243-59, al. 1 (inséré par l'article 4, I, 2° du décret n° 2007-546).

[144] André DERUE, « Décret du 28 mai 1999 : une réforme du contrôle URSSAF ? », *JCP éd. E*, 1999, p. 1280.

sociale a prévu un délai de 15 jours pour l'envoi de l'avis préalable de contrôle[145].

69. La sanction du non-respect de l'obligation d'envoi préalable d'un avis n'est pas précisée par les textes réglementaires. La doctrine sociale admet la nullité de la procédure en l'absence d'envoi préalable d'un avis[146]. La Cour de cassation n'a pas explicitement admis cette nullité[147]. Il appartient donc au juge du fond de se déterminer au cas par cas. En pratique, les agents des URSSAF peuvent tout à fait adresser un avis préalable sans laisser un temps raisonnable à l'employeur vérifié pour que ce dernier se fasse assister par un conseil.

70. La portée de la formalité de l'avis préalable n'est pas absolue. D'abord, l'envoi de l'avis de contrôle n'est pas nécessaire en cas de contrôle du travail dissimulé[148]. En revanche, si à la suite d'un contrôle inopiné effectué dans le cadre de la recherche de travail dissimulé, l'inspecteur envisage d'effectuer un contrôle d'assiette, complet ou partiel, un avis de contrôle devra être transmis à l'entreprise concernée. C'est la même solution qu'en matière fiscale. Ensuite, l'avis préalable est-il obligatoire lorsque le contrôle est effectué sur la base de renseignements extérieurs, sans visite sur place d'un agent ? La Cour de cassation française a considéré que l'objet de l'avis préalable étant d'informer l'employeur de la date de la première visite de l'inspecteur, cet avis était sans objet dans cette situation[149]. La solution est justifiée car dans cette hypothèse, le cotisant n'est pas privé de toutes les garanties, l'envoi de la lettre d'observations requise à l'issue des vérifications des déclarations étant indispensable[150].

---

[145] Lettre-circulaire ACOSS, n° 1999-082 du 16 juillet 1999. En pratique, les délais prévus par la Poste pour la remise de la lettre recommandée avec accusé de réception sont pris en compte.

[146] Lettre-circulaire, ACOSS, n° 1999-082 du 16 juillet 1999. Circ. DSS-5B-99-726 du 30 décembre 1999. Avant l'adoption du décret du 28 mai 1999, un cotisant avait soutenu, devant la Cour de cassation (23 mars 1995, n° de pourvoi : 92-14289), que l'alinéa 2 de l'article 8 de la Convention européenne des droits de l'Homme, ayant une autorité supérieure aux lois et règlements qui lui sont contraires, introduisait que les agents de contrôle de l'URSSAF effectuent des visites chez les employeurs et les travailleurs indépendants, pour opérer des reprises, sans autorisation d'un juge ou sans avis de passage. Mais la Cour a estimé que ce moyen était nouveau et, mélangé de fait et de droit, dès lors irrecevable. Voir aussi Cass. soc., 30 octobre 1996 : *Bull. civ.*, V, n° 367.

[147] Cass. 2e civ., 5 avril 2007, n° de pourvoi : 06-12517: *Répertoire du Notariat Defrénois*, 15 juillet 2007, n° 13, p. 1018, note de Guy-Patrice QUÉTANT. La Cour de cassation a jugé que le contrôle ayant commencé avant le 1er septembre 1999, date d'effet du texte imposant l'envoi aux cotisants d'un avis préalable au contrôle, l'absence d'avis préalable n'était pas sanctionnable.

[148] C. tra., art. L. 324-9. CSS, art. R. 243-59.

[149] Cass. 2e civ., 3 mai 2006, n° 660 FS-P, n° de pourvoi : 04-19840, SARL Marionnaud Nancy c/URSSAF de Meurthe-et-Moselle : *Bull.* 2006, II, n° 119, p. 113 ; *JCP éd. E* 2006, n° 31-34, 2259 ; *RJS* 7/2006, n° 888 ; *FR* 30/06, 9 juin 2006, p. 14 ; - 23 novembre 2006, n° 1889 F-D, Raunet c/URSSAF de la Marne et a. : *RJS* 2/2007, n° 273.

[150] Cass. 2e civ., 6 avril 2004, n° 469 F-PB : *RJS* 6/2004, n° 746. CSS, art. R. 243-43-4 (inséré par l'article 3 du décret n° 2007-546).

2. Transmettre les conclusions du contrôle

71. Comme en matière fiscale, le contrôle est terminé par l'envoi d'un document intitulé « *Lettre d'observations* ». Sa remise est obligatoire même si aucun redressement n'est envisagé[151]. L'absence d'observations est considérée comme une approbation tacite des pratiques contrôlées et l'URSSAF ne pourra donc pas redresser ultérieurement une pratique qui a été légitimée par une absence d'observations. La doctrine sociale estime que la non communication des observations est susceptible d'entraîner la nullité des opérations de contrôle et de la mise en demeure éventuelle[152]. La jurisprudence considère que la communication des observations des agents de contrôle, à l'employeur, destinée à assurer le caractère contradictoire du contrôle ainsi que la sauvegarde des droits de la défense, et à permettre un apurement souhaitable avant tout recours constitue une formalité substantielle[153].

72. Il existe deux documents distincts dans le contrôle URSSAF, la lettre d'observations et la mise en demeure[154]. Certains auteurs considéraient que la première ne constituait qu'une mesure d'information alors que la deuxième était

---

[151] Cette solution vaut en cas de contrôle sur place. En revanche, à l'issue des vérifications des déclarations sur pièces, les articles R. 243-43-3 et 243-43-4 du CSS (insérés par l'article 3 du décret n° 2007-546) disposent que lorsque l'organisme de recouvrement envisage un redressement, il adresse par lettre recommandée avec demande d'avis de réception un courrier au cotisant lui indiquant les déclarations et documents examinés, les périodes auxquelles se rapportent ces déclarations et documents, le motif, le mode de calcul et le montant des redressements envisagés, la faculté de se faire assister d'un conseil de son choix, le droit de répondre aux observations dans le délai de 30 jours, etc. Il n'a pas été précisé si l'organisme de recouvrement devait ou non adresser au cotisant concerné une lettre d'observations en l'absence d'intention de redresser. En pratique, si les vérifications ont lieu sur pièces, le cotisant concerné n'est pas au courant. Donc, en l'absence de redressement, il n'est pas nécessaire d'adresser une lettre d'observations.

[152] Circ. DSS-5B-99-726 du 30 décembre 1999.

[153] Cass. soc., 2 juillet 1984 ; - 11 décembre 1985 : *Bull. civ.*, V, n° 609 ; - 26 mai 1987: *Bull. civ.*, V, n° 342 ; - 12 mars 1992 : *Bull. civ.*, V, n° 184 ; - 12 décembre 1996, n° de pourvoi : 95-1288[illegible] : *Bull.*, 1996, V, n° 442, p. 319 ; *TPS* 1997, comm. 57 ; - 6 février 1997, n° 648 P+B, n° de pourvoi : 95-13685, SEMLS Angers SCO : *Bull.*, 1997, V, n° 56, p. 36 ; - 27 février 1997, n° de pourvoi : 95-16133 : *Bull.*, 1997, V, n° 89, p. 62 ; *TPS* 1997, comm. 129. Cass. 2e civ., 14 octobre 2003, M.J.-M. Riha c/URSSAF de Tarn, n° 02-30.429, arrêt n° 1357 FS-P+B : *Dr. soc.* 2003, n° 12, p. 1141, note d'Xavier PRETOT ; *TPS*, décembre 2003, comm. 411 ; - 27 janvier 2004, SARL Cannes : *TPS*, avril 2004, n° 123.

[154] Selon les articles L. 244-2 et R. 244-1 du CSS, lorsque l'employeur ou le travailleur indépendant n'a pas respecté les modalités de versement des cotisations, toute action ou poursuite doit être précédée par l'envoi au débiteur d'une lettre recommandée avec accusé de réception invitant l'intéressé à régulariser sa situation dans un délai d'un mois. C'est cette lettre qui constitue la mise en demeure. Voir François TAQUET, « Nature de la mise en demeure délivrée par une URSSAF », *JCP éd. E* 2006, n° 26, comm. 2054. Voir également Cass. ass. plén., 7 avril 2006, n° 04-30.353, n° 535 P, Legeai c/URSSAF de Paris : *Bull. civ.*, 2006, Ass., n° 4, p. 7 ; *JCP éd. G* 2006, n° 18, IV, 2056 ; *JCP éd. S* 2006, n° 39, comm. 1759 ; *JCP éd. E* 2006, n° 26, 2054 ; *FR* 25/06, p. 21.

une décision de redressement[155]. Cela correspondait à la position de la chambre sociale de la Cour de cassation : la mise en demeure adressée à l'employeur, après que celui-ci eût répondu aux observations de l'agent de contrôle, constituait la décision de redressement[156]. Il en résultait que la mise en demeure, à la différence de la lettre d'observations, devait être suffisamment précise et motivée pour permettre au cotisant de connaître la position des agents de contrôle. La solution n'apparaît pas justifiée. La lettre d'observations notifie le résultat du contrôle pour que le cotisant puisse en discuter. Il s'agit donc d'une phase importante. On voit mal comment un cotisant peut efficacement se défendre s'il n'est pas correctement informé des arguments invoqués à son encontre. Il semble donc que la lettre d'observations doive être suffisamment précise de façon à permettre au cotisant de pouvoir organiser efficacement sa défense. En revanche, la mise en demeure constitue une invitation adressée au cotisant pour que celui-ci régularise sa situation[157]. L'information au stade de la mise en demeure sera tardive et le cotisant ne sera plus en mesure d'en discuter avec les agents de contrôle. Un arrêt en date du 22 février 2007 vient en faveur de notre position. Il a été jugé qu'une simple lettre d'observations exprimée en termes impératifs et confirmée ultérieurement par la commission de recours amiable constituait une décision[158].

73. Quel est le contenu de la lettre d'observations ? Celle-ci mentionne l'objet du contrôle, les documents consultés, la période vérifiée et la date de fin du contrôle, les observations faites au cours du contrôle, assorties de l'indication de la nature, du mode de calcul et du montant des redressements envisagés, le cas échéant, les motifs conduisant à ne pas retenir la bonne foi du cotisant, le délai de 30 jours dont le cotisant dispose pour faire ses remarques[159] et la faculté de se faire assister par le conseil de son choix[160]. La liste est limitative. Est-ce que cela exclut d'autres informations ? Soit le procès-verbal, soit le rapport de contrôle est un document interne à l'organisme et n'est pas communiqué au

---

[155] Hervé-Georges BASCOU et Pierre COURSIER, « L'obligation d'information du cotisant mise à la charge des URSSAF », *Dr. soc.* 1997, n° 7, p. 724.

[156] Cass. soc., 24 mars 1994, n° de pourvoi : 92-13925 : *Bull.* 1994, V, n° 105, p. 72 ; - 21 mars 1996, n° de pourvoi : 94-15696 : *Bull.* 1996, V, n° 110, p. 76. La Cour de cassation a même considéré que pouvait seule constituer la décision de redressement la mise en demeure adressée à l'employeur après réponse aux observations de l'agent de contrôle (Cass. soc., 5 avril 2001, n° de pourvoi : 98-22411).

[157] CSS, art. L. 244-2.

[158] Cass. 2e civ., 22 février 2007, n° de pourvoi : 06-11632, FS-P+B, SAS Cie gén. Française transports et entreprise (CGFTE) c/URSSAF de la Gironde : *JCP éd. S* 2007, n° 18, *Juris.*, 1325, note de Thierry TAURAN.

[159] Aucune mise en demeure ne peut être adressée avant l'expiration du délai de 30 jours (CSS, art. 243-59, al. 5 et 6, modifiés par l'article 4, I, 4° du décret n° 2007-546).

[160] CSS, art. R. 243-59, al. 4. Cass. 2e civ., 18 novembre 2003, n° de pourvoi : 02-30250.

cotisant vérifié. Il en résulte que les URSSAF n'envoient pas l'intégralité du rapport de contrôle des agents avec toutes ses annexes[161].

3. La charte du cotisant

74. En outre la Charte du cotisant, à la suite de la convention signée entre l'Etat français et l'ACOSS pour la période 2002-2005[162], le décret du 11 avril 2007 a consacré la remise d'une Charte du cotisant contrôlé[163], dont un arrêté en date du 26 juillet 2007 a précisé les modalités[164].

C/ Le principe du débat contradictoire

75. En matière de contrôle des cotisations sociales, il n'existait pas de dispositions spéciales imposant le principe du débat contradictoire. C'est finalement le juge qui a imposé, pas à pas, le caractère contradictoire du contrôle ainsi que le respect des droits de la défense[165]. Depuis, le principe est de rendre possible un débat contradictoire sur le bien-fondé du redressement[166]. Comment rendre possible un débat contradictoire ? Les agents de contrôle devaient, avant la clôture de leur rapport, communiquer leurs observations à l'employeur en l'invitant à y répondre. Dès lors, devait être annulée la mise en demeure consécutive à une notification de redressement ne faisant pas état des observations ayant mené le contrôleur à l'opérer, et n'invitant pas l'employeur à y répondre dans le délai. La solution doit être approuvée, au regard de la volonté de respecter les droits de la défense du cotisant.

76. La question était de savoir si la simple communication de la lettre d'observations constituait en soi un débat contradictoire. En effet, elle ne présentait pas tous les éléments d'un véritable débat. D'abord, le dialogue restait écrit et consistait en l'envoi d'un courrier. Ensuite, les agents des

---

161 Cass. soc., 7 mars 1991 : *RJS* 4/1991, n° 515 ; - 27 mai 1993 et 10 juin 1993 : *Bull. civ.*, V, n°152 ; *RJS* 7/1993, n° 789.

162 Cité par François TAQUET dans son article intitulé « Vers une sécurité juridique renforcée des cotisants... », *JCP éd. E* 2005, n° 49, para. 1.

163 CSS, art. R. 243-59, al. 1 (complété par l'article 4, I, 1° du décret n° 2007-546).

164 Il s'agit de l'arrêté fixant le modèle de la charte du cotisant contrôlé mentionnée à l'article R.243-59 du CSS : *JORF*, 3 août 2007, n° 178, p. 13068 ; *JCP éd. S* 2007, n° 36, *act.*, 394. Cette obligation prenant effet à compter du 1er septembre 2007, les avis de contrôle adressés à compter de cette date feront référence à ce document.

165 Cass. soc., 11 décembre 1985 : *Bull. civ.*, V, n° 609 ; - 7 mai 1991 : *RJS* 6/1991, n° 750 ; - 12 mars 1992, n° 1096 P, DRASS de la Région Centre c/ Deparday : *Bull. civ.*, V, n° 184, p. 114 *RJS* 4/1992, n° 508 ; *JCP éd. E* 1992, *pan.*, 657 ; - 12 décembre 1996, Sté Castel-Briantaise d'ameublement : *Gaz. Pal.*, 1997, *pan. cass.*, p. 238 et *JCP éd. E* 1997, *pan.*, 133.

166 Cass. soc., 24 octobre 2002, Sté Adecco et SA Corsovia : *JCP éd. E* 2003, n° 3, *pan.*, 99. Cass. 2e civ., 3 mai 2006, n° 04-19840 (il a été jugé qu'il résultait de l'article R. 243-59 du CSS que la lettre d'observations adressée par l'inspecteur à l'issue du contrôle, devait permettre à l'employeur de connaître les erreurs ou omissions qui lui sont reprochés, afin qu'il soit en mesure d'y répondre).

URSSAF n'avaient aucune obligation de répondre aux observations du cotisant bien qu'en pratique, afin d'améliorer leurs relations avec le cotisant, ceux-ci le fassent[167]. Enfin, les URSSAF ayant remis une lettre d'observations, l'échange écrit ou oral avec le cotisant n'était pas requis[168]. L'instauration d'un véritable dialogue, particulièrement nécessaire dans le domaine social, était urgente. La réforme de 2007 y a apporté des modifications. À partir de l'entrée en vigueur de ce décret, lorsque le cotisant a répondu aux observations de l'inspecteur dans le délai de 30 jours, ce dernier est tenu d'y répondre et d'attendre jusqu'à l'expiration du délai pour transmettre à l'organisme de recouvrement le procès-verbal de contrôle assorti de la réponse du cotisant et de la sienne[169].

D/ L'absence d'interdiction des vérifications successives

77. Une des différences de cette matière par rapport au droit fiscal réside dans l'absence d'interdiction légale des vérifications successives. Le droit fiscal français interdit expressément de renouveler une vérification achevée [170]. Toutefois, aucune disposition de ce type n'existe en matière sociale. Aucun texte ne fixe ni la durée ni la fréquence des contrôles. Par conséquent, en théorie, les agents des URSSAF peuvent venir contrôler plusieurs fois par an un cotisant ou, au contraire, procéder à une vérification sur plusieurs années.

78. En vertu des dispositions réglementaires, le redressement ne peut porter sur des éléments qui, ayant fait l'objet d'un précédent contrôle dans la même entreprise ou le même établissement, n'ont pas donné lieu à observations de la part de l'organisme[171]. Quelle est la solution en cas d'observations des agents des URSSAF ? Les textes ne traitent pas de cette hypothèse. La Charte du cotisant précise que d'une part, les URSSAF sont engagées par leur position lors d'un contrôle ultérieur et qu'elles ne pourront donc pas effectuer de redressement pour une période postérieure à celle ayant fait l'objet d'un contrôle, sur des pratiques dont elles ont reconnu, à l'époque, la validité de manière explicite, sauf en cas de fraude et d'autre part, les URSSAF ne pourront plus, lors d'un contrôle suivant, revenir sur la période déjà contrôlée, sauf dans

[167] Le Ministère estime que les URSSAF doivent répondre à l'employeur ayant usé de cette faculté pour indiquer si les observations formulées sont acceptées ou rejetées en totalité ou partiellement (Circ. DSS du 30 décembre 1999, n° 2-3 : *BOSS* 2000/2, p. 359).

[168] Cass. 2e civ., 3 mai 2006, n° de pourvoi : 04-30729 : *FR* 30/06, 9 juin 2006, p. 14. En l'espèce, l'inspecteur avait notifié le 22 octobre 2001 ses observations au cotisant. Ce dernier ayant répondu par courrier du 20 novembre 2001, l'inspecteur, après lui avoir demandé le 27 novembre 2001 des informations supplémentaires, l'a informé par courrier du 11 décembre 2002 qu'il maintenait le redressement tout en en minorant le montant. À la question de savoir si une nouvelle lettre d'observations devait être adressée au cotisant, la Cour de cassation a répondu par la négative.

[169] CSS, art. R. 243-59, al. 5 à 7 (modifié par l'article 4, II, 4° du décret n° 2007-546).

[170] LPF, art. L. 51.

[171] CSS, art. R. 243-59, dernier al.

des cas exceptionnels[172]. Néanmoins il est possible que les URSSAF puissent revenir sur une période déjà contrôlée dès lors, notamment, qu'un élément nouveau se révèle, telle qu'une fraude de l'employeur. Une telle absence de textes légaux interdisant les vérifications successives en matière sociale n'est pas justifiée dans la mesure où cela constitue une source d'insécurité pour les cotisants. L'interdiction de vérifications successives, propre au droit fiscal, devrait être transposée en matière sociale.

79. En matière de contrôle des cotisations sociales, l'insécurité juridique demeure importante. D'une part, les pouvoirs des URSSAF ne sont pas clairement établis : elles ne bénéficient pas d'un droit de communication étendu auprès des tiers, mais d'un droit de se faire communiquer les informations nécessaires au contrôle par le cotisant vérifié. D'autre part, les droits du cotisant vérifié sont moins bien pris en compte que ceux du contribuable vérifié. En premier lieu, le cotisant vérifié n'est pas efficacement protégé contre le non envoi préalable d'un avis de contrôle. En second lieu, force est de constater que le cotisant ne bénéficie pas d'un véritable dialogue lors de la phase de contrôle. Malgré l'amélioration apportée par le décret du 11 avril 2007, le dialogue se limite à un échange des observations écrites. À aucun moment, un dialogue oral et contradictoire n'est exigé comme en matière de vérification de comptabilité. En troisième lieu, aucune disposition n'interdit le renouvellement de vérifications déjà achevées.

80. Vu l'importance des vérifications réalisées par les URSSAF, il semble anormal que leurs pouvoirs de vérification soient régis par si peu de dispositions législatives et réglementaires. Le Gouvernement et le législateur s'efforcent d'améliorer les relations entre les organismes de sécurité sociale et les entreprises[173]. Mais la situation reste insatisfaisante. Afin de modifier et rendre la procédure de contrôle plus transparente et sécurisante, une solution pourrait être trouvée dans l'analyse des règles posées en matière de procédure fiscale tout en préservant les spécificités issues du droit de la sécurité sociale. Compte tenu de leur nature similaire de prélèvements obligatoires, il ne semble pas logique de conserver autant de différences entre les pouvoirs de contrôle des agents de recouvrement des cotisations sociales et ceux des agents des impôts.

---

[172] Charte du cotisant, p. 41, L'Urssaf est-elle engagée par sa position lors d'un contrôle ultérieur ?

[173] Le 5 avril 2002, une convention d'objectifs a été signée entre l'Etat et l'ACOSS pour la période 2002-2005. L'ordonnance n° 2005-651 du 6 juin 2005 et le décret d'application n° 2005-1264 du 7 octobre 2005 ont instauré une procédure de rescrit (*ruling*) social et la possibilité d'opposer aux URSSAF les circulaires ou instructions ministérielles régulièrement publiées. Voir Gérard VACHET, « La sécurité juridique du cotisant : illusion ou réalité », *JCP éd. S* 2006, n° 5, p. 15, *Étude* 1094 ; François TAQUET, « Vers une sécurité juridique renforcée des cotisants ... », *JCP éd. E* 2005, n° 49, comm. 1809. Le décret n° 2007-546 du 11 avril 2007 a largement modifié en faveur du cotisant, les opérations de contrôle des URSSAF.

Un rapprochement de ces deux types de contrôle faciliterait la vie des entreprises et serait plus respectueux de leurs droits.

II - Les autorités de la concurrence

81. Le maintien des équilibres sur un marché, repose en France sur une logique répressive de plainte et de sanction, et non sur une logique préventive. En revanche, dans la pensée anglo-saxonne, la régulation est avant tout préventive. Les pouvoirs des autorités de la concurrence et de l'administration des impôts en matière de contrôle diffèrent en ce qui concerne les pouvoirs d'enquête des agents (A) et la possibilité pour l'entreprise de se faire assister d'un conseil (B). En revanche, ces deux autorités doivent respecter le principe de loyauté dans la recherche des preuves et les droits de la défense (C).

A. Les pouvoirs d'enquête

82. Le système juridique de la concurrence est complexe tant en Europe qu'aux Etats-Unis. En Europe, les pouvoirs des enquêteurs sont minutieusement détaillés dans les textes nationaux et communautaires[174]. Aux Etats-Unis, il existe également deux échelons de compétence législative, l'échelon fédéral et l'échelon étatique. Au niveau fédéral, les lois relatives à la concurrence sont votées et amendées par le Congrès tandis qu'au niveau des Etats, les lois locales sont votées par les chambres locales. Au niveau étatique, les affaires sont jugées par les tribunaux d'instance locaux avec une possibilité d'appel local voire fédéral. Au niveau fédéral, les affaires sont jugées par les cours fédérales ou par une agence fédérale indépendante, la *FTC*. En Chine, la loi nationale est en vigueur sur l'ensemble du territoire et a vocation à régir tous les rapports juridiques.

83. L'autorité de la concurrence dispose souvent d'un droit général de communication des documents (1), de visite des locaux (2) et, sous certaines conditions, d'un droit de perquisition (3).

1. Le droit de communication

84. Ce droit de communication ressemble au droit de communication propre à la verification de comptabilité de l'administration fiscale, mais avec une portée beaucoup plus large. Les formes de communication de documents ou d'informations varient selon les pays. Les enquêteurs français peuvent demander la communication des livres, factures et tous autres documents professionnels, en obtenir ou prendre copie par tous moyens et sur tous supports, recueillir sur convocation ou sur place les renseignements et

---

174 En France : Ord. n° 86-1243 du 1er décembre 1986 relative à la liberté des prix et de la concurrence : *JORF*, 9 décembre 1986, p. 14773 ; Règlement CE n° 1/2003 du 16 décembre 2002 relatif à la mise en œuvre des règles de concurrence prévues aux articles 81 et 82 du traité : *JOCE*, 4 janvier 2003, L. 1/1.

justifications[175]. Aux Etats-Unis, afin d'exercer ses pouvoirs d'investigation, la FTC dispose de larges pouvoirs de demande d'informations tant auprès des personnes vérifiées que des tiers. Auprès des personnes vérifiées, la FTC a d'abord accès et droit de photocopier toute preuve écrite[176]. En outre, elle est en droit d'exiger la production d'un rapport annuel ou spécial ainsi que des réponses écrites à des questions spécifiques[177]. Le droit d'information auprès des tiers peut prendre la forme d'une simple demande (*Civil Investigative Demands : CIDs*) [178] ou être assorti d'une obligation de comparaître (*Subpoena*)[179]. De plus, la FTC peut procéder à une étude économique n'ayant pas d'objectif spécifique légal afin d'obtenir des informations. Elle peut également porter à la connaissance du public certaines informations qu'elle a obtenues, chaque fois qu'une telle divulgation servira l'intérêt public[180]. Le nouvel *FCT Act*[181] a incorporé l'*International Antitrust Enforcement Assistance Act* (IAEAA) de 1994[182]. Par conséquent, la FTC peut utiliser tous ses pouvoirs d'enquête afin d'obtenir des documents ou des informations de source américaine pour le compte d'autorités étrangères. Réciproquement, elle peut demander une assistance à vérification à ces autorités étrangères.

85. Au Royaume-Uni, le *Competition Act* de 1998[183] accorde au DGFT de larges pouvoirs d'enquête. Sur la présentation d'une demande écrite (*Notice in writing*), les enquêteurs de l'OFT peuvent exiger de toute personne la communication de documents ou informations précis qu'ils considèrent comme pertinents[184]. Le terme « *document* » est défini de façon très large dans le *Competition Act* et inclut toute information conservée sous quelque forme que ce soit. Le DGFT, ou l'un des officiers autorisés, peut faire des photocopies de ces documents, demander à toute personne de fournir une explication quant à un document spécifique, ou de faire une déclaration dans le cas où un document ne peut pas être trouvé.

86. L'autorité de la concurrence chinoise dispose du pouvoir d'interroger toute personne, et de lui demander de fournir tous justificatifs ou autres documents,

---

175 C. com, art. L. 450-3.
176 *FTC Act* 1914, section 9. 15 USC section 49.
177 *FTC Act* 1914, section 6(b). 15 USC section 46(b).
178 15 USC section 57b-1.
179 La *Subpoena* est une ordonnance judiciaire faisant commandement au destinataire de comparaître sous la menace de sanctions. C'est le moyen privilégié par l'administration fiscale pour forcer les assujettis à communiquer les renseignements d'ordre fiscal qu'ils ont en leur possession et que leur demande l'administration.
180 15 USC section 46(f).
181 *FTC Act* 1914, section 6(i) et 20(a)(8)(C).
182 15 USC § 6201 et s. 15 USC section 46 (i).
183 Cette loi a reçu l'agrément royal (*Royal Assent*) le 9 novembre 1998.
184 *Competition Act*, section 26 (1).

de vérifier et ou de photocopier tout document relatif aux enquêtes[185]. Les personnes concernées ont l'obligation de fournir les documents ou informations demandés[186]. Aucun texte ne précise la sanction de la non coopération. En pratique, l'administration fait intervenir la police et les juges d'instruction. Ces procédures répressives devraient faire l'objet de dispositions légales spécifiques. À tout le moins, le droit chinois devrait prévoir quelles sont les sanctions de la non coopération.

2. Le droit de visite

87. Les enquêteurs français peuvent accéder à tous locaux, terrains ou moyens de transport à usage professionnel afin de contrôler tout document professionnel[187]. La portée du droit de visite est plus large en matière de concurrence qu'en matière de vérification fiscale. La vérification fiscale ne porte que sur les documents de nature comptable alors que l'enquête en droit de la concurrence porte sur tout document professionnel. Il s'agit des enquêtes dites « *simples* » car les pouvoirs des enquêteurs y sont limités. Ils ne peuvent accéder qu'aux locaux professionnels et non aux lieux privés et ils ne peuvent que demander la communication des documents, et non les saisir. La demande de communication porte sur des documents dont l'enquêteur connaît l'existence et qu'il est en mesure d'identifier.

88. Au Royaume-Uni, les enquêteurs disposent d'un droit de visite et cette visite des locaux s'effectue sans mandat de perquisition[188]. L'enquête peut se dérouler même dans un lieu dont l'occupant n'est pas lui-même soupçonné d'être en violation avec les dispositions du *Competition Act*, du moment qu'il est lié à une telle enquête. Une fois dans les locaux, les agents de l'OFT peuvent demander à toute personne présente sur place de leur produire les documents qu'ils considèrent comme ayant un lien avec toute question pertinente pour l'enquête, de donner une explication quant à un document produit, de leur indiquer où se trouve un document demandé. Ils peuvent également demander à toute personne employée ou mandatée antérieurement ou actuellement par l'entreprise concernée, de prendre copie de tout ou partie de tout document produit (sans emporter les originaux)[189] ou encore exiger que la reproduction des documents demandés soit lisible et sous une forme pouvant être emmenée par l'enquêteur.

---

185 Art. 17 de la loi chinoise relative à la concurrence.

186 Art. 19 de la loi chinoise relative à la concurrence.

187 C. com., art. L. 450-3 (Ord. n° 86-1243, art. 20, Règlement CEE 1/2003 ; Loi n° 2001-420 du 15 mai 2001 relative aux nouvelles régulations économiques, art. 76, *JORF*, 16 mai 2001, p.7776).

188 *Competition Act,* section 27.

189 *Competition Act,* section 27(5)(a), les agents peuvent amener avec eux les équipements nécessaires, y compris une photocopieuse portable et des disquettes informatiques.

89. Aux Etats-Unis, la FTC a le droit de contrôler toute personne susceptible d'être coupable d'infractions économiques, de convoquer des témoins, de demander des documents et des informations, de photocopier des documents, de procéder à des interrogatoires, etc. L'autorité chinoise dispose également d'un droit de visite. En outre, elle peut faire l'inventaire des objets concernés, demander un éclaircissement, apposer des scellés, ordonner éventuellement de ne pas cacher, dissimuler ou détruire les objets concernés[190]. Si la personne concernée a vendu, caché, dissimulé ou détruit des objets pour lesquels l'administration aurait ordonné la garde en état, une amende est prévue d'un maximum égal à trois fois la valeur de ceux-ci[191].

90. Les enquêteurs préviennent-ils de leur visite ? En France, ils auront généralement indiqué leur visite à l'avance par courrier ou télécopie. Au Royaume-Uni, dans la plupart des cas, une notification préalable de 2 jours ouvrables doit être adressée à l'entreprise concernée, délai relativement court. L'autorité chinoise ne prévient pas de sa visite.

3. Le droit de perquisition

91. En France, les visites et saisies doivent être autorisées par une ordonnance du juge des libertés et de la détention du TGI dans le ressort duquel sont situés les lieux à visiter[192]. Le juge doit vérifier tous les éléments d'informations en possession du demandeur de nature à justifier la visite[193]. Au Royaume-Uni l'OFT peut procéder à des enquêtes, sans avoir prévenu à l'avance l'entreprise si elle y est autorisée par un mandat délivré par un juge de la *High Court* ou de la *Court of Sessions*. Il s'agit d'un droit d'entrer par effraction. De sorte que, les agents de l'OFT peuvent utiliser la force, de façon raisonnable et appropriée pour pénétrer dans le local[194]. Une fois sur place, les agents de l'OFT sont investis, non seulement des mêmes pouvoirs que ceux dont ils disposent en cas de visite simple, mais aussi du droit d'emporter les originaux des documents et de les conserver pendant 3 mois, s'il n'est pas possible de les photocopier ou si cela est nécessaire pour éviter leur disparition. Le législateur britannique considère qu'un tel pouvoir est indispensable à la bonne marche des opérations d'investigation et qu'il s'agit d'un élément clé de la stratégie. Mais il estime

---

[190] Art. 17 de la loi chinoise relative à la concurrence.

[191] Art. 28 de la loi chinoise relative à la concurrence.

[192] C. com., art. L. 450-4, al. 1 (Ord. n° 2004-1173 du 4 novembre 2004 portant adaptation de certaines dispositions du code de commerce au droit communautaire de la concurrence, art. 3 : *JORF*, 5 novembre 2004, p. 18689 ; Loi n° 2001-420 du 15 mai 2001 relative aux nouvelles régulations économiques, art. 77). Il s'agit en fait de l'article 48 de l'ordonnance n° 86-1243 du 1er décembre 1986 qui a été modifié par l'article 49 X 1° et 2° de la loi n° 2000-516 du 15 juin 2000 renforçant la protection de la présomption d'innocence et les droits des victimes (*JORF*, 6 juin 2000, p. 9038).

[193] Cass. ch. mixte, 15 décembre 1988 (5 arrêts) : *D.* 1989, 15e cahier, *juris.*, p. 189.

[194] *Competition Act*, section 28(b).

également que ce pouvoir ne doit être exercé que dans les limites de l'investigation et dans des cas exceptionnels[195]. Les textes chinois ne prévoient pas de droit de perquisition. Or, en réalité, l'administration considère que le droit d'investigation comprend de plein droit un droit de perquisition dont l'objectif est d'assurer l'efficacité des opérations de contrôle.

B/ La possibilité de se faire assister d'un conseil

92. En France, au cours d'une enquête administrative, les enquêteurs ne sont pas tenus d'avertir les personnes interrogées de la possibilité de se faire assister par un conseil ou un avocat[196]. La possibilité de se faire assister d'un conseil ne s'applique, contrairement au contrôle fiscal, qu'aux auditions auxquelles peuvent procéder les rapporteurs du Conseil de la concurrence. Au Royaume-Uni, le *Competition Act* ne contient pas non plus de dispositions relatives à l'obligation des enquêteurs d'informer l'entreprise concernée de son droit à l'assistance d'un avocat. Ceci étant, en pratique, l'assistance d'un avocat est tolérée. Les enquêteurs français acceptent en général d'attendre l'arrivée des avocats. Mais ce n'est pas une obligation. Quant au Royaume-Uni, l'entreprise vérifiée a le droit de retarder momentanément le commencement de l'enquête afin de permettre à son conseiller d'arriver sur place[197]. En pratique, l'entreprise peut prendre contact avec ses conseils juridiques et l'enquêteur peut accepter d'attendre, en général une heure, l'arrivée des conseils s'il juge raisonnable de le faire au vu des circonstances.

93. En revanche, le droit communautaire reconnaît à la personne soumise à une enquête le droit à une assistance juridique dès le stade de l'enquête préalable[198]. Cependant, ce droit apparaît très limité. La « *notice explicative* » annexée au mandat des enquêteurs, sur laquelle le droit à l'assistance juridique est indiqué,

---

[195] Hansard (HL) 17 November 1997, col. 406 and 409. Lorsque le juge considère que le DGFT a démontré être en présence d'un des trois types d'affaires suivantes : (1) des documents détenus dans les locaux ont été préalablement demandés par le DGFT par écrit et ne lui ont pas été communiqués ; (2) il existe un risque que les documents demandés ne soient pas fournis mais soient dissimulés, déplacés, falsifiés ou détruits ; (3) l'entrée dans les locaux a été refusée, il délivre alors le mandat de perquisition.

[196] Conseil de la concurrence, décision n° 94-D-19, 15 mars 1994 : *BOCCRF*, 24 juin 1994, 241. CA Paris, 16 décembre 1994, Kangourou : *BOCCRF*, 28 décembre 1994, p. 593, 4e sur l'information relative à l'assistance d'un avocat. Cass. com., 21 janvier 1997 : *RJDA* 1997, n°529 ; - 4 février 1997, Kangourou, n° de pourvoi : 95-10486 : *Bull.*, 1997, IV, n° 40, p. 36 ; *BOCCRF*, 25 mars 1997, p. 184.

[197] *Competition Act* 1998 (*Office of Fair Trading's) Order*, (2004), para. 3 (1). *Rule 13 of the draft Procedural Rules*, établie par le *Director General* selon les pouvoirs prévus dans la section 51(1) du *Competition Act* de 1998, cité par Barry J. RODGER et Angus MacCULLOCH dans leur ouvrage intitulé *The UK competition Act : A new era for UK competition law*, Oxford/Portland Oregon : Hart, 2000, p. 83.

[198] CJCE, 21 septembre 1989, Hoechst, aff. 46/87 et 227/88 : *Rec.*, p. 2859 ; Jean-François FLAUSS, « La protection des locaux d'une société en tant que domicile au sens de l'article 6 de la CEDH », *RJC* 2004, n° 5, p. 411.

précise que l'exercice d'un tel droit ne doit pas indûment retarder ou empêcher la vérification. En pratique, le délai d'attente jusqu'à l'arrivée d'un avocat est limité à ce qui est strictement indispensable, et si l'entreprise dispose d'un juriste interne, les enquêteurs ne retardent pas la vérification dans l'attente d'un avocat indépendant. En droit fiscal français, le droit du contribuable vérifié de se faire assister par un conseil constitue une formalité substantielle dont la violation vicie la procédure de contrôle. En outre, cette possibilité de se faire assister d'un conseil est préalablement notifiée au contribuable. Il en résulte que le droit de se faire assister d'un conseil est plus limité en matière de concurrence qu'en matière fiscale.

C/ L'exigence de loyauté et de respect des droits de la défense

94. En France, le principe de loyauté dans la recherche des preuves a été confirmé à plusieurs reprises par la jurisprudence en matière de concurrence et de fiscalité. En matière fiscale, dans la mise en œuvre de son pouvoir de contrôle, l'administration fiscale est tenue à un devoir de loyauté[199] et ne peut s'appuyer sur des pièces obtenues de manière illicite ou frauduleuse[200]. En matière de concurrence, dans le silence des textes, la jurisprudence française a également affirmé que toutes les enquêtes étaient soumises à l'obligation de loyauté et que les investigations ne devaient pas avoir pour effet de compromettre irrémédiablement l'exercice des droits de la défense[201]. La violation de l'obligation de loyauté est sanctionnée par la nullité des actes concernés ainsi que par la nullité de ceux induits par les diligences irrégulières précédemment effectuées[202].

95. Le principe de loyauté implique un droit à l'information de l'entreprise vérifiée et l'interdiction d'emporter des documents originaux. En ce qui concerne le droit à l'information, les agents doivent indiquer clairement l'objet de leur enquête. La procédure en matière de concurrence est moins protectrice

[199] Cass. com., 18 juin 1996, Peysselier, n° de pourvoi : 94-17.312, n° 1166 P : *Bull.*, 1996, V, n°182, p. 57 ; *JCP éd. G* 1996, n° 39, IV, 1867 ; *DF* 1996, n° 38, comm. 1128 ; *RJF* 11/1996, n°1363.

[200] CE, 1er juillet 1987, n° 54222 : *RJF* 10/1987, n° 1020.

[201] CA Paris, 1re ch., sect., concurrence, 8 avril 1994, Sté Hyperrallye : *BOCCRF* 18 mai 1994, 175 ; *D.* 1995, 607, note de LUCAS DE LEYSSAC ; *JCP éd. E* 1994, n° 19-20, *pan.*, 567, jugé que « *la circonstance que cette enquête ne soit pas soumise aux exigences du contradictoire (...) ne peut conduire les personnes entendues à faire, dans l'ignorance de l'objet de l'enquête, des déclarations sur la portée desquelles elles pourraient se méprendre et qui seraient ensuite utilisées contre elles* ».

[202] Conseil de la concurrence, Décision n° 01-D-24 du 4 mai 2001 relative à des pratiques relevées à l'occasion de marchés d'éclairage public et d'électrification rurale dans le département de l'Hérault. CA Paris, 1re ch., sect., Concurrence, 8 avril 1994, Sté Hyperrallye. Voir « Rapport annuel d'activités du Conseil de la concurrence 2001 », 3e partie, 1er chapitre, 3.1.1. Les pouvoirs d'enquête au titre de l'article L. 450-3 du Code de commerce, a) Principe de loyauté dans la recherche des preuves.

des droits de l'entreprise vérifiée que la procédure fiscale car la communication de l'objet de l'enquête peut être suppléée par des éléments extrinsèques ou intrinsèques propres à démontrer, en l'absence de précision expresse, que la personne entendue ou la personne qui remet des pièces n'a pu se méprendre sur la portée de ses déclarations ou des remises de documents[203]. Le principe de loyauté interdit également d'emporter les documents originaux hors des locaux de l'entreprise, et ce, tant en matière de concurrence qu'en matière fiscale.

95. Quant aux droits de la défense, la CJCE en exige le respect, même sans texte, même en présence d'un caractère administratif[204]. Le Conseil constitutionnel français censure les textes ne garantissant pas suffisamment les droits de la défense, même dans le cadre de procédures non juridictionnelles, dans la mesure où les droits de la défense sont garantis par la Constitution dans toute procédure, juridictionnelle ou non, dans laquelle des mesures contraignantes peuvent être prises à l'encontre de l'intéressé[205]. La valeur constitutionnelle des droits de la défense a été finalement reconnue en 1984 en matière fiscale[206] et en 1987, en matière non pénale[207].

---

[203] Conseil de la concurrence, Décisions n° 00-D-14 du 3 mai 2000 relative à des pratiques mises en œuvre dans le secteur des briques plâtrières dans le grand ouest de la France, n° 00-D-20 du 17 mai 2000 relative à des pratiques relevées lors de marchés d'électrification rurale dans la Somme, n° 00-D-47 du 22 novembre 2000 relative aux pratiques mises en œuvre par EDF et sa filiale Citélum sur le marché de l'éclairage public, n° 00-D-85 du 20 mars 2001 relative à des pratiques mises en œuvre dans le secteur de la distribution du chlorate de soude. Voir « Rapport annuel d'activités du Conseil de la concurrence 2000 », 4e partie, 1er chapitre, C, 1, les enquêtes administratives, a) Les pouvoirs d'enquête au titre de l'article 47 de l'ordonnance.

[204] CJCE, 10 mars 1970, Commission c/Italie, 7/69 : *Rec.*, p. 117.

[205] CC, 18 janvier 1978, n° 77-92 DC : *Rec.*, p. 21 ; *JORF*, 19 janvier 1978, p. 422 ; *RDP* 1978, p. 834, note de Louis FAVOREU ; - 22 juillet 1980, n° 80-117 DC : *Rec.*, p. 42 ; *JORF*, 24 juillet 1980, p. 1867 ; *D.* 1981, II, p. 65, note de Claude FRANCK ; *RDP* 1980, p. 1652, note de Louis FAVOREU ; *Dr. soc.* 1980, p. 441, note de Dominique TURPIN, « Le droit de grève face à un nouveau principe à valeur constitutionnelle » ; - 29 décembre 1989, n° 89-268 DC : *Rec.*, p. 110 ; *JORF*, 30 décembre 1989, p. 16498 ; Loïc PHILIP, « Le principe constitutionnel d'égalité en matière fiscale », *DF* 1990, p. 464 ; *RJF* 2/1990, n° 198 ; note de Loïc PHILIP, *RFD const.* 1990, n° 1, p. 122 ; Bruno GENEVOIS, « Continuité et convergence des jurisprudences constitutionnelle et administrative », *RFD adm.* 1990, p. 143 ; Robert ETIEN, « L'intérim du Premier ministre », *RA* 1990, p. 426 ; in : Loïc PHILIP, *Droit fiscal constitutionnel*, Paris : Economica, 1990, p. 163 ; - 25 février 1992, n° 92-307 DC : *Rec.*, p. 48 ; *JORF*, 12 mars 1992, p.3003 ; *RDP* 1993, p. 13 ; *LPA*, 6 novembre 1992, p. 11, note de Dominique TURPIN ; *JDI* 1992, p. 677, note de Danièle LOCHAK ; *AJDA* 1992, p. 656, note de François JULIEN-LAFERRIERE ; *RFD adm.* 1992, p. 185, note de Bruno GENEVOIS ; *RFD const.* 1992, p. 311, note de Patrick GAIA ; - 20 janvier 1993, n° 92-316 DC : *Rec.*, p. 14 ; *JORF*, 22 janvier 1993, p.1118 ; *D.* 1994, *somm.*, p. 285 ; *RFD const.*, 1993, p. 375 ; *LPA*, 2 juin 1993, p. 4.

[206] CC, 29 décembre 1984, n° 84-184 DC : *Rec.*, p. 94 ; *JORF*, 30 décembre 1984, p. 4167 ; *RJF* 3/1985, n° 437 ; *RDP* 1985, n° 3, p. 65 ; *RFD adm.* 1985, n° 5, p. 756, note d'Olivier FOUQUET ; in : Louis FAVOREU et Loïc PHILIP, *Les grandes décisions du Conseil constitutionnel*, 13e édition, Paris : Dalloz, 2005, n° 32, p. 530.

[207] CC, 23 janvier 1987, décision n° 86-224 DC : *Rec.*, p. 8 ; *JORF*, 25 janvier 1987, p. 924 ; *Gaz. Pal.*, 31 mars 1987, p. 253 ; *RFD adm.* 1987, p. 287, note de Bruno GENEVOIS ; *LPA*, 3 juin

97. Les enquêtes simples menées par le Conseil de la concurrence ne sont soumises qu'à des garanties minimales de loyauté, sans garantie du contradictoire, alors que la contradiction est essentielle dans la procédure de vérification de comptabilité. Pour certains, cela résulte de la différence entre la procédure de redressement fiscal et celle de sanction des actes anti-concurrentiels. La procédure contradictoire de vérification fiscale permet au contribuable de présenter ses observations avant l'édiction éventuelle d'une mesure administrative par le vérificateur lui-même. En revanche, en matière de concurrence, les enquêteurs ne prononcent pas de sanctions, celles-ci relevant de la compétence d'un autre organe. Le principe du contradictoire sera pleinement respecté au cours de la poursuite des infractions. Le droit britannique prévoit également le droit d'être entendu, seulement avant qu'une décision ne soit prise[208], en décidant d'adopter, à la suite de l'enquête, une décision constatant une pratique anti-concurrentielle, le *Director General of Fair Trading* doit au préalable communiquer les griefs par écrit aux personnes concernées et leur donner l'opportunité de répondre à ces griefs. L'intérêt de cette procédure est l'efficacité des enquêtes.

98. Pour autant, le fait que les enquêtes ne soient pas soumises au principe du contradictoire apparaît critiquable. En premier lieu, le service des impôts est de nature administrative alors que le Conseil de la concurrence ressemble beaucoup à une juridiction, bien que le Conseil constitutionnel l'ait qualifié expressément d'autorité administrative[209]. Si le principe du contradictoire n'est pas respecté par un organe, qui ressemble fort à un organe de nature juridictionnelle, il est permis de se demander pourquoi il devrait être respecté devant l'administration fiscale. Ensuite, la restriction de l'application du principe du contradictoire, au stade de la recherche des infractions économiques, risque d'amoindrir la portée de ce principe qui n'est garanti pleinement qu'au stade de la poursuite des infractions.

99. Une question se pose également quant au droit au silence. L'obligation de répondre aux enquêtes et le principe de non auto-incrimination sont-ils contradictoires ? La distinction n'est pas évidente. Le Gouvernement britannique estime que le pouvoir d'enquête de l'autorité de la concurrence est nécessaire pour la répression des infractions économiques. Dans l'affaire *Orkem*[210], la CJCE retient que la Commission est en droit d'exiger de l'entreprise de lui fournir les documents en sa possession mais l'entreprise n'est

---

1988, p. 28, note de Gaël HENAFF ; *RDP* 1989, p. 769, note de Serge VELLEY ; *RA* 2002, p.216, note de Pierre ESPLUGAS. Voir Louis FAVOREU et Loïc PHILIP, *Les grandes décisions du Conseil constitutionnel*, Paris : Dalloz, 2005, n° 38, p. 667.

[208] *Competition Act*, section 31.

[209] CC, 23 janvier 1987, décision n° 86-224 DC in : Philippe ARDANT, *Décision du Conseil constitutionnel*, 2e édition, Paris : PUF, 1995, p. 40.

[210] CJCE, 18 octobre 1989, Orkem, aff. 374/87: *Rec.*, 3283 ; [1991] *CMLR* 502.

pas tenue de répondre aux questions pouvant entraîner une reconnaissance d'un délit dont la Commission a la charge de la preuve. Par conséquent, seules des réponses « *purement factuelles* » peuvent être demandées[211]. Les interrogations sont nombreuses quant à la notion d'« *éléments factuels* »[212]. En fait, il est impossible pour la Commission de poser une question de telle manière que l'entreprise, pour y répondre, doive reconnaître qu'elle a eu l'intention de commettre une infraction aux règles de la concurrence. Le juge français essaye de trouver un juste équilibre entre l'efficacité et la cohérence des pouvoirs d'enquête d'une part, et le respect des droits de l'entreprise d'autre part[213]. Or, la frontière entre une réponse simple et un aveu est difficile à déterminer.

100. Il apparaît ainsi que le système de contrôle des pratiques anti-concurrentielles est très complexe tant en Europe qu'aux Etats-Unis. Cela résulte tout d'abord de l'importance de ces contrôles et, également, de la combinaison de législations nationales et communautaires, ou de législations fédérales et étatiques. L'autorité de la concurrence dispose de moyens de vérification similaires à ceux de l'administration fiscale, par exemple, le droit de communication, le droit de visite simple (cela équivaut à la notion de contrôle sur place de la vérification en droit français) et de perquisition. Contrairement à la vérification fiscale, l'entreprise, dont les agissements sont évalués à l'aune du droit de la concurrence, ne bénéficie pas systématiquement de la faculté de se faire assister du conseil de son choix. Cette solution est regrettable, étant donné l'importance de l'assistance d'un conseil professionnel pour le respect des droits de la défense, notamment dans les affaires liées au droit de la concurrence, dont les enjeux sont souvent considérables. Par ailleurs, contrairement à la vérification de comptabilité, les enquêtes administratives en droit de la concurrence ne sont pas soumises au respect du principe du contradictoire. Il semble que cette solution soit justifiée par l'efficacité des enquêtes. Il faut trouver un équilibre entre la préservation de l'efficacité des enquêtes relatives à des pratiques anti-concurrentielles et la considération des droits de l'entreprise mise en cause.

III – Les autorités des marchés financiers

101. L'autorité de régulation des marchés financiers s'intéresse à la qualité des informations financières et comptables dispensées par l'entreprise pour améliorer la transparence des marchés financiers et assurer la protection des épargnants. En France, le rôle et les pouvoirs de l'AMF ont été

---

[211] TPICE, 20 février 2001, Mannesmannröhren Werke AG c/ Commission, aff. T-112/98 : *Rec.*, *CJCE*, II, p. 729 ; *Europe*, 2001, comm. 141 ; [2001] 5 *CMLR* 1.

[212] Bernhard JANSEN, « Les pouvoirs d'investigation de la Commission des Communautés européennes en matière de concurrence », *RMC*, n° 342, décembre 1990, p. 696.

[213] CA Paris, 1re ch., section Concurrence, 21 mai 1990, France-Loisirs : *BOCCRF*, 1er juin 1990, p. 201.

considérablement renforcés, même s'ils ne sont pas encore au niveau de ceux de la SEC, qui dispose de pouvoirs d'enquête et de sanction extrêmement larges. Le secrétaire général de l'AMF, qui habilite les enquêteurs (organe d'enquête[214]), peut décider d'ouvrir une enquête[215]. Aux Etat-Unis, la SEC peut, par l'intermédiaire de son *Enforcement Division*, ouvrir une enquête.

102. Quels sont les moyens d'enquête ? Les enquêteurs français peuvent, pour la nécessité de l'enquête, se faire communiquer tous documents, quel qu'en soit le support, et en obtenir la copie, convoquer et entendre toute personne susceptible de leur fournir des informations, et accéder aux locaux à usage professionnel. Les pouvoirs de perquisition et de saisie[216] sont subordonnés à l'obtention préalable d'une autorisation judiciaire ordonnée par le Président du TGI. La SEC est en droit de convoquer des témoins et d'exiger la production de tous documents utiles. Dans la plupart des cas, les enquêtes ne sont ni publiques ni formelles. Elles prennent souvent la forme d'une requête préliminaire et invitent les personnes à coopérer par le biais d'entretiens et de collectes d'informations. La FSA peut effectuer des enquêtes sur place et exiger la production des documents et informations nécessaires aux enquêteurs. Ces derniers peuvent également procéder à des visites sur place inopinées, et exiger de certaines personnes qu'elles participent à des entretiens. L'autorité chinoise, la CSRC, dispose de pouvoirs similaires, à savoir, perquisition sur place, interrogation des entreprises contrôlées, demande d'explication, examen et photocopie des documents comptables, etc. En cas de suspicion de dissimulation, elle peut demander aux juridictions de saisir les comptes[217].

103. L'entreprise est-elle tenue à une obligation de coopérer avec les enquêteurs ? Aux Etats-Unis, en cas de refus de communication des documents demandés, opposé par l'entreprise vérifiée, la SEC s'adressera à une Cour fédérale afin d'obtenir des injonctions judiciaires. Les tribunaux donnent souvent une suite favorable à ces demandes bien que les juges exigent certaines conditions de preuve. Au Royaume-Uni, l'entreprise vérifiée a l'obligation de coopérer et tout manquement à l'obligation de fournir des informations est

[214] Au sein de l'AMF, doivent être distingués les organes d'enquête, de poursuite, d'instruction et de sanction.

[215] C. mon. fin., art. L. 621-9-1.

[216] C. mon. fin., art. L. 621-12.

[217] Art. 167, al. 7 et art. 168 de la loi chinoise relative aux marchés financiers (votée et publiée le 29 décembre 1998, Président de la République Populaire de Chine [12] 1998, entrée en vigueur le 1e juillet 1999, amendée le 28 août 2004, Président de la République Populaire de Chine [21] 2004). La CSRC n'a pas de règlement intérieur précisant ses pouvoirs d'enquête. Le seul article les concernant est l'article 68 du Règlement provisoire relatif aux souscriptions et transactions d'action (Conseil des affaires d'Etat [112], le 22 avril 1993) qui dispose que la CSRC a le droit d'effectuer des enquêtes.

pénalement sanctionné. Les textes chinois précisent que les entreprises ou personnes contrôlées sont tenues à une obligation de coopération active[218].

IV - L'auditeur

104. Les missions confiées aux auditeurs ont un objectif d'intérêt public. Bien que poursuivant la même finalité, le contrôle des comptes n'a ni les mêmes origines, ni les mêmes implications dans les quatre pays comparés. Le commissaire aux comptes français est le gardien de la légalité au sein des sociétés[219], le garant de la régularité et de la sincérité des informations dont il atteste, c'est donc un régulateur de la qualité des informations comptables et financières[220]. Il est soumis à une obligation de révélation. Cette attitude est contraignante. À l'inverse, le rôle de l'auditeur indépendant américain est caractérisé par la recherche de l'efficience des marchés financiers, ce qui relève plus d'une réalité économique et boursière que d'une contrainte légale instaurée par les textes. Quant à l'auditeur britannique, il se contente de vérifier que les comptes ont été correctement préparés et sont en conformité avec le *Company Act* de 1985.

105. La vérification de l'auditeur débouche sur l'établissement d'un rapport dans lequel il exprime son opinion sur la qualité des informations examinées. Aux Etats-Unis, en vertu de la loi *Sarbanes-Oxley*, un rapport doit être présenté au Comité d'audit (*Audit Committee*)[221] sur toute différence d'appréciation existant entre les auditeurs et la direction. En France, la loi de sécurité financière du 1er août 2003 (LSF) a créé une obligation, pour le commissaire aux comptes, de présenter ses observations sur la partie du rapport du président consacrée aux procédures de contrôle interne qui sont relatives à l'élaboration et au traitement de l'information comptable et financière[222].

106. Vérification fiscale et contrôle légal des comptes présentent des similitudes. Il s'agit dans les deux cas d'un contrôle des comptes. Agent des

---

[218] Art. 171 de la loi chinoise relative aux marchés financiers.

[219] Alain SAYAG, *Le commissariat aux comptes, renforcement ou dérive ?* Centre de recherche sur le droit des affaires, Paris : Litec, 1989.

[220] Il en va de même en Chine. Voir art. 31 de la loi relative à la comptabilité (votée le 21 janvier 1985, amendée le 31 octobre 1999) ; art. 165, al. 1 de la nouvelle loi chinoise relative aux sociétés, votée le 27 octobre 2005 (CPANP, 18e réunion, 10e mandat), entrée en vigueur le 1er janvier 2006.

[221] Le 4 novembre 2003, la SEC a approuvé les nouvelles règles proposées par le *NYSE* et la *National Association of Securities Dealers Automated Quotations* relatives à la gouvernance des émetteurs dont les titres sont cotés. L'objectif est d'accroître la performance des sociétés cotées. Les sociétés cotées sur le NYSE doivent instituer en leur sein un Comité d'audit répondant aux exigences de la Règle 10A-3 du *Securities and Exchange Act* adoptée en avril 2003 par la SEC conformément au *Sarbanes-Oxley Act* de 2002. La charte du comité renferme les devoirs et responsabilités du comité.

[222] LSF, 1er août 2003, art. 120.

impôts et commissaire aux comptes doivent être indépendants. Il s'agit d'un contrôle objectif des comptes par rapport à une norme, à savoir, le droit comptable pour les commissaires aux comptes et le droit fiscal pour les agents des impôts. Les deux contrôles sont effectués dans un souci d'efficacité. Faire obstacle aux vérifications ou contrôles, par exemple, en refusant au commissaire aux comptes la communication sur place de toutes les pièces utiles à l'exercice de sa mission[223], ou en faisant sciemment ou imprudemment une déclaration orale ou écrite à l'auditeur en communiquant toutes informations mensongères, erronées ou trompeuses de manière particulière[224], est une infraction. Dans les deux cas, il s'agit d'un contrôle légal que l'entreprise ne peut restreindre de son propre chef, par exemple, l'entreprise ne peut limiter le droit à l'information de l'auditeur par un règlement intérieur[225].

107. Pourtant, des différences entre contrôle des comptes et vérification fiscale existent. Ainsi, le contrôle légal des comptes ne se plaçant pas dans une optique contentieuse, les garanties ne sont pas nécessaires. Cependant, le contrôle des comptes peut servir à engager la responsabilité civile ou pénale des dirigeants. Les suites du contrôle et de la vérification ne sont pas identiques, par exemple sanction en droit des sociétés et redressement en droit fiscal. La vérification par le commissaire aux comptes n'est pas seulement un pouvoir, comme l'est la vérification fiscale pour le vérificateur, mais aussi une obligation pour celui-ci de sorte que le défaut ou l'insuffisance des vérifications auxquelles doit procéder tout commissaire aux comptes constitue indiscutablement une faute professionnelle[226] engageant sa responsabilité, dès lors qu'il n'a pas contrôlé de manière assez approfondie des comptes comportant des anomalies. Les commissaires aux comptes peuvent être sanctionnés par l'AMF pour manquement à la bonne information du public[227].

108. Quels sont les pouvoirs des commissaires aux comptes ? En France, « *ils opèrent toutes vérifications et tous contrôles qu'ils jugent opportuns et peuvent se faire communiquer sur place toutes les pièces qu'ils estiment utiles à l'exercice de leur mission (...)* »[228]. Au Royaume-Uni, l'auditeur dispose du droit d'accès, à tout moment, aux documents jugés nécessaires à l'exécution de sa mission, et du droit d'assister aux réunions de l'entreprise et de recevoir

---

[223] C. com., art. L. 820-4, 2° (voir aussi l'ancien article 458 de la loi n° 66-537 du 24 juillet 1966 codifié à l'article L. 242-28 du Code de commerce, abrogé par la loi n° 2001-420 du 15 mai 2001 art. 113, III).
[224] *Compagne Act 1989*, section 120.
[225] *Newton v. Birmingham small Arms Co* [1906] 2 Ch 378.
[226] Cass. com., 27 octobre 1992, SARL Charpente Roux, SA Roux, Pilotaz c/Chappaz : *JCP éd. G* 1993, n° 14, II, n° 22026 ; *Rev. soc.*, 1993, p. 86.
[227] CA Paris, 1re ch., section H, 28 juin 2005, n° 2005/02268, M. Dominique Donval et M. Denis Emonart c/AMF : *RDBF* 2005, n° 4, p. 33.
[228] C. com., art. L. 225-236.

communication des résolutions. Quels documents peut-il consulter ? Les textes précisent qu'il s'agit notamment des contrats, livres, documents comptables et registres des procès-verbaux. Il n'y a donc pas de limites et le commissaire aux comptes peut demander la consultation des documents qu'il juge utiles à sa mission. Il en va de même au Royaume-Uni.

109. L'emport des documents à consulter, notamment s'ils sont détenus chez un tiers, pose problème. Le commissaire aux comptes est en droit de demander que les documents soient mis à sa disposition au siège social de l'entreprise vérifiée [229]. L'entreprise vérifiée peut-elle demander au commissaire aux comptes de se rendre chez un tiers afin de consulter les documents détenus par ce dernier ? En vertu de l'article L. 225-236 du Code de commerce français, les commissaires aux comptes peuvent recueillir toute information utile à l'exercice de leur mission auprès des tiers qui ont accompli des opérations pour le compte de la société. Toutefois, ce droit d'information ne peut s'étendre à la communication des pièces, contrats et documents quelconques détenus par des tiers, à moins qu'ils n'y soient autorisés par une décision de justice. Il en résulte que le commissaire aux comptes n'est pas en droit de se rendre chez un tiers afin de consulter les documents détenus par celui-ci. Dans ce cas, un délit d'obstacle ou d'entrave peut être caractérisé dès lors que l'entreprise a sciemment fait obstacle aux vérifications ou contrôles du commissaire aux comptes.

Section III – La spécificité des pouvoirs de l'administration fiscale

110. Il est évident que le droit de vérification de l'administration fiscale met en cause les droits de l'entreprise vérifiée. Mais pourquoi ce droit existe-t-il ? L'idée que l'impôt est consenti par la Nation n'est pas acceptée par tout le monde, et la loi fiscale continue à être considérée comme une loi imposée. À cet effet, les citoyens cherchent à payer le moins d'impôts possibles, et à user de leurs droits en résistant à la perception de l'impôt. En France, l'opinion publique n'apparaît nullement choquée par des faits de fraude fiscale. En revanche, au Royaume-Uni, la fraude fiscale est considérée comme une inélégance. En droit chinois, les sanctions de la fraude fiscale sont très lourdes, car le droit chinois assimile la fraude au vol, qui est défini comme étant la soustraction frauduleuse de la chose d'autrui. La fiscalité étant considérée par les groupes multinationaux comme un instrument de gestion offrant des possibilités d'optimisation, les Etats ont réagi et ont intensifié le contrôle des opérations internationales. Le concept d'assistance mutuelle internationale apparaît pour la première fois dans le traité fiscal signé entre la France et la Belgique le 12 août 1843. L'efficacité du contrôle des opérations fiscales

---

[229] E. DU PONTAVICE, *Bulletin du CNCC*, n° 6, juin 1972, p. 257.

internationales a sensiblement progressé : une augmentation continue des redressements en matière de prix de transfert permet de le constater.

111. La spécificité du droit de vérification de l'administration fiscale peut être appréhendée dans un premier temps par sa simple définition (I), également par les pouvoirs de l'administration fiscale par rapport à la fraude et l'évasion fiscales (II) ou encore, par l'introduction d'un élément d'extranéité, la vérification dans un contexte international (Chapitre II).

I – La définition du droit de vérification

112. Le contribuable, dont la bonne foi est présumée, souscrit des déclarations réputées sincères et complètes guidé en cela par les obligations déclaratives ou comptables prévues par la loi. Fraudes et évasions fiscales sont malheureusement une réalité, portent atteinte à la répartition équitable des charges publiques et faussent les règles de la libre concurrence. Il faut donc surveiller l'accomplissement de son devoir fiscal par le contribuable. Il semble que le fondement légal (A) et les formes des vérifications (B) permettent de mieux cerner la définition du droit de vérification.

A/ Le fondement légal de la vérification

113. En France, le fondement légal du contrôle fiscal est l'article L. 10 du LPF, « *l'administration des impôts contrôle les déclarations ainsi que les actes utilisés pour l'établissement des impôts, droits, taxes et redevances. Elle contrôle également les documents déposés en vue d'obtenir des déductions, restitutions ou remboursements* ». En Chine, il s'agit de l'article 54 de la NLAPI et aux Etats-Unis du sous-chapitre A, *Examination and Inspection* du chapitre 76, *Discovery of Liability and Enforcement of Title* de l'IR Code. Les pouvoirs de vérification de l'IR britannique sont plus limités et s'exercent dans le cadre d'une procédure dite de vérification approfondie, déclenchée par une procédure sélective.

114. L'article R. 13-1 du LPF français décrit la vérification de comptabilité comme la comparaison des déclarations souscrites par le contribuable avec les écritures comptables ainsi que les registres et documents et l'examen de la régularité, de la sincérité et du caractère probant de la comptabilité. Le commissaire du Gouvernement Marie-Aimée Latournerie soulignait, dans ses conclusions sous l'arrêt en date du 21 mai 1976, que « *le législateur de 1955 a conçu la procédure de vérification de comptabilité comme une procédure de contrôle sur place, autrement dit comme une procédure permettant à l'Administration de se rendre compte des conditions concrètes de fonctionnement de l'entreprise et obligeant le contribuable à admettre cet effort d'appréhension de la réalité par le dialogue* ». En pratique, la vérification de comptabilité est une faculté dont dispose l'administration fiscale de contrôler la

comptabilité de l'entreprise dans les locaux de celle-ci afin d'apprécier la régularité et la sincérité des déclarations souscrites. L'étendue des pouvoirs de l'administration est également précisée par l'article L. 45 du LPF. Celui-ci dispose que « *les agents de l'administration des impôts peuvent assurer le contrôle de l'assiette de l'ensemble des impôts ou taxes dus par le contribuable qu'ils vérifient* ». Les dispositions chinoises relatives au contrôle, imprécises et ambiguës, ne définissent pas la vérification de comptabilité. Dans les articles 54 à 59 de la NLAPI, le législateur chinois se contente de prévoir que les agents des impôts ont le droit de procéder à des opérations, et que le contribuable a l'obligation de coopérer. En revanche, il ne précise nulle part dans quel cadre les agents des impôts peuvent effectuer des contrôles, ni les moyens de défense du contribuable vis-à-vis de ces contrôles. La doctrine chinoise définit la vérification comme l'ensemble des activités effectuées par les administrations fiscales, en vertu des dispositions législatives ou réglementaires, afin de vérifier et de surveiller l'accomplissement de leur devoir fiscal par les contribuables[230].

B/ Les formes de la vérification

115. Spécificité française, une distinction est opérée entre la vérification de comptabilité et l'examen de la situation fiscale personnelle (ESFP). Les textes chinois ne font pas de distinction entre vérification sur place ou par correspondance, entre vérification portant sur des entreprises ou des particuliers[231]. Les textes américains applicables au contrôle des particuliers et des entreprises sont identiques. Cependant, aux Etats-Unis, la vérification de comptabilité d'une entreprise peut s'effectuer sous la forme d'un *Office Examinations*, qui est équivalent au contrôle sur pièces approfondi français, ou sous la forme d'un contrôle sur place (*Field Examinations*)[232]. La vérification

---

[230] Xiaobo ZHU et Wei ZHANG, *Contrôle fiscal* (en pinyin, *shui wu jian cha*), Presses de l'Université de finance et d'économie de Dongbei, 2001, 1re édition, p. 1.

[231] En Chine, l'impôt sur le revenu des personnes physiques est le quatrième impôt selon le rendement, et représente 6.8% des recettes fiscales de l'Etat. Chaque année, le montant des droits rappelés à la suite des contrôles s'élève à 1 milliard de renminbis (soit 0.1 milliard d'euros) (Discours de Li WANG, vice ministre du SAT, en date du 26 septembre 2005, *Prendre des mesures efficaces et renforcer le contrôle de l'impôt sur le revenu des personnes physiques)*. Le contrôle de la situation fiscale des personnes physiques n'est pas efficace (Voir Hong LI, « Etudes sur le contrôle de l'impôt sur le revenu des personnes physiques », *Revue d'audit contemporain*, 2003, n° 2 ; Xiaojun ZHANG, « L'amélioration du contrôle de l'impôt sur le revenu des personnes physiques », *Revue de finances publiques du Sichuan*, 2003, n° 7). En effet, les sources de revenu des personnes physiques sont multiples, cachées et incontrôlables, les taux et modalités d'imposition varient en fonction des catégories de revenus et les personnes assujetties à l'obligation de retenue à la source ne déclarent pas les rémunérations payées, en particulier aux artistes ou aux sportifs. Par ailleurs, il n'existe pas de système bancaire efficace et les personnes physiques règlent leurs transactions essentiellement en espèce, même pour acheter un appartement ou une voiture. Enfin, les sanctions de la fraude fiscale ne sont pas suffisamment dissuasives.

[232] Une vérification sur place sera effectuée s'il est difficile pour le contribuable d'apporter les documents demandés dans les locaux de l'administration.

sur place est réservée essentiellement aux déclarations souscrites par l'entreprise, et à celles des individus, dans la mesure où elles revêtent un caractère complexe.

116. En France, une vérification de comptabilité peut revêtir des formes très diverses. Elle peut être simple ou générale, limitée, complète, voire étendue. Il est important de distinguer ces différentes formes de vérifications pour déterminer s'il s'agit d'une véritable vérification de comptabilité, et d'un autre procédé de contrôle, et si les garanties spécifiques à la vérification de comptabilité sont applicables. Une vérification est dite générale lorsque le même agent vérifie la situation fiscale de l'entreprise au regard de tous les impôts déclaratifs. Elle est simple dans tous les autres cas. La vérification est dite complète lorsque la comptabilité de l'entreprise est examinée dans son ensemble pour toute la période non prescrite. Elle peut également être limitée à des opérations déterminées. Dans ce cas, se pose la question de l'interdiction des vérifications successives. La vérification de comptabilité peut être étendue lorsque celle-ci se déroule parallèlement à un examen de la situation fiscale personnelle. Dans ce cas, la vérification de comptabilité sert de support et de complément à la vérification d'une déclaration du revenu global, caractérisée par l'examen contradictoire de l'ensemble de la situation fiscale personnelle.

II - Les pouvoirs de l'administration fiscale par rapport à la fraude et à l'évasion fiscales

117. L'impact financier des fraudes fiscales est particulièrement important en Chine. Les experts du Fonds Monétaire International estiment que le manque à gagner pour les administrations fiscales chinoises est respectivement de 44% en matière de TVA, de 79% en matière d'impôt sur le revenu et les sociétés, et de 56% concernant les droits de Douane[233]. Selon les experts chinois, chaque année, la fraude fiscale entraînerait un manque à gagner de 100 milliards de renminbis (soit 10 milliards d'euros)[234]. Facilitées par l'ouverture des frontières, l'internationalisation des activités économiques et l'essor des paradis fiscaux, les fraudes ou évasions fiscales prennent désormais une dimension internationale. Le 3e Forum sur l'Administration Fiscale, qui s'est tenu les 14 et 15 septembre 2006, a confirmé l'ampleur de l'incivisme fiscal international. En outre, tous les gouvernements, en particulier le gouvernement français, tout en aménageant des dispositifs pour lutter contre l'évasion fiscale, instaurent des

---

[233] Shaohua JIA, *Etude sur les problèmes de manque à gagner en matière fiscale en Chine*, Pékin : édition de finance et d'économie de Chine, 2002, p. 61.

[234] « Etudes comparatives sur l'environnement de l'application du droit fiscal en Chine », in : Dongsheng JIN, *Administrer l'impôt selon la loi : études sur l'environnement de l'application du droit fiscal*, 2006, p. 27.

systèmes dérogatoires, pour les entreprises[235]. C'est un aspect du nationalisme des impôts et de la concurrence fiscale. La question qui se pose alors est de savoir si ces mesures incitatives constituent une forme d'évasion légale organisée par les gouvernements. En pratique, les entreprises, pour obtenir le meilleur rendement possible de l'impôt, privilégient l'endroit où elles sont le mieux traitées.

118. En 1980, la Commission de l'OCDE pour les questions fiscales a publié un rapport sur les fraudes et évasions fiscales. Les administrations fiscales ont successivement mis en place des moyens limitant ces pratiques. La lutte contre les fraudes et évasions fiscales est également facilitée par les dispositions des traités visant l'échange d'informations. La doctrine rappelle également que, pour attaquer les fraudeurs, il ne faut pas seulement mettre en commun les informations mais aussi coordonner les stratégies, harmoniser les contrôles et, par conséquent, développer la coopération multilatérale[236]. Afin d'apprécier la particularité des pouvoirs de contrôle de l'administration fiscale dans chaque pays, il convient de distinguer, dans un premier temps, les fraude et évasion fiscales l'une de l'autre ou de notions voisines (A). Dans un deuxième temps, il convient de noter l'impact de la notion de fraude propre à chaque État sur les moyens de vérification (B).

A/ Les notions de fraude et d'évasion fiscales

119. Les notions de fraude et d'évasion fiscales seront appréhendées par les différences que ces deux notions entretiennent entre elles (1) et avec d'autres notions voisines (2).

1. La distinction entre la fraude fiscale et l'évasion fiscale

120. Certains considèrent que l'existence d'une distinction entre la fraude fiscale et l'évasion fiscale est universellement acceptée alors que d'autres estiment que l'une n'est qu'une des formes de l'autre.

121. Selon la première théorie, la fraude est illégale, il s'agit d'une infraction à la loi fiscale, « *soustraction illégale à la loi fiscale de tout ou partie de la matière imposable qu'elle devrait frapper* »[237] ; en revanche, l'évasion fiscale est légale et largement pratiquée, et ne transgresse pas la lettre de la loi[238]. Au Royaume-Uni, à partir des années 50, on a commencé à distinguer la fraude

---

[235] On pense ici à des crédit d'impôts de différentes formes, à des taux d'impôt sur les sociétés particulièrement bas ou à une imposition « *bienveillante* » des activités de holding.

[236] Patrick DIBOUT, « La lutte contre la fraude et l'évasion fiscales internationales », in : Loïc CADIET et Erik NEVEU, *Regards sur la fraude fiscale*, Paris : Economica, 1986.

[237] Définition tirée du *Lexique des termes juridiques*, 13e édition, Paris : Dalloz, 2001, p. 274.

[238] Lucien MEHL, *Science et technique fiscales*, Tome II, Collection Thémis, Paris : PUF, 1959, p. 733.

fiscale (*tax evasion*) et l'évasion fiscale (*tax avoidance*)[239] bien que la différence ne soit pas définie par les textes. La fraude, un délit, implique un acte de malhonnêteté quelconque[240], alors que l'évasion implique qu'un contribuable gère ses affaires avec l'objectif de minimiser ou d'éluder l'impôt, en allant à l'encontre de la volonté du législateur[241]. Mais selon Lord Nolan, le concept d'évasion fiscale est impossible à définir[242]. La fraude fiscale étant un acte sanctionné, l'IR tient néanmoins une position plus souple vis-à-vis des fraudes fiscales que son homologue français car le contribuable a moins de chance d'être pénalement poursuivi s'il coopère dès le début de l'enquête avec les inspecteurs qui en sont chargés. Aux Etats-Unis, on différencie l'évasion fiscale, considérée comme une technique de planification fiscale non critiquable (*Proper Tax Planning Conduct*) de la fraude fiscale, qui est susceptible d'être sanctionnée par des pénalités de nature criminelle. La notion d'évasion fiscale vise toutes les techniques d'optimisation de l'impôt qui ne constituent pas une fraude fiscale[243].

122. Quant à la doctrine majoritaire chinoise, elle distingue également la fraude fiscale de l'évasion fiscale[244]. Les expressions chinoises pour la fraude fiscale sont « *tao shui* » ou « *tou lou shui* », dont le sens littéral est « *vol d'impôts* » ou « *fuite devant l'impôt* ». En revanche, l'évasion fiscale est dénommée « *bi shui* », dont la traduction littérale est « *éviter de payer des impôts* ». Traditionnellement, l'évasion fiscale n'avait pas une bonne réputation en Chine. Du fait de sa finalité de diminution des impôts, elle était assimilée à la fraude fiscale. Par ailleurs, pour montrer leur efficacité au gouvernement, les chefs d'entreprises nationales préféraient payer le plus d'impôts possibles. Sous l'effet conjugué de la vague de privatisations d'entreprises nationales et du large succès de la politique d'ouverture du marché chinois au monde, l'évasion fiscale est devenue à la mode.

---

239 Cité par James KESSLER, « Tax avoidance purpose and section 741 of the Taxes Act 1988 », *BTR* 2004, n° 4, p. 377, note en bas de page n° 11 (1955 Royal Commission Cmd. 9474, para 1016). *Command Paper* est un rapport présenté par un ministre au Parlement sur un sujet particulier.

240 La fraude fiscale est « *un comportement constituant une infraction pénale, ce qui implique normalement le dépôt, en toute connaissance de cause, d'une déclaration fiscale erronée. Cette intention malhonnête est un élément essentiel de l'infraction* », James KESSLER, « Tax avoidance purpose and section 741 of the Taxes Act 1988 », *BTR* 2004, n° 4, p. 376.

241 IFA (37e Congrès, 1983), *Evasion fiscale et fraude fiscale*, Cahiers de droit fiscal international, Rapport national Royaume-Uni, B.J. REYNOLDS. Voir aussi James KESSLER, « Tax avoidance purpose and section 741 of the Taxes act 1988 », *BTR* 2004, n° 4, p. 377 : l'évasion fiscale consiste en « *des montages qui diminuent la base imposable et qui contreviennent à l'intention du Parlement* ».

242 Inland Revenue Commissioners v. Willoughby [1997] AC 1071 1079.

243 IFA (37e Congrès, Venise, 1983), *Evasion fiscale et fraude fiscale*, Cahiers de droit fiscal international, Rapport National Etats-Unis, John E. BISCHEL, B. GANN PAMELA et F. KLEIN SUSAN, p. 333.

244 Shaoying CHEN et Hui XIE, « Critiques sur l'illégalité de l'évasion fiscale », www.cftl.cn.

123. La majorité des auteurs chinois considère que l'évasion fiscale ne constitue pas une violation de la loi fiscale et est donc licite. Toutefois, certains font une distinction entre l'évasion fiscale raisonnable ou « *planning fiscal* » et l'évasion fiscale. La difficulté est de savoir quel élément distingue une évasion fiscale raisonnable d'une évasion fiscale. La définition chinoise de référence de l'évasion fiscale est celle de Jianwen Liu. Ce dernier définit l'évasion fiscale comme un usage abusif, par le contribuable, des possibilités offertes par la loi fiscale, dans l'objectif d'obtenir un allégement d'imposition non justifié[245]. Dans cette définition, le trait caractéristique de l'évasion fiscale réside dans le caractère « *abusif* » de l'utilisation des dispositifs fiscaux. Il en résulte qu'en cas d'utilisation « *normale* », il s'agit d'une évasion fiscale raisonnable alors qu'en cas d'utilisation « *abusive* », il s'agit d'une évasion fiscale condamnable. Depuis quelques années, l'administration fiscale chinoise renforce le dispositif anti-évasion[246]. La loi chinoise relative à l'impôt sur les sociétés, promulguée le 16 mars 2007, qui a harmonisé le régime fiscal des entreprises à capitaux chinois et étrangers[247], a inséré une règle générale anti-évasion : lorsque l'entreprise prend part à des transactions dépourvues de substance commerciale raisonnable et diminue en conséquence le revenu ou l'assiette imposable, l'Administration est habilitée à procéder à des rectifications, selon toute méthode appropriée[248].

124. Quant à la définition donnée par le législateur chinois à la fraude fiscale, telle qu'elle est mentionnée à l'article 63 de la NLAPI, elle ne porte que sur l'apparence des actes de fraude, mais néglige la substance du phénomène de fraude, l'intention frauduleuse. Les dispositions chinoises ne distinguent pas les actes avec intention frauduleuse des actes involontaires. En pratique, tous les actes dont l'effet est de ne pas payer des impôts ou d'alléger des impôts sont sanctionnés en tant que fraude fiscale.

---

245 Jianwen LIU et Yi DING, « Recherches nouvelles sur la théorie juridique de l'évasion fiscale », *ITIC*, 2003, n° 8. Voir également Zhaolin FENG, Jun LI et Ailing HUANG, « Recherche préliminaire sur l'évasion fiscale en Chine », *Revue Fiscalité et économie*, 1997, n° 1 ; Jianwei LU, « Etudes sur l'évasion fiscale et la lutte contre l'évasion concernant les entreprises à capitaux étrangers », *Revue Forum économique*, 1995, n° 7 ; Yuhun SUN, « Recherche en définition de l'évasion fiscale », *Revue Fiscalité et économie*, 1994, n° 3.

246 Chaque année, 230 entreprises sont soumises à un contrôle anti-évasion. De l'introduction des opérations anti-évasion à la fin 2005, les droits rappelés à la suite de ces contrôles ont atteint plus de 3 milliards de renminbis (soit 0.3 milliards d'euros) (source : « Le SAT renforce le contrôle anti-évasion fiscale et le montant des droits rappelés atteint 3 milliards de renminbis », *Journal de l'économie* (en pinyin, *Jingji Ribao*), 18 janvier 2006).

247 En conséquence, la loi relative à l'impôt sur les bénéfices des entreprises de droit chinois à capitaux étrangers et des entreprises étrangères et son règlement d'application (1991), le règlement provisoire relatif à l'impôt sur les sociétés (1993) et son arrêté d'application (1994) seront abrogés.

248 Art. 47. La loi (Président de la République populaire de Chine [2007] n° 63) s'appliquera à compter du 1er janvier 2008.

125. Certains auteurs marquent clairement la distinction entre fraude et évasion[249], tandis que d'autres entretiennent la confusion par les expressions qu'ils utilisent[250]. Ces derniers évitent de parler d'évasion, ils opèrent une distinction entre une fraude licite et illicite[251]. La doctrine majoritaire préfère le terme d'« *évasion* ». D'un point de vue doctrinal, la distinction est justifiée mais des difficultés surgissent en pratique. Le danger réside dans la difficulté d'établir une ligne de démarcation entre évasion et fraude fiscales. En outre, la distinction entre l'évasion et la fraude fiscales est très critiquée par les praticiens. Selon certains, « *le droit fiscal existe comme une réalité économique dans le monde des affaires, (...) un dollar d'économie d'impôt est tout aussi réel que celui provenant d'autres sources* »[252].

126. Un autre courant doctrinal considère que la fraude fiscale est une autre forme d'évasion fiscale[253] ou l'évasion fiscale est une des formes de la fraude fiscale. Dans ce dernier cas, l'évasion fiscale aurait uniquement un caractère international. L'évasion fiscale serait le fait pour un redevable de se dérober à l'impôt auquel la législation d'un pays déterminé soumet des biens ou des revenus situés ou acquis dans un ou plusieurs autres pays. La fraude se distinguerait de l'évasion fiscale en fonction du caractère interne ou international du montage en cause. À l'intérieur d'un pays, on ne saurait proprement parler d'évasion fiscale, mais bien de dissimulation, sous quelque forme que ce soit. En Chine, l'évasion fiscale relève, en pratique, par essence d'une dimension internationale. Ainsi, pour l'administration, les cas d'évasion fiscale se retrouvent principalement en matière de prix de transfert[254].

127. Les définitions de la fraude fiscale et de l'évasion fiscale sont nombreuses et établies de façon comparative. L'Association Fiscale Internationale considère que la fraude est « *une infraction directe aux règles posées pour l'établissement et le paiement de l'impôt* » et l'évasion fiscale « *une violation indirecte*

---

[249] Par exemple, Edouard CHAMBOST, Charles ROBBEZ MASSON.

[250] Par exemple, André MARGAIRAZ, Camille ROSIER, Lucien MEHL.

[251] André MARGAIRAZ, *La fraude fiscale et ses succédanés, Comment on échappe à l'impôt*, 3e édition, Edition Blonay (Suisse), 1987. Camille ROSIER, *L'impôt*, Paris : Editions Montaigne, 1936, p. 153.

[252] Comm'r v. Brown 380 U.S. 563 at 579-580, cité par Tiley John in : « Judicial anti-avoidance doctrines : corporations and conclusions », *BTR* 1988, p. 143.

[253] Gabriel ARDANT, *Histoire de l'impôt, Livre II, du XVIIIe au XXIe siècle*, Paris : Fayard, 1972, p. 670.

[254] Le SAT a publié trois circulaires administratives fondamentales en matière de lutte contre l'évasion fiscale : Circulaire de renforcer le travail anti-évasion, [2004] 70, 9 juin 2004 ; Règle d'application concernant l'accord préalable sur les prix de transfert entre les entreprises apparentées, [2004] 118, 3 septembre 2004 ; Procédure de gestion fiscale sur les affaires des entreprises apparentées, [2004] 143, 22 octobre 2004. *Journal de l'économie*, 24 novembre 2004

réprimée par des textes spéciaux »[255]. On notera la similitude de la définition chinoise de l'évasion fiscale avec la définition retenue par l'Association Fiscale Internationale. Dans les définitions des deux termes, on retrouve des éléments communs. Fraude et évasion sont intentionnelles. L'objectif du contribuable est d'éluder l'impôt dû. La conséquence en est le non respect de la volonté du législateur. Néanmoins, des différences sont essentielles avec l'évasion, il s'agit d'utiliser des possibilités offertes par les textes, tandis que la fraude consiste à violer les textes. Les violations des textes sont directes ou indirectes. Selon l'Association Fiscale Internationale, la fraude fiscale constitue « *la violation directe d'une disposition fiscale* » et consiste à « *éluder le paiement sans éluder l'assujettissement à l'impôt* »[256], alors que le dictionnaire fiduciaire et fiscal définit l'évasion fiscale comme une « *exploitation régulière des dispositions autorisant une réduction de la base d'imposition ou un allègement d'impôt* »[257]. Juridiquement, la fraude constitue une violation de la loi, sinon elle ne serait pas une fraude.

128. La question se pose alors de savoir si l'utilisation de textes contrairement à la volonté du législateur est une forme de violation. Si des possibilités ou des choix sont offerts, par la loi, au contribuable, lui permettant d'éviter ou de réduire l'impôt dont il est redevable, la réponse est négative. Quelle est la solution si la loi n'offre aucun choix au contribuable et que ce dernier profite des lacunes de la loi ? Il semble qu'il faille examiner au cas par cas si le contribuable a violé les principes fondateurs des textes fiscaux pour déterminer si ses actes sont condamnables. Le moyen le plus efficace serait que le législateur remédie à ces lacunes dans un bref délai, ce qui est rarement le cas.

129. La fraude est une notion difficile à préciser. La difficulté provient du fait que le mot « *fraude* » est employé pour désigner des actes divers. Le sens primitif du mot « *fraude* » est dommage, préjudice. Donc, la fraude était « *le dommage spécial subi par le droit du fait de sa violation* »[258]. Ensuite le sens du mot a évolué vers tromperie ou encore déloyauté. La fraude désignait alors « *un acte de mauvaise foi, de tromperie* »[259]. Actuellement, le mot « *fraude* » est utilisé pour désigner les agissements par lesquels une personne cherche à se

---

[255] IFA (37e Congrès, Venise, 1983), *Evasion fiscale/fraude fiscale*, Cahiers de droit fiscal international, vol. LXVIIIa, premier sujet, Rapport français, p. 376.

[256] IFA (37e Congrès, Venise, 1983), *Evasion fiscale/fraude fiscale*, Cahiers de droit fiscal international, vol. LXVIIIa, premier sujet, Rapport général par V. UCKMAR, p. 61, §§ 0.19 et 0.20, Kluwer.

[257] Yves-Robert de la VILLEGUERIN (sous la direction de), *Dictionnaire fiduciaire fiscal*, 8e édition, Paris : La Villeguérin, 1993.

[258] José VIDAL, *Essai d'une théorie générale de la fraude en droit français : le principe « fraus omnia corrumpit »*, th. univ. Toulouse, 10 novembre 1956, publiée Paris : Dalloz, 1957, préface de Gabriel MARTY, p. 11.

[259] V. Guyot, Répertoire de jurisprudence, V° Fraude ; Paul-Emile LITTRE, *Dictionnaire de la langue française*, V° Fraude.

soustraire à une obligation préexistante. Aux Etats-Unis, la fraude fiscale implique « *une intention frauduleuse d'échapper au paiement d'un impôt* ». Les dispositions des articles 7201 à 7207 de l'IR Code sont extrêmement larges dans la mesure où elles ne sanctionnent pas seulement le fait d'éluder l'assiette de l'impôt, mais aussi le fait de faire échouer le recouvrement des impôts dus.

2. La distinction avec les notions voisines

130. Comment distinguer la fraude et l'évasion fiscales des notions voisines telles que la planification fiscale et l'abus de droit ? En France, on parle de planification, d'optimisation, d'habileté ou de rationalisation fiscale. Dans les pays anglo-saxons, sont utilisées les expressions « *tax planning* », « *tax minimisation* » ou « *tax mitigation* ». En Chine, la doctrine majoritaire distingue l'optimisation fiscale[260], la fraude fiscale et l'évasion fiscale[261].

a) L'optimisation fiscale

131. Pour qualifier les phénomènes de fuite devant l'impôt, on utilise en France les expressions de « *fraude fiscale (acte illégal)* » et d'« *habilité fiscale (choix fiscal légal)* », étant entendu qu'entre ces deux situations, coexiste un ensemble de situations plus floues qu'un auteur définit comme constitutives d'« *évasion fiscale* »[262]. Le Code civil français connaît la figure du bon père de famille, et l'habileté fiscale est l'art des choix intelligents à condition que la loi les autorise[263]. L'intelligence fiscale et l'habileté fiscale sont donc permises. C'est un comportement légal et effectif qui n'entre pas dans le champ d'application des mesures anti-abus. Aux Etats-Unis, l'IRS établit une liste noire de transactions risquant d'être qualifiées d'évasion fiscale[264]. Au Royaume-Uni, Lord Templeman a distingué l'optimisation fiscale acceptable ou légale (*acceptable tax mitigation*) de l'évasion fiscale inacceptable (*unacceptable tax avoidance*)[265].

132. Où se trouve la frontière entre fraude et optimisation ? Pour le Conseil des prélèvements obligatoires français, la fraude suppose un acte intentionnel pour contourner la loi et éluder le paiement du prélèvement tandis que l'optimisation vise à tirer le meilleur parti des possibilités offertes par la législation[266]. Selon la

---

[260] L'optimisation fiscale est traduite en chinois par l'expression « *jie shui* », c'est-à-dire économiser des impôts. Si l'on adopte l'idée de la distinction entre évasion fiscale raisonnable et évasion fiscale condamnable, on voit mal comment faire une différence entre optimisation fiscale et évasion fiscale raisonnable. Ces deux termes semblent avoir la même signification.

[261] Shaoying CHEN et Hui XIE, « Critiques sur l'illégalité de l'évasion fiscale », www.cftl.cn.

[262] Charles ROBBEZ MASSON, *La notion d'évasion fiscale en droit interne français*, Bibliothèque de science financière, Tome 29, Paris : LGDJ, p. 418, n°s 559.

[263] Maurice COZIAN, « Qu'est-ce que l'abus de droit ? », *LPA* 1991, n° 6, p. 6.

[264] IRS Notice 2001-51, 2001-34 IRB 190.

[265] Commissioner of Inland Revenue v. Challenge Corporation [1987] *AC* 155, à 167 et 168.

[266] Conseil des prélèvements obligatoires, Premier rapport intitulé « La fraude et son contrôle », *DF* 2007, n° 16, 434.

jurisprudence britannique, l'optimisation est caractérisée lorsque le contribuable obtient des avantages fiscaux dans des circonstances où le droit fiscal lui fournit une réduction de ses impositions. À l'opposé, la fraude est caractérisée lorsque le contribuable diminue ses impositions sans avoir rempli les conditions légales qui lui permettent de bénéficier de cet avantage[267]. En d'autres termes, les avantages fiscaux obtenus par le contribuable sont la conséquence de l'application des textes fiscaux dans le cas de l'optimisation, mais pas dans les cas de la fraude.

133. En effet, la frontière se situe au niveau de la substance économique de l'opération. Autrement dit, les techniques consistant uniquement à minimiser l'impôt dû ne sont pas, en principe, considérées comme illégales, lorsqu'elles ont un but commercial ou une justification économique. Les praticiens considèrent que l'optimisation fiscale peut être décrite comme un mode d'organisation des transactions commerciales afin de minimiser l'incidence fiscale, alors que l'évasion fiscale consiste à réaliser une transaction dans le seul objectif d'éviter le paiement des impôts.

134. La question est de savoir quelle est la solution si la substance économique et la substance juridique de l'opération en cause ne coïncident pas. La France est un pays de droit civil. Il n'existe pas, en droit français, de principe général faisant prévaloir la substance économique sur la forme juridique. Cependant, la primauté de la substance économique sur la forme juridique constitue la pierre angulaire des normes comptables[268], notamment internationales[269]. Récemment, un alignement des concepts fiscaux sur les concepts comptables a été opéré dans certains cas[270]. Mais la question est de savoir si la politique de contrôle fiscal est orientée par la prééminence de la substance économique sur la forme juridique. En pratique, l'administration française prend en considération non seulement la forme juridique mais aussi la réalité économique. Ainsi par exemple, sur le plan international, la différence entre l'optimisation fiscale et l'abus réside dans la justification économique d'entités intermédiaires créées à des fins d'optimisation fiscale.

---

267 New Zealand Comr of Inland Revenue v. Challenge Corporation Ltd, Privy Council [1986] *STC* 548 : *ETR* 1986, n° 5, p. 449.

268 Le Comité français de la réglementation comptable dans le règlement n° 99-02 du 29 avril 1999 retient de manière expresse la prééminence de la réalité sur l'apparence parmi les principes d'information financière relatifs aux comptes consolidés.

269 Au plan international, l'*International Accounting Standards Board* (IASB) considère que les règles comptables doivent refléter la situation économique des événements et transactions plutôt que leur forme juridique (La norme IAS 1 révisée § 20).

270 Au Royaume-Uni, jusqu'à très récemment, la règle était la déconnexion totale entre normes comptables et normes fiscales. Or, depuis fin 1996, il y a eu une action des autorités fiscales anglaises en faveur d'un rapprochement des normes comptables et fiscales.

135. Au Royaume-Uni, les transactions fictives sont ignorées ou requalifiées conformément à la doctrine jurisprudentielle dite du « *substance over form* ». Il a été jugé que si le contribuable disposait d'un niveau minimal d'objectif commercial, l'élément fiscal de ses opérations ne serait pas remis en cause[271]. Il en résulte que sans justification commerciale, une transaction ne peut être qualifiée de commerciale. Mais l'appréciation des justifications commerciales est une question subjective. Ainsi, une transaction qui pourrait être objectivement considérée comme absurde commercialement est cependant commerciale si le contribuable croit qu'elle est utile pour ses affaires.

136. Aux Etats-Unis, depuis l'arrêt *Gregory v. Helvering*[272], de nombreuses règles concernant l'évasion fiscale ont vu le jour dans la jurisprudence fiscale fédérale, ainsi par exemple, la théorie de la « *transaction objectivement fictive* (*Sham Transaction Doctrine*) »[273], la théorie du « *but commercial* (*Business Purpose Doctrine*) »[274], en particulier, le principe de la primauté de la substance économique sur la forme (*Substance over Form Doctrine*)[275]. La théorie de la « *substance économique* (*Economic Substance Doctrine*) » est destinée à refuser les avantages fiscaux au contribuable si la substance économique d'une transaction est insignifiante par rapport aux

[271] New Angel Court ltd v. Adam [2004] *STC* 779 : *BTR* 2004, n° 4, p. 297. Voir aussi Reed v. nova Securities Ltd [1985] *STC* 124 et Coates v. Arndale Properties Ltd [1984] *STC* 637.

[272] Gregory v. Helvering, (1934) 69 F.2d 809 (2d Cir. 1934), *affirmed*, 293 U.S. 465(1935). En l'espèce, le requérant, Gregory, était l'unique actionnaire de la société *United Mortgage Co.* qui détenait 1 000 actions de *Monitor Securities Co.*. Motivé par la recherche d'une diminution d'impôt sur le revenu résultant du transfert direct des dividendes, Gregory avait effectué une restructuration. Antérieurement à cette réorganisation, Gregory avait constitué une nouvelle société, *Averil Co.* Trois jours plus tard, la société *United Mortgage Co.* avait transféré ces 1 000 actions à la société *Averil Co.* Cette dernière qui n'avait réalisé aucune autre opération avait ensuite été dissoute et les actions avaient été rendues à Gregory. La Cour suprême a jugé qu'il n'y avait pas lieu de tenir compte de l'opération en cause parce que celle-ci n'avait pas de but commercial.

[273] La théorie de la « *transaction fictive* » est analysée en deux étapes. Il faut chercher d'abord si la transaction est matériellement réelle et ensuite si la transaction dispose d'une réalité économique.

[274] La théorie du « *but commercial* » exige que le contribuable démontre qu'il avait un motif autre que l'évasion fiscale au moment d'entreprendre une transaction ou une série de transactions. Dans l'arrêt Frank Lyon Co. v. United States, 435 US 561, 573(1978), la Cour suprême a jugé que les conséquences fiscales d'une transaction ne seraient pas remises en cause si celle-ci a une substance économique, motivée par des raisons commerciales ou réglementaires, par des considérations non fiscales et qui ne caractérise pas d'une évasion fiscale.

[275] En droit fiscal américain, le contribuable est généralement tenu de se conformer à son choix de forme légale, Commissioner v. Danielson, 378 F. 2d 771 (3rd. Cir. 1967), cert. Denied 389 US 858. La Cour suprême a rappelé que si le contribuable est libre d'organiser ses affaires, néanmoins, une fois qu'il a fait son choix, il devait supporter les conséquences fiscales de son choix, attendues ou non, Commissioner v. National Alfalfa Dehydrating & Mill Co., 417 US 134, 149 (1974).

avantages fiscaux envisagés par celui-ci[276]. L'application de ce principe est cependant subjective, ce qui entraîne des incertitudes. Deux solutions contraires ont été dégagées sur deux cas presque identiques[277].

137. Dans une affaire, la société *Waterman Steamship*[278] a refusé une offre d'achat sur l'une de ses filiales à 100% pour un montant de 3.5 millions de dollars car cette opération aurait réalisé un gain considérable. En revanche, la société mère a fait distribuer des dividendes d'un montant considérable, le paiement prenant la forme de « *note* » par cette filiale. Ces dividendes étaient exonérés d'impôt chez la société mère. Cette dernière a ensuite vendu cette filiale pour sa valeur réelle diminuée du montant de « *note* » représentant les dividendes. La *Tax Court* a validé la transaction, mais *l'Appeals Court* a considéré, au contraire, qu'en substance, la transaction devait être considérée comme une cession de la filiale pour un montant plus élevé, à savoir le montant de la créance représentant les dividendes. Mais dans une affaire *Litton Industries Inc. v. Commissioner*[279], la situation était quasiment identique sauf au moment où la filiale a reconnu une créance de dividende au profit de sa société mère, aucun acheteur n'avait été identifié. La *Tax Court* a considéré que cette circonstance était suffisante pour justifier une solution contraire à celle retenue dans l'arrêt *Waterman Steamship*.

138. Il arrive que le contribuable ait gain de cause. Dans l'affaire *ACM Partnership v. Commissioner*[280], le contribuable avait acquis des instruments de créance et les avait revendus 24 jours plus tard presque au même prix d'achat. La *Court of Appeal* a considéré que le droit fiscal exigeant que les transactions aient une substance économique propre, distincte du bénéfice économique réalisé simplement par l'économie d'impôts, cette opération d'achat-revente avait des effets sur la situation économique du contribuable même si ces effets étaient symboliques et accessoires. Dans l'affaire *UPS v. Commissioner*[281], la substance économique a également été admise. En l'espèce, UPS avait créé une filiale aux Bermudes pour assurer certaines obligations pour les pertes ou les dommages causés aux colis dont ses clients lui confient l'acheminement. À cet effet, cette filiale des Bermudes recevait une rémunération pour les services qu'elle rendait à UPS. La filiale des Bermudes n'étant pas domiciliée aux Etats-

[276] Knetsch v. United States, 364 US 361 (1960).
[277] Par exemple, certains tribunaux ont conclu que si les transactions sont dépourvues de substance économique et de but commercial, elles étaient fictives même si l'activité prétendue s'était produite, United States v. Wexler, 31 F. 3d. 117, 124 (3rd. Cir. 1994).
[278] Waterman Steamship Corp. v. Commissioner 430 F.2d 1185 5th Cir. 1970, cert. denied, 401 US 939(1971).
[279] Litton Industries Inc. v. Commissioner 89 *TC* 1086 (1987).
[280] ACM Partnership v. Commissioner TCM 1997-15, aff'd in part et rev'd in part, 157 F.3d 231 (3d Cir. 1998), cert. den. 526 US 1017 (1999).
[281] United Parcel Service (UPS) v. Commissioner 254 F.3d 1014 (11th Cir. 2001).

Unis, ses bénéfices n'étaient pas assujettis à l'impôt américain. L'*US Tax Court* a jugé que les rémunérations perçues par la filiale des Bermudes devaient être traitées comme les revenus d'UPS, donc imposables aux Etats-Unis. L'*US Court of Appeals* a conclu, dans le sens inverse, que cette filiale de réassurance établie à l'étranger n'était pas privée de substance économique puisqu'il existait un véritable échange des droits et des obligations réciproques entre deux entités réelles et indépendantes. Le contribuable supporte la charge de la preuve de démontrer que ses opérations juridiques respectent la substance économique des opérations[282].

139. Aux Etats-Unis, bien que ni l'évasion fiscale ni l'optimisation fiscale ne constituent une violation intentionnelle des textes fiscaux, le ministère des Finances attire tous les ans l'attention du Congrès sur des exemples de schémas d'évasion fiscale. Ce dernier y répond souvent par une nouvelle législation destinée à mettre fin aux lacunes du droit fiscal. Afin de prendre connaissance des schémas susceptibles d'être qualifiés d'évasion fiscale, depuis le 1er mars 2001, de nouvelles obligations déclaratives ont été instituées par l'IRS. Les entreprises et leurs conseils sont désormais tenus de déclarer en premier lieu les opérations et/ou schémas permettant de réduire de façon significative leurs impôts, puis les opérations de toute nature dont l'effet est de réduire la charge fiscale de l'intéressé de plus de 5 millions de dollars pour un exercice donné. Ces nouvelles obligations déclaratives pèsent sur les contribuables bénéficiaires de l'avantage fiscal et sur l'intermédiaire qui a conçu le montage. L'absence de déclaration est considérée comme un élément caractérisant la mauvaise foi du contribuable ou la manœuvre frauduleuse en cas de contrôle ultérieur, justifiant des pénalités s'élevant à 75% des redressements notifiés. Ce mécanisme déclaratif a été rapidement adopté par beaucoup de pays. En France, un projet de texte sur les schémas d'optimisation fiscale[283] avait pour objectif de créer une obligation de déclaration des montages dénommés « *schémas d'optimisation fiscale* ». Les pénalités pour abus de droit et mauvaise foi n'auraient pas été applicables si l'administration n'avait pas fait savoir, dans les 6 mois suivant la déclaration qu'elle serait susceptible de remettre en cause le régime fiscal de l'opération. Ce texte n'a pas été adopté. Au Royaume-Uni, un mécanisme similaire a été introduit en septembre 2004 en ce qui concerne les

---

[282] Estate of Weiner v. Commissioner, 294 F.2d 750, 755 (5th Cir. 1961).

[283] *La tribune*, 14 septembre 2005 ; *JCP éd. N* 2005, *act.*, n° 39 ; « Projet de texte sur les schémas d'optimisation fiscale et réponse de l'ensemble des organisations professionnelles », *Institut des avocats conseils fiscaux (IACF) La Lettre n° 84*, décembre 2005. En 2006, un avant-projet de texte de loi et un projet de décret renouvellent en profondeur l'économie du projet élaboré en 2005. Ces projets sont fondés sur une logique de dissuasion et d'amélioration réciproque de la transparence.

produits financiers[284], étendu en 2005 aux montages visant à réduire les droits de timbre sur les transferts d'immeubles et a été renforcé en matière de TVA.

b) L'abus de droit

140. Le droit anglais ne connaît pas de notion d'abus de droit équivalente à celle de l'abus de droit français[285], de sorte que la frontière entre l'habilité fiscale et l'abus de droit y est plus incertaine. En revanche, l'abus de droit[286] est d'une conception extensive en France, malgré les critiques qui ont pu être adressées à ce sujet. De plus, l'abus de droit est considéré comme le fondement permettant d'échapper au contrôle de l'ordre judiciaire de droit commun sur les frais pouvant être qualifiés d'abus de biens sociaux.

141. Quelle est la différence entre la fraude fiscale et l'abus de droit ? En France, « *la fraude fiscale est la violation en toute connaissance de cause, donc de mauvaise foi, d'une prescription d'ordre fiscal. (...) dans l'abus de droit, au contraire, on ne viole aucune prescription de la loi fiscale* »[287] ; « *l'abus de droit n'est relevé que dans la mesure où l'opération réalisée ne répond qu'à des motivations exclusivement fiscales (...)* »[288]. Mais en pratique, il n'est pas difficile de trouver des justifications autres que fiscales.

142. Comment déterminer la frontière entre l'abus de droit et l'optimisation fiscale ? En France, dans l'hypothèse où des régimes fiscaux favorables sont prévus par les textes, l'abus de droit est caractérisé lorsque des dispositions législatives accordant des avantages fiscaux dérogatoires au droit commun dans un but d'intérêt général sont utilisées dans des conditions telles que le but en vue duquel ces avantages avaient été prévus n'est pas atteint[289]. Certains regrettent cette incertitude car personne ne peut indiquer où se trouve la

---

[284] FA 2004, section 306 à 319. Voir A. HUBBARD, « Disclosure of tax avoidance schemes – where are we now ? », *Tolley's Practical Tax*, 8 avril 2005.

[285] Chambre des Lords, Bradford Corporation v. Pickles 1895, AC 587 ; - Allen v. Flood (1898) AC 1, jugé qu'un motif illégitime ne peut rendre illicite un acte qui est conforme au droit.

[286] L'abus de droit n'a pas la même signification en droit fiscal qu'en droit civil. La théorie de l'abus de droit a été développée en droit civil essentiellement par les trois arrêts suivants : 2 mai 1855, Colmar, *Dalloz périodique*, 1856, II, 9 ; 2 décembre 1871, Paris, *Dalloz Périodique*, 1873, II, 185 ; 22 novembre 1889, Orléans, *Dalloz Périodique*, 1891, II, 120. En droit civil, la simulation est l'opération par laquelle on crée une situation juridique apparente différente de la situation juridique véritable (Jean MAZEAUD et François CHABAS, *Leçons de droit civil*, Tome II, vol. I, *Obligations : théorie générale*, 8ᵉ édition, Paris : Montchrestien 1991, n°s 807). En droit fiscal, la simulation est essentiellement inspirée par la recherche d'économie d'impôts. La simulation est la conception classique de l'abus de droit.

[287] Maurice COZIAN, « Qu'est-ce que l'abus de droit ? », *LPA* 1991, n° 6, p. 6.

[288] Maurice COZIAN, « La notion d'abus de droit en matière fiscale », *Gaz. Pal.*, 1993, *doctr.*, p.57.

[289] CE, 3 février 1984, n° 38230, Plén., Bilger Gillet : *DF* 1984, n° 26, comm. 1278 ; *RJF* 4/1984, n° 499.

frontière entre l'habilité permise et l'abus réprimé[290]. De plus, l'optimisation fiscale connaît des acceptions différentes selon les pays. En Europe, l'abus de droit serait un moyen permettant de ne pas payer d'impôt alors qu'aux Etats-Unis, ce serait un moyen de ne pas payer l'impôt de manière indue[291]. En Chine, à cause de dispositions imprécises et ambiguës, la frontière entre l'abus de droit et l'optimisation fiscale ne peut pas être clairement établie.

143. L'Association Fiscale Internationale, réunie à Vienne en 1983, a renoncé, après plusieurs jours de travail, à établir une définition claire de la fraude fiscale et de l'évasion fiscale. Postérieurement, le Comité des affaires fiscales de l'OCDE a analysé la définition de la fraude fiscale dans divers pays afin d'aboutir à une acception commune de cette notion. L'objet de ces travaux était d'atténuer les problèmes posés par l'application du principe de double incrimination aux infractions fiscales. En effet, lorsque les pays appliquaient des notions similaires à la fraude fiscale, il y avait peu de chance que le principe de double incrimination constitue un obstacle aux échanges de renseignements. Il a été approuvé par tous les pays membres de l'OCDE, sauf le Luxembourg et la Suisse, que la fraude fiscale consiste dans le « *fait que toute personne agisse, essaie d'agir ou s'abstienne d'agir intentionnellement en vue de violer une obligation légale concernant la déclaration, la détermination ou le recouvrement exact d'un impôt* »[292].

144. Contrairement à l'idée selon laquelle la fraude consiste en une violation de la loi, certains auteurs considèrent que la fraude est une technique de résistance à l'oppression et devient un moyen de défense, l'évasion fiscale étant également un aspect de la résistance à l'impôt[293]. Il est vrai que la complexité et l'ambiguïté des textes fiscaux facilitent les fraudes ou évasions fiscales. L'évasion ou l'optimisation fiscales étant étroitement liées à la complexité de la loi fiscale, il conviendrait que le législateur garantisse au citoyen une loi fiscale claire, simple et la plus neutre possible[294]. À l'évidence, il est difficile pour l'administration d'accomplir sa tâche. D'une part, si les pouvoirs de l'administration sont insuffisants, il existe des risques de perte de revenus et d'atteinte à l'égalité devant l'impôt, au préjudice des contribuables respectueux

[290] Jérôme TUROT, « Réalisme fiscal, abus de droit et opposabilité à l'administration des actes juridiques (ou l'abus de droit rampant) », *RJF* 8-9/1989, p. 458 ; Charles ROBBEZ-MASSON, *La notion d'évasion fiscale en droit interne français*, Paris : LGDJ, 1990.

[291] Frédéric TIXIER (propos recueillis par), « La fiscalité internationale entre américanisme et protectionnisme », *MTF*, n° 53, septembre 1993, p. 26.

[292] COMITE DES AFFAIRES FISCALES DE L'OCDE, « Améliorer l'accès aux renseignements bancaires à des fins fiscales : Rapport d'étape 2003 », disponible sur le site de l'OCDE, p. 12.

[293] Jean-Claude MARTINEZ, « La légitimité de la fraude fiscale », in : *Etudes de finances publiques offertes à Paul-Marie Gaudemet*, Paris : Economica, 1984, p. 925.

[294] Jean-Pierre BRARD, *La lutte contre la fraude et l'évasion fiscales, retrouver l'égalité devant l'impôt*, Rapport d'information en application de l'article 145 du Règlement, Assemblée nationale, 1999.

des lois. Mais d'autre part, outre la menace qu'ils représentent pour les droits fondamentaux, des pouvoirs excessifs risquent d'aboutir à une non coopération de la part des contribuables qui respectent les lois.

B/ Les pouvoirs de l'administration de lutter contre la fraude fiscale ou l'évasion fiscale

145. En France, le principe est que la loi fiscale n'impose pas aux individus d'accomplir certains actes plutôt que d'autres, et la recherche d'une voie moins onéreuse n'est jamais en soi considérée comme un acte déloyal. Et ce, en vertu de la liberté de gestion fiscale du contribuable (1). Cependant, le principe du libre choix de la voie fiscale la plus avantageuse n'est pas sans limite. L'option n'est possible que si elle est effectuée conformément à la loi d'une part, et la liberté de choix trouve sa limite véritable dans les textes destinés à lutter contre l'évasion ou la fraude fiscales d'autre part (2). Il en va de même aux Etats-Unis où « *il n'est pas possible de mettre en question le droit d'un contribuable de diminuer ou de supprimer le montant de ses impositions par des moyens légaux* »[295]. Par ailleurs, la fraude fiscale constitue un véritable crime puni d'une amende (parfois très forte), et d'une peine d'emprisonnement, ces sanctions faisant l'objet d'une grande publicité. En revanche, l'IR Code ne contient pas de règle générale anti-évasion et il est peu probable qu'une telle règle soit adoptée dans un avenir proche. Toutefois, certaines dispositions ont été incorporées, ainsi par exemple, la section 269 de l'IR Code limitant les avantages fiscaux lorsque, dans certaines acquisitions de sociétés, l'évasion fiscale ou la fraude fiscale en constitue le but principal.

1. La liberté de gestion fiscale

146. Cette liberté constitue un principe (a) dont la portée est cependant limitée tant par le législateur et que par le juge (b).

a) Le principe

147. Tous les pays examinés reconnaissent la possibilité du choix de la voie fiscale la moins onéreuse pour le contribuable. En France, la liberté de gestion fiscale du contribuable a été confirmée en 1965[296], le principe étant que « *rien ne s'oppose à ce que les contribuables choisissent pour réaliser une opération, les voies les moins onéreuses sur le plan fiscal, pourvu que ces voies soient légales et ne tendent pas, sous l'apparence d'actes réguliers, à dissimuler des profits* »[297]. Par conséquent, le contribuable a la faculté de choisir la voie fiscale la moins onéreuse[298]. L'administration fiscale admet, quant à elle, la même

---

[295] Cour suprême des Etats-Unis, Gregory v. Helvering 293 US 465(1935).

[296] CE, 20 décembre 1963, n° 52308 ; - 10 mars 1965, n° 62426.

[297] CE, 16 avril 1969, OMO : *DF* 1970, n° 51, comm. 1474.

[298] CE, 4 décembre 1981, n° 29742 : *RJF* 1/1982, n° 73 ; - 22 juin 1983, req. n° 32956 : *RJF* 8-9/1983, n° 471 avec chron. de Pierre-François RACINE, p. 423 ; - 17 décembre 1984, n° 52341 :

solution[299]. Il en va de même en matière de TVA[300]. Un principe similaire est établi de longue date au Royaume-Uni[301]. En 1929, la jurisprudence britannique a observé que le contribuable était autorisé à chercher honnêtement une réduction d'impôts[302]. Tout contribuable est autorisé, s'il le peut, à organiser ses affaires pour que l'impôt dû soit moindre[303]. L'administration ne peut s'opposer à ce que le contribuable obtienne un avantage en profitant d'une des opportunités offertes par le législateur[304]. Il en va de même aux Etats-Unis, où personne n'est pas obligé de choisir la voie la plus favorable au Trésor ; il n'existe pas un devoir patriotique d'accroître ses impôts[305].

148. Sur ce point, le Royaume-Uni est plus libéral que la France. Ce premier n'impose normalement pas de limite générale à la liberté de choix du contribuable alors que la France a adopté des textes de portée générale afin de lutter contre l'évasion fiscale ou l'abus de droit, ainsi par exemple, l'article L.

DF 1986, n° 1, comm. 4 (choix de mode de financement) ; - 21 mars 1986, n° 53002, Sté Auriège : *DF* 1986, n° 31, comm. 1432 ; *RJF* 5/1986, n° 470 (fusion à l'envers, voir CAA Paris, 18 juin 2007, Sté Décorative Ouest, aff. n° 0601941) ; - 2 mars 1987, n° 46708 : *RJF* 5/1987, n°480 ; - 2 mars 1987, n° 51846 : *RJF* 5/1987, n° 525 ; - 1er avril 1987, req. n° 51831 : *RJF* 5/1987, n° 275 ; *Rev. soc.*, 1987, p. 415. Voir Arnaud AGOSTINI, *Les options fiscales*, Paris : LGDJ, 1983, 381 p. ; Jean SCHMIDT, « Les choix fiscaux des contribuables », *D.* 1974, *chron.*, p. 24. Voir également CE, 10 juin 1981, n° 19079, Plén. : *Rec. Lebon*, n° 248 ; *DF* 1981, n° 48-49, comm. 2187 ; *RJF* 9/1981, n° 787, concl. de P. LOBRY.

[299] Doc. adm., 13 L-1431, § 18, 1er juillet 1989. Doc. adm. 13 L-1531, n° 20, 1er juillet 2002.

[300] CJCE, 21 février 2006, Halifax, aff. C-255/02, concl. M. M. POIARES MADURO, point 35 ; Étude de Yolande SERANDOUR, « L'abus de droit selon la CJCE, à propos de l'arrêt Halifax », *DF* 2006, n° 16, p. 846 ; *RJF* 05/2006, n° 648 ; concl. de POIARES MADURO, *BDCF* 5/2006, n° 68 ; Frans VANISTENDAEL, « Halifax and Cadbury Schweppes : one single European theory of abuse un tax law ? », *EC Tax Review*, 2006/4, p. 192 ; - 6 avril 1995, aff. C-4/94, BLP Group plc, point 22 : *Rec.*, p. I-983 ; *DF* 1995, n° 20, comm. 1091 et n° 38, comm. 1779 ; *RJF* 1995, n°804 ; *JCP éd. E* 1995, n° 18, *pan.*, 549 et 555 ; - 9 octobre 2001, Cantor Fitzgerald International, C-108/99 : *Rec.*, p. I-7257, point 33.

[301] Partington v. Attorney General (1869) L.R. 4 HL 100, p. 122. Lord CAIRNS a exprimé que « *(...) si la personne qu'on désire taxer tombe sous la lettre de la loi, elle doit être taxée, quelle que soit (...) l'injustice qui puisse ainsi être infligée. D'autre part, si la Couronne ne peut démontrer que le contribuable tombe sous la lettre de la loi, celui-ci est libre, même si apparemment il enfreint l'esprit de la loi* ». Commissioners of Inland Revenue v. Duke of Westminster [1936] *AC* 1, 19, 19 *TC* 490 (HL). Lord TOMLIN a précisé que «*toute personne peut organiser ses affaires de telle façon que l'impôt dû selon les lois applicables soit moins élevé*». Voir H.H. MONROE, « Fiscal Finesse : Tax Avoidance and the Duke of Westminster » *BTR* 1982, p. 200.

[302] Ayrshire Pullman Motor Services & Ritchie v. CIR 1929 : *Tolley's Tax cases 2001*, 69.1.

[303] Duke of Westminster v. CIR : *Tolley's Tax Cases 2001*, 69.1. Pott's Executors v. IRC (1951) *AC* 443 HL. IRC v. Wolfson (1949) I *All ER* 865. Latilla v. IRC (1943) *AC* 377 HL 381. IRC v. Wesleyan and General Assurance Society (1948) I *All ER* 555 HL 557.

[304] New Angel Court Ltd v. Adam (*HM Inspector of Taxes*), 16 mars 2004, *STC* 779, § 87. Voir aussi Reed v. Nova Securities.

[305] Gregory v. Helvering, 69 (1934) F.2d 809, 810, juge Learned Hand, confirmé par 293 U.S. 465 (1935) (une restructuration doit être justifiée par un motif économique avant d'être reconnue pour ses effets fiscaux).

64 du LPF. Aux Etats-Unis, il n'existe pas non plus de dispositions générales faisant obstacle à la validité des avantages fiscaux obtenus, même si l'économie d'impôts est la motivation unique ou principale de la transaction, ni de dispositions générales tendant à rendre illégales ou à pénaliser toutes les transactions dont le seul ou le principal objectif est l'évasion fiscale. Néanmoins, culturellement, le droit de minimiser l'impôt a une connotation plus positive au Royaume-Uni qu'aux Etats-Unis.

149. Dans l'Union européenne, où les entreprises bénéficient de la liberté d'établissement, la législation de certains Etats membres est plus avantageuse que celle d'autres Etats membres. La question est alors de savoir si le fait qu'une entreprise s'installe dans un Etat membre pour bénéficier d'une législation favorable peut constituer un abus de droit ou l'exercice d'une liberté communautaire. En 1999, la CJCE a jugé que le fait de constituer une société dans un Etat membre dont les règles de droit des sociétés paraissaient les moins contraignantes, et créer des succursales dans d'autres Etats membres, ne saurait constituer en soi un usage abusif de la liberté d'établissement[306]. Récemment, dans des conclusions très attendues, l'avocat général Philippe Léger a considéré que le fait, pour une société mère, de créer une filiale dans un autre Etat, dans l'unique but de bénéficier d'un régime fiscal plus favorable, ne constitue pas en soi un usage abusif de la liberté d'établissement dès lors que la filiale exerce une activité réelle et effective dans l'Etat membre où elle a été créée, et que les motifs pour lesquels la société mère a décidé d'implanter cette filiale dans cet Etat d'accueil ne sauraient remettre en cause les droits que ladite société tire du Traité[307]. Il semble qu'une nouvelle définition de l'abus de droit en droit communautaire soit dégagée et se fonde désormais sur le critère de l'exercice d'activités réelles et effectives dans l'Etat d'accueil par l'entité créée. En l'absence d'uniformisation des législations des Etats membres, il faudrait trouver un juste équilibre entre l'usage abusif du droit communautaire et l'exercice de la liberté d'établissement reconnue par le Traité. La question est néanmoins de savoir si ce critère de l'exercice d'activités réelles et effectives

[306] CJCE, 9 mars 1999, aff. C-212/97, Centros, point 27 : *Rec.*, p. I-1459, concl. d'Antonio LA PERGOLA ; *DF* 1999, n° 19, p. 698.

[307] Concl. de Philippe LEGER présentées le 2 mai 2006 pour l'affaire CJCE, aff. C-196/04, Cadbury Schweppes plc, Cadbury Schweppes Overseas Ltd c/Commissioner of Inland Revenue. CJCE, 12 septembre 2006, aff. C-196/04 : *DF* 2006, n° 39, *act.*, 176 ; *Europe* 2006, n° 11, comm. 314 ; *JCP éd. E* 2006, n° 49, comm. 2769 ; Tom O'SHEA, « The UK's CFC rules and the freedom of establishment : Cadbury Schweppes plc an its IFSC subsidiaries – tax avoidance or tax mitigation ? », *EC Tax Review*, 2007, n° 1, p. 13 ; Philip BAKER QC, « Are the 2006 amendements to the CFC legislation compatible with Community Law ? », *BTR* 2007, n° 1, p. 1. Il s'agit de la *CFC* (*controlled foreign company*) *rules* britannique (équivalent à l'article 209 B du CGI). Cadbury, société de droit britannique, a implanté en Irlande deux filiales ayant pour objet la prestation de services financiers au groupe. Une telle décision a été prise essentiellement pour bénéficier en Irlande d'un taux d'imposition très avantageux. L'administration fiscale britannique a fait application du régime des sociétés étrangères contrôlées.

sur le territoire de l'Etat d'accueil est pertinent. Il semble que cela doive être déterminé au cas par cas. Tout est question de contexte et de circonstances.

b) Les limites du principe

150. L'abus de la liberté de gestion fiscale est sanctionné dans tous les Etats examinés. Pour lutter contre ceux-ci, le législateur peut recourir à des dispositions de portée générale ou particulière (i). En outre, la jurisprudence a établi des théories tendant à lutter contre l'évasion fiscale (ii).

i) Les dispositifs anti-évasion

151. En France, il existe un dispositif général de sanction des abus de droit, l'article L. 64 du LPF et également, des dispositifs spécifiques visant à lutter contre certains types d'évasion[308]. La procédure de répression des abus de droit permet notamment à l'administration d'infliger au contribuable reconnu coupable d'abus de droit une pénalité égale à 80% de l'impôt fraudé. En revanche, au Royaume-Uni, il n'existe pas de texte législatif général autorisant le recours à la théorie de l'abus de droit, l'abus de droit est une construction prétorienne et est sanctionné par un intérêt de retard et éventuellement des pénalités pour mauvaise foi[309]. La législation britannique contient cependant de nombreuses dispositions particulières et ponctuelles destinées à éviter l'évasion fiscale dans des cas bien précis. Ainsi, le *Finance Act* de 1960 a commencé une époque moderne de législation anti-évasion fiscale et le législateur britannique poursuit son effort en la matière[310].

152. Aux Etats-Unis, théoriquement, la Constitution ne contient pas en elle-même de limites explicites sur l'application des règles anti-évasion par l'administration fiscale. Son 16ème amendement, adopté en 1913, a prévu que le Congrès devait disposer du pouvoir d'imposer et de recouvrer l'impôt sur le revenu, sans aucune restriction de nature étatique ou liée à la répartition de la population. Mais, bien que l'IR Code contienne une disposition de portée limitée permettant à l'administration de refuser un avantage fiscal à une acquisition dont l'objectif principal est l'évasion fiscale, il n'existe pas de disposition anti-évasion de portée générale. En revanche, des dispositions

---

308 Ainsi, par exemple, l'article 57 du CGI relatif à la sanction des transferts indirects de bénéfices entre entreprises liées, l'article 238 A du CGI relatif aux rémunérations versées à des personnes domiciliées dans des pays à fiscalité privilégiée ou encore l'article 209 B du CGI relatif aux revenus réalisés par une entité juridique établie ou constituée hors de France et dans des pays à fiscalité privilégiée.

309 Cyrille DAVID, « L'abus de droit en Allemagne, en France, en Italie, aux Pays-Bas et au Royaume-Uni (essai de comparaison fiscale) », *Riv. dir. fin.*, I, 1993, p. 220.

310 Le *Tax Act* de 1970 contient 37 articles anti-évasion. Le *Tax Act* de 1998 pose des conditions spécifiques pour lutter contre l'évasion. En 2005, le législateur britannique a introduit de nouvelles mesures dites « *anti-arbitrage* », étendu les obligations de notification des schémas d'optimisation fiscale et limité l'octroi des crédits d'impôts étrangers.

spécifiques anti-évasion permettent à l'administration de rectifier l'assiette des impôts et de supprimer des avantages fiscaux dans certaines circonstances, ainsi par exemple, le *subpart F*[311], la limitation de l'imputation des crédits d'impôt étrangers[312], le contrôle des transferts d'actifs entre les sociétés[313] et des transferts de fonds vers l'étranger[314], l'*alternative minimum tax* (impôt minimum)[315], etc. Les transactions fictives peuvent être requalifiées.

153. Jusqu'à une époque récente, les montants concernés étant faibles, le délit de fraude fiscale était d'une application rare en Chine. En outre, l'administration fiscale, comme le Procureur de la République Populaire, avait des préoccupations plus importantes que les crimes ou délits compromettant le recouvrement des impositions. Depuis les années 90, parallèlement au développement économique accompagnant la politique d'ouverture de la Chine au monde, les infractions en la matière se sont multipliées. Les montants fraudés sont devenus extrêmement importants, notamment en ce qui concerne les factures spécifiques de TVA.

154. Le délit de fraude fiscale vise, en droit chinois, le fait pour un contribuable de se soustraire au paiement total ou partiel de l'impôt soit par contrefaçon, altération, dissimulation ou destruction des livres comptables ou des pièces justificatives, soit par majoration des charges et des dépenses ou dissimulation des recettes, soit par souscription d'une déclaration fictive, soit par refus d'établir une déclaration fiscale malgré une mise en demeure émise par

[311] En règle générale, les Etats-Unis n'imposent pas les revenus d'une société étrangère à moins que ceux-ci ne soient rapatriés aux Etats-Unis sous forme de dividendes. Cependant, pour éviter le recours à des paradis fiscaux, la subpart F de l'IR Code (section 951 à 964) prévoit que certains types de revenus d'une société étrangère (*subpart F Income*) sont imposables directement entre les mains de tous les actionnaires résidents des Etats-Unis, détenant plus de 10% de la société étrangère, comme si ces revenus leur étaient distribués.

[312] Le *Tax Reform Act* de 1997 a mis fin à une pratique abusive de certains contribuables américains en matière de crédit d'impôt étranger en imposant une détention pendant une période d'au moins 15 jours. Le crédit d'impôt étranger est limité pour que les sociétés ne puissent imputer des crédits pour impôt étranger sur l'impôt américain au-delà du montant dont elles sont redevables.

[313] La section 367 (a) de l'IR Code interdit les transferts d'actifs à des sociétés étrangères en franchise d'impôt américain (*outbound transfers*), à moins que les biens transférés ne soient utilisés dans une opération commerciale ou industrielle. En outre, la section 367 (b) du même Code permet à l'IRS d'imposer certains transferts d'actifs vers les Etats-Unis ou entre les sociétés étrangères.

[314] Conformément à des *regulations* de l'IRS (1.6038B-1, 1.6038B-2), il existe des obligations déclaratives à la charge des personnes de nationalité américaine qui procèdent à des transferts de fonds au profit de sociétés étrangères à des transferts de fonds ou d'autres biens en faveur de *partnerships* étrangers.

[315] Le Congrès américain a créé cet impôt minimum afin que les entreprises dégageant des bénéfices substantiels ne puissent se voir exonérées en tout ou partie par le jeu des dispositions favorables de l'IR Code. Le *Tax Reform Act* de 1997 a supprimé cet impôt minimum pour les petites entreprises.

l'administration fiscale[316]. Le législateur[317] et les juridictions ne sont pas restés passifs vis-à-vis de ce phénomène. Dans le prolongement de l'ancienne loi sur l'administration et la perception de l'impôt, première législation en la matière, mise en application depuis le 1er janvier 1993[318], le législateur a pris des mesures répressives. Le CPANP a publié une décision relative aux crimes ayant pour but de fausser, contrefaire et vendre des factures spécifiques de TVA[319]. La Cour populaire suprême chinoise a publié sa position sur le pouvoir d'appréciation du juge concernant les crimes de fraude fiscale, de violences contre imposition[320] et d'escroquerie au remboursement d'impôts pour exportation[321]. Corrélativement, une application plus sévère des textes peut être constatée. L'administration fiscale chinoise est également en voie de réformer les lacunes du système, notamment en réformant le remboursement de TVA en cas d'exportation[322].

155. Dans le chapitre 6 de la loi pénale chinoise[323], ont été regroupés tous les crimes compromettant le recouvrement des impôts ou le bon fonctionnement du système de TVA. Ces crimes ne sont pas sanctionnés de façon identique. Concernant les crimes passibles de la peine capitale[324], il s'agit des crimes

---

[316] NLAPI, art. 63, al. 1.

[317] En Chine, l'expression « *législateur* » correspond à l'Assemblée nationale populaire (ANP) et à son Comité permanent (CPANP).

[318] La loi a été adoptée le 4 septembre 1992 (Président de la République populaire [1992] 60).

[319] Président de la République populaire de Chine [1995] 57, 30 octobre 1995. La peine capitale a été prononcée deux fois à l'encontre des auteurs de fausses factures spécifiques de TVA et de factures spécifiques de TVA contrefaites et des vendeurs de factures spécifiques de TVA contrefaites (art. 1 et 2). Les dispositions de cette décision ont été reprises dans les articles 205 à 210 de la loi pénale chinoise.

[320] Doctrine juridictionnelle de la Cour populaire suprême chinoise, [2002] 33, 5 novembre 2002. La Cour interprète dans ce texte les dispositions des articles 201 et 202 de la loi pénale chinoise.

[321] Doctrine juridictionnelle de la Cour populaire suprême chinoise, [2002] 30, 17 septembre 2002. La Cour interprète dans ce texte les dispositions de l'article 204 de la loi pénale chinoise. Il s'agit essentiellement d'apporter des précisions quant à la terminologie utilisée par cet article, par exemple, « *fausse déclaration d'exportation* », « *tous autres moyens d'escroquerie* », « *montant relativement important* », « *montant très important* », « *montant extrêmement important* », « *d'autres circonstances aggravantes* » ou « *d'autres circonstances extrêmement aggravantes* », etc.

[322] Instr. adm. chinoise n° [2003] 24 ; - n° [2004] 68, 7 juin 2004 ; Instr. Ministère des Finances et Administration fiscale, n° [2004] 101, 4 juin 2004. Actuellement, l'administration a renforcé le système de collection et de communication des données sur l'établissement des factures spécifiques de TVA entre les administrations.

[323] Art. 201 à 212 de la loi pénale chinoise. Cette loi a été votée le 1er juillet 1979, modifiée en 1997 (la version modifiée a été promulguée par le Président de la République Populaire de Chine [83], publiée le 14 mars 1997 et entrée en vigueur le 1er octobre 1997) et amendée six fois, respectivement le 25 décembre 1999, le 31 août 2001, le 29 décembre 2001, le 28 décembre 2002, le 28 décembre 2005 et le 29 juin 2006.

[324] Avant le 1er janvier 2007 et depuis une trentaine d'années, le pouvoir de révision en dernier ressort des condamnations à la peine de mort était délégué par la Cour populaire suprême chinoise aux Cours suprêmes départementales. Face aux vives critiques concernant l'application de la

d'établissement de fausses factures spécifiques de TVA ou d'autres fausses factures en vue d'obtenir un remboursement, une imputation ou un crédit d'impôt, de contrefaçon des factures spécifiques de TVA ou de vente de factures spécifiques de TVA contrefaites[325]. Les autres crimes en la matière ne sont pas passibles de la peine capitale. Les peines d'emprisonnement peuvent être d'une durée inférieure à 3 ans, d'au moins 10 ans ou à perpétuité[326]. Néanmoins, il ne s'agit que du fait de se soustraire au paiement des impôts (autrement dit, du fait de compromettre le recouvrement des impôts) par des moyens frauduleux peu sophistiqués (par exemple, par contrefaçon, altération, dissimulation, destruction des livres comptables, majoration des charges et dépenses ou dissimulation des recettes, souscription d'une déclaration fictive, refus d'établir une déclaration, transfert ou dissimulation des biens, fausse déclaration d'exportation des marchandises, etc [327], par des violences physiques[328] ou encore par de fausses factures de TVA[329]). En revanche, les produits fiscaux « *sophistiqués* », communément appelés « *financements structurés* », ne sont sanctionnés ni par la loi pénale chinoise ni par la NLAPI.

155. Prenons l'exemple d'une entreprise chinoise spécialisée dans la fabrication de produits en acier. Pour créer une entité de fabrication, cette entreprise crée d'abord une holding dans les îles Vierges britanniques[330], holding qui va ensuite créer une *joint-venture* chinoise de production avec une autre filiale à 100% de

---

peine de mort venant du monde entier, notamment des pays occidentaux, la CPANP (10ᵉ mandat, 24ᵉ réunion) a amendé la loi organique des juridictions populaires chinoises en prévoyant que la Cour populaire suprême devait réviser toutes les condamnations à la peine de mort. Afin de mettre en œuvre ce texte, la 1409ᵉ réunion de la Commission du jugement a, le 13 décembre 2006, pris une décision officielle (*Fa Shi* (cela signifie interprétation juridictionnelle) [2006] 12) de récupérer le pouvoir de révision obligatoire en dernier ressort. Une partie de la doctrine chinoise en appelle à une abolition totale alors que d'autres souhaitent une application restreinte de la peine de mort, ainsi par exemple, uniquement aux crimes de sang dans des circonstances extrêmement dégradantes (cela exclut les crimes en matière économique, par exemple, en matière de fraude fiscale). Mais, à ce jour, aucun texte n'a été adopté et de nouvelles condamnations ne cessent d'être prononcées.

[325] Art. 205 et 206 de la loi pénale chinoise.

[326] Art. 201 à 204 et 207 à 212 de la loi pénale chinoise.

[327] Art. 201, 203 et 204 de la loi pénale chinoise.

[328] Art. 202 de la loi pénale chinoise.

[329] Art. 205 et suivants de la loi pénale chinoise.

[330] Il ne s'agit pas en l'espèce d'un exemple purement théorique. En effet, parmi les sociétés immatriculées aux îles Vierges britanniques, plus de 10 000 ont des liens avec la Chine. En 2004, les capitaux en provenance des îles Vierges britanniques (6.191 milliards d'US dollars) se situaient au deuxième rang des investissements étrangers en Chine, juste derrière les capitaux provenant de Hongkong (16.978 milliards d'US dollars). Les taux d'impositions à Hongkong sont nettement inférieurs à ceux pratiqués dans beaucoup de pays. En outre, ces taux préférentiels ne sont applicables qu'aux revenus trouvant leur source à Hongkong, les bénéfices d'origine étrangère étant exonérés. La Chine a signé un accord avec la région autonome spéciale de Hongkong pour éviter la double imposition des revenus le 11 février 1998. Preuve de l'attrait des paradis fiscaux pour l'investissement en Chine, les îles des Caïmans figuraient au huitième rang.

l'entreprise chinoise. *La joint-venture* chinoise vend ses produits à la société située aux îles vierges et cette dernière les revend ensuite sur le marché mondial. Cette série d'opérations présente plusieurs avantages pour l'entreprise : bénéficier du régime de faveur réservé aux investissements étrangers[331], éviter de payer des droits de Douane concernant les produits vendus sur le marché mondial et potentiellement, transférer les bénéfices réalisés en Chine à l'étranger par la méthode des prix de transfert. La Chine n'a pas conclu de convention fiscale anti-évasion avec les îles Vierges britanniques. En outre, en l'absence de notion d'abus de doit et de dispositifs spéciaux anti-évasion fiscale, l'administration chinoise ne peut redresser l'impôt sur les sociétés qu'en recourant à la méthode de contrôle des prix de transfert. On notera qu'à ce jour, l'administration chinoise ayant très peu d'inspecteurs compétents pour traiter des questions relatives aux prix de transfert et ne disposant pas de moyens suffisants pour effectuer un tel contrôle, cette entreprise a de fortes chances d'échapper à tout contrôle[332]. Le même montage en France pourrait être attaqué sur le terrain de l'article 209 B du CGI[333], mais également sur le terrain des prix de transfert grâce à l'article 57 du CGI[334] et à l'article L. 13 B du LPF [335]. Par ailleurs, l'administration pourrait éventuellement invoquer l'abus de droit.

ii) La théorie jurisprudentielle anti-évasion

157. En France, le Conseil d'Etat applique au droit fiscal un principe général de fraude à la loi[336]. Constituent la fraude à la loi, « *les actes qui, recherchant l'*

[331] Cela n'aura plus d'intérêt à compter du 1er janvier 2008 car la loi chinoise relative à l'impôt sur les sociétés du 16 mars 2007 a harmonisé le régime fiscal des entreprises à capitaux étrangers et à capitaux chinois.

[332] L'article 47 de la loi chinoise relative à l'impôt sur les sociétés du 16 mars 2007 prévoit une règle générale anti-évasion luttant contre les opérations dépourvues de substance commerciale raisonnable et dont le résultat anticipé est de diminuer le revenu ou l'assiette imposable. Mais il faudra attendre le 1er janvier 2008, date de son entrée en vigueur et la publication du règlement d'application afin d'en connaître la portée exacte.

[333] L'article 209 B du CGI est un dispositif spécifique visant à imposer en France les bénéfices d'entités soumises à un régime privilégié et détenues à plus de 50%.

[334] L'article 57 du CGI vise à imposer en France les transferts indirects de bénéfice entre sociétés dépendantes.

[335] L'article L. 13 B du LPF résulte de l'article 39 de la loi n° 96-314 du 12 avril 1996 portant diverses dispositions d'ordre économique et financier, et permet à l'administration, dans le cadre d'une vérification de comptabilité, de demander par écrit à l'entreprise des informations juridiques, économiques, fiscales, comptables et méthodologiques sur les modalités selon lesquelles a été défini le prix des transactions entre cette entreprise installée en France et des entreprises situées à l'étranger.

[336] CE, 27 septembre 2006, Janfin, req. n° 260050 : C. ACARD et J. ARDOUIN, « Opérations d'achat-revente de titres et fraude à la loi », *Banque et Droit*, 2006, n° 110, p. 64 ; Yohann BENARD, « Dissuasion à l'anglaise : la double clef de la fraude à la loi », *RJF* 12/2006, p. 1083 ; Xaveir CABANNES, « Tempête dans un verre d'eau ? », *RFFP*, novembre 2006, n° 96, p. 173 ; Patrick DIBOUT, « Répression des abus de droit en matière fiscale et principe de fraude à la loi », *JCP éd. E* 2006, n° 50, comm. 2820 ; Olivier FOUQUET, « Fraude à la loi et abus de

bénéfice d'une application littérale des textes à l'encontre des objectifs poursuivis par leurs auteurs, n'ont pu être inspirés par aucun motif autre que celui d'éluder ou d'atténuer les charges fiscales que l'intéressé, s'il n'avait pas passé ces actes, aurait normalement supportées eu égard à sa situation et à ses activités réelles »[337]. Pour pourvoir sanctionner une fraude à la loi, il faut rapporter une double preuve : le but exclusivement fiscal et le détournement de l'esprit de la loi. Poursuivre des motivations fiscales sans détourner l'esprit de la loi ne peut être qualifié de frauduleux.

158. Au Royaume-Uni, l'affaire *Duke of Westminster* a confirmé le principe selon lequel, si les parties utilisent une série de faits légaux pour effectuer une transaction, l'administration fiscale ne peut pas imposer sur la base d'une autre série de faits légaux qui pourraient avoir été utilisés, mais qui auraient été moins efficaces du point de vue fiscal. En outre, selon Lord Wilberforce, c'était au Parlement qu'il appartenait d'édicter les principes généraux destinés à lutter contre l'évasion fiscale[338], raison pour laquelle les tribunaux refusaient de sanctionner les mesures d'évasion fiscale. Or, face à la sophistication des techniques d'évasion fiscale, les tribunaux n'ont pas voulu rester passifs, un tel immobilisme entraînant soit une perte d'impôt, préjudiciable aux autres contribuables, soit un engorgement du Parlement, voire, plus vraisemblablement, les deux[339]. Par l'arrêt *Ramsay* de 1981[340], le juge britannique a accepté pour la première fois de lutter contre l'abus de droit fiscal malgré l'absence de textes. La doctrine *Ramsay* a diminué la portée du principe dégagé par l'affaire *Duke of Westminster*. Les juridictions américaines ont également développé la théorie dite du « *But commercial* (*Business purpose test*

---

droit », *DF* 2006, étude n° 65 ; Daniel GUTMANN et Eric PORNIN, *DP*, décembre 2006, n° 154, p. 88 ; Amélie LIEVRE et Vincent LAZIMI, « Fraude à la loi : le temps du dépoussiérage est arrivé... », *LNF* 2006, n° 969, p. 4 ; *DF* 2006, n° 47, comm. 744, concl. de Laurent OLLÉON ; Sonia REEB-BLANLUET, note, *BMIS*, 2007, n° 1, p. 104 ; *LPA*, 23 octobre 2006, n° 211, p. 3 ; *Procédures*, décembre 2006, comm. 284 ; *BJS* 2007, § 12, note de REEB-BLANLUET. Voir CE, 29 décembre 2006, n° 283314, Bank of Scotland : *DF* 2007, n° 4, comm. 87 ; *RJF* 3/2007, n°322 ; concl. de F. SENERS, *BDCF* 3/2007, n° 33 ; Yohann BENARD, « Fraude à la loi et Treaty Shopping : que penser de la décision Bank of Scotland ? », *RJF* 4/2007, p. 319 ; *Procédures*, mars 2007, comm. 71. Il s'agit de la première application de la jurisprudence Janfin.

337 CE, 27 septembre 2006, Janfin, req. n° 260050. En droit civil, « *il y a fraude chaque fois que le sujet de droit parvient à se soustraire à l'exécution d'une règle obligatoire par l'emploi à dessein d'un moyen efficace qui rend le résultat inattaquable sur le terrain du droit positif* » (José VIDAL, *Essai d'une théorie générale de la fraude en droit français*, Dalloz, 1957).

338 Ramsay v. IRC (1981) *STC* 174 (HL), p. 181. [1981], *WLR* 449, 1981, *All ER* 865.

339 Ramsay v. IRC (1981).

340 Ramsay v. IRC (1981) *STC* 174 (H.L), [1982] *AC* 300, [1981] *WLR* 449, 1981, *All ER* 865. Eilbeck v. Rawling HL 1981, 54 TC 101. IRC v. Burmah Oil Co. Ltd [1981] 54 *TC* 200, [1982] *STC* 30, 54 *TC* 200. Voir Furniss v. Dawson HL (1984) *STC* 153, 1984, 2, *WLR* 226, 1984, 1 *All ER* 530. Carreras Group Ltd v. Stamp Commissioner [2004] STC 1377. R. K. ASHTON, « The Ramsay and Burmah Decisions – A Reappraisal », *BTR* 1983, p. 221. Peter MILLETT QC, «Artificial Tax Avoidance : The English and American Approach», *BTR* 1986, p. 327.

doctrine) » permettant de remettre en cause certains montages n'ayant aucune justification économique[341].

159. Le droit communautaire sanctionne des montages purement artificiels dont le seul but est de contourner la législation fiscale nationale. Ce type de comportement est de nature à compromettre le droit des Etats membres d'exercer leur compétence fiscale en relation avec les activités réalisées sur leur territoire et à porter ainsi atteinte à une répartition équilibrée du pouvoir d'imposition entre les Etats membres[342]. Cependant, la notion de « *montage purement artificiel* » n'est définie ni par la CJCE ni par le CGI. Pour l'avocat général Philippe Léger, l'existence d'un montage purement artificiel destiné à contourner la loi fiscale nationale dans le cadre des relations entre une société mère et sa filiale étrangère doit être appréciée selon trois critères : le niveau de présence physique de la filiale dans l'Etat d'accueil (les locaux, le personnel et les équipements nécessaires à la réalisation des prestations), la substance réelle de l'activité fournie par la filiale (la compétence du personnel, le niveau de prise de décision dans la réalisation des prestations) et la valeur économique de cette activité par rapport à la société mère et à l'ensemble du groupe (la valeur ajoutée de l'activité de la filiale). En revanche, la motivation de la création de la filiale et du choix du pays d'accueil ne constitue pas un critère pertinent[343]. En définitive, la substance correspond aux moyens matériels et humains permettant d'exercer la fonction pour laquelle l'entité est prévue. Ainsi, on devrait pouvoir considérer que, dans une holding, les fonctions de gestion de portefeuille

---

[341] Gregory v. Helvering, (1934) 69 F.2d 809 (2d Cir. 1934), affirmed, 293 U.S. 465(1935).

[342] Dans l'arrêt OY AA, le régime d'imposition des transferts financiers intragroupes finlandais, constitutif d'une restriction à la liberté d'établissement, a été jugé justifié par la nécessité d'assurer la sauvegarde d'une répartition équilibrée du pouvoir d'imposition entre les différents Etats membres et de prévenir l'évasion fiscale (CJCE, grande ch., 18 juillet 2007, aff. C-231/05, OY AA : *DF* 2007, n° 30, *act.*, 772 ; *Europe* 2007, n° 10, comm. 251 ; *Revue Fiscale Notariale* 2007, n° 9, comm. 124 ; *JCP éd. E* 2007, n° 21, *act.*, 392). En l'espèce, une société anglaise détenait indirectement 100% des actions d'une société finlandaise. La première était déficitaire. La société finlandaise avait envisagé d'effectuer un transfert financier intragroupe au profit de sa société mère anglaise. La législation finlandaise prévoit la possibilité de déduire des revenus imposables d'une société un transfert financier effectué en faveur d'une autre société du même groupe. Or, cette possibilité est soumise à des conditions, parmi lesquelles l'exigence que l'auteur et le bénéficiaire du transfert soient des sociétés finlandaises. Le transfert effectué au profit de la société anglaise n'a pas été considéré comme une dépense déductible de la base imposable de la société finlandaise. La CJCE a constaté que le régime finlandais était proportionné aux objectifs poursuivis dans la mesure où l'extension de l'avantage fiscal aux situations transfrontalières aurait pour effet de permettre aux groupes de sociétés de choisir librement l'Etat membre dans lequel leurs bénéfices étaient imposés, au détriment du droit de l'Etat membre de la filiale d'imposer les bénéfices générés par des activités réalisées sur son territoire.

[343] CJCE, conclusions du 2 mai 2006, aff. C-196/04, Cadbury Schweppes, point 110 et suivants. On notera cependant que l'avocat général a souligné que, en l'absence d'uniformisation des législations nationales, toute solution contraire irait à l'encontre de la liberté d'établissement. Partir d'un constat d'échec pour légitimer des pratiques critiquables au regard, par exemple du droit interne français, peut surprendre.

peuvent être sous-traitées, et, si les décisions de direction de la holding sont réellement prises, la holding pourrait ne pas avoir de salariés. Il ne faudrait pas en effet, sous prétexte de substance, vouloir artificiellement assigner des salariés à une entité, là où il n'y en a pas besoin.

2. Les pouvoirs de lutte de l'administration contre la fraude et l'évasion fiscales

160. Les principes britanniques permettant de lutter contre l'évasion fiscale étaient l'interprétation littérale de la loi fiscale[344] et le principe selon lequel la forme l'emporte sur le fond (*Form over substance*)[345]. Il est vrai qu'en pratique, des formes différentes entraînent souvent des conséquences différentes. En se distinguant par la forme, deux opérations ne sont probablement pas identiques en ce qui concerne leur substance. Or, la doctrine jurisprudentielle britannique a évolué postérieurement[346]. Le principe de « *substance over form* » (la substance de l'opération prévaut sur sa forme) est renforcé.

161. En France, l'évasion fiscale est susceptible de deux qualifications, l'abus de droit et l'acte anormal de gestion[347]. En matière d'abus de droit, le but exclusivement fiscal étant difficile à prouver, en pratique, l'administration emploie rarement la procédure spécifique de répression des abus de droit, et préfère utiliser la théorie de l'acte anormal de gestion. En principe, l'administration supporte la charge de la preuve lorsqu'elle prétend redresser le contribuable au motif d'un acte anormal de gestion[348]. À titre d'exemple, en matière d'abandon de créances [349], il a été jugé qu'il appartenait à l'administration d'apporter la preuve des faits sur lesquels elle se fonde pour estimer qu'un abandon de créances constitue un acte anormal de gestion. Toutefois, elle avait été réputée apporter cette preuve dès lors que le contribuable n'était pas en mesure de justifier qu'il avait bénéficié en retour de contreparties. L'abandon de créances est par nature injustifié dans son principe, c'est donc au contribuable de justifier de contreparties ; faute d'une telle justification, l'administration est réputée apporter la preuve qui lui incombe en la matière. Il en résulte que la charge de la preuve est moins contraignante à l'égard de l'administration fiscale en matière d'acte anormal de gestion que dans le domaine de l'abus de droit.

---

[344] Partington v. Attorney General (1869) L.R. 4 HL 100, p. 122.

[345] IRC v. Duke of Westminster [1936] AC 1(HL).

[346] Voir l'arrêt New Zealand Comr of Inland Revenue v. Challenge Corporation Ltd (Privy Council [1986] *STC* 548).

[347] CE, 14 avril 1976, n° 97260 : *Lebon*, 1976, p. 202 ; - 30 avril 1980, n° 16253 : *Lebon*, 1980, p. 206.

[348] CE, Plén., 27 juillet 1984, n° 34588, Renfort service : *RJF* 10/1984, n° 1233 ; - 9 avril 1999, n° 171554, SA Pierre Thomas : *RJF* 6/1999, n° 681.

[349] CE, 30 mai 2007, n° 285573 et 285575, Perronet : *DF* 2007, n° 46, comm. 958.

162. L'article L. 64 du LPF introduit en 1941 a eu pour objectif d'instituer une procédure et des pénalités dans les domaines délimités par les textes, sans qu'il ait été question de priver l'administration du droit de prononcer des redressements pour abus dans les autres domaines[350]. Les dispositions de l'article L. 64 du LPF n'ont servi qu'à fixer le cadre précis dans lequel s'inscrit la répression. Le principe général de fraude à la loi s'applique en dehors de cet article. Dans l'arrêt Janfin, le Conseil d'Etat a estimé que l'abus de droit et la fraude à la loi étaient deux bases légales différentes et que l'administration devait invoquer l'une ou l'autre. Si les agissements du contribuable rentrent dans le champ d'application de l'abus de droit, l'administration est tenue d'utiliser la procédure spéciale de répression des abus de droit prévue à l'article L. 64 du LPF car la fraude à la loi n'est pas un troisième pilier de l'abus de droit. Lorsque les agissements du contribuable sont hors du champ de cet article, l'administration peut encore invoquer la fraude à la loi. L'enjeu de la distinction tient à l'absence de procédure spécifique (en ce qui concerne l'abus de droit, le visa du supérieur et, à la demande du contribuable, l'avis du comité consultatif pour la répression des abus de droit sont obligatoires) et à l'absence de pénalité de 80% lorsque l'administration se situe sur le terrain de la fraude à la loi[351].

163. Dès lors, si l'administration entend se placer sur le terrain de l'article L. 64 du LPF (a), elle doit respecter les garanties procédurales particulières propres à cette procédure, tout en pouvant infliger au contribuable une pénalité de 80%. Lorsque les agissements du contribuable ne ressortent pas de la procédure spéciale, l'administration peut se placer sur le terrain de fraude à la loi (b).

a) La procédure d'abus de droit à l'article L. 64 du LPF

164. Le texte vise *a priori* les cas de simulation (i). La jurisprudence l'a étendu aux actes à but exclusivement fiscal (ii). La simulation et le but exclusivement fiscal des opérations peuvent être examinés séparément, s'il y a simulation, l'abus de droit est caractérisé sans que le juge n'ait à s'interroger sur le but

[350] L'arrêt Halifax de la CJCE admet que les abus soient sanctionnés même en l'absence de textes exprès.

[351] Mais, dans ce cas-là, l'administration peut toujours apporter la preuve que le contribuable s'est livré à des manœuvres frauduleuses et lui infliger sur ce fondement une pénalité qui est également de 80%.

exclusivement fiscal de l'opération[352]. Les deux critères peuvent être examinés également simultanément[353].

i) L'abus de droit par simulation

165. En France, une manœuvre tendant à éviter un impôt ne pourra être qualifiée de frauduleuse que si l'on constate une simulation, c'est-à-dire que les parties ont présenté aux agents des impôts un acte ne correspondant pas à l'acte réellement convenu entre elles, ou à la réalité des faits, et si, en ayant passé ces actes, il supporte une imposition moindre que celle qu'il aurait normalement supportée eu égard à sa situation et à ses activités réelles[354]. En revanche, une simple requalification de contrats n'entre pas dans le champ de la procédure de répression ou des abus de droit[355]. Pour qu'un montage soit qualifié de fictif, il faut démontrer l'absence de toute substance dans le seul but d'éluder l'impôt[356]. L'abus de droit par simulation existe également au Royaume-Uni. Pour qu'une transaction soit considérée comme simulée (*sham*), deux conditions doivent être cumulativement remplies : l'intention commune des parties que leurs actes ou documents ne soient pas destinés à créer la relation légale apparente et des éléments inachevés ou manque de sincérité[357]. Mais la différence entre les droits français, britannique et américain tient au fait que la sanction de la simulation

---

[352] CE, 29 décembre 2000, n° 179647, Roesch : *DF* 2001, n° 15, comm. 337 ; *RJF* 3/2001, n°310 ; *BDCF* 3/2001, n° 38 ; - 29 avril 2002, n° 220759, Moitié : *DF* 2002, n° 39, comm. 737 ; *RJF* 7/2002, n° 828 ; *BDCF* 7/2002, n° 97 ; - 28 février 2007, n° 284565, Persicot et n° 284566, Croset : *RJF* 5/2007, n° 599 ; concl. de Laurent VALLEE, *BDCF* 5/2007, n° 61 ; - 5 mars 2007, n° 284457, SELARL Pharmacie de Chalonges : *DF* 2007, n° 20, comm. 522 ; *RJF* 5/2007, n°500 ; concl. de Pierre COLLIN, *BDCF* 5/2007, n° 62.

[353] CE, 10 mai 1993, n° 95128, SARL Elite Model Management : *DF* 1994, n° 39, comm. 1645 ; *RJF* 7/1993, n° 1038.

[354] CE, 10 juin 1981, n° 19079, Plén. ; - avis, ass., 8 avril 1998, n° 192539, SMDO : *DF* 1998, comm. 398 ; *RJF* 1998, n° 593 ; - 18 mai 2005, n° 267087, Sagal : *DF* 2005, n° 44-45, comm. 726 et Etude de Guillaume GOULARD, n° 39, p. 1715 ; *RJF* 8-9/2005, n° 910 et *RJF* 12/2005, *chron.*, de Yohann BENARD « Optimisation fiscale intracommunautaire : la liberté ne va pas sans risque », p. 943 ; *BDCF* 8-9/2005, n° 110, concl. de Pierre COLLIN ; *Banque et Droit*, juillet 2005, n° 102, commentaire de Claire ACARD, p. 78 ; *Procédures*, 2005, comm. 245 ; observations de H. CHAHID-NOURAÏ, *BGFE* 4/2005, p. 21 ; observations d'Olivier FOUQUET, *RA* 9/2005, p. 482 ; étude d'Olivier FOUQUET, « Interprétation française et interprétation européenne de l'abus de droit », *RJF* 5/2006, p. 383. Cass. com., 19 avril 1988, Donizel : *Bull. civ.*, IV, n° 134 ; *D.* 1988, *I.R.*, p. 126 ; *DF* 1988, n° 32-38, comm. 1733 ; BOI 13 L-9-88, 28 décembre 1988, *DF* 1989, n° 6, II, 9635 ; *RJF* 2/1989, p. 47, n° 250. CAA Lyon, 2e ch., 10 février 2005, n° 99-1416, Servagent : *RJF* 6/2005, n° 593 ; *JCP éd. N* 2005, n° 41, comm. 1416. CAA Nantes, 1re ch., B, 20 avril 2006, n° 03-01120, Tomasina : *DF* 2007, n° 13, comm. 353.

[355] CE, 24 octobre 1960, n° 45449, Sté Grands Bazars : *Lebon*, p. 553 ; - 20 mai 1981, n° 21495 : *RJF* 7-8/1981, n° 651.

[356] C'est essentiel dans le débat de l'arrêt du Conseil d'Etat en date du 18 mai 2005 (Sagal, n°267087, concl. de Pierre COLLIN).

[357] Cité par Cyrille DAVID dans « L'abus de droit en Allemagne, en France, en Italie, aux Pays-bas et au Royaume-Uni (essai de comparaison fiscale) », *Riv. dir. fin.*, I, 1993, p. 232, Diplock LJ in Snook v. London and West Riding Investments Ltd. (1967) 2 QB 786 at 802.

fiscale n'est qu'une application du droit commun au Royaume-Uni et aux Etats-Unis, alors qu'en France, elle est fondée sur une disposition fiscale spécifique, l'article L. 64 du LPF.

ii) L'abus de droit par but exclusivement fiscal

166. La fin fiscale est déterminante. En France, l'opération doit être exclusivement inspirée par le motif d'éluder ou d'atténuer la charge fiscale et non d'avoir pour « *principal* » effet de permettre au contribuable de procéder aux déductions contestées[358]. Le fait que le motif fiscal ne soit que principal suppose qu'il existe des motifs secondaires et que le motif fiscal n'est pas exclusif. Il en va de même aux Etats-Unis, où le caractère artificiel et l'absence de justifications économiques vraisemblables sont essentiels pour écarter un avantage fiscal à une opération. Au Royaume-Uni, la notion de « *but exclusivement fiscal* » est plus nuancée. Certaines décisions exigent que le but fiscal soit exclusif[359], d'autres se contentent de ce que le motif fiscal ait été prédominant[360]. Cependant, la législation britannique récente semble tenir compte de l'objectif principalement fiscal. Ainsi, en vertu des règles dites « *anti-arbitrage* » introduites en 2005[361], les services fiscaux peuvent remettre en cause les déductions pratiquées s'ils établissent que le contribuable est partie à un schéma, impliquant une entité ou un instrument hybride[362], dont l'objectif principal est d'obtenir un avantage fiscal significatif (non minimal) au Royaume-Uni. De même, une condition d'application du dispositif anti-abus en matière de crédits d'impôts étrangers instauré en 2005[363] est que le schéma mis en place soit principalement guidé par des raisons fiscales. Lorsque le but exclusivement fiscal est exigé, la question qui se pose est l'appréciation d'un tel caractère « *exclusif* ». L'appréciation se fait-elle de façon objective ou subjective ? restrictive ou extensive ? Dans le cas du motif fiscal prédominant des interrogations portent également sur les critères d'appréciation.

---

[358] CE, 17 janvier 1994, n° 120157, Chollet : *DF* 1994, n° 15, comm. 746 ; - 29 décembre 1995, n° 133251, Jomini : *DF* 1996, n° 21-22, comm. 685 ; *RJF* 2/1996, n° 231, concl. de Gilles BACHELIER, p. 94, jugé que le but exclusivement fiscal de la location n'aurait pu résulter que de la preuve de l'absence de tout objectif locatif. Cass. com., 10 décembre 1996, n° 2084P, n° 94-20.070, Sté RMC France : *DF* 1997, n° 17, comm. 471 ; *RJF* 2/1997, n° 186 ; *D.* 1997, *juris.*, p.169 ; *LPA* 1997, n° 60, p. 10 ; *JCP éd. E* 1997, II, n° 923 ; *JCP éd. G* 1997, II, 22382 ; *Rev. soc.*, 1997, n° 3, p. 589 ; *JCP éd. N* 1998, p. 536.

[359] Overseas Container Finance Ltd v. Stocker, 1989 1 *WLR* 606.

[360] Furniss v. Dawson [1982] *STC* 30.

[361] FA (2), 2005, section 24 à 31.

[362] Le terme « hybride » signifie, pour une entité, que celle-ci est considérée par un pays comme fiscalement transparente, alors qu'un autre pays la considère comme opaque. Pour un instrument, il s'agit de la situation dans laquelle un pays le considère comme titre de capital alors qu'un autre pays le considère comme de la dette.

[363] FA 2005, section 87.

167. En France, la notion d'abus de droit implique l'utilisation, à des fins uniquement fiscales, de dispositifs juridiques donnant apparemment d'autres effets[364]. En d'autres termes, l'acte doit n'avoir été inspiré par aucun autre motif que celui d'éluder l'impôt[365]. Le caractère exclusif s'apprécie au regard de l'usage anormal d'un droit par le contribuable[366]. Néanmoins, la condition de motivation exclusivement fiscale montre rapidement ses limites dans la mesure où il est facile que les opérations en cause soient susceptibles d'avoir une justification autre que la simple obtention d'avantages fiscaux, par exemple une opération à caractère familial présente un intérêt patrimonial et économique[367]. Des difficultés se produisent également dans le cas de l'utilisation des mesures d'incitation fiscale.

168. Afin de combattre la présomption d'abus de droit, le contribuable doit être en mesure de justifier son intérêt, en établissant que l'opération aurait présenté un quelconque avantage et que le choix de l'opération aurait procédé de motifs non exclusivement liés à l'avantage fiscal qui en résulte[368]. Le Conseil d'Etat considère cependant que dès que le but fiscal constitue l'élément qui a pu peser dans la décision de réaliser l'opération, l'abus de droit est caractérisé[369]. En d'autres termes, si un avantage fiscal existe et que les buts autres que fiscaux ne sont pas crédibles, le but exclusivement fiscal est retenu. La jurisprudence française n'a pas retenu l'abus de droit pour défaut de but exclusivement fiscal, au cas de la transformation régulière d'une SARL en SA, eu égard aux effets multiples qu'elle entraîne[370].

169. Pour éviter les difficultés d'établir la preuve de « *but exclusivement fiscal* », l'administration française réclame une modification de l'article L. 64 du LPF afin de faire appliquer ces dispositions aux cas où le motif d'évasion fiscale constitue une raison dominante, mais pas nécessairement exclusive, de l'opération en cause. Sur ce point, en comparaison avec la France, le principe consacré au Royaume-Uni est plutôt en faveur du contribuable. L'objectif commercial n'est pas contredit par la présence de considérations fiscales.

---

364 Commentaire sous CE, Plén., 3 février 1984, req. n° 38230, concl. de Marie-Aimée LATOURNERIE : *DF* 1984, n° 26, comm. 1278.
365 CE, 4 juin 1982, req. n° 13020 : *DF* 1983, n° 8, comm. 322.
366 CE, Plén., 21 juillet 1989, n° 58871 et n° 59970 : *DF* 1990, n° 1, comm. 28 ; *BGFE* 1989, n°17, p. 1.
367 CAA Lyon, 2e ch., 10 février 2005, Servagent. Voir Michel TALY, « La réaction des praticiens », *Rev. soc.*, juillet-septembre 2002, p. 490. Voir TA Versailles, 13 décembre 2005, n°04-4909, Rouyer : *RJF* 6/2006, n° 750 ; concl. de Frank LOCATELLI, *BDCF* 6/2006, n° 77.
368 CE, 18 mai 2005, n° 267087, Sagal.
369 CE, 18 mai 2005, n° 267087, Sagal.
370 Cass. com., 10 décembre 1996, n° 2084 P, n° 94-20.070, Sté RMC France.

Autrement dit, l'existence de considérations fiscales ne dénature pas l'objectif commercial[371].

170. Cette position favorable au contribuable résulte d'une évolution jurisprudentielle commencée avec l'arrêt *Ramsay* de 1981[372]. Dans cet arrêt, le contribuable avait mis en œuvre un schéma d'évasion fiscale destiné à créer une moins-value qui couvrait la plus-value que celui-ci avait déjà réalisée sur la vente d'une ferme. Cinq juges britanniques ont considéré à l'unanimité qu'à partir du moment où le montage du contribuable avait un objectif purement fiscal, chaque opération étant réelle et non pas fictive, il fallait examiner le montage dans son ensemble et ne pas s'attacher isolément aux conséquences fiscales propres à chaque étape. Par conséquent, la jurisprudence *Ramsay* sanctionne les montages artificiels et les *circular self-cancelling transactions*[373], transactions complexes dont les étapes intermédiaires sont dénuées de justification commerciale et qui ont été conçues avant même la mise en œuvre du montage. La nouvelle approche dans la théorie *Ramsay* est essentiellement une théorie de requalification applicable aux transactions composées. En effet, la doctrine *Ramsay* s'appliquait à condition qu'il existe une série de transactions pré-établie comportant des étapes intermédiaires qui n'avaient pas de but commercial autre qu'éviter un assujettissement à l'impôt. Dans ce cas, l'administration fiscale faisait abstraction des étapes intermédiaires et imposait le résultat fiscal de l'ensemble des étapes.

171. L'IR avait tendance à rappeler la jurisprudence *Ramsay* là où elle soupçonnait des évasions même si l'ensemble des transactions était motivé par des raisons commerciales. Elle employait souvent la notion d'artificialité énoncée par l'arrêt *Ramsay*[374]. La jurisprudence a été abondante après l'arrêt *Ramsay*, les juridictions se prononçant tantôt en faveur du contribuable tantôt en faveur de l'administration. Il existait beaucoup d'incertitude concernant la nature et la portée de la doctrine *Ramsay*. L'arrêt *Furniss v. Dawson*[375] a étendu les principes de l'arrêt *Ramsay* aux transactions linéaires[376].

---

[371] New Angel Court Ltd v. Adam (*HM Inspector of Taxes*), 16 mars 2004, 2004 EWCA Civ. div. 242 : [2004] *STC* 779 ; *BTR* 2004, n° 4, p. 297 (*making a trading profit must genuinely form part of the taxpayer's purposes*). Voir aussi Reed v. Nova Securities, Coates v. Arndale.

[372] Ramsay v. IRC (1981) *STC* 174 (H.L), [1982] *AC* 300, [1981] *WLR* 449, 1981, *All ER* 865. Eilbeck v. Rawling HL 1981, 54 TC 101. Burmah (1982) *STC* 30, 54 *TC* 200. Furniss v. Dawson [1984] AC 474, HL [1984] *STC* 153, 55 *TC* 324, 1984, 2, *WLR* 226, 1984, 1 *All ER* 530.

[373] Il nous semble que cette expression renvoie à ce que le droit français nomme « *opérations blanches* », telles par exemple, les opérations autour du coupon, qui n'ont aucun but autre que la captation d'un crédit d'impôt.

[374] Ramsay v. IRC (1981) *STC* 174 (HL).

[375] En l'espèce, la famille *Dawson* avait voulu vendre les actions familiales à la société *Wood Bastow Holding Ltd*. Pour reporter le paiement de l'impôt sur la plus-value, la famille *Dawson* avait créé conformément à la législation de l'île de Man la société *Greenjacket* et avait ensuite échangé les actions familiales avec des actions de *Greenjacket*. En vertu de l'alinéa 6 du Schedule

172 Or, la doctrine considérait que le principe selon lequel les transactions, ou les étapes de la transaction, n'ayant pas d'objet commercial devaient être négligées, était trop généralisé et qu'il fallait limiter sa portée. En conséquence, dès 1988, trois nouveaux arrêts sont venus limiter de façon importante les cas dans lesquels l'IR peut invoquer l'abus de droit[377]. Dans l'arrêt *Craven v. White*, Lord Oliver a considéré que les étapes intermédiaires ne pouvaient être écartées que si d'une part il était pratiquement certain dès la première étape que des étapes successives suivraient nécessairement, et, d'autre part, que si les détails de ces étapes ultérieures étaient connus dès le début de la première étape.

173. Depuis, la portée du principe posé par l'arrêt *Ramsay* a été limitée en faveur du contribuable. Le juge admet difficilement en effet l'existence d'une intention abusive de la part du contribuable. Par exemple, quand l'objectif principal de l'opération est commercial, le seul fait que le motif subjectif puisse être fiscal ne rend pas l'opération illicite[378]. Depuis l'arrêt *MacNiven v. Westmoreland Investment Ltd* de 2001, on insiste sur la nécessité d'interpréter la loi en fonction de son objet compte tenu de la nature des transactions en cause[379]. En l'espèce, une société d'investissement immobilier, détenue par des fiduciaires, était redevable d'intérêts en raison des prêts consentis par les fiduciaires. À cause de quelques investissements malheureux, la société ne possédait plus que quelques biens. Sa seule valeur réelle résidait dans son utilisation de ses pertes pour des raisons fiscales par l'acheteur potentiel. Cependant, la société ne pouvait obtenir la déduction des intérêts qu'après que ceux-ci aient été réglés. En conséquence, pour pouvoir payer les intérêts, les fiduciaires ont consenti de nouveaux prêts sans garantie, que la société a immédiatement utilisés pour payer les intérêts non payés sur les prêts originaux. La *House of Lords* a considéré que le paiement des intérêts non payés en raison des prêts originaux avait pour objectif de liquider les dettes et qu'en conséquence, la société ayant liquidé ses dettes, la déduction d'impôt prévue à cet effet lui était acquise.

---

7 du *Finance Act* de 1965, cette opération était considérée comme une réorganisation. Plus tard, *Greenjacket* avait vendu les actions de la famille *Dawson* à *Wood Bastow*, qui les avait payées comptant. Le juge britannique a sanctionné le montage dans la mesure où *Greenjacket* n'était qu'un intermédiaire artificiellement institué, qui n'avait aucune intention de détenir ces actions.

[376] Furniss v. Dawson (1982) *STC* 267 ; (1983) *STC* 549 (C.A.) p. 565 ; [1984] AC 474, (1984) *STC* 153 (HL) p. 157.

[377] Craven v. White [1988] *STC* 476, [1988] 3. IRC v. Bowater Property Developments Ltd. Baylis v. Gregory, memes références.

[378] Ensign Tankers (*Leasing*) Ltd v. Stocks, HL 12 mars 1992, 64 *TC* 617 ; [1992] 1 *AC* 655 ; 1992] *STC* 226 ; [1992] 2 *WLR* 469 ; [1992] 2 *All ER* 275 ; *Tolley Tax Cases 2001*, 55121, 64 *TC* 617 ; 1992 2 *QER*.

[379] MacNiven (*Inspector of Taxes*) v. Westmoreland Investment Ltd, 8 février 2001, HL : [2001] *STC* 237, [2003] 1 AC 311. [2001] UKHL 6.

174. Aux Etats-Unis, dans l'arrêt de principe *Gregory v. Helvering*, le montage a été requalifié, non seulement parce qu'il n'avait aucun objectif commercial ou économique autonome, mais aussi parce qu'il ne pouvait avoir qu'un but fiscal. Le principe est qu'un avantage fiscal ne peut s'appliquer à une transaction sans objectif commercial, et dont le seul objectif est l'obtention de l'avantage[380]. Cependant, l'existence d'un avantage fiscal ne rend pas systématiquement l'opération fictive à condition que la transaction ait été inspirée par des justifications indépendantes des raisons fiscales[381].

175. Des faits similaires à ceux jugés dans l'affaire Janfin ont été jugés aux Etats-Unis dans l'affaire *Compaq Computer Corp. v. Commissioner*[382]. En l'espèce, la compagnie Compaq avait acquis des récépissés de dépôt[383] émis par *Royal Dutch Petroleum*. Cette acquisition avait permis à Compaq de recevoir des dividendes. Très rapidement après l'acquisition, Compaq avait revendu ces titres, le nouvel acheteur ne bénéficiant plus de distributions de dividendes. Le prix de revente des titres sans droit au dividende était inférieur au prix d'achat avant la distribution de dividendes. La réception de dividendes par Compaq était soumise à une retenue à la source. En effet, cette opération d'achat-revente avait entraîné une moins-value qui pouvait être compensée avec d'autres plus-values. En outre, le crédit d'impôt étranger présentait un intérêt pour le contribuable, imputer ces crédits d'impôt sur ses revenus de source étrangère. La *Tax Court* a considéré l'opération dépourvue de motif économique. Mais l'*US Court of Appeals* a jugé qu'il s'agissait d'une opération disposant de substance économique car si les effets de la transaction étaient calculés, Compaq avait réalisé tant un profit avant-impôt qu'un profit après-impôt. En outre, cette transaction a été jugée comme ayant un objectif commercial suffisamment indépendant de l'objectif fiscal car la transaction s'opérait sur un marché public, et non dans un environnement susceptible d'être maîtrisé par

---

380 Higgins (*Collector of Internal Revenue for the Third District of New York*) v. Smith, plaidé le 5 décembre 1939, jugé le 8 janvier 1940, 308 U.S. 473 (1940). Une société, *Innisfail*, était entièrement contrôlée par le contribuable, Smith. Les dirigeants d'*Innisfail* étaient subordonnés à Monsieur Smith. Bien que les comptes d'*Innisfail* soient distincts de ceux de Monsieur Smith, il n'y avait aucun doute qu'Innisfail appartenait à Monsieur Smith. *Innisfail* avait en fait été créée pour obtenir des avantages fiscaux pour l'actionnaire car un tel montage offre des opportunités d'économie en matière d'impôt sur le revenu et les droits de succession.

381 Merryman v. Comm'r, 873 F.2d 879, 881 (5th Cir. 1989).

382 Compaq Computer Corp. v. Commissioner 113 T.C. 214 (1999). US CA (5th Cir. 2001), in : Patrick DONSIMONI, « Fiscalités étrangères, Etats-Unis », *L'année fiscale*, 2003, p. 473. IES Industries, Inc. v. US 253 F.3d 350 (8th Cir. 2001). Voir Marc D. TEITELBAUM, « Compaq Computer and IES Industries, The Empire Strikes Back », *TNI* 2000, p. 791 ; Peter C. CANELLOS, « A Tax Practitioner's Perspective on Substance, Form and Business Purpose in Structuring Business Transactions and in Tax Shelters », 54 *SMU Law Review* 47, 54 (2001) ; Daniel N. SHAVIRO, « Economic Substance, Corporate Tax Shelters and the Compaq Case », 88 *Tax Notes* 221 (2000).

383 L'*American Depository Receipt* (ADR) est émise par un trust et il représente la propriété des actions dans une société étrangère.

Compaq ou ses agents et que le prix du marché des ADRs risquait de changer au cours de la transaction[384]. Il en résulte que la présence d'un simple motif autre que fiscal doit pouvoir être avancée pour échapper à la qualification d'opération fictive.

176. Les mêmes faits ont abouti au même résultat en France, mais pas sur le même fondement. Dans l'arrêt Janfin, l'administration française avait estimé que l'opération d'achat-revente dans le but de transférer le bénéfice de l'avoir fiscal était constitutive d'un abus de droit. Le Conseil d'Etat, quant à lui, a jugé que les agissements ayant trait au paiement de l'impôt n'entraient pas dans le champ d'application de l'article L. 64 du LPF et qu'en revanche, l'administration aurait pu invoquer la fraude à la loi. Y avait-il une fraude à la loi ? Le Conseil d'Etat n'a pu opérer d'office une substitution de base légale, faute pour l'administration de l'avoir invoquée. Pour le commissaire du Gouvernement Laurent Olléon, en l'espèce, il n'y avait pas de fraude à la loi car il n'y avait pas eu de création artificielle d'un avoir fiscal, mais seulement un changement de bénéficiaire.

177. La question est de savoir quelle serait la solution retenue par les juges si des faits identiques se produisaient au Royaume-Uni et en Chine. Depuis l'arrêt *Furniss v. Dawson*, la position du juge britannique est en faveur du contribuable. En effet, même si l'intention des parties est importante pour la qualification des faits, le caractère abusif reste l'élément déterminant. En l'espèce, si l'opération d'achat-revente correspond à une réalité économique, la présence d'un motif fiscal dans la prise de décision ne rend pas l'opération abusive. En Chine, cette question ne se pose pas pour le moment. Mais une règle sanctionnant des opérations dépourvues de substance commerciale raisonnable et dont le résultat anticipé est de diminuer le revenu ou l'assiette imposable a été prévue par la loi du 16 mars 2007. Il faudra toutefois attendre les règlements d'application de cette loi pour en apprécier la portée exacte.

178. Afin d'apprécier si l'objectif d'une transaction est uniquement fiscal, la jurisprudence américaine tient compte de plusieurs éléments[385], l'intention du contribuable étant essentielle. Par exemple, un divorce peut être considéré

---

[384] Il s'agit d'une différence majeure avec les faits de l'arrêt Janfin où les prix étaient négociés, entre sociétés liées, de façon à ce que gain financier et moins-value se compensent exactement.

[385] US 6th Cir. CA Kluener v. CIR. Un actionnaire peut transférer ses biens personnels à une société qu'il contrôle et en contrepartie, recevoir des actions supplémentaires. Le droit fiscal américain n'impose pas une telle transaction si elle a un objectif valide, commercial et non fiscal (IR Code, section 351 (a)). En revanche, le transfert de biens à but exclusivement fiscal est imposé. Voir aussi Helvring v. Clifford 309 U.S. 331 (1940), la réponse dans l'arrêt dépend d'une analyse des termes du Trust et de toutes les circonstances accompagnant sa création et son activité. Mais cet arrêt a amené le législateur américain à introduire la section 673 (a) (IR Code 1954) pour sanctionner l'évasion fiscale.

comme fictif dans la mesure où les parties ont eu pour seule intention d'influer sur les impositions[386]. Ce but fiscal dépend de l'intention des parties de se remarier, et le simple fait de vivre ensemble à la suite du divorce ne rend pas le divorce ineffectif[387].

179. La constatation du « *motif exclusivement fiscal* » d'une opération permettant au contribuable de bénéficier d'un mécanisme fiscal de faveur ne suffit cependant pas à caractériser un abus de droit, s'il n'est pas constaté un élément d'anormalité dans l'utilisation du mécanisme. Le principe en est fixé par les conclusions de Pierre Collin sous l'arrêt Sagal, « *(...) Ce que l'abus de droit sanctionne, c'est le montage. (...) La notion de manœuvre ou de montage est essentielle. Il n'y a abus de droit qu'en présence d'une série d'actes courants et convergents, passés en vue de créer une situation juridique ou économique artificielle à seule fin d'entrer dans les prévisions d'une disposition fiscale favorable* »[388]. Comment distinguer le montage de la bonne gestion fiscale ? Selon Jérôme Turot, la destination est liée à la notion de « *normal* » ou d' « *anormal* »[389]. Ainsi, l'organisation par le contribuable d'une situation juridique ni fictive ni illégale mais ayant pour seul objet de le placer dans une situation fiscale meilleure, est considérée comme abusive parce qu'elle conduit à éluder la charge fiscale qui serait « *normalement* » due. Le seul caractère « *inhabituel* » ou « *anormal* » des transactions est-il suffisant pour faire entrer celles-ci dans le champ de l'abus de droit ? Le problème est que le contribuable peut tout à fait considérer qu'il a fait une bonne affaire même si d'autres estiment que c'est absurde. L'appréciation du caractère « *normal* » est trop subjective[390].

b) La répression des abus en dehors de la procédure de l'article L. 64 du LPF

180. En France, en dehors du champ de l'article L. 64 du LPF, l'administration peut se fonder sur la fictivité ou sur le principe général de fraude à la loi[391]. Afin de pouvoir invoquer la fraude à la loi, la jurisprudence fiscale impose de rapporter une double preuve, le but exclusivement fiscal et le détournement de l'esprit de la loi[392]. Le droit communautaire définit l'abus de droit comme le fait de trahir l'esprit et la portée des dispositions de la loi[393] au regard des objectifs

---

[386] Gregory v. Helvering.
[387] Voir Bittker § 11.3.5 n.65 and Field 54 Taxes 608 (1976).
[388] Concl. de Pierre COLLIN sous CE, 18 mai 2005, n° 267087, Sagal.
[389] Jérôme TUROT, « Réalisme fiscal, abus de droit et opposabilité à l'Administration des actes juridiques (ou l'abus de droit rampant) », *RJF* 8-9/1989, p. 458.
[390] Jérôme TUROT, « Réalisme fiscal, abus de droit et opposabilité à l'Administration des actes juridiques (ou l'abus de droit rampant) », *RJF* 8-9/1989, p. 459.
[391] CE, 27 septembre 2006, Janfin, req. n° 260050.
[392] CE, 27 septembre 2006, Janfin, req. n° 260050.
[393] CJCE, aff. C-200/02, Chen et Zhu, concl. d'Antonio TIZZANO, point 114.

poursuivis par celles-ci[394]. La constatation d'une pratique abusive nécessite un ensemble de circonstances objectives d'où il résulte que l'objectif poursuivi par une réglementation n'a pas été atteint[395]. Il est interdit de revendiquer un droit si la disposition de droit communautaire, qui confère formellement ce droit, est invoquée pour obtenir des avantages illégitimes et manifestement étrangers à l'objectif de cette disposition[396]. Inversement, lorsque le droit est exercé dans les limites imposées par les buts et les résultats poursuivis par la disposition communautaire en cause, il n'y a pas d'abus mais simplement un exercice légitime du droit[397]. L'intention de faire un usage abusif des dispositions du droit communautaire n'est pas déterminante pour apprécier l'abus, « *c'est la considération de la finalité objective des règles communautaires et des activités exercées* »[398] qui détermine l'abus. Le droit communautaire sanctionne les montages purement artificiels dont le seul but est de contourner la législation fiscale nationale. Certains auteurs considèrent que la notion française d'abus de droit et la notion de montages purement artificiels dont le but est de contourner la loi fiscale[399] sont identiques[400]. D'autres estiment que la notion de «*montages*» est plus restrictive que les opérations rentrant dans le champ de l'abus de droit[401].

---

394 CJCE, 9 mars 1999, aff. C-212/97, Centros, point 25 : *Rec.*, 1999, p. I-1459, concl. d'Antonio LA PERGOLA ; *DF* 1999, n° 19, p. 698 ; - 21 novembre 2002, X et Y, aff. C-436/00, point 42 : *Rec.*, 2002, p. I-10829 ; *DF* 2003, n° 15, comm. 301 ; *RJF* 2/2003, n° 250 ; - 21 février 2006, aff. C-255/02, Halifax plc, concl. de Luis Miguel POIARES MADURO, point 68.

395 CJCE, 14 décembre 2000, Emsland Stärke, aff. C-110/99, point 52 : *Rec.*, 2000, p. I-11569.

396 CJCE, 12 mars 1996, aff. C-441/93, Pafitis : *Rec.*, p. I-1347, point 68 ; - 12 mai 1998, aff. C-367/96, Kefalas : *Rec.*, p. I-2843, point 22 ; - 23 mars 2000, Diamantis, aff. C-373/97 : *Rec.*, p. I-1705, point 33 ; - 21 février 2006, aff. C-255/02, Halifax plc, concl. de Luis Miguel POIARES MADURO, point 68.

397 CJCE, 9 mars 1999, aff. C-212/97, Centros, point 27 ; - 30 septembre 2003, Inspire Art, C-167/01 : *Rec.*, I-10155 ; *Europe* 2003, n° 11, comm. 361 ; *BMIS* 2003, n° 12, p. 1296, note de Michel MENJUCQ ; - 21 février 2006, aff. C-255/02, Halifax plc, concl. de Luis Miguel POIARES MADURO, point 68.

398 CJCE, 21 février 2006, aff. C-255/02, Halifax plc, concl. de Luis Miguel POIARES MADURO, point 71.

399 CJCE, 16 juillet 1998, aff. C-264/96, ICI : *Rec.*, p. I-4695, concl. de Giuseppe TESAURO ; *DF* 1998, n° 38, p. 1122, *En bref*; Patrick DIBOUT, « Territorialité de l'impôt, répression de l'évasion fiscale et liberté d'établissement dans la communauté européenne, à propos de l'arrêt Imperial Chemical Industries (ICI) », *DF* 1998, n° 48, *chron.*, p. 1475 ; *RJF* 11/1998, n° 1382 ; Jérome TUROT, « L'article 209 B est-il soluble dans le droit communautaire ? à propos de l'arrêt CJCE 16 juillet 1998, Imperial Chemical Industries », *RJF* 12/1998, p. 940 ; *BDCF* 6/1998, n° 137.

400 Guillaume GOULARD, « L'abus de droit à la lumière du droit communautaire, à propos de l'arrêt CE, 18 mai 2005, SA Sagal », *DF* 2005, n° 44-45, p. 1715 ; Concl. de Guillaume GOULARD sous CE, ass., 14 décembre 2001, n° 211341, de Lasteyrie du Saillant : *DF* 2002, n°12, comm. 255 ; *RJF* 2/2002, p. 112 ; *JDI*, 1er avril 2005, n° 2, p. 422. Voir Patrick DIBOUT, « Territorialité de l'impôt, répression de l'évasion fiscale et liberté d'établissement dans la Communauté européenne, à propos de l'arrêt ICI », *DF* 1998, n° 48, p. 1475.

401 Jérôme TUROT, « L'article 209 B est-il soluble dans le droit communautaire ? à propos de l'arrêt CJCE 16 juillet 1998, Imperial Chemical Industries », *RJF* 12/1998, p. 940.

181. Comment déterminer l'esprit de la loi ? La certitude à l'égard de la portée des textes est plus importante dans la tradition britannique qu'aux Etats-Unis[402]. La tradition britannique dispense de l'examen de l'histoire législative d'une loi et le juge britannique n'est pas censé considérer les documents législatifs, notamment les rapports de la Commission législative, les débats, les commentaires du Gouvernement sur la législation proposée. Il est également interdit d'utiliser les résolutions législatives afin de déterminer le sens de la loi[403]. En revanche aux Etats-Unis, l'histoire législative sous tous ses aspects est examinée de manière exhaustive.

182. Pour Cyrille David, il est logique que l'abus de droit par simulation soit reconnu universellement car il est conforme aux principes de droit commun en raison du réalisme nécessaire du droit fiscal[404]. En revanche, l'abus de droit par fraude à la loi est soumis à des conditions plus strictes[405] car la notion de « *fraude (...) ne peut mener (...) qu'à l'insécurité juridique et se heurte (...) à un paradoxe, elle contredit la notion d'incitation fiscale* »[406]. Lord Oliver a la même analyse et considère qu'un principe anti-évasion introduirait une incertitude intolérable dans le droit fiscal[407]. Existe-t-il une insécurité pour le contribuable ? Le système américain se satisfait de la « *quasi-loi* », qui interprète la loi fiscale. Cette « *quasi-loi* » est composée des *Regulations* et des *Rulings* publiés ou privés complétés par les *IRS Procedure announcements*. Le contribuable américain peut alors avoir une conscience raisonnable de ce qui est autorisé ou non. Quant au droit britannique, selon Cyrille David, il consacre une conception étroite du montage. La solution est justifiée en droit, puisque l'abus de droit est une application des règles de droit commun en l'absence de textes exprès, et opportune en fait, puisqu'elle sauvegarde de façon adéquate les intérêts et la liberté de gestion du contribuable et limite les pertes de recettes

---

[402] Patrick S. ATIYAH et Robert S. SUMMERS, « Form and Substance in Anglo-American Law, a comparative study in legal reasoning, legal theory and legal institutions », at 104-5, cité par William D. POPKIN, « Judicial Anti-Tax Avoidance Doctrine in England : A United States Perspective », *BTR* 1991, p. 286.

[403] The law commission and the Scottish Law Commission 27-43 (1969) ; Black-Clawson Ltd. v. Papierwerke Waldhof-Aschaffenburg AG [1975] 1 *All ER* 810. Bennion Francis, *Statutory Interpretation*, p. 530 (1984). cité par William D. POPKIN, « Judicial Anti-Tax Avoidance Doctrine in England : A United States Perspective », *BTR* 1991, p. 286.

[404] Cyrille DAVID, « L'abus de droit en Allemagne, en France, en Italie, aux Pays-bas et au Royaume-Uni (essai de comparaison fiscale) », *Riv. dir. fin.*, I, 1993, p. 234.

[405] Cyrille DAVID, « L'abus de droit en Allemagne, en France, en Italie, aux Pays-bas et au Royaume-Uni (essai de comparaison fiscale) », *Riv. dir. fin.*, I, 1993, p. 220.

[406] Jérôme TUROT, « Réalisme fiscal, abus de droit et opposabilité à l'administration des actes juridiques », *RJF* 8-9/1989, p. 458.

[407] [1988] *WLR*. at 449.

pour le Trésor[408]. En revanche, la conception du montage est plus large en France, ce qui est en faveur de l'administration.

Conclusion du chapitre I

183. En conclusion, il apparaît que les organismes de recouvrement des cotisations de sécurité sociale, les autorités de concurrence ou encore les autorités de marché disposent de pouvoirs qui semblent se rapprocher de ceux de l'administration fiscale. Notamment, ces autorités disposent du pouvoir de se rendre au siège de l'entreprise pour y effectuer des contrôles, chacun dans sa sphère de compétence. Ces autorités disposent, comme l'administration fiscale de pouvoirs de vérifications et/ou d'enquête.

184. Les pouvoirs de l'administration apparaissent cependant sur plusieurs points spécifiques. Si on s'arrête au principe de liberté de gestion fiscale, on devrait en conclure que les pouvoirs de l'administration sont limités. Tel n'est pourtant pas le cas, et le législateur a su doter l'administration de pouvoirs propres à sanctionner les comportements illicites particuliers que sont la fraude et l'évasion fiscales. Ces moyens ne sont pas identiques dans les quatre pays comparés car chaque système retient sa propre définition des comportements condamnables du contribuable. On ne peut que regretter cette diversité dans les pouvoirs des autorités de contrôle. L'entreprise contrôlée ne peut bénéficier pleinement de ses droits, à moins de disposer en interne de personnes spécialisées dans tel ou tel type de contrôle. Une uniformisation des procédures semble donc souhaitable, et notamment, en ce qui concerne les normes comptables et fiscales.

185. Allons-nous encore plus loin en considérant que l'autonomie du droit fiscal est largement passée de mode et que les règles fiscales évoluent au fur et à mesure tout en s'approchant de plus en plus des notions économiques ? Les préoccupations économiques et fiscales sont en principe opposées. L'économie a pour objectif de réaliser le plus de bénéfices tandis que le droit fiscal est inspiré par l'interdiction de réduire artificiellement le bénéfice pour échapper à l'imposition ou pour en retarder l'échéance. Or, on constate qu'une recherche de l'adéquation de la neutralité fiscale avec la réalité économique par l'administration fiscale est mise en œuvre[409]. Cela est notamment souligné par l'arrêt de la CJCE, *Cadbury Schweppes*[410], en date du 12 septembre 2006, dans

---

[408] Cyrille DAVID, « L'abus de droit en Allemagne, en France, en Italie, aux Pays-Bas et au Royaume-Uni (essai de comparaison fiscale) », *Riv. dir. fin.*, juin 1993, p. 241.

[409] Le législateur prend également en compte les réalités économiques. Ainsi, par exemple, le groupe de sociétés ne constitue pas une entité indépendante des sociétés qui le composent. La notion de groupe de sociétés est cependant reconnue par le droit fiscal afin d'assurer la neutralité fiscale à l'égard des structures économiques et de renforcer la compétitivité des entreprises françaises du fait que la plupart des systèmes étrangers connaissent un régime analogue.

[410] CJCE, 12 septembre 2006, aff. C-196/04, Cadbury Schwepes.

lequel celle-ci a estimé que dès que l'opération n'était pas dépourvue de substance économique, il n'y avait pas montage artificiel abusif. La réalité économique est bien mise en avant. La prééminence de la substance économique sur l'apparence juridique permettrait de simplifier la tâche des entreprises. La prise en compte de la réalité économique pourrait aussi modifier le comportement des agents des impôts. Elle pose cependant de redoutables problèmes en matière de sécurité juridique.

Chapitre II – La vérification fiscale dans un contexte international

186. Le contrôle des opérations internationales par l'administration fiscale doit être replacé dans un contexte de mondialisation de l'économie, se traduisant par la multiplication des groupes internationaux. La fiscalité est considérée par ces derniers comme un instrument de gestion offrant des possibilités d'optimisation de la charge fiscale. Les Etats ne sont pas restés indifférents à ces pratiques et ont intensifié le contrôle des opérations internationales. En 1970, la France, l'Allemagne, la Grande-Bretagne et les Etats-Unis (le Groupe des Quatre) ont établi une coopération multilatérale[411]. Les Etats-Unis, le Royaume-Uni, le Canada et l'Australie ont créé le *Joint International Tax Shelter Centre* permettant aux administrations de ces pays de partager leur expérience de lutte contre les schémas d'optimisation fiscale, et d'échanger des informations sur les créateurs et sur les utilisateurs de tels schémas[412]. Dès lors, dans un contexte de mondialisation, de nouveaux moyens d'échange et de recoupement d'informations ont été développés par les administrations fiscales (Section I). Par ailleurs, l'administration fiscale possède un pouvoir qui ne se limite pas à une simple vérification en cas de contrôle des prix de transfert (Section II).

Section I – L'assistance administrative internationale

187. L'assistance administrative mutuelle s'est beaucoup développée ces dernières années. Elle est « *l'ensemble des opérations traduisant une coopération entre les administrations fiscales de deux ou plusieurs Etats pour permettre l'application correcte des dispositions régissant l'assiette, le contrôle et le recouvrement des impôts de chaque Etat intéressé* »[413]. Elle se manifeste sous deux formes, l'échange de renseignements et l'assistance au recouvrement. La présente thèse ne traitera que de l'échange de renseignements. L'échange de renseignements[414] entre les autorités fiscales (I) entraîne dans certains cas des contrôles simultanés (II).

I - L'échange de renseignements

188. L'échange de renseignements est une des clés du développement de la coopération entre les autorités fiscales. Les Etats-Unis ont conclu des conventions fiscales[415] ou des accords relatifs à l'échange de renseignements

---

411 Communiqué du ministère de l'Economie, des Finances et de l'Industrie, 5 octobre 1982 : *DF* 1982, n° 46-47, comm. 2199.

412 Panorama des redressements fiscaux, compte rendu de la 6e conférence annuelle organisée le 22 juin 2004 : *DF* 2004, n° 39, p. 1350.

413 Thierry LAMBERT, « Un aspect méconnu du contrôle fiscal : l'assistance fiscale internationale », *BF* 4/2000, p. 215. Voir aussi Instr. adm., 17 décembre 1981 : BODGI, 13 K-81.

414 L'échange de renseignements s'effectue soit d'office, soit spontanément, soit sur demande.

415 En vertu de l'article II §2, clause 2 de la Constitution, les Etats-Unis ratifient une convention internationale par la signature du Président et l'accord des deux tiers des sénateurs. En vertu de l'article VI, clause 2 de la section 2 de la Constitution, une convention ratifiée fait partie du droit

avec plus de 70 pays[416]. Les conventions fiscales signées par la France prévoient en général le principe d'une assistance entre les administrations[417]. En 1992, la France avait conclu des conventions d'assistance administrative avec 73 pays. Dix-neuf accords sur l'échange automatique de renseignements ont été conclus par la France[418].

189. La mise en œuvre de l'échange de renseignements est complexe. Tout d'abord, l'assistance réciproque entre les autorités fiscales n'est possible que si chaque autorité est assurée que son partenaire traitera de façon confidentielle les informations qu'il renverra à la suite de la procédure d'échange. Ensuite, la lenteur de la procédure, les coûts et incertitudes liés aux traductions, découragent généralement les autorités. Le délai d'obtention des renseignements varie suivant les pays mais est généralement compris entre trois et neuf mois[419]. Des problèmes pratiques sont liés à la diversité des formes et des langues utilisées. Enfin, l'administration demanderesse doit souvent, en pratique, s'efforcer de convaincre l'administration requise qui, pour refuser de communiquer, invoquera le secret bancaire ou encore des conditions strictes de communication. En définitive, l'échange de renseignements n'est vraiment efficace qu'entre la France et l'Allemagne, le Canada, les Etats-Unis, les Pays-Bas et le Royaume-Uni.

190. L'échange de renseignements s'effectue différemment dans un cadre international (A), communautaire (B) ou interne (C).

A/ Dans un cadre international

191. L'échange de renseignements repose essentiellement sur les conventions ou accords bilatéraux. Un Modèle d'accord sur l'échange de renseignements en matière fiscale a été finalisé par le Groupe de travail du Forum mondial de

---

américain. Mais une telle convention ne saurait violer les dispositions de la Constitution. Par ailleurs, en cas de conflits entre une clause conventionnelle et une disposition légale fédérale, la plus récente prévaut alors qu'en cas de conflits entre une clause conventionnelle et une disposition légale étatique, la première l'emporte (Whitney v. Robertson, 124 U.S. 190(1888); Cook v. United States, 288 U.S. 102 (1933)).

[416] Les tous premiers accords d'échange de renseignements signés par les Etats-Unis sont ceux avec les îles Caïmans en novembre 2001, avec Antigua et la Barbade en décembre 2001, avec les Bahamas, les îles Vierges britanniques, les Antilles néerlandaises, l'île de Man et Jersey/Guernesey en 2002.

[417] Parmi les 109 conventions fiscales signées par la France, certaines ne comportent cependant pas de clause d'échange de renseignements. Il s'agit des conventions signées avec l'Arabie Saoudite, Bahrein, Oman et Qatar.

[418] Seize pays sont concernés, Allemagne, Autriche, Belgique, Danemark, Espagne, Etats-Unis, Finlande, Gabon, Haute-Volta, Maroc, Monaco, Niger, Polynésie française, Royaume-Uni, Sénégal et Suède.

[419] Patrick DIBOUT, Juris-Classeur Droit fiscal international, Fasc. 358, *Assistance fiscale internationale*, § 43.

l'OCDE en 2002. L'accord contient deux modèles d'accord bilatéral, accompagnés de commentaires. Des modifications au modèle OCDE de convention fiscale ont été approuvées le 1er juin 2004. Dans l'objectif d'établir des règles du jeu équitables, le Forum mondial a publié son rapport intitulé « *coopération fiscale, vers des règles du jeu équitables* » le 29 mai 2006. Celui-ci montre que les pays continuent d'améliorer leur coopération internationale afin de combattre les abus fiscaux, en mettant en place des mécanismes qui renforcent la transparence et l'échange de renseignements à des fins fiscales.

192. L'échange concerne dorénavant les renseignements vraisemblablement pertinents (et non pas nécessaires) pour les autorités administratives et celles chargées de faire appliquer la législation fiscale nationale[420] ; par ailleurs, s'agissant d'une obligation de fournir, en aucun cas un Etat contractant ne peut refuser de communiquer les renseignements uniquement parce que ceux-ci ne présentent pas d'intérêt pour lui-même dans le cadre national[421]. L'objectif est d'améliorer la coopération internationale en vue de faciliter l'application des législations fiscales nationales et des conventions fiscales internationales. L'échange de renseignements repose également sur des agréments d'échange de renseignements. L'absence de système international d'échange de renseignements dans le domaine fiscal a été considérée comme à même de gêner de façon importante la lutte contre la « *soustraction* » fiscale[422]. C'est pourquoi une Convention concernant l'assistance administrative mutuelle en matière fiscale, élaborée par le Conseil de l'Europe et l'OCDE, a été ouverte à la signature à compter du 25 janvier 1988[423].

---

420 Le Modèle d'accord a pris un concept large tout en stipulant que l'échange de renseignements doit inclure les renseignements « *susceptibles d'être pertinents pour la détermination, l'établissement et la perception de ces impôts, pour le recouvrement et l'exécution des créances fiscales ou pour les enquêtes ou poursuites en matière fiscale* ». En conséquence, les échanges de renseignements ne se limitent pas aux affaires fiscales de nature pénale, mais s'étendent aux informations requises à des fins d'administration fiscale.

421 Pour l'OCDE, la condition de l'existence d'un intérêt fiscal national peut être un obstacle important à l'échange de renseignements (OCDE, *Coopération fiscale, vers des règles du jeu équitables*, 2006, p. 12, § 14).

422 André MARGAIRAZ et Roger MERKLI, *La fuite devant l'impôt et les contrôles du fisc*, Lausanne : Imprimerie Vaudoise, 1985, p. 41.

423 Au 17 octobre 2005, 11 pays avaient signé et ratifié la convention. Ce sont l'Azerbaïdjan, la Belgique, le Danemark, la Finlande, la France, l'Islande, la Norvège, les Pays-Bas, la Pologne, la Suède et les Etats-Unis. Les Etats-Unis l'ont signée le 28 juin 1989. Le Sénat américain l'ayant approuvée le 18 septembre 1990, elle y est entrée en vigueur le 1er avril 1995. La Convention s'applique en France à partir du 1er septembre 2005 (Loi n° 2005-225, 14 mars 2005 ; Décr. n° 2005-1198, 19 septembre 2005 : *JORF*, 24 septembre 2005, p. 15349). Ni le Royaume-Uni ni la Chine ne l'ont signée.

B/ Dans le cadre communautaire

193. La coopération administrative et l'assistance mutuelle sont essentielles dans le système de contrôle des échanges intra-communautaires. Les réseaux des attachés fiscaux ont été renforcés en 1999. Il existe un *Central Liaison Office* au sein de l'Union européenne. L'*Intra-European Organisation of Tax Administrations* (*IOTA*), créé en 1996, regroupe une trentaine de pays. L'échange de renseignements peut avoir soit un fondement conventionnel, soit un fondement communautaire[424].

194. L'article 55 de la Constitution française de 1958 dispose que « *les traités ou accords régulièrement ratifiés ou approuvés ont dès leur publication, une autorité supérieure à celle des lois* ». Le droit communautaire et le droit fiscal international sont donc tous les deux supérieurs au droit interne. Mais quelle est la hiérarchie entre eux ? En Angleterre, le pouvoir souverain appartient au Parlement et une convention n'a pas une autorité supérieure à celle de la loi. La prévalence du droit communautaire sur les conventions fiscales est indirectement reconnue par la CJCE. Dans un premier temps, elle a précisé qu'un État membre ne saurait faire dépendre le respect du contenu du Traité d'une convention conclue avec un autre État membre[425]. Concernant les conventions conclues entre les États membres avant l'entrée en vigueur des traités constitutifs communautaires, les traités communautaires y priment[426]. Quant aux conventions conclues postérieurement, l'article 5 du Traité de Rome impose aux États membres de prendre toutes les mesures générales ou particulières propres à assurer l'exécution des obligations découlant du Traité. Dans un deuxième temps, en ce qui concerne les conventions fiscales conclues entre les États membres, l'arrêt Schcumaker a précisé que « *si la fiscalité directe relève de la compétence des Etats membres, il n'en reste pas moins que ces derniers doivent exercer celle-ci dans le respect du droit communautaire* »[427]. Dans l'arrêt Saint-Gobain, la CJCE a jugé que « *l'article*

[424] Il s'agit de trois directives et un règlement qui sont respectivement : la Directive 77/799/CEE du Conseil concernant l'assistance mutuelle des autorités compétentes des Etats membres dans le domaine des impôts directs, de certains droits d'accises et des taxes sur les primes d'assurance en date du 19 décembre 1977 (*JOCE*, 27 décembre 1977, L. 336, p. 15 ; *DF* 1979, n° 43, I.D. 6236) ; la Directive 79/1070/CEE du Conseil pour la TVA en date du 6 décembre 1979 ; la Directive 2004/56/CE du Conseil du 21 avril 2004 modifiant la directive 77/799/CEE (*JOUE*, 29 avril 2004, L. 127, p. 70). Cette directive devait être transposée en droit interne au plus tard le 1er janvier 2005) ; le Règlement (CEE) n° 218/92 du Conseil en date du 27 janvier 1992 concernant la coopération administrative dans le domaine des impôts indirects (TVA) (*JOCE*, 1er février 1992, L. 024, p. 1).

[425] CJCE, 28 janvier 1986, aff. 270/83, Commission c/France, avoir fiscal : *RJF* 11/1986, n° 1020.

[426] CJCE, 27 septembre 1988, aff. n° 235/87, Matteucci c/Communauté française de Belgique : *Rec.*, 5589. Voir Joël MOLINIER, « Les conventions fiscales internationales et le droit communautaire », *RFFP* 1994, n° 48, p. 233.

[427] CJCE, 14 février 1995, aff. C-279/93, Schumacker : *DF* 1995, n° 20, comm. 1089, note d'Allard de WAAL ; *RJF* 3/1995, n° 425 ; *Rec.*, 1995, p. I-225, concl. de Philippe LEGER ;

48 du Traité CE s'oppose à ce qu'un établissement stable situé en Allemagne et exploité par une société de capitaux ayant son siège dans un autre État membre ne bénéficie pas, dans les mêmes conditions que celles applicables aux sociétés de capitaux ayant leur siège en Allemagne, des avantages fiscaux prévus par une convention fiscale conclue avec un pays tiers »[428].

194. Dans un rapport intitulé « *La fiscalité des entreprises dans le Marché intérieur* »[429], la Commission a indiqué qu'il ne faisait aucun doute que le Traité de Rome et les décisions de la CJCE priment les conventions fiscales bilatérales. La Commission a donc proposé l'élaboration d'un modèle de convention fiscale de l'Union européenne ou la conclusion d'une convention multilatérale liant l'ensemble des États membres[430]. L'*European Free Trade Area (EFTA) Court* a, de son côté, confirmé la primauté de la liberté de circulation des capitaux sur les conventions bilatérales fiscales[431].

195. La question s'est posée dans les mêmes termes en France. Le tribunal administratif de Cergy-Pontoise a eu l'occasion de déclarer que l'atteinte au

---

[1995] *STC* 306. En l'état actuel du droit communautaire, en l'absence d'harmonisation en matière d'impôts directs, les Etats membres doivent exercer leurs compétences retenues dans le respect du droit communautaire. Dans l'arrêt Gilly, la CJCE a affirmé que l'article 48 du Traité ne s'oppose pas à l'application des dispositions de la convention fiscale signée entre les Etats membres alors que le choix par les parties contractantes, en l'occurrence la France et l'Allemagne, en vue de se répartir la compétence d'imposition, ne saurait comme tel être constitutif d'une discrimination interdite par le droit communautaire (CJCE, 12 mai 1998, aff. C-336/96, Gilly : *Rec.*, 1998, p. I-2793, concl. de Ruiz-Jarabo COLOMER (20 novembre 1997) ; *DF* 1998, n° 38, comm. 1122 ; *RJF* 7/1998, n° 890 ; *BDCF* 4/1998, n° 97 ; [1998] *STC* 1014)). Voir CJCE, 13 décembre 2005, aff. C-446/03, Marks & Spencer plc, point 29 : *BJS*, mars 2006, p. 352 ; Claire ACARD et Anne COLMET DAAGE, « Déduction transfrontalière des pertes, arrêt Marks & Spencer, CJCE, aff. 446/03 du 13 décembre 2005 », *Banque et Droit*, janvier-février 2006, n° 105, p. 82 ; Daniel GUTMANN, *L'année fiscale*, 2006, p. 264. CJCE, concl. du 2 mai 2006, aff. C-196/04, Cadbury Schweppes, point 29.

428 CJCE, 21 septembre 1999, aff. C-307/97, Compagnie de Saint-Gobain ZN, point 25 : *DF* 2000, *chron.*, Patrick DIBOUT, p. 474 ; *RJF* 12/1999, n° 1629 ; *Rec.*, p. I-6161, concl. de Jean MISCHO ; *BJS* 2000, n° 3, § 56, note de Dominique BERLIN, jugé que les droits découlant de l'article 52 du Traité sont inconditionnels et un Etat membre ne saurait faire dépendre leur respect du contenu d'une convention relative à la double imposition conclue avec un autre Etat membre.

429 Rapport des services de la Commission européenne, 23 octobre 2001, p. 291.

430 Communication de la Commission européenne, *Un marché intérieur sans obstacles liés à la fiscalité des entreprises : réalisation, initiatives en cours et défis restants*, 24 novembre 2003, p. 12 et 13.

431 EFTA Court, 23 novembre 2004, aff. E-1/04, Fokus Bank ASA : *DF* 2005, n° 23, comm. 468. En l'espèce, une société de droit norvégien Fokus Bank a procédé à une distribution de dividendes. Selon le droit norvégien, les dividendes distribués par une société résidente à ses actionnaires résidents ouvrent droit à un crédit d'impôt. Les actionnaires étaient des résidents allemands et anglais. En application des conventions bilatérales signées par la Norvège respectivement avec l'Allemagne et le Royaume-Uni, le crédit d'impôt, auquel avaient droit les actionnaires anglais et allemands, était inférieur au crédit d'impôt dont bénéficient les actionnaires norvégiens.

principe de liberté d'établissement privait de toute portée pratique la disposition contenue dans la convention fiscale avec l'Italie permettant à la France d'appliquer son dispositif anti-évasion[432]. Le Conseil d'État a posé une question préjudicielle à la CJCE sur ce point[433]. L'avocat général Geelhoed a proposé dans ses conclusions présentées le 27 avril 2006, de juger que la mesure par laquelle les sociétés mères non résidentes en France sont frappées d'une retenue à la source sur les dividendes versés par des filiales établies en France, alors que les sociétés mères résidentes en France ne sont pas imposées sur les dividendes versés par des filiales établies en France, est contraire à l'article 43 CE, en tant qu'elle constitue une restriction discriminatoire à la liberté d'établissement. Finalement, la CJCE a jugé conformément aux conclusions de l'avocat général [434]. La CJCE regrette le manque d'harmonisation dans l'Union européenne. Par conséquent, la Commission européenne réfléchit actuellement à l'élaboration d'un modèle européen de convention bilatérale[435].

C/ En droit interne

197. Le droit français prévoit que « *l'administration des impôts peut échanger des renseignements avec les administrations financières des territoires d'outre-mer et autres collectivités territoriales de la République française relevant d'un régime fiscal spécifique ainsi qu'avec les Etats ayant conclu avec la France une convention d'assistance réciproque en matière d'impôt pour l'échange de renseignements avec l'administration française* »[436] et que « *sous réserve de réciprocité, les administrations financières peuvent communiquer aux administrations des Etats membres de la Communauté européenne des renseignements pour l'établissement et le recouvrement des impôts sur le revenu et sur la fortune ainsi que sur la taxe sur la valeur ajoutée* »[437]. En outre, les informations recueillies ne peuvent être fournies à des tiers que sous certaines conditions, l'Etat membre concerné pouvant toutefois exiger que son autorisation soit préalablement sollicitée[438].

---

[432] TA, Cergy-Pontoise, 11 juillet 2002, n° 99-35301, 2e ch., Sté Ceïa International : *RJF* 12/2002, n° 1364 ; concl. d'Isabelle PERROT, *BDCF*, 12/2002, n° 146 ; *JCP éd. E* 2003, n° 4, 151.
[433] CE, 15 décembre 2004, Denkavit Internationaal BV, req. n° 235069.
[434] CJCE, 1re ch., 14 décembre 2006, aff. C-170/05, Denkavit Internationaal BV : *JCP éd. E* 2006, *act.*, 571 ; Frans Vanistendael, « Denkavit internationaal : The balance between fiscal sovereignty and the fundamental freedoms ? », *European Taxation*, mai 2007, p. 210 ; *Dr. sté.* 2007, n° 2, comm. 39.
[435] En effet, quatre solutions sont envisageables. La première solution, une coordination approfondie des politiques des Etats membres, la deuxième, la conclusion d'une convention fiscale multinationale entre tous les Etats membres, la troisième, l'élaboration d'un modèle de convention de l'Union européenne, la quatrième, les recommandations adressées aux Etats membres.
[436] LPF, art. L. 114. Il s'agit de la transposition de la directive 77/799/CEE du 19 décembre 1977.
[437] LPF, art. L. 114 A. Il s'agit de la transposition de la directive 79/1070/CEE du 6 décembre 1979.
[438] LPF, art. R. 114-A-3.

198. Les sections 927(e) et 274(h)(6)(C) de l'IR Code permettent au Ministre des Finances de conclure des accords d'échange de renseignements. L'IRS examine au cas par cas les demandes d'assistance des autorités étrangères. La demande est soumise à conditions. Par exemple, celle-ci doit précisément identifier le contribuable et les informations demandées[439], indiquer qu'il s'agit d'un contribuable aux termes du droit fiscal du pays requérant. Par ailleurs, la demande doit être formulée de bonne foi. Les Etats-Unis refusent de coopérer lorsque la demande de renseignements concerne une entreprise américaine avec laquelle l'entreprise française contrôlée n'entretient aucune relation d'affaires. Sont contenues dans les sections 197 à 199 du *Finance Act 2003* les obligations du Royaume-Uni en matière d'échange de renseignements avec ses partenaires[440]. La NLAPI ne prévoit pas expressément l'assistance mutuelle internationale, mais seulement qu' « *en cas de désaccord entre le droit domestique et les traités, accords ou agréments fiscaux signés par la Chine, ce sont les dispositions des traités, accords ou agréments fiscaux qui prévalent* »[441]. En ce qui concerne la fourniture de renseignements fiscaux aux administrations étrangères, la seule base juridique est la convention fiscale[442]. Il existe des clauses d'échange de renseignements dans les trois conventions fiscales conclues par la Chine avec les trois pays occidentaux comparés. Jusqu'en 2006, le droit interne ne contenait aucune disposition relative à l'échange de renseignements fiscaux. Ce n'est que le 18 mai 2006 qu'a été publié le règlement administratif relatif à l'échange international de renseignements fiscaux[443]. Or, il ne s'agit que d'un texte de nature administrative.

D/ La procédure d'échange de renseignements

199. Il sera successivement procédé à l'examen des questions suivantes : la procédure d'échange de renseignements constitue-t-elle une vérification (1) ? Dans quelles hypothèses peut-elle être déclenchée (2) ? A-t-elle une portée générale (3) ? Quels sont les renseignements qui peuvent être demandés (4) ? En l'absence d'intérêt fiscal national pour l'Etat requis, ce dernier a-t-il le droit

439 IRM42(10)(10).6, (April 14, 1994) (*Specific Requests*).

440 La section 197 est relative aux obligations d'échange de renseignements avec d'autres Etats-membres en vertu de la législation communautaire. La section 198 concerne les obligations envers les Etats avec qui le Royaume-Uni a conclu des conventions fiscales ou des accords d'échange de renseignements. Le droit britannique prévoit que les dispositions des conventions internationales relatives aux doubles impositions prévalent sur le droit interne dès lors que celles-ci sont approuvées par un décret-loi (*Order in Council*) (ICTA 1988, section 788). La section 199 prévoit l'obligation d'échange de renseignements en matière de revenus d'épargne des ressortissants communautaires.

441 NLAPI, art. 91, al. 2.

442 Jusqu'au 28 novembre 2006, la Chine a conclu avec ses partenaires 89 conventions fiscales (dont 7 ne sont pas encore entrées en vigueur) et 2 arrangements avec les régions autonomes spéciales de Hongkong et de Macao.

443 18 mai 2006, SAT [2006] 70.

de refuser la demande d'échange de renseignements de son partenaire conventionnel (5) ? Existe-t-il un équilibre entre le besoin de renforcer la coopération internationale et la protection des droits du contribuable (6) ?

1. L'échange de renseignements constitue-t-il une vérification ?
200. En France, il est de jurisprudence constante que l'obtention par les services fiscaux d'informations partielles, dans le cadre de l'assistance internationale prévue par une convention fiscale bilatérale, ne constitue pas un contrôle de nature à caractériser une vérification fiscale[444]. En revanche, si des vérifications plus complètes ont été effectuées, l'opération est irrégulière lorsque les garanties correspondantes aux opérations de contrôle n'ont pas été respectées[445]. L'administration peut faire usage de la procédure d'échange de renseignements avant l'envoi d'un avis de vérification en matière d'examen de la situation fiscale personnelle[446]. Quant à la vérification de comptabilité d'une entreprise, il devrait en aller de même.

2. Dans quelles hypothèses un échange de renseignements peut-il être déclenché ?
201. La CJCE, se fondant sur l'objectif de la directive de lutte contre la fraude et l'évasion fiscales, a jugé qu'une simple présomption de sous-imposition suffisait à fonder l'échange de renseignements[447]. Même si la demande d'assistance est généralement formulée dès la découverte d'éléments susceptibles de motiver l'interrogation d'un pays tiers, rien n'empêche la mise en œuvre à tout moment d'une procédure d'échange de renseignements.

3. L'échange de renseignements est-il général ou automatique ?
202. Les clauses d'échange de renseignements contenues dans les conventions ou accords fiscaux sont limitatives. Les limites sont soit de nature législative soit de nature conventionnelle. Dans ce cas, l'échange de renseignements n'est plus qu'une simple faculté.

---

[444] CE, 16 décembre 1992, n° 58791, Haggiag : *RJF* 2/93, n° 175 ; - 2 juin 1999, n° 184895, Zanetti : *DF* 2000, n° 5, comm. 59 ; - 15 février 2002, req. n° 217394, Schmitt : *DF* 2002, n° 29, comm. 623 ; *RJF* 5/2002, n° 463.

[445] CE, 11 juillet 1991, n° 75561, Koch : *DF* 1992, n° 16, comm. 842.

[446] CE, 15 février 2002, n° 217394, Schmitt.

[447] CJCE, 13 avril 2000, aff. C-420/98, W.N.: *Rec.*, 2000, p. I-2847, concl. de Siegbert ALBER ; *DF* 2000, n° 27, comm. 560 ; *RJF* 7-8/2000, n° 1040 ; Philippe DEROUIN et Philippe MARTIN, *Droit communautaire et fiscalité, sélection d'arrêts et de décisions*, Paris : Litec, 2004, p. 441. Il a été jugé que la directive 77/799/CEE concernant l'assistance mutuelle des autorités compétentes des États membres dans le domaine des impôts directs vise non seulement à lutter contre la fraude et l'évasion fiscales, mais encore à permettre l'établissement correct des impôts concernés. Un État membre communique, sans demande préalable, une information aux autorités fiscales d'un autre État membre lorsqu'il a des raisons de présumer que, sans cette information, une diminution injustifiée d'impôt pourrait exister ou être octroyée dans cet autre État. À cet égard, il n'est pas nécessaire que cette diminution atteigne un montant élevé.

a) La limitation législative
203. Les Etats requis ne sauraient aller au-delà de ce qu'autorisent leur propre législation et pratique administrative normale pour satisfaire une demande de renseignements formulée par un autre Etat. C'est la solution de principe quand l'information demandée ne peut être obtenue dans le pays requis selon ses propres droits et pratiques. Cependant, la jurisprudence américaine a estimé que dans le cas où l'utilisation d'un pouvoir n'aurait pas été autorisée dans le cadre d'une investigation fiscale de droit interne, l'administration avait le droit d'employer ce pouvoir pour obtenir des renseignements au bénéfice de son partenaire[448]. La position n'est pas justifiée car les investigations menées par l'administration doivent respecter le droit du pays où elles ont lieu, et les agents des impôts ne peuvent violer le droit interne de leur pays, ni pour remplir leur mission de vérification, ni pour satisfaire leurs homologues étrangers.

b) La limitation par les conditions de réciprocité
204. Un Etat n'est pas obligé de fournir à un autre Etat des renseignements que ce dernier ne serait pas lui-même en mesure d'obtenir selon son droit et ses pratiques administratives[449]. Il s'agit de la solution de principe lorsque l'information ne peut être obtenue dans le pays requérant, mais peut être obtenue dans le pays requis. Les juges américains exigent que l'information demandée puisse être obtenue, par le pays requérant, selon son droit interne quand les Etats-Unis sont le pays requis, et ont donc refusé de faire exécuter une injonction de produire des documents car l'autorité compétente américaine n'avait pas pu prouver que l'information demandée était susceptible d'être obtenue selon la loi norvégienne, et qu'à cet effet, l'information pourrait être fournie dans le cadre de la convention fiscale américano-norvégienne[450]. Néanmoins, il ne s'agit que d'une simple faculté. Rien n'impose au pays requis de refuser de fournir les renseignements demandés. Par conséquent, le principe de réciprocité va jouer un rôle important.

c) La limitation par la clause de secret
205. La limitation par la clause de secret doit être examinée sous deux aspects, les informations revêtant un secret et le principe de spécialité.

206. En premier lieu, les Etats requis ne sont pas tenus de donner suite à une demande de renseignements si ceux-ci sont de nature à révéler un secret commercial, industriel, professionnel ou un procédé commercial[451]. Comment

---

448 United States v. Stuart, 109 S. Ct. 1183 (1989) ; 489 U.S. 353, 109 S. Ct. 1183, 1989 U.S LEXIS 1199.
449 En ce qui concerne la France, voir article 2, II du décret n° 82-661 du 28 juillet 1982.
450 U.S. v. Lincoln First Bank, N.A., 80-1 USTC 9231 (SDNY 1980). U.S. v. Bache Halsey Stuart Inc. 563 F. Supp. 898 (SDNY 1982).
451 Les conventions fiscales prévoient parfois la possibilité de refuser de répondre à une demande touchant au secret bancaire. En Chine, l'article 9 alinéa 7 du règlement administratif relatif à

définir le secret ? Cela dépend directement de l'appréciation des Etats requis qui disposent d'un large pouvoir d'interprétation. Si l'interprétation est trop large, l'efficacité de l'assistance sera sérieusement compromise. Selon les commentaires de l'OCDE, cette notion ne doit pas être interprétée de manière trop large[452]. Aux Etats-Unis, les informations susceptibles d'identifier ou tendant à identifier un informateur confidentiel, ou à porter sérieusement atteinte aux investigations de l'administration américaine, ne sont généralement pas révélées à l'administration fiscale du pays requérant. De plus, les informations qui révéleraient un secret commercial ou professionnel sont exclues de la procédure d'échange d'informations[453].

207. En second lieu, en vertu du principe de spécialité, « *l'Etat qui reçoit les renseignements ne peut les utiliser à des fins autres que celles mentionnées* »[454]. Selon la doctrine administrative française, les informations reçues d'une administration fiscale étrangère ne doivent être utilisées que pour l'établissement ou le recouvrement des impôts[455]. Les renseignements obtenus ne sont donc pas communiqués à n'importe qui[456]. La plupart des conventions prévoient que les renseignements reçus sont tenus secrets et ne sont communiqués qu'aux personnes ou autorités concernées (y compris les tribunaux et organes administratifs), et, que les renseignements reçus doivent être utilisés par ces personnes conformément à des objectifs spécifiques. En revanche, ces renseignements peuvent être communiqués au corps législatif chargé de surveiller l'exécution du droit fiscal et révélés au cours d'audiences publiques de tribunaux ou dans des jugements.

208. Le droit français prévoit que les renseignements fournis par l'autorité d'un Etat membre sont soumis aux mêmes règles du secret que ceux de nature similaire recueillis en France[457]. De plus, l'administration de l'Etat membre concerné peut demander le respect des conditions plus strictes prévues par sa

l'échange international de renseignements fiscaux prévoit que le SAT peut refuser la demande d'échange d'un Etat, avec qui la Chine a conclu une clause d'assistance administrative, quand la fourniture de ces renseignements risque de révéler un secret commercial.

452 Commentaire OCDE C(26) n° 19.

453 IRM 4.60.1.2.5.3.

454 Commentaires OCDE sur l'article 26 concernant l'échange de renseignements en date du 1er juin 2004, p. 9.

455 Instr. adm. 17 décembre 1981, n° 21 : BODGI 13-K-81.

456 Il faut noter que l'article 9 § 2 du règlement communautaire de 1992 relatif à l'échange de renseignements en matière de TVA prévoit la possibilité de déroger au principe de spécialité. L'autorité compétente de l'Etat membre qui fournit les informations peut en permettre l'utilisation à d'autres fins que la poursuite d'infractions à la législation fiscale dans un Etat membre de l'autorité requérante lorsque la législation de l'Etat membre de l'autorité requise en permettrait l'utilisation à des fins similaires.

457 LPF, art. R* 114 A-3.

propre législation[458]. Dans la même logique, l'autre Etat membre doit s'engager à respecter des règles de secret similaires à celles prévues par la législation française[459]. Aux Etats-Unis, l'emploi et la révélation des informations échangées sont soumis aux dispositions internes et conventionnelles[460]. En principe, les informations obtenues dans le cadre de l'échange d'informations sont confidentielles en vertu des dispositions de la section 6103 de l'IR Code. En revanche, les dispositions de la section 6103 (e) (7) du même Code autorisent l'administration américaine à révéler l'information obtenue dans le cadre de l'échange d'informations. En pratique, l'IRS est supposé consulter le pays requis lorsqu'une information doit être communiquée, et garder la preuve de la révélation[461]. Ainsi la majorité des conventions fiscales bilatérales signées par les Etats-Unis contiennent une clause de confidentialité qui restreint la révélation des informations obtenues dans le cadre des contrôles simultanés. Quand les dispositions des conventions ou accords internationaux sont plus strictes que celles de la section 6103, ce sont les premières qui sont applicables.

209. En Chine, la solution est similaire. D'après le règlement administratif relatif à l'échange international de renseignements fiscaux, les renseignements échangés ou à échanger doivent être tenus secrets[462]. Les renseignements obtenus par la Chine peuvent être utilisés dans les actes d'application des textes fiscaux et présentés au cours de procès, à moins que l'État contractant n'exige expressément que la présentation des renseignements transmis au cours de procès soit subordonnée à son accord préalable[463]. L'administration chinoise doit, en vertu des dispositions législatives notamment celles relatives au contentieux administratif, demander au tribunal populaire que les débats, relatifs aux renseignements obtenus dans le cadre d'un échange international, se déroulent à huis-clos[464]. Sauf stipulations contraires, les renseignements ne peuvent être transmis ou révélés aux personnes ou organismes qui ne sont pas concernés par l'établissement ou le recouvrement des impôts. Toutefois, avec l'autorisation du SAT, les administrations d'audit, de contrôle disciplinaire, de

[458] Directive 76-308/CEE du 15 mars 1976 modifiée par la directive 79-1071/CEE du 6 décembre 1979 ; Directive 77-799/CEE du 19 décembre 1977 modifiée par la directive 79-1070/CEE du 6 décembre 1979. Art. 3, al. 2 du décret n° 82-661 du 28 juillet 1982 concernant l'assistance mutuelle en matière d'assiette et de recouvrement des impôts au sein de la Communauté économique européenne.

[459] Art. 1 du décret n° 82-661 du 28 juillet 1982 concernant l'assistance mutuelle en matière d'assiette et de recouvrement des impôts au sein de la Communauté économique européenne.

[460] La section 6103(k)(4) de l'IR Code prévoit la révélation des déclarations ou des informations conformément aux conventions fiscales. En général, les conventions fiscales bilatérales auxquelles les États-Unis sont parties prévoient que ne peut être échangée aucune information susceptible de dévoiler des secrets ou procédés commerciaux, industriels ou professionnels.

[461] IRM42(10)(10)5. MT4200-5711(11 septembre 1989) (*Exchanges of information –general*).

[462] Art. 16 du règlement administratif relatif à l'échange international de renseignements fiscaux.

[463] Art. 13 du règlement administratif relatif à l'échange international de renseignements fiscaux.

[464] Art. 28 du règlement administratif relatif à l'échange international de renseignements fiscaux.

répression d'infractions financières, peuvent obtenir des renseignements fiscaux[465].

210. Une autre question se pose, les renseignements reçus peuvent-ils être communiqués à un Etat tiers ?[466] Selon les commentaires de l'OCDE, « *les renseignements reçus par un Etat contractant ne peuvent être divulgués à un Etat tiers à moins qu'il n'existe une disposition expresse dans la convention bilatérale entre les Etats contractants permettant une telle communication* »[467]. Dans le cadre de la Communauté Économique Européenne, la possibilité pour l'administration française de communiquer les renseignements reçus à l'administration d'un autre Etat membre est subordonnée à l'accord de l'administration fournissant ceux-ci[468]. La solution est justifiée car la procédure d'assistance mutuelle n'est efficace que si chacune des autorités fiscales est assurée que l'autre considèrera comme confidentiels les renseignements qu'elle aura reçus du fait de leur coopération.

d) La limitation par l'ordre public

211. Les États ne sont pas obligés de transmettre des renseignements dont la communication serait contraire à l'ordre public ou encore à leurs intérêts essentiels ou vitaux. Par ailleurs, la Convention d'assistance administrative mutuelle en matière fiscale pose deux limites supplémentaires. D'abord, l'Etat requis n'est pas tenu d'accorder une assistance dans la mesure où il estime que l'imposition de l'Etat requérant est contraire aux principes d'imposition généralement admis. La notion n'est précisée nulle part et c'est l'Etat requis qui apprécie si l'imposition de l'Etat requérant est contraire à ces principes. Ensuite l'Etat requis peut également refuser la communication si l'imposition de l'Etat requérant est contraire aux dispositions de la convention en vue d'éviter la double imposition.

4. Pour quels renseignements l'échange peut-il être sollicité ?

212. Le modèle OCDE vise les renseignements « *vraisemblablement pertinents* », et non pas simplement « *nécessaires* ». Le problème du secret pose des difficultés. Selon les commentaires OCDE, le secret professionnel « *doit*

---

465 Art. 29 du règlement administratif relatif à l'échange international de renseignements fiscaux.

466 La situation du contribuable au regard des renseignements reçus est étudiée ci-après paragraphe 220 et suivants.

467 Commentaires OCDE sur l'article 26 concernant l'échange de renseignement en date du 1er juin 2004, p. 9.

468 Directive 76-308/CEE du 15 mars 1976 modifiée par la directive 79-1071/CEE du 6 décembre 1979 ; Directive 77-799/CEE du 19 décembre 1977 modifiée par la directive 79-1070/CEE du 6 décembre 1979. Art. 4 du décret n° 82-661 du 28 juillet 1982 concernant l'assistance mutuelle en matière d'assiette et de recouvrement des impôts au sein de la Communauté économique européenne CEE.

être défini d'une manière étroite »[469]. L'objectif est de rendre efficace l'échange de renseignements. Qui est compétent pour juger si les renseignements sont protégés en tant que secret professionnel ? Les commentaires OCDE considèrent que la question « *devrait être jugée uniquement dans l'Etat contractant sur la base du droit, duquel la question est soulevée. Par conséquent, il n'est pas prévu que les tribunaux de l'Etat requis puissent se prononcer sur des réclamations fondées sur la législation de l'Etat requérant* »[470]. Cette solution n'est pas pertinente. Dans la mesure où les renseignements collectés par l'Etat requis portent atteinte aux intérêts du contribuable en cause, ce dernier doit pouvoir bénéficier des garanties prévues en sa faveur par l'Etat requis.

213. En matière de secret, le secret bancaire pose les plus grandes difficultés[471]. Vouloir lever le secret bancaire au profit de la lutte contre les fraudes ou évasions fiscales ne peut se faire sans trouver un équilibre entre le secret bancaire et le pouvoir de communication de l'administration fiscale. Pour le Forum mondial sur la fiscalité de l'OCDE, l'accès aux informations bancaires à des fins d'échange de renseignements fiscaux ne doit pas être considéré comme portant atteinte au rôle légitime du secret bancaire[472].

214. Les articles 81 et 82 du LPF français permettent à l'administration fiscale d'obtenir communication par la banque des relevés de comptes de ses clients. Ce droit est très efficace et le banquier est quelques fois considéré comme « *le serviteur obligé du fisc et de l'administration* »[473]. Des amendes fiscales pour opposition à contrôle fiscal, sanctionnent l'opposition à tort du secret bancaire pour faire obstacle à l'exercice du droit de communication des agents des impôts[474]. L'IRS américain dispose également de pouvoirs étendus lui permettant d'obtenir des informations sous la menace de « *subpoena* »[475]. Les

---

469 Commentaires OCDE sur l'article 26 concernant l'échange de renseignement en date du 1er juin 2004.

470 Commentaires OCDE sur l'article 26 concernant l'échange de renseignement en date du 1er juin 2004.

471 En revanche, en Chine, l'article 10 alinéa 4 du règlement administratif relatif à l'échange international de renseignements fiscaux prévoit que les directions ou centres des impôts ayant un niveau hiérarchique inférieur à la province ne peuvent refuser de fournir des renseignements au SAT et que le SAT ne peut refuser de fournir des renseignements aux partenaires conventionnels de la Chine sous prétexte que le banquier est soumis à l'obligation de secret bancaire vis-à-vis de ses clients.

472 OCDE, *Coopération fiscale, vers des règles du jeu équitables*, 2006, p. 13, § 20.

473 Raymond FARHAT, *Le secret bancaire, étude de droit comparé (France, Suisse, Liban)*, th. univ. Paris, 1967, sous la direction de René DAVID, publiée Paris : LGDJ, 1980, 2e édition, préface par Michel VASSEUR, p. 1.

474 Cass. crim., 4 octobre 1982 : *Bull. crim.*, 1982, n° 203, p. 553.

475 IR Code, section 7609. Si la banque refuse de déférer à l'injonction (la mise en demeure/*summons*), l'autorité fiscale peut demander au tribunal de faire exécuter cette injonction. Il faut distinguer la procédure administrative d'injonction (*summons*) de la procédure

autorités fiscales chinoises peuvent enquêter sur les comptes de dépôt qu'un contribuable, engagé dans la production ou la vente, a ouverts auprès de banques ou d'autres organismes financiers, ainsi que dans les enquêtes portant sur une violation des lois fiscales, examiner les comptes d'épargne d'un particulier[476]. Les autorités chinoises ont également accès aux informations bancaires si elles doivent répondre à une demande d'échange de renseignements émanant de partenaires conventionnels à condition que la convention concernée l'autorise. En revanche, le secret bancaire est très fort au Royaume-Uni où en l'absence de fichier central des comptes bancaires, la communication n'est possible que si l'administration connaît le titulaire des comptes.

215. Le secret bancaire ne constitue pas un secret industriel, commercial ou professionnel au sens de l'article 26 du modèle OCDE de convention fiscale dans les quatre pays comparés. La convention fiscale franco-américaine prévoit que les parties s'informent de l'ouverture de tout compte en banque concernant un ressortissant de l'autre pays. En revanche, il est difficile d'obtenir des renseignements bancaires du Royaume-Uni. La seule possibilité d'obtenir des informations sur les comptes bancaires britanniques détenus par un contribuable vérifié en France est une injonction de produire des documents, délivrée par l'*Appeal Commissioner,* à condition que l'IR démontre que l'injonction est nécessaire en présence d'une fraude fiscale avérée et que les droits fraudés aux dépens de la Couronne britannique sont substantiels. La demande d'échange de renseignements ne satisfait pratiquement jamais à ces exigences.

216. Il est également invoqué que l'assistance mutuelle est moins efficace avec les pays qui pratiquent le secret bancaire. La CJCE se montre sévère sur cet argument. Elle a jugé que l'obligation de secret bancaire dans un autre Etat membre ne saurait être invoquée à l'appui de l'efficacité des contrôles fiscaux que si l'Etat membre établit concrètement en quoi ledit secret est de nature à compromettre l'efficacité des contrôles fiscaux[477]. Le colloque sur le secret bancaire des 15-16 octobre 1971[478] a constaté que les divergences entre les législations nationales quant au droit de communication et d'information des

---

juridictionnelle de *subpoena*. La jurisprudence estime que l'administration ne dispose d'aucun pouvoir de coercition contre les assujettis et que par conséquent, les mesures d'exécution ne peuvent résulter que de la seule intervention du juge car seule l'intervention du juge met les assujettis à l'abri de l'arbitraire administratif et accorde une protection adéquate. Voir Reisman v. Caplin, 375 U.S. 440: 845 S. Ct 508 11 L.Ed 459 (1964). En l'espèce, l'IRS avait adressé une *summons* à un cabinet de comptables, lui faisant obligation de comparaître devant le service et de produire les pièces comptables qu'il détenait au nom et pour le compte d'une famille connue, les Bromley. United States v. First National City Bank, 396 F.2d. 897(2d Cir. 1968).

[476] NLAPI, art. 54, al. 6.

[477] CJCE, 26 septembre 2000, Commission c/ Belgique, aff. C-478/98 : *Rec.*, p. I-7587 ; - 4 mars 2004, Commission c/France, aff. C-334/02.

[478] Les actes de ce colloque intitulés *Le secret bancaire dans la CEE et en Suisse* ont été publiés par les PUF en 1973.

administrations fiscales étaient un obstacle à l'établissement d'un marché commun bancaire. Le colloque a recommandé que, dans la mesure où le secret bancaire est inopposable aux administrations fiscales, les renseignements recueillis par ces administrations ne puissent être communiqués à aucune autre administration nationale ou étrangère, sous réserve des conventions diplomatiques.

217. Le secret bancaire peut être levé si une convention fiscale prévoit l'information mutuelle des administrations fiscales au sujet de faits punissables à la fois selon les deux législations et se rapportant aux impôts faisant l'objet de la convention. Par exemple, en droit suisse, le secret bancaire peut être levé au cours d'une procédure pénale en matière fiscale. Mais, la violation des textes fiscaux n'équivaut pas à la violation des textes pénaux. La fraude fiscale en Suisse est une infraction de nature pénale commise par le contribuable qui utilise des documents faux, falsifiés ou contenant des déclarations mensongères destinées à tromper l'autorité fiscale[479]. Les demandes de renseignements venant de l'étranger doivent en principe être refusées s'il s'agit de poursuites pour transgression des lois fiscales étrangères. La Suisse n'accorde pas l'entraide pénale pour les délits fiscaux sauf si l'infraction reprochée par l'Etat demandeur peut être qualifiée de fraude fiscale selon la loi suisse[480]. Les autorités françaises ne peuvent pas demander à la Suisse de renseignements tendant à prévenir la fraude fiscale sur le fondement de la convention franco-suisse du 9 septembre 1966. Dans le cadre européen, la Suisse a toujours refusé un échange automatique d'informations. Finalement, le 10 septembre 1998, elle a signé avec l'Union européenne un accord concernant l'entraide internationale en matière pénale. Selon cet accord, l'entraide judiciaire est accordée si la procédure vise des faits constituant une fraude fiscale selon le droit de l'Etat requis. En revanche, les Etats-Unis ont obtenu de la Suisse la possibilité d'une levée du secret bancaire[481].

---

[479] Guillaume FATIO, « Le secret bancaire en Suisse », *Gaz. Pal.*, 8 juin 2005, p. 1683. Voir aussi Aurélia JOYCE RAPPO, *Le secret bancaire : sa portée dans le temps, dans l'espace et dans les groupes de sociétés*, Etude de droit suisse, Stæmpfli Edition SA Berne 2002, p. 35, § 49. Voir également Tribunal Fédéral de Lausanne, 23 décembre 1970 : *DF* 1971, n° 32-37, comm. 1138, en doit suisse, est regardé comme fraude fiscale, le fait d'induire volontairement en erreur les autorités fiscales en utilisant des documents dont la teneur n'est pas authentique, en vue de bénéficier d'avantages fiscaux illicites.

[480] Tribunal fédéral, X c. Eidgenössische Steveweroltung, cité par Kurt MULLER, « The Swiss Banking Secret from a Legal View », *International and Comparative Law Quaterly*, vol. 18, April 1969, p. 360.

[481] Protocole additionnel précisant la portée de l'article 26 de la Convention de double imposition entre la Suisse et les Etats-Unis en date du 24 janvier 2003. En vertu de ce protocole, les États échangent les renseignements nécessaires à l'application des dispositions de la convention ou en vue d'empêcher la fraude fiscale ou des comportements similaires en ce qui concerne les impôts qui font l'objet de la convention. À cet effet, la Suisse fournira une entraide administrative pour des délits qui ne peuvent être commis dans le système suisse mais qui présentent le même degré

218. L'ONU estime que le secret bancaire ne devrait « *pas gêner inutilement les autorités fiscales et les empêcher d'obtenir les informations voulues, ni faire obstacle aux échanges de renseignements entre ces autorités* » et elle souhaite un assouplissement des règles relatives au secret bancaire[482]. Le Comité des affaires fiscales de l'OCDE est d'avis que tous les pays devraient permettre l'accès aux renseignements bancaires à des fins fiscales et que refuser aux autorités fiscales l'accès aux informations bancaires peut avoir des conséquences dommageables aussi bien au niveau national qu'au niveau international[483]. Un accord international doit mettre en place une notion uniforme de « *cause raisonnable* » sur laquelle les demandes d'informations devraient être fondées. La solution proposée est d'accepter la définition du délit fiscal dans le pays requérant au moment de l'examen de la demande d'information. Mais ce système est trop complexe et trop lent. La mise en place d'une convention générale de coopération en matière de secret bancaire ou d'un mécanisme multilatéral serait souhaitable.

5. En l'absence d'intérêt fiscal national pour l'Etat requis, ce dernier a-t-il le droit de refuser la demande d'échange de renseignements de son partenaire conventionnel ?

219. Le principe est que les Etats contractants doivent utiliser les moyens dont ils disposent en matière de collecte de renseignements même si ceux-ci sont invoqués uniquement pour fournir des renseignements à un autre Etat contractant. Pour la jurisprudence américaine, l'IRS est tenu d'employer ses propres procédures pour obtenir des informations dont la communication est demandée par son partenaire conformément à la convention[484], car tenir ses engagements conventionnels et assister la vérification opérée par une autorité fiscale étrangère constitue en soi des objectifs légitimes permettant à l'IRS d'utiliser ses pouvoirs légaux afin d'obtenir des informations pour son

---

de gravité que l'escroquerie fiscale. Les restrictions à la communication de renseignements s'apprécieront selon la législation de l'État requérant et non de l'État requis. En d'autres termes, l'obligation d'échanger des renseignements prévue par cet accord va au-delà de l'obligation prévue par le droit suisse. Le traité d'entraide en matière pénale entre les Etats-Unis et la Suisse a été signé le 25 mai 1973 et est entré en vigueur le 23 janvier 1977. Voir, « The recent Swiss American treaty to render mutual assistance in criminal law enforcement (An application of the bank secrecy act) : Panacea or placebo? », *New York University Journal of International Law and Politics*, vol. 7, 1974, p. 103.

[482] Cité par Anne TEISSIER, *Le secret professionnel du banquier*, Tome I, Aix-Marseille : PUAM, 1999, p. 288, sous-note n° 1891 : ONU(1984) ST/ESA/142, n° 162, p. 40.

[483] OCDE, Comité des affaires fiscales, *Améliorer l'accès aux renseignements bancaires à des fins fiscales*, 2000, p. 8 et 9.

[484] Bacardi Corp. of Am. v. Domenech, 311 U.S. 150, 161 (1940). Julio Roberto Zarate BARQUERO v. United States of America v. International Bank of Commerce, United States Court of Appeals, Fifth Circuit, 18 F. 3d 1311, n° 93-7447, 20 avril 1994 (dans le cadre de convention américano-mexicaine). Lidas et Chelala v. United States, United States Court of Appeals for the Ninth Circuit, n° 99-55692, 5 février 2001.

partenaire conventionnel[485]. Le droit britannique exigeait un intérêt fiscal national pour fournir des renseignements à un pays avec lequel le Royaume-Uni avait conclu une convention fiscale[486]. Toutefois, le Royaume-Uni ne peut pas appliquer la condition d'intérêt fiscal national vis-à-vis des autres pays membres de l'Union européenne, conformément à la loi de transposition de la directive de l'Union sur l'assistance mutuelle[487]. Par ailleurs, le Royaume-Uni a adopté en 2000 une législation lui permettant d'employer ses pouvoirs normaux d'information au bénéfice d'un Etat contractant dans les cas où aucun impôt payable à ce pays n'est en jeu. Désormais, le Royaume-Uni n'exige plus l'existence d'un intérêt fiscal national dès lors que les conventions de double imposition ou les conventions d'échange de renseignements fiscaux en vigueur contiennent une disposition adéquate à cet effet.

6. L'équilibre entre le besoin de renforcer la coopération internationale et la protection des droits du contribuable ou des personnes concernées

220. Cet équilibre doit être envisagé sous deux aspects, le droit du contribuable ou des personnes concernées de participer à la prise de décision d'échange par l'Etat requis et d'être informé des informations reçues.

221. Concernant la participation à la prise de décision d'échange, l'article 4(3) de la Convention concernant l'assistance administrative mutuelle en matière fiscale prévoit qu'une partie peut, par une déclaration adressée à l'un des dépositaires[488], indiquer que, conformément à sa législation interne, ses autorités peuvent informer son résident ou ressortissant avant de fournir des renseignements le concernant. Lorsque la législation du pays requis n'exige pas une notification au contribuable concerné pour l'échange de renseignements, il faut se référer à la convention bilatérale ou multilatérale qui peut insérer une clause stipulant l'obligation d'informer le contribuable de l'échange de renseignements le concernant. En France, dans une réponse ministérielle du 11 juin 1998, l'administration a rappelé que « *s'agissant des renseignements communiqués par la France, il n'existe aucune obligation générale d'informer*

[485] United States v. A.L. Burbank & Co Ltd., 525 F.2d9, 16-7(2d. Cir. 1975).

[486] OCDE, Comité des affaires fiscales, *Améliorer l'accès aux renseignements bancaires à des fins fiscales*, avril 2000, § 86, p. 41.

[487] La directive 77/799/CEE du Conseil en date du 19 décembre 1977 a été transposée en droit interne britannique par le *Finance Act* 1978 (section 77). C'est par la section 125 du *Finance Act* de 1990 que l'IR est autorisé, pour la première fois, à utiliser ses pouvoirs prévus dans la section 20 du TMA 1970 à la demande d'autres Etats membres même en l'absence d'intérêt national pour l'Angleterre.

[488] Un Etat contractant qui, selon son droit domestique, est obligé de notifier au contribuable que l'échange de renseignements est demandé, doit informer son partenaire par écrit qu'il en est tenu et quelle est la conséquence sur l'obligation d'assistance administrative mutuelle.

le contribuable d'un échange de renseignements le concernant »[489]. De sorte qu'il est impossible pour le contribuable français de contester la décision de l'autorité française de communiquer des renseignements le concernant à une autorité étrangère.

222. L'*American Bar Association* a proposé que le contribuable américain[490] soit prévenu lorsqu'une autorité étrangère demande des informations financières privées le concernant à des fins fiscales, ce qui lui permettrait de contester un tel échange. Or, le Gouvernement américain s'y est opposé car il a toujours estimé que le contribuable ne devait ni être informé de la demande d'information par un partenaire ou par l'IRS, ni avoir la possibilité d'intervenir dans la prise de décision du Gouvernement. Mais, depuis la signature de la convention concernant l'assistance administrative mutuelle en matière fiscale en 1989, l'IRS a modifié sa position. En Chine, l'information du contribuable, de la personne assujettie à l'obligation de retenue à la source ou de toute autre personne concernée, de l'objectif et de la collecte des renseignements n'est qu'un pouvoir discrétionnaire de l'autorité fiscale. De plus, cette information est interdite, dans l'hypothèse où, le contribuable, la personne assujettie à l'obligation de retenue à la source ou toute autre personne concernée est suspecté de s'être rendu coupable d'infractions fiscales graves, et qu'il est estimé que l'information risquerait de nuire aux enquêtes[491].

223. Les renseignements reçus doivent-ils être communiqués au contribuable ou aux personnes concernées ? Les commentaires de l'OCDE précisent que ces renseignements « *peuvent être communiqués au contribuable, à son représentant* »[492]. L'emploi du terme « *peuvent* » prouve qu'il ne s'agit pas d'une obligation mais d'une simple faculté. Pourtant, cette faculté peut devenir une obligation et, cela dépend des termes de la convention fiscale concernée. L'article 20 alinéa 2 de la convention fiscale entre la France et la Belgique[493] prévoit expressément que les renseignements obtenus ne sont révélés, en dehors du contribuable ou de son mandataire, à aucune personne autre que celles qui s'occupent de l'établissement et du recouvrement des impôts. Aux Etats-Unis

---

[489] Rép. min. n° 6648 à Mme Monique CERISIER-BEN GUIGA : *JO Sénat Q*, 11 juin 1998 p.1873, n° 6648 ; *DF* 1998, n° 30, p. 997 ; *BF* 7/1998, n° 831 ; *JCP éd. E* 1998, n° 28, *pan.* p.1125.

[490] L'expression « *contribuable américain* » désigne ici un contribuable, qui est un citoyen ou un résident américain.

[491] Art. 27 du règlement administratif chinois relatif à l'échange international de renseignements fiscaux.

[492] Commentaires OCDE sur l'article 26 concernant l'échange de renseignements en date du 1er juin 2004, p. 8.

[493] Signée à Bruxelles le 10 mars 1964 (décr. n° 65-672 du 11 août 1965 : *JORF*, 15 août 1965), modifiée par l'avenant du 15 février 1971 (décr. n° 73-1080 du 28 novembre 1973 : *JORF*, 6 décembre 1973) et 8 février 1999 (loi n° 2000-203 du 7 mars 2000 : *JORF*, 8 mars 2000, p. 3606 ; décr. n° 2000-557 du 16 juin 2000 : *JORF*, 24 juin 2000, p. 9513).

les informations obtenues d'une autorité fiscale étrangère peuvent généralement être divulguées au contribuable américain concerné au sens de la section 6103(e) de l'IR Code. Toutefois, les informations ne sont pas divulguées au contribuable dans la mesure où la divulgation porte sérieusement atteinte aux pouvoirs de contrôle de l'administration fiscale[494]. En Chine, la solution est quasiment identique à celle retenue aux Etats-Unis. L'administration chinoise a la faculté d'informer, le contribuable, la personne assujettie à l'obligation de retenue à la source ou toute autre personne concernée, de l'origine ainsi que du contenu des renseignements fiscaux le concernant. Cette faculté est supprimée dans certaines hypothèses[495].

II - Les contrôles simultanés

224. Le droit fiscal se pose sur la souveraineté nationale. C'est pourquoi l'ancien article L. 80 C du LPF français interdisait aux agents d'une administration fiscale étrangère d'opérer des contrôles sur le territoire national français. Néanmoins, l'article 107 de la loi de finances pour 2000 a supprimé cette interdiction. Cependant, une autre procédure peut être particulièrement utile lorsque l'accès à des renseignements qui se trouvent dans un pays tiers est déterminant pour une enquête fiscale. Il s'agit des contrôles simultanés. Les contrôles simultanés constituent une autre forme d'assistance mutuelle. Or, « *la vérification de cette nature implique une étroite coopération entre les administrations qui va au-delà de la simple assistance administrative* »[496]. Ils sont plus efficaces que les contrôles opérés dans un seul pays.

225. Qu'est-ce qu'un contrôle simultané ? Selon la Convention relative à l'assistance administrative mutuelle en matière fiscale, « *le contrôle simultané est un contrôle entrepris en vertu d'un accord par lequel deux ou plusieurs parties conviennent de vérifier simultanément, chacun sur son territoire, la situation fiscale d'une ou plusieurs personnes qui présente pour elles un intérêt commun ou complémentaire, en vue d'échanger les renseignements ainsi obtenus* »[497]. Les contrôles simultanés sont régis par des accords spécifiques[498] entre les Etats. Leur fondement juridique est l'article 26 de la convention

---

[494] IR Code, section 6103(e)(6) et IRM 11.3.2.2(6).

[495] Art. 27 du règlement administratif chinois relatif à l'échange international de renseignements fiscaux. À titre d'exemple, l'article 26 de la convention fiscale entre la Suisse et la Chine stipule que les renseignements échangés sont tenus secrets et ne sont pas communiqués à des personnes autres que celles chargées de l'établissement ou du recouvrement des impôts mentionnés par la convention. L'exigence de garder secrets les renseignements échangés est extrêmement stricte.

[496] Thierry LAMBERT, « Un aspect méconnu du contrôle fiscal : l'assistance fiscale internationale », *BF* 4/2000, p. 219.

[497] Art. 8, al. 2 de la Convention relative à l'assistance administrative mutuelle en matière fiscale.

[498] Un modèle d'accord pour la réalisation de contrôles fiscaux simultanés a été proposé par le Conseil de l'OCDE le 23 juillet 1992 [C(92)81/FINAL].

modèle OCDE[499]. Toutefois, il est possible que les Etats pratiquent de tels contrôles sur un fondement différent, par exemple sur la simple base de leur droit interne. Le contrôle simultané se conduit souvent sur une base bilatérale, mais un contrôle simultané multilatéral est possible s'il existe une base légale pour échanger des informations entre tous les pays participants. Mais, en tout état de cause, des contrôles simultanés parallèles sont toujours possibles.

226. Dans le cadre de l'Union européenne, les directives du 7 octobre 2003[500] et du 21 avril 2004[501] prévoient que « *lorsque la situation d'un ou plusieurs assujettis présente un intérêt commun ou complémentaire pour plusieurs Etats membres, ceux-ci peuvent convenir de procéder à des contrôles simultanés (...)* ». Les nouvelles dispositions françaises prévoient à cet effet la possibilité pour l'administration de convenir avec un ou plusieurs Etats membres de procéder à des contrôles simultanés notamment en matière d'impôts directs et de taxes assises sur les primes d'assurance, en vue d'échanger les renseignements ainsi obtenus[502]. La France met en œuvre des contrôles simultanés essentiellement avec les Etats-Unis, l'Allemagne, la Grande-Bretagne et l'Italie. La plupart des conventions fiscales signées par la Chine contiennent une clause de contrôle simultané. Toutefois la mise en œuvre du contrôle simultané nécessite une autorisation du SAT qui organise et dirige ce contrôle simultané[503]. Quels sont les droits des contribuables sélectionnés pour les contrôles simultanés ? Ils doivent bénéficier des mêmes droits que ceux prévus au cours d'une vérification normale car les vérificateurs examinent séparément la situation des contribuables selon le droit fiscal national de leurs pays.

Section II – Le contrôle des prix de transfert

227. Dans un contexte de mondialisation de l'économie, les prix de transfert sont devenus un enjeu stratégique pour les entreprises multinationales. Ils sont également une source majeure de préoccupation des administrations fiscales, ce qui se traduit par un renforcement des contrôles. Il s'agit en principe du contrôle sur les prix de transfert. C'est aux Etats-Unis que serait apparu le premier texte

[499] Chapitre V.

[500] Directive 2003/93/CE du 7 octobre 2003 modifiant la directive 77/799/CE concernant l'assistance mutuelle des autorités compétentes des Etats membres dans le domaine des impôts directs et indirects : *JOUE*, 15 octobre 2003, L. 264, p. 23).

[501] Art. 8 ter de la directive 2004/56/CE du 21 avril 2004 modifiant la directive 77/799/CE concernant l'assistance mutuelle des autorités compétentes des Etats membres dans le domaine des impôts directs, de certains droit d'accises et des taxes sur les primes d'assurance : *JOUE*, 29 avril 2004, L. 127/70.

[502] LPF, art. L. 45, al. 2 nouveau, issu de l'article 22 de la loi de finances rectificative pour 2004 (loi n° 2004-1485, 30 décembre 2004 : *JORF*, 31 décembre 2004, p. 22522).

[503] Art. 38 à 40 du règlement administratif chinois relatif à l'échange international de renseignements fiscaux.

consacré à lutter contre les transferts indirects de bénéfices par l'intermédiaire des prix de transfert. Il s'agit de la section 482 de l'IR Code disposant que les transactions entre sociétés affiliées doivent se faire « *at arm's length* ». La loi de réforme fiscale (*Tax Reform Act*) de 1986 a considérablement augmenté la complexité des dispositions et l'importance du rôle du vérificateur dans les vérifications de sociétés multinationales. Dans les trois autres Etats comparés, les mêmes principes sont successivement adoptés en matière de prix de transfert[504]. Mais ils ne sont pas tout à fait identiques. Les systèmes français et britannique imposent au contribuable une obligation de coopération en cas de vérification alors que les systèmes chinois et américain prévoient du contribuable une obligation systématique de fournir des informations sans que les administrations fiscales n'en demandent.

228. Le système français est inspiré du modèle britannique, qui est une sorte de procédure dite de coopération. Le système français va cependant plus loin que la simple coopération car l'absence de réponse de l'entreprise est passible de deux sanctions, un redressement des bases d'imposition et une amende fiscale de 7 500 euros pour chaque exercice visé par la demande. Ces sanctions se retrouvent également dans le système chinois. Toutefois, une différence existe. Le droit français prévoit une obligation de répondre aux demandes de l'administration alors que l'administration chinoise impose une obligation d'information automatique sans demande préalable du service des impôts. Ainsi, chaque fois que des entreprises constituent des entreprises liées à des entreprises établies à l'étranger, l'entreprise établie en Chine doit remplir et déposer, dans un délai de 4 mois après la clôture des comptes, une annexe spécifique documentant les relations entretenues avec des entreprises

[504] En France, le contrôle des prix de transfert est prévu par l'article 57 du CGI et l'article L. 13 B du LPF. Le guide « Les prix de transfert » publié par la DGI le 28 novembre 2006 reprend tous les points concernant les prix de transfert, ainsi, les méthodes, le contrôle, l'accord préalable, la procédure amiable et la procédure d'arbitrage. Il s'agit cependant d'un document informatif sans valeur juridique.
En Chine, un règlement local du gouvernement de la Zone Economique Spéciale de Shenzhen a été publié en novembre 1987. Il s'agit du règlement temporaire relatif à la fiscalité des transactions entre les entreprises à capitaux étrangers et les entreprises apparentées. Les dispositions dudit règlement prévoyaient que le prix de vente des marchandises par les entreprises chinoises à capitaux étrangers aux entreprises apparentées devait être majoré de 5% afin de déterminer le bénéfice imposable. Postérieurement, au niveau central, les dispositions relatives aux prix de transfert ont été insérées à l'article 10 du règlement provisoire relatif à l'impôt sur les sociétés (Conseil des affaires d'Etat [1993] 137) et à l'article 51 de son arrêté d'application (Ministre des Finances [1994] 3), à l'article 13 de la loi relative à l'impôt sur les bénéfices des entreprises de droit chinois à capitaux étrangers et des entreprises étrangères (Président de la République populaire de Chine [1991] 45) et aux articles 52 à 58 de son règlement d'application (Conseil des affaires d'Etat [1991] 85), à l'article 36 de la NLAPI et aux articles 51 à 56 du règlement d'application du NLAPI (Conseil des affaires d'Etat [2002] 362).
Au Royaume-Uni, la réglementation des prix de transfert figure à la section 485 de l'Inland Revenue Code.

étrangères[505]. Il s'agit d'une obligation déclarative systématique, dont le non-respect est sanctionné par une amende plafonnée à 10 000 Renminbis[506].

229. Aux Etats-Unis, la section 482 de l'IR Code prévoit une obligation déclarative en matière de prix de transfert[507] et la section 6038 A du même Code l'obligation de fournir annuellement des documents [508]. À l'instar des obligations imposées en Chine, l'entreprise américaine déclarante (*Reporting Corporation*) doit conserver les registres de ses transactions avec les entreprises liées étrangères[509]et les maintenir tant qu'ils peuvent être pertinents pour la détermination du traitement fiscal exact de chaque transaction entre l'entreprise déclarante et les entreprises apparentées[510]. L'entreprise déclarante doit également fournir annuellement certaines informations en vue de déterminer la justesse des transactions intragroupes. La section 6038 A de l'IR Code n'est applicable qu'aux entreprises qui sont contrôlées par une société étrangère à au moins 25% alors que la section 6038 C du même Code impose les mêmes obligations déclaratives à toutes les entreprises étrangères ayant des activités économiques aux Etats-Unis. La portée de la section 6038 C est donc plus large.

230. Les particularités du contrôle des prix de transfert résident tant dans les pouvoirs de l'administration et les obligations du contribuable (I), que dans la dévolution de la charge de la preuve (II).

---

505 Instr. adm. chinoise, Règles relatives au contrôle portant sur les transactions entre entreprises liées (provisoire), [1998] 59, 23 avril 1998 (Elles ont été révisées le 22 octobre 2004, SAT [2004] 143. Les deux instructions sont simultanément en vigueur), art. 5. Il s'agit en réalité des déclarations destinées au SAT portant sur les transactions entre l'auteur des déclarations et ses partenaires apparentés. Il y a autant de déclarations que de partenaires liés. L'auteur des déclarations doit indiquer la nature des relations avec les entreprises liées, les nom, adresse capital social et activités exercées par les entreprises liées et les opérations industrielles, commerciales, financières, patrimoniales ou de service qu'il effectue avec des partenaires liés.

506 Soit 1 000 euros ; Instr. adm. chinoise, SAT [1998] 59, 23 avril 1998, art. 7.

507 Helmut BECKER, « Documentation of transfer prices », *BIBFD*, décembre 1995, p. 560.

508 Concernant l'obligation déclarative de l'entreprise, le droit américain est plus strict que le droit chinois. L'entreprise déclarante américaine doit fournir annuellement des informations en vue de déterminer la nature des transactions intragroupes. Le non-respect de cette obligation est sanctionné par une amende variant de 10 000 à 24 000 dollars. En revanche, l'entreprise déclarante chinoise ne fournit systématiquement qu'une annexe spécifique documentant simplement les relations entretenues avec des entreprises étrangères. Elle ne fournit les documents justifiant le caractère raisonnable des prix de transfert que quand l'administration fiscale lui en fait la demande.

509 Reg. § 1.6038A-3(b)(2).

510 Reg. § 1.6038A-3(g).

I – Les pouvoirs de l'administration fiscale et l'obligation de coopération du contribuable

231. Dans le cadre du contrôle des prix de transfert, l'administration dispose non seulement du pouvoir normal de vérification de comptabilité mais également de pouvoirs spécifiques (A). Les droits du contribuable sont par conséquent fortement réduits. Celui-ci est soumis à une obligation de coopération (B).

A/ Les pouvoirs de l'administration

232. Théoriquement, en France, les inspecteurs peuvent, pendant une vérification de comptabilité, décider de notifier leur volonté de procéder au contrôle des prix de transfert à condition d'avoir réuni des éléments faisant présumer l'existence d'un transfert de bénéfices hors de France[511]. En pratique, l'administration s'intéresse aux prix de transfert au cours de la vérification de comptabilité sans engager la procédure spéciale de contrôle des prix de transfert. Par exemple, pour poser des questions approfondies sur le modèle économique de l'entreprise, le vérificateur a tout loisir de n'utiliser que la simple procédure de l'article L. 10 du LPF, beaucoup moins formaliste que celle de l'article L. 13 B du même livre. Que peut alors faire l'entreprise ? Soit elle indique que l'opération relève de la procédure spécifique, soit elle permet à l'administration de vérifier ses dossiers. Aucune alternative n'est cependant favorable au contribuable.

233. Le contrôle sur pièces est au premier rang des pouvoirs de l'administration. En second lieu, l'administration peut demander des informations à l'entreprise vérifiée. Dans un troisième temps, les économistes interviennent. Leur rôle est d'identifier les problèmes potentiels de prix de transfert au cours de la procédure de vérification en aidant la collecte d'informations factuelles à l'appui de la position de l'administration. En Chine, en cas de contrôle sur pièces insatisfaisant, les agents des impôts peuvent réaliser une visite du siège ou du lieu d'exploitation de l'entreprise vérifiée. Ils peuvent également procéder à un emport de documents afin de les examiner dans leurs locaux. Au cours d'un contrôle sur place, l'administration chinoise peut demander à l'entreprise vérifiée toute information et tout document précisant les conditions des transactions réalisées ainsi que la méthode de détermination des prix[512]. Aux Etats-Unis, il y a quelques années, les vérificateurs effectuaient des visites sur les sites et usines étrangers de l'entreprise vérifiée. Mais des restrictions budgétaires ont affecté le nombre et la durée de telles visites. Le contribuable n'est pourtant pas totalement épargné par ce type de demandes de visite.

---

[511] LPF, art. L. 13 B.

[512] Instr. adm. chinoise, SAT [1998] 59, 23 avril 1998, art. 16 à 18.

B/ L'obligation de coopération

234. Lorsqu'on envisage la procédure de contrôle des prix de transfert, l'instruction administrative française prévoit une obligation de coopération du contribuable[513]. Il en va de même dans les trois autres pays. L'obligation de coopération conduit-elle à restreindre les droits de la défense du contribuable ? Les opinions sont variées. En matière de concurrence, les difficultés se sont multipliées. Bien que rappelant l'obligation qui pèse sur la Commission de rapporter loyalement la preuve, la CJCE fait prévaloir l'objectif d'efficacité dans la preuve des comportements anticoncurrentiels en admettant que pèse sur les entreprises incriminées un devoir de collaboration active à la manifestation de la vérité. La collaboration se traduit par l'obligation de donner des éclaircissements ou de fournir des documents à la demande de la Commission[514]. La collaboration doit être « *active* » et non « *passive* »[515]. Bien que contrevenant au droit de se taire, le principe de cette collaboration a été entériné par le Livre Blanc[516] sur la modernisation des règles d'application des articles 81 et 82 du Traité CE. La CEDH, au contraire, privilégie les droits de la défense. La jurisprudence majoritaire française fait également prévaloir les droits de la défense. Mais certaines décisions, tout en mettant en avant la nécessité de respecter le principe général de loyauté dans la recherche de la preuve, admettent qu'un devoir de collaboration pèse sur les entreprises, notamment au cours des enquêtes diligentées par le Conseil de la concurrence[517]. La chambre criminelle de la Cour de cassation a également admis, dans une procédure douanière, qu'une disposition du Code des douanes faisant peser sur les personnes poursuivies une obligation de communiquer les documents demandés n'était pas incompatible avec l'article 6-1 de la Convention européenne des droit de l'Homme[518].

II – La charge de la preuve

235. En vertu de la législation sur le contrôle des prix de transfert, l'entreprise vérifiée est tenue de mettre une documentation à la disposition des agents des impôts. En d'autres termes, le contribuable supporte la charge de la preuve en la matière. Il s'agit de la règle de principe en Chine et aux Etats-Unis. La question qui se pose concerne le renversement de la charge de la preuve. Les règles

---

[513] Instr. 23 juillet 1998 de la DGI et du SLF, BOI 13 L-7-98 du 29 juillet 1998 : *DF* 1998, n° 37 12067.

[514] Florence WEINGARTEN, *La protection des droits des entreprises lors des procédures de concurrence devant la Commission des Communautés européennes au regard de la Convention européenne des droits de l'Homme*, th. univ. Panthéon-Assas-Paris II, 2000, dactyl., p. 569.

[515] TPICE, 9 novembre 1994, T-46/92, Scottish Football Association c/Commission, point 31 : *Rec.*, II-1039 ; *JCP éd. E* 1995, n° 29, 477, § 15.

[516] JOCE, 12 mai 1999, C. 132/1.

[517] En ce sens, CA Paris, 1er ch., 21 mai 1990 : *Gaz. Pal.*, 14 août 1990, p. 2 ; *BOCCRF*, n° 13 du 1er juin 1990.

[518] Cass. crim., 5 février 1998, Obadia et a. : *Procédures*, mai 1998, comm. 127.

administratives chinoises prévoient expressément que l'entreprise doit prouver la normalité et la rationalité des prix de transfert qu'elle pratique[519]. Le renversement de la charge de la preuve n'est pas prévu. En effet, il ne s'agit pas d'une règle spécifiquement applicable en matière de prix de transfert, mais bien d'une règle de portée générale[520]. Aux Etats-Unis, la charge de la preuve est transférée à l'IRS pour toutes les questions nouvelles soulevées après l'envoi de la notification de redressement. En France, le renversement de la charge de la preuve n'est pas explicitement prévu par l'article L. 13 B du LPF. Cependant, le système déclaratif reposant sur une présomption relative de régularité des déclarations souscrites par le contribuable, l'administration doit donc démontrer le bien-fondé de ses redressements. Toutefois, des règles spécifiques de preuve ont été posées par le législateur dans des situations où le contribuable est présumé vouloir échapper à l'impôt, ainsi, par exemple, de l'article 57 du CGI relatif aux transferts de bénéfice entre sociétés dépendantes.

236. En effet, l'application de cet article 57 requiert un raisonnement en deux temps. En premier lieu, l'administration doit démontrer l'existence d'un avantage accordé à la société établie à l'étranger. Le contribuable doit alors rapporter la preuve de l'existence d'une contrepartie à cet avantage[521]. La jurisprudence française, constante, estime que le contribuable doit démontrer la réalité de la contrepartie, l'administration devant par la suite rapporter la preuve de l'absence de contrepartie réelle et suffisante[522]. Pour le commissaire du

---

519 Instr. adm. chinoise, SAT [1998] 59, 23 avril 1998, art. 24.

520 La dévolution de la charge de la preuve n'est pas expressément prévue par la NLAPI. Ce point n'est abordé qu'à l'article 47 de son règlement d'application, dans l'hypothèse où l'administration détermine d'office la base imposable, le contribuable étant tenu de rapporter toute preuve utile s'il conteste les méthodes retenues par l'administration. Les circonstances, dans lesquelles l'administration peut établir d'office la base imposable, couvrent des situations diverses. Selon les articles 35 et 37 de la NLAPI, il s'agit des cas : (1) absence de tenue d'une comptabilité conformément à la loi ou au règlement ; (2) absence de tenue d'une comptabilité, en contrariété avec des dispositions législatives ou réglementaires impératives ; (3) destruction de documents comptables ou refus de fournir des documents concernant l'imposition ; (4) documents comptables ambigus ou justificatifs incomplets ; (5) non déclaration malgré mise en demeure délivrée par l'administration ; (6) éléments servant à l'établissement de l'impôt manifestement erronés, et en l'absence de justification suffisante ; (7) absence de notification aux administrations pertinentes de la création de l'entité assujettie. En outre, en vertu des dispositions de l'article 56 de la NLAPI, le contribuable doit donner des informations vraies et fournir tous documents. Ainsi, en pratique, la charge de la preuve pèse sur le contribuable.

521 Concl. CE, 7 novembre 2005, n° 266436 et 266438, Cap Gemini : *RJF* 1/2006, n° 17.

522 CE, Plén., 27 juillet 1988, n° 50020, SA Boutique 2M : *RJF* 10/1988, n° 1139, concl. d'Olivier FOUQUET, p. 577 ; - 20 mai 1998, n° 159877, Sté Véticlam : *DF* 1998, n° 44, comm. 979 ; *RJF* 7/1998, n° 836 ; concl. de Jacques ARRIGHI DE CASANOVA, *BDCF* 4/1998, n° 87 ; *JCP éd. E* 1998, n° 28, *pan.*, p. 1125 ; - sect., 20 juin 2003, n° 232832, Sté Etablissements Lebreton : *DF* 2004, n° 5, comm. 200 ; *RJF* 10/2003, n° 1140 ; concl. de Pierre COLLIN, *RJF* 10/2003, p. 754, jugé que le contribuable devait présenter tout élément permettant de justifier de l'existence d'une contrepartie à l'opération litigieuse. TA Nantes, 23 janvier 2004, n° 99-5190, 5e ch., SA Multimixing : *RJF* 10/2004, n° 973 ; concl. d'Yann LIVENAIS, *BDCF* 10/2004, n° 117.

Gouvernement Pierre Collin, cette solution constitue « *un point d'équilibre entre les nécessaires garanties qui doivent être offertes à l'entreprise lorsque l'administration fiscale conteste ses choix de gestion et le souci de ne pas faire peser sur cette même administration la charge d'une preuve négative qu'elle ne pourrait matériellement apporter* » [523] . Il semble logique que ce soit l'administration qui apporte la preuve des faits sur lesquels sa décision de redressement est fondée et que ce soit au contribuable de fournir tous les éléments permettant à l'administration de déterminer si les arguments de celui-ci sont fondés.

237. Prenons un exemple dans lequel les marges réalisées par la société M sur les ventes à ses filiales étrangères sont nettement inférieures à celles réalisées par la société M sur les ventes avec des clients tiers. En Chine, l'administration est en droit de redresser l'assiette imposable puisque la société M n'a pas pratiqué un prix de pleine concurrence[524]. Pour éviter un tel redressement, la société M doit justifier de la normalité et de la rationalité des prix pratiqués avec ses filiales étrangères[525]. Autrement dit, la charge de la preuve repose sur la société M, qui devra justifier de cette différence de marges. Pour cela, la société M doit fournir les informations relatives à la réputation et à la popularité des marques, aux fonctions respectives de chaque filiale et de la mère, aux parts de marché, à la variation des prix de vente, à l'influence des amortissements sur les prix de vente, au niveau de qualité des produits ou encore aux modes de détermination des prix, etc. En France, dans la même hypothèse, l'administration ne peut se borner à relever une minoration de prix pour établir l'existence d'un transfert de bénéfices[526]. Elle doit qualifier la minoration des prix et démontrer que les transactions sont comparables entre elles. Autrement dit, l'administration française doit démontrer que les conditions de vente aux grossistes tiers sont comparables à celles applicables aux filiales étrangères, notamment en termes de volumes et de fonctions exercées par les filiales étrangères afin d'établir éventuellement l'existence d'un avantage accordé aux filiales étrangères. Les solutions chinoise et française sont donc opposées.

238. La charge de la preuve pose en pratique des difficultés qui ont trait à la pertinence des informations (A), au coût pour le contribuable (B) et à l'accessibilité des informations (C).

A/ La pertinence des informations

239. Quel type de documents le contribuable est-il tenu de fournir en cas de contrôle des prix de transfert et quels documents les agents des impôts sont-ils

[523] CE, 20 juin 2003, n° 232832, Sté Etablissements Lebreton, concl. de Pierre COLLIN.
[524] Règlement d'application de la NLAPI, art. 54.
[525] Instr. adm. chinoise, SAT [1998] 59, 23 avril 1998, art. 24.
[526] CE, 28 septembre 1988, n° 60805, Vercel : *RJF* 11/1988, n° 1254. CAA Nancy, 26 janvier 1995, n° 92-490 : *RJF* 6/1995, n° 712.

en droit de demander ? Le fait que l'administration fiscale soit autorisée à demander la communication de tous documents, quelle que soit leur qualification, porte atteinte aux droits de l'entreprise concernée. Par conséquent, la liste des documents susceptibles d'être demandés devrait être précisée. Dans le chapitre V de son rapport sur la documentation mise à la charge du contribuable, l'OCDE n'a pas dressé de liste exhaustive d'informations pouvant être requises par les administrations fiscales. La liste établie par l'OCDE est très large. Néanmoins, l'OCDE considère que le contribuable ne devrait pas être tenu d'établir ou d'obtenir des documents au-delà de ce qui est nécessaire pour déterminer la conformité du prix de transfert au principe de pleine concurrence. Des réflexions portent sur la définition des termes « *minimum nécessaire* » et « *raisonnablement* ». Au sein de l'Union européenne, une proposition de code de conduite relatif à la documentation des prix de transfert a été formulée le 7 novembre 2005[527]. Celle-ci vise à harmoniser la documentation que les entreprises multinationales doivent fournir aux autorités fiscales au sujet de la méthode de fixation des prix de transfert.

240. Sur ce point, la législation française est plus protectrice des droits du contribuable. Dans un but de protection des droits de celui-ci, le droit français a défini de manière limitative les informations et documents susceptibles d'être demandés : « *(...) elle (l'administration) peut demander (...) des informations et documents précisant : 1° la nature des relations (...) entre cette entreprise et une ou plusieurs entreprises (..) ; 2° la méthode de détermination des prix des opérations (...); 3° les activités exercées par les entreprises (...) ; 4° le traitement fiscal (...)* »[528]. En outre, les demandes doivent être précises et indiquer explicitement, par nature d'activité ou par produit, le pays ou le territoire concerné, l'entreprise visée et les montants en cause[529]. Mais des problèmes subsistent. En premier lieu, la limitation posée par les principes directeurs de l'OCDE n'est pas citée dans l'instruction française qui commente l'article L. 13 B du LPF[530]. Ensuite, en pratique, l'administration française s'estime en droit d'exiger des informations qui ne sont pas dans la liste et qui ne sont pas nécessairement pertinentes au regard des transactions en cause.

B/ Le coût pour le contribuable

241. Pour le contribuable, le coût d'obtention des informations ou documents demandés par les agents des impôts est trop élevé, il est pénalisé. C'est pourquoi l'OCDE estime que les obligations en matière de documentation « *ne doivent pas se traduire pour le contribuable par des coûts ou des charges*

---

[527] COM (2005) 543 final.
[528] LPF, art. L. 13 B, al. 1.
[529] LPF, art. L. 13 B, al. 2.
[530] Instr. 23 juillet 1998, BOI, n° 139 du 29 juillet 1998, 13 L-7-98.

disproportionnés au regard des circonstances »[531]. Ce principe n'a pas été repris dans l'instruction administrative française. Le contribuable français ne peut pas invoquer les commentaires OCDE, qui sont dénués de force obligatoire en France[532]. Il appartient donc au juge d'apprécier, au cas par cas, si l'exigence de l'administration est raisonnablement proportionnée à l'objectif de contrôle des prix de transfert afin d'établir un équilibre entre les pouvoirs de contrôle et les droits du contribuable.

242. Un des plus grands problèmes auquel est confronté le contribuable américain sous contrôle étranger réside dans le fait que les registres de la plupart des sociétés étrangères sont le plus souvent formulés en devises et langues étrangères. L'administration américaine peut exiger que les registres soient traduits en anglais dans un délai de 30 jours suivant la demande[533]. Par conséquent, le contribuable doit dépenser temps et argent pour traduire et expliquer les documents. La question qui se pose est de savoir si l'administration américaine a le droit de demander la traduction de tous les documents cités dans l'article 6038 A de l'IR Code. Cette question a été abordée dans l'affaire *Nissei*[534] : la filiale américaine de Nissei a subi une vérification de comptabilité au cours de laquelle l'administration a exigé que tous les documents écrits soient traduits en anglais, pour un coût compris entre 850 000 et 1 500 000 de dollars. Il a été jugé que l'administration ne pouvait pas imposer la traduction de documents non pertinents pour les impositions du contribuable, ou étant déjà en sa possession. Malgré ce jugement favorable au contribuable, l'administration exige toujours les documents demandés et leur traduction.

---

[531] Rapport de l'OCDE, § 5.28.

[532] En principe, seules les conventions fiscales signées entre les pays constituent des instruments juridiques internationaux ayant force obligatoire. Toutefois, l'OCDE estime que ses commentaires peuvent être d'un grand secours pour l'application des conventions et notamment pour le règlement des litiges éventuels. D'après l'enquête de l'OCDE, pour ses pays Membres, les commentaires ont valeur de directives ayant une influence pratique sur leurs administrations. Voir *Echange de renseignements fiscaux entre les pays Membres de l'OCDE*, éd. OCDE, 1994, p. 20. En France, le commissaire du Gouvernement MITJAVILLE reconnaît aux commentaires de l'OCDE la valeur d'un « *guide important pour l'interprétation des conventions fiscales* » (CE, 16 mai 2003, Société Télécoise : *RJF* 7/2003, n° 823 ; *BDCF* 7/2003, n° 91). Une position similaire est adoptée au Royaume-Uni (J. AVERY-JONES, *Tax treaty interpretation in the United Kingdom*, p. 357, 364, cité par Cyrille DAVID dans son article « Les normes fiscales imparfaites sur les plans international et communautaire », in : *Etudes offertes à Jacques BEGUIN, Droit et actualité*, Paris : Litec, 2005, p. 249).

[533] Reg. § 1.6038A-3(b)(4).

[534] Nissei Sangyo America, Ltd. v. U.S. 95-2 USTC¶50,327(N.D.Il). Ces critères ont été dégagés dans l'arrêt *Powell*.

C/ L'accessibilité de l'information

243. Pour le contrôle des prix de transfert, le contribuable craint toujours les demandes d'informations excessives de la part de l'administration fiscale. Les principes directeurs OCDE de 1995 sont plus modérés dans leur approche et plus protecteurs pour le contribuable. Ceux-ci indiquent que « *les administrations fiscales ne devraient pas exiger des contribuables qu'ils produisent des documents qui ne sont pas en leur possession ou sous leur contrôle ou qui ne peuvent pas autrement être raisonnablement obtenus (...)* ». Ces éléments doivent être pris en compte pour définir l'obligation de documentation du contribuable[535]. L'instruction française ne pose pas une telle limite, alors même que certaines informations sont difficiles à obtenir par les entreprises vérifiées[536].

Conclusion du chapitre II

244. En conclusion, il ressort qu'avec la mondialisation, la fraude et l'évasion fiscales ont pris une nouvelle dimension. Là encore, l'administration fiscale s'est vue dotée de pouvoirs spécifiques afin de lutter contre l'évasion fiscale internationale. L'assistance administrative internationale, c'est-à-dire principalement l'échange de renseignements, est de ce point de vue essentielle, et on doit saluer les efforts de la communauté internationale pour développer des instruments juridiques internationaux relatifs à l'échange de renseignements. Il est désormais de plus en plus difficile pour les contribuables de se fonder sur l'ignorance par une administration fiscale nationale de l'existence de transactions ou de revenus dans un autre Etat.

245. L'efficacité de l'échange de renseignements peut cependant être limitée par de multiples facteurs. Notamment, l'absence d'harmonisation des pouvoirs des administrations fiscales rejaillit sur les informations qu'elles peuvent obtenir dans le cadre de la procédure d'échange de renseignements. En effet, un Etat peut difficilement faire droit à une demande d'un partenaire s'il ne peut obtenir les informations demandées sur la base de son droit interne. On peut également mentionner les limites constituées par les conditions de réciprocité, les clauses de secret, ou encore, l'ordre public.

246. Autre procédure amenée à se développer, les contrôles simultanés, expression internationale de la vérification. Cette procédure est d'autant plus appelée à se développer que le contrôle des prix de transfert, par nature internationale, est devenu l'une des préoccupations majeures des administrations fiscales.

---

535 Rapport de l'OCDE, § 5.10 et 5.11.

536 Ainsi, par exemple, des informations relatives au capital des entreprises étrangères autres que des filiales, des données financières telles que les comptes d'exploitation ou les marges dégagées par les entreprises étrangères, etc.

Titre II : Les garanties du contribuable dans la vérification de comptabilité par rapport à celles accordées à l'entreprise contrôlée pour d'autres raisons que fiscales

247. Le pouvoir de contrôle de l'administration peut être perçu « *comme une menace redoutable si l'entreprise ne connaît pas suffisamment ses droits et obligations (...)* »[537]. Dès lors, une base légale bien définie et un encadrement de la protection du contribuable s'imposent. Les garanties ont été conçues pour tous les contribuables. Cependant, les garanties du contribuable ne devraient pas être unilatérales et il faudrait respecter un devoir fiscal. Les droits du contribuable n'ont de sens qu'en fonction de ses devoirs car l'autorisation donnée au pouvoir de percevoir les impôts « *implique nécessairement qu'il y ait un devoir fiscal* »[538].

248. En procédure fiscale, les garanties du contribuable résident dans le fait que l'agent des impôts n'est pas libre d'opérer des contrôles fiscaux n'importe quand et n'importe comment et que son action et ses décisions sont encadrées par des règles. En pratique, l'aspect procédural joue un rôle important dans la protection des droits du contribuable. L'objectif est de donner à l'administration les moyens d'accomplir sa tâche, tout en permettant au contribuable de faire valoir ses droits.

249. Un système efficace de contrôle est basé essentiellement sur la participation active de la personne contrôlée mais également sur la volonté du contrôleur d'améliorer les relations avec son interlocuteur. Ainsi, il ne faut pas mettre le contribuable vérifié en position d'accusé, et il est nécessaire d'instituer une égalité de situations entre contribuable et vérificateur. Il est également évident que les droits du contribuable seront mieux protégés si les autorités fiscales sont indépendantes et impartiales, et si le contribuable croit en l'impartialité des procédures fiscales. Dans ces conditions, il est plus facile pour le contribuable d'accepter le redressement opéré par l'administration.

250. Le système préalable aux décisions issues de la vérification, la participation du contribuable aux décisions ou l'autocontrôle des décisions à l'intérieur de l'administration sont importants au regard des garanties de l'entreprise contrôlée. Les Etats-Unis ont institué un système de contrepoids préalable et d'autocontrôle des décisions administratives par l'administration elle-même. La valeur des procédures préalables comme garantie en faveur du

[537] Edition Francis Lefebvre, *La pratique de la vérification de comptabilité*, à jour le 10 novembre 1997, p. 67.
[538] Pierre-François RACINE, « Contrôle fiscal et libertés publiques », *BF* 1984, n° 5, p. 275.

contribuable est toujours appréciée aux Etats-Unis par rapport aux garanties juridictionnelles (la procédure préalable anticipe, dans une certaine mesure, le contrôle juridictionnel). Cependant, les inconvénients du système préalable ne sont pas négligeables. Par son assimilation à la procédure juridictionnelle, il entraîne des frais excessifs et paralyse l'administration.

251. Le contrôle juridictionnel des actes de l'administration fiscale existe dans tous les pays même s'il est variable dans sa compétence, son organisation et son efficacité. Le système français est bâti sur la séparation des juridictions administrative et judiciaire. Le système britannique est caractérisé par le fait que l'administration est en principe soumise au même droit que les particuliers, la *common law*, et qu'elle relève des mêmes tribunaux. Toutefois, il existe un certain nombre d'exceptions à ce principe. Le système d'unité de droit et de juridiction est fortement tempéré par le développement d'un droit spécifique qui régit l'activité de l'administration sous le contrôle partiel d'organismes juridictionnels spécialisés. En Chine, le contentieux administratif est porté devant une chambre spécialisée en droit administratif des tribunaux de droit commun (dits Tribunaux populaires).

252. La tendance générale du droit fiscal est au renforcement des garanties légales du contribuable, au détriment du pouvoir discrétionnaire de l'administration[539]. Or, les incertitudes sont encore nombreuses. Ainsi, y a-t-il incompatibilité entre l'existence d'une procédure administrative et les garanties de type juridictionnel ? Les garanties du contribuable et celles du justiciable sont-elles identiques ? L'immixtion des droits de l'Homme dans la sphère fiscale va-t-elle bouleverser le système fiscal actuel ?

253. Afin de répondre à ces questions, seront étudiées en premier lieu les sources et l'évolution des garanties (Chapitre I) ensuite la particularité des garanties dans la vérification de comptabilité (Chapitre II), enfin les garanties de l'entreprise vérifiée dans un contexte international (Chapitre III).

[539] Sur la question du « *pouvoir discrétionnaire* », voir Jean-Claude RICCI, *Le pouvoir discrétionnaire de l'administration fiscale*, Aix-Marseille : PUAM, 1977.

Chapitre I – Les sources et l'évolution des garanties

254. Un mouvement soucieux des droits du contribuable se fait jour. Dans un monde du tout économique comme aujourd'hui, l'administration fiscale est de plus en plus consciente qu'elle joue un rôle capital en aidant et permettant aux entreprises ou aux citoyens de se conformer à leurs obligations fiscales, ce qui a un impact considérable sur la compétitivité nationale du pays. En fait, conseiller efficacement les entreprises, leur fournir des services efficaces est devenu une stratégie essentielle pour attirer les investissements et aider à minimiser des charges sociales et fiscales trop élevées. Les garanties du contribuable, issues de sources diverses (Section I), connaissent d'importantes évolutions en faveur du contribuable (Section II).

Section I – Les sources des garanties

255. Le droit processuel est très influencé par les normes nationales (I), européennes et internationales (II).

I – Les sources internes des garanties

256. En droit interne, la protection des droits est d'abord fondée sur des garanties légales et textuelles (A), à partir desquelles le juge élabore des garanties jurisprudentielles ou quasi-textuelles (B).

A/ Les garanties textuelles

257. En France, comme dans les trois autres pays concernés, il existe un ensemble de règles communes reprises par les textes relatifs aux garanties du citoyen. Les sources textuelles sont de nature constitutionnelle, législative, réglementaire ou administrative. Parmi les bénéficiaires des diverses déclarations des droits de l'Homme ou du citoyen, apparaît un nouveau titulaire, l'entreprise. Les entreprises, ce terme désignant surtout des personnes morales de droit privé, sont de plus en plus nombreuses et jouent un rôle déterminant tant dans l'économie que dans la vie politique. Pour autant, il est permis de se demander si les entreprises bénéficient des mêmes règles de protection que les personnes physiques. À l'heure actuelle, une société bénéficie, aux yeux de la CEDH, du droit au respect de son siège social, de son agence et de ses locaux professionnels[540], ou encore, du droit à un procès équitable[541]. En France, le règlement de l'AMF prévoit également la nécessité de conférer des garanties aux entreprises.

---

[540] CEDH, 16 avril 2002, Stés Colas Est et a. c/France : *JCP éd. E* 2003, 492, § 5, note de Julien RAYNAUD.

[541] CEDH, 21 mars 2000, Dulaurans c/France : *JCP éd. G* 2000, II, 10344, note d'André PERDRIAU.

B/ Les garanties de source jurisprudentielle

258. Le juge joue un rôle considérable dans la protection des droits. La jurisprudence a depuis longtemps consacré les principes des droits de la défense (1) et de l'équité (2).

1. Les droits de la défense

259. Le principe des droits de la défense est l'empreinte que donne une société civilisée sur le respect des arguments des autres. Les fonctions répressives de l'administration n'ont cessé de croître si bien que le souci de faire appliquer le principe des droits de la défense au domaine administratif devient de plus en plus fort. En France, le Conseil constitutionnel a appliqué les droits de la défense à la matière fiscale, ainsi le contribuable doit être informé et doit pouvoir se défendre[542]. Les droits de la défense, en tant que principe constitutionnel[543], s'imposent à l'autorité administrative sans qu'il soit besoin, pour le législateur, d'en rappeler l'existence et il incombe aux services de l'Etat, chargés d'appliquer les dispositions du LPF et du CGI, de les respecter[544]. Le Conseil d'Etat a reconnu les droits de la défense comme un principe général du droit dont le pouvoir réglementaire ne peut s'émanciper[545]. Dans le cadre du droit communautaire, les droits de la défense constituent un principe général du droit communautaire et s'appliquent à toute procédure susceptible d'entraîner une sanction, que celle-ci présente ou non un caractère juridictionnel[546].

---

[542] CC, 29 décembre 1984, n° 84-184 DC : *Rec.*, p. 94 ; *JORF*, 30 décembre 1984, p. 4167 ; *RJF* 3/1985, n° 437 ; *RFD adm.* 1985, p. 756, note d'Olivier FOUQUET ; *RDP* 1985, p. 651, note de Loïc PHILIP ; *RA* 1985, p. 140, note de Robert ETIEN. Voir aussi Louis FAVOREU et Loïc PHILIP, *Les grandes décisions du Conseil constitutionnel*, 13e édition, 2005, Paris : Dalloz, n° 32 p. 530.

[543] CC, 13 août 1993, n° 93-325 DC : *Rec.*, p. 224 ; *JORF*, 18 août 1993, p. 11722 ; *RTDH* 1994 p. 519 ; *Gaz. Pal.*, 15 novembre 1994, note de Laurence BURGORGUE-LARSEN ; *RDP* 1994 p 1165, note de Véronique FABRE-ALIBERT ; *LPA*, 9 septembre 1994, p. 4, note de Bertrand MATHIEU et Michel VERPEAUX ; *JDI* 1994, p. 303, note de Roger PINTO ; *AJDA* 1994, p. [illegible]7, note de Catherine TEITGEN-COLLY.

[544] CC, 30 décembre 1997, n° 97-395 DC : *Rec.*, p. 333 ; *JORF*, 31 décembre 1997, p. 19313 ; *BF* 2/1998, n° 183 ; *RJF* 2/1998, n° 182 ; *DF* 1998, p. 387, note de Henri DE FEYDEAU ; *LPA*, 22 juin 1998, p. 20, note de Bertrand MATHIEU, Michel VERPEAUX ; *JCP éd. G* 1998, I, 1[illegible]5, Jacques PETIT, *Droit administratif* ; *RFD const.*, 1998, 33, p. 160, note de Loïc PHILIP ; *Procédures*, avril 1998, comm. 108, p. 24, note de Jean-Luc PIERRE ; *Procédures*, août-septembre 1998, p. 4, Pascal SCHIELE, « Cumul des sanctions fiscales répressives et des sanctions pénales pour fraude fiscale » ; *BGFE* 1998, n° 1, p. 15, note de Jean-Emmanuel SKOVRON ; in : Louis FAVOREU, *Recueil de jurisprudence constitutionnelle 1994-1999, Décisions DC-L-I-D du Conseil constitutionnel*, Paris : Litec 2000, p. 732. Voir aussi CC, Décision n° 97-389 DC, 22 avril 1997 : *Rec.*, p. 45 ; *JORF*, 25 avril 1997, p. 6271 ; *D.* 1999, *somm.*, p. 237 ; *RFD const.*, 1997, p. 571.

[545] CE, 13 décembre 1968, Association Syndicale des propriétaires de Champigny-sur-Marne : *RDP* 1969, n° 3, p. 512.

[546] CJCE, 22 mars 1961, aff. 42 et 49/59, Snupat : *Rec.*, 101, p. 56 ; - 13 février 1979, aff. 85/76, Hoffmann-Laroche : *Rec.*, 461 ; - 29 juin 1994, aff. C 135/92, Fiskano AB : *Europe*, août-septembre 1994, n° 307.

260. Quel est le contenu des droits de la défense ? Ils comprennent d'abord le droit à un défenseur. Le corollaire du droit de choisir un conseil est que les personnes doivent être informées de l'objet du contrôle. Mais l'essentiel réside dans le principe du contradictoire, qui impose aussi le droit d'être informé de la nature et de la cause du contrôle[547]. Le principe du contradictoire fait émerger la notion de procédure contradictoire et de loyauté dans la recherche des preuves. La règle du contradictoire est-elle étendue à la procédure administrative ? Aux Etats-Unis, la conception du principe du contradictoire est très large et s'étend aux questions administratives non contentieuses. À titre d'exemple, le contradictoire s'applique aux procédures initiées par la SEC. Un autre exemple, en droit du travail, où il a été jugé que le secrétaire de l'Etat à l'Emploi devait informer l'employeur, une entreprise publique, de sa décision de procéder à la réinsertion d'un employé licencié par ce dernier, en lui communiquant les éléments de preuve relatifs à la plainte de l'employé, sans quoi l'employeur se voyait privé du droit à un débat contradictoire effectif[548].

261. En France, la situation est beaucoup plus complexe qu'aux Etats-Unis. D'une part, les procédures administratives contentieuses sont distinctes des procédures non contentieuses et, d'autre part on doit différencier les décisions administratives à caractère répressif de celles sans caractère répressif. En l'état actuel du droit français, l'application du principe du contradictoire est limitée aux seules décisions administratives à caractère répressif. La procédure administrative française n'est pas soumise à l'obligation du contradictoire, mais uniquement au principe du respect des droits de la défense[549].

262. La mission du vérificateur fiscal était essentiellement considérée comme étant de nature administrative car son devoir légal est de vérifier la base imposable et de recouvrer la somme exacte des impôts dus par le contribuable.

---

547 Certains distinguent le principe du contradictoire des droits de la défense au motif que le premier serait le droit de dialoguer, de recevoir une explication de son adversaire alors que les seconds se composeraient de plusieurs éléments dont le principe du contradictoire.

548 Brock v. Roadway Express Inc., 481 U.S. 252 1740, 1987.

549 La doctrine est unanime. Certains auteurs sont pour deux régimes différents et moins protecteur dans la phase pré-juridictionnelle. Les autres invoquent la nécessité d'organiser au sein de la phase pré-juridictionnelle le respect des droits de la défense et plus généralement l'ensemble des droits de la défense. La dernière doctrine appuie cette exigence sur l'arrêt Hoescht rendu le 21 septembre 1989 par la CJCE qui ouvre l'application des droits de la défense, en matière de concurrence, au stade de l'enquête de la commission, avant la phase juridictionnelle, afin que ceux-ci ne risquent pas d'être définitivement violés. Elle appuie également sur le fait que le Conseil constitutionnel exige la soumission de la procédure devant la COB aux droits de la défense. Les droits fondamentaux doivent recevoir la plus large application possible et c'est la tendance. Il est vrai que l'obligation faite à l'entreprise doit être contrebalancée par le respect des droits de la défense par l'administration fiscale. Celui-ci doit être assuré non seulement dans les procédures pouvant conduire à des sanctions mais aussi dans le cadre des procédures de contrôle dans la mesure où celui-ci joue un rôle important.

Par conséquent, l'exigence d'impartialité de l'agent des impôts, ou la rationalité de la procédure fiscale, s'applique moins strictement à l'administration qu'à la juridiction. Néanmoins, la nécessité de respecter les droits de la défense et le principe du contradictoire est de plus en plus souvent invoquée. Certains auteurs considèrent que dans les procédures administratives non contentieuses, l'obligation de respecter la contradiction est affirmée par le juge lorsque la procédure est susceptible de conduire à un acte de nature à porter atteinte aux droits ou aux intérêts d'un citoyen, celui-ci étant autorisé à participer à la procédure afin de pouvoir présenter ses moyens de défense[550]. Traditionnellement reconnue par les juridictions judiciaires, la règle *Audi alteram partem* (*Hear the other side*) est également affirmée par le Conseil d'Etat dans son arrêt Dame Trompier-Gravier en date du 5 mai 1944.

263. Cependant, il est nécessaire de distinguer entre les décisions administratives prononçant des sanctions et celles n'en prononçant pas. Cela résulte d'une décision du Conseil constitutionnel, où il a été jugé en matière de décisions administratives individuelles que le respect du contradictoire ne s'imposait qu'aux décisions qui prononcent une sanction ou qui ont le caractère d'une punition et non à l'ensemble des décisions exécutoires émanant d'une autorité administrative ou d'un organe de sécurité sociale[551]. Ainsi, les actes administratifs ne constituant pas des sanctions ne donnent pas lieu à l'application du principe du contradictoire quelle que soit la gravité des conséquences qu'ils puissent avoir sur la situation de l'administré. Pourtant, une évolution sur ce point pourrait être introduite par la jurisprudence administrative. Le Conseil d'Etat a en effet établi, il y a longtemps, qu'une procédure contradictoire était nécessaire chaque fois que l'administration devait prendre une mesure grave susceptible de léser les intérêts matériels ou moraux d'un individu[552]. Cette solution devrait être appliquée même en présence de procédures administratives non contentieuses.

2. L'équité

264. Le droit administratif concerne les rapports entre puissance publique et citoyen. Ces rapports doivent éviter l'arbitraire, l'inégalité de traitement et

---

[550] Dans le cas de sanctions disciplinaires, voir CE, 30 septembre 1983, n° 29318, Barré : *Rec.*, p.394 ; - sect., 16 mars 1979, n° 11552, Stephan : *Rec.*, 120 ; *AJDA*, décembre 1979, 45. Concernant les mesures administratives prises en considération de la personne, voir CE, sect., 14 novembre 1980, n° 18055, Mlle Montalibet : *Rec.*, 427 ; *AJDA* 1981, 315. Concernant les mesures individuelles d'une certaine gravité fondée sur une situation de caractère coercitif, voir CE, sect., 9 mai 1980, n° 10404, société des établissements Cruse fils et frères : *Rec.*, 217 ; *AJDA* 1980, 482 ; *Gaz. Pal.*, 1980, 2, 749 ; *D.*, 1980, *IR*, 557.

[551] CC, 27 novembre 2001, Décision n° 2001-451 DC : *Rec.*, p. 145 ; *JORF*, 1er décembre 2001, p.19112 ; *Dr. adm.*, 2001, n° 12, p. 22 ; *LPA*, 17 septembre 2002, p. 5 ; spécial p. 9 ; *RDP* 2002-3, 672 ; *RFD const.*, 2002, n° 49, p. 174.

[552] Jean DE SOTO, *Recours pour excès de pouvoir et interventionnisme économique*, CE, Etudes et documents, 1952, p. 72.

n'être soumis qu'à des règles et à des principes clairement formulés. Cependant, l'application stricte du droit peut être parfois contraire à l'équité. L'articulation entre pouvoir et droit peut se réaliser via l'équité. Or, l'équité demeurant très subjective, la frontière entre l'équité et l'arbitraire n'est pas totalement imperméable.

265. L'égalité des armes renvoie également à une idée d'équilibre. Toute partie doit avoir une possibilité d'exposer sa cause dans des conditions qui ne la désavantagent pas d'une manière appréciable par rapport à la partie adverse. Une application directe de ce principe est le droit de se faire assister d'un conseil de son choix. L'égalité des armes est également le droit d'avoir le temps ou les moyens nécessaires pour préparer sa défense. La transposition du principe d'égalité des armes doit pouvoir établir une équité dans le cadre des relations entre administration et contribuable. En pratique, la question qui se pose est de savoir si l'égalité est vraiment assurée entre l'administration fiscale d'un côté, dotée d'importants moyens, et de l'autre côté le contribuable, un simple citoyen. Selon la CEDH, l'égalité doit être observée quelle que soit la qualité des parties au litige, et notamment s'il s'agit d'un litige entre l'Etat et un simple individu, ainsi par exemple, en matière fiscale[553].

266. Le principe de l'égalité des armes trouve également application aux Etats-Unis au travers du droit d'être informé et du droit d'être assisté d'un conseil. Toutefois, une réelle divergence existe entre les matières pénale et civile. Le droit d'être informé a une valeur constitutionnelle en matière pénale[554] ce qui n'est pas le cas en matière civile. Néanmoins, la jurisprudence constitutionnelle a progressivement été amenée à affirmer un tel principe et à lui conférer une réelle effectivité. Il a été jugé que les garanties procédurales prévues par la Constitution imposaient que la notification permette aux parties d'être effectivement informées et de présenter leurs observations et que les termes de la notification soient suffisamment précis pour informer les personnes concernées de leurs droits et obligations, et compréhensibles pour toute personne[555]. Cette exigence de qualité de l'information s'est étendue aux autorités administratives. La SEC a amendé ses *Rules of practice* en 1972 pour formaliser le droit de toute personne à être informée.

---

[553] CEDH, 22 septembre 1994, n° 23/1993/418/497, Hentrich c/France, req. n° 13616/88, § 56, A. 296-A : *DF* 1994, n° 50, comm. 2125, note de Jean-Pierre LE GALL et Laurence GERARD ; *RJF* 1995, n° 131 ; *AJDA* 1995, p. 220, chron. de Jean-François FLAUSS ; *JCP éd. G* 1995, II, 22374, chron. de Jean-Pierre LE GALL et Laurence GERARD, « Conditions de compatibilité du droit de préemption avec la convention EDH » ; *Gaz. Pal.*, 1995, p. 535, note de Louis-Edmond PETTITI ; *JCP éd. E* 1995, *pan.*, 20 ; *RJS* 1995, n° 131.

[554] Le 6ème Amendement de la Constitution américaine.

[555] Aguchak v. Montgomery Ward Co., 1974.

267. Le principe de non discrimination est une composante de l'équité. En principe, l'administration doit traiter, de la même manière, les personnes placées dans une situation similaire. Aux Etats-Unis, l'arrêt de principe en la matière est l'arrêt *IBM Corp. v. United States*[556]. Les faits étaient les suivants : un des concurrents d'IBM, Remington-Rand, avait obtenu une décision favorable d'exemption des droits d'accise. Par la suite, IBM a demandé à bénéficier de la même exemption. L'administration a attendu plus de 2 ans pour rejeter la demande d'IBM. Ultérieurement, l'administration a abrogé la décision en faveur de Remington-Rand, néanmoins, cet acte n'a pas fait disparaître le fait que Remington-Rand ait profité pendant deux ans et demi d'un traitement plus favorable. IBM a invoqué le principe de non-discrimination. Le juge a donné raison à IBM. Toutefois, le principe de non-discrimination n'est pas absolu. D'abord, un contribuable peut être traité différemment qu'un contribuable se trouvant dans la même situation à condition que l'administration expose les motifs de cette incohérence évidente[557]. Ensuite, la jurisprudence estime que l'erreur de l'administration d'avoir manqué de recouvrer les impôts dus par un contribuable dans une situation similaire ne donne aucun droit particulier à un autre contribuable[558]. Le débat sur ce point n'est cependant pas clos, certains estimant que l'IRS ne doit pas traiter différemment les contribuables en situations similaires notamment taxer l'un et non l'autre.

II – Les sources externes des garanties

268. Il peut apparaître paradoxal de parler de sources externes des garanties du contribuable, alors que la fiscalité est essentiellement nationale. Cette discipline s'internationalise pourtant sous l'effet d'une part du développement des relations internationales à tous les niveaux, culturel, économique, administratif et juridique, et, d'autre part, de la conclusion de conventions internationales qui imposent aux Etats de respecter certains principes universellement reconnus. Les garanties puisent leur source au niveau mondial (A) et au niveau régional (B).

A/ Les sources internationales mondiales

269. Le noyau des sources internationales mondiales réside dans le Pacte International Relatif aux Droits Civils et Politiques du 16 décembre 1966[559]. Le même jour, les Nations Unies ont adopté deux traités de protection des droits de

[556] IBM Corp v. United States, 343 F2d 914 (Ct. Cl. 1965), cert. denied, 382 U.S. 1028(1966).
[557] Contracors Transp. Corp. v. United States, 537 F2d 1160, 1162 (4th CIR. 1976).
[558] Sirbo Holding Co. v. Comm'r, 509 F2d 1220, 1221(1975) ; Davis v. Comm'r 55 TC 1011, 1022 (1976).
[559] ONU, Assemblée générale dans sa résolution 2200A (XXI). 149 Etats l'avaient ratifié au [illegible]0 janvier 2003, dont la France. Ce pacte est entré en vigueur en France le 4 février 1981 (loi n° 80-460 du 25 juin 1980 et décret n° 81-76 du 29 janvier 1981). La Chine y a adhéré le 5 octobre 1998 mais ne l'a pas encore ratifié.

l'Homme, l'un relatif aux droits civils et politiques, l'autre relatif aux droits sociaux, économiques et culturels[560].

B/ Les sources internationales « *régionales* »

270. L'intérêt des sources régionales par rapport au Pacte de l'ONU est de disposer d'un organe juridictionnel de contrôle de l'application des obligations mises à la charge des Etats parties. En Asie ou en Océanie, une telle structure n'existe pas. Outre le droit européen, le droit communautaire prend une place de plus en plus importante dans la vie quotidienne des citoyens européens (2). Par source « *régionale* », on pensera donc principalement à l'Europe puis dans ses deux acceptions, le Conseil de l'Europe (1) et l'Union européenne (2).

1. Le droit européen

271. La Convention européenne des droits de l'Homme ne fait pas partie de l'ordre juridique communautaire mais constitue « *un instrument constitutionnel de l'ordre public européen* »[561]. Le Royaume-Uni a incorporé la plus grande partie de cette Convention dans son droit interne, à la suite de l'adoption de la loi sur les droits de l'homme (*Human Rights Act : HRA*) de 1998[562]. La France n'a pas fait référence aux principes de la Convention dans la Constitution française. Mais en réalité, le juge français peut faire application des dispositions de la Convention en droit français sur le fondement de l'article 55 de la Constitution française.

2 Le droit communautaire

272. Le recours aux principes généraux du droit communautaire est fréquent. Une difficulté surgit cependant lorsqu'il s'agit d'articuler les normes européennes et les normes communautaires. Deux solutions sont envisageables, soit l'Union européenne se dote d'un catalogue de droits fondamentaux qui lui est propre, soit l'Union adhère à la Convention européenne des droits de l'Homme.

273. Longtemps conçu comme une pure expression de la souveraineté nationale, le droit fiscal des Etats de l'Union européenne a connu une relative harmonisation (a). La Charte des droits fondamentaux de l'Union européenne,

---

560 L'organe de surveillance est le Comité des droits économiques, sociaux et culturels. 146 Etats l'avaient ratifié au 10 janvier 2003. Ce pacte est entré en vigueur en Chine le 27 mars 2001 et en France le 4 novembre 1980.

561 CEDH, 23 mars 1995, Loizidou c/Turquie, série A, n° 310, § 75 : *AJDA*, 20 octobre 1995, p.723 ; *JCP éd. G* 1996, n° 8, I, n° 3910, note de Frédéric SUDRE.

562 Depuis l'*Human Rights Act of 1998*, le juge britannique a l'obligation d'appliquer les règles de la Convention européenne des droits de l'Homme. Or, cette loi n'autorise pas le juge à écarter l'application d'une loi qui serait directement contraire à la Convention. Le ministre compétent peut cependant abroger une loi qui serait contraire à la Convention.

n'ayant pas valeur juridique contraignante, est de plus en plus invoquée par les organes juridictionnels de l'Union (b).

a) L'harmonisation des normes nationales

274. Cette harmonisation est loin d'être complète et elle concerne essentiellement les impôts indirects. En revanche, l'harmonisation en matière d'impôts directs n'existe pas. Par ailleurs, l'harmonisation des procédures de contrôle est quasi inexistante, celles-ci restant encore du ressort des autorités nationales. La Commission européenne a proposé dans une communication[563] une harmonisation des systèmes de contrôle des prix de transfert. Les deux questions qui se posent alors sont de savoir s'il est possible d'édicter les normes internationales et s'il est nécessaire d'en édicter. Harmonisation ne signifie pas en effet uniformisation et l'harmonisation doit respecter la diversité qui fait partie intégrale du patrimoine juridique de l'Europe. D'une part, l'harmonisation communautaire ouvre de nouvelles garanties au contribuable. Par exemple, au nom du principe de proportionnalité, le contribuable peut contester les mesures allant au-delà de ce qui est strictement nécessaire pour atteindre l'objectif poursuivi. D'autre part, l'absence d'harmonisation ne peut, quant à elle, remettre en cause les principes fondateurs de l'Union européenne. Il a été jugé que l'absence d'harmonisation des dispositions des Etats membres en matière d'impôts directs ne pouvait pas justifier une différence de traitement [564], et que les effets dommageables d'une absence totale d'harmonisation des taux d'imposition des bénéfices de sociétés relevaient d'une solution de nature politique et ne justifiaient pas de remettre en cause la portée des droits conférés par les articles du Traité CE[565].

275. Les libertés fondamentales étant garanties par le Traité CE, il est cependant admis que la lutte contre l'évasion fiscale et l'efficacité des contrôles fiscaux constituent une raison impérieuse d'intérêt général susceptible de justifier les restrictions à l'exercice de telles libertés [566]. Pour l'administration fiscale

---

[563] Communication 23 octobre 2001, COM(2001)582 : *DF* 2001, n° 51, p. 1780.

[564] CJCE, 28 janvier 1986, aff. 270/83, Commission c/France, point 24 : *Rec.*, p. 273 ; *RJF* 11/1986, n° 1020.

[565] CJCE, concl. 2 mai 2006, aff. C-196/04, Cadbury Schweppes, point 60.

[566] CJCE, 20 février 1979, Cassis de Dijon, aff. 120/78, Rewe-Zentral : *Rec.*, p. 649, point 8 ; - 15 mai 1997, C-250/95, Futura Participations SA et Singer : *Rec.*,1997, p. I-2471 ; *RJF* 7/1997, n°757 ; *Europe* 1997, n° 7, comm. 237 et 248 ; - 9 mars 1999, aff. C-212/97, Centros : *Rec.*,1999, p. I-1459, concl. d'Antonio LA PERGOLA ; *DF* 1999, n° 19, p. 698 ; - 8 juillet 1999, Sté Baxter, C-254/97 : *Rec.*, *CJCE* 1999, p. I-4809, point 18 ; *DF* 2000, n° 11, chron. de Patrick DIBOUT, p.474 ; *BJS* 2000, n° 3, § 55, note de Dominique BERLIN ; *RJF* 10/1999, n° 1313 (CE, 28 mars 1997, n° 179049-179050-179054, ass., Sté Baxter : *RJF* 5/1997, n° 508) ; - 26 septembre 2000, Commission/Belgique, C-478/98 : *Rec.*, p. I-7587, point 39 ; - 8 mars 2001, aff. C-397/98 et C-410/98, Mettallgeselschaft : *Rec.*, 2001, p. I-1727, concl. de Nial FENNELLY ; *Europe* 2001, n°5, comm. 157 et 172 ; *RJF* 5/2001, n° 734 ; - 10 mars 2005, aff. 39/04, 3ᵉ ch., Laboratoire Fournier SA : *RJF* 5/2005, n° 513.

française, il est impossible de considérer que la liberté d'établissement au sein de la Communauté exclue l'application des dispositions destinées à lutter contre l'évasion fiscale, lorsque celle-ci motive l'implantation d'une société française dans tel ou tel autre Etat membre[567]. Le Conseil d'Etat s'est également prononcé sur la compatibilité entre la procédure de répression des abus de droit et la liberté d'établissement (art. 43 du traité CE) dans l'Union européenne[568]. Les Etats membres ont instauré des régimes particuliers pour assurer l'efficacité des contrôles sur leurs territoires respectifs. Néanmoins, la difficulté qui se pose est de savoir comment créer un régime qui soit à la fois compatible avec le droit communautaire et qui ne mette pas l'Etat dans une situation désavantageuse par rapport à d'autres Etats membres.

276. La CJCE se montre rigoureuse vis-à-vis du moyen tiré du risque d'évasion fiscale. Si sa jurisprudence prend en compte le risque d'évasion fiscale, elle n'a jamais validé sur ce fondement aucune réglementation dont elle était saisie[569]. La lutte contre l'évasion et la fraude fiscales ne saurait se traduire par un dispositif anti-abus de portée générale[570], et, une présomption générale d'évasion ou de fraude fiscale ne saurait suffire à justifier une telle mesure fiscale qui porte atteinte aux objectifs du traité[571]. La mesure anti-abus doit avoir pour objet spécifique de sanctionner les montages purement artificiels dont le but serait de contourner la loi fiscale[572]. En d'autres termes, les mesures de restrictions doivent être proportionnées au but poursuivi[573]. Il en résulte que les conditions préalables d'une justification par le risque d'évasion fiscale sont les suivantes : (1) la mesure anti-évasion doit être appropriée pour atteindre l'objectif de prévention de l'anti-évasion fiscale ; (2) la mesure anti-évasion ne doit pas aller au-delà de ce qui est nécessaire pour prévenir les évasions fiscales. Le raisonnement suivi par la CJCE comporte trois étapes : 1° la restriction à la liberté d'établissement est-elle caractérisée ? 2° peut-elle être justifiée ? 3° la mesure anti-abus va-t-elle au-delà de l'objectif qu'elle poursuit

[567] Instr. adm., 6 mars 1992, BOI 4 H-9-92 : *DF* 1992, n° 17, Instr. 10588.

[568] CE, 18 mais 2005, n° 267087, Sagal.

[569] Dans l'arrêt Cadbury Schweppes, la CJCE a renvoyé au juge britannique le soin de vérifier que l'application de la législation CFC britannique se limitait aux montages purement artificiels.

[570] CJCE, 17 octobre 1996, C-283/94, 291/94, 292/94, Denkavit, Vitic et Voormeer : *RJF* 12/2004, n° 1500 ; - 29 mars 2007, aff. C-347/04, Rewe Zentralfinanz c/Allemagne : *DF* 2007, n°15, *act.*, 401 ; *JCP éd. E* 2007, n° 14, *act.*, 173.

[571] CJCE, 28 janvier 1986, 270/83, Commission c/France : *Rec.*, 1986, p. 273 ; *RJF* 11/1986, n°1020 ; - 26 septembre 2000, Commission/Belgique, C-478/98 : *Rec.*, p. I-7587, point 45. Voir aussi CJCE, 16 juillet 1998, aff. 264/96, ICI ; - 21 novembre 2002, X et Y, C-436/00, point 62.

[572] CJCE, 16 juillet 1998, 264/96, ICI ; - 21 novembre 2002, C-436/00 : *RJF* 2/2003, n° 250.

[573] CJCE, 17 octobre 1996, C-283/94, 291/94, 292/94, Denkavit, Vitic et Voormeer ; - 6 juin 2000, Verkooijen, C-35/98 : *Rec.*, p. I-4071 ; - 26 septembre 2000, Commission/Belgique, C-478/98, *Rec.*, p. I-7587, point 41 ; - 4 mars 2004, 334/02, Commission c/France : *RJF* 5/2004, n°559 ; *BDCF* 5/2004, n° 70, concl. de Dámaso RUIZ-JARABO COLOMER.

légitimement ?[574] Le contribuable doit être en mesure de fournir les pièces justificatives pertinentes permettant aux autorités fiscales de vérifier de façon précise la réalité de ses opérations. Mais, une réglementation nationale qui empêche, de manière absolue, le contribuable de rapporter la preuve que les dépenses afférentes aux activités de recherche réalisées dans d'autres Etats membres ont réellement été engagées, ne saurait être justifiée au titre de l'efficacité des contrôles fiscaux[575].

277. Concernant la présomption de fraude ou d'évasion fiscale, les Etats membres peuvent se prévaloir du fait que l'opération envisagée n'est pas effectuée pour des motifs économiques valables[576]. Pour vérifier si l'opération envisagée a comme objectif principal ou comme l'un de ses objectifs principaux la fraude ou l'évasion fiscale, les autorités nationales compétentes doivent procéder, dans chaque cas, à un examen global de cette opération. Cependant l'établissement d'une société en dehors de son Etat n'implique pas en soi l'évasion fiscale dès lors que la société est soumise à la législation fiscale de l'Etat d'établissement[577]. En outre, le fait d'être soumis à un régime fiscal privilégié n'implique pas non plus en soi l'évasion fiscale[578].

278. La CJCE a condamné la législation fiscale allemande de lutte contre la sous-capitalisation[579]. De même, le Conseil d'Etat a jugé que le régime français de lutte contre la sous-capitalisation, prévu à l'article 212 du CGI, était incompatible avec le principe communautaire de liberté d'établissement[580]. La

[574] CJCE, 13 décembre 2005, C-446/03, Marks & Spencer plc.

[575] CJCE, 10 mars 2005, aff. 39/04, 3e ch., Laboratoire Fournier SA : *RJF* 5/2005, n° 513.

[576] CJCE, 17 juillet 1999, aff. C-28/95, Leur-Bloem, point 38 à 41 et 48, concernant la directive 90/434/CEE du Conseil du 23 juillet 1990 relative au régime fiscal commun applicable aux fusions, scissions, apports d'actifs et échanges d'actions intéressant des sociétés d'Etats membres différents (*JOCE*, 20 août 1990, L. 225, p. 1).

[577] CJCE, 16 juillet 1998, 264/96, ICI, point 26 ; - 8 mars 2001, C-397/98, Metallgesellschaft point 57 : *Rec.*, 2001, p. I-1727, concl. de Nial FENNELLY ; *RJF* 5/2001, n° 734 ; *Europe* 2001 n° 5, comm. 157 et 172 ; *RDBF*, septembre 2002, n° 5, *act.*, 219, p. 283 ; - 21 novembre 2002 436/00, point 62 : *RJF* 2/2003, n° 250 ; - 12 décembre 2002, C-324/00, Lankhorst-Hohorst GmbH, point 37 : *Rec.*, 2002, p. I-11779 ; *DF* 2003, n° 5, act., 24 ; *RJF* 3/2003, n° 391 ; concl. de Jean MISCHO, *BDCF* 3/2003, n° 43 ; *Europe* 2003, n° 2 ; *BJS* 2003, n° 2, § 35, note d'Eric GINTER.

[578] CJCE, 15 juillet 2004, aff. C-315/02, Anneliese Lenz, point 40, 41 et 43.

[579] CJCE, 12 décembre 2002, aff. C-324/00, Lankhorst-Hoborst GmbH. Voir CJCE, grande ch., 13 mars 2007, aff. C-524/04, Test Claimants in the Thin Cap Group Litigation : *DF* 2007, n° 29, comm. 764.

[580] CE, 30 décembre 2003, n° 249047, SARL Coréal Gestion : *RJF* 3/2004, n° 233. Avant que le Conseil d'Etat n'ait tranché cette question, la jurisprudence était divergente. Certains tribunaux ont jugé que ce traitement défavorable appliqué aux filiales de sociétés mères établies dans d'autres Etats membres de la Communauté européenne était contraire à la liberté d'établissement (TA Cergy-Pontoise, 11 juillet 2002, n° 99-35301, Sté Ceïa International ; CAA Lyon, 16 mai 2002, n° 01LY00832, SARL SAG : *RJF* 1/2003, n° 17 ; *Banque et Droit*, n° 86, novembre 2002, p. 63). La CAA de Nancy avait pris la position inverse (CAA Nancy, 10 octobre 2002, n° 9[illegible]-

législation française dite de l'*Exit Tax* a été jugée disproportionnée par rapport à l'objectif poursuivi de lutte contre la fraude fiscale[581].

279. La CJCE a été saisie d'une demande de décision à titre préjudiciel par le *Special Commissioners* (Royaume-Uni) dans l'affaire *Cadbury Schweppes*[582]. Pour l'avocat général Philippe Léger[583], un tel dispositif est justifié au regard de son objectif, la lutte contre l'évasion fiscale, si celui-ci s'applique uniquement aux montages purement artificiels destinés à contourner la loi nationale, en l'espèce, un détournement de bénéfices opéré par une société mère anglaise vers sa filiale étrangère beaucoup moins imposée. En l'espèce, cette législation, au regard de l'ensemble de ses conditions d'application et d'exemption, n'a vocation à s'appliquer que dans des circonstances bien déterminées. Pourtant, un amendement des règles CFC a pris effet le 6 décembre 2006.

280. La CJCE rejette la plupart des arguments des Etats membres tout en renvoyant à la directive communautaire concernant l'assistance mutuelle entre les autorités compétentes. Elle considère que les possibilités offertes par cette directive sont suffisantes pour que les agents des impôts obtiennent les informations nécessaires[584]. L'argument selon lequel la directive ne saurait produire d'effet dans les Etats membres qui pratiquent le secret bancaire est rejeté[585]. Il est interdit d'invoquer les lacunes de l'assistance mutuelle pour écarter totalement un avantage fiscal, mais cela permet d'exiger du contribuable des justifications appropriées à défaut desquelles l'avantage pourrait être refusé.

174, SA Florifood-Française de Gastronomie : *RJF* 2/2003, n° 157). Voir Hervé KRUGER, « Liberté de circulation des capitaux contre sous-capitalisation...et plus si affinités ?... Les dispositifs anti-abus à la croisée des chemins, à propos de l'affaire Lasertec pendante devant la CJCE », *DF* 2005, n° 51, Étude 45.

[581] CJCE, 11 mars 2004, Lasteyrie du Saillant, aff. C-9/02 : *RJF* 5/2004, n° 558 avec chron. de Laurent OLLÉON, p. 347 ; concl. de Jean MISCHO, *BDCF* 5/2004, n° 69. CE, 10 novembre 2004, n° 211341 : *RJF* 2/2005, n° 135 ; concl. de Stéphane VERCLYTTE, *BDCF* 2/2005, n° 17 ; *JDF* 1er avril 2005, n° 2, p. 422.

[582] CJCE, 12 septembre 2006, aff. C-196/04, Cadbury Schwepes.

[583] CJCE, conclusions de l'avocat général Philippe LEGER du 2 mai 2006, aff. C-196/04, Cadbury Schweppes, point 6 : *LPA*, 2 juin 2006, n° 110, p. 4, note d'Eric MEIER.

[584] CJCE, 14 février 1995, C-279/93, Schumacker ; - 28 octobre 1999, Vestergaard, C-55/98, point 26 : *Rec.*, 1999, p. I-7641 ; *RJF* 2/2000, n° 315 ; *Europe* 1999, n° 12, comm. 417 ; - 26 juin 2003, Försäkringsaktiebolaget, C-422/01, point 49 ; - 4 mars 2004, 334/02, 5e ch., Commission c/France : *RJF* 5/2004, n° 559 ; *BDCF* 5/2004, n° 70, concl. de Damaso RUIZ-JARABO COLOMER ; - 1er ch., 22 mars 2007, aff. C-383/05, Talotta c/Belgique.

[585] CJCE, 28 janvier 1992, Commission c/Belgique, C-300/90 : *Rec.*, p. I-305, jugé que l'impossibilité d'obtenir la collaboration d'un autre Etat membre lorsque sa législation ou sa pratique administrative n'autorise l'autorité compétente ni à effectuer des recherches ni à recueillir ou à utiliser des informations pour les propres besoins de cet Etat ne saurait justifier de ne pas appliquer un avantage fiscal aux revenus obtenus dans cet Etat membre ; - 28 janvier 1992, Bachmann, C-204/90 ; - 28 octobre 1999, Vestergaard, C-55/98 ; - 4 mars 2004, aff. 334/02, 5e ch., Commission c/France : *RJF* 5/2004, n° 559 ; *BDCF* 5/2004, n° 70.

b) La Charte des droits fondamentaux

281. La Charte des droits fondamentaux a été adoptée à Nice le 18 décembre 2000[586]. N'étant pas intégrée dans les traités européens, la Charte ne constitue qu'une « *proclamation solennelle* ». Mais les organes juridictionnels de l'Union européenne s'y réfèrent. La Charte couvre naturellement toutes les branches du droit, à savoir, le droit constitutionnel, civil, pénal et administratif. Le droit à une bonne administration fait son entrée parmi les droits fondamentaux. On reconnaît ainsi à l'administré le droit de voir ses affaires traitées par une administration impartiale, équitable, rapide, transparente et responsable, ainsi que le droit d'être entendu, le droit d'avoir accès aux dossiers ainsi que le droit aux actes motivés[587].

Section II – L'évolution des garanties procédurales des entreprises vis-à-vis des contrôles exercés par des autorités de contrôle

282. L'évolution des garanties procédurales de l'entreprise est une réalité. Or pour certains, l'évolution n'est pas considérable dans les relations quotidiennes entre l'administration et l'usager, et l'écart est immense[588]. Pour d'autres, la tendance est au rééquilibrage des relations dans un sens favorable au contribuable. La complexité des règles de procédure fiscale résultant de l'évolution législative et jurisprudentielle, ce faisant, le droit fiscal est devenu un droit procédural. L'évolution des garanties de l'entreprise vérifiée sera successivement analysée dans les trois pays occidentaux : la France, les Etats-Unis, le Royaume-Uni (I) et en Chine (II).

I - L'amélioration des garanties de l'entreprise vérifiée en France, aux Etats-Unis et au Royaume-Uni

283. En France, le processus d'amélioration des garanties du contribuable a été initié dans les années 1950. Les premières mesures résultent notamment de la loi du 2 avril 1955 et du décret du 30 avril 1955. Ultérieurement, une note administrative en date du 2 avril 1976 recommandait aux vérificateurs d'adresser une lettre au contribuable pour l'informer d'une vérification[589]. La loi n° 77-1453 du 29 décembre 1977 a donné un fondement légal à cette lettre d'information[590]. Au rang des mesures prises par la loi de 1977, on peut également citer les dispositions visant à améliorer le climat du contrôle fiscal et à personnaliser les voies de recours. Au même moment, a été créée la « *Charte*

---

586 N° 2000/C634/01. Voir « La charte des droits fondamentaux de l'Union européenne », *L'Astrée*, 12/2000, p. 83.

587 Art. 41 de la Charte des droits fondamentaux.

588 Bénédicte DELAUNAY, *L'amélioration des rapports entre l'administration et les administrés : contribution à l'étude des réformes administratives entreprises depuis 1945*, Paris LGDJ, 1993, Préface.

589 BODGI, 13 L-5-76.

590 L'article 4 de la loi n° 77-1453 du 29 décembre 1977 a été codifié d'abord dans l'article 1649 septies du CGI et puis à l'article L. 47 du LPF.

du contribuable vérifié » (note du 19 juin 1975), qui fût actualisée en 1978. L'article 8 de la loi n° 87-502 du 8 juillet 1987 a rendu obligatoire la remise au contribuable de cette Charte. La commission Aicardi, mise en place courant 1986, a publié des recommandations destinées à améliorer les garanties des contribuables[591], qui ont abouti à la publication de trois lois[592]. En matière de pratique de l'administration fiscale, un guide de bonnes pratiques est maintenant remis au vérificateur. Une fiche de recommandations a été également créée à l'attention du chef de l'entreprise vérifiée. Le conciliateur fiscal départemental a été créé en 2004.

284. Il est évident que la réflexion sur les garanties du contribuable n'est pas achevée. Pour l'administration, l'amélioration des garanties du contribuable doit être subordonnée aux impératifs du contrôle fiscal[593]. Le Conseil constitutionnel entend également tenir compte des nécessités de la lutte contre la fraude fiscale. Pour certains, les trente mesures de Nicolas Sarkozy de 2004 n'ont pas en fait pour objectif d'améliorer les garanties du contribuable mais de renforcer le contrôle fiscal et d'améliorer sa légitimité et son acceptation. L'impératif de contrôle fiscal est une réalité, mais elle doit se concilier avec le respect de la liberté individuelle et la protection de la vie privée.

285. Aux Etats-Unis, les réformes sont multiples en la matière. En 1988, le Congrès a voté la Déclaration des droits du contribuable I[594]. Depuis, les agents de l'IRS doivent fixer la durée et le lieu de la vérification d'une façon raisonnable et adaptée aux circonstances, et informer le contribuable de ses droits dès le commencement de la vérification. À compter de 1996, le Congrès a pris des mesures favorables au renforcement des droits fondamentaux du contribuable. A été votée la Déclaration des droits du contribuable II [595]. Cette loi a limité le pouvoir d'enquête de l'administration, facilité les recours du contribuable devant celle-ci et a établi les attributions du Service de conseil au

---

[591] Maurice AICARDI, *L'amélioration des rapports entre les citoyens et les administrations fiscales et douanières, Rapport au ministre d'Etat, ministre de l'Economie et des Finances et de la Privatisation*, Paris : La documentation française, 1986, p. 72.

[592] Loi de finances rectificative n° 86-824 du 11 juillet 1986 ; loi de finances pour 1987 ; loi n°87-502 du 8 juillet 1987 modifiant les procédures fiscales et douanières.

[593] Lettre adressée à Maurice AICARDI par Edouard BALLADUR, Ministre de l'Economie et des Finances.

[594] Les Déclarations des droits du contribuable (*Taxpayer Bill of Rights*) sont des amendements techniques des lois existantes.

[595] Pub. L. No. 104-168, 110 Stat. 1452, promulgué le 30 juillet 1996 (cette loi a été codifiée dans de divers sections de 26 USC). Voir « *Lexis, 1995 Bill Tracking* », H.R. 2337 ; « *104 Bill Tracking H.R.* » 2337. Voir Ann MUMFORD, « The new American Bill of Right », *BTR* 1997, n°5, p. 481.

contribuable (*Taxpayer Advocate Service*)[596]. En outre, a été effectué un transfert de la charge de la preuve du contribuable à l'IRS dans un conflit civil. La loi relative à la réforme et à la restructuration de l'IRS (*IRS Restructuring and Reform Act of 1998 : RRA*) du 22 juillet 1998[597] a changé la structure de l'administration ainsi que la manière dont celle-ci agit vis-à-vis du contribuable et de ses représentants. La législation ayant pour objectif de faciliter les relations entre le contribuable et l'administration, cette dernière est devenue un service public dont la mission est de satisfaire les besoins du contribuable[598]. La loi de 1998 a considérablement amélioré les relations entre administration fiscale et contribuable. Le taux de vérifications de comptabilité aux Etats-Unis avait légèrement augmenté, passant de 2,36% en 1991 à 2,99% en 1992[599]. En revanche, depuis la réforme de 1998, ce taux est retombé[600].

286. Toujours dans cette recherche d'amélioration du système fiscal, en avril 2000, la Chambre des députés américaine (*House of Representatives*) a voté la Déclaration des droits du contribuable 2000[601], dont l'objectif est de protéger la vie privée du contribuable, d'augmenter la justice fiscale et de simplifier le système pour tous les contribuables. Récemment, la Chambre des députés et le Sénat ont voté une proposition de loi relative au bon fonctionnement de l'administration fiscale (*Tax Administration Good Government Act*), dont l'objectif est également de protéger le contribuable[602].

287. Au Royaume-Uni, en août 1991, la *Taxpayer's Charter* a été mise en application. Postérieurement, la *Taxpayer's Charter* a été remplacée par le *Mission Statement* (*Our service commitment to you*). Il est représenté par deux chartes, l'une pour le contribuable (IR 167) et l'autre pour les cotisants aux régimes de sécurité sociale. Ultérieurement, l'IR a introduit trois nouveaux codes de conduite[603] et un *Code of Practice for the provision of Information and Advice.* La loi relative aux droits de l'Homme (*HRA 1998*) ayant pour effet d'incorporer dans le droit britannique la majeure partie des dispositions de la Convention européenne des droits de l'Homme[604], prévoit que toutes les

[596] Il existe au moins un défendeur du contribuable local dans chaque Etat, qui est indépendant du service local de l'administration. *How to Get Help With Unresolved Tax Problems*, Publication 1546 ; www.irs.gov/advocate.
[597] Pub. L. No. 105-206.
[598] RRA 1998 § 1002 (a).
[599] IRS Statistics Show Audit Rates Stable for Individuals, Increasing for Others, *Daily Tax*, Rep. No. 108 (June 8, 1993).
[600] IRS Enforcement Drops Sharply, 1999 *TNT* 69-3 (Apr. 9, 1999).
[601] H.R. 4163, TBOR 2000.
[602] H.R. 1528 [108] et Senate 882 [108]. Cette proposition de loi n'est jamais devenue effective
[603] « *Dealing with the conduct of tax investigations* », « *the conduct of inspections of employer' paye records* » et « *compensation for serious delays or mistakes* ».
[604] Dans le système « *dualiste* » britannique, les traités ne sont pas d'application directe et les dispositions de ceux-ci doivent être incorporées en droit national par une loi. Autrement dit, les

autorités publiques, y compris l'IR et le *Customs and Excise*, agissent en conformité avec les dispositions de la Convention européenne des droits de l'Homme[605].

II - La situation en Chine

288 Les traditions d'une culture se composent de niveaux différents : matériels, réglementations, coutumes, valeur et morale. La Chine actuelle a beaucoup évolué dans l'apparence, les techniques et certaines coutumes. En revanche, la valeur et la morale des chinois n'ont pas beaucoup évolué. Si la naissance du droit occidental est étroitement liée à la lutte des bourgeois contre les nobles, le droit chinois est issu de l'étude de la vie quotidienne des chinois par le philosophe Kongzi. La société chinoise n'est pas fondée sur le droit, mais sur la morale. La culture juridique chinoise encourage ses citoyens à respecter les règles de la morale, au lieu des règles juridiques. Ces derniers sont donc habitués à vérifier si leurs agissements correspondent aux exigences de la morale sans prendre en considération la norme juridique. Une telle tradition a pour effet de restreindre le développement des droits de l'individu, contrairement à la culture juridique occidentale où le respect des droits de l'individu a une place très importante.

289. En Chine, les obligations sont toujours supérieures aux droits et le bénéfice des droits est conditionné par l'accomplissement des obligations. D'où un déséquilibre entre droits et obligations. En outre, la culture juridique traditionnelle chinoise ne met pas l'accent sur l'individu, mais sur la collectivité. La valeur d'un individu est limitée par le poids de la collectivité. Les droits des individus sont toujours négligés alors que dans les pays occidentaux, les droits de l'individu et les règles de droit entretiennent une relation plus étroite. La culture juridique chinoise préfère la stabilité de la collectivité alors que la culture occidentale demande le respect des droits de l'individu.

290. Les lacunes en matière de garanties des droits du contribuable chinois sont nombreuses. D'une part, les atteintes aux droits du contribuable causées par l'administration fiscale au cours de contrôles ne sont pas sanctionnées. D'autre part, il faut relever l'absence totale de droit à l'information et de dialogue entre administration et contribuable dans la phase administrative. Cependant, les

---

normes de droit international n'ont un effet en droit interne qu'après transformation. Voir Lorenzo ZUCCA, « Human Right Act 1998 : point de vue d'un juriste continental », *L'Astrée*, juillet 2000, n° 11, p. 22. Ainsi, par exemple, à la suite du fameux arrêt Funke c/France de la CEDH, la *House of Lords* n'a pu appliquer la Convention européenne des droits de l'Homme parce qu'elle n'avait pas encore été incorporée dans l'ordre juridique interne britannique au moyen d'une loi (11 juin 1992, Regina v. Director of Serious Fraud Office, Ex p. Smith, [1992] 3 *WLR* 66 HL).

605 HRA 1998, section 6 (1).

procédures fiscales chinoises ont fait l'objet de multiples réformes ces dernières années. Pour la première fois, la Constitution chinoise a mentionné expressément que le respect des droits de l'Homme constitue une obligation des administrations chinoises[606]. D'autres mesures ont également été mises en place, par exemple, la loi relative au contentieux administratif (1989), la loi relative aux responsabilités de l'Etat (1994), la loi relative aux sanctions administratives (1996), la NLAPI (2001)[607], la circulaire provisoire relative au recours administratif (2004)[608], le règlement relatif à la communication des informations des administrations (2007), etc.

Conclusion du chapitre I

291. Les garanties du contribuable trouvent leurs sources tant dans les textes nationaux et internationaux que dans la jurisprudence nationale et européenne. Ces garanties n'ont jamais cessé d'évoluer. La tendance est à la recherche continue d'un équilibre entre les droits de l'administration et les garanties du contribuable, et ce, dans les quatre pays comparés. Cependant, la situation reste encore insatisfaisante, notamment en Chine.

---

606 L'article 33, al. 3 de la Constitution chinoise dispose que l'Etat respecte et protège les droits de l'Homme.

607 NLAPI, CPANP, le 28 avril 2001, entrée en vigueur le 1er mai 2001.

608 Circulaire provisoire relative au recours administratif, SAT, circulaire n° 8, publiée le 24 février 2004, entrée en vigueur le 1er mai 2004.

Chapitre II – Les spécificités des garanties du contribuable vérifié pour des raisons fiscales

292 Afin d'étudier les garanties du contribuable dans la vérification de comptabilité, sont prises en compte non seulement les garanties consacrées expressément par le législateur, mais aussi les garanties de toute nature. Ces garanties sont spécifiques car celles-ci sont rattachées aux pouvoirs accordés aux agents des impôts dans la vérification de comptabilité. Pour la doctrine administrative française, les garanties du contribuable sont le « *contrepoids* » des pouvoirs de contrôle et de redressement que la loi accorde aux agents des impôts et le champ d'application des garanties est essentiellement constitué par les pouvoirs qu'elles limitent [609]. La jurisprudence française considère également que des garanties de procédure s'attachent spécifiquement aux pouvoirs dont l'exercice risque de porter atteinte aux droits du contribuable, et qu'il est donc interdit que les garanties accordées à l'entreprise vérifiée dans le cadre d'une vérification de comptabilité soient étendues à des cas autres que la vérification de comptabilité[610]. Les spécificités des garanties du contribuable vérifié pour des raisons fiscales sont tantôt liées à la nature du droit fiscal (Section I) tantôt à la procédure poursuivie (Section II).

Section I – Les spécificités liées à la nature du droit fiscal

293. Le droit fiscal est formaliste et complexe. Le formalisme est notamment très présent dans la procédure fiscale (I). De plus, traditionnellement, les auteurs français considèrent que le formalisme fiscal en matière de contrôle et de redressement fiscal a pour finalité de protéger les droits et garanties du contribuable et de rechercher un équilibre entre l'efficacité de l'action fiscale et les droits du contribuable. La complexité du droit fiscal constitue le premier obstacle rencontré par le contribuable. Le conflit entre les pouvoirs et les garanties respectifs de l'administration et du contribuable résulte très souvent de cette complexité du système fiscal (II). La tendance actuelle est à la simplification du droit fiscal.

I – Le formalisme du droit fiscal

294. La jurisprudence française a construit une théorie du formalisme fiscal basée sur deux fondements juridiques. Le premier est tiré de la lettre de la loi et le second repose sur le principe selon lequel le juge est tenu de veiller à l'application des dispositions définissant les obligations formelles imposées à l'administration dans l'exercice de son pouvoir d'imposition. Ces formalités d'origine prétorienne sont considérées comme imposées par la nécessité de respecter les droits de la défense. Pour la doctrine française, le formalisme est

---

609 D.A. 13 L.13 du 1er mai 1975.

610 CE, Plén., 9 janvier 1981, req. n° 19229 : *DF* 1981, n° 23, comm. 1227.

favorable au contribuable. Le formalisme fiscal a cependant ses détracteurs qui estiment que sous couvert d'intérêt du contribuable, l'administration ne fait qu'exercer son pouvoir de contrôle dans les meilleures conditions possibles. Il s'agit de mettre en balance la nécessité de rendre effectives les garanties procédurales et la nécessité de ne pas entraver l'action de l'administration fiscale. En réalité, la notion de formalisme procédural recouvre des procédés permettant à la fois de simplifier le travail de l'administration et de garantir les droits du contribuable.

II – La complexité du droit fiscal

295. La portée et la complexité du droit fiscal rendent quasiment certain que le contribuable rencontre des obstacles procéduraux, techniques ou bureaucratiques. « *Comment*, s'exclamait un sénateur français, *peut-on encore dire que nul n'est censé ignorer la loi devant de tels monuments d'obscurité et de complexité ?* »[611]. Le rapport annuel pour 2004 du Conseil au contribuable (*National Taxpayer Advocate 2004 annual report to Congress*) aux Etats-Unis souligne également l'impact de la complexité du droit fiscal sur les relations entre administration et contribuable. Au Royaume-Uni, il est considéré que le système fiscal doit être compréhensible et la manière de gérer un tel système, équitable[612].

296. La complexité du droit fiscal empêche l'instauration d'une véritable confiance entre autorité fiscale et contribuable. Un sentiment d'impuissance face à l'administration[613], aggravé par la complexité des textes, nourrit l'impression d'arbitraire. Le désir de simplifier le système fiscal afin de rendre plus facile l'exécution de ses obligations fiscales est de plus en plus fort chez le contribuable. Récemment, il y a eu de nombreuses réflexions relatives à la simplification du droit fiscal. Il est possible de supprimer ou de modifier les dispositions secondaires. Par ailleurs, la lisibilité des normes peut être améliorée afin de rendre la loi fiscale plus facilement compréhensible. L'association de représentants des contribuables sur la réflexion du droit fiscal est très active au Royaume-Uni[614] et aux Etats-Unis[615]. En revanche, ces organismes indépendants chargés de produire des analyses sur la fiscalité n'ont pas

[611] Sénateur Virapoulle, *Discussion du projet de loi relatif aux garanties de procédure accordées au contribuable*, Débat Sénat, séance du 27 octobre 1977, p. 2460.

[612] Chris WHITEHOUSE, *Revenue Law – principles and practice*, 20e édition, Tolley Lexisnexis UK, [2.21], p. 16.

[613] Loïc PHILIPE, *Droit fiscal constitutionnel*, Collection Finances Publiques, Paris : Economica, 1990, p. 82.

[614] Il s'agit de l'*Institute for Fiscal Studies (IFS)* animé par une trentaine de personnes. Il a créé également le *Tax Lax Review Committee* en 1994.

[615] Il s'agit de la *National Tax Association* créée en 1907. Cette association publie une revue reconnue le *National Tax Journal*.

d'équivalent en France, le Conseil des impôts français ayant des moyens limités sur ce point.

297. Face à la complexité du droit fiscal, comment assurer les droits du contribuable vérifié ? D'abord, il faut que le contribuable ait accès à certaines informations (A). Ensuite, l'assistance au contribuable est considérée comme une des principales missions de l'administration[616] (B). Enfin, le contribuable doit être informé de ses droits et obligations (C).

A/ Le droit d'accès du contribuable à certaines informations

298. L'information joue un rôle important dans les relations entre contribuable et administration fiscale. D'une part, pour le contribuable, une information précise et sûre soit théorique soit pratique est une nécessité et le concept d'« *accès* » est fondamental pour l'efficience de ses droits[617]. D'autre part, pour l'administration fiscale, l'information est le premier devoir d'un service public. Ainsi, une loi bien connue et bien comprise sera bien appliquée[618].

299. En France comme aux Etats-Unis, il existe une législation relative à la communication des documents détenus par les administrations : la loi n° 78-753 du 17 juillet 1978 portant diverses mesures d'amélioration des relations entre l'administration et le public en France et le *Freedom of Information Act* (FOIA) aux Etats-Unis. Tel n'est pas le cas tant au Royaume-Uni qu'en Chine. Au Royaume-Uni, il n'y a pas de texte similaire à celui relatif à la liberté d'information américain. Au contraire, tant la législation que la pratique britanniques révèlent une longue tradition de secret officiel[619]. En Chine, le secret administratif est encore plus fort, il existe une loi relative au secret administratif, mais pas de loi relative au droit à l'information du citoyen. À cet égard, il faut saluer la publication le 5 avril 2007 d'un règlement relatif à la communication des informations des administrations[620]. En matière fiscale, les textes chinois prévoient que le contribuable est en droit de demander à l'administration fiscale de lui fournir les textes législatifs, réglementaires et administratifs ainsi que les renseignements relatifs à la procédure fiscale[621] sans

616 Guy DELORME, « Rapport général », in : *Le dialogue entre l'administration fiscale et le contribuable jusqu'au dépôt des déclarations fiscales*, Cahiers de droit fiscal international, vol. LXVa, 1er sujet (IFA, 34e congrès, Paris, 1980), Kluwer, p. 17.

617 Selon l'expression de Guillaume GOULARD, l'accès aux documents administratifs est un « *instrument de défense apprécié, quelque chose comme la contrepartie pour (...) la société concernée des pouvoirs d'investigation de l'administration fiscale* », in : « L'accès aux documents administratifs, quelle portée pour le contribuable ? », *RJF* 6/1993, p. 447.

618 Guy DELORME, « Rapport général », in : *Le dialogue entre l'administration fiscale et le contribuable jusqu'au dépôt des déclarations fiscales*, p. 16.

619 Cette situation ne résulte pas seulement des règles disciplinaires applicables aux membres du Gouvernement et à ses personnels, mais aussi des dispositions des lois relatives au secret officiel.

620 Conseil des affaires d'Etat, n° 492. Le règlement entrera en vigueur le 1er mai 2008.

621 NLAPI, art. 8, al. 1.

toutefois en préciser les modalités pratiques d'application ou les sanctions en cas de refus de communication opposé par l'administration.

300. En France, en ce qui concerne l'accès aux documents administratifs, il convient de distinguer les documents non nominatifs des nominatifs. Concernant les documents non nominatifs, l'accès est limité afin de protéger la confidentialité lorsqu'un intérêt supérieur l'exige[622]. S'agissant des documents nominatifs, ceux-ci ne peuvent être communiqués qu'aux personnes concernées à condition que la communication ne porte pas atteinte à la recherche des infractions fiscales. La communication n'est pas accordée si les documents sont couverts par un secret. La situation est meilleure aux Etats-Unis où la loi relative à la liberté d'information (*FOIA*) joue un rôle essentiel dans la transparence des opérations de l'IRS. Cette loi permet à toute personne de demander l'accès à certaines informations sans être tenue d'en démontrer le motif[623]. Le Congrès a cependant reconnu que certaines informations n'étaient pas soumises à l'obligation de communication afin de ne pas nuire à d'autres intérêts importants, y compris la vie privée du contribuable[624]. Dans toutes les procédures, c'est l'administration qui a la charge de la preuve que l'information demandée n'est pas soumise à l'obligation de divulgation.

B/ Le droit à l'assistance du contribuable

301. Le contribuable peut se faire assister tant par l'administration fiscale que par les conseils fiscaux. S'agissant de l'assistance fournie par les conseils fiscaux, en France[625], aux Etats-Unis[626] comme en Chine[627], les conseillers fiscaux bénéficient d'une reconnaissance officielle et sont soumis à un statut légal. En revanche, au Royaume-Uni, aucune disposition légale ne fixe les modalités d'exercice des activités des conseillers fiscaux.

---

622 CE, 23 octobre 1990, n° 107813, Magnez : *RJF* 12/1991, n° 1563.
623 Department of the Air Force v. Rose, 425 U.S. 352, 361(1976).
624 Voir 5 USC § 552(b)(3).
625 Le statut des conseillers fiscaux a été initialement défini par la loi du 31 décembre 1971.
626 Le Congrès américain a voté le *Tax Reform Act* en 1976 pour réglementer la profession de conseiller fiscal. Aux Etats-Unis, le droit de se faire assister d'un conseil est garanti par l'APA.
627 En Chine, La pratique de conseiller fiscal a commencé en 1985 et a été légalisée par la première loi sur l'administration et la perception de l'impôt de 1992. Ensuite, la création d'une profession de conseiller fiscal a été réalisée par le règlement provisoire instituant la profession de conseiller fiscal (Ministre des cadres en coopération avec le SAT [1996] 116) en 1996 et le procédé d'organisation des concours à la profession de conseiller fiscal (Ministre des cadres en coopération avec le SAT [1999] 4) en 1999. Le dernier acte en date intéressant cette profession est le règlement provisoire relatif aux conseillers fiscaux (SAT [2005] 14) applicable à partir du 1er février 2006. À la fin 2005, il y a 2 893 cabinets de conseillers fiscaux, regroupant 21 000 conseillers inscrits (Avis indicatif relatif au développement de la profession de conseiller fiscal inscrit pendant « 11ème cinq ans », SAT [2006] 115, 31 juillet 2006 et quelques avis relatifs au développement renforcé de la profession de conseiller fiscal inscrit, SAT [2006] 58, 12 avril 2006).

302. La profession de conseiller ou de mandataire fiscal (*Shuiwu Daili*)[628] est apparue en Chine à l'initiative de l'administration fiscale. La plupart des centres ou cabinets de représentation fiscale ont été initialement créés ou gérés par les autorités fiscales. L'intervention des autorités fiscales dans cette profession est constante, l'exercice des activités doit être autorisée par l'administration, la qualité de conseiller fiscal doit être examinée et reconnue par celle-ci, les modalités de rétribution doivent être approuvées par celle-ci, les activités des conseillers fiscaux doivent être réglementées et soumises aux restrictions légales. Les conseillers fiscaux sont donc considérés par les contribuables comme les « *centres bis* » des impôts. Outre la question de sa dépendance par rapport à l'administration fiscale, aucun texte législatif ou réglementaire ne précise le régime de responsabilité des conseillers fiscaux. Il en résulte que le rôle du conseiller fiscal en Chine est très éloigné de celui de ses homologues étrangers. Les contribuables chinois portent un intérêt très faible à la profession de conseil ou de mandataire fiscal : seuls 9% d'entre eux font appel à ce type de prestataires[629]. L'autorité chinoise encourage pourtant le développement de cette profession[630]. Un texte de nature législative ou réglementaire est très attendu sur ce point afin de résoudre le problème d'indépendance et de responsabilité du conseiller.

303. Quant à l'assistance fournie par l'administration fiscale elle-même, il s'agit d'une nouvelle philosophie de gestion des impôts, qui participe de l'acceptation des impôts par le contribuable. Une assistance fiscale est en train de se développer en France. Au sein des trente mesures mises en œuvre pour la période 2004-2005 sur l'amélioration des relations entre administration fiscale et contribuables, figurait la possibilité de bénéficier d'une assistance sur la réglementation fiscale[631].

304. L'assistance fiscale aux Etats-Unis s'est développée de façon notable. Le contribuable américain devant calculer lui-même le montant de ses obligations fiscales, l'administration fiscale lui propose une vérification de ses calculs. L'assistance au contribuable, rencontrant des difficultés pour remplir sa déclaration, est assurée par la *Volunteer Income Tax Assistance*. En outre, les Services de recours disposent de représentants du service clients en vue d'assister le contribuable durant la procédure de recours administratif. Mais la

---

628 La traduction littérale de l'expression *Shuiwu Daili* est « *représentation fiscale* ».

629 Hengqun ZHAO, « Etudes sur l'état actuel et sur les perspectives de la représentation fiscale », *Revue Fiscalité et Economie*, 2000, n° 3. Ding XU, « Le rôle de conseiller ou mandataire fiscal au regard des besoins et des demandes en matière de représentation fiscale », *ITIC* 2006, n° 2, p. 71.

630 Instru. adm. chinoise, SAT [2006] 58, 12 avril 2006, Avis de l'administration fiscale centrale relatifs au développement accéléré et réglementé de la profession de conseiller fiscal immatriculé. Arrêté ministériel du SAT, Méthodes temporaires relatives à la gestion de la profession de conseiller fiscal immatriculé, SAT, n° 14, 30 décembre 2005, entré en vigueur le 1er février 2006.

631 Communiqué MINEFI, 3 novembre 2004.

particularité américaine réside dans la création des Services de conseil au contribuable (*Office of the Taxpayer Advocate*) par la réforme fiscale de 1998 [632] . Le Conseiller National du contribuable (*National Taxpayer Advocate*)[633] a remplacé le Conseiller du contribuable (*the Taxpayer Advocate*), qui lui-même avait remplacé le médiateur du contribuable (*the Taxpayer Ombudsman*). La réforme de 1998 a conféré davantage de pouvoirs au *National Taxpayer Advocate*. Au Royaume-Uni, des services locaux d'aide aux entreprises ont été créés, *les Business Support Teams*, qui permettent aux entreprises de remplir correctement, et dans les délais, leurs obligations sociales et fiscales.

305. Les textes chinois prévoient que l'administration fiscale est tenue de porter à la connaissance du public les textes fiscaux législatifs, réglementaires et administratifs, ainsi que de renforcer la connaissance en droit fiscal des contribuables et de fournir gratuitement des conseils fiscaux aux contribuables[634]. Le principe est excellent mais apparaît en même temps privé de portée au stade de son application pratique. Quels sont en effet les moyens à la disposition du contribuable dans les cas où l'agent de l'impôt refuse de répondre aux demandes de celui-ci ? Les textes sont muets. Tout dépend en définitive de la bonne ou mauvaise volonté de chaque agence ou agent des impôts.

C/ Le contribuable doit être informé de ses droits

306. Les chartes ou déclarations des droits du contribuable se présentent sous des formes diverses. Certaines sont issues de l'administration elle-même et représentent les droits existants. C'est le cas en France et au Royaume-Uni[635]. Normalement elles n'ont pas force de loi. Dans d'autres cas, il s'agit d'une loi. C'est le cas aux Etats-Unis[636]. Force est de constater l'absence d'une telle charte en Chine. Cependant, l'administration fiscale chinoise s'est rendu compte de ce manque par rapport aux droits occidentaux. Déjà le 1er janvier 1997,

---

[632] Les Services de conseil au contribuable ont pour mission d'assister le contribuable pour résoudre ses problèmes avec l'administration, d'identifier ces problèmes, de proposer les modifications dans les pratiques de l'administration afin d'atténuer les problèmes du contribuable et d'identifier la législation appropriée. La section 6212 de l'IR Code dispose que la notification de redressement doit informer le contribuable de son droit de prendre contact avec le Service de conseil ainsi que de l'adresse et des coordonnées téléphoniques de ce dernier. Au cours de l'entretien initial avec le contribuable, le Service de conseil au contribuable doit aviser le contribuable qu'il est indépendant des services de l'administration fiscale et qu'il rend ses rapports au Congrès.

[633] Le directeur du Bureau National de conseil au contribuable est nommé par le ministre des Finances.

[634] NLAPI, art. 7.

[635] *United Kingdom's Taxpayer Charter.*

[636] Par exemple, *Omnibus Taxpayer Bill of Rights Act*, Title VI, Subtitle J, Pub. L. No. 100-647, 102 Stat. 3730 (1988) (USA).

l'administration fiscale locale de Pékin avait publié l'« *Annonce des droits du contribuable et des obligations de l'administration* » énumérant dix droits du contribuable et onze obligations pesant sur les agents des impôts. En 2005, la « *norme temporaire relative au service contribuable* » publiée par le SAT a établi le principe selon lequel les administrations fiscales sont tenues d'une obligation de transparence et d'information en matière de contrôle fiscal[637], plus précisément en cas de contrôle, celles-ci sont tenues d'informer le contribuable de son droit de former un recours administratif ou juridictionnel, demander une indemnité administrative et solliciter une entrevue[638]. Mais la portée de cette norme est limitée. D'une part, la norme ne précise pas de sanctions en cas de non respect et, d'autre part il s'agit d'une circulaire administrative et non d'une loi.

307. En France, la Charte du contribuable vérifié retrouvait en fait une note administrative du 12 juin 1958 qui faisait état de la décision de communiquer, aux contribuables faisant l'objet d'une vérification de comptabilité, une brochure appelée « *Aide-mémoire du contribuable* ». La charte a été finalement instituée le 19 juin 1975[639]. Ensuite, la Charte fut intitulée en 1986 « *Les droits du contribuable vérifié* ». Finalement, l'obligation de remettre au contribuable un récapitulatif de ses droits et obligations sous forme de charte fût imposée par la loi dite Aicardi en date du 8 juillet 1987. Peu d'administrations autres que les services fiscaux ont mis en œuvre d'aussi longue date un ensemble d'informations sur l'action du service public[640]. Par ailleurs, même si une Charte similaire a été élaborée par des services autres que fiscaux, la remise n'en est pas systématique comme en matière fiscale. La question est de savoir si la Charte a une valeur juridique. Pour l'administration, elle n'est qu'un « *exposé des règles de droit issues des lois, des textes réglementaires et de la jurisprudence auxquels se conforme l'administration dans l'exercice de sa mission de contrôle* »[641]. Cependant pour le législateur, elle est un engagement de l'administration dont le contribuable peut se prévaloir à l'encontre de l'administration[642].

308. Un document équivalent existe tant aux Etats-Unis qu'au Royaume-Uni. La publication américaine, «*Your Rights as a Taxpayer*», est remise à tous les

---

[637] Art. 17 de la norme temporaire relative au service contribuable, SAT [2005] 165 du 16 octobre 2005.
[638] Art. 20 de la norme temporaire relative au service contribuable, SAT [2005] 165.
[639] *DF* 1975, n° 32-37, comm. 1133.
[640] La COB a établi un document intitulé « *Vos droits à l'occasion d'une enquête de la Commission des opérations de Bourse* », l'AMF « *Charte de conduite d'une mission de contrôle sur place* » et les URSSAF, la « *Charte du cotisant* » et la « *charte du cotisant contrôlé* ».
[641] Ministère de l'économie, des finances et de la privatisation, *Les procédures de contrôle fiscal*, Journée d'études et d'information de Strasbourg du 24 novembre 1987, p. 18.
[642] LPF, art. L. 10.

contribuables vérifiés et, de façon systématique, expose les droits du contribuable, ainsi que la confidentialité, les services de l'administration, les conseils fiscaux, les voies de recours administratif et juridictionnel. Au Royaume-Uni, l'administration fiscale des droits directs et celle des droits indirects diffusent un document commun intitulé « *Notre engagement de services* ». Mais la remise d'un tel engagement n'a pas uniquement pour but d'informer le contribuable de ses droits mais de mieux faire respecter la loi fiscale par celui-ci. La situation est très différente en France, où la remise d'une Charte est considérée comme une obligation unilatérale de la part de l'administration fiscale au bénéfice des contribuables.

Section II – Les spécificités liées à la procédure poursuivie

309. L'administration fiscale n'étant pas un secteur privé, les procédures fiscales sont spécifiques. Le principe d'indépendance des procédures d'imposition joue un rôle essentiel en matière fiscale car il influe considérablement sur la portée effective des erreurs de procédure (I). L'influence des droits européen et communautaire reste encore très faible en matière de vérification de comptabilité (II). Comme le relève un auteur, « *le droit d'imposer, prérogative régalienne liée à la souveraineté, ne s'exerce pas sans contrôle du juge* »[643], la protection des droits du contribuable est traditionnellement envisagée sous l'angle juridictionnel, le recours au juge constitue une forme naturelle de protection du contribuable (III).

I – L'indépendance des procédures administratives et répressives

310. En droit français, un même contribuable peut à la fois être poursuivi devant la juridiction répressive sur le fondement de l'article 1741 du CGI et se voir imposer par l'administration des majorations en application de l'article 1729 du même Code. C'est également le cas des trois autres pays comparés. La question est de savoir si les deux procédures sont indépendantes l'une de l'autre. Le juge français considère que les poursuites par la juridiction répressive sont, par leur nature et leur objet, différentes et indépendantes de celles de l'administration fiscale dans le cadre du contrôle fiscal, car les premières visent à sanctionner un comportement frauduleux ou délictueux tandis que les deuxièmes tendent à établir le quantum de l'impôt et le recouvrement des impositions éludées[644]. La CEDH retient la même solution[645].

---

[643] Daniel RICHER, *Les droits du contribuable dans le contentieux fiscal*, Paris : LGDJ, 1997, Introduction, p. 9.

[644] Cass. crim., 24 mai 1967, n° 92376/63 : *Bull. crim.*, 1967, n° 163, p. 384 ; - 16 mai 1968 : *Bull. crim.*, 1970, n° 161, p. 391 ; *JCP éd. G* 1969, II, 15803 ; - 28 janvier, 9 avril et 4 juin 1970 : *Bull. crim.*, n° 186, p. 444 ; *D.* 1970, *Juris.*, p. 755 ; - 9 avril 1970, n° 92282/68 : *Bull. crim.*, 1970, n° 114, p. 262 ; - 12 mai 1976 : *Bull. crim.*, n° 154, p. 382 ; - 29 mars 1978 : *Recueil de jurisprudence*, n° IV, p. 202 ; - 1er octobre 1979, *Recueil de jurisprudence*, n° IV, p. 226 ; - 11 janvier 2006, n° 05-82.674, F-P+F, S, S. : *DF* 2007, n° 19, comm. 498. Voir aussi T. confl., 5 juillet 1951 : *Rec., CE*, 1951, p. 638. En conséquence, il n'appartient pas au juge répressif de

311. Ceci étant, l'article 4 du protocole n° 7 à la Convention européenne des droits de l'Homme prohibe la double sanction. Par ailleurs, l'article 14 § 7 du Pacte international relatif aux droits civils et politiques du 19 décembre 1966 de New York prévoit également la règle d'interdiction de la double sanction (*non bis in idem*). Il s'agit alors de savoir quelle est la portée du principe d'indépendance des procédures administratives et répressives en matière fiscale (A), et si le principe d'interdiction de la double sanction s'applique en cas de sanctions fiscales et pénales prononcées par l'administration et par des tribunaux répressifs (B).

A/ La portée du principe d'indépendance des procédures administratives et répressives

312. Dans un premier temps, pour la Cour de cassation, le juge pénal statuait quelle que soit la décision du juge de l'impôt[646] . En d'autres termes, le juge pénal déterminait selon les modes de preuve propres à la procédure pénale[647]. Ce principe avait pour conséquence d'empêcher le juge répressif de prendre en compte le non respect par l'administration fiscale des garanties énumérées aux articles L. 47 et suivants du LPF, ces obligations et formalités ne concernant que la procédure administrative de vérification. Le juge répressif était donc privé de la possibilité de tenir compte de l'annulation de la procédure fiscale par le juge de l'impôt. Cette conception stricte de l'indépendance des procédures a d'ailleurs été reprise par le Conseil d'État[648]. Par conséquent, l'indépendance respective des instances pénales et fiscales permettait à l'administration d'obtenir de la juridiction répressive la sanction d'infractions fiscales quelle qu'ait été son attitude au stade de la procédure administrative de contrôle fiscal. Cette doctrine était en réalité contestable car il était paradoxal que l'administration soit tenue d'une obligation de respecter les droits de la défense, mais que le juge répressif ne puisse en contrôler le respect alors qu'aux termes de la Constitution française de 1958, il est garant des libertés individuelles. Une violation des droits de la défense en amont, lors du contrôle fiscal, devrait influencer la validité de la procédure pénale en aval.

---

rétablir les valeurs permettant de déterminer l'assiette de l'impôt dont la fixation relève de la seule compétence de l'administration sous le contrôle des juridictions administratives (Cass. crim., 18 octobre 1973, Hostin, n° de pourvoi 72-93482 : *Bull. crim.*, n° 368, p. 902).

645 CEDH, 11 janvier 2000, n° 41544/98 : *RJF* 3/2001, n° 426.

646 Cass. crim., 18 novembre 1976, n° 75-92805 : *Bull. crim.*, 1976, n° 332, p. 846 ; - 6 juin 1977 : *Bull. crim.*, n° 203, p. 505, jugé que les décisions des juridictions administratives ne peuvent avoir au pénal l'autorité de la chose jugée et ne sauraient s'imposer à la juridiction répressive.

647 Cass. crim., 13 juin 1996, n° 95-83386 : *DF* 1996, n° 47, comm. 1434 ; *RJF* 4/1997, n° 388 ; - 8 février 2006, n° 05-83.493 : *DF* 2006, n° 20, comm. 407.

648 CE, sect., 6 décembre 1995, n° 90914, Navon et n° 126826, SA Samep : *DF* 1996, n° 7, comm. 203 ; *RJF* 1/1996, n° 61 et 62, chron. de Guillaume GOULARD, p. 2 ; - 24 novembre 1997, n° 171929, Sté Amibu Inc : *DF* 1998, n° 8, comm. 128 et p. 277, concl. de Gilles BACHELIER ; *RJF* 1/1998, n° 65 ; *RFD adm.*, 1998, p. 978 ; *JCP éd. E* 1998, n° 4, p. 108 ; *D.* 1998, *juris.*, p. 159.

313. Depuis 1977, a été affichée une volonté d'aligner les garanties offertes au contribuable sur celles offertes par la loi pénale. En 1978, la Cour de cassation est revenue sur sa position en jugeant que toute atteinte portée à l'article L. 47 du LPF, à savoir la remise d'un avis de vérification l'informant notamment du droit pour le contribuable vérifié de se faire assister d'un conseil de son choix, était de nature à entraîner la nullité de la procédure pénale[649]. Mais ce n'est qu'en 1992 que la Cour de cassation a fondamentalement modifié sa position[650]. Celle-ci sanctionne désormais, malgré le principe d'indépendance des procédures, les atteintes aux droits de la défense chaque fois que les garanties essentielles des droits de la défense ont été violées, ainsi, du défaut d'aviser le contribuable vérifié de sa faculté de se faire assister d'un conseil de son choix[651], ou de l'inobservation ou de l'absence d'un débat oral et contradictoire lors de l'examen des pièces comptables[652].

314. La question qui se pose alors est de savoir quel est l'impact sur la procédure pénale des autres irrégularités qui peuvent affecter les opérations d'imposition. Jusqu'en 1997, l'absence d'information du contribuable de sa faculté de se faire assister par un conseil et l'absence de débat oral et contradictoire étaient les seules irrégularités affectant les opérations administratives préalables à l'engagement de poursuites pénales pour fraude fiscale susceptibles de conduire à l'annulation de la procédure par le juge répressif[653]. Les autres moyens étaient irrecevables devant le juge répressif. La jurisprudence a évolué en 2000, où il a été jugé que l'exercice de la vérification de comptabilité en l'absence du représentant de l'entreprise vérifiée[654] et l'absence d'envoi ou de remise de l'avis de vérification à l'entreprise vérifiée[655] conduisaient également à l'annulation de la procédure pénale par le juge répressif[656].

---

[649] Cass. crim., 4 décembre 1978, n° 77-93423, Venutolo : *Bull. crim.*, n° 340, p. 887 ; *DF* 1979, n° 25, comm. 1297 ; *JCP éd. E* 1979, II, 1283 ; *JCP éd. G* 1979, II, 19124, note de Gilbert TIXIER et Jean-Marie ROBERT ; *D.* 1979, *juris.*, p. 91, note de J. COSSON.

[650] Cass. crim., 23 novembre 1992, req. n° 90-86657, Sztergbaum : *DF* 1993, n° 20, comm. 1059, note de Gilbert TIXIER et Thierry LAMULLE ; *RJF* 2/1993, n° 290 ; *JCP éd. E* 1993, II, 49[illegible]. Cass. com., 23 novembre 1992 : *RJF* 2/1993, n° 293.

[651] Cass. crim., 21 janvier 1991, n° 90-82296 : *D.* 1992, 6ᵉ cahier, *juris.*, p. 65, note de Gilbert TIXIER et Thierry LAMULLE ; - 28 février 1994, n° 93-81252 : *DF* 1994, n° 27, comm. 1346 ; *RJF* 5/1994, n° 650 ; - 24 avril 1984 : *RJF* 6/1986, n° 664.

[652] Cass. crim., 23 novembre 1992, n° 93-86657, Sztergbaum. Cass. com., 23 novembre 1992.

[653] Cass. crim., 9 octobre 1997, n° 5385, Bonnafous : *RJF* 12/1998, n° 1501.

[654] Cass. crim., 1ᵉʳ mars 2000, n° 98-85818 : *RJF* 4/2001, n° 555.

[655] Cass. crim., 1ᵉʳ mars 2000, n° 99-82532 : *RJF* 4/2001, n° 555.

[656] On notera cependant que la Cour de cassation a jugé en 2006 que la non-communication de pièces que l'administration a obtenues auprès de tiers dans le cadre du droit de communication (LPF, art. L. 81) n'entrait pas au nombre des irrégularités que le juge répressif est fondé à contrôler et sanctionner (Cass. crim., 22 février 2006, n° 05-85.092 F-P+F : *DF* 2007, n° 12, comm. 316).

315. Il est paradoxal que le juge pénal ne sanctionne que les atteintes aux droits de la défense, alors que le juge de l'impôt dispose d'une conception plutôt large des irrégularités substantielles dont la sanction est la décharge de l'ensemble des impositions. Le juge de l'ordre judiciaire, en tant que gardien de la liberté des individus, protège moins le contribuable que le juge de l'ordre administratif. Il semble logique de maintenir le principe d'indépendance des procédures en raison de l'autonomie des deux procédures, tout en l'assouplissant. D'abord, la conception d'indépendance des procédures est trop étroite et il faudrait la faire évoluer. Ensuite, la position du juge judiciaire devrait évoluer en ce qui concerne les atteintes à la régularité de la procédure poursuivie par l'administration. En pratique, les deux juridictions ont dû assouplir leurs positions respectives, mais leurs décisions ne s'imposent pas à l'autre ordre saisi des mêmes faits.

B/ L'application du principe d'interdiction du cumul des sanctions

316. En matière fiscale, le problème de la double sanction suscite deux interrogations. Premièrement, existe-t-il une interdiction générale du cumul des sanctions répressives et administratives (1)? Deuxièmement, en cas de réponse négative, existe-t-il d'autres formes de limitation du cumul des sanctions de nature administrative et répressive (2)?

1. L'existence de l'interdiction du cumul des sanctions

317. Un principe d'interdiction du cumul de peines existe en droit français. Mais la question est de savoir s'il est applicable dans tous les domaines, en particulier en droit fiscal et s'il a une valeur absolue. En 1982, le Conseil constitutionnel a considéré que le principe avait uniquement valeur de principe général du droit et non valeur constitutionnelle, que le législateur pouvait y déroger et qu'il était consacré uniquement à la matière pénale[657]. Le Conseil d'Etat rejette l'interdiction du cumul de sanctions pénales et fiscales pour deux raisons. La première raison en est que les deux types de sanctions n'ont pas la même nature et le principe *non bis in idem* ne fait donc pas obstacle à leur cumul[658]. La deuxième raison en est que la portée de l'article 14 § 7 du Pacte

[657] CC, 30 juillet 1982, n° 82-143 DC : *Rec.*, p. 57 ; *JORF*, 31 juillet 1982, p. 2470 ; *RA* 1983, p. 247 (I) et p. 360 (II), note de Michel DE VILLIERS ; *RDP* 1983, p. 333, note de Louis FAVOREU ; *D.* 1984, *IR*, p. 473, note de Léo HAMON.

[658] CE, 9 mai 1990, n° 113056, Halff : *DF* 1991, n° 14, comm. 774 ; *RJF* 7/1990, n° 896. Mais sous l'influence de l'arrêt Bendenoun, le Conseil d'Etat a admis postérieurement que les sanctions pénales et administratives procédaient d'une même intention punitive et qu'elles ne se distinguaient ni par leur nature ni par leur objet (Rapport public du CE, *Pouvoirs de l'administration dans le domaine des sanctions* ; CE, Avis, 31 mars 1995, sect., n° 164008, SARL Auto-Industrie Méric : *DF* 1995, n° 18-19, comm. 1006 ; *RJF* 5/1995, n° 623 ; *AJDA*, 20 octobre 1995, p. 739). En 1997, le commissaire du Gouvernement François LOLOUM a estimé que les sanctions pénales et fiscales avaient une même nature mais poursuivaient un objet différent car les premières sont prononcées dans l'intérêt de la société alors que les secondes le sont dans l'intérêt propre du Trésor public (Concl. sur Avis CE, 4 avril 1997, n° 183658 : *BDCF* 3/1997, n° 62).

international relatif aux droits civils et politiques du 19 décembre 1966 de New York est limitée aux infractions pénales poursuivies devant une juridiction répressive[659].

318. Quant à la Cour de cassation, elle refuse également de reconnaître la règle de non cumul de sanctions pénales et administratives en matière fiscale. Le premier fondement de la Cour de cassation est constitué par les réserves faites par la France en marge du protocole n° 7 additionnel à la Convention européenne des droits de l'Homme où il est précisé que la règle *non bis in idem* ne trouve à s'appliquer que pour les infractions relevant en droit français de la compétence des tribunaux statuant en matière pénale, mais pas au prononcé de sanctions fiscales parallèlement aux sanctions infligées par le juge répressif[660]. Le deuxième fondement de la Cour de cassation à ce refus est que l'article 14 § 7 du Pacte international de New York ne trouve à s'appliquer que dans le cas où une même infraction pénale, ayant déjà donné lieu à un jugement définitif de condamnation ou d'acquittement, ferait l'objet d'une nouvelle poursuite[661].

319. La Commission européenne des droits de l'Homme a estimé qu'il était «*interdit de condamner plusieurs fois une personne pour le même comportement*»[662]. Mais postérieurement, quand la CEDH a eu l'occasion de se prononcer sur l'application de la règle *non bis in idem* en matière fiscale, elle a conclu qu'il n'y avait pas de double sanction au motif que les éléments constitutifs du délit pénal sont différents de ceux de l'infraction fiscale en

---

Voir CEDH, 24 février 1994, aff. 3/1993/3981/476, Bendenoun, Série A, 284-A : *Rec.*, 1994, vol.284 ; *RJF* 4/1994, n° 503 ; Jean-François FLAUSS, « Actualité de la CEDH », *AJDA* 1994, p.512 ; *LPA* 1994, n° 56, p. 21 ; *JCP éd. G* 1995, II, 22372, note Stefan N. FROMMEL ; *JDI* 1995, n° 3, p. 752.

[659] CE, Avis, 4 avril 1997, n° 183658, Jammet : *DF* 1997, n° 24, comm. 660 ; *RJF* 5/1997, n°469 ; concl. de François LOLOUM, *BDCF* 3/1997, n° 62 ; *Procédures* 1997, comm. 255 ; Olivier FOUQUET, « Cumul des sanctions fiscale et pénales », *RA* 1997, p. 170 ; BOI 13 N-3-97, *il résulte des termes de l'article 14 § 7 que la règle non bis in idem ne trouve à s'appliquer que dans le cas où une même infraction pénale ayant déjà donné lieu à un jugement définitif de condamnation ou d'acquittement ferait l'objet d'une nouvelle poursuite et elle ne fait pas obstacle à ce qu'un contribuable qui a fait l'objet de poursuites du chef de fraude fiscale se voie appliquer par l'administration fiscale les sanctions fiscales.*

[660] Cass. crim., 20 juin 1996, n° 94-85796, Ponsetti : *Bull. crim.*, 1996, n° 268, p. 806 ; *DF* 1997, n° 15, comm. 427 ; *D.* 1997, n° 20, *juris.*, p. 249, note de Gilbert TIXIER et Thierry LAMULLE ; *RJF* 12/1996, n° 1503 ; *RJF* 5/1997, p. 287, note de Stéphan AUSTRY ; *Procédures* 1997, comm.254 ; - 6 novembre 1997, n° 96-86127, Pini Marcel : *DF* 1998, n° 24, comm. 521 ; *RJF* 12/1998, n° 1467 ; *JCP éd. G* 1998, II, 10087, note de Martine CLIQUENNOIS, « Fraude fiscale : cumul des sanctions fiscales et pénales » ; *Procédures*, octobre 1998, comm. 237. Le Royaume-Uni n'a pas encore ratifié le protocole n° 7, de sorte que les droits prévus dans ce protocole ne constituent pas encore des « *convention rights* » au sens de l'*Human Rights Act* 1998. La France a signé le protocole n° 7 le 22 novembre 1984 et l'a ratifié le 17 février 1986. Il est entré en vigueur en France le 1er novembre 1988.

[661] Cass. crim., 6 novembre 1997, n° 96-86127, Pini Marcel.

[662] Comm. EDH, 7 mars 1996, req. n° 20972/92, Raninen c/Finlande : *DR*, vol. 84, p. 17.

d'autres termes, les dispositions relatives aux infractions pénale et fiscale n'ont pas trait à la même infraction[663]. Ce jugement a été perçu comme très décevant par certains auteurs[664].

320. En droit chinois, les cumuls de sanctions administratives et pénales sont nombreux dans les lois. Lors de l'élaboration de la loi relative aux sanctions administratives, malgré le rappel par la doctrine du principe d'interdiction totale du cumul de sanctions, le législateur n'a pas voulu instituer un principe général d'interdiction du cumul des sanctions. En revanche, pour respecter la règle *non bis in idem*, une interdiction du cumul des amendes administratives a été reconnue par la loi[665]. Il ne s'agit que d'un aspect du principe d'interdiction des doubles sanctions. En premier lieu, l'interdiction du cumul portant sur des sanctions administratives prononcées par la même administration sur le même fait une même infraction peut être condamnée à la fois par une administration et un tribunal répressif[666]. Par ailleurs, la loi prévoit que les agissements d'un individu, d'une personne morale ou de tout autre organisme violant les dispositions pénales doivent être poursuivis devant les tribunaux répressifs et que les sanctions administratives ne sauraient remplacer les sanctions pénales[667]. En deuxième lieu, le non cumul ne concerne que l'amende administrative mais pas les autres formes de sanctions administratives. Les sanctions administratives comprennent l'amende, l'avertissement, la confiscation, la suspension d'activité, la détention administrative, etc[668]. Par conséquent, le cumul d'amende administrative avec d'autres types de sanctions administratives reste autorisé. Il en résulte qu'il n'existe de principe d'interdiction du cumul de sanctions en matière fiscale ni en France ni en Chine.

2. La limitation du cumul des sanctions administratives et répressives

321. L'absence d'interdiction des doubles sanctions n'est pourtant pas absolue. En 1989, le Conseil constitutionnel français a déjà considéré qu'aucune règle constitutionnelle n'imposant l'application du principe de non cumul des

---

[663] CEDH, 14 septembre 1999, Ponsetti et Chesnel c/France, n° 36855/97 et 41731/98 : *Rec., CEDH* 1999-VI ; cité par Philip BAKER, « Taxation and the European convention on human rights », *BTR* 2000, n° 4, p. 247. CEDH, 11 janvier 2000, Le Meignen c/France, n° 41544/98 : *RJF* 3/2001, n° 426.

[664] Pascal SCHIELE, « Cumul des sanctions fiscales répressives et des sanctions pénales pour fraude fiscale », *Procédures*, août-septembre 1998, p. 4.

[665] Art. 24 de la loi chinoise relative aux sanctions administratives (votée et promulguée le 17 mars 1996, Président de la République Populaire [63] 1996 et entrée en vigueur à compter du 1er octobre 1996), *une même infraction ne saurait faire plus de deux fois l'objet d'amendes administratives.*

[666] Songnian YING et Huaide MA, *Guide d'étude de la loi relative aux sanctions administratives de la Chine*, Edition du peuple de Pékin, 1996, pp. 144 et 145.

[667] Art. 7 de la loi chinoise relative aux sanctions administratives.

[668] Art. 8 de la loi chinoise relative aux sanctions administratives.

sanctions pénales et administratives, le cumul des sanctions ne devait pas violer le principe de la proportionnalité des peines[669]. Ce principe de proportionnalité a été ultérieurement confirmé[670]. Dans cette optique, pour éviter d'atteindre ces taux de pénalités déraisonnables, le Conseil d'Etat a admis un plafond en ce qui concerne le cumul des pénalités fiscales[671]. En Chine, pour combler l'absence d'interdiction du cumul des sanctions, un système d'imputation a été mis en place pour éviter le cumul des sanctions administratives et pénales tant de contraintes corporelles (détention ou emprisonnement) que pécuniaires. L'article 28 de la loi chinoise relative aux sanctions administratives prévoit que la durée de la détention administrative doit être déduite de la détention pénale éventuellement prononcée ultérieurement. De même, le montant de l'amende administrative déjà acquittée doit venir en déduction du montant de l'amende pénale [672]. Ce principe d'imputation ne concerne pas d'autres formes de sanctions administratives.

322. Pour la CEDH, l'article 4 du protocole n° 7 à la Convention européenne des droits de l'Homme a pour but de prohiber la répétition de poursuites pénales définitivement clôturées[673]. Comment définir le terme « *pénales* » ? Le Conseil d'Etat définit de façon restrictive la notion de « *condamnations pénales* » : « *si les pénalités applicables en cas de mauvaise foi constituent des accusations en matière pénale au sens de l'article 6 de la Convention européenne des droits de l'Homme, elles ne constituent pas des condamnations pénales auxquelles est applicable le principe du non cumul des peines* »[674]. La solution ne manque pas d'ambiguïté. On voit difficilement comment une pénalité issue d'une accusation

---

[669] CC, 28 juillet 1989, 89-260 DC : *Rec.*, p. 71 ; *JORF*, 1er août 1989, p. 9676 ; *RFD adm.* 1989, p. 671.

[670] CC, 30 décembre 1997, 97-395 DC.

[671] CE, sect., 22 avril 2005, Sté Limelight Boy's, req. n° 257254 : André LEFEUVRE, « Une solution prétorienne : le plafonnement du cumul des pénalités fiscales », *LPA*, 2 décembre 2005, n° 240, p. 12 ; *JCP éd. E* 2005, n° 29, comm. 1120.

[672] Art. 28 de la loi chinoise relative aux sanctions administratives. Pour une application jurisprudentielle de cet article, Tribunal populaire de l'arrondissement de Huangshan de la ville de Huangshan de la province d'Anhui, Jihua LI c/Administration fiscale locale de l'arrondissement de Huangshan de la ville de Huangshan (Mingshan ZHU, *Le contentieux administratif en matière fiscale : jurisprudence de référence et application du droit*, p. 1-120). Le contribuable Jihua LI a subi deux amendes administratives distinctes en vertu de l'ancienne loi sur l'administration et la perception de l'impôt et du règlement relatif aux factures. Selon le système d'imputation des sanctions pécuniaires et l'article 55 du décret d'application du règlement relatif aux factures, les actes en violation dudit règlement constituant l'acte de fraude fiscale sont sanctionnés en vertu des dispositions de la loi sur l'administration et la perception de l'impôt. Le tribunal a supprimé l'amende prononcée sur le fondement du règlement relatif aux factures.

[673] CEDH, 23 octobre 1995, série A, n° 328-C, Gradinger c/Autriche : *JCP éd. G* 1996, I, p. 3910, note de Frédéric SUDRE ; in : Vincent BERGER, *Jurisprudence de la Cour européenne des droits de l'homme*, 8e édition, Paris : Sirey, Dalloz, 2002, p. 353.

[674] CE, 28 juillet 1999, n° 185525, Grillet. CAA Lyon, 11 décembre 1996, n° 94-01094, Grillet.

pénale peut ne pas constituer une condamnation pénale. Par ailleurs, le doute sur la validité du cumul des sanctions est renforcé par les deux décisions suivantes. Le Conseil constitutionnel a décidé qu'une sanction administrative de nature pécuniaire ne peut se cumuler avec une sanction pénale[675]. La CEDH estime, quant à elle, que « *les dispositions en cause du Code de la route se distinguent non seulement sur le plan de l'appellation des infractions mais aussi sur celui de leur nature et de leur but (...) l'infraction punie par le Code de la route ne représente qu'un aspect du délit sanctionné par le Code pénal ; néanmoins, les deux décisions litigieuses se fondent sur le même comportement ; partant, il y a eu violation de l'article 4 du protocole n° 7* »[676].

323. Il semble que l'interdiction du cumul des sanctions doive être reconnue et que la double sanction ne soit possible que si les deux pénalités ne sont pas exécutées simultanément, mais seulement la pénalité la plus forte. En France, l'ordonnance n° 2005-1512 a modifié l'article 1729 A 2 du CGI, qui prévoit dorénavant que la majoration pour inexactitude ou omission prévue à l'article 1729 du même code ne se cumule pas avec la majoration pour retard sur la fraction de l'impôt correspondant aux rehaussements mais qu'elle s'y substitue lorsque son taux est supérieur. En Chine, il faudrait modifier la définition de l'interdiction du cumul des sanctions administrative à l'article 24 de la loi relative aux sanctions administratives afin d'assurer une meilleure protection du citoyen.

II – L'influence faible en procédure de contrôle fiscal de la Convention européenne des droits de l'Homme

324. Dans le cadre de la procédure fiscale, on s'intéresse de plus en plus aux droits de l'Homme, la Convention européenne des droits de l'Homme entraîne une réflexion approfondie en matière fiscale. Cette Convention n'est pas par nature étrangère aux relations entre autorité fiscale et contribuable, mais son application en ce domaine demeure restreinte. L'applicabilité de la Convention européenne des droits de l'Homme aux procédures fiscales est un sujet complexe, Cyrille David considérant quant à lui que la portée de la Convention dans ce domaine est loin d'être certaine[677]. Plusieurs questions se posent. Tout d'abord, la Convention deviendrait-elle la Convention européenne des droits de l'entreprise (A) ? Ensuite, la Convention est-elle applicable en matière fiscale

---

675 CC, 23 juillet 1996, n° 96-378 DC : *Rec.*, p. 99 ; *JORF*, 27 juillet 1996, p. 11400 ; *AJDA* 1996, p. 762 ; *RFD const.*, 1996, n° 28, p. 823 ; *LPA*, 11 juin 1997, p. 16 ; *D.* 1998, *somm.*, p. 146.

676 CEDH, 23 octobre 1995, série A, n° 328-C, Gradinger c/Autriche. Voir aussi Comm. EDH, 19 mai 1994, req. n° 15963/90 : *AJDA*, février 1995, p. 142.

677 Note de Cyrille DAVID sur l'arrêt Cass. com., 20 octobre 1998, n° 96-30.134, Hampton Simpson Lynch c/DGI : *RCDIP* 1999, octobre-décembre, n° 4, p. 739. Voir aussi *DF* 1999, n° 10, comm. 205 ; *RJF* 1/1999, n° 45 ; *D.* 1999, n° 18, *juris*. p. 259.

(B) ? Finalement, les articles 6-1, 8 et 10 de la Convention sont-ils applicables en matière de contrôle fiscal (C)?

A/ La Convention européenne des droits de l'Homme serait-elle protectrice des droits de l'entreprise ?

325. L'influence de la Convention n'a pas été réservée uniquement aux seules personnes physiques et la Convention a également pris une importance considérable dans le domaine économique et financier. Certes, la Convention concerne au premier chef les personnes physiques et certains droits garantis leur sont exclusivement attachés (droit à la vie, à l'intégrité physique ou morale, etc). Mais elle vise également les entreprises notamment les personnes morales en tant que titulaires de droits garantis. Il est évident que l'application de la Convention aux personnes morales est ambiguë. Parfois, la Convention les cite directement en évoquant « *les personnes physiques et morales* » comme dans l'article 1er du protocole n° 1 sur le droit de propriété alors que la plupart du temps, la référence aux personnes morales n'est qu'indirecte. Les entreprises devraient disposer des mêmes droits fondamentaux que les personnes physiques, même si cette transposition rencontre de multiples difficultés[678]. La jurisprudence européenne a confirmé à plusieurs reprises que celles-ci bénéficient de la protection assurée par la Convention européenne des droits de l'Homme[679], que l'article 8 de la Convention n'exclut pas de la notion de « *vie privée* » les activités professionnelles ou commerciales[680] et qu'une visite domiciliaire en matière fiscale ou concurrentielle peut constituer une ingérence dans le droit au respect du domicile et de la vie privée[681].

B/ La Convention européenne des droits de l'Homme est-elle applicable en matière fiscale ?

326. Il n'existe pas en la matière de réponse tranchée. En effet, le respect de la Convention en matière fiscale rencontre de fortes oppositions car il double les difficultés de l'administration, qui contrôle le système déclaratif. La position de la CEDH n'est pas non plus favorable à l'application des dispositions de la

---

678 Ces difficultés tiennent, d'une part, à la diversité des personnes morales et à la variété de leurs objectifs et d'autre part, à l'incertitude entourant leur nature juridique, Yves GUYON, *Droit des affaires*, 9e édition, Paris : Economica, 1996, n° 128.

679 CEDH, 27 février 1992, Stenuit c/France, aff. 67/1991/319/391, Série A, n° 232 : *D.* 1992 *somm. comm.*, p. 385 ; *Cahiers de l'entreprise*, 1992, n° 4, p. 26.

680 CEDH, 16 décembre 1992, aff. 72/1991/324/396, Niemietz c/Allemagne, Série n° 251-A : note de François RIGAUX et Pierre LAMBERT, *RTDH* 1993, n° 15, p. 480 ; *AFDI* 1992, p. 629, observations de V. COUSSIRAT-COUSTERE. Voir aussi CEDH, 30 mars 1989, Chapell, Série A, n° 152 (des locaux mixtes).

681 CEDH, 25 février 1993, aff. 82/1991/338/411, Miailhe c/France, série A, n° 256-C ; - 25 février 1993, aff. 82/1991/334/407, Funke c/France, série A, n° 256-A : *JCP éd. G* 1993, II, 22073, note d'Antoine GARNON et Romain GARNON ; *D.* 1993, p. 457, note de Jean PANIER ; *RJF* 1993, n° 1254 ; - aff. 83/1991/335/408, Crémieux, série A, n° 256-B.

Convention en matière fiscale. Dans un premier temps, la Commission européenne des droits de l'Homme a considéré que les litiges fiscaux échappaient au domaine de la garantie à un procès équitable en matière civile[682]. Ensuite, la CEDH comme la Commission s'est opposée à la soumission du contentieux fiscal de l'imposition à ces textes. Sauf mise en œuvre de sanctions fiscales assimilables à des accusations en matière pénale, l'article 6-1 de la Convention européenne des droits de l'Homme relatif aux règles du procès équitable n'est pas applicable au contentieux fiscal[683].

327 Les Hautes juridictions de l'ordre administratif et judiciaire françaises n'admettent pas non plus, quant à elles, l'application de la Convention en matière fiscale. Le Conseil d'Etat suit depuis toujours la position de la CEDH[684]. En revanche, la Cour de cassation a opéré un revirement relatif à l'applicabilité de l'article 6-1 en matière fiscale. En 2004, elle a jugé que l'article 6-1 de la Convention, en l'absence de toute accusation en matière pénale, n'est pas applicable au contentieux fiscal, lequel échappe au champ des droits et obligations de caractère civil, en dépit des effets patrimoniaux qu'il a nécessairement quant à la situation des contribuables[685].

328. La doctrine majoritaire anglaise estimait que les dispositions de la Convention européenne des droits de l'Homme seraient plus souvent invoquées dans les litiges fiscaux après son incorporation par l'*HRA* en 1998[686]. Néanmoins, selon Jeremy Woolf, le principe dégagé par l'arrêt *Ferrazinni*

---

[682] Comm. EDH, 8 juillet 1980, req. n° 8903-80 : *DR*, 21, p. 246 ; *AJDA* 1996, 1010, note de Jean-François FLAUSS ; - 4 mai 1983, X c/France : *DR*, 32, p. 266 ; - 9 décembre 1988, req. n° 13550/88, Wlater Schratc c/Allemagne.

[683] CEDH, 12 juillet 2001, n° 44759/98, Ferrazzini c/Italie : *BF* 2002, n° 1, comm. 53 ; *RJF* 01/2002, n° 128 et chron. de Jean MAÏA, « Illusions et promesses de l'application à la matière fiscale de la convention européenne des droits de l'Homme », p. 3 ; Jean-François FLAUSS, *AJDA* 2001, 12, p. 1061 ; *JCP éd. G* 2002, n° 3, I, 105 ; [2001] *STC* 1314. CEDH, 3e sect., 23 février 2006, n° 25632/02, Stere et a.c. Roumanie : *DF* 2007, n° 9, comm. 224 et étude de Karim SID AHMED, « Stere et autres c. Roumanie ou une illustration supplémentaire de l'application timorée de l'article 6-1 à la matière fiscale par la Cour européenne », p. 9.

[684] CE, 26 novembre 1999, req. n° 184474, Guénoun : *DF* 2000, n° 15, comm. 298, p. 628 ; note Victor HAÏM, « Le contribuable peut-il prétendre à un procès équitable devant le juge administratif ? », *DF* 1999, n° 25, p. 862 ; *BCDF* 1/2000, n° 13 ; *Procédures*, juillet 2000, n° 180.

[685] Cass. com., 12 juillet 2004, Patrice Henri et Olivier X, n° de pourvoi : 01-11.403, 1266 FS-PEI, Consorts PELAT : *RJF* 11/2004, n° 1218 ; chron. d'Eric GARAUD, « Droit au procès équitable : le champ d'application en matière fiscale s'amenuise », *LPA*, 14 janvier 2005, n° 10, p. 6. Voir aussi Ludovic AYRAULT, « Le volet civil de l'article 6-1 et le droit fiscal au lendemain de l'arrêt : Cass., 12 juillet 2004, consorts PELAT », *L'année fiscale*, 2005, p. 195 ; chron. de Thierry LAMBERT, « L'article 6-1 de la Convention EDH au contentieux fiscal : le revirement de la Cour de cassation », *LPA*, 27 janvier 2005, n° 19, p. 9 ; Jean-Pierre MAUBLANC, « Le contribuable n'a pas droit au procès équitable », *RMC* 2005, n° 488, mai 2005, p. 334 ; Instr. adm., 7 janvier 2005, BOI 13-0-1-05 : *DF* 2005, n° 4, 2e partie, n° 13254.

[686] Smyth MICHAEL, « The United Kingdom's incorporation of the European Convention and its implications for business », [1998] *EHRLR*, n° 3, p. 273.

devrait rendre peu probable l'application de l'article 6-1 de cette Convention à la majorité des procédures devant les *Special* ou *General Commissioner* ou le *VAT and Duties Tribunal*[687]. La jurisprudence établit elle-même le principe de non application des dispositions de l'article 6-1 en matière fiscale[688].

329. Il faut d'abord s'interroger sur le point de savoir si l'exclusion de la matière fiscale du champ d'application de la Convention est une omission ou une volonté des rédacteurs de la Convention et ensuite si cette exclusion est justifiée. Philip Baker et Jacques Grosclaude estiment que les dispositions actuelles de la Convention ne sont pas applicables à la phase de contrôle fiscal et proposent la rédaction d'un protocole spécifique en matière fiscale[689]. Certes, les procédures fiscales présentent un certain nombre de spécificités. Mais ces spécificités peuvent-elles apparaître comme difficilement compatibles avec l'application des règles du procès équitable ? La réponse devrait être négative. Pourtant la question n'est pas si simple. La phase précontentieuse devant la Commission des infractions fiscales est soumise à l'application de l'article 6-1 selon la Commission[690] et la CEDH[691], ce qui est contraire à la position des juridictions françaises[692]. Néanmoins, la CEDH évite de se prononcer sur le respect du contradictoire durant cette phase et elle préfère se prononcer sur la conventionalité de la procédure prise dans son ensemble.

330. Avant d'envisager l'application de la Convention au contrôle fiscal, il convient de savoir si les garanties offertes par celle-ci pourraient être invoquées à propos et lors des phases administratives. Le champ d'application de la Convention était traditionnellement strictement limité aux procédures juridictionnelles, ce qui en excluait les phases administratives préalables et précontentieuses. Toutefois, la Convention elle-même ne semblait pas procéder à une distinction entre procédure administrative et procédure juridictionnelle. Le champ de ces garanties ne devrait donc plus être limité aux seules

---

687 Jeremy WOOLF, « Human Rights one year on (2001) », *the Tax Journal*, Issue 617, 7, p. 8.

688 Bankcroft v. Crutchfield (2002) SSCD 347 et Taylor v. IRC 2003, in : *Revenue Law – Principles and Practice*, LexisNexis UK, 32e édition, [52.83], p. 1182.

689 Philip BAKER, « Taxation and the European convention on human rights », *BTR* 2000, n° 4, p. 268. Jacques GROSCLAUDE, « Convention européenne des droits de l'Homme et fiscalité : ouverture des travaux », *LPA*, 6 juillet 1994, n° 80.

690 Comm. EDH, Avis, 6 avril 1994, n° 18978/91, Miailhe c/France : *RJF* 7/1995, n° 936, p. 546 ; *LPA* 1994, n° 80.

691 CEDH, 26 septembre 1996, Miailhe c/France : *AJDA*, 20 décembre 1997, p. 989 ; *Procédures* 1997, comm. 110 ; Jean-Pierre LE GALL, « A quel moment le contradictoire ? » in : *Cour de cassation, les nouveaux développements du procès équitable au sens de la Convention européenne des droits de l'homme*, Bruxelles : Bruylant, 1996, p. 62.

692 Refus de faire respecter le contradictoire : Cass. crim., 10 juillet 1997, Terzaghi : *JCP éd. G* 1997, IV, 2160 ; - 7 mars 2001, n° 00-82538 : *DF* 2001, n° 28, comm. 679 ; - 16 mai 2001, n° de pourvoi : 00-82649, n° 3657 F-P+F : *D.* 2001, n° 25, *juris. Inf.*, p. 2000 ; *Procédures*, novembre 2001, n° 224.

procédures judiciaires au sens de l'article 6-1. En 1993, la CEDH a considéré qu'il ne résultait pas des stipulations de l'article 6-1 que cet article se désintéressait des phases qui se déroulaient avant la procédure de jugement suivie devant un tribunal compétent et que les exigences de l'article 6-1 trouvaient à s'appliquer avant la saisine du juge du fond si et dans la mesure où leur inobservation initiale risquait de compromettre gravement le caractère équitable du procès[693]. La portée de l'arrêt est cependant incertaine, l'expression « *compromettre gravement le caractère équitable* » étant d'une interprétation difficile.

331. Quant au Conseil d'Etat français, il juge que les procédures administratives ne relèvent pas de la Convention[694] et que les garanties de l'article 6-1 ne sont applicables qu'aux procédures contentieuses suivies devant le juge de l'impôt, à l'exclusion de la phase administrative[695]. Pourquoi le Conseil d'Etat refuse-t-il clairement l'application de l'article 6-1 au stade administratif et préfère-t-il faire référence au respect des droits de la défense ? Selon lui, en effet, dans un souci de protéger les droits essentiels de la défense, la jurisprudence française impose depuis longtemps un minimum de protection en faveur du citoyen dans les cas où les organismes administratifs prononcent des sanctions[696]. Pourquoi le Conseil d'Etat ne fait-il pas référence au texte même de la Convention ? Il semble estimer que le droit interne français, en matière de contrôle fiscal, notamment le LPF, offre des garanties suffisantes et il préfère donc fonder ses décisions sur les principes généraux du droit français et non sur l'article 6-1 de la Convention[697]. Il semble également considérer que les garanties offertes par la Constitution française sont plus effectives que celles énoncées par l'article 6-1 de la Convention puisque l'article 6-1 ne s'applique qu'aux seules contestations sur les droits et obligations à caractère civil ou sur une accusation en matière pénale et non aux litiges fiscaux. En d'autres termes, le droit français serait conforme et bien souvent plus protecteur que la Convention. Peut-être que ces décisions résultent partiellement de la réticence des Hautes juridictions françaises à suivre la jurisprudence de Strasbourg.

---

[693] CEDH, 24 novembre 1993, Imbroscia c/Suisse, série A, n° 275, para. 36 : *AJDA*, février 1995, p. 35.

[694] CE, 5 octobre 1988, n° 170693, SARL Stainville Productions : *RJF* 12/1998, n° 1453.

[695] CE, 15 avril 1992, Hade et Cie : *RJF* 6/1992, n° 855 ; - 18 mars 1994, n° 68799-70814 : *DF* 1994, n° 40, comm. 1703.

[696] CE, sect., 5 mai 1944, Veuve Trompier Gravier : *Lebon*, p. 133 ; GAJA, 2005, n° 56, avec de multiples références ; dans le même sens, CA Paris, 19 mars 2002, Tharreau : *Dr. sté*, août-septembre 2002, n° 162, p. 28 : lorsqu'il accorde une dérogation de déposer un projet d'offre publique, le Conseil des Marchés Financiers n'est pas un tribunal au sens de la CEDH, mais une autorité professionnelle habilitée à prendre des décisions individuelles ayant la nature d'actes administratifs.

[697] CE, 3 décembre 1999, Didier : *JCP éd. G* 2000, II, 10267, note de Frédéric SUDRE ; - 23 février 2000, L'Hermitte : *D.* 2000, *IR*, p. 137.

332. La position du Conseil d'Etat est critiquable. L'intérêt de la Convention par la hiérarchie des normes, est la possibilité qu'elle offre de mettre en échec la théorie de la loi-écran[698]. Les conventions internationales ayant une autorité supérieure à celle de la loi interne, puisque leur supériorité est reconnue par la Constitution, il est donc justifié de faire primer la Convention sur les principes généraux de droit interne. Mais pour le moment, ni la Cour de cassation, ni la CEDH ne se sont prononcées sur ce point pourtant essentiel.

C/ L'application des article 6-1, 8 et 10 de la Convention européenne des droits de l'Homme et de l'article 1er du protocole n° 1 en matière de contrôle fiscal

333. Les articles de la Convention les plus invoqués par le contribuable contre les pouvoirs de contrôle de l'administration fiscale sont les articles 6-1, 8 et 10. Concernant l'article 10 relatif à la liberté d'expression, il a été jugé que le moyen tiré de ce que la vérification de comptabilité aurait constitué une restriction autre que celles prévues au droit à la liberté d'expression à l'article 10 était inopérant[699]. Quant à l'article 6-1, les rédacteurs de la Convention ont voulu limiter son champ d'application aux seules procédures contentieuses, suivi en cela par la jurisprudence de la CEDH (1). En matière fiscale, des difficultés d'application du droit au respect de la vie privée reconnu à l'article 8 de la Convention européenne des droits de l'Homme sont soulevées par les droits de communication, de perquisition et de saisie de l'administration (2). La matière fiscale entrant par nature dans le champ d'application de l'article 1er du premier protocole, peut-on invoquer une violation de cet article ? (3)

1. L'article 6-1 de la Convention

334. Les dispositions de l'article 6-1 sont-elles applicables aux vérifications fiscales ? Pour y répondre, il convient dans un premier temps de partir des solutions adoptées (a), puis d'étudier les critiques à ces solutions (b).

a) Les solutions adoptées par les juridictions

335. Les décisions de la Cour et de la Commission européenne des droits de l'Homme sont abondantes sur ce point (i). En France, la juridiction administrative tient depuis toujours une position identique à celle de la Cour de Strasbourg alors que la juridiction judiciaire a connu un revirement jurisprudentiel par rapport à sa position du début (ii). La position des juges britanniques apparaît moins stricte que celle des juges français ou européens (iii).

---

[698] La loi émane des représentants du peuple souverain, le Conseil constitutionnel est chargé d'en apprécier la conformité avec la Constitution avant leur promulgation. Selon la théorie de la loi-écran, le juge doit appliquer la loi votée par le législateur sans rechercher si elle peut se trouver en contradiction avec ces principes fondamentaux.

[699] CE, 18 mars 1994, n° 68799 et 70814 : *RJF* 5/1994, n° 581.

i) La position de la CEDH

336. La CEDH souligne que l'article 6-1 de la Convention vise des procédures judiciaires mais pas des procédures administratives d'enquête et que cette dernière procédure menée à l'égard d'une entreprise échappe à l'empire et à la finalité de cet article[700]. Ensuite, elle distingue le droit public du droit privé car les termes de l'article 6-1 ne couvrent que « *toute procédure dont l'issue est déterminante pour des droits et obligations de caractère privé* »[701]. Selon elle, l'article 6-1 n'est pas applicable aux contestations relevant exclusivement du domaine du droit public et notamment aux procédures fiscales en tant que telles, puisque celles-ci font encore partie du noyau dur des prérogatives de la puissance publique, le caractère public du rapport entre contribuable et collectivité restant prédominant et les procédures fiscales échappant au champ civil, en dépit des effets patrimoniaux qui existent nécessairement quant à la situation des contribuables (les évolutions qui ont pu avoir lieu dans les sociétés démocratiques ne concernent pas la nature essentielle de l'obligation pour les individus ou les entreprises de payer l'impôt)[702].

337. Les décisions de la CEDH font toujours référence à la notion des « *droits et obligations de caractère civil* » et au bien-fondé de « *toute accusation en*

---

[700] Comm. EDH, 7 avril 1993, M. A. Fayed, A. Fayed et S. Fayed c/Royaume-Uni, req. n° 17181/90 : *AJDA*, février 1995, p. 135. CEDH, 21 septembre 1994, Fayed c/Royaume-Uni, série A, n° 294-B : *JDI* 1995, n° 3, p. 774 ; *AJDA* 1995, n° 2, p. 135. Les motifs de la Cour sont les suivants : les inspecteurs avaient en pratique comme en théorie pour mission d'investigation (para. 61) ; les enquêtes ne sauraient passer pour avoir décidé du droit de caractère civil des requérants à une bonne réputation aux fins de l'article 6-1 ni son issue avoir été directement déterminante pour ledit droit ; accepter l'argument (inverse) impliquerait qu'un organe procédant à l'enquête à la demande d'autorités réglementaires ou autre devrait toujours se voir assujetti aux garanties d'une procédure judiciaire énoncées à l'article 6-1 (...) ; pareille interprétation de l'article 6-1 gênerait indûment en pratique la réglementation efficace, dans l'intérêt public, d'activités financières et commerciales complexes (para. 62). Frédéric SUDRE, « Le droit à un procès équitable hors les juridictions ordinaires », in : *Au carrefour des droits : Mélanges en l'honneur de Louis Dubouis*, Paris : Dalloz, 2002, p. 205, §§ 22 et 23 et, en matière fiscale, CEDH, 24 février 1994, Bendenoun, Série A, 284-A. La CEDH a considéré qu'un Etat contractant devrait avoir la liberté de confier au fisc la tâche de poursuivre [les infractions] et de les réprimer et que le contribuable peut saisir, de toute décision ainsi prise à son encontre, un tribunal offrant les garanties de l'article 6-1. La phase contentieuse entrant dans le champ d'application dudit article, l'application dudit article antérieurement à cette phase n'est pas nécessaire.

[701] CEDH, 16 juillet 1971, Ringeisen c/Autriche, Série A, vol. 13.

[702] CEDH, 20 avril 1999, n° 41601/98, Vidacar SA c/Espagne et Obergrup c/Espagne : *RJF* 11/1999, n° 1487 ; - 5 octobre 1999, n° 43604/98, Gantzer c/France : *RJF* 4/2000, n° 590 ; - 8 février 2000, Bassan c/France. : *RJF* 3/2001, n° 423 ; - 8 février 2000, Charalambos c/France. : *RJF* 3/2001, n° 424 ; - 12 juillet 2001, n° 44759/98, Grande Ch., Ferrazzini c/Italie ; - Vastberga Taxi Association Vulic c/Suède, 2002, n° 36985/97 ; - 23 juillet 2002, Janosevic c/Suède, n° 34619/97 : *RJF* 1 /2002, n° 1340 ; G. SCOFFONI, « Jurisprudence et Convention européenne des droits de l'Homme : vers une protection européenne du contribuable national ? », *Cahiers de l'IDEDH*, 2/1993, p. 110.

matière pénale ». Qu'est-ce que la notion de « *droits et obligations de caractère civil* » ? Les sanctions fiscales entrent dans le domaine de la Convention en raison de leur caractère pénal sous certaines conditions[703]. Pourquoi le contrôle fiscal à caractère civil est-il exclu du champ d'application de l'article 6-1 ? Une jurisprudence constante estime que les problèmes d'imposition ne présentent pas un caractère civil[704] et que le contentieux de l'assiette de l'impôt n'est pas un contentieux portant sur des obligations à caractère civil[705].

338. Les décisions de la CEDH sur le caractère des droits régissant les relations entre un contribuable et l'autorité fiscale sont ambiguës. D'abord, le droit public n'est pas impérativement exclu du champ d'application de l'article 6-1. Dans l'arrêt *Ringeisen*, les juges déclarent que pour que l'article 6-1 s'applique à une contestation, il n'est pas nécessaire que les deux parties au litige soient des personnes privées et que les termes français « *contestations sur des droits et obligations de caractère civil* » couvrent toute procédure dont l'issue est déterminante pour des droits et obligations de droit privé, peu importe tant la nature de la loi suivant laquelle la contestation doit être tranchée, que celle de l'autorité compétente en la matière[706]. On y trouve alors la possibilité de faire appliquer l'article 6-1 à des affaires dans lesquelles l'Etat est partie en tant que puissance publique.

339. Ensuite, la jurisprudence de la CEDH pose les conditions sous lesquelles une procédure de droit public doit être soumise à l'article 6-1. Aux termes de l'arrêt *Ruiz-Mateos*, lorsque l'issue d'une procédure de droit constitutionnel ou public risque de se révéler déterminante pour des droits ou obligations de caractère civil, cette procédure doit, elle aussi, être couverte par la garantie d'un procès équitable énoncée à l'article 6-1[707].

340. Par ailleurs, l'élément « *patrimonial* » est-il suffisant pour déterminer le caractère « *privé* » ou « *civil* » ? Dans un premier temps, les juges de Strasbourg ont jugé que dès lors que la contestation de la société a un objet patrimonial à savoir un droit à indemnité, et se fonde sur une atteinte alléguée à des droits aussi patrimoniaux, auxquels sont assimilés les avantages fiscaux, la

---

[703] CEDH, 24 février 1994, Bendenoun c/France, Série A, n° 284 ; - 3 mai 2001, J.B. c/Suisse, n°31827/96 : *JCP éd. G* 2001, I, 342, chron. de Frédéric SUDRE ; *RJF* 2001, n° 1618 ; *RFDA* 2002, n° 6, p. 1103 ; - 16 mai 2000, Georgiou c/Royaume-Uni, n° 40042/98 : *STC* 2001, p. 80.

[704] Comm. EDH, 4 mai 1983, X c/France, req. n° 9908/82 : *DR* 32, p. 266 ; - 27 novembre 1991, Oerlemans c/Pays-Bas ; - 16 décembre 1992, De Geouffre de la Pradelle c/France, Série A n° 253 B : *D.* 1993, *juris.*, p. 561, note de F. BENOIT-ROHMER.

[705] CEDH, 4 mai 1983, req. n° 9908/82 ; Rapport du 10 décembre 1992, req. n° 12547/86.

[706] CEDH, 16 juillet 1971, Série A, n° 13, Pelloux Ringeisen c/Autriche. « L'affaire Ringeisen devant la CEDH », *AFDI* 1974, 334 ; note de C. VALLEE, *RGDIP* 1974, p. 864 ; - 28 juin 1978, König c/Allemagne, Série A, n° 27 : *AFDI* 1979, p. 348 ; *cah. dr. eur.* 1979, p. 474 ; *JDI* 1979, p.460.

[707] CEDH, 23 juin 1993, Ruiz-Mateos c/Espagne : *Rec.*, 1993, vol. 262.

contestation peut être regardée comme portant sur des droits de caractère civil au sens de l'article 6-1 de la Convention[708]. Cependant ultérieurement, la CEDH a estimé que pouvaient exister des obligations patrimoniales à l'égard de l'Etat ou de ses autorités subordonnées qui, aux fins de l'article 6-1, devaient passer pour relever exclusivement du domaine du droit public et n'étaient, en conséquence, pas couvertes par la notion de droits et obligations de caractère civil[709]. En d'autres termes, le fait de démontrer qu'un litige est de nature « *patrimoniale* » n'est pas suffisant à lui seul pour entraîner l'applicabilité de l'article 6-1 sous son aspect civil[710]. La nature patrimoniale d'un litige ne suffit pas à caractériser des droits et obligations de caractère civil notamment lorsqu'une obligation de nature patrimoniale résulte d'une législation fiscale ou fait partie des obligations civiques normales dans une société démocratique[711]. En outre, un contentieux n'acquiert pas une nature civile du seul fait qu'il soulève aussi une question d'ordre économique[712]. En revanche, conformément à une jurisprudence constante de la CEDH, une majoration d'impôt qui ne tend pas à la réparation pécuniaire d'un préjudice, mais vise, pour l'essentiel, à punir pour empêcher la réitération d'agissements semblables, et se fonde sur une norme de caractère général dont le but est à la fois préventif et répressif en revêtant une certaine sévérité, est une accusation en matière pénale. Il en résulte que le caractère « *patrimonial* » n'est pas déterminant pour le caractère « *civil* »[713].

341. En outre, l'interprétation des conditions d'application posées par les dispositions de l'article 6-1 a évolué au fil du temps. Des domaines antérieurement considérés comme échappant à ces dispositions sont actuellement regardés comme relevant de la matière civile. La propriété est un des domaines où la CEDH a retenu l'applicabilité de l'article 6-1. Les procédures visant les allocations d'aide sociale n'étaient pas couvertes par les dispositions de l'article 6-1. Mais depuis 1986, sont dans le champ d'application

---

[708] CEDH, 26 mars 1992, Edition Périscope c/France, Série A, n° 234-B : *RJF* 1992/8-9, n° 1279 ; *AJDA* 1993, n° 2, p. 105 ; *JDI* 1995, n° 3, p. 800.

[709] CEDH, 9 décembre 1994, Schouten et Meldrum c/Pays-Bas, A/304 : *RJF* 10/1995, n° 1229 ; *RJS* 6/1995, comm. 732 ; *JDI* 1995, n° 3, p. 800.

[710] CEDH, 21 octobre 1997, Pierre Bloch c/France : *Rec.*, 1997, VI, 2223 ; - 8 décembre 1999, Grande ch., Pellegrin c/ France.

[711] CEDH, 24 février 1994, Bendenoun c/France, A/284.

[712] CEDH, 8 décembre 1999, Pellegrin c/France : *AJDA* 2000, n° 6, p. 530.

[713] Voir CEDH, 1re sect., 25 janvier 2007, n° 70160/01, AON Conseil et Courtage SA c/France : *Procédures* 2007, n° 4, comm. 101 ; Jérôme TUROT, « Quand le juge fiscal réveillera l'adage Contra non valentem.... A propos de la condamnation de la France pour ingérence dans une créance en restitution d'une taxe indue », *DF* 2007, n° 27, 699. Il a été jugé que l'espérance légitime de pouvoir obtenir le remboursement d'impôts versés s'analysait en une valeur « *patrimoniale* » et avait le caractère d'un bien au sens de l'article 1er du premier protocole additionnel et qu'il était donc possible d'invoquer l'article 13 « le droit à un recours effectif » de la Convention européenne des droits de l'Homme.

de celles-ci les procédures visant la détermination d'un droit[714] et les procédures permettant de décider de l'obligation d'acquitter des cotisations dans le cadre d'un régime de sécurité sociale[715]. Le motif en est que l'objet général de la Convention est humanitaire, par exemple, la protection de l'individu, pour le simple citoyen, l'accès aux prestations de Sécurité sociale est de la plus haute importance pour sa vie quotidienne. L'obligation de payer des impôts et des cotisations sociales constitue une obligation publique car elle trouve son fondement dans les obligations civiles normales des citoyens dans une société démocratique[716]. En tenant compte de la similitude entre cotisation sociale et impôt, la reconnaissance de l'application de l'article 6-1 à la matière sociale pourrait servir comme argument concernant la procédure fiscale.

342. Il faut réserver la solution isolée dégagée par l'arrêt *Imbrioscia c/Suisse* en date du 26 novembre 1993. La CEDH y précise que si le caractère équitable du procès risque d'être compromis de manière irrémédiable en amont, c'est-à-dire lors de la procédure administrative, les dispositions de l'article 6-1 ne pourront pas être respectées devant le juge parce que l'égalité des armes aura été en quelque sorte irrémédiablement rompue.

343. Finalement, la CEDH a admis l'application de l'article 6-1 à la procédure devant les organismes administratifs[717]. Dans le domaine du droit économique, il est admis que les dispositions de l'article 6-1 sont applicables aux investigations menées par certaines autorités de régulation. Eu égard aux pouvoirs de la Commission des infractions fiscales, organe administratif consultatif, il a été admis que les dispositions de l'article 6-1 s'appliquent à la procédure purement administrative suivie devant celle-ci au motif que la consultation de la commission des infractions fiscales est une formalité substantielle préalable et indispensable à toute mise en mouvement de l'action pour fraude fiscale[718]. En l'espèce, les juges n'ont pas fait œuvre créatrice. Déjà

---

[714] CEDH, 29 mai 1986, Feldbrugge c/Pays-Bas, Série A, n° 99 ; - 26 novembre 1992, Salesi c/Italie ; - 26 novembre 1992, Lombardo c/Italie ; - 24 juin 1993, Schuler-Zgraggen c/Suisse, para. 46 : *JDI* 1994, p. 804.

[715] CEDH, 9 décembre 1994, Schouten et Meldrum c/Pays-Bas.

[716] CEDH, 9 décembre 1994, Schouten et Meldrum c/Pays-Bas.

[717] CEDH, Johansen c/Norvège, 7 août 1996 : *Rec.*, 1996, III, p. 979. La CEDH n'a constaté aucune méconnaissance de l'article 6 de la Convention, s'agissant de la durée de la procédure devant les organes administratifs et judiciaires.

[718] Comm. EDH, 6 avril 1994, Miaihe c/France, req. n° 18978/91 : *Comm. EDH, DR*, mai 1994, 77-A, p. 56 ; *AJDA*, février 1995, p. 134 ; *RJF* 7/1995, n° 936. En fait, il s'agit d'une procédure intervenant en amont du procès pénal lui-même, car les poursuites pénales pour infractions à la législation fiscale française doivent être précédées de l'avis conforme d'une telle commission. CEDH, 26 septembre 1996, Miaihe c/France, n° 47/1995/553/639 : *Rec.*, 1996, IV, n° 16, p.1319 ; *AJDA*, décembre 1997, n° 12, p. 989, jugé que ne viole pas le droit à un procès équitable garanti par l'article 6-1, l'absence de débat contradictoire préalablement à l'avis de la commission des infractions fiscales, la procédure pénale ultérieure ayant comporté une instruction et un double

en 1981, il a été jugé que l'article 6-1 s'appliquait à l'instance devant laquelle « *se déroule la procédure en cause, des impératifs de souplesse et d'efficacité (...) justifient l'intervention préalable d'organes administratifs (...) ne satisfaisant pas sous tous les aspects aux prescriptions de l'article 6-1* »[719].

344. Quant à la CJCE, elle juge que la procédure de vérification ne vise pas à faire cesser une infraction mais à recueillir la documentation nécessaire pour vérifier une situation de fait et des droits déterminés, cela signifie qu'à ce stade, les droits de la défense ne sont pas applicables[720]. En revanche, elle a jugé que les droits de la défense devaient être respectés dans les procédures administratives susceptibles d'aboutir à des sanctions[721].

ii) La position des juridictions françaises

345. En France, jusque dans les années 1990, les juridictions administratives françaises ont jugé que les dispositions de l'article 6-1 de la Convention étaient inapplicables à toutes les procédures administratives dont les procédures fiscales[722]. Cependant, le Conseil d'Etat admet aujourd'hui une application partielle, notamment en matière de litiges relatifs aux sanctions fiscales[723]. Mais la régularité des procédures administratives précédant le contentieux ne peut toujours pas être appréciée au regard des dispositions de l'article 6-1 de la Convention[724]. En 2004, par un revirement de jurisprudence remarqué, la Cour de cassation s'est rangée à l'opinion de la CEDH et du Conseil d'Etat, en adoptant une conception classique de la relation unissant le contribuable à la puissance publique, c'est-à-dire un lien de citoyenneté[725]. Cette solution a été confirmée à plusieurs reprises par la suite[726]. Le Conseil constitutionnel refuse

---

degré de juridiction permettant au requérant de discuter contradictoirement les pièces à charge et les accusations portées contre lui.

[719] CEDH, 23 juin 1981, Le compte Van Leuven et De Meyere, série A, n° 43, p. 22, para. 51.

[720] CJCE, 26 juin 1980, 136/79, National Panasonic : *Rec.*, p. 2033, point 21.

[721] CJCE, 21 septembre 1989, Hoechst, affaire 46/87 et 227/88 : *Rec.*, p. 2924 ; - 18 octobre 1989, Orkem, aff. 374/87 : *Rec.*, 3283.

[722] CE, 2 juin 1989, n° 62979 : *RJF* 8-9/1989, n° 1019 ; - 15 décembre 1993, n° 84181, 143226 et 143228 : *RJF* 2/1994, n° 217.

[723] CE, 11 décembre 2006, n° 278806, Pessey : *DF* 2007, n° 8, comm. 212.

[724] CE, 18 mars 1994, SA Sovemarco-Europe, req. n° 68799 et 70814 : *DF* 1994, n° 40, comm. 1703, note de Gilbert TIXIER et Thierry LAMULLE ; *RJF* 5/1994, n° 532, concl. de Philippe MARTIN, jugé que l'article 6-1 n'était, en tout état de cause, applicable qu'aux procédures contentieuses suivies devant les juridictions.

[725] Cass. com., 12 juillet 2004, Consorts Pelat, pourvoi n° 01-11.403, 1266FS-PBI.

[726] Cass. com., 31 mai 2005, n° 02-17.025, Marin-Cudraz et Favray : *DF* 2005, n° 38, comm. 625, jugé que l'article 6-1 de la Convention n'est pas applicable dès lors qu'il s'agit d'un organisme consultatif chargé d'émettre un avis et qu'en tout état de cause, ses stipulations ne sont pas applicables au contentieux fiscal non répressif ; - 31 mai 2005, n° 840 FS-PB : *RJF* 10/2005, n° 148, jugé qu'en l'absence de toute accusation en matière pénale, l'article 6-1 n'est pas applicable au contentieux fiscal, en dépit des effets patrimoniaux qu'il a nécessairement quant à la situation des contribuables.

de se prononcer sur l'applicabilité en matière fiscale de la Convention européenne des droits de l'Homme au motif qu'il ne lui appartient pas de connaître le contrôle de conventionalité[727].

iii) Au Royaume-Uni

346. La jurisprudence majoritaire rejette l'application de l'article 6-1 de la Convention européenne des droits de l'Homme en matière fiscale. A été écarté l'argument selon lequel un recours contre une notification de détermination des droits de succession n'était pas réglé dans un délai raisonnable après le décès du testateur[728]. Lord Hutton a estimé que la section 20 (1) du TMA qui vise la demande écrite d'informations, ne constituait pas une violation du droit de ne pas s'incriminer contre soi-même[729].

347. Certaines décisions isolées ont cependant été rendues en sens contraire. Déjà, avant l'incorporation de la Convention européenne des droits de l'Homme par l'HRA de 1998 dans le droit interne britannique, les juges britanniques avaient admis l'application de l'article 6-1 en matière fiscale dans l'hypothèse où le contribuable ne se voyait pas accorder un droit de recours contre une décision particulière, ou que le droit de recours était soumis à de telles restrictions qu'il était impossible en pratique de l'exercer, ou que le contribuable était soumis à une charge de la preuve difficile[730]. En 2002, il a été jugé que dans la mesure où il n'existe pas de place dans le droit britannique pour une relation de droit public, distincte des droits et obligations de caractère civil, entre contribuable et administration, les obligations imposées par le système de TVA entraient dans le champ d'application de l'article 6-1 de cette Convention[731].

b) Les critiques

348. Les solutions adoptées ne sont pas à l'abri des critiques. Si le contribuable est assimilé à un usager de l'administration fiscale, pourquoi ne bénéficie-t-il pas de la même protection que d'autres usagers du service public qui jouissent des garanties de l'article 6-1 ? Il semble que la justification à ce traitement différencié réside dans le fait que le service fiscal se distingue d'autres services publics puisque le droit fiscal concerne un domaine de droit public et que les droits concernés ne sont pas assimilés aux « *droits et obligations de caractère*

---

[727] CC, 9 avril 1996, n° 96-375 DC : *Rec.*, p. 60 ; *JORF*, 13 avril 1996, p. 5730 ; *RFD const.* 1996, p. 598 ; *RDP* 1996, p. 1147 ; *LPA*, 4 septembre 1996, p. 9 ; *D.* 1998, *somm.*, p. 150.

[728] Taylor (personal representative of Sosnowski, deceased) v. Inland Revenue Commissione (2003) Sp C 363 ; (2003) *STI* 948.

[729] R. v. Allen (2001) *STC* 1537 : *BTR* 2003, n° 1, p. 6, note d'Hilliard JONATHAN. R v. Allen (2002) *STC* 1 *AC* 509.

[730] Hodgson v. C E Comrs (1997).

[731] Ali & S Begum & Ors v Customs & Excise Commissioners (2002) VAT Trib 176851; (2002) *STI* 1675, p. 1676.

civil ». La CEDH, au lieu d'analyser les rapports du contribuable avec l'Etat comme une relation de type civil entre un débiteur et son créancier, y voit une situation relevant exclusivement au domaine du droit public[732]. Cette position peut apparaître incohérente.

349. En premier lieu, il n'y a aucun doute que l'obligation de payer des impôts a des conséquences directes et importantes sur les intérêts patrimoniaux d'un contribuable en ce que les procédures fiscales aboutissent en principe à une décision relative aux charges fiscales pesant sur un contribuable. On voit difficilement alors en quoi les procédures fiscales ne concernent pas des droits et obligations de caractère civil. La question est alors de savoir pourquoi l'obligation de cotiser à un régime de sécurité sociale revêt un caractère civil, alors que l'obligation d'acquitter l'impôt n'est pas de nature civile. Il y a eu des évolutions importantes dans le domaine fiscal. Certains estiment que la CEDH est allée suffisamment loin pour inclure les litiges fiscaux dans le cadre de son volet pénal[733]. Il est donc difficile d'expliquer pourquoi une application étendue de l'article 6-1 sous son aspect civil serait impossible en matière fiscale. Les possibilités d'application de la Convention en matière fiscale n'ont donc sans doute pas toutes été explorées. Dans un arrêt en date du 25 janvier 2007, la CEDH a confirmé à nouveau qu'une créance sur l'Etat en raison de la TVA indûment versée s'analysait en une valeur patrimoniale et avait le caractère d'un bien[734]. Si un remboursement d'impôts présente les caractères d'un bien, on voit difficilement pourquoi un redressement fiscal ne porte pas sur les biens du contribuable. Une évolution est donc possible.

350. Ensuite, un individu de bonne foi, qui se borne à contester l'assiette ou l'exigibilité de l'impôt, pourra être condamné au paiement sans savoir s'il a bénéficié d'un procès équitable, tandis que le sujet dont les agissements sont assez graves pour justifier des poursuites pénales aura l'assurance de pouvoir faire vérifier le respect à son égard des dispositions de l'article 6-1[735].

---

[732] CEDH, 20 avril 1999, Vidacar SA c/Espagne : *RJF* 11/1999, n° 1487.

[733] Opinion dissidente de M. le Juge LORENZEN à laquelle se rallient M. ROZAKIS, M. BONELLO, Mme STRAZNICKA, M. BIRSAN et M. FISCHBACH, n° 8 sous l'arrêt CEDH, 12 juillet 2001, Ferrazzini c/Italie, req. n° 44759/98.

[734] CEDH, 1re sect., 25 janvier 2007, n° 70160/01, AON Conseil et Courtage SA c/France ; - 16 avril 2002, n° 36677/97, SA Dangeville c/France : *RJF* 2002, n° 889 ; - 10 novembre 2005, n°60559/00, Eegslachtuis Verbist : *RJF* 2006, n° 650.

[735] Voir observations de Frédéric SUDRE, *JCP éd. G* 2002, n° 3, I, 105, § 6, sous CEDH, 12 juillet 2001, Ferrazzini c/Italie. T. AFSCHRIFT et A. ROMBOUTS, « Le contribuable et les droits de l'Homme », in : Jacques VELU, *La mise en œuvre interne de la Convention européenne des droits de l'Homme, journée d'études du jeudi 20 janvier 1994 : Rapport de synthèse*, Bruxelles : édition du Jeune Barreau de Bruxelles, 1994, p. 249. Jean-Pierre MARGUENAUD, *La protection européenne du droit des biens et la remise en cause des prélèvements fiscaux et sociaux*, Paris : édition du Cridon, 2000, collection Conférences.

351. Par ailleurs, autre incohérence, la distinction qui est faite entre les procédures de détermination de l'assiette de l'impôt et d'application des pénalités fiscales. Selon la CEDH, les pénalités fiscales particulièrement sévères qui revêtent une ampleur considérable, ou qui entraînent un risque d'incarcération, entrent dans le champ d'application de l'article 6-1 de la Convention européenne des droits de l'Homme[736]. Cependant, il semble impossible de séparer les deux procédures si la détermination de l'assiette des impôts est contenue dans la même notification ou que les pénalités sont automatiques. Ceci étant, le Conseil d'Etat, contrairement à la CEDH, estime que les stipulations de l'article 6-1 de la Convention ne sont pas applicables à la procédure par laquelle l'administration fiscale établit les pénalités fiscales[737]. Le juge britannique opère une distinction entre les pénalités fiscales n'ayant pas de caractère pénal et celles de nature pénale. Selon le *Duties Tribunal*, les pénalités fiscales, imposées par l'administration, qui ne constituent pas une accusation formelle, lorsqu'il n'y a ni risque d'incarcération ni risque d'inscription sur un registre officiel de récidivistes, n'entrent pas dans le champ d'application de l'article 6-1 de la Convention[738]. Il a également été décidé qu'une pénalité fiscale relative au paiement tardif des impôts et n'ayant pas de caractère pénal était si proche de l'imposition elle-même qu'elle ne constituait pas un droit civil ou une obligation civile au sens de l'article 6-1 de la Convention[739]. En revanche, les pénalités pour déclarations fiscales frauduleuses ou négligentes sont de nature pénale au sens de l'article 6-1 car elles sont punitives et dissuasives[740]. Par conséquent, le recours contre les pénalités pour fraude constitue une procédure pénale au sens de l'article 6-1 de la Convention[741].

2. L'article 8 de la Convention

352. Le principe est que le droit à la vie privée ne dispense pas le contribuable de ses obligations comptables et fiscales et ne prive pas l'administration fiscale du pouvoir d'en contrôler la mise en œuvre selon des procédures légalement

---

[736] CEDH, 21 février 1984, Öztürk c/Allemagne, Série A, n° 123, vol. 73 ; - 23 février 1993, aff. 82/1991/334/407, Funke, série A, n° 256-A, où la CEDH a admis que l'infraction pénale pouvait englober une infraction administrative ou fiscale ; - 24 février 1994, Bendenoum c/France ; - 29 août 1997, AP, MP and TP c/Suisse : *Rec.*, 1997, V, p. 1477. Les éléments conférant aux pénalités fiscales un caractère « *pénal* » sont les suivants : 1° le montant des pénalités n'est pas négligeable ; 2° les pénalités sont de caractère essentiellement punitif et dissuasif ; 3° le défaut de paiement des pénalités expose à l'exercice par les juridictions répressives de mesures de contrainte.

[737] CE, 27 mars 2000, n° 187703, Maurel et Fils : *DF* 2000, n° 49, comm. 985, concl. de Jacques ARRIGHI DE CASANOVA.

[738] Hodgson (Thomas Anthony) v. Customs & Excise Comrs [1996] *V. & D.R.* 200 ; *BTR* 1996, n° 3, p. 326, cité par Jonathan PEACOCK et Francis FITZPATRICK, « The impact of the Human Right Act 1998 in the tax field », *BTR* 2000, n° 4, p. 203.

[739] Bancroft & v. Crutchfield (2002) Sp C 322 ; (2002) *STI* 1153.

[740] *High Court*, King v. Walden (2001) *STC* 822.

[741] *Court of Appeal*, Han v. Customs and Excise Commissioners (2001) *STC* 1188.

organisées au nombre desquelles figure la vérification de comptabilité[742]. À l'évidence, la protection de la vie privée est renforcée en cas de contrôle de situation fiscale personnelle. La question est alors de savoir si dans le cadre de la vérification d'une entreprise, celle-ci bénéficie de la protection de la vie privée. La CEDH donne une définition du « *domicile* » plus large que le mot « *home* ». Elle considère que le « *domicile* » englobe le bureau ou le cabinet d'un membre d'une profession libérale[743], qu'une perquisition effectuée au domicile d'une personne physique se trouvant simultanément être le siège des bureaux d'une société contrôlée par elle, constitue bien une ingérence dans le droit au respect du domicile[744], que le droit garanti sous l'angle de l'article 8 est interprété comme incluant pour une société le droit au respect de son siège, de son agence ou de ses locaux professionnels[745]. Quant à la CJCE, elle a reconnu l'application du droit au respect de la vie privée à l'entreprise en deux temps. Dans un premier temps, elle a jugé qu'étant une liberté personnelle de l'individu, le respect de la vie privée ne pouvait être élargi au lieu d'exploitation du contribuable en l'absence de précision de la Convention[746]. Dans un deuxième temps, en tenant compte partiellement de la jurisprudence de la CEDH, elle a modifié sa jurisprudence en estimant que la protection du domicile peut être étendue, dans certaines circonstances, aux locaux des entreprises[747].

353. Le droit de communication de l'administration fiscale porte-t-il atteinte au respect de la vie privée du contribuable ? Une jurisprudence constante de la Commission EDH et la CEDH considère que l'objectif de recouvrement des impôts est nécessaire pour le bien-être économique d'un pays et qu'il est nécessaire dans une société démocratique qu'un contribuable démontre à l'autorité fiscale l'utilisation privée qu'il a faite de ses biens, sous réserve du respect de la proportionnalité[748]. La question est également de savoir si un échange de renseignements constitue une violation de la vie privée. La CEDH a répondu que cet échange constitue bien une violation de la vie privée mais que

---

742 CE, 22 décembre 1982, n° 21475 : *RJF* 2/1983, n° 163 ; - 1er juin 1990, n° 52740 : *RJF* 8-9/1990, n° 1097 ; - 15 décembre 1993, n° 84181 : *RJF* 2/1994, n° 167.

743 CEDH, 16 décembre 1992, Niemietz c/Allemagne, Série A n° 251-B, p. 34, § 30.

744 CEDH, 30 mars 1989, Chappel c/Royaume-Uni, série A, n° 152-A, p. 26, § 63.

745 CEDH, 16 avril 2002, Sté Colas Est et autres c/France, n° 37971/97, § 41, CEDH 2002-III ; - 8 février 2002, Kelassy c/ France, req. n° 51578/99 : *Rec.*, I.

746 CJCE, 21septembre 1989, Hoechst c/Commission, aff. 266/87 et 227/88 : *Rec.*, p. 2859. Voir TPICE, 20 avril 1999, Limburger Vinyl Maatschapigra, aff. T 305/94 : *Rec.*, p. II-931.

747 CJCE, 22 octobre 2002, Roquette Frères SA, aff. C 9410P : *Rec.*, p. I-9011.

748 Comm. EDH, 7 décembre 1982, X c/Belgique, n° 9804/82 : *DR* 1983, vol. 31, p. 231 ; Chris WHITEHOUSE (*et al.*), *Revenue Law – Principles and Practice*, Tolley LexisNexis UK, 20e édition, [51.61], p. 1043. Comm. EDH, 7 décembre 1982, Hardy-Spirlet c/Belgique. CEDH, A c/France, req. n° 11429/85 ; - K c/Suède, req. n° 13800/88 ; X c/Suède, 11 décembre 1985, n° 10473/83 ; - R c/Austria, req. n° 12592/86 ; - Hildebrand c/Allemagne, req. n° 31513/96 ; - Visser c/Pays-Bas, req. n° 12662/87.

cette violation est justifiée car elle est dans l'intérêt du bien-être économique du pays et qu'elle est nécessaire dans une société démocratique[749].

354. Quant à la perquisition et la saisine dans le lieu d'exploitation du contribuable, qui constituent sans discussion possible une ingérence dans les droits garantis à l'article 8 de la Convention, la CEDH a d'abord condamné, pour violation de la vie privée, une écoute téléphonique mise en œuvre à l'égard d'un contribuable suspecté d'évasion fiscale[750]. Puis, elle a confirmé que toute personne avait le droit au respect de sa vie privée, de sa vie familiale et du secret de ses correspondances[751]. Ensuite, la Cour a confirmé la compatibilité du droit de visite et de saisie avec les dispositions de l'article 8 de la Convention, à la seule condition de respecter toutes les garanties prévues en faveur du contribuable[752]. La Cour de cassation française a jugé, comme la CEDH, que les dispositions de l'article L. 16 B du LPF relatives à la perquisition et à la saisie ne contrevenaient pas à celles de l'article 8 de la Convention[753]. Le juge britannique retient la même solution. La *House of Lords*, citant la jurisprudence de la CEDH, *Foxley c/Royaume-Uni*, a suggéré que pour qu'une nouvelle loi relative à la collecte d'informations financières et fiscales par l'IR puisse être adoptée, il faudrait démontrer que cette ingérence dans la vie privée poursuit un objectif légitime et qu'elle est nécessaire dans une société démocratique[754]. Ceci étant, même entouré de garanties, certains auteurs estiment que le contrôle fiscal est de nature à porter atteinte au respect de la vie privée[755].

---

[749] CEDH, FS c/Allemagne, req. n° 30128/96.

[750] CEDH, 24 avril 1990, Huvig c/France, req. n° 11105/84, Série A, n° 176-B : Jean-François FLAUSS, « Écoute téléphonique : le point de vue de Strasbourg », *RFD. adm.* 1991, n° 1, p. 89.

[751] CEDH, 25 février 1993, Crémieux c/France, ; - 25 février 1993, Miailhe c/France.

[752] CEDH, 8 janvier 2002, n° 51578/99, 3ᵉ section, Keslassy c/France : *RJF* 05/2002, *Inf.*, 52[illegible], n°597. Dans l'arrêt Tamosius c/Royaume-Uni 2002, la CEDH a considéré que le mandat de perquisition et de saisie constituant une violation de l'article 8 de la Convention était nécessaire dans une société démocratique au sens de l'article 8 (2) de la même Convention et que les garanties du contribuable n'étaient pas absentes. Par l'arrêt Funke c/France, la CEDH a condamné une perquisition effectuée sans mandat (23 février 1993, aff. 82/1991/334/407, série A, n° 256-A).

[753] Cass. com., 9 février 1993, n° 218 P, n° de pourvoi : 91-21699, Feingold : *Bull. civ.*, IV, n° 56 ; *RJF* 5/1993, n° 671 ; - 9 février 1993, n° 219 D à 225 D, n° de pourvoi : 91-21700, SA Les Pyramides et autres. Il a été jugé que la protection des droits de l'Homme était assurée par la vérification par le juge qui autorise la visite et la saisie ainsi que par le contrôle de la Cour de cassation au regard de la régularité de l'ordonnance. Cass. 2ᵉ civ., 21 avril 2005, n° 682 FS-PB n° de pourvoi : 02-21154, Rigat : *RJF* 11/2005, n° 1207.

[754] R (on the application of Morgan Grenfell & Co Ltd) v. Special Comr of Income Tax (2002) Chris WHITEHOUSE (*et al.*), *Revenue Law – Principles and Practice*, Tolley LexisNexis UK, 20ᵉ édition, [51.61], p. 1044.

[755] Louis FAVOREU et Loïc PHILIP, *Les grandes décisions du Conseil constitutionnel*, 3ᵉ édition, Paris : Dalloz, 2005, n° 32, observations § 2 et s., p. 536.

3. L'article 1er du protocole n° 1 à la Convention

355. L'article 1er du protocole n° 1 protège le droit au respect de ses biens. En principe, la matière fiscale entre dans son champ d'application car le prélèvement fiscal et l'exercice du pouvoir fiscal constituent nécessairement une atteinte aux biens[756]. La question est de savoir si cette atteinte doit être sanctionnée. Le Conseil d'Etat a jugé dans un premier temps qu'une imposition ne saurait être regardée comme portant atteinte au droit de propriété, ou plus exactement n'est pas une atteinte non justifiée[757]. Puis, relativement aux stipulations combinées des articles 14 de la Convention européenne des droits de l'Homme et 1er du premier protocole additionnel, la même juridiction a considéré qu'elles étaient sans portée devant les rapports institués entre la puissance publique et un contribuable à l'occasion de l'établissement et du recouvrement de l'impôt[758].

356. Certes, il est difficile de considérer qu'il y a une atteinte au droit de propriété quand il s'agit du simple exercice d'une prérogative de puissance publique. En France, le Conseil constitutionnel a rejeté la saisine relative à l'article 97 de la loi de finances pour 1982 qui autorisait les agents des impôts à procéder à des tests de contrôle des procédures de traitement automatisé de la comptabilité sans prévoir une indemnisation pour « *privatisation* » temporaire de jouissance du matériel de l'entreprise[759]. Par ailleurs, la Cour de cassation a jugé que l'impôt sur la fortune ne présentait pas un caractère confiscatoire[760]. La solution est identique au Royaume-Uni où il a été jugé que le fait que la totalité des gains d'une société de service d'un exercice donné soit considérée comme la rémunération de l'entrepreneur n'équivalait ni à une confiscation de biens personnels, ni à une ingérence fondamentale dans la gestion du demandeur, ni à un abus de droit de prélever les impôts par le gouvernement[761].

357. Ceci étant, il existe des possibilités d'invoquer le droit de propriété si le montant des impôts est trop élevé. En d'autres termes, pour qu'il y ait une violation de l'article 1er, il faut que l'atteinte aux biens soit excessive. En Allemagne, il a été jugé que l'impôt sur la fortune ne pouvait s'ajouter aux autres impôts frappant le patrimoine que dans la mesure où la charge fiscale

---

756 CEDH, 23 octobre 1990, Darby c/Suède, Série A, vol. 187 ; - 23 février 2006, n° 25632/02, Stere et autres c/Roumanie. Voir Comm. EDH, 13 mai 1976, n° 6087/73 : *DR* 5, p. 10 ; - 11 décembre 1986, n° 11036.

757 CE, 16 mai 1990, Gonzalez de Gaspard, n° 88782 : *Lebon*, p. 126.

758 CE, Avis ass., 12 avril 2002, SA Labeyrie, req. n° 239693.

759 CC, 30 décembre 1981, n° 81-133 DC : *Rec.*, p. 41 ; *JORF*, 31 décembre 1981, p. 3609 ; *D.* 1982, *IR*, p. 305 ; *DF* 1982, n° 14, p. 521, chron. de Loïc PHILIP, p. 982 ; *RDP* 1983, p. 333.

760 Cass. com., 25 janvier 2005, n° 03-10.068, Epx Imbert le Trémiolles : *JCP éd. E* 2005, n° 20, comm. 763.

761 R (on the application of Professional Contractors Group Ltd) v. IRC (2001) : Chris Whitehouse (*et al.*), *Revenue Law – Principles and Practice*, Tolley LexisNexis UK, 20e édition, [5.22], p. 1039.

totale pesant sur les revenus restait proche d'un partage par moitié entre destination privée et destination publique[762]. La Commission EDH a conclu, pour la première fois, à une violation du droit au respect des biens pour méconnaissance du principe de proportionnalité[763]. Quant à la CEDH, en ce qui concerne les mesures propres à assurer le paiement des impôts, elle exige un respect du juste équilibre entre les exigences de l'intérêt général et les impératifs de la protection des droits fondamentaux de l'individu dont le droit de propriété[764]. Afin de déterminer si cette exigence a été respectée, un Etat membre bénéficie d'une large marge d'appréciation et la CEDH respecte la législation de l'Etat membre en la matière à moins qu'elle ne soit dépourvue de caractère raisonnable[765].

358. Dans ce cas, le rôle du juge est essentiel. Ce dernier doit vérifier si l'atteinte n'est pas exagérée ou injustifiée. En France, le juge constitutionnel a validé certaines limitations au droit de propriété justifiées par l'intérêt général[766] tout en vérifiant si le taux d'un impôt n'a pas pour effet de porter atteinte à ce droit[767]. Au Royaume-Uni, le principe du contrôle judiciaire est également reconnu[768].

---

[762] Cour constitutionnelle Fédérale (« Bundesverfassungsgericht ») (à Karslruhe, en Allemagne), 22 juin 1995, 2e ch., 2BVL 37/9, in : Jacques GROSCLAUDE, « De l'inconstitutionnalité de l'imposition de la fortune en Allemagne et en France », Extraits de *Liber amicorum Jean WALINE* (Paris : Dalloz, 2002) repris in : *DF* 2002, n° 24, étude 21 ; Jean-Luc PIERRE, « La Cour de cassation examine l'ISF au regard de la jurisprudence du Conseil constitutionnel et de l'article 1er du premier protocole additionnel à la Convention EDH », *JCP éd. E* 2005, n° 20, 763.
[763] Comm. EDH, 1 avril 1999, Lemoine, sec. 4, 26242/95. Voir aussi CEDH, 22 septembre 1994, Hentrich c/France, n° 13616/88. Sur la notion de la proportionnalité, voir CEDH, 23 février 1995, Gasus Dosier aund Förtdertechnik GmbH c/Pays-Bas, Série A 306-B, 67.
[764] CEDH, 16 mars 2004, S.B. and ors c/Finlande, n° 30289/96 et 10 juin 2003, M.A. and 34 others c/Finlande, n° 27793/95 : cité par Philip BAKER, « Retrospective tax legislation and the European Convention on Human Rights », *BTR* 2005, n° 1, p. 1. CEDH, 5 mai 1995, Air Canada c/Royaume-Uni, Série A, n° 316-A : *Rec.*, 1996, vol. 316 ; *JDI* 1996, n° 1, p. 226 ; *Gaz. Pal.* 12 octobre 1996, *Juris.*, n° 285, note de Jean-Nicloas CLEMENT, jugé que les mesures litigieuses répondent à l'intérêt général de lutte contre le trafic international de la drogue, para 42. CEDH, 23 octobre 1997, National & Provincial Builing Societies c/Royaume-Uni : *Rec.*, 1997, VII ; [1997] *STC* 1466.
[765] CEDH, 16 mars 2004, S.B. and ors c/Finlande, n° 30289/96 et 10 juin 2003, M.A. and 34 others c/Finlande, n° 27793/95.
[766] CC, 16 janvier 1982, n° 81-132 DC : *Rec.*, p. 18 ; *JORF*, 17 janvier 1982, p. 299 ; *RA* 1982, p.153 ; *D.* 1983, *Juris.*, p. 169 ; - 30 décembre 1982, n° 82-150 DC : *Rec.*, p. 86 ; *JORF*, 3 décembre 1982, p. 4033 ; *AJDA* 1983, p. 236 ; *RDP* 1983, p. 333 ; *D.* 1984, *IR*, p. 468 ; - 20 juillet 1983, n° 83-162 DC : *Rec.*, p. 49 ; *JORF*, 22 juillet 1983, p. 2267 ; *Dr. soc.*, 1984, p. 163 ; - 26 juillet 1984, n° 84-172 DC : *Rec.*, p. 58 ; *JORF*, 28 juillet 1984, p. 2496 et 1er août 1984 ; *D.* 1985, *IR*, p. 360 ; *RDP* 1986, p. 395 ; - 25 juillet 1989, n° 89-256 DC : *Rec.*, p. 53 ; *JORF*, 28 juillet 1989, p. 9501 ; *RFD adm.* 1989, p. 1009.
[767] CC, 29 décembre 1998, n° 98-405 DC : *Rec.*, p. 326 ; *JORF*, 31 décembre 1998, p. 20138 ; *LPA*, 2 août 1999, p. 22 ; *RFD const.*, 1999, p. 129 ; *RFFP* 1999, p. 171 ; *D.* 2000, *somm.*, p. 54.
[768] AGOSI v. UK (1986). Lindsay v. C & E Comrs (2002), *STC* 588. R (Hoverspeed) v. C & E Comrs (31 juillet 2002) : *Revenue Law – Principles and Practice*, LexisNexis UK, 32e édition,

III – Le contrôle juridictionnel des actes des services des impôts

359. Le recours juridictionnel est un droit du contribuable. Un tel recours constitue un sujet important car l'imposition, par sa nature, donne souvent lieu à des discussions. L'existence de plusieurs juridictions en la matière constitue un facteur de complexité (A). Dans un Etat de droit, on ne saurait admettre que les garanties accordées par le législateur restent la plupart du temps lettre morte, il faut en sanctionner les violations par l'administration (B).

A/ Les particularités du contrôle juridictionnel

360. Les litiges entre administration et contribuable sont réglés de deux façons différentes. Dans les pays anglo-saxons, le principe est que les tribunaux de droit commun statuent sur les différends opposant l'administration fiscale à un contribuable. Le système opposé consiste à faire régler de tels différends par l'administration elle-même car il est à craindre que les tribunaux ordinaires habitués à juger les procès des particuliers ne fussent influencés par un état d'esprit généralement hostile à l'administration fiscale. Aux Etats-Unis, contrairement aux décisions finales de la plupart des administrations, le contrôle juridictionnel des actes du service des impôts est exercé par le degré le plus bas de la juridiction de droit commun dans le système juridictionnel fédéral et la procédure est celle des conflits contractuels, fondée sur le droit commun du contrat[769]. En s'appliquant à toutes les situations où l'IR exerce ses pouvoirs, le contrôle juridictionnel au Royaume-Uni ne s'occupe pourtant pas du bien-fondé de la décision prise par les autorités. En revanche, le juge examine si la voie par laquelle la décision a été prise est légale. En effet, sa mission est d'examiner objectivement et impartialement tous les faits présentés, de faire appliquer la loi et de décider si la décision initiale de l'IR est raisonnable ou excessive. La procédure est informelle et rarement écrite.

361. La particularité du contrôle juridictionnel des actes du service des impôts sera examinée sous deux aspects, la dualité (1) et l'unité de juridiction (2).

1. La dualité de juridiction

362. En France, la dualité de juridiction a pour origine la loi des 7-11 septembre 1790. Ce principe est repris à l'article L. 199 du LPF. Sous l'Ancien Régime, les contrôleurs généraux des Finances ne cessaient de se plaindre de la mansuétude des tribunaux de droit commun. C'est la raison pour laquelle la justice administrative fût organisée[770]. Pourquoi la juridiction administrative ?

[5223], p. 1175, jugé qu'afin de décider si les mesures de perquisition et saisie en matière fiscale sont nécessaires et proportionnées, il convient de décider si l'exercice d'un tel pouvoir est soumis à un contrôle juridictionnel effectif et à un droit de recours.

769 L'arrêt fondamental en la matière est l'arrêt Flora v. United States, 362 US 145 (1960).

770 Gabriel ARDANT, *Histoire de l'impôt*, Livre II, du XVIIIe au XIIe siècle, Paris : Fayard, 1971-1972, p. 686.

Les juristes français ont évoqué le souci de ne pas entraver le cours de l'administration, de faire juger les problèmes la concernant par des fonctionnaires bien au courant des nécessités inhérentes au service public. Pour ceux-ci, l'administration pourrait donner plus de garanties que des juges ordinaires[771]. Pour le Conseil des impôts, la dualité de juridiction ne perturbe que faiblement l'accès du contribuable au juge fiscal.

363. Aux Etats-Unis, les garanties du contribuable américain sont satisfaisantes au niveau des recours judiciaires car deux voies sont à sa disposition selon la stratégie qu'il estime devoir adopter. Premièrement, la demande en restitution des impôts indûment acquittés (*Refund procedure*). Le contribuable acquitte d'abord la totalité des impôts que l'administration réclame, engage ensuite une procédure devant les juridictions de droit commun (*US Federal District Court*)[772] ou les juridictions de restitution (*US Claims Court*)[773], pour le remboursement du montant qu'il estime avoir été erronément fixé et recouvré[774]. Deuxièmement, la contestation de l'assiette (*Deficiency procedure*). Le contribuable, sans avoir acquitté les impôts redressés, adresse une réclamation au tribunal des impôts (*US Tax Court*)[775] pour contester l'assiette

---

[771] Gabriel ARDANT, *Histoire de l'impôt*, Livre I, Paris : Fayard, 1971, p. 469.

[772] Les juges de l'*US Federal District Court* ne sont pas des experts fiscaux. Etant une juridiction de droit commun, sa compétence *ratione loci* recouvre un district fédéral. Il ne peut être saisi qu'après le règlement du montant des impôts redressés par le contribuable. Le contribuable doit non seulement prouver que le redressement est mal fondé mais indiquer aussi le montant exact de l'erreur faite par l'administration pour aboutir à un montant exact des impôts indûment acquittés qui doit lui être restitué.

[773] Etant une juridiction spécialisée compétente pour connaître des actions en indemnité principalement contractuelles contre le Gouvernement fédéral, l'*US Court of Claims* est une juridiction à compétence spéciale créée par l'article I de la Constitution américaine. 28 USC § 171(a) Il résulte de la fusion en 1982 de l'ancienne *US Court of Claims* avec l'*US Court of Customs and Patent Appeals* (Cour fédérale des douanes et des brevets). Les magistrats sont moins spécialistes que ceux de l'*US Tax Court*. Elle ne peut être saisie par le contribuable qu'après acquittement de l'impôt réclamé.

La juridiction de restitution (*US Court of Claims*) et celle de droit commun (*Federal District Court*) sont co-compétentes. La différence est qu'une des deux parties du procès peut demander la présence d'un jury devant la juridiction de droit commun mais pas devant celle de restitution. L'absence de jury devant le tribunal de restitution (*Claims Court*) résulte du fait selon lequel le procès contre le Gouvernement américain, soit devant la juridiction de droit commun soit devant la juridiction de restitution, exige une renonciation à l'immunité souveraine et il n'est pas un procès comme les autres au sens du 7ème Amendement de la Constitution américaine. Le Congrès américain a ajouté une autorisation en faveur du jury de jugement de renonciation à l'immunité souveraine dans le procès devant la juridiction de droit commun. Mais le Congrès ne l'a pas fait à l'égard du procès devant la juridiction de restitution (d'abord nommé la *Court of Claims*, ensuite la *Claims Court*).

[774] IR Code, section 7422, 7432(a) ; 28 USC §§ 1346, 1341.

[775] L'*US Tax Court*, qui est en réalité une agence fédérale, est une juridiction d'exception composée de spécialistes en droit fiscal. Elle siège à *Washington DC* et est compétente *ratione loci* pour tout le territoire des Etats-Unis. Elle doit être saisie avant l'émission d'un avis d'imposition de l'administration. Jusqu'en 1970, la *Tax Court* n'était pas une juridiction. Elle

des impôts que l'administration a réclamés[776]. Sous réserve de certaines limitations de compétence, le contribuable est libre de choisir entre les deux procédures. En conséquence, en premier ressort, trois tribunaux sont compétents: l'*US District Court*, l'*US Tax Court* et la *Court of Claims*. L'*US Court of Claims* et l'*US Tax Court* ont le même statut dans la mesure où elles résultent de l'article I de la Constitution américaine, autrement dit, elles sont toutes deux législatives alors que la *District Court* (Tribunal fédéral de première instance) a pour fondement l'article III de la Constitution, c'est-à-dire qu'elle est de nature constitutionnelle. Malgré les avantages de la procédure de demande en restitution, le contribuable recourt plus souvent à la méthode de contestation de l'assiette des impôts.

2. L'unité de juridiction

364. En Chine, en l'absence de tribunaux spécialisés en matière fiscale, les litiges fiscaux sont portés devant la chambre spécialisée en droit administratif du tribunal de droit commun, le Tribunal populaire (*Renmin Fayuan*). Le contentieux fiscal, faisant partie du contentieux administratif, est régi par les règles relatives à celui-ci[777]. En matière fiscale, le pouvoir du juge est limité aux contentieux d'assiette et de pénalités. Le pouvoir d'appréciation du juge est également limité, il juge de la légalité des actes de l'administration et non de leur opportunité ou de leur rationalité[778].

365. Comme en France, la phase contentieuse chinoise n'a pas d'effet suspensif[779]. Autrement dit, les décisions contestées doivent être exécutées même si un procès est intenté devant les tribunaux populaires, sauf cas limitativement prévus par la loi. Le recours à la médiation est interdit en matière

---

était connue comme une Commission de recours depuis la loi sur le revenu de 1924 jusqu'à la loi de réforme fiscale de 1969. Ses décisions étaient susceptibles d'être réexaminées par les tribunaux de la même manière que les décisions finales d'autres administrations. La *Tax Court* est de nature législative mais pas constitutionnelle (la principale différence entre les tribunaux de nature législative et constitutionnelle est que la tenue et les rémunérations des juges des tribunaux de nature constitutionnelle sont protégées par l'article III de la Constitution). Mais elle juge des affaires de la même manière que les tribunaux de nature constitutionnelle. La compétence de la *Tax Court* est strictement cantonnée par la Cour suprême américaine aux fonctions assignées par le Congrès.

[776] IR Code, section 6213.

[777] Loi chinoise relative au contentieux administratif du 4 avril 1989, Interprétation de la Cour populaire suprême sur une série de questions concernant l'application de la loi relative au contentieux administratif, publiée le 8 mars 2000, entrée en vigueur le 10 mars 2000, Règlement de la Cour populaire suprême sur une série de questions concernant la preuve dans le contentieux administratif, publié le 24 juillet 2002, entré en vigueur le 1er octobre 2002.

[778] Art. 5 de la loi chinoise relative au contentieux administratif du 4 avril 1989.

[779] Art. 44 de la loi chinoise relative au contentieux administratif du 4 avril 1989. NLAPI, art. 88, al. 1.

de contentieux fiscal[780]. L'administration fiscale supporte la charge de la preuve[781]. Le contribuable a le droit d'engager un débat[782] et de former un recours contre la décision rendue en premier ressort[783]. Le délai légal dans lequel le juge doit rendre sa décision est en principe plus court qu'en France, il est de 3 mois pour le juge de premier ressort et de 2 mois pour le juge d'appel[784]. Le juge peut maintenir, modifier ou annuler intégralement ou partiellement la décision contestée, ou encore, enjoindre à l'administration de réexaminer le dossier ou au contribuable, d'exécuter la décision[785]. En pratique, très peu de contentieux sont initiés en Chine. Le contentieux administratif occupe une place médiocre dans l'ensemble des contentieux, soit 2% en 2003[786], 1.1% en 2004[787], 1.2% en 2005[788]. Parmi les contentieux administratifs, les plus nombreux concernent la destruction ou la délocalisation de quartiers anciens, l'expropriation de terrain rural et la protection sociale. Le nombre de procès fiscaux est très modeste. Le premier contentieux fiscal a eu lieu en 1988[789]. Le problème n'est pas tant l'imperfection du droit que la peur irrésolue du contribuable vis-à-vis de l'administration. Force est de constater qu'un tel phénomène ne saurait disparaître rapidement.

---

780 Art. 50 de la loi chinoise relative au contentieux administratif, votée le 4 avril 1989, entrée en vigueur le 1er octobre 1990.

781 Art. 32 de la loi chinoise relative au contentieux administratif du 4 avril 1989.

782 Art. 9 de la loi chinoise relative au contentieux administratif du 4 avril 1989.

783 Art. 58 de la loi chinoise relative au contentieux administratif du 4 avril 1989.

784 Art. 57 et 61 de la loi chinoise relative au contentieux administratif du 4 avril 1989. Cette limitation des délais n'est que théorique. En vertu des textes, ces délais sont susceptibles d'être prorogés, sans aucune limitation, avec l'autorisation de la Cour supérieure de la province ou de la Cour populaire suprême. Il en résulte que le délai peut, en pratique, être « *éternellement* » prorogé.

785 Art. 54 de la loi relative au contentieux administratif du 4 avril 1989.

786 En 2003, le nombre d'affaires jugées par les chambres administratives de juridictions de différents degrés a été de 114 896 alors que le nombre total des contentieux était de 5 687 905 (Rapport de travail de la Cour populaire suprême de la Chine en date du 10 mars 2004 devant la 2e réunion du 10e mandat de l'ANP de la Chine).

787 En 2004, le nombre d'affaires jugées par les chambres administratives de juridictions de différents degrés a été de 92 298 alors que le nombre total des contentieux était de 7 876 568 (Rapport de travail de la Cour populaire suprême de la Chine en date du 9 mars 2005 devant la 3e réunion du 10e mandat de l'ANP de la Chine).

788 En 2005, le nombre d'affaires jugées par les chambres administratives de juridictions de différents degrés a été de 95 769 alors que le nombre total des contentieux était de 7 940 549 (Rapport de travail de la Cour populaire suprême de la Chine en date du 11 mars 2006 devant la 4e réunion du 10e mandat de l'ANP de la Chine).

789 Tribunal populaire de Xinyang de la province de Henan, chambre administrative 1988, n° 01. Cour d'appel de la région de Zhu Ma Dian de la province de Henan, 23 novembre 1988, Guoxiang ZHI. La décision du tribunal de premier ressort et la décision du centre des impôts ont été annulées. Le centre des impôts concerné a été condamné à réparer le préjudice subi par Guoxiang ZHI, évalué à 1 000 renminbis (soit 100 euros). Mingshan ZHU, *Le contentieux administratif en matière fiscale : jurisprudence de référence et application du droit*, Edition du droit en Chine, 2004, p. 1-1.

366. Le contentieux fiscal britannique est très particulier par rapport à celui de France et de Chine. Le contentieux se déroule en deux phases : la première, qui peut être qualifiée de quasi-juridictionnelle, se déroule devant des formations spécialisées (*administrative tribunal*) et la seconde devant les tribunaux de l'ordre judiciaire (*High Court*, *Court of Appeal* et *House of Lords*). Les tribunaux administratifs britanniques ont également peu de points communs avec leurs homologues français et chinois. N'ayant aucune compétence générale mais uniquement des compétences d'attribution, ils sont en quelque sorte des commissions administratives quasi-juridictionnelles. Leurs membres n'étant pas toujours indépendants, ces tribunaux administratifs ne sont pas reconnus comme juridiction à part entière à moins que la loi ne le précise expressément et ils ne constituent pas un ordre juridictionnel propre. Les tribunaux fiscaux sont, parmi les tribunaux administratifs, ceux dont l'activité est la plus importante[790].

367. Le contribuable et l'agent des impôts peuvent porter leur différend sur la détermination de l'assiette des impôts devant les *Appeal Commissioners*[791]. Il existe deux catégories d'*Appeal Commissioners*, le *Commissioner* général (*Commissioner for the General Purposes of the Income Tax* : *General Commissioner*) et le *Commissioner* spécial (*Commissioner for the Special Purposes of the Income Tax* : *Special Commissioner*), nommés par le ministre de la Justice[792]. Initialement, les *Appeals Commissioners* jouaient un rôle administratif et le *General Commissioner* disposait du pouvoir de contrôle fiscal. Ce pouvoir a été transféré aux inspecteurs et au *Board of Inland Revenue* dans certains cas en 1965[793]. Ils ont été reconnus comme essentiellement chargés de fonctions judiciaires[794]. La dernière fonction de contrôle fiscal du *General Commissioner* a été supprimée en 1989. Il s'agit du changement le plus important dans la transmission d'un corps administratif à un corps judiciaire. À ce jour, les *Appeal Commissioners* sont totalement indépendants de l'IR.

368. Le *General Commissioner* est bénévole et exerce sa mission à temps partiel. Il n'est ni spécialiste en droit ou en fiscalité ni magistrat professionnel, mais il dispose de connaissances financières ou d'expérience. Quant au *Special Commissioner* à Londres, soit salarié soit frais-remboursé, il doit être un *barrister*, *advocate* ou *solicitor* ayant au moins 10 ans d'expérience[795] ou un magistrat professionnel et traite des cas plus spécifiques ou plus complexes. Normalement, un différend est examiné soit par un jury de *General*

---

[790] Le contentieux en matière de recouvrement relève en revanche de la compétence des *Magistrates courts* et des *County courts*.
[791] TMA 1970, section 31. Les procédures dénommées *appeals* ne sont nullement comparables à celles portant le nom d'« *appel* » en France.
[792] TMA 1970, section 2 et 4.
[793] TA 1964, section. 5.
[794] Slaney v. Kean (1969) 45TC415, 420 per Megarry J.
[795] TMA 1970, section 4.

Commissioner soit par un seul *Special Commissioner* sauf si le *Special Commissioner* Président (*Presiding Special Commissioner*) en décide autrement[796].

369. Les décisions du *Commissioner* sont en principe définitives[797]. Toutefois, celles-ci peuvent soit être réexaminées[798] soit faire l'objet d'un appel[799]. L'appel permet d'imposer une décision tandis que le réexamen ne peut qu'aboutir à annuler ou confirmer les décisions initiales du *Commissioner*. L'appel devant la *High Court*[800], juridiction judiciaire, contre les décisions des *Commissioners* n'est pas une voie de recours très utilisée car elle n'est permise que pour les questions de droit[801]. Questions de fait et questions de droit sont difficiles à distinguer. L'appel contre les décisions de la *High Court* devant la *Court of Appeal* [802] reste rare car il n'est permis que dans des circonstances exceptionnelles. Ainsi, par exemple, le cas où l'appel soulèverait une question de principe ou toutes autres raisons qui imposeraient à la *Court of Appeal* d'entendre cette affaire. L'objectif est d'éliminer le « *second appel* ». Mais en pratique, il n'est pas difficile de montrer l'existence d'un point de droit important. Enfin, l'appel contre la décision de la *Court of Appeal* devant la *House of Lords*[803] exige l'accord de la *Court of Appeal* ou la permission de la *House of Lords*. Si l'accord a été refusé par la *Court of Appeal*, une requête en autorisation d'appel peut être formulée devant la *House of Lords* dans un délai de 1 mois. L'autorisation d'appel n'est accordée qu'aux cas qui soulèvent un point de droit d'importance générale devant être examiné par la *House of Lords*.

B/ La sanction des irrégularités de la procédure de vérification

370. Le principe de sanction des irrégularités de la procédure de vérification est reconnu par les quatre pays comparés avec cependant des nuances. Le droit administratif français distingue les vices de procédure et les vices de forme, leur

[796] TMA 1970, section 45.
[797] TMA 1970, section 46(2).
[798] *Le General Commissioners (Jurisdiction and Procedure) Regulations of 1994*, S.I. 1994/18 2. Les *Regulations* sont des instructions émanant généralement du secrétaire du Trésor.
[799] Selon Stefan N. FROMMEL, peu d'affaires fiscales parviennent jusqu'aux Cours supérieures. Chaque année, en moyenne une trentaine sont tranchées par la *High Court*, une dizaine par la *Court of Appeal* et cinq par la *House of Lords*. L'audience devant les *Commissioners* se déroule normalement à huis-clos. À la demande de l'appelant, les *Commissioners* peuvent ordonner que certaines personnes soient autorisées à assister à l'audience. Cependant, le recours devant d'autres tribunaux est public. En conséquence, l' « *intimité* » totale devant les *Commissioners* est suivie d'une « *publicité* » totale devant les tribunaux.
[800] TMA 1970, section 56(2),(6).
[801] TMA 1970, section 56 et 56A.
[802] TMA 1970, section 56(8).
[803] TMA 1970, section 56(8). La *House of Lords* (la chambre des Lords) est la juridiction suprême pour tout le Royaume-Uni. Elle n'est pas une juridiction de cassation mais une juridiction d'appel avec tous pouvoirs pour statuer au fond.

sanction étant subordonnée à leur nature distincte[804]. La procédure est l'acte lui-même et les irrégularités relatives à la procédure conduisent fréquemment à l'annulation de l'acte. En revanche, les vices de forme sont des irrégularités externes à l'acte lui-même et sont sans incidence sur la légalité de l'acte. Il est logique que les irrégularités de procédure vicient la procédure subséquente dans la mesure où cette dernière tire les conséquences de la première. Le non-respect d'une règle de forme peut donc avoir pour effet de vicier toutes les démarches effectuées dans le cadre d'une même procédure[805]. Cependant, l'irrégularité d'une vérification de comptabilité n'a d'incidence que sur les redressements qui en procèdent[806].

371. En Chine, la sanction des irrégularités de la vérification est quasiment absente. Si l'inobservation des règles procédurales par les agents des impôts peut être sanctionnée, elle ne l'est pas directement au bénéfice du contribuable. En d'autres termes, les vices de forme dans les procédures de contrôle chinoises n'entraînent pas la nullité des actes subséquents. En revanche, la méconnaissance des formes légales par le contribuable est susceptible d'être sanctionnée par une majoration d'impôt et éventuellement une amende. Au Royaume-Uni, les décisions d'un inspecteur fiscal ne peuvent pas être annulées pour impartialité à moins que celles-ci n'aient été prises pour un motif erroné ou que celles-ci n'équivaillent à un abus de pouvoir[807]. Il n'existe aucune application jurisprudentielle du motif erroné, qui est difficile à prouver. Le caractère irrationnel du motif de l'inspecteur est également difficile à prouver, à supposer que celui-ci soit tenu de motiver ses décisions.

372. Le principe français de sanction des vices de procédure n'est pas sans limite. Il trouve ses limites dans le principe d'indépendance des procédures de redressement. En matière de taxation d'office, les vices affectant la vérification sont sans incidence sur le bien-fondé des impositions établies à l'encontre d'un contribuable pour lequel l'administration peut établir par tout autre moyen qu'il est en situation de taxation d'office[808]. En pratique, il est possible pour

[804] LPF, art. L. 80 CA : *la juridiction saisie peut prononcer la décharge des droits en principal et des pénalités lorsque l'erreur a eu pour effet de porter atteinte aux droits de la défense ou lorsqu'elle est de celles pour lesquelles la nullité est expressément prévue par la loi ou par les engagements internationaux conclus par la France.*
[805] CA Paris, 1re ch., concurrence, 8 avril 1994, Sté Hyperallye : note de Claude LUCAS DE LEYSSAC, *D.* 1995, 42e cahier, *juris.*, p. 607.
[806] CE, 19 mars 2001, n° 198543, Cadix : *RJF* 06/2001, n° 821.
[807] Preston v. IRC [1985] *STC* 282.
[808] CE, 19 novembre 1975, n° 94135 : *DF* 1976, n° 3, comm. 61 ; *RJF* 1/1976, n° 9 ; - 10 décembre 1980, n° 14878 : *RJF* 2/1981, n° 137 ; - 29 octobre 1984, n° 32465 : *RJF* 12/1984, n°1479 ; - 24 novembre 1986, n° 46011 et 46012 : *DF* 1987, n° 17, comm. 873 ; *DF* 1987, n° 25, comm. 1209 ; *RJF* 1/1987, n° 94 ; - 26 juin 1987, n° 39008, 40438 et 40437 : *DF* 1988, n° 10, comm. 497 ; *RJF* 8-9/1987, n° 911 ; - 3 mai 1989, n° 46892, SCI Le Clos Ancenay : *RJF* 6/1989, n° 730.

l'administration de maintenir dans un premier temps les impositions établies à la suite d'un contrôle irrégulier dans l'attente de l'aveu éventuel du contribuable qu'il était en réalité dans une situation justifiant le recours à une procédure de taxation d'office, situation qui rend sans effet les irrégularités du contrôle[809]. Cette solution apparaît peu protectrice des contribuables.

373. Par ailleurs, le principe d'indépendance des procédures de redressement prive le contribuable de la possibilité de se prévaloir d'irrégularités de procédure commises à l'égard d'autres contribuables[810]. La solution est identique aux Etats-Unis où la jurisprudence considère que les preuves irrégulièrement saisies chez un tiers sont admissibles car c'est le droit d'un tiers mais pas celui du contribuable qui a été vicié pendant les opérations de saisie[811]. Mais ce principe n'a pas de portée absolue. Dans l'arrêt Marie, le Conseil d'Etat a admis que le contribuable pouvait éventuellement soutenir que l'irrégularité de procédure commise à l'égard d'un autre contribuable ou dans le cadre d'une autre procédure est tellement grave ou grossière qu'elle a un effet sur la force probante des documents produits par l'administration pour établir le bien-fondé de l'imposition[812]. La solution est justifiée, mais en pratique, la notion de « *valeur probante* » est difficile à déterminer, la jurisprudence ne contient d'ailleurs aucun exemple positif d'un effet sur la valeur probante. En outre, la portée de la jurisprudence Marie est incertaine. La même juridiction a ultérieurement estimé que dans le cas d'une procédure suivie indépendamment de la procédure annulée, l'annulation n'a pas par elle-même pour effet de priver de valeur probante les pièces obtenues par l'administration au cours de la visite ou de la saisie[813]. Certains critiquent la solution Marie au motif que c'est toute

---

[809] CE, 2 mars 1994, req. n° 107821 : *JCP éd. E* 1994, *pan.*, 384.

[810] CE, Plén., 27 juillet 1988, n° 43939, Maccheto : *DF* 1989, n° 16-17, comm. 835, concl. de Philippe MARTIN ; *RJF* 10/1988, n° 1100 ; - 10 mai 1991, n° 56841, Régie cuisine du Cabaret « *Le Lido* » : *RJF* 7/1991, n° 967 ; - 13 mai 1991, n° 67488, Bastide : *RJF* 7/1991, n° 953 ; - Sect., 6 décembre 1995, n° 90914, Navon et n°126826, SA Samep : *DF* 1996, n° 7, comm. 20[illegible], concl. de Gilles BACHELIER ; *RJF* 1/1996, n° 61 et 62 ; chron. Guillaume GOULARD, « L'indépendance des procédures, retour à un principe traditionnel », *RJF* 1/1996, p. 2 ; - 21 mars 2001, n° 202490, Egot : *DF* 2001, n° 24, comm. 549, concl. de Guillaume GOULARD ; *RJF* 6/2001, n° 813 ; *BDCF* 6/2001, p. 34 ; - 26 octobre 2001, n° 212456, SA Papéterie Nouvelle.

[811] United States v. Payner, 447 U.S. 727. En fait, dans cet arrêt, les agents des impôts ont photocopié illégalement les documents bancaires en possession d'un employé de la Banque Bahamian quand ce dernier se trouvait aux Etats-Unis.

[812] CE, Plén., 21 juin 1989, n° 52385 à 52388, Plén., Marie, Laforgue, Karsenti, Cardinaud Plén. : *DF* 1989, n° 50, comm. 2372, concl. de Maryvonne DE SAINT-PULGENT ; *RJF* 8 9/1989, n° 994.

[813] CE, Avis, 10 juin 1998, n° 194330, Thoury : *DF* 1998, n° 37, comm. 777, concl. de Gilles BACHELIER ; *RJF* 8-9/1998, p. 966 ; *BDCF* 1998, n° 4, p. 78 ; *Quot. jur.*, 8 septembre 1998, n°72 ; *JCP éd. E* 1998, *pan.*, p. 1389 ; BOI 13 L-5-98 du 17 juillet 1998. Voir aussi CE, 1er mars 1996, n° 174244, Egot : *Lebon*, p. 62 ; *DF* 1996, n° 17, comm. 572 ; *DF* 1996, n° 39, comm.1153, conl. de François LOLOUM ; *RJF* 4/1996, n° 463 ; *BDCF* 2/1996 ; chron. de Stéphane AUSTRY,

la jurisprudence traditionnelle sur l'indépendance des procédures d'imposition qui aurait été remise en cause[814]. Entre le principe d'indépendance des procédures et le respect des droits de la défense du contribuable, il n'est toujours pas certain que l'un l'emporte sur l'autre. En tout état de cause, il semble que la jurisprudence qui applique strictement le premier principe protège moins les droits du contribuable.

374. En ce qui concerne les vices de forme, les textes fiscaux français ne prévoient que deux types de nullité légale. L'une tient au fait que l'avis doit mentionner expressément que le contribuable a la faculté de se faire assister par un conseil de son choix[815], et, l'autre tient à la limitation de la durée de vérification sur place[816]. Certains juges les interprètent strictement en estimant que l'avis de vérification ne précisant pas le nom et la qualité de l'agent signataire est régulier car l'article L. 47 du LPF ne prévoit pas l'indication du nom et de la qualité des agents habilités à signer les avis de vérification et que l'absence d'identification formelle du nom et de la qualité du souscripteur ne porte pas atteinte aux intérêts du contribuable[817]. En revanche, d'autres considèrent qu'une erreur rend irrégulière la procédure d'imposition lorsqu'elle a eu pour effet de priver le contribuable de l'une des garanties de procédure dont il était en droit de bénéficier[818]. En fait, ils recherchent le caractère « *substantiel* » des garanties que l'administration n'a pas respectées.

375. Comment, en l'absence de dispositions expresses, définir la « *substantialité* » d'un vice de forme ? La doctrine française considère qu'est « *substantielle* » une formalité dont l'omission ou l'accomplissement irrégulier a pu exercer une influence sur la décision intervenue[819]. En l'absence de textes précis, l'appréciation de la substantialité ressort en définitive de la compétence du juge. Pour le juge constitutionnel, une erreur est dépourvue de caractère

---

« L'article L. 16 B et le juge : les dernières mésaventures », *RJF* 4/1996, p. 231 ; *JCP éd. E* 1996, *pan.*, p. 382 ; *Quot. jur.* 1997, n° 23, p. 5.

[814] Guillaume GOULARD, « L'indépendance des procédures, retour à un principe traditionnel, CE, 6 décembre 1995, n° 90914, Navon et CE, 6 décembre 1995, n° 126826, SA Samep », *RJF* 1/1996, p. 2.

[815] LPF, art. L. 47, al 2.

[816] LPF, art. L. 52, al. 1.

[817] Cass. crim., 9 mars 2005, n° 04-82.641, P : *DF* 2005, n° 25, comm. 491.

[818] CE, 30 septembre 2005, Sté Euro Marketing service, req. n° 257882 : *DF* 2005, n° 44-45, *act.*, 225 ; *RJF* 12/2005, n° 1448. Il a été jugé que l'administration ne pouvait estimer qu'un désaccord subsiste entre elle-même et le contribuable vérifié, ni soumettre celui-ci à l'avis de la Commission départementale, tant que le contribuable n'a pas reçu d'elle une réponse motivée, rejetant les observations qu'il a formulées dans le délai de 30 jours suivant la réception de la notification de redressement. Voir CAA Marseille, 4ᵉ ch., 27 juin 2006, n° 02MA02506, min. c/M. François : *DF* 2007, n° 20, comm. 523.

[819] Jean.-Marie AUBY, *La procédure administrative non contentieuse*, *D.* 1956, 10ᵉ cahier, *Chron.*, VII, p. 6.

substantiel si elle n'a pas porté atteinte aux droits de la partie qu'elle concerne[820]. La jurisprudence fiscale majoritaire répute substantielle toute formalité constituant une garantie pour l'administré[821]. En d'autres termes, l'erreur substantielle inclut les violations de l'ensemble des garanties reconnues par le législateur, ou la jurisprudence, au bénéfice des contribuables.

376. Néanmoins, certaines juridictions considèrent que l'atteinte aux droits de la défense est le seul critère de « *substantialité* » d'un vice[822]. Selon le commissaire du Gouvernement Olivier Fouquet, la notion d'atteinte aux droits de la défense est plus stricte et elle ne vise que la violation des garanties permettant au contribuable d'être informé et de se défendre[823]. Il en résulte que seule l'absence de notification au contribuable de son droit d'être assisté d'un conseil de son choix et de débat oral et contradictoire portant atteinte aux droits de la défense sont des irrégularités affectant les opérations administratives préalables à l'engagement de poursuites pénales susceptibles de conduire à l'annulation de la procédure par le juge judiciaire[824]. Ultérieurement, afin d'assurer la défense du contribuable, le juge administratif a jugé que le défaut de restitution de tout ou partie des pièces et documents saisis au cours d'une perquisition menée sur le fondement de l'article L. 16 B du LPF était de nature à vicier la procédure d'imposition mise en œuvre à l'encontre du contribuable à la suite de la perquisition[825].

377. Par conséquent, n'est pas substantielle l'erreur de dénomination de la société vérifiée sur l'avis de vérification (en l'absence de risque de confusion sur la société visée par le contrôle)[826]. De même, bien qu'aux termes de l'article

---

820 CC, 29 décembre 1989, n° 89-268 DC.

821 CE, 8 février 1991, n° 69712, Lemonnier : *DF* 1991, n° 10, comm. 490 ; *RJF* 3/1991, n° 359 ; concl. d'Olivier FOUQUET, *RJF* 3/1991, p. 150 ; - 8 février 1991, n° 61025, Association « *Capital National de l'Age de l'Illumination* » : *DF* 1991, n° 10, comm. 490 ; *RJF* 3/1991 n°360. Voir Concl. de Guillaume GOULARD sous CE, sect., 26 février 2003, n° 232841 et 232842, Moréra : *RJF* 5/2003, n° 591; *FR* 14/2003, *Inf.*, 3, p. 12 ; *LPA*, 27 juin 2003, n° 128, p. 13 ; *BDCF* 5/2003, concl. de Guillaume GOULARD.

822 Cass. crim., 10 octobre 1997, n° de pourvoi : 96-83.681 : *Gaz. Pal.*, 1998, *chron. crim.*, p. 21 ; - 21 juin 2000 : *Gaz. Pal.*, 2000, *juris.*, p. 2524, jugé que l'omission d'informer le contribuable de son droit d'être assisté d'un conseil de son choix et l'absence de débat oral et contradictoire entre le contribuable et le vérificateur, portant atteinte aux droits de la défense, sont les seules irrégularités affectant les opérations administratives préalables à l'engagement de poursuites pénales pour fraude fiscale susceptibles de conduire à l'annulation de la procédure par le juge judiciaire. Voir Patrick PHILIP, *L'erreur substantielle dans la procédure d'imposition*, th. univ. Aix-Marseille, 1997.

823 Concl. d'Olivier FOUQUET, CE, 8 février 1991, n° 61093, William Gillet Guillet Renneport : *DF* 1991, n° 10, comm. 490 ; *RJF* 3/1991, p. 156.

824 Cass. crim., 21 juin 2000, James, n° 99-84102 : *DF* 2001, n° 7, comm. 135.

825 CAA Paris, 15 juin 2005, n° 01-134, 2e ch. A, Chaisaz : *RJF* 01/2006, n° 60 ; - 20 novembre 2002, n° 99-237 : *DF* 2003, n° 30-35, comm. 583 ; *RJF* 04/2003, n° 446.

826 CE, 1er avril 2005, n° 254319, Min. c/SA Martell et Cie : *DF* 2005, n° 28, comm. 543.

L. 57 du LPF, la notification doive mentionner la nature de la procédure d'imposition suivie, l'omission de cette mention ou l'erreur que celle-ci peut comporter n'a pas pour effet de priver le contribuable de l'une des garanties de procédure dont il était en droit de bénéficier[827] et n'est donc pas substantielle. Il en va de même pour l'irrégularité commise par l'administration en s'abstenant d'indiquer au contribuable l'origine du renseignement recueilli par elle dans l'exercice de son droit de communication et utilisé effectivement pour procéder au redressement, dès lors qu'eu égard à la teneur du renseignement, nécessairement connu du contribuable, celui-ci n'a pas été privé de la possibilité de discuter utilement le redressement litigieux[828].

378. Le principe de sanction des vices substantiels rencontre néanmoins des exceptions. Par souci d'efficacité, le législateur français a voté une disposition [829] permettant à l'administration, sur l'autorisation du juge, de réparer une erreur de procédure non substantielle ou, dans certains cas, de reprendre une procédure de redressement entachée d'une telle erreur. Cet article avait pour objectif de limiter les conséquences des irrégularités de procédure au détriment des garanties du contribuable. Le Conseil constitutionnel a censuré cette disposition pour que les régularisations ne puissent pas intervenir à tout moment [830]. Finalement cet article a été introduit par la loi de finances rectificatives pour 1990 [831]. Désormais, l'effet des vices de procédure est fonction de l'objet des garanties du contribuable. En outre, la jurisprudence française limite la portée des effets des vices de procédure dès lors que le contribuable a eu la volonté manifeste d'échapper à l'impôt. Mais certains auteurs critiquent cette position[832].

379. Le principe est similaire aux Etats-Unis où l'on apprécie, non pas la « *substantialité* », mais le caractère « *constitutionnel* » des garanties du contribuable. La jurisprudence de la Cour suprême américaine distingue des violations *inter-sovereign* (inter-souveraines) [833] et *intra-sovereign* (intra-

---

[827] CE, 24 septembre 2003, n° 196931, SARL Avraud Métaux : *DF* 2004, n° 13, comm. 376.

[828] CE, 29 juin 2005, n° 256163, Rouch : *DF* 2005, n° 40, comm. 659 ; *RJF* 10/2005, n° 1067 ; *BF* 10/2005, *Inf.* 980 ; - 5 octobre 2005, n° 270341, Blondeau : *DF* 2002, comm. 319 ; *RJF* 12/2005, n° 1438 ; *BF* 12/2005, *Inf.* 1247 ; - 13 décembre 2006, n° 280131, Bensabath : *RJF* 3/2007, n° 315 ; *BF* 3/2007, *Inf.* 320.

[829] Art. 102 de la loi de Finances pour 1990.

[830] CC, 29 décembre 1989, n° 89-268 DC.

[831] LPF, art. L. 80 CA (inséré par l'article 45 de la loi de finances rectificative pour 1990, n° 90-1169 du 29 décembre 1990, *JORF*, 30 décembre 1990).

[832] Note d'André BICHON, CE, 10 novembre 2000, n° 204805, Milhau : *DF* 2001, n° 18, comm. 436 ; *RJF* 02/2001, n° 194 ; *RJF* 4/2001, p. 295 ; *BDCF* 2/2001, n° 29, concl. de Guillaume GOULARD ; *JCP éd. E* 2001, n° 9, p. 355.

[833] Par le terme « *inter-sovereign* », il s'agit de questions qui concernent les rapports entre deux instances souveraines telles que le Gouvernement national et un Etat ou alors des Etats entre eux. Il pourrait être traduit comme « *relatif aux rapports entre instances souveraines* ».

souveraines)[834] et a limité le principe d'*Exclusionary Rule*[835] dans les procédures de redressement fiscal aux violations intra-souveraines, par exemple au cas où les agents des impôts ont violé des garanties de valeur constitutionnelle. Désormais, le principe d'*Exclusionary Rule* ne s'applique qu'aux violations constitutionnelles. En d'autres termes, quand les agents des impôts ont eu un comportement qui a violé des valeurs constitutionnelles, les preuves obtenues ne peuvent pas être utilisées dans une procédure de redressement fiscal[836]. Le fondement n'est pas seulement la distinction entre les violations intra-souveraines et inter-souveraines, mais aussi l'objectif préventif de la règle d'*Exclusionary Rule*.

Conclusion du chapitre II

380. Le droit fiscal constitue une discipline particulière. Il touche, tantôt au droit privé, tantôt au droit public, tantôt au droit administratif, tantôt au droit civil. C'est pourquoi les garanties de l'entreprise vérifiée pour des raisons fiscales présentent un certain degré de spécificité.

381. Le droit fiscal est complexe, notamment dans les pays développés. La simplification des textes fiscaux entraînerait une meilleure qualité de service au bénéfice du contribuable. La France et le Royaume-Uni se sont engagés dans une procédure de simplification du droit. En France, le droit fiscal est très formaliste, ce qui est considéré comme protecteur pour le contribuable par la doctrine majoritaire.

382. La procédure fiscale est spécifique. Cette particularité n'est cependant pas dans l'intérêt du contribuable. C'est notamment le cas en France. En premier lieu, la portée du principe d'indépendance des procédures administratives et répressives est étroite, ce qui limite le pouvoir du juge judiciaire français de contrôler le respect des droits du contribuable ou des formalités procédurales par l'administration. En second lieu, le principe d'interdiction du cumul des

---

[834] Par le terme « *intra-sovereign* », il s'agit de questions internes à une même instance souveraine, par exemple un Etat fédéré. Il pourrait être traduit comme « *à l'intérieur d'une instance souveraine* »

[835] L'*Exclusionary Rule* est le principe de l'irrecevabilité de tout témoignage ou preuve obtenus illégalement en violation du 4ème Amendement de la Constitution.

[836] United States v. Janis, 428 U.S. 433 (1976). Guzzetta v. Comm'r, 78 TC 173 (1982). Black Forge, Inc. v. Comm'r, 78 TC 1004 (1982). Weiss v. Comm'r, 919 F2d 115 (9th Cir. 1990). Dans l'affaire Janis, une évasion fiscale a été découverte par la police de Los Angeles, qui a saisi une certaine somme d'argent chez Monsieur Janis. La saisie s'est avérée illégale (pour des raisons que l'arrêt n'a pas expliquées). Monsieur Janis a demandé la restitution de l'argent saisi sur la base de la découverte « *illégale* » de ses activités par la police, pour lesquelles il n'avait pas payé d'impôts. La *United States Supreme Court* a ici introduit la distinction entre règles de droit d'une instance souveraine (le Gouvernement national) et règles de droit d'une autre instance ou sujet souverain (l'Etat fédéré). La distinction exprimée par les termes « *inter-sovereign* » et « *intra-sovereign* » fait donc référence à des situations de droit différentes entre elles.

sanctions n'est pas reconnu de façon claire, ce qui laisse subsister la possibilité pour le contribuable d'être sanctionné deux fois pour les mêmes faits. En troisième lieu, une conception stricte et étroite du champ d'application des dispositions de la Convention européenne des droits de l'Homme à la matière fiscale a été retenue par la jurisprudence, ce qui limite la possibilité pour le contribuable d'invoquer cette Convention, et notamment, les dispositions de l'article 6-1. En dernier lieu, le contrôle juridictionnel des actes de l'administration fiscale est essentiellement effectué par les juridictions de l'ordre administratif. En revanche, le système américain offre au contribuable le choix entre juridiction ordinaire et juridiction spécialisée en droit fiscal.

Chapitre III – Les garanties de l'entreprise vérifiée dans un contexte international

383. Ces dernières années, l'assistance fiscale internationale, un des piliers du contrôle fiscal des opérations internationales, s'est renforcée. Certains auteurs critiquent l'absence de toute référence à la protection du contribuable. Il est évident que l'assistance administrative internationale peut porter atteinte aux droits du contribuable. La doctrine majoritaire estime qu'une telle opération « *ne doit pas se réaliser sans la prise en compte de la situation des contribuables et la définition d'un statut permettant de les protéger* » [837] (Section I). Le contrôle des prix de transfert impose souvent au contribuable une obligation de documentation et de coopération. Dans ce cas, la question qui se pose est celle de l'existence d'un équilibre entre les pouvoirs spécifiques de l'administration et les garanties du contribuable (Section II).

Section I – Les garanties du contribuable en cas d'assistance administrative internationale

384. Les critiques sur l'absence de garanties à l'égard du contribuable sont nombreuses. Sont-elles justifiées ? Pour y répondre, il convient d'étudier les garanties du contribuable dans un premier temps lors de l'échange d'informations ou de renseignements entre autorités fiscales (I), puis pendant le contrôle simultané (II).

I – Les garanties de l'entreprise en cas d'échange d'informations entre autorités fiscales

385. Les garanties du contribuable en présence d'un échange d'informations peuvent être regroupées en deux catégories selon qu'elle se rattachent à la période précédant (A) ou suivant (B) l'échange d'informations.

A/ Les garanties *a priori*

386. L'absence d'échange de renseignements trouve son fondement soit dans le refus de l'Etat requis soit dans la contestation du contribuable. Les moyens à la disposition tant de l'Etat requis que du contribuable sont de source conventionnelle (1) et domestique (2).

1. Les moyens de source conventionnelle

387. Normalement, à la demande d'un Etat contractant, l'autre Etat contractant lui fournit les renseignements dans les mêmes conditions que sa législation et ses pratiques administratives permettent de les obtenir pour ses propres impôts. Or, l'échange de renseignements n'a pas de caractère absolu car d'une part,

---

[837] Frank LE MENTEC, « L'intensification de l'assistance fiscale internationale : les administrations fiscales à l'heure de la mondialisation », *Année fiscale* 2005, p. 250, conclusion.

l'Etat requis dispose de moyens lui permettant de rejeter la demande d'échange d'informations d'un autre Etat (a) et d'autre part, le contribuable est, dans certains cas, habilité à prendre des mesures pour empêcher un tel échange (b).

a) Le pouvoir discrétionnaire de l'Etat requis de refuser la demande d'échange d'informations

388. Les motifs de refus de l'Etat requis sont variés et ont trait aux conditions de la demande de l'échange, aux garanties en faveur du contribuable et aux modalités de mise en œuvre de l'échange.

389. En premier lieu, les conditions de l'échange d'informations. L'article 19 de la Convention concernant l'assistance administrative mutuelle en matière fiscale offre la possibilité de décliner une demande, « *l'Etat requis n'est pas tenu de donner suite à une demande si l'Etat requérant n'a pas épuisé tous les moyens dont il dispose sur son propre territoire, à moins que leur usage ne donne lieu à des difficultés disproportionnées* ». Or, cet article est très peu utilisé en pratique. Si l'Etat requis refuse de procéder à l'échange pour un tel motif, l'Etat requérant peut soutenir que les mesures qu'il pourrait prendre comporteraient des difficultés considérables, par exemple, dans une vérification de comptabilité, il est plus facile de contrôler un seul fournisseur dans l'Etat requis qu'un grand nombre d'acquéreurs dans l'Etat requérant.

390. En deuxième lieu, la protection du contribuable par l'Etat requis. L'article 21 alinéa 1er de la Convention concernant l'assistance administrative mutuelle en matière fiscale prévoit qu'« *aucune disposition de la présente convention ne peut être interprétée comme limitant les droits et garanties accordés aux personnes par la législation ou la pratique administrative de l'Etat requis* ». La question est de savoir si l'Etat requis peut décider unilatéralement de ne pas communiquer des renseignements demandés en faveur du contribuable. Les commentaires de l'OCDE sont favorables aux droits du contribuable. En effet ils précisent qu'« *un Etat contractant peut décider de ne pas communiquer les renseignements lorsqu'il lui semble avoir des raisons suffisantes pour penser qu'un contribuable concerné risque de subir des conséquences adverses incompatibles avec l'objet de l'échange de renseignements*[838] ». En d'autres termes, dans l'intérêt de son contribuable, bien que l'Etat requis soit tenu à une obligation conventionnelle de fournir les renseignements demandés à l'Etat requérant, la protection des droits du contribuable dépasse ainsi l'obligation conventionnelle. Il est difficile de dire si la solution est justifiée ou non. D'un côté, les engagements internationaux bénéficient d'une supériorité par rapport au droit domestique mais par ailleurs le renforcement des droits du contribuable constitue une tendance générale tant au niveau national qu'international.

---

838 Commentaires OCDE sur l'article 26 concernant l'échange de renseignement en date du 1er juin 2004.

391. En troisième lieu, les modalités de mise en œuvre de l'échange de renseignements entre autorités fiscales. La divergence des règles et procédures concernant le recueil des informations entraîne des difficultés multiples dans la mise en œuvre de l'échange de renseignements entre les administrations des Etats contractants

392. Quand l'échange des informations demandées pose des difficultés à l'Etat requis, a-t-il le droit de le refuser ? Ou au contraire, l'Etat requis doit-il prendre des mesures dérogeant à sa propre législation et à ses propres pratiques afin de satisfaire à la demande de l'autre Etat contractant ? La convention modèle OCDE stipule, dans son article 27, que l'Etat requis « *ne peut prendre des mesures administratives dérogeant à sa législation et à sa propre pratique administrative normale en vue de satisfaire l'autre Etat* ». Du côté français, cela ne doit pas poser de difficultés étant donné que l'administration fiscale française dispose d'un large droit de communication. De même, en droit chinois, cela ne pose pas de réelle difficulté.

393. L'Etat requérant disposant de pouvoirs moins étendus que l'Etat requis, ce dernier peut-il rejeter la demande d'échange ? Cette question se pose souvent en France, l'administration française disposant d'un large droit de communication. Les commentaires de l'OCDE précisent que « *lorsque les renseignements demandés ne peuvent être eux-mêmes obtenus en vertu de la loi ou dans le cadre normal de la pratique administrative de l'Etat requérant, un Etat requis peut décliner une telle demande* », mais « *les différences dans les pratiques et les procédures ne doivent pas servir de justification au rejet d'une demande à moins que ces différences n'aient pour effet de limiter d'une manière significative les possibilités dont dispose l'Etat requérant d'obtenir et de fournir les renseignements en question si cet Etat a lui-même reçu une demande légitime de l'Etat requis* »[839]. Un Etat contractant ne peut donc pas se prévaloir du système de renseignements de l'autre Etat contractant si ce système est plus étendu que le sien. La doctrine administrative française est dans le même sens[840]. La solution doit être approuvée car elle est conforme au principe de réciprocité, le fondement des conventions bilatérales.

394. La jurisprudence américaine a adopté la même position que celle de l'OCDE. Dans l'arrêt *United States v. Lincoln First Bank*, le juge a refusé de faire exécuter un mandat de production de documents au motif que le document sur lequel se fondait l'autorité compétente des Etats-Unis n'avait pas constaté que les mêmes informations auraient pu être obtenues selon la loi norvégienne et que les informations entraient dans le champ d'application de la convention

[839] Commentaires OCDE sur l'article 26 concernant l'échange de renseignement en date du 1er juin 2004.
[840] Rép. min. n° 6648 à Mme Monique CERISIER-BEN GUIGA.

américano-norvégienne[841]. En fait, il est confirmé que les agents des impôts ne doivent pas fournir de renseignements à un Etat étranger qui ne pourrait obtenir ceux-ci en vertu de sa propre législation.

395. Lorsque l'Etat requérant dispose de pouvoirs plus étendus que l'Etat requis, en principe, ce dernier ne peut agir au-delà des limites qu'imposent normalement sa propre législation et sa pratique administrative car « *toute investigation dépassant les limites fixées par la législation interne pourrait en effet violer indirectement les garanties accordées aux contribuables par cette législation* »[842]. La première difficulté qui surgit est alors de définir l'expression « *disposer (...) normalement* ». Pour la doctrine, l'expression doit se référer à l'exercice des pouvoirs d'investigation et de contrôle des administrations fiscales locales tels qu'ils sont définis par le droit interne et ne pas entraîner leur élargissement par des procédures plus lourdes ou coercitives[843]. Certains auteurs en concluent que les droits de vérification de l'Etat requérant sont compromis dans la mesure où l'Etat requis dispose de pouvoirs de vérification moins étendus que les siens. L'IRS soutient également que l'Etat requis devrait utiliser tous ses pouvoirs pour répondre à la demande d'échange de renseignements. La jurisprudence américaine a approuvé cette position dans un arrêt où l'utilisation d'un pouvoir n'aurait pas été autorisée dans le cadre d'une investigation fiscale de droit interne. Dans la mesure où une solution favorable au contribuable doit être retenue, celui-ci doit pouvoir bénéficier des garanties accordées par l'Etat où les informations le concernant, ou les preuves contre lui, seront recueillies.

396. Dans tous les cas, il s'agit d'une simple faculté de refuser, et non pas d'une obligation. En d'autres termes, l'administration fiscale requise peut toujours décider de fournir les renseignements dont la communication a été demandée.

b) La possibilité pour le contribuable de contester ou de demander à l'administration requise de refuser l'échange de renseignements

397. Pour pouvoir contester ou demander à l'administration requise de rejeter la demande d'échange, le contribuable devrait en être préalablement informé. Si les renseignements demandés ne sont pas détenus par une administration fiscale ou une autre autorité publique mais par le contribuable lui-même, la notification au contribuable avant que les renseignements obtenus ne soient communiqués à l'étranger est implicitement contenue dans la demande de fourniture de ces renseignements. Une difficulté se pose lorsque l'administration fiscale requise

---

[841] United States v. Lincoln First Bank, 80-1 USTC 92311980 WL 1500 (SDNY1980), dans le cadre de la convention américain-norvégienne.

[842] IFA, *L'échange des informations dans le cadre de l'assistance administrative internationale* (44e Congrès, Stockholm, 1990, 2e sujet), Cahiers de droit fiscal international, vol. LXXVb, La Haye/Londres/New York : Kluwer Law and Taxation Publishers, 1990, p. 74.

[843] IFA, *L'échange des informations dans le cadre de l'assistance administrative internationale*, 1990, p. 349.

obtient des renseignements auprès d'un tiers (une banque, par exemple) ou d'une autorité publique sans que le contribuable n'en soit informé. Aucune obligation légale d'informer le contribuable n'existe au Royaume-Uni, aux Etats-Unis, ou en Chine[844]. En France, le contribuable n'est informé qu'après que l'échange ait eu lieu. Dans l'examen de situation fiscale personnelle, l'administration est en effet tenue d'informer le contribuable avant de commencer à recueillir les documents. En matière de vérification de comptabilité, il convient de prévoir dans les conventions le droit à l'information du contribuable, ce qui est généralement le cas des conventions fiscales récentes.

2. Les moyens de source nationale

398. La communication des renseignements demandés à un autre Etat peut être limitée, en vertu du droit interne, en raison de l'intérêt fiscal national, du secret des affaires, etc. Les limitations des pouvoirs de vérification de sa propre administration fiscale, prévues par le droit national d'un Etat, peuvent-elles influencer l'assistance administrative internationale ? Certains auteurs estiment que « *les dispositions internes concernant la protection du contribuable en général peuvent être étendues et interprétées de manière à couvrir également les dommages potentiels ou réels résultant de l'information fournie à une administration étrangère ou reçus de cette administration* »[845].

399. Concernant la communication d'informations à une autorité étrangère, les textes britanniques sont plus restrictifs que les textes américains, français et chinois. L'IR dispose de larges pouvoirs de communication auprès du contribuable ou des tiers, mais un tel droit n'a pour objectif que de protéger l'intérêt fiscal national[846]. Au contraire, l'IRS peut divulguer des informations à l'administration d'un Etat étranger avec qui les Etats-Unis ont signé une convention fiscale ou un agrément bilatéral relatif à l'échange de renseignements fiscaux[847]. Le droit français prévoit que « *la communication de renseignements par l'administration française est subordonnée à un engagement de l'autre Etat membre de respecter (...) des règles de secret similaires à celles prévues par la législation française* »[848] et « *l'administration française ne peut fournir des renseignements qui révéleraient un secret commercial, industriel ou professionnel, ou dont la divulgation serait de nature à porter atteinte à la sécurité ou à l'ordre public* »[849].

---

844 Voir paragraphe 222 de la présente thèse.

845 IFA, *L'échange des informations dans le cadre de l'assistance administrative internationale*, 1990, p. 75.

846 TMA 1970, section 6, Schedule 1.

847 IR Code, section 6103 (k)(4)(USC, title 26).

848 LPF, art. R* 114 A-1.

849 LPF, art. R* 114 A-2, al. 1.

400. Le règlement administratif chinois prévoit que la Chine bénéficie d'un droit à l'échange de renseignements et est tenue à l'obligation d'échange de renseignements[850]. Il en résulte d'une part, qu'il lui est interdit de refuser de faire droit à la demande d'échange de renseignements sous prétexte de l'absence de l'intérêt de la demande pour la Chine et d'autre part, que la Chine est en droit de refuser de faire droit à la demande d'échange de renseignements lorsque la fourniture des renseignements demandés risquerait de porter atteinte aux intérêts de l'Etat chinois[851].

B/ Les garanties *a posteriori*

401. Même si l'Etat requis décide de communiquer les renseignements demandés à l'autorité étrangère, le contribuable dispose-t-il de garanties ? En premier lieu, le principe de spécialité exige que les renseignements transmis ne soient utilisés qu'à des fins fiscales, c'est-à-dire pour l'établissement ou le recouvrement des impôts. Ensuite, l'article 22 alinéa 1er de la Convention concernant l'assistance administrative mutuelle en matière fiscale prévoit que les renseignements obtenus par une partie, en application de cette convention, sont tenus secrets dans les mêmes conditions que celles prévues pour les renseignements obtenus en application de la législation de cette partie, ou dans les conditions relatives au secret prévues dans la partie qui les a fournis, lorsque ces dernières conditions sont plus contraignantes. On peut y voir une illustration du caractère national du droit fiscal. En France, le Conseil d'Etat a jugé, à propos de l'utilisation de renseignements fiscaux à l'occasion de poursuites concernant un délit non fiscal, en l'occurrence le trafic de stupéfiants, que les informations fournies ne doivent être utilisées que pour l'établissement ou le recouvrement des impôts et que l'engagement des poursuites en violation de cette règle entraîne leur nullité, cette nullité étant d'ordre public[852].

402. Bien que confidentiels, les renseignements communiqués seront communiqués à certaines personnes. L'article 22 alinéa 2 de la Convention concernant l'assistance administrative mutuelle en matière fiscale prévoit que ceux-ci ne sont communiqués en tout cas qu'aux personnes ou autorités concernées par l'établissement ou le recouvrement des impôts. Il serait équitable que le contribuable ait communication des renseignements échangés en sa qualité de personne directement concernée par l'établissement ou le recouvrement des impôts.

[850] Art. 3, al. 2 du règlement administratif relatif à l'échange international de renseignements fiscaux.
[851] Art. 9, al. 6 et art. 10, al. 1 du règlement administratif relatif à l'échange international de renseignements fiscaux.
[852] CE, 13 mars 1968, req. n° 66801 : *DF* 1969, n° 9, comm. 314, concl. de MEHL.

403. Le contribuable dispose-t-il de la possibilité d'assigner l'Etat requis en dommages-intérêts pour le préjudice résultant de la communication d'informations ? Au Royaume-Uni, le contribuable peut agir en justice contre l'IR à condition de prouver qu'il subit actuellement un préjudice et que ce préjudice ne résulte que de la divulgation erronée de renseignements par celui-ci[853]. L'essentiel est alors de déterminer si l'administration a commis une erreur, avec son corollaire, la difficulté de prouver cette erreur. Les chances de succès d'une action en dommages-intérêts apparaissent faibles. En France, il a été jugé que la responsabilité de l'Etat ne saurait être engagée à raison de fautes éventuellement commises lors de la communication d'informations relatives à la situation fiscale d'un de ses ressortissants dans le cadre de la convention d'assistance administrative conclue avec l'Allemagne, et que le dommage résultant pour celui-ci de poursuites diligentées et de condamnations prononcées par la justice allemande n'était pas la conséquence directe du comportement de l'administration française, étant observé d'ailleurs que la justice allemande ne s'était fondée que partiellement sur les informations fournies par l'administration française[854].

404. Ceci étant, une condamnation n'est pas totalement impossible. Une société belge versait des commissions à des clients italiens. Les autorités belges ont communiqué les noms des clients concernés à l'autorité italienne. À la suite des investigations de cette dernière, les clients italiens ont réduit considérablement le volume de leurs affaires avec la société belge. Ayant subi une perte considérable, la société belge a saisi le tribunal qui a condamné l'administration au motif qu'elle aurait dû prévoir les risques liés à la divulgation de cette information, dont la fourniture n'était pas impérative mais laissée à la discrétion de l'administration[855].

405. En Chine, le règlement administratif relatif à l'échange international de renseignements fiscaux ne prévoit que des sanctions disciplinaires à l'égard des administrations ou des agents des impôts en cas de perte ou de révélation de renseignements fiscaux. Le préjudice subi par le contribuable n'est absolument pas pris en compte.

II – Les garanties de l'entreprise pendant le contrôle simultané

406. Les garanties du contribuable pendant les contrôles simultanés ne devraient pas être sources de difficultés. En effet, les contrôles simultanés sont des opérations de contrôle indépendantes conduites par chaque pays selon sa propre

---

853 IFA, *L'échange des informations dans le cadre de l'assistance administrative internationale*, 1990, p. 465.

854 CAA Nancy, 13 janvier 1990, n° 89NC00231, Mochel.

855 Cité par IFA, *L'échange des informations dans le cadre de l'assistance administrative internationale*, 1990, p. 239. *European Taxation*, mars 1987, p. 87.

législation et procédure. En conséquence, les garanties prévues par le droit domestique s'appliquent.

Section II – Les garanties de l'entreprise en cas de contrôle des prix de transfert

407. En raison du caractère contraignant des procédés de contrôle des prix de transfert, afin de ne pas nuire aux droits des entreprises qui pratiquent un prix de transfert normal, la mise en œuvre d'une procédure de contrôle des prix de transfert est strictement encadrée (I). En outre, au cours de ces contrôles, les droits de l'entreprise vérifiée ne sont pas totalement absents (II).

I - Les conditions permettant à l'administration de procéder à des contrôles des prix de transfert

408. Sur ce point, le droit français apparaît plus protecteur que le droit des trois autres pays comparés. En France, pour initier la procédure de contrôle des prix de transfert, l'administration fiscale doit respecter simultanément deux conditions, recourir à cette procédure dans le cadre d'une vérification de comptabilité et réunir des éléments faisant présumer que l'entreprise a opéré un transfert indirect de bénéfices.

409. La première condition est dans l'intérêt du contribuable qui bénéficie des garanties inhérentes à la vérification de comptabilité et, notamment, de celles tenant au débat oral et contradictoire. Or, ce caractère contradictoire n'est pas toujours assuré. Bien que les dispositions de l'article 57 du CGI précisent que lorsque l'administration évalue les bases d'imposition à partir des éléments dont elle dispose, elle doit suivre la procédure contradictoire, l'instruction administrative semble atténuer la portée de cette procédure contradictoire puisque celle-ci précise que l'entreprise pourra toujours « *contester cette évaluation. (...) Cette situation sera toutefois défavorable pour elle, dans la mesure où il s'agira d'une production tardive de documents et d'informations (...) que le service vérificateur n'aura pas été en mesure d'examiner lors des interventions sur place dans l'entreprise* »[856].

410. La deuxième condition revient en fait à répartir la charge de la preuve, l'administration fiscale doit fournir la consistance et les détails des éléments qu'elle a réunis, autrement dit elle a la charge de prouver le lien de dépendance et l'existence d'un avantage destiné à la société étrangère[857]. La présomption de transfert de bénéfices ne joue que si l'administration a effectivement démontré l'existence d'un avantage consenti par la société française à sa filiale étrangère (LPF, art. 57)[858]. L'obligation du contribuable n'est, dans ce cas-là, que de démontrer l'existence d'une contrepartie. En pratique, d'une part,

---

856 Instr. 23 juillet 1998, BOI 13 L-7-98, § 52.
857 CE, 27 juillet 1988, n° 50020, Plén., SARL Boutique 2M ; - 30 décembre 2003, Andritz.
858 CE, 7 novembre 2005, n° 266436, 266438, Cap Gemini.

l'administration rencontre des difficultés pour établir la preuve des transferts de bénéfices et d'autre part, le contribuable qui ne répond pas à une demande prend le risque de voir ce refus prendre une dimension inattendue.

411. Une présomption de transfert de bénéfices peut résulter de la réunion d'indices sur les liens de dépendance avec l'entreprise étrangère et sur le caractère anormal des transactions. Toutefois l'obligation de réunir des éléments laissant présumer le transfert de bénéfices n'oblige pas l'administration à être en possession, au moment de la demande, des éléments nécessaires à la mise œuvre de la procédure[859]. De plus, l'administration n'a ni à motiver sa demande[860] ni à justifier de la réalité des éléments par un débat contradictoire préalable. La jurisprudence française estime seulement que « *l'administration doit justifier avec précision de l'existence d'un avantage particulier pour que la présomption de transfert soit établie* »[861]. De sorte que celle-ci apparaît comme seul juge, lors du contrôle, de l'opportunité de recourir à la procédure de contrôle des prix de transfert. Le caractère inéquitable d'une telle procédure pourrait être invoqué, mais le juge français n'a pas encore eu à se prononcer sur cette procédure spécifique.

412. En droit chinois, il n'existe pas de conditions préalables à la mise en œuvre de la procédure spéciale de contrôle des prix de transfert. En premier lieu, le contrôle des prix de transfert est une procédure spécifique effectuée indépendamment d'une vérification de comptabilité classique[862]. En second lieu, l'administration chinoise n'a pas à fournir à l'entreprise vérifiée les éléments faisant présumer que cette dernière a opéré un transfert indirect de bénéfices. Si les règles administratives chinoises indiquent à l'administration les règles à suivre[863], les méthodes et critères de désignation des entreprises qui feront l'objet d'une vérification approfondie, elles n'ont pourtant pas pour objectif de protéger le contribuable, mais de rationaliser l'organisation du travail des agents des impôts. En d'autres termes, ces méthodes et critères sont à

[859] Instr. 23 juillet 1998, BOI 13 L-7-98, § 10.
[860] *JO Sénat CR*, séance du 21 mars 1996, p. 1609.
[861] TA Paris, 13 février 1997, n° 93-7089 et 93-7090 : *RJF* 11/1997, n° 1014.
[862] En fait, la procédure de contrôle des prix de transfert est plus protectrice que la vérification de comptabilité classique car le premier procédé est destiné essentiellement aux entreprises à capitaux étrangers et aux entreprises étrangères et le deuxième aux entreprises à capitaux purement chinois. Ayant pour objectif d'attirer les investisseurs étrangers, les textes législatifs et réglementaires chinois imposent des mesures plus restrictives au pouvoir des administrations vis-à-vis des investisseurs étrangers.
[863] Les agents des impôts chinois doivent d'abord établir des descriptifs de qualification des entreprises apparentées ; puis après avoir analysé les documents comptables et juridiques fournis par les entreprises, établir un descriptif de la situation générale des entreprises et un autre sur la production et la gestion de l'entreprise sur plusieurs années ; ensuite choisir les entreprises qui font l'objet d'un contrôle approfondi ; enfin faire valoir son droit de communication, de contrôle sur pièces et sur place.

usage purement administratif et les entreprises ne peuvent les opposer à l'administration.

II - Les garanties à respecter par l'administration pendant le contrôle des prix de transfert

413. Le droit français accorde à l'entreprise vérifiée sur les prix de transfert les mêmes garanties formelles que celles de la vérification de comptabilité, puisque le contrôle des prix de transfert en est une composante[864]. De plus, la demande de l'administration fiscale doit être précise, et indiquer toutes les informations demandées ainsi que le délai de réponse. Compte tenu de ces exigences, il va de soi que la demande doit être écrite.

414. Sur ce point, de la même manière que pour une vérification de comptabilité classique, le droit chinois demeure très en retard par rapport au droit français. Cependant, du fait que le contrôle des prix de transfert concerne, dans la plupart des cas, des relations transnationales, le droit chinois offre à l'entreprise contrôlée pour ce motif des garanties exceptionnelles. En premier lieu, pour parer à la partialité et l'arbitraire des agents effectuant un contrôle sur place, le droit chinois impose qu'ils soient au moins deux. En second lieu, concernant le droit à l'information de l'entreprise vérifiée, les agents des impôts doivent notifier par un avis de vérification les date, lieu, années et éléments soumis à vérification, dans un délai de 3 à 7 jours avant le début effectif du contrôle sur place. En outre, la demande de l'administration chinoise doit être précise et écrite[865]. En dernier lieu, concernant les droits de la défense de l'entreprise contrôlée avant le redressement, l'administration chinoise peut informer l'entreprise de sa décision initiale de redressement par écrit, ou lors d'un rendez-vous, et dans ce dernier cas, l'entreprise peut présenter oralement ses observations. Elle est tenue d'examiner les éléments supplémentaires éventuellement fournis par l'entreprise, et de rendre une décision pré-formelle dans un délai de 30 jours.

415. La question qui se pose est de savoir si cet échange d'observations peut être considéré comme un débat entre le contribuable et l'administration. La réponse devrait être négative car les agents des impôts ne sont pas sensés répondre aux observations ou aux preuves supplémentaires fournies par le contribuable. En d'autres termes, l'entreprise peut formuler ses observations ou apporter des preuves supplémentaires, alors que l'administration est en droit de

---

864 On notera qu'en cas de contrôle des prix de transfert, le vérificateur recourt souvent à des experts alors que le seul interlocuteur du contribuable reste toujours le vérificateur. Réduit parfois à un rôle de porte-parole, il arrive que le vérificateur ne soit pas en mesure d'apporter une réponse satisfaisante aux observations du contribuable. Il en résulte alors une atteinte au principe du débat oral et contradictoire entre le contribuable et le vérificateur.

865 Instr. adm. chinoise, [1998] 59, 23 avril 1998, art. 18.

redresser celle-ci sans y répondre. De sorte que c'est loin d'être un véritable débat.

Conclusion du chapitre III

416. En cas de contrôles simultanés et de contrôle des prix de transfert, les garanties du contribuable sont celles du droit commun puisque bien qu'étant des procédures spécifiques, les deux types de contrôle font, en principe, partie des vérifications de comptabilité. En revanche, lors d'un échange de renseignements, les droits du contribuable ne sont pas tout à fait identiques à ceux dont il aurait bénéficié lors d'un contrôle purement interne.

417. Tout d'abord, son droit à l'information de la demande d'échange de renseignements n'est pas prévu par les textes. Pour y remédier, les conventions fiscales récentes prévoient le droit à l'information du contribuable dès la formulation de la demande par l'Etat requérant. En pratique, l'IRS prévient le contribuable de la demande et lui donne la possibilité de la contester. Puis, l'utilisation des renseignements échangés est réglementée par le principe de spécificité et de secret professionnel. Cependant, le contribuable a peu de chance de faire condamner l'Etat requis pour le préjudice causé par l'échange d'informations et le fait est suffisamment rare pour être souligné.

418. Sur ce point, le droit chinois se montre plus protecteur que lors d'une simple vérification de comptabilité puisqu'il offre, dans l'hypothèse de contrôle des prix de transfert, davantage de garanties à l'entreprise contrôlée, la procédure de contrôle des prix de transfert touchant, en principe, des entreprises ayant des relations avec l'extérieur. Il s'agit de l'intervention d'au moins deux agents des impôts, de la notification d'un avis de passage préalable et de l'échange d'observations entre les contrôleurs et l'entreprise.

Deuxième partie : L'établissement d'un équilibre entre les pouvoirs de l'administration fiscale et les garanties du contribuable vérifié au début, pendant et à la fin de la vérification de comptabilité

419. Du point de vue procédural, l'administration n'est pas libre d'opérer des contrôles fiscaux n'importe quand et n'importe comment. En revanche, elle doit suivre une procédure organisée par la loi. Mais il se peut que, pour obtenir le même résultat, la loi ait prévu plusieurs procédures. Dans ce cas, la possibilité du détournement de procédure apparaît très clairement, l'administration peut, par ignorance ou pour une raison déterminée, employer à tort une procédure à la place d'une autre, pour obtenir un résultat qu'en définitive la législation lui permettait d'obtenir autrement. Éviter le détournement de procédure par l'administration constitue la première ligne de protection en faveur du contribuable.

420. Une fois que l'administration décide d'engager une procédure de vérification de comptabilité, se pose la question du droit à l'information du contribuable concerné et des modalités de vérification. L'information détaillée assure l'effectivité de la défense. Les modalités de contrôle fiscal permettent de construire un service plus performant.

421. Les procédures antérieures à l'intervention des décisions de rectification sont très efficaces aux Etats-Unis. En fait, il s'agit d'un véritable problème de protection du contribuable. Concernant les moyens de recours du contribuable contre les décisions de l'administration, des voies nouvelles sont explorées. On favorise les solutions non contentieuses de règlement des conflits. Pour les contribuables, la recherche de solutions rapides ou amiables est motivée par la longueur et le coût dissuasif des contentieux.

422. Toute recherche consiste à établir un équilibre entre la vérification de comptabilité et les droits du contribuable sans qu'il ne s'agisse de privilégier les pouvoirs de l'administration fiscale ou les droits du contribuable. En revanche, il faut assurer le respect d'une certaine égalité processuelle entre les parties. Plus que des garanties au début et à la fin de la vérification de comptabilité (Titre I), le contribuable demande des améliorations concrètes dans les relations avec l'administration au cours d'une vérification (Titre II).

Titre I : L'établissement d'un équilibre entre les pouvoirs de l'administration fiscale et les garanties du contribuable au début et à la fin de la vérification

423. Après que l'administration fiscale ait engagé la procédure appropriée de vérification, les garanties du contribuable consistent en premier lieu à bénéficier d'un droit d'être informé préalablement et/ou simultanément de toutes les étapes des opérations de vérification. L'objectif du droit à l'information est d'assurer une compréhension du déroulement de la procédure et de permettre au contribuable de préparer sa défense. Il faut l'informer des opérations de contrôle et de ses droits et garanties dès l'engagement de la procédure de vérification.

424. Toute réflexion sur les garanties du contribuable pendant la vérification de comptabilité suppose également une réflexion sur le droit du contribuable à un recours contre les décisions du vérificateur à la suite des contrôles. Les voies de recours sont multiples. Par définition, on gagne du temps si l'on essaye de régler les problèmes dans la phase du contrôle. Le contribuable n'est pas non plus tenu de mettre en œuvre directement des procédures contentieuses et il dispose d'autres moyens, souvent plus simples et plus souples, lui permettant d'obtenir satisfaction, dont le recours administratif. Les recours non juridictionnels offrent des possibilités nombreuses de discuter le bien-fondé du redressement sans formalisme particulier. En outre, de telles discussions constituent aussi une garantie supplémentaire qui renforce le caractère contradictoire du contrôle.

425. Sera examiné successivement l'équilibre dans l'interdiction des détournements de procédure (Chapitre I), dans le droit à l'information du contribuable (Chapitre II) et dans les voies de recours non juridictionnels du contribuable (Chapitre III).

Chapitre I – L'équilibre dans l'interdiction du détournement de procédure

426. Le fait, pour une autorité administrative, d'utiliser un texte contrairement à sa portée ou en dehors de son champ d'application, pour édicter une mesure qu'elle était en droit de prendre en vertu d'un autre texte constitue un détournement de procédure. À titre d'exemple, il y a un détournement de procédure lorsque l'administration use d'un de ses pouvoirs en vue d'un but d'intérêt public, mais étranger à celui pour lequel ces pouvoirs lui avaient été conférés, ou lorsqu'elle emploie une procédure en vue d'atteindre un but que le législateur lui permet de réaliser, mais par une autre procédure. Il constitue par lui-même une illégalité car il a pour effet de modifier les conditions et les champs d'application de la loi tels qu'ils ont été voulus et délimités par le législateur. De plus, il s'accompagne souvent soit de l'utilisation de motifs inexacts, soit de l'omission de certaines formalités, en offrant, aux intéressés, moins de garanties que la procédure légalement applicable[866].

427. Le détournement de procédure suppose l'existence de deux législations parallèles permettant d'aboutir aux mêmes effets juridiques, mais à travers des procédures différentes correspondant aux buts particuliers de chacune de ces règles. L'administration, au lieu de poursuivre la fin qu'elle se propose en observant la procédure de la législation y afférente, et en vue d'éluder certaines formalités obligatoires qu'elle juge gênantes, choisit délibérément une procédure différente.

428. En France, comme dans les trois autres pays comparés, il n'y a pas, sauf exception, de hiérarchie ou de chronologie à suivre dans la mise en œuvre des vérifications fiscales. L'administration peut se limiter à une vérification sur pièces, sur la base des seuls éléments figurant dans le dossier du contribuable. Elle peut également recourir à son droit de communication, de contrôle externe, de contrôle inopiné ou de visite et de saisie[867]. Mais chaque vérification doit être clairement distinguée au regard des règles de procédure applicables car certaines procédures de vérification, dont éventuellement la vérification de comptabilité, offrent plus de garanties que les autres. De plus, l'exercice des autres procédures de vérification ne doit pas constituer des opérations déguisées. Cependant, le détournement de procédure par l'administration fiscale n'est pas un phénomène récent.

429. Seront respectivement étudiées les différentes procédures de contrôle qui ont été conférées à l'administration fiscale en les comparant avec la vérification

---

866 Guy ISAAC, *La procédure administrative non contentieuse*, Paris : LGDJ, 1968, p. 59.

867 Le juge français a considéré que le droit d'enquête et le droit de communication pouvaient être exercés de façon complémentaire sans être exclusifs l'un de l'autre (Cass. com., 16 novembre 1999, n° 97-15159, Sté Procotim : *DF* 2000, n° 38, comm. 689).

de comptabilité : le droit de communication (Section I), le contrôle inopiné (Section II) et le droit de visite et de saisine (Section III). Il est évident que l'administration fiscale dispose de larges pouvoirs de vérification sur le contribuable. Certains se demandent quel est le contrepouvoir d'un tel droit. Il s'agit du secret fiscal. Le secret fiscal a deux composantes, le secret imposé aux agents des impôts et le secret opposé aux agents des impôts. En effet, l'agent des impôts doit garder secrètes les informations dont il a eu connaissance pendant la vérification, sauf exceptions légales ; cependant, les actions et contrôles de l'agent des impôts ne peuvent pas être paralysés sur le fondement du secret professionnel invoqué par le contribuable. Le principe du secret fiscal est dans l'intérêt tant du contrôle fiscal que du contribuable.

Section I - Le droit de communication

430. Aucun système fiscal ne peut fonctionner sans un pouvoir d'obtenir des renseignements, le droit de communication est un instrument essentiel du contrôle fiscal. En droit français, le droit de communication n'est pas précisément défini par la loi. La définition jurisprudentielle du droit de communication vient d'un arrêt SARL Trace de 2000[868]. Avant les deux lois du 14 août 1954 et du 2 avril 1955, la vérification et le droit de communication n'étaient pas distingués. Le législateur a introduit, via ces deux lois les spécialités liées à la vérification de comptabilité, par exemple, le droit à un conseil et le non-renouvellement. Depuis, la vérification de comptabilité et le droit de communication sont deux procédures de contrôle ouvertes à l'administration fiscale.

431. Le droit de communication a une portée plus étendue que celle de la vérification de comptabilité car le premier permet non seulement de prendre connaissance des documents comptables d'un contribuable, mais aussi de recueillir des renseignements auprès des tiers. En outre, « *le droit de communication est un relevé passif d'informations, la vérification est un contrôle actif* »[869]. La distinction entre le droit de communication et la vérification de comptabilité est essentielle.

432. Pendant la vérification de comptabilité, l'administration américaine dispose d'un droit de communication comparable à celui de l'administration française. Les tiers soumis au droit de communication sont les banques, les sociétés de crédit mutuel, les agences de reportage, les personnes qui accordent

---

[868] CE, 6 octobre 2000, sect., n° 208765, SARL Trace : *RJF* 12/2000, n° 1497 ; chron. de Jean MAÏA, « Les outils du contrôle fiscal et leur combinaison, précision sur les domaines respectifs du droit de communication et de la vérification de comptabilité », *RJF* 12/2000, p. 895 ; concl. de Gilles BACHELIER, *BDCF*, 12/2000, n° 139.

[869] Concl. de Marie-Hélène MITJAVILE sur CE, 2 octobre 2002, n° 224786, de Nayer : *BDCF* 12/2002, n° 153.

du crédit par d'autres moyens, les agents de change, les avocats, les comptables, et les agents certifiés par l'administration fiscale, certains détenteurs de documents [870]. Le droit de communication peut également s'effectuer directement sur les cadres de l'entreprise ou sur l'entreprise elle-même. Les agents de l'IR britannique disposent d'un droit de communication très large qui a été étendu, en 1976, aux informations détenues par des tiers y compris les banques. Le *Finance Act* de 1989 a introduit des dispositions renforçant le droit de communication dans le cadre des procédures de vérification et, en dehors de telles procédures, auprès de tiers. La NLAPI chinoise prévoit aussi, en faveur de l'administration, un large droit de communication auprès des tiers concernés[871]. Ces derniers sont tenus de fournir les renseignements demandés. Toutefois, le droit de communication n'existe pas en lui-même et les textes ne précisent pas qui est soumis au droit de communication.

433. Afin d'étudier le droit de communication, on se demandera, en premier lieu, si le droit de communication est un droit général ou spécifique (I). Ensuite, on se demandera si la nature du droit de communication est une contrainte (II). En troisième lieu, de quels documents l'administration fiscale peut demander la communication (III) ? Certains commentateurs se demandent si l'exercice du droit de communication par l'administration auprès du contribuable porte atteinte à la vie privée ou à l'interdiction de contribuer à sa propre incrimination (auto-accusation) (IV). Enfin, doit être étudiée la question des garanties en faveur du contribuable en cas d'exercice du droit de communication par l'administration (V).

I - Le droit de communication est-il un droit général ou spécifique ?

434. La première question est de savoir si le droit de communication de l'administration fiscale est indépendant de la vérification de comptabilité, ou en constitue un élément. La jurisprudence française considère que « *le droit de communication (est)...bien un droit indépendant dont l'administration fiscale peut librement tirer toutes les conséquences* »[872]. La solution est identique au Royaume-Uni où il a été jugé que l'inspecteur pouvait employer son droit de communication même en l'absence de contrôle[873]. En revanche, la NLAPI chinoise prévoit que « *l'administration fiscale est autorisée à procéder aux contrôles, par exemple, demander au contribuable ou à la personne assujettie à l'obligation de retenue à la source de lui produire des documents, justificatifs et informations concernant l'imposition* »[874], « *demander au contribuable ou à la personne assujettie à l'obligation de retenue à la source d'éclaircissements et*

---

870 IR Code, section 7603(b)(2), 7609(a)(3) et 7609(a)(1). Reg. §§ 301.7609-1-301.7609-5.
871 NLAPI, art. 57.
872 CE, 18 mars 1981, req. n° 17336 : *DF* 1982, n° 16, comm. 937.
873 R v. IRC Ex p. Taylor (No. 2), 22 mars 1990, [1990] *STC* 379.
874 NLAPI, art. 54, al. 3.

de justifications »[875] et « *lorsque l'administration fiscale procèdent aux contrôles en vertu de la loi, ses agents sont en droit d'exercer son droit de communication auprès des organismes et individus* »[876]. Il en résulte qu'en Chine, le droit de communication est exercé pendant l'opération de contrôle, et qu'il en fait donc partie intégrale.

435. Le droit de communication de l'administration peut être un droit général de demande de renseignements tant auprès des tiers que du contribuable lui-même. Il peut également être un droit spécifiquement destiné aux tiers. Cela dépend des législations nationales. Lorsque le droit de communication est exercé auprès du contribuable lui-même, il faut le distinguer des opérations de vérification de comptabilité. Il semble que dans les quatre pays comparés, le droit de communication constitue un moyen général d'obtention d'informations car il est souvent applicable tant au contribuable qu'aux tiers.

II - La nature du droit de communication

436. En France, dans l'arrêt Marcantetti[877], un contribuable, exerçant une activité de conseiller juridique et fiscal, avait fait l'objet d'une vérification de comptabilité. Au cours des opérations de vérification, le vérificateur, pour recouper les informations obtenues à partir de la comptabilité du contribuable a adressé aux clients de ce dernier une lettre type les interrogeant sur les honoraires qu'ils lui avaient versés. Cette lettre faisait expressément référence aux dispositions relatives au droit de communication, la moitié des personnes interrogées entrant dans les catégories légalement soumises au droit de communication. Estimant que la lettre, en faisant référence indistinctement au droit de communication, avait pu induire en erreur ceux des clients du contribuable qui n'étaient pas soumis au droit de communication, le Conseil d'Etat a jugé que les renseignements demandés à des personnes non soumises au droit de communication avaient été irrégulièrement obtenus et qu'ils ne pouvaient pas être utilisés par le vérificateur pour redresser la base imposable du contribuable. En l'espèce, une importance particulière est accordée à la différence existant entre personnes soumises et personnes non soumises au droit de communication. Quand la demande de communication est adressée aux personnes soumises au droit de communication, celles-ci sont tenues de produire les renseignements demandés et le non-respect est sanctionné. Quand la demande de communication est adressée aux personnes non soumises au droit

---

[875] NLAPI, art. 54, al. 4.

[876] NLAPI, art. 57.

[877] CE, 1er juillet 1987, Marcantetti, n° 54222 : *DF* 1987, n° 45, comm. 2025 ; *RJF* 10/1987 n° 1020, concl. d'Olivier FOUQUET, p. 505.

de communication, il n'est qu'une simple demande de renseignements démunie de force contraignante[878].

437. Qui ne sont-ils pas soumis au droit de communication ? En France, exercé auprès des particuliers, il s'agit d'une simple demande de renseignements[879] auprès des personnes non soumises au droit de communication. Celles-ci ne sont pas tenues de fournir les renseignements demandés. L'administration y a apporté une limite selon laquelle des demandes de renseignements aux personnes non soumises au droit de communication doivent conserver un caractère limité et non systématique, et ces opérations devraient être limitées aux seuls renseignements strictement motivés par des nécessités de services[880]. De sorte que l'administration peut toujours demander des renseignements à de simples particuliers non soumis au droit de communication, à condition de se contenter de demander et de ne pas formuler d'exigence de réponses. Les réponses obtenues sont alors des réponses purement volontaires. Le tiers peut s'abstenir de répondre ou indiquer qu'il n'entend pas répondre ; il n'encourt aucune sanction[881]. Mais une véritable liberté existe-t-elle sous la pression de l'administration ?

438. En droit britannique, toute personne, même un simple particulier, est soumise au droit de communication[882]. Il en va de même en Chine où les articles 54 et 57 de la NLAPI fondent l'obligation, respectivement pour le contribuable et la personne assujettie à l'obligation de retenue à la source, et pour les tiers, qu'il s'agisse d'une personne physique ou morale, d'avoir à fournir les documents, pièces justificatives et renseignements concernant la perception ou la retenue à la source, à la suite de la demande du vérificateur. De sorte que, les textes chinois ne distinguent pas les personnes soumises au droit de

---

878 CE, 1er juillet 1987, Marcantetti, n° 54222. Cass. com., 18 juin 1996, n° 1166 P, Peysselier : *RJF* 11/96, n° 1363

879 L'administration peut régulièrement demander des renseignements à des personnes non soumises au droit de communication. Ce pouvoir résulte du pouvoir général d'investigation de l'administration. Il n'est prévu par aucun texte, mais admis par la jurisprudence : CE, 13 juillet 1963, n° 58361-58362 : *DF* 1963, n° 49, comm. 1166 ; - 27 avril 1987, n° 63634, Menella : *DF* 1987, n° 43, comm. 1948 ; *RJF* 6/1987, n° 660. La demande ne peut imposer l'obligation d'y répondre. L'administration doit-elle indiquer expressément le caractère facultatif de la réponse dans la demande ? La jurisprudence ne l'exige pas. Voir CE, 27 avril 1987, n° 63634, Menella. Voir aussi RENARD, « Le droit de communication de l'Administration fiscale et ses limites », *Bulletin de la société de comptabilité de France*, mars 1971, n° 23, p. 129. La personne qui a reçu la simple demande de renseignements n'est pas censée savoir que la demande n'est pas contraignante. Il faut l'indiquer expressément.

880 Rép. min., n° 20326 à M. MEXANDEAU : *JOAN*, 12 décembre 1975, p. 9709 ; *DF* 1976, n°11, comm. 406. Rép. min., n° 31859 à M. PALMERO : *JO Sénat Q*, 3 avril 1980, p. 984 ; *DF* 1980, n° 25, comm. 1389.

881 Rép. min., n° 20326 à M. MEXANDEAU : *JOAN*, 12 décembre 1975, p. 9709. Rép. min., n°22345 à M. POUILLE : *JO Sénat*, 3 juin 1977 p. 1141 ; *DF* 1977, n° 45-46, comm. 1640.

882 TMA 1970, section 20(3).

communication de celles qui ne le sont pas. Tous les tiers considérés concernés par l'inspecteur sont alors tenus de répondre à sa demande. Si les faits ayant donné lieu à l'arrêt Marcantetti s'étaient produits en Chine, le vérificateur aurait été en droit d'interroger toute personne physique ou morale afin d'obtenir ces renseignements concernant l'imposition de Monsieur Marcantetti. Cependant, les dispositions chinoises ne prévoient pas de sanctions en cas de refus de communication. Par conséquent, si le contribuable ne répond pas, il n'y a pas de sanction directe. Mais à l'évidence, la sanction indirecte peut être un redressement fiscal.

439. Aux Etats-Unis, si le contribuable ou un tiers ne répond pas à la demande informelle de communication de l'administration, cette dernière envoie une mise en demeure écrite ordonnant que la personne en cause comparaisse et fournisse les informations demandées. Si l'intéressé refuse toujours, l'administration fiscale introduit une demande, devant l'*US District Court* compétent, afin de conférer force exécutoire à la mise en demeure. Le tribunal exige que la personne en question vienne expliquer son refus. Si le tribunal prononce en faveur de l'administration, il rend une ordonnance autorisant l'administration à poursuivre son enquête.

III - De quels documents l'administration fiscale peut-elle demander la communication ?

440. La situation est sur ce point semblable dans les quatre pays. Le droit de communication s'applique à des documents définis de façon très large. En droit français, il couvre les documents que le vérificateur juge nécessaires à la détermination de l'assiette des impôts. La définition est très large. Le droit de communication peut être exercé sur des documents afférents à des exercices couverts par la prescription[883], et même sur les documents remontant au-delà de la période de conservation obligatoire [884]. Quant aux renseignements communiqués par l'autorité judiciaire, l'administration française est en droit d'obtenir la communication, par l'autorité judiciaire, de toute indication qu'elle peut recueillir[885].

441. Cependant, le droit de communication a ses limites. Il ne porte que sur des documents professionnels[886]. S'agit-il de tous les documents ou uniquement des documents légaux exigés par les textes ? L'article L. 81 du LPF dispose que le droit de communication permet aux agents de l'administration d'avoir

---

[883] CE, 10 novembre 1976, req. n° 95430 et 95431 : *DF* 1977, n° 12, comm. 475 ; - 20 avril 1983 req. n° 31095 et 31096 : *DF* 1984, comm. 2373.

[884] CE, 8 février 1967, n° 66716 : *Dupont* 5/1967, p. 241.

[885] CE, 1er décembre 2004, n° 258774, Jallet : *DF* 2005, n° 6, comm. 187 ; *RJF* 02/2005, n° 103 ; *Procédures*, 2005, n° 2, comm. 52 ; *BDCF* 2/2005, n° 12, p. 1, concl. de Pierre COLLIN.

[886] CE, 26 octobre 1942, n° 66077 : *Rec.*, p. 294.

connaissance des documents et des renseignements mentionnés aux articles du présent chapitre. De sorte qu'il ne s'agit que des documents exigés par les textes.

442. Le secret professionnel peut-il faire échec au droit de communication ? Pour répondre à cette question, il faut distinguer deux catégories de secret professionnel. Peut faire échec au droit de communication le secret professionnel des avocats[887] et celui des médecins[888]. L'intérêt général qui s'attache au respect du secret professionnel de l'avocat[889] et du médecin prime sur l'efficacité du contrôle. En revanche, en matière de secret bancaire[890], il a été jugé qu'un contribuable ne pouvait utilement soutenir que le droit de communication exercé par l'administration violerait le secret professionnel[891]. Dans ce dernier cas, le secret professionnel ne disparaît pas vraiment puisque les agents des impôts sont eux-mêmes soumis à l'obligation de secret professionnel, obligation sanctionnée par les articles 226-13 et 226-14 du Code pénal.

IV - Le droit de communication porte-t-il atteinte à la vie privée et à la non contribution à sa propre incrimination ?

443. La communication de renseignements privés et confidentiels relève-elle de la vie privée du contribuable ? La Commission européenne des droits de l'Homme juge que l'autorité fiscale est habilitée à exiger la production de certains renseignements selon la loi[892]. Les juridictions britanniques n'ont pas voulu appliquer les principes de la Convention européenne des droits de l'Homme à la production de renseignements privilégiés[893]. Quand la *Banque*

[887] Les problématiques relatives au secret professionnel des avocats seront étudiées au paragraphe 710 et s.

[888] Voir CE, 7 juillet 2004, n° 253711, Wiedemann : *RJF* 10/2004, n° 1023 ; Frédéric BEREYZIAT, *RJF* 11/2004, p. 798 ; concl. de François SENERS, *BDCF* 10/2004, n° 125.

[889] En effet, les agents des impôts disposent d'un droit de communication à l'égard des avocats (LPF, art. L. 86, al. 1). Ce droit connaît cependant des limites : aux termes de l'article L. 86, alinéa 2 du LPF, le droit de communication ne porte que sur l'identité du client, le montant, la date et la forme du versement ainsi que les pièces annexes de ce versement. Les renseignements que les agents des impôts peuvent se faire communiquer par un avocat sont limitativement énumérés. L'administration ne peut donc obtenir aucun renseignement que ceux prévus par le texte.

[890] Les problématiques relatives au secret bancaire ont été étudiées au paragraphe 213 et s.

[891] CE, 1er décembre 2004, n° 258774, Jallet. CE, 22 décembre 1982, n° 21475 : *RJF* 2/1983, n° 153.

[892] Comm. EDH, 7 décembre 1982, Hardy-Spirlet c/Belgique : *Journal des tribunaux*, Bruxelles : maison Ferdinand Larcier SA, 21 mai 1983, n° 5253, observations de Marc DASSESSE, p. 359.

[893] R v. Special Commissioner Ex p. Morgan Grenfell (2001) EWCA CIV 329 ; R v. Commissioners of Inland Revenue Ex p. Banque Internationale a Luxembourg SA, 23 juin 2000, [2000] *STC* 708. Dans le 2ème arrêt, il est considéré que le droit de communication de l'*Inland Revenue* est à la recherche d'un objectif légitime et nécessaire dans une société démocratique afin de protéger le système fiscal du pays.

Internationale Luxembourg SA a invoqué l'article 8 de cette Convention sur la vie privée, la *High Court of Justice* lui a refusé le bénéfice de cette disposition en faisant référence aux arrêts *Funke c/France* et *Chappell c/Royaume-Uni*.

444. Dans le cadre du droit de communication, le contribuable peut-il refuser de fournir les renseignements demandés en se fondant sur le principe de non contribution à sa propre incrimination ? L'interdiction de contribuer à sa propre incrimination est un principe général du droit. Toutefois, la particularité en matière fiscale consiste à ce qu'une bonne administration fiscale exige la fourniture d'une quantité considérable de renseignements par le contribuable[894]. En Grande-Bretagne, le *Privy Council*[895] a jugé, dans l'arrêt *Brown v. Stott* que l'interdiction de contribuer à sa propre incrimination n'était pas absolue[896]. Par conséquent, les dispositions légales peuvent déroger à cette prohibition implicitement ou expressément. Dans l'arrêt *B. & S. Displays Ltd. v. Special Commissioners*, le juge britannique a estimé que les pouvoirs accordés par la section 20 du TMA étaient manifestement utiles pour les opérations d'investigation qui, inévitablement dans beaucoup de cas, constituaient une auto-accusation forcée par suite de l'application de tels pouvoirs[897]. Ainsi, la violation de la non contribution à sa propre incrimination peut être justifiée par le besoin d'un fonctionnement régulier du système fiscal[898]. Il ne semble pas justifié que le simple fait que l'administration fiscale suspecte une fraude fiscale de la part d'un contribuable permette à ce dernier de bénéficier du droit de ne pas s'incriminer tant qu'une procédure d'investigation criminelle à son égard n'a pas encore été ouverte. Dans le cas contraire, aucune investigation ne serait possible.

V - Les garanties en faveur du contribuable pendant l'exercice du droit de communication

445. Dans la mesure où les droits de communication et de vérification de comptabilité constituent deux procédés différents, les garanties du contribuable ne sont pas identiques dans les deux cas. En droit français, les critères de distinction entre les deux moyens de contrôle ne sont pas fixés par les textes

---

894 Philip BAKER, « Taxation and the European Convention on Human Rights », *BTR* 2000, n° 4, p. 245.

895 Le *Privy Council* ou *la Judicial Committee of the Privy Council* est une des cours de dernier ressort au Royaume-Uni. C'est également la Cour de dernier ressort pour quelques Etats indépendants du *Commonwealth*, territoires d'outre-mer britanniques et colonies britanniques. Le système judiciaire britannique est particulier, en ce sens qu'il n'y a pas une seule cour nationale de dernier ressort. Le *Privy Council* est la cour de dernier ressort pour certains cas, mais dans la plupart des cas, la cour d'appel de dernier ressort est la *House of Lords*.

896 Brown v. Stott [2001] 2 *WLR* 838A-B and 843D-844E.

897 B. & S. Displays Ltd. v. Special Commissioners [1978] *STC* 331.

898 La conclusion de Hilliard JONATHAN dans son article intitulé « Article 6 and the scope of the right not to incriminate oneself in the tax field », *BTR* 2002, n° 6, p. 470.

fiscaux, mais par la jurisprudence SARL Trace : le droit de communication permet à l'administration de demander à un tiers ou éventuellement au contribuable lui-même, sur place ou par correspondance, de manière ponctuelle, des renseignements disponibles sans que cela ne nécessite des investigations particulières, ou dans les mêmes conditions de prendre connaissance, et le cas échéant copie, de certains documents. En revanche, la vérification de comptabilité a un but plus particulier, qui est le contrôle sur place de la sincérité des déclarations souscrites par un contribuable au moyen d'une comparaison avec les écritures comptables et les pièces justificatives. Depuis l'arrêt Football Club de Strasbourg, la vérification de comptabilité est définie comme « *une opération effectuée par un agent qui consiste, par le rapprochement d'une déclaration et d'une comptabilité, à apprécier la régularité de la situation fiscale d'un contribuable dans le but de rechercher des droits éludés* »[899].

446. Le critère de distinction entre le droit de communication et la vérification de comptabilité est l'examen critique par le vérificateur de documents comptables au regard des déclarations[900]. Par conséquent, toute intervention sur place n'est pas constitutive d'une vérification de comptabilité. Une demande de renseignements ne peut, tant que les éléments de réponse ne sont pas confrontés avec la comptabilité, caractériser une vérification de comptabilité[901]. Lorsque l'administration exerce son droit de communication, le service peut relever des écritures comptables et copier des documents en s'abstenant de tout examen critique de la comptabilité. Lorsqu'au contraire, il effectue une vérification, il doit procéder à cet examen et engager un débat oral et contradictoire avec le contribuable ou son conseil. Sont sanctionnées les opérations qui, sous couvert de l'exercice du droit de communication, se caractérisent par des examens critiques des documents comptables, confrontés aux déclarations de l'entreprise[902]. La communication peut précéder la vérification, elle peut aussi lui faire suite[903]. En revanche, il importe que les deux mesures ne soient pas combinées de manière à tourner les restrictions qui concernent la vérification de comptabilité.

---

[899] CE, Plén. 13 mars 1967, req. n° 62338 : *DF* 1967, comm. 45 ; - 9 mai 1962, n° 44608 : *Dupont* 9/1962, p. 550 ; - 9 juillet 1982, n° 26309 bis : *RJF* 10/1982, n° 964.
[900] CE, 20 avril 1983, req. n° 31095 et 31096 : *DF* 1983, n° 51, comm. 2373 ; - 30 janvier 1991, req. n° 59805, Mahé : *RJF* 3/1991, n° 328.
[901] CE, 18 mars 1981, n° 17336 : *DF* 1982, n° 16, comm. 937 ; - 20 avril 1983, req. n° 31095 : *DF* 1984, comm. 2373 ; - 8 novembre 1989, req. n° 58818 : *RJF* 1/1990, n° 53 ; - 10 décembre 1999, n° 201067, SARL Juventhera : *DF* 2000, n° 24, comm. 493 ; *RJF* 2/2000, n° 226 ; *BF* 2/2000, *Inf.*, 198, p. 116 ; - 29 octobre 2003, n° 239914 : *RJF* 01/2004 n° 66 ; chron., de Jean MAÏA, RJF 12/2000, p. 895.
[902] CE, 29 octobre 2003, n° 239914.
[903] CE, 10 juillet 1968, n° 70610 : *Dupont* 11/1968, p. 419.

447. Le droit de communication français ne comporte pas de garanties particulières. Sa mise en œuvre intervient, sauf disposition spéciale, sans formalité particulière, sauf un avis de passage, qui est distinct de l'avis de vérification délivré dans la procédure de vérification de comptabilité. Il n'est pas accompagné du droit pour le contribuable de se faire assister d'un conseil de son choix comme en matière de vérification[904]. L'administration n'est pas obligée de prévenir le contribuable de son intention[905]. Lorsque le droit de communication est exercé auprès d'un tiers, aucune obligation d'information du contribuable n'incombe au service.

448. L'absence de garanties comparables avec les opérations de vérification de comptabilité est-elle justifiée par la particularité du droit de communication ? Certains considèrent qu'il est nécessaire de pouvoir employer un certain degré de contrainte pour obtenir des renseignements afin d'avoir un système fiscal qui fonctionne convenablement. Il est évident, en droit positif, que le contribuable dispose de moins de garanties dans le cadre du droit de communication. Cependant, les garanties ne sont pas complètement absentes et les textes posent des limites au droit de communication de l'administration. En matière de garanties disponibles au profit du contribuable pendant le droit de communication, les droits britannique et américain sont plus protecteurs du contribuable que le droit français. En revanche, le droit chinois n'offre aucune garantie.

449. Aucune disposition législative ou réglementaire française ne s'oppose à ce que l'administration exerce son droit de communication avant d'engager, si elle l'estime utile, la procédure de vérification de comptabilité[906]. En d'autres termes, aucune condition préalable n'est prévue par les textes français. Il en va de même en Chine et aux Etats-Unis. À l'inverse, la section 20 B (1) du TMA prévoit que l'inspecteur britannique ne doit pas recourir à la procédure de communication jusqu'à ce que le contribuable ait été mis en position de communiquer, ou de mettre volontairement à la disposition de l'inspecteur, les documents requis. Dans la pratique, l'IR envoie souvent à la personne visée un *Precursor notice* exigeant la fourniture de document dans un certain délai (souvent 30 jours).

A/ Le droit d'information du contribuable

450. En premier lieu, il s'agit du droit d'être informé de la personne à qui l'administration demande la communication. Un avis de communication ou de passage doit être délivré. Cela ne pose pas de difficultés particulières. En

[904] CE, 18 avril 1966, n° 64963 : *Dupont* 6/1966, p. 292.
[905] CE, 27 avril 1987, n° 63634, Menella.
[906] CE, 10 novembre 1976, req. n° 95430 et 95431 : *DF* 1977, n° 12, comm. 475 ; - 20 avril 1983, req. n° 31095 et 31096 : *DF* 1984, comm. 2373.

deuxième lieu, préalablement ou au moment de l'exercice du droit de communication auprès d'un tiers, est-ce que le contribuable est en droit d'en être informé ? En France, l'administration n'est pas tenue d'en informer le contribuable ni préalablement ni simultanément[907]. Cependant, rien n'interdit à la personne interrogée par l'administration fiscale d'avertir le contribuable de la demande qui le concerne. En revanche, les droits américain[908] et britannique[909] prévoient une telle garantie en faveur du contribuable.

451 L'inspecteur britannique doit envoyer une copie de l'avis de communication au contribuable concerné et le tiers, auprès de qui le droit de communication avait lieu, est autorisé à en informer le contribuable concerné. Aux Etats-Unis, depuis la réforme de 1998, l'IRS est tenu d'informer le contribuable de son intention d'exercer son droit de communication auprès d'un tiers[910]. Aucun agent ou employé du service ne peut « *contacter* » toute personne autre que le contribuable lui-même en ce qui concerne la détermination de l'assiette et le recouvrement des impôts du contribuable sans le prévenir préalablement que « *des contacts avec des personnes autres que le contribuable pourront être entrepris* »[911]. L'obligation de l'IRS n'est cependant pas une obligation automatique d'informer le contribuable des noms et identités des tiers communiqués. L'IRS est tenu de maintenir à la disposition du contribuable et d'informer celui-ci périodiquement de l'existence d'un registre des personnes qu'il a contactées durant la période relative à la détermination de l'assiette ou du recouvrement des impôts du contribuable[912]. Ce registre doit également être communiqué au contribuable à la suite de sa demande. Pour que l'information de l'exercice du droit de communication arrive en temps utile chez le contribuable, l'IRS recommande à ses agents de ne pas commencer à contacter les tiers avant l'échéance d'un délai de 10 jours à compter du jour où l'avis d'information a été expédié par la voie postale. Dans la mesure où l'avis d'information a été remis en main propre, le droit de communication peut immédiatement s'exercer. Le représentant du contribuable doit également en être informé.

452. Cependant, l'obligation d'information n'est pas absolue. Le *Commissioner* britannique peut ordonner qu'il n'y ait pas lieu d'envoyer une copie de la

---

907 CE, 6 octobre 2000, n° 208765. Le droit à l'information préalable du contribuable dans le cadre du droit de communication n'est pas précisé par les textes. Une note administrative recommande aux agents d'envoyer systématiquement aux contribuables un avis de passage : Note DGI du 10 décembre 1955, n° 2957 ; Doc. adm. 13 K-114, 15 décembre 1989.

908 IR Code, section. 7602.

909 TMA 1970, section 20B(1A).

910 IR Code, section 7602(c)(1).

911 IR Code, section 7602 (c), amendée par l'*Act* 1998 § 3417 ; Notice N(35)000-160 (Jan. 22, 1999).

912 IR Code. section 7602(c)(2). IRM 8,.1.16 Thrid Party Contacts (Feb 1st, 2003).

demande au contribuable. Mais cette ordonnance n'est pas rendue à moins que le *Commissioner* ne soit convaincu que l'inspecteur britannique a raison de suspecter que le contribuable fraude ou a fraudé[913]. En cas de fraude sérieuse, le pouvoir de communication de l'IR est plus large[914]. Outre le mandat de perquisition et de saisie prévu à la section 20 C du TMA, la section 20 BA de la même loi autorise l'IR à solliciter devant le juge une injonction de délivrer ces documents. Dans ce cas, la personne concernée ne peut informer le contribuable en cause de la mise en application de cette injonction à moins qu'il ne soit un conseil professionnel et qu'il ne le fasse dans le cadre de conseil. Il en va de même aux Etats-Unis où la mention préalable de contact avec d'autres personnes que le contribuable n'est pas nécessaire dans certaines circonstances.

453. L'absence d'information du contribuable français en cas d'exercice du droit de communication est-elle compatible avec le caractère contradictoire de la vérification de comptabilité ? La réponse devrait être négative si l'absence d'information est totale. En réalité, afin de rendre compatible l'exercice du droit de communication et le caractère contradictoire de la procédure de vérification, l'administration française est tenue à une obligation d'information *a posteriori* : un vérificateur peut utiliser des renseignements provenant d'autres sources qu'une vérification pour déterminer les bases d'imposition, à condition d'en informer le contribuable[915].

454. De quoi l'administration fiscale informe-t-elle le contribuable ? Il est de jurisprudence constante que la régularité de l'exercice du droit de communication est conditionnée par le fait que l'administration informe suffisamment le contribuable de l'origine et de la teneur des renseignements recueillis par elle, et qu'elle a effectivement utilisés pour établir les redressements, afin de le mettre à même de demander que les documents utilisés soient mis à sa disposition, le cas échéant, communiquer lesdits documents et renseignements au contribuable qui en fait la demande [916].

---

[913] TMA 1970, section 20B(1B).

[914] TMA 1970, section 20BA et 20C.

[915] CE, 8 décembre 1968, n° 74520 : *Dupont* 1969, p. 66 ; - 7 mai 1980, n° 8255 : *RJF* 6/1980 n°499 ; - 14 mai 1986, n° 59950 : *RJF* 7/1986, n° 718. Cass. com., 6 octobre 1998, n° 96-20306 Boursier : *DF* 1998, n° 50, comm. 1132 ; *Procédures*, avril 1999, comm. 113.

[916] CE, 13 octobre 1999, n° 181010 et 181209 : *RJF* 12/1999, n° 1582 ; - 29 décembre 2000, n°209523, Rouch : *DF* 2001, n° 6, comm. 110 ; *RJF* 3/2001, n° 341 ; *BDCF* 3/2001, concl. d'Emmanuelle MIGNON, p. 32 ; *BJS* 2001, n° 3, p. 278 ; *Procédures*, 2001, comm. 141 ; - 1er décembre 2004, n° 258774, Jallet ; - 27 juillet 2005, n° 253112, Sté européenne de participations industrielles (SEPI) : *DF* 2005, n° 46, comm. 740 ; *RJF* 11/2005, n° 1228 ; - 16 novembre 2005, n° 270342, SARL Manufacture française des chaussures Eram : *DF* 2006, n° 11, comm. 255 ; Jean-Luc PIERRE, « Droit de communication de l'administration fiscale », *Procédures*, janvier 2006, n° 1, comm. 21 ; - avis, 21 décembre 2006, n° 293749, Duguay : *DF* 2007, n° 40, comm.895 ; *RJF* 3/2007, n° 314 ; concl. de Pierre COLLIN, *BDCF* 3/2007, n° 32 ; *BF* 3/2007,

455. L'objectif de cette règle est de permettre au contribuable de discuter utilement le bien-fondé des rectifications. Il semble que la CAA de Paris s'appuie sur cette logique afin de ne pas systématiquement sanctionner le défaut d'information du contribuable sur la teneur des renseignements recueillis[917]. Ainsi, dans le cadre d'une vérification de comptabilité de la société Altran, l'administration avait pris connaissance d'une convention par laquelle Monsieur Fontana et Madame de Framond convenaient de céder à la société Altran les titres qu'ils détenaient dans la société Altior. Le vérificateur n'avait pas été autorisé à effectuer une photocopie de cette convention et il avait pris note de la teneur des principales clauses de la convention. Lors d'un contrôle sur pièces des déclarations des deux intéressés, l'administration avait découvert que les sommes correspondantes à cette convention n'avaient fait l'objet d'aucune déclaration à l'impôt sur le revenu. Le service des impôts s'était fondé sur les éléments de la convention et avait effectué un redressement. À la suite de l'envoi de la notification de redressement, les intéressés avaient demandé la copie de la convention visée dans la notification, à laquelle l'administration avait opposé un refus. Par ce refus, l'administration n'avait pas expressément indiqué les modalités de recueil du renseignement à l'origine du redressement. Pour contester le redressement, les intéressés avaient invoqué le défaut d'information sur la teneur et l'origine des renseignements recueillis. Mais la CAA de Paris a relevé que les intéressés, auteurs de la transaction, objet de la convention, avaient nécessairement connaissance de la teneur et des modalités de la transaction et disposaient des éléments d'information les mettant à même de contester le redressement. De ce fait, ils ne pouvaient pas être regardés comme ayant été privés de la possibilité de discuter utilement ce redressement.

456. Si les intéressés formaient un pourvoi devant le Conseil d'Etat, il n'est pas sûr que celui-ci confirme la position de la CAA de Paris. Le Conseil d'Etat retient une interprétation stricte de l'information du contribuable. Il a en effet jugé que la circonstance que des informations recueillies auprès de tiers soient également détenues par le contribuable lui-même ne libérait pas l'administration de l'obligation d'indiquer à l'intéressé l'origine, la nature et la teneur de ces renseignements[918]. Il a également jugé que la seule circonstance que le renseignement recueilli ne procède d'aucun document ne dispensait pas l'administration d'indiquer l'origine de ce renseignement[919]. Or, les déclarations adressées annuellement à l'administration fiscale par les employeurs pour les traitements et salaires et par les organismes payeurs pour les revenus de

---

Inf 318 ; *Procédures*, mars 2007, comm. 70 ; Instr. 19 juillet 2007, BOI 13 L-5-07 : *DF* 2007, n° 36, instr. 13764 ; *JCP éd. E* 2007, n° 31, 2005. CAA Versailles, 28 novembre 2006, n° 04-01526.

917 CAA Paris, 5e ch. B, 4 décembre 2006, n° 05-04472, Fontana et De Framond : *DF* 2007, n° 17, comm. 475.

918 CE, 13 avril 2005, n° 252165, SA Kodak : *DF* 2006, comm. 233, concl. de Pierre COLLIN ; *RJF* 7/2005, n° 736.

919 CE, 29 juin 2005, n° 256163, Rouch.

capitaux mobiliers ne sont pas au nombre des documents que l'administration est tenue de communiquer au contribuable qui en fait la demande[920].

457. Quand faut-il communiquer au contribuable l'origine, la nature et la teneur de renseignements obtenus ? Les textes restent silencieux. La jurisprudence n'est pas fixée : soit lors de la notification de redressement (qui est actuellement la proposition de rectification)[921], soit lors de la réponse aux observations du contribuable[922], dans tous les cas, <u>avant la mise en recouvrement</u>[923]. La communication de documents eux-mêmes n'est nullement spontanée, l'obligation de communication ne s'applique que si le contribuable le demande[924]. En cas de demande par le contribuable, le service des impôts n'est tenu de mettre à la disposition du contribuable que les documents qui contiennent des renseignements effectivement utilisés pour procéder aux redressements[925]. En outre, cette obligation ne porte que sur les originaux ou copies des documents effectivement détenus par les services fiscaux[926]. Le refus par l'administration de communiquer au contribuable, alors que ce dernier en a fait la demande, méconnaît les droits de la défense et entache d'irrégularité la procédure d'imposition[927].

458. Faut-il distinguer les documents obtenus dans le cadre de l'exercice « *classique* » du droit de communication de ceux collectés par le vérificateur auprès des tiers ayant fait l'objet d'une autre vérification de comptabilité ? La réponse est non. La CAA de Lyon a jugé que l'obligation d'indiquer la teneur

---

[920] CE, 9 juillet 1986, n° 30770 : *DF* 1986, n° 52, comm. 2393 ; *JCP éd. E* 1987, II, 14963 ; - 3 décembre 1990, n° 103101, SA Antipolia : *DF* 1991, n° 7, comm. 259 ; *RJF* 02/1991, n° 2[illegible]0 - 13 octobre 1999, n° 181010-181209, Blanc : *DF* 2000, comm. 314 ; *RJF* 12/1999, n° 1582 - avis, 21 décembre 2006, n° 293749, Duguay.

[921] Cass. com., 6 octobre 1998, n° 1488 P-F : *RJF* 12/19983, n° 1506 ; - 3 juillet 2001, n° 3[illegible]5 FS-P, n° de pourvoi : 98-19034, Genest : *Bull. civ.*, 2001, IV, n° 130, p. 122 ; *RJF* 11/200[illegible], n°1459.

[922] CE (na), 12 octobre 2001, n° 217378, Piang-Siong : *RJF* 4/2002, n° 423.

[923] CE, 13 octobre 1999, n° 181010 et 181209 : *RJF* 12/1999, n° 1582 ; - 29 décembre 200[illegible], n°209523, Rouch ; - 20 juillet 2007, n° 288145, Epx Desille : *JCP éd. E* 2007, n° 37, 2104 ; *DF* 2007, n° 48, comm. 1013. CAA Nantes, 13 février 2006, n° 03-278, Nivard : *DF* 200[illegible], comm.756.

[924] TA Paris, 8 juillet 2005, n° 98-27477, Fontana : *DF* 2005, n° 50, comm. 813. CAA Versailles, 7 juin 2005, n° 023837, Baudin : *RJF* 11/2005, n° 1230. CAA Marseille, 4e ch., 1er mars 2005, n°01-44 : *DF* 2005, n° 27, comm. 524. CE, 3 décembre 1990, n° 103101, SA Antipolia ; - 6 juillet 1994, n° 120120, Thiry : *RJF* 10/1994, n° 1113 ; - 10 juillet 1996, n° 160164 : *RJF* 10/1996 n°1176.

[925] CE, 15 février 2002, n° 217394, Schmitt.

[926] CE, 26 novembre 2007, n° 281048, Sté Editions de Tournon : *DF* 2007, n° 51, comm. 107[illegible] ; 14 février 2001, n° 203465, SA Hôtel Le National : *DF* 2001, n° 30-35, comm. 734.

[927] CE, 27 juillet 2005, n° 253112, SEPI ; - 14 mai 1986, n° 59590 : *DF* 1986, n° 40, comm. 1674 ; *RJF* 7/1986, n° 719 ; - 19 janvier 1998, n° 169131, 169132 et 169133, André. CAA Bordeaux, 5e ch., 8 novembre 2004, req. n° 01-1877, Rosières et n° 01-1878, Chabaud : *DF* 2005, n° 3, comm. 93, note de Thierry GASQUET.

des renseignements obtenus par le service vaut pour ceux obtenus dans le cadre de l'exercice du droit de communication, mais également pour ceux recueillis « *à toute autre occasion* »[928]. La solution est justifiée.

B/ Le recours contre l'exercice du droit de communication

459. Le contribuable dispose-t-il d'un droit de recours contre l'exercice du droit de communication de l'administration ? Les textes français et chinois ne prévoient rien. En revanche, le contribuable britannique peut indiquer à l'IR qu'il considère que la communication exigée n'est pas nécessaire aux opérations de contrôle. En cas de non communication, avant d'engager ses droits de perquisition, l'inspecteur britannique doit expliquer au contribuable les pénalités éventuellement encourues et l'informer du droit de recours devant un tribunal indépendant.

460. Les dispositions de la section 7609 de l'IR Code, instaurée en 1976, prévoient au bénéfice du contribuable américain un droit de recours contre l'exercice du droit de communication par l'IRS auprès d'un tiers notamment une institution financière, un établissement de crédit, un avocat ou un comptable (*Third Party Recordkeeper*). En premier lieu, le contribuable doit être informé à chaque fois qu'un tiers est appelé par l'administration à intervenir pour les vérifications le concernant. Ensuite, après en avoir été informé, le contribuable peut notifier son accord au détenteur d'informations demandées et à l'IRS. Il peut également s'opposer à ce qu'un tel tiers soit entendu en déposant, auprès du tribunal fédéral de première instance (*US Federal District Court*) du ressort du domicile dudit tiers[929]. La procédure de la section 7609 n'a pas une portée absolue et ne s'applique pas dans certains cas[930]. En réalité, cet article n'a pas instauré de moyens de défense substantiels contre la mise en application du droit de communication par l'IRS car la Cour suprême américaine rejette la demande d'annulation de la plupart des contribuables. Son motif principal est que la personne, auprès de qui l'IRS exerce son droit de communication, n'est pas un tiers détenteur et par conséquent, le contribuable n'a pas le droit d'invoquer les garanties au profit du contribuable en cas d'exercice du droit de communication auprès de tiers détenteurs. Les dispositions légales accordent donc au contribuable une voie de recours sans réelle portée.

461. Le contribuable peut-il contester l'utilisation de renseignements communiqués par un tiers qui les a irrégulièrement obtenus ? Une question se pose, par exemple, lorsque l'administration fiscale obtient la communication de certaines pièces saisies par une autre administration qui a été condamnée pour

---

928 CAA Lyon, 13 décembre 2001, n° 01-578 : *DF* 2002, n° 30-35, comm. 645. Voir également CAA Bordeaux, 5e ch., 8 novembre 2004, req. n° 01-1877, Rosières et req. n° 01-1878.

929 Depuis le *Tax Equity and Fiscal Responsability Act* 1982.

930 IR Code, section 7609(c)(2)(A) et (B) ; 7609(a)(4).

violation des droits de l'Homme. La jurisprudence française estime que cette violation ne peut priver l'administration fiscale, qui a régulièrement obtenu communication d'une partie des pièces saisies lors de ces visites, d'invoquer lesdites pièces pour justifier les rappels de l'impôt[931]. On notera qu'une distinction doit être faite avec la solution concernant les documents volés par un ancien salarié de l'entreprise puis communiqués au service des impôts, ces documents ayant servi à fonder un redressement. Il a été jugé que l'administration fiscale ne pouvait valablement s'appuyer sur des pièces qu'elle avait détenues ou qu'elle détenait de manière manifestement illicite, notamment en cas de documents volés par le salarié de l'entreprise[932]. Les fondements de la solution ne sont pas identiques. Dans le cas de la communication par une autre administration qui a été condamnée pour violation des droits de l'Homme, le juge s'est fondé sur l'indépendance des procédures. En cas de documents volés par un ancien salarié de l'entreprise, le juge s'est fondé sur la loyauté de la preuve. En ce qui concerne les documents volés par un salarié, le juge américain a une position opposée. Il a été jugé que lorsque l'administration n'était pas impliquée dans le vol, par exemple, en tant que complice, elle était autorisée à utiliser les documents volés en tant que preuve, car le contribuable n'était protégé constitutionnellement que contre une perquisition ou une saisie illégale effectuée par l'administration, mais pas contre le vol de ses documents[933]. Le réalisme fiscal est plus fort aux Etats-Unis qu'en France.

Section II – Le contrôle inopiné

462. Après l'examen du droit de communication, la question qui se pose ensuite est de savoir si les garanties légales peuvent être réduites par certaines pratiques administratives telles que, par exemple, la mise en œuvre du contrôle inopiné[934]. En droit français, le contrôle inopiné est présenté comme une opération distincte de la vérification et du droit de la communication. Le droit ne réserve à cette méthode de contrôle que la constatation matérielle des éléments physiques de l'exploitation ou de l'existence et de l'état des documents comptables[935]. Le contrôle inopiné a pour but de transformer les indices, souvent concordants, en éléments de preuve à charge dans le cadre d'une vérification de comptabilité[936].

---

[931] CE, 24 novembre 1997, n° 171929, Sté Amibu Inc.

[932] CAA Lyon, Plén., 5 juillet 1994, n° 92-392, 92-619, SARL O'Palermo : *Rec.*, CE, p. 652 ; concl. de Pierre BONNAUD, *BDCF*, juillet 1994, p. 118 ; *AJDA* 1995, n° 3, p. 192 et p. 245 ; *JCP éd. E* 1995, n° 1, *panorama d'actualité*, p. 22.

[933] Meister v. Comm'r, 504 F 2d 505(3d Cir. 1974), cert. Denied, 421 US 964(1975). Resmondo v. United States, 536 F SUPP 19 (SD Fla. 1981). United States v. Feffer, 85-2 USTC ¶ 9644 (WD Wis. 1984).

[934] Voir Olivier FOUQUET, « La légalité des contrôles inopinés de l'administration fiscale en matière d'impôts directs et de taxes sur le chiffre d'affaires », *Gaz. Pal.*, 13 mars 1984, 1e sem., *Doct.*, p. 120.

[935] LPF, art. L. 47, al. 4.

[936] Thierry LAMBERT, « Effet de surprise et contrôle fiscal : le contrôle inopiné », *BF* 10/2003 p. 672.

Le contrôle inopiné fournit des informations à la vérification et, la vérification de comptabilité peut débuter par des constatations matérielles. Ils sont souvent liés, mais les constatations réalisées lors du contrôle inopiné ne peuvent être examinées ou vérifiées immédiatement. La distinction entre ces deux procédures réside dans l'ampleur des investigations menées qui peut constituer un début de vérification de comptabilité[937].

463 La vérification de comptabilité chinoise est en réalité un contrôle inopiné car le contribuable n'est pas préalablement informé de la mise en œuvre de la vérification sauf en matière de contrôle des prix de transfert. Toutes les opérations de vérification commencent sans information préalable du contribuable, ce qui est considéré par le législateur comme plus efficace. La question est alors de savoir pourquoi dans les autres pays, on informe préalablement le contribuable de l'arrivée du vérificateur pour lui laisser le temps de préparer sa défense, réserve faite du contrôle inopiné. La différence tient au fait que le législateur chinois soupçonne qu'ayant préalablement été informés, tous les contribuables effectueraient des manœuvres dilatoires afin de nuire au contrôle fiscal, par exemple, dissimuler les stocks, manipuler les documents comptables, etc. L'administration fiscale chinoise procéderait alors à une vérification de comptabilité avec un *a priori* négatif. En d'autres termes, en Chine, le délai séparant l'avis de passage de la vérification sur place est perçu comme une prime à la tricherie. Cette quasi-présomption de fraude tranche singulièrement avec la tendance observée dans les pays occidentaux, où on essaye de créer un climat de confiance entre contribuable et administration.

464. Lors d'un contrôle inopiné, les garanties du contribuable sont réduites parce que le contrôle est entrepris sans que le contribuable ne soit en mesure de prévoir l'arrivée de l'inspecteur, ni de préparer sa défense, ni de se faire assister de son conseil. Le contribuable n'est cependant pas totalement privé de garanties. Les garanties du contribuable sont doubles. Ce moyen de contrôle reste exceptionnel et limité à certaines opérations et le contribuable bénéficie de garanties minimales.

465. Aux Etats-Unis, le contrôle inopiné (*Unannounced Site Visite*) est à la discrétion du *Group Manager*[938] alors que les textes français sont très précis sur ce point. Le contrôle inopiné français est effectué dans les limites strictement prévues par les textes et ne doit pas dépasser l'exécution de simples contrôles matériels. La question la plus délicate est la frontière entre la constatation matérielle et la vérification de comptabilité. En principe, le contrôle inopiné est limité à la photographie instantanée, en début de vérification, des éléments

---

937 CE, Plén., 9 avril 1986, n° 22691 et 22693 : *DF* 1987, n° 1, comm. 23 ; *RJF* 6/1986, n° 625.

938 IRM 4261.2, MT 4200-593 (Apr. 29, 1991) (*Field Examination program – Arrangements for examination*).

physiques de l'exploitation ou de l'état de la comptabilité du contribuable[939]. La juridiction de l'ordre administratif est relativement souple vis-à-vis de l'administration tandis que la juridiction de l'ordre judiciaire dispose d'une approche moins souple en interprétant de façon restrictive la notion de « *constatations matérielles* ». Pour le Conseil d'État, la demande des relevés de prix ne constituant pas une vérification de comptabilité, il n'y a vérification que s'il y a eu consultation de documents comptables[940]. La Cour de cassation juge quant à elle que, caractérise le commencement d'une vérification de comptabilité, le fait de noter les chiffres en regard de chacun des objets répertoriés, tandis que le contribuable désignait les articles mis en vente en spécifiant le prix[941]. La position des juridictions judiciaires est donc plus protectrice du contribuable car si les opérations sont qualifiées de vérification de comptabilité, en raison du non-respect des garanties en faveur du contribuable, le redressement sera sans doute annulé.

466. Malgré sa particularité, l'exercice du contrôle inopiné doit rester conciliable avec les garanties offertes au contribuable pendant la vérification de comptabilité. Les textes français précisent qu'un avis de vérification doit être remis au contribuable au début des opérations de constatations matérielles et qu'un délai, visant à lui permettre de se faire assister par un conseil de son choix, doit être respecté[942][943]. En pratique, le contrôle inopiné débouche souvent sur une vérification et l'administration limite sa première intervention à un contrôle inopiné pour ne respecter les garanties du contribuable qu'au stade de la vérification de comptabilité proprement dite. La question est de savoir si un contrôle inopiné n'est pas nécessairement regardé comme la première phase d'une vérification. Il est difficile d'y répondre puisqu'à l'évidence, le droit de contrôle inopiné est justifié dans certaines circonstances mais pas dans d'autres.

Section III – Le droit de visite et de saisie

467. Les droits français, américain et britannique autorisent le droit de visite et de saisie sous contrôle du juge alors que la décision d'effectuer une visite ou une saisie ne dépend que de la volonté de l'inspecteur chinois. Ce dernier a le

---

939 Olivier FOUQUET, « Le droit de communication, moyen spécifique du contrôle fiscal », *Gaz. Pal.*, 7 février 1986, p. 6.

940 CE, 19 mars 1986, req. n° 40864, 57509 et 63678 : *DF* 1986, n° 22, comm. 1071 ; - 19 mars 1986, n° 40370 et 57508 : *RJF* 5/1986, n° 519.

941 Cass. crim., 24 juin 1985, n° 85-91189, Lecomte : *Bull. crim.*, n° 246, p. 637 ; *Gaz. Pal.*, 2 novembre 1985, *juris.*, p. 665, note de R. BLANCHER ; *DF* 1986, n° 24, comm. 1174 ; *RJF* 1/1986, n° 137 ; - 21 mars 1988, n° 87-90369 : *Bull. crim.*, n° 133, p. 343 ; *DF* 1988, n° 41, comm. 1886.

942 LPF, art. L. 47, al. 4. Christian LOUÏT, « Vérifications inopinées et délais raisonnables », *RF compt.* 1991, n° 221, p. 54.

943 Le délai raisonnable devant s'écouler entre la fin du contrôle inopiné et le début des opérations de vérification sera traité aux paragraphes 494 et suivants.

droit de visiter les lieux d'exploitation du contribuable vérifié, ainsi que ses entrepôts, afin de réaliser des inventaires et d'observer les activités professionnelles du contribuable[944]. La saisie de documents du contribuable n'est pas interdite en Chine. Les textes français permettent à l'administration, sur autorisation préalable d'une autorité judiciaire, d'effectuer des perquisitions en tous lieux, en vue d'obtenir des informations sur un contribuable qu'elle soupçonne de fraude fiscale[945]. Aux Etats-Unis, l'IRS est autorisé à rechercher et à saisir les documents du contribuable[946]. Les visites sont effectuées après qu'un mandat de perquisition ait été délivré par l'autorité judicaire, qui est en l'espèce la *Federal District Court*[947]. Toute information obtenue lors d'une perquisition illicite peut être privée de la base légale selon le principe de l'*Exclusionary Rule*. Les dispositions de la section 20 C du TMA permettent à un inspecteur britannique, après avoir obtenu un mandat de perquisition du *Circuit judge*[948], de pénétrer dans tout lieu d'exploitation (par la force si nécessaire) afin de rechercher et d'emporter des documents qu'il croit raisonnablement constituant la preuve de fraude.

468. L'opération de visite et de saisie ne doit pas caractériser le commencement d'une vérification de comptabilité (I). Au regard du large pouvoir de l'administration de visite et de saisie, le contribuable n'est pas privé de garanties (II). Le droit de visite et de saisie est une procédure exceptionnelle dans sa mise en œuvre (III).

I – La distinction entre le droit de visite et de saisie et la vérification de comptabilité

469. Procédure de visite et de saisie et procédure de vérification d'un contribuable constituent deux étapes d'une même procédure d'imposition[949]. En France, dans le cadre d'une vérification de comptabilité, les agents des impôts demandent au contribuable l'information souhaitée ou le document utile, mais ils ne peuvent le rechercher par eux-mêmes dans les locaux de l'entreprise[950].

---

944 RLAPI, art. 54, al. 2.

945 LPF, art. L. 16 B résultant de l'article 94 de la loi de Finances pour 1985 (n° 84-1208 en date du 29 décembre 1984).

946 Voir USC Title 18, Part II, Chapitre 205, § 3103 ; IR Code, § 7302 et § 7608 (b). IRM 9451.5, MT 9-347 (18 juillet 1990).

947 Préalablement, l'accord du ministère de la justice de la division fiscale doit avoir été obtenu. Celle-ci se prononce d'après une demande qui lui est présentée, accompagnée d'éléments permettant d'étayer le soupçon de l'existence d'une infraction passible d'une sanction pénale.

948 Le *Circuit judge* est le juge de circonscription rendant la justice dans plusieurs villes d'une même circonscription judiciaire.

949 Avis, CE, 1er mars 1996, n° 174245-174246, sect., SARL France Finibéton : *DF* 1996, n° 17, comm. 572 ; *RJF* 4/1996, n° 462.

950 CE, 9 janvier 1981, n° 19229, Plén. : *DF* 1981, n° 23, comm. 1227, concl. de VERNY ; *RJF* 3/1981, n° 237. Rép. min., à FOUQUETEAU, n° 46055, *Assemblée Nationale*, 25 mars 1978, p. 971.

En revanche, dans le cadre de visite et de saisie, les agents des impôts ne doivent pas se livrer, lors de la visite, à un examen critique de la comptabilité en la comparant aux déclarations souscrites par la société[951], ni interroger les occupants des locaux visités[952]. La procédure de visite et de saisie peut être mise en place sans que l'administration ne recoure préalablement à d'autres procédures[953] ou au cours d'une vérification de comptabilité[954]. En revanche, il existe un ordre chronologique obligatoire à respecter en cas d'exercice du droit de visite et de saisie, autrement dit l'administration ne peut opposer les informations recueillies qu'après restitution des pièces saisies et mise en œuvre d'une vérification. Dans tous les cas, une opération de visite et de saisie ne saurait constituer une première étape d'une procédure d'imposition[955].

II – Les garanties du contribuable en cas de perquisition et de saisie

470. En France comme au Royaume-Uni ou aux Etats-Unis, l'autorisation du juge caractérise le mandat de visite et de saisie. Le contrôle du juge est la contrepartie nécessaire du pouvoir de perquisition et de saisie de l'administration fiscale [956]. Le droit chinois ne prévoit cependant pas l'intervention de l'autorité judiciaire lorsque le vérificateur effectue une visite des locaux professionnels de l'entreprise et qu'il prend une décision d'emporter les documents comptables de l'entreprise dans les locaux de l'administration[957]. En fait, il ne s'agit pas ici d'un droit de visite et de saisie distinct de la vérification de comptabilité. En d'autres termes, le droit de visite et de saisie n'existe pas en tant que tel, mais comme un des éléments de la vérification de comptabilité. Son exercice est de la compétence des agents des impôts. Le juge chinois n'intervient qu'en cas de contentieux, mais jamais pendant la phase de contrôle ni pendant la procédure de redressement. Assurément, cette absence de contrôle du droit de visite et de saisie par l'autorité judiciaire compromet largement les droits du contribuable dans la phase pré-contentieuse.

---

[951] CE, 29 octobre 2003, n° 239914, SA Meubles Ortelli : *DF* 2004, n° 9, comm. 288 ; *RJF* 1/2004, n° 66. CAA Versailles, 7 décembre 2004, n° 02-2124, SA Erdimeca : *RJF* 3/2005, n°241.

[952] Cass. com., 24 mars 1998, n° 95-30229 : *DF* 1998, n° 52, comm. 1184 ; *RJF* 6/1998, p. 685. Sur ce point, le Conseil d'État se montre moins protecteur à l'égard du contribuable car dans l'arrêt SA Meubles Ortelli (CE, 29 octobre 2003, n° 239914), il a été jugé que la seule circonstance que les agents aient procédé à l'interrogatoire du dirigeant ne suffisait pas à caractériser un début occulte de vérification de comptabilité.

[953] Cass. crim., 30 avril 2003, n° de pourvoi : 02-81789 et 02-81790.

[954] Cass. crim., 25 juin 2003, n° 02-81 420, Sté IFB : *DF* 2004, n° 3, comm. 101.

[955] CE, 16 novembre 2005, n° 264077, SARL Sarim : *DF* 2006, n° 27, comm. 490 (lorsqu'en saisissant, au cours d'une opération dirigée contre un contribuable, des documents concernant exclusivement un tiers, les agents de l'administration procèdent au recueil d'éléments permettant d'établir que ce tiers a éludé l'impôt, ils effectuent par là même à l'encontre de celui-ci, une opération de visite et de saisie constitutive d'une première étape, irrégulière, de sa procédure d'imposition).

[956] Cass. com., 6 avril 1993, n° 655 P : *RJF* 7/1993, n° 1015.

[957] NLAPI, art. 54. Règlement d'application de la NLAPI, art. 86.

471. Dans les trois pays occidentaux, les garanties du contribuable en cas de visite et de saisie résident tant dans l'autorisation par le juge (A) que dans les moyens de recours à la disposition du contribuable contre soit l'ordonnance d'autorisation soit la perquisition ou la saisie elle-même (B).

A/ L'autorisation de l'ordonnance

472. Le juge a des pouvoirs d'intervention et de contrôle pendant le déroulement des opérations et est en mesure de vérifier la régularité des procédures engagées (2). La demande d'autorisation adressée au juge par l'administration doit être justifiée (1).

1. Le devoir de l'administration de justifier sa demande

473. L'administration doit justifier sa demande d'autorisation. Pour que le juge soit en mesure de vérifier la légalité et l'opportunité des opérations menées par le service des impôts, la demande d'autorisation doit comporter tous les éléments d'information en possession de l'administration de nature à justifier la visite et la saisie. Il a été jugé que le défaut de communication d'une pièce, au juge, entachait d'irrégularité ladite demande et conduisait à l'annulation de l'ordonnance dès lors que le défaut de production du document pouvait avoir un effet sur l'appréciation du juge[958]. Aux Etats-Unis, l'IRS doit expliquer au juge tous les éléments permettant la délivrance du mandat. Les documents à produire doivent être précis[959]. Il s'agit de tous les documents visés par l'ordonnance autorisant la visite.

2. L'intervention du juge judiciaire

474. En France, l'intervention du juge judicaire a été consacrée par le Conseil constitutionnel[960]. Ce dernier considère en outre que la répression de la fraude fiscale n'est pas contraire aux libertés et droits des individus, mais que les modalités d'intervention des agents des impôts doivent être placées sous le contrôle du juge[961]. Chaque visite doit être autorisée par une ordonnance du Président du TGI dans le ressort duquel sont situés les lieux à visiter, ou d'un juge délégué par lui[962].

---

[958] Cass. com., 4 juin 1996, n° 1081 D : *RJF* 10/1996, n° 1174.

[959] Oklahoma Press Publishing Co. v. Walling, 327 U.S. 186 209 (1946).

[960] CC, 12 janvier 1977, n° 76-75 DC : *Rec.*, p. 33 ; *JORF*, 13 janvier 1976, p. 344 ; *RDP* 1978, p.821, note de Louis FAVOREU ; *D.* 1978, *juris.*, p. 173, note de Jacques LEAUTE ; *AJDA* 1978, p. 215, note de Jean RIVERO ; *D.* 1980, *chron.*, p. 99, note de Danièle MAYER ; *RFD adm.*, 1994, p. 594, note de Francette FINES.

[961] CC, 29 décembre 1983, n° 83-164 DC.

[962] L'article L. 16 B, II, al. 1 du LPF a été modifié par les articles 49 VI et 140 de la loi n° 2000-516 du 15 juin 2000 et vise à renforcer la protection de la présomption d'innocence. Le président du TGI peut confier la fonction d'autorisation de visite domiciliaire au juge des libertés et de la détention.

475. Le 4ème Amendement de la Constitution américaine garantit le droit des citoyens à la protection de leurs personnes, de leurs logis, de leurs papiers et de leurs effets personnels contre des perquisitions et des saisies non justifiées. Une enquête ou saisie est en principe excessive à moins qu'une autorisation d'un magistrat n'ait été préalablement obtenue. Une injonction administrative imprécise exigeant du contribuable qu'il produise des documents à l'administration constitue également une recherche injustifiée au sens du 4ème Amendement[963]. Une perquisition sans mandat faite sur un lieu privé ou professionnel d'un contribuable est inconstitutionnelle au sens du 4ème Amendement alors même que la perquisition est faite dans le but de faire respecter les lois fiscales[964]. Par conséquent, la saisie de documents, même personnels, fondée sur un mandat de perquisition, ne viole pas le 4ème Amendement si un exposé adéquat des causes de la saisie a été faite devant un magistrat, et que les documents à saisir ont été décrits avec précision[965]. Le droit pour le contribuable concerné d'invoquer la violation du 4ème Amendement ne s'applique qu'aux saisies effectuées chez lui. Si un inspecteur se rend au siège social d'une entreprise pour saisir des registres, celle-ci peut agir contre une saisie illégale[966]. En revanche, la saisie des registres conservés dans le coffre-fort d'une banque ne viole pas le 4ème Amendement[967].

a) Le rôle du juge

476. Le juge judiciaire a pour mission de vérifier de façon concrète[968] le bien-fondé de la demande de l'autorisation adressée par l'administration fiscale tout en regardant et appréciant les éléments que l'administration lui fournit. Les pouvoirs de contrôle du juge qui autorise la visite s'étendent à la constatation de l'irrégularité des opérations et à leur annulation[969].

b) La motivation de l'ordonnance

477. En France, le juge doit motiver l'ordonnance[970]. L'ordonnance doit être « *spécialement motivée d'après les éléments de l'espèce* » et comporter une motivation suffisamment développée avec des références explicites aux éléments de fait fournis par l'administration sur lesquels il fonde son appréciation[971]. Le juge doit motiver son ordonnance en démontrant la nécessité

---

963 Hubner v. Tucker 245 F2d 35 38 (9 th Cir. 1957) ; United States v. Michaud 897 F2d 264 (7th Cir. 1990); United States v. Mosely 93-2 USTC § 50 440 (WDNY 1993).
964 GM Leasing Corp. v. US 429 U.S. 338 (1977).
965 Andresen v. Maryland, 427 U.S. 463 (1976).
966 GM. Leasing Corp. v. US 429 U.S. 338 (1977).
967 United States v. First National City Bank, 568 F2d 853 (2d Cir. 1977).
968 LPF, art. L. 16 B, II, al. 2.
969 Cass. com., 30 octobre 1989, n° 1269 P, Roga Enseignes.
970 LPF, art. L. 16 B, II, al. 4.
971 Cass. com., 18 juillet 1989, n° 1159 P et 1197 P : *RJF* 11/1989, n° 1239 et 1242 ; - 30 octobre 1989, n° 1269 P, Roga Enseignes.

d'une visite et identifier avec précision les lieux où les visites sont autorisées[972]. Un arrêt de la Cour de cassation en date du 15 décembre 1988 a jugé illégal le formulaire type utilisé par le juge[973].

B/ Le recours du contribuable

478. Le recours du contribuable peut être exercé contre l'ordonnance d'autorisation (1) et contre la procédure de perquisition et de saisie (2).

1. Le recours contre l'ordonnance d'autorisation elle-même

479. Pour contester la régularité de l'ordonnance de perquisition ou de saisie, on doit saisir le juge l'ayant autorisé. Il n'appartient pas au juge de l'impôt de se prononcer sur la régularité de l'ordonnance[974]. L'ordonnance n'est susceptible que d'un pourvoi en cassation selon les règles prévues par le Code de procédure pénale[975]. Le contrôle de la Cour de cassation porte sur l'appréciation concrète des motifs et des pièces à l'appui de la demande de l'administration faite par le juge, c'est-à-dire si le bien-fondé de la demande a été vérifié. Elle a sanctionné, par cinq arrêts du 15 décembre 1988, le comportement d'un juge qui se bornait à affirmer que les informations fournies laissaient présumer que les entreprises concernées avaient participé à des pratiques anticoncurrentielles sans préciser sur quels éléments précis il fondait sa décision[976].

2. Le recours contre la perquisition et la saisie

480. Le juge ayant autorisé le mandat de perquisition en contrôle le déroulement. La question est de savoir quel juge est compétent quand le contribuable invoque les irrégularités des opérations de perquisition et de saisie. Le juge de l'impôt exerce-t-il un contrôle sur les conditions de déroulement des opérations de visite et de saisie ? Certains sont favorables à un tel contrôle[977]. Mais, si le législateur a institué un système de contrôle spécifique par la Cour de cassation, on devrait en déduire qu'il exclut d'autres modes de contrôle. Telle a été la position de la Cour de cassation jusqu'en 1999[978]. Cependant, par deux arrêts en date du 30 novembre 1999[979], la Cour a opéré un revirement de

---

[972] Cass. com., 21 mars 1989 : *RJF* 6/1989, n° 777 et 779 ; - 30 octobre 1989, n° 1269 P, Roga Enseignes.

[973] Cass. ch. mixte, 15 décembre 1988, n° 85-18.211.

[974] TA Versailles, 5e ch., 19 décembre 2002, n° 97-4588 et 97-4589, Sté Ouest Emballages : *RJF* 4/2003, n° 447.

[975] LPF, art. L. 16 E, II, dernier al.. Code de procédure pénale, art. 567 et s.

[976] Cass. ch. mixte, 15 décembre 1988, 5 arrêts, n° de pourvoi : 87-16576, 87-16577 et 87-11944 : *D.* 1989, 15e cahier *juris.*, p. 189 ; *JCP éd. G* 1989, n° 26, II, 21263, note d'Olivier DUGRIP.

[977] Bruno MARTIN LAPRADE, « L'irrégularité d'une perquisition peut-elle vicier la procédure d'imposition ou les poursuites pour fraude fiscale ? », *RJF* 8-9/1988, p. 518.

[978] Cass. ch. mixte, 15 décembre 1988, n° 176 P : *RJF* 3/1989, n° 328. Cass. com., 15 juin 1999, n° 1216 D : *RJF* 10/1999, n° 1211.

[979] Cass. com., 30 novembre 1999, Sté Sogea, n° 1938 D, n° de pourvoi : 98-30002 : *RJF* 3/2000, n° 373 ; - 30 novembre 1999, n° 1937 PB, n° de pourvoi : 98-30005, Sté Bec Frères : *Bull. civ.*,

jurisprudence. Celle-ci a jugé que la mission du juge ayant autorisé l'ordonnance prenait fin avec la remise de la copie du procès-verbal et de l'inventaire à l'occupant des lieux ou à son représentant et qu'il ne pouvait être saisi *a posteriori* d'une éventuelle irrégularité entachant ces opérations, une telle contestation relevant du contentieux dont peuvent être saisies les autorités de décision appelées à statuer sur les poursuites éventuellement engagées sur le fondement des documents ainsi appréhendés[980]. En d'autres termes, le juge ayant autorisé les visites n'a pas compétence pour apprécier la régularité des opérations lorsque celles-ci sont achevées.

481. Ce revirement a fait l'objet de sévères critiques[981]. Certaines juridictions administratives ont fait preuve de résistance, ainsi la CAA de Bordeaux, qui a estimé qu'un contribuable qui n'avait ni formé un pourvoi en cassation contre les ordonnances ni saisi le juge les ayant autorisées d'une contestation portant sur le déroulement des opérations autorisées par ces ordonnances, ne pouvait se prévaloir des irrégularités commises pendant la visite[982]. Il semble que cette jurisprudence soit plus conforme à l'interprétation donnée par le Conseil constitutionnel[983]. La Constitution française attribuant à l'autorité judiciaire le rôle de sauvegarder la liberté individuelle, laquelle recouvre l'inviolabilité du domicile, seule l'autorité judiciaire est compétente pour apprécier la régularité du déroulement des visites domiciliaires. Le fait que l'ordonnance ait acquis un caractère définitif interdit d'invoquer devant le juge de l'impôt l'irrégularité des opérations de visite et de saisie effectuées conformément à cette ordonnance[984]. Il est regrettable que postérieurement des juridictions administratives se soient alignées sur les arrêts de la Cour de cassation de 1999. Ainsi, le tribunal administratif de Versailles a considéré qu'après l'achèvement des opérations de visite, le juge de l'impôt était seul compétent pour se prononcer sur la régularité de ces opérations dans le cadre de la contestation des impositions fondées sur

IV, n° 214, p. 180 ; *DF* 2000, n° 44, comm. 843 ; *RJF* 3/2000, n° 373 ; *D. aff.*, 16 mars 2000, n°11, p. 261 ; *Revue Lamy Droit des affaires*, 2000, n° 24, p. 3 ; *JCP éd. G* 2000, n° 17 II, 10298 ; *LPA* 2000, n° 83, p. 4.

[980] En matière de la concurrence, Cass. com., 30 novembre 1999, Sogea, n° 1938 D. Cette jurisprudence n'est plus applicable en matière de droit de la concurrence du fait de l'adoption de la loi n° 2001-420 du 15 mai 2001. En matière fiscale, Cass. com., 30 novembre 1999, n° 1937 PB, Sté Bec Frères ; - 25 janvier 2000, n° 250 D : *RJF* 3/2000, n° 373-a ; - 18 avril 2000, n° de pourvoi : 98-30039, n° 868 D et 869 D, Bensadon : *RJF* 7-8/2000, n° 951.

[981] Voir Bernard HATOUX, « À propos d'arrêts de la Cour de cassation en matière de visites domiciliaires, un revirement inutile ? », *RJF* 3/2000, p. 209.

[982] CAA Bordeaux, 28 mars 2000, n° 97-2040, 3e ch., SARL Le Métropole : *RJF* 6/2000, n° 80[illegible].

[983] CC, 29 décembre 1983, n° 83-164 DC ; - 29 décembre 1989, n° 89-268 DC.

[984] CAA Nantes, 29 décembre 2000, n° 97-60, Jammet : *RJF* 2001, n° 955.

les documents saisis[985]. La CAA de Versailles a implicitement confirmé la position du tribunal[986].

482. L'irrégularité d'une perquisition fiscale doit-elle entraîner la nullité des impositions établies à partir des informations recueillies au cours de cette perquisition ? En principe, l'annulation de l'ordonnance autorisant la visite et la saisie affecte la régularité de la décision d'imposition dans la mesure où celle-ci procède de l'exploitation des informations recueillies à l'occasion de la visite annulée[987], en revanche, elle demeure sans incidence sur la régularité de la décision d'imposition dans la mesure où celle-ci procède de l'exploitation d'autres informations[988]. Il s'agit de l'application du principe d'indépendance des procédures. L'annulation de l'autorisation de visite et de saisie concernant la société peut-elle produire des effets sur l'imposition du dirigeant ? En vertu du principe d'indépendance des procédures, l'administration est en droit d'utiliser contre une autre personne que le perquisitionné les renseignements qu'elle a tirés d'une visite et saisie fiscale irrégulière[989]. Cependant, un tel principe a été tempéré. S'il ressort de la demande d'autorisation de visite et de saisie adressée par l'administration au juge que le service enquête sur les agissements d'un contribuable autre que celui qui a la disposition des lieux visités, l'annulation de la visite est susceptible de produire des effets à l'égard de ces deux contribuables[990]. Cette solution est justifiée dans la mesure où l'administration a tenté de profiter de la procédure pour d'autres motifs que ceux qui y étaient propres.

---

[985] TA Versailles, 5e ch., 19 décembre 2002, n° 97-4588 et 97-4589, Sté Ouest Emballages.

[986] CAA Versailles, 12 juillet 2006, n° 03-01208, Sté Ouest Emballages. Il semble qu'un tel fléchissement soit également observable dans la jurisprudence de la CAA de Bordeaux (7 mars 2006, n° 01-00248).

[987] CE, 4 août 2006, n° 264624, Louerat : *DF* 2007, n° 11, comm. 286. En fait, la procédure de visite et de saisie prévue à l'article L. 16 B du LPF est une étape de la procédure de vérification de comptabilité. L'irrégularité d'une visite et saisie doit donc vicier la procédure de vérification de comptabilité. La chambre criminelle de la Cour de cassation a estimé que les poursuites pénales engagées au vu de documents saisis étaient affectées par l'annulation des ordonnances autorisant les visites domiciliaires (Cass. crim., 28 mai 1998, n° 97-80756, Epoux Louerat : *DF* 1998, n° 45, comm. 1012 ; *JCP éd. G* 1998, n° 51, IV, 3473 ; *JCP éd. E* 1999, n° 1, *pan.*, p. 15).

[988] Avis, CE, 1er mars 1996, n° 174245-174246, sect., SARL France Finibéton : *DF* 1996, n° 17, comm. 572 ; *RJF* 4/1996, n° 462 et chron. de Stéphan AUSTRY, « L'article L. 16 B et le juge : les dernières mésaventures », p. 231 ; concl. de François LOLOUM, *BDCF* 2/1996, p. 44. Voir Cass. com., 30 mai 1995, n° 1136 D : *RJF* 8-9/1995, n° 988 (une procédure de vérification qui trouve son origine dans des opérations de visite domiciliaire annulées doit être annulée par voie de conséquence).

[989] CE, Avis, 10 juin 1998, n° 194330, Thoury : *DF* 1998, n° 37, comm. 777 ; *RJF* 8-9/1998, n° 965 ; concl. de Gilles BACHELIER, *BDCF* 4/1998, n° 89.

[990] Avis, CE, 1er mars 1996, n° 174244, sect., Egot.

III – La mise en œuvre du droit de visite et de saisie

483. Les instructions administratives américaines précisent que l'utilisation du mandat de perquisition et de saisie est réservée aux cas significatifs se fondant notamment sur le montant des impôts dus, la nature de la fraude et l'influence de l'affaire sur le comportement d'autres contribuables[991]. Les textes britanniques insistent sur la présomption de l'existence d'une fraude fiscale. Une simple évasion fiscale ne justifie pas une telle mesure. De plus, seul le *Special Compliance Office* est habilité à effectuer une perquisition avec l'autorisation préalable du *Board of Revenue*. En France, l'administration ne peut opposer au contribuable les informations recueillies qu'après restitution, à l'occupant des lieux, des pièces et documents saisis, et qu'après mise en œuvre des procédures de contrôle contradictoire. En Chine, si le vérificateur estime que l'emport de documents est nécessaire, sur autorisation du responsable de l'administration de son ressort, il peut emporter les documents du contribuable afin de les examiner dans son bureau. La seule garantie pour le contribuable réside dans l'obligation faite à l'inspecteur d'établir un reçu et de restituer les documents emportés dans les trois mois ou trente jours.

484. Le contribuable français critique le fait que le juge ne fait que signer une ordonnance rédigée par l'administration elle-même. Mais il est de jurisprudence constante que les motifs et le dispositif de l'ordonnance sont réputés être établis par le juge qui l'a rendue et signée[992]. Une telle présomption ne porte atteinte ni au principe de la séparation des pouvoirs, ni à celui de l'indépendance de la magistrature, ni aux droits garantis par la Convention européenne des droits de l'Homme[993].

485. La jurisprudence française estime que les garanties légales offertes par les textes au droit des visites sont suffisantes[994]. Tout d'abord, le juge est indépendant et il n'est pas obligé de suivre la position de l'agent des impôts ; puis, depuis le 15 juin 2000, l'autorité compétente est le Président du TGI, qui peut confier cette fonction au juge des libertés et de la détention, dans le ressort duquel sont situés les lieux à visiter[995]. Ensuite, la décision du juge doit être motivée[996] et l'autorisation est sous sa responsabilité[997]. Le juge peut réviser sa

[991] IRM 9451.5, MT 9-347 (July 18, 1990).

[992] Cass. com., 20 octobre 1998, n° de pourvoi : 96-30023, Ardoin : *JCP éd. E* 1998, n° 51, *pan.* p. 2007 ; *Procédures*, juillet 1999, comm. 192.

[993] Cass. com., 29 juin 1993, n° 1209 D, Camilli, 1208 P, Camilli ; - 9 novembre 1993, n° 1693 D Sté SEP ; - 16 mai 1995, n° 1270 P, SA Générale sucrière et autres.

[994] Cass. com., 12 janvier 1999, Gombert, 121 D : *RJF* 4/1999, n° 432.

[995] Art. 49-VI de la loi n° 2000-516 du 15 juin 2000 (*JORF*, 16 juin 2000, p. 9038). LPF, art. L. 16 B, II, al. 1.

[996] Cass. com., 23 mars 1993, n° 516 D, Sté Avraud ; - 29 juin 1993, n° 1208 P et 1209 D, Camilli ; - 9 novembre 1993, n° 1693 D, Sté SEP : *RJF* 1/1994, n° 52 ; - 16 mai 1995, n° 1270 P,

décision et se rendre lui-même sur les lieux. Enfin, l'ordonnance du juge est susceptible de pourvoi en cassation. Pour le juge judiciaire français, la protection des droits de l'Homme au sens de la Convention européenne des droits de l'Homme est assurée par la vérification par le juge qui autorise la visite domiciliaire et la saisine des documents, ainsi que par le contrôle de la Cour de cassation[998].

486. L'arrêt Ravon[999] rendu le 21 février 2008 par la CEDH a remis en cause l'article L. 16 B du LPF sur le fondement de l'article 6-1 de la Convention. Pour constater la violation de cet article, la CEDH a retenu essentiellement trois arguments. En premier lieu, la possibilité de se pourvoir en cassation, à elle seule, ne répondait pas aux exigences de l'article 6-1, dès lors qu'un tel recours ne permettait pas un examen des éléments de fait fondant les autorisations litigieuses. En deuxième lieu, la circonstance que l'autorisation de procéder à des visites domiciliaires soit délivrée par un juge ne rendait pas cette procédure conforme à l'article 6-1, alors que la personne visée ne pouvait se faire entendre. Enfin, le fait que les opérations s'effectuent sous le contrôle du juge qui les a ordonnées ne permettait pas un contrôle indépendant de la régularité de l'autorisation elle-même. Par ailleurs, l'accès des personnes concernées à ce juge apparaissait plus théorique qu'effectif. Cette jurisprudence contredit un arrêt de cette même Cour en date du 8 janvier 2002. La CEDH avait jugé que ce dispositif était compatible avec l'article 8 de la Convention, « *eu égard au cadre strict dans lequel les autorisations de visites domiciliaires sont enfermées* ».

487. L'adaptation de l'article L. 16 B du LPF aux exigences de la CEDH citées par l'arrêt Ravon paraît difficile. Certes, on pourrait aménager les moyens de recours contre l'ordonnance d'autorisation. Mais le droit de se faire entendre des personnes concernées semble inconciliable avec l'objectif des opérations, qui consiste dans la recherche de la preuve des agissements que l'administration fiscale soupçonne. Cet arrêt vise un dispositif fiscal déterminé, mais sa portée devrait dépasser le domaine fiscal, car à compter du 1er janvier 1987, toutes les procédures applicables en matière de contrôle économique, de douanes et de

---

SA Générale Sucrière et autres : *Bull. civ.*, IV, n° 148 ; *RJF* 10/1995, n° 1140 ; *JCP éd. G* 1995, n° 29, IV, 1719 ; - 11 juillet 2000, n° 1583 FS-P, n° 98-30366 et 98-30372, Gille.

[997] Le juge doit vérifier de manière concrète le bien-fondé de l'autorisation demandée par l'administration fiscale. Cass. ch. mixte, 15 décembre 1988 : *DF* 1989, n° 9, comm. 412 ; note de Patrick DIBOUT, « À propos du contrôle juridictionnel du droit de visite et de saisie de l'administration fiscale », *DF* 1989, n° 9, p. 330 ; *RJF* 3/1989, n° 176.

[998] Cass. com., 20 novembre 1990, n° 1368 P : *RJF* 1/1991, n° 77 ; - 5 février 1991, n° 168 P : *RJF* 5/1991, n° 632 ; - 9 février 1993, n° 218 P : *RJF* 5/1993, n° 671 ; - 16 mai 1995, n° 1270 P, SA Générale sucrière et autres. Cass. civ. 2e, 21 avril 2005, n° de pourvoi : 02-21154, Rigat. Cass. crim., 1er juin 2005, n° de pourvoi : 05-80050.

[999] CEDH, 21 février 2008, n° 18497/03, Ravon et a. c/France : *DF* 2008, n° 12, comm. 227.

contributions indirectes ont été alignées sur l'article L. 16 B du LPF. Il convient d'être prudent quant à la portée de cet arrêt, notamment il convient d'attendre d'éventuelles condamnations d'autres Etats ayant promulgué des dispositions similaires. En tout état de cause, cette jurisprudence apparaît extrêmement critiquable, notamment du fait qu'elle aboutit à priver l'Etat de moyens d'investigation efficaces ayant pour objectif d'assurer le bon fonctionnement du système fiscal déclaratif. Comme l'a relevé Pierre Courtois, les perquisitions et saisies sont « *des maux nécessaires* »[1000]. L'exercice des libertés et des droits individuels ne saurait en rien excuser la fraude fiscale ni en entraver la légitime répression.

Conclusion du chapitre I

488. La vérification de comptabilité n'est qu'un des procédés légaux de contrôle à la disposition de l'administration fiscale. Parallèlement, celle-ci est autorisée à procéder à d'autres modes de contrôle. Il s'agit essentiellement du droit de communication, du contrôle inopiné et des visites et saisies. Les cadres légaux d'exercice de ces modes de contrôle ne sont pas identiques. Certaines procédures de contrôle sont plus protectrices que les autres. Il en résulte que l'administration doit respecter strictement l'application des procédures et que le détournement de procédure par l'administration doit être sanctionné.

489. Le droit de communication est un moyen de contrôle universellement utilisé. Sa portée est large dans les quatre pays comparés. Son caractère contraignant est marqué par des sanctions en cas de refus de communication opposé par les personnes soumises au droit de communication. Aux Etats-Unis, la situation est encore plus sévère, l'administration fiscale ayant le droit de demander à l'*US District Court* de faire exécuter sa demande formelle, la mise en demeure. L'exercice du droit de communication ne laisse cependant pas le contribuable dénué de protection. Sur ce point, le droit français n'est pas satisfaisant dans la mesure où il instaure seulement un système d'information postérieure au profit du contribuable alors que les droits américain et anglais obligent l'administration à informer le contribuable concerné de l'exercice du droit de communication.

490. Alors que les droits français et américain encadrent de façon stricte l'exercice du contrôle inopiné, force est de constater qu'en réalité, toute vérification de comptabilité effectuée par les agents des impôts chinois constitue un contrôle inopiné dans la mesure où le contribuable n'en est en aucun cas informé préalablement. Il semble qu'une réforme sur ce point ait peu

[1000] Pierre COURTOIS, « Le droit de perquisition et de saisie », in : *L'amélioration des rapports entre l'administration fiscale et les contribuables*, actes du colloque organisé par la société française de droit fiscal de l'Université d'Orléans, la faculté de droit, d'économie et de gestion Orléans, 15-16 septembre 1988, PUF 1989, p. 49.

de chance de voir le jour tant le législateur attache d'importance à l'efficacité du contrôle et du recouvrement des impôts. En ce qui concerne le droit de visite et de saisie, dans les trois pays occidentaux, seul le juge judiciaire est compétent pour autoriser ce type d'action. Ce n'est pas le cas en Chine, où il n'existe aucun contrôle juridictionnel sur le droit de visite et de perquisition des agents des impôts. Il en résulte que pour le législateur chinois, l'efficacité du contrôle fiscal prévaut sur la protection de la vie privée du contribuable.

Chapitre II – L'équilibre dans le droit à l'information du contribuable

491. La situation du contribuable et celle de l'administration ne sont pas, à l'évidence, comparables. En droit privé des contrats, la jurisprudence française a dégagé l'obligation d'information lorsque les parties se trouvent dans une situation déséquilibrée[1001]. La question est de savoir si cette obligation d'information s'applique également dans le domaine fiscal. Dans une relation telle que celle entre autorité fiscale et contribuable, le droit à l'information du contribuable est essentiel. Le contribuable doit être mis à même de se défendre. Par ailleurs, au stade de la proposition de rectification, une protection est assurée par la motivation de la décision de l'inspecteur. Le droit à l'information du contribuable au début et à la fin de la vérification de comptabilité peut être étudié en trois étapes : le droit d'être informé du déclenchement des opérations de contrôle (Section I), le droit d'être informé de ses droits et obligations vis-à-vis du pouvoir de vérification (Section II) et le droit d'être informé de la fin de contrôle (Section III).

Section I – Le droit d'être informé du déclenchement des opérations de vérification

492. En premier lieu, il importe de se demander si le contribuable doit être informé du déclenchement des opérations de vérification. Dans les quatre pays concernés, l'avis de vérification est obligatoire. Aucune administration n'est autorisée à effectuer une vérification sans remettre préalablement ou simultanément un avis de vérification. Cet avis de vérification doit être remis préalablement en France, au Royaume-Uni et aux Etats-Unis. En revanche, en Chine, les opérations de vérification commencent dès la remise d'un avis de vérification écrit au contribuable[1002]. Dans certaines circonstances, l'agent des impôts n'est même pas obligé de remettre un avis écrit de vérification. Dans les trois pays occidentaux, le principe est l'information préalable des opérations de vérification. En France, l'avis de vérification constitue une formalité substantielle prévue par l'article L. 47 du LPF. Cet article est issu de la loi n° 55-349 du 2 avril 1955[1003]. Il a fallu attendre une décision en date du 8 octobre 1969[1004] pour que le caractère préalable de la remise de l'avis soit affirmé. En revanche, l'avis de passage n'est pas exigé de façon aussi formelle au Royaume-Uni ou aux Etats-Unis.

[1001] En ce sens notamment Jacques GHESTIN avec le concours de Marc BILLIAU, *Traité de droit civil : les obligations, les effets du contrat*, Paris : LGDJ, 1992, n° 48.

[1002] NLAPI, art. 59, « *Quand l'agent des impôts commence à effectuer la vérification, il est tenu de remettre au contribuable un avis écrit de vérification accompagné d'un certificat administratif* ».

[1003] Cet article a été codifié d'abord à l'article 1649 du CGI et puis à l'article L. 47 du LPF.

[1004] CE, 8 octobre 1969, n° 65153 : *Dupont* 1969, p. 382. Voir CE, 1er avril 2005, n° 254319, SA Martell et Cie : *DF* 2005, n° 28, comm. 531 et 543 ; *RJF* 7/2005, n° 728 ; *Dr. sté* 2005, n° 8-9, p. 31, note de Jean-Luc PIERRE.

493. À supposer que le principe de l'envoi préalable soit acquis, se posent alors un certain nombre de questions. Combien de temps avant l'engagement du contrôle l'avis doit-il être envoyé ou remis ?(I) Quelles sont les mentions que doit comporter l'avis ?(II) Quelle est la conséquence en cas d'omission de l'envoi ou de non remise ?(III) Qu'est-ce qui constitue la preuve de l'envoi ?(IV)

I – Le délai séparant l'envoi de l'avis et le début de la vérification

494. Puisque les vérifications inopinées sont prohibées, les textes français imposent à l'administration de respecter un délai raisonnable entre la remise ou l'envoi d'un avis et l'examen au fond des documents comptables afin de permettre au contribuable de se faire assister par un conseil de son choix[1005]. L'examen au fond des documents ne peut commencer qu'à l'issue de ce délai raisonnable[1006]. Aucun texte ne précise la notion du « *délai raisonnable* » qui doit s'écouler entre l'avis de vérification et le début des opérations de vérification. La jurisprudence s'est référée à la notion de « *temps utile* » pour la première fois dans un arrêt en date du 29 avril 1977[1007]. L'arrêt du 14 avril 1982 confirme l'exigence d'un délai entre la réception de l'avis et le début de vérification, le caractère suffisant du délai étant apprécié au cas par cas par le juge[1008].

495. En pratique, le problème est de savoir à partir de combien de jours, le délai sera considéré raisonnable. Le Conseil d'Etat exige qu'un délai de deux jours francs soit respecté[1009]. La doctrine administrative invite l'administration à respecter un délai de 15 jours[1010]. La divergence entre la jurisprudence et la doctrine administrative ne peut toutefois pas se retourner contre l'administration. Ainsi, il a été jugé que cette doctrine administrative, qui traite essentiellement de l'organisation des contrôles inopinés, ne visait le délai de 15 jours qu'au titre d'« *usage établi* » et « *dans la mesure du possible* » et ne lui était donc pas opposable[1011].

1005 LPF, art. L. 47, al. 4.

1006 CE, 7 mai 1982, n° 18920 : *RJF* 7/1982, n° 691 ; - 5 décembre 1983, n° 37880 : *RJF* 2/1984, n° 187.

1007 CE, 29 avril 1977, n° 92446 : *Dupont* 6/1977, n° 360.

1008 CE, 14 avril 1982, n° 24698 : *RJF* 6/1982, n° 571 et chron. de Pierre-François RACINE, p.319 ; - 7 mai 1982, n° 18920 : *RJF* 7/1982, p. 354.

1009 CE, 29 juin 1981, n° 10314 ; - 14 mars 1990, req. n° 65110, Kaufmann : *DF* 1990, n° 27, comm. 1344 ; *LPA* 1990, n° 71, p. 11 : un délai inférieur peut être considéré comme raisonnable compte tenu des circonstances sans qu'il y ait contravention aux dispositions de l'article L. 47 du LPF.

1010 Note 30 décembre 1977, BODGI. 13 L-10-77 : *DF* 1978, n° 5, *I.D.* 5580 – Instr. 25 juin 1984 13 L-3-84 : *DF* 1984, n° 29, *I.D. et C.A.* 8092 : dans la mesure du possible et conformément à l'usage établi, ce délai qui sépare l'envoi et la remise de l'avis de vérification de l'analyse de la comptabilité est de l'ordre de 15 jours.

1011 CAA Nantes, 9 juin 1993, n° 91-815 : *RJF* 10/1993, n° 1333.

496. Le délai entre l'envoi ou la remise de l'avis de vérification et le début des opérations de contrôle n'est précisé ni par le droit américain ni par le droit britannique. Mais si le contribuable américain souhaite se faire assister par un conseil, l'inspecteur est tenu de laisser un délai suffisant pour que le contribuable puisse le faire. Le droit britannique prévoit simplement que l'IR informe le contribuable par écrit de son intention d'effectuer des opérations de contrôle sur la déclaration d'un contribuable[1012].

II – Les mentions sur l'avis

497. Parmi les mentions, la période soumise à la vérification est essentielle. En droit français, l'avis de vérification doit suffisamment préciser les années soumises à vérification[1013]. L'absence de précision entraîne l'irrégularité de la procédure pour violation des droits de la défense[1014]. La situation est similaire aux Etats-Unis, où l'inspecteur est censé exercer ses pouvoirs de vérification dans le cadre délimité par l'avis de vérification. Cependant, au cours de la vérification, en cas de nécessité, l'inspecteur peut étendre la portée de la vérification. Dans ce cas, le contribuable vérifié doit en être informé et le temps nécessaire doit lui être accordé pour qu'il puisse se faire assister d'un conseil pour les périodes additionnelles avant que la vérification ne soit effectuée[1015].

498. Concernant la faculté de se faire assister par un conseil de son choix, en France, elle est consacrée par la loi n° 55-343 du 2 avril 1955. Une vérification qui n'est pas précédée de l'avis que le contribuable peut se faire assister d'un conseil est irrégulière même si le requérant a, en fait, été assisté[1016]. L'IRS doit informer le contribuable de son droit de se faire assister par un conseil de son choix. Dans la plupart des cas, l'inspecteur demande au conseil du contribuable de venir avec le contribuable au moment de l'entretien. Les personnes habilitées à représenter les contribuables devant l'IRS sont généralement les avocats, les comptables inscrits (*Certified Public Accountants*) et les agents immatriculés (*Enrolled agents*)[1017]. En Chine, un avis de vérification ne mentionne que l'heure, la date du déroulement des opérations de la vérification ainsi que des renseignements à demander, mais non la faculté du contribuable de se faire assister par un conseil de son choix. Cela est très défavorable à la défense du contribuable. Il semble nécessaire de modifier ces dispositions en imposant une obligation à l'administration d'informer le contribuable de son droit de se faire assister par un conseil.

[1012] § 24(1), Schedule 18 FA 1998.
[1013] LPF, art. L. 47, al. 2.
[1014] CE, 12 décembre 1984, n° 36240 : *DF* 1985, n° 8, comm. 406 ; *RJF* 2/1985, n° 274.
[1015] IRM Handbook 4.2.2.6.1.
[1016] CE, 17 octobre 1984, n° 41880 : *RJF* 12/1984, n° 1502.
[1017] Circular 230, Rules of practive before the IRS (31 C.F.R., Part 10, Subpart A, §§10.1-10.8).

III – Les conséquences de l'omission de l'envoi ou de la remise

499. L'omission de l'envoi ou de la remise de l'avis ne peut qu'entraîner la nullité de la procédure d'imposition en France, car la mise en œuvre d'un contrôle sans remise préalable d'un avis de vérification constitue une irrégularité substantielle qui a pour effet de porter atteinte aux droits de la défense[1018]. Il en va de même au Royaume-Uni ou aux Etats-Unis en raison de l'interdiction des contrôles inopinés. En Chine, le contribuable est en droit de refuser d'être soumis à une vérification lorsque les agents des impôts ne lui remettent pas un avis écrit de vérification accompagné d'un certificat administratif avant le commencement des opérations de vérification[1019].

IV – La preuve de l'envoi ou de la remise de l'avis

500. Tenant compte de l'importance de l'envoi ou de la remise de l'avis de vérification, il est essentiel que l'administration puisse établir l'envoi régulier de l'avis. Le juge français estime qu'il appartient à l'administration d'apporter la preuve que le contribuable a été normalement avisé de sa faculté de se faire assister par un conseil de son choix. Ce qui n'est pas le cas lorsque l'accusé de réception a été renvoyé non signé à l'administration[1020] ou que la lettre recommandée n'a pas été retirée[1021].

501. Un problème se pose en France en ce qui concerne l'envoi ou la remise de l'avis aux sociétés de fait. L'article L. 53 du LPF prévoit que pour les sociétés dont les associés sont personnellement soumis à l'impôt pour la part des bénéfices correspondant à leurs droits dans la société, la procédure de vérification des déclarations déposées par la société est suivie entre l'administration des impôts et la société elle-même. Cette disposition trouve son fondement dans le fait que ces sociétés ont une personnalité juridique distincte de celle de leurs membres. En principe, la vérification de comptabilité ne peut concerner que la société, c'est donc à la société que doit être adressé l'avis de vérification, ou à son dirigeant en cette qualité, les associés n'ayant pas à être personnellement avisés du contrôle. Ce principe a été étendu aux sociétés de fait[1022].

[1018] CAA Bordeaux, 16 juillet 1991, n° 89-1522 : *DF* 1992, n° 29, comm. 1422 ; *RJF* 11/1991, n° 1335.

[1019] NLAPI, art. 59. Règlement d'application de la NLAPI, art. 89, al. 2. On rappellera autant que de besoin que le terme « *avant* » ne signifie pas que le contribuable soit averti de la venue des agents des impôts.

[1020] CE, 17 juin 1988, n° 50472.

[1021] CE, 20 avril 1988, n° 44152.

[1022] CE, 18 mai 1979, n° 9540 : *DF* 1979, n° 39, comm. 1831 ; - 8 décembre 1986, n° 48789 : *DF* 1987, n° 17, comm. 870 ; - 19 juin 1991, req. n° 64176 : *DF* 1991, n° 42, comm. 1961 ; - 1er février 1989, req. n° 68348-68625 : *DF* 1989, n° 16-17, comm. 831, concl. de Mme M. LIEBART-CHAMPAGNE ; *JCP éd. G* 1989, I, 18518. CAA Lyon, 3e ch., 7 novembre 1990, n° 89-568, Menez : *DF* 1991, n° 16-17, comm. 923. CAA Paris, 2e ch., B, 27 juin 2003, n° 00-35[illegible],

502. Au Royaume-Uni, le *partnership*, considéré comme une entité ne jouissant pas de la personnalité morale, ne peut remplir les obligations légales imposées par le *Business Name Act* de 1985, notamment quant à l'enregistrement au registre de commerce[1023]. Ce sont ses membres qui procèdent à cette formalité. Avant 1994, le *partnership* était considéré comme un sujet fiscal pour les notifications de redressement, qui étaient directement adressées au *partnership*. Cependant, depuis l'introduction en 1994 des nouvelles règles d'auto-évaluation, les associés du *partnership* sont directement responsables de la déclaration de leur quote-part du résultat du *partnership*. Le *partnership* est alors considéré comme transparent même pour les notifications de redressement par référence aux revenus et aux charges du *partnership*. En France et aux Etats-Unis, le résultat est effectivement déterminé au niveau de la société de personnes ou du *partnership*. Les deux pays traitent le *partnership* comme une personne, une entreprise et un contribuable[1024]. Ainsi, aux Etats-Unis, tout élément de revenu du *partnership* étant déterminé au niveau du *partnership*, les différends éventuels avec l'IRS, quant à cet élément de revenu, doivent être résolus au niveau du *partnership*[1025].

Section II – Le droit d'être informé de ses droits et obligations

503 Étant donné le large pouvoir de l'administration fiscale et la complexité du droit fiscal, il semble que le contribuable se trouve dans une position défavorable. Afin de remédier à cette situation, les autorités française, américaine et britannique sont tenues d'informer soit oralement soit par écrit le contribuable vérifié de ses droits et obligations. L'information écrite prend souvent la forme de la remise d'une charte des droits et obligations du contribuable vérifié. Or, cette Charte n'existe pas dans le système chinois.

504. Aux termes de l'article L. 10 alinéa 4 du LPF, « *avant l'engagement d'une des vérifications prévues, l'administration des impôts remet au contribuable la charte des droits et obligations du contribuable vérifié ; (...) les dispositions contenues dans la charte sont opposables à l'administration* ». Grâce aux efforts de la législation, de la doctrine et de la jurisprudence, la remise de la

---

SA Agora : *DF* 2004, n° 7, comm. 249 ; *JCP éd. E* 2004, n° 13, 478. Instr. 3 juin 1992 : BOI 13 L-2-92 ; *DF* 1992, n° 31-32, *I.D.* 10657. Cass. com., 26 mars 2002, n° 725 FS-P, n° de pourvoi : 97-20734, Orcin : *Bull. civ.*, IV, n° 62, p. 63 ; *DF* 2002, n° 20, comm. 428 ; *BJS* 2002, p. 837 § 188 note de Patrick SERLOOTEN.

[1023] Les *partnerships* n'entrent pas dans le champ d'application des lois sur les sociétés (*Companies Acts*) et de leurs obligations comptables mais elles sont régies par le *Partnership Act 1890*.

[1024] En matière de sociétés de personnes, à la différence de la France qui pratique un régime de translucidité, les Etats-Unis appliquent un principe de transparence fiscale totale.

[1025] IR Code, section 6221-6233.

charte constitue une garantie substantielle[1026]. Ce document donne une information au contribuable et porte à sa connaissance certaines règles de procédures imposées à l'administration. Le rôle de la Charte demeure un élément psychologique essentiel de l'équilibre des relations entre contribuable et administration.

505. Aux Etats-Unis, le droit pour le contribuable d'être informé de ses droits et obligations est garanti par une information préalable écrite et par une information orale. Informant un contribuable de l'avis de vérification, l'inspecteur américain est tenu de lui fournir des explications sur les procédures de contrôle (*Notice 609, Privacy Act and Paperwork Reduction Act*) et sur les droits du contribuable vérifié « *Vos droits comme contribuable* »[1027]. Durant le rendez-vous avec le contribuable, l'inspecteur est également tenu de lui expliquer oralement le déroulement des opérations de vérification et ses droits. Il doit en outre l'avertir clairement de son droit de recours.

506. Au Royaume-Uni, le mouvement de la Charte du citoyen (*Citizen's Charter*) a débuté en 1991. En fait, dès juillet 1986, avant le mouvement de charte, a été introduite une Charte des contribuables (*Taxpayer's Charter*), dont le modèle est emprunté à l'autorité fiscale canadienne. L'IR a été la première autorité publique anglaise à publier une Charte. Plus tard la Charte a été remplacée par « *Notre engagement de services* ». La « *Charter for Inland Revenue Taxpayers* »[1028] est en effet de portée générale. La véritable charte anglaise du contribuable vérifié dans la vérification de comptabilité est le « *COP 14 Corporation Tax Self Assessment Enquiries* ». Une copie de la publication « *Code of Practice for Inquiries Into Compagy Tax Returns (COP 14) Under Corporation Tax Self-Assessment* » est envoyée au contribuable vérifié pour l'informer de ses droits et obligations.

507. Étudier la Charte des droits et obligations du contribuable vérifié nécessite de s'interroger sur son utilité et son opposabilité (I), puis de regarder son contenu (II), enfin d'apprécier l'obligation de remise de la Charte (III).

I – L'utilité et l'opposabilité de la Charte

508. Certains s'interrogent sur l'utilité de la Charte en ce qu'elle ne ferait que répéter ce qui est déjà dans la loi fiscale. En pratique, il est plus facile pour un contribuable de prendre connaissance de ses droits et obligations à la lecture de la trentaine de pages, aérées de la Charte, que de se lancer dans la lecture du CGI, du LPF et de la doctrine administrative puis d'étudier la jurisprudence. La

---

[1026] Concl. d'Olivier FOUQUET sous CE, 8 février 1991, n° 61093, Cie William Gillet Guille Rennepont : *DF* 1991, n° 10, comm. 490 ; *RJF* 3/1991, p. 156.
[1027] USC section 7521(b)(1).
[1028] *Personal taxpayers series IR167.*

Charte aide à établir une certaine égalité de tous les contribuables devant le contrôle fiscal et facilite son déroulement pour le vérificateur comme pour le contribuable. La Charte a été conçue pour favoriser une meilleure compréhension entre contribuables et fonctionnaires des impôts.

509. La question de l'opposabilité de la Charte contre les pratiques de l'administration se pose. Avant la loi Aicardi, les dispositions de la Charte ne pouvaient pas être opposées à l'administration fiscale sur le fondement de l'article L. 80 A du LPF au motif qu'elles ne concernent pas la procédure d'imposition[1029]. L'opposabilité ne trouvait pas non plus de fondement légal sur celui de l'article premier du décret du 23 novembre 1983 à défaut pour la Charte de constituer une instruction au sens de cet article[1030]. La législation d'Aicardi met l'accent sur l'opposabilité de la Charte à l'administration. La doctrine française ne partage pas ce point de vue. D'après Jean Maïa, la Charte n'est pas une extension du domaine de la doctrine administrative opposable sur le fondement de l'article L. 80 A du LPF. Quant au commissaire du Gouvernement Isaïa, il considère que la loi Aicardi n'a pas pour effet de donner une valeur législative au contenu de la Charte[1031], qui n'est qu'un résumé des droits et obligations du contribuable.

510. Dans la Charte, coexistent deux catégories de dispositions. Pour les mesures qui sont reprises et qui préexistent dans des dispositions législatives, leur opposabilité résulte de leur nature législative. En revanche, les dispositions qui ne sont pas la reprise de textes législatifs ne sont qu'une simple doctrine administrative instituant des garanties pour le contribuable. L'article L. 10 du LPF les rend normalement opposables à l'administration. Cependant, étant une doctrine, en vertu de l'article L. 80 A du LPF, la Charte n'est opposable à l'administration que dans la mesure où l'intéressé entre dans les prévisions exactes des dispositions de la Charte qu'il invoque. De sorte qu'afin de rendre telle disposition de la Charte opposable à l'administration, il faut effectuer une recherche du caractère substantiel de la méconnaissance des exigences procédurales de la Charte. Seul le non-respect de formalités substantielles contenues dans la Charte vicie la procédure d'imposition[1032]. La jurisprudence française récente confirme que les agents de l'administration sont tenus, lors d'une vérification de comptabilité, de respecter les règles qui, ne trouvant pas de fondement légal dans d'autres dispositions textuelles, figurent néanmoins

---

[1029] CE, 19 juin 1989, req. n° 69846 et 91378 : *DF* 1989, n° 42, comm. 1923.

[1030] CAA Lyon, 17 novembre 1994, req. n° 93384 : *DF* 1995, n° 21, comm. 1159

[1031] Dans le vocabulaire juridique, l'emploi du terme « *disposition* » désigne en principe les prescriptions normatives des lois et règlements.

[1032] CAA Nantes, 1er ch., 22 décembre 1994, SA Garage Charpentier, n° 93-191 : *DF* 1995, n° 18-19, comm. 1054 ; *RJF* 4/1995, n° 498. CE, 10 juin 1998, req. n° 167792, SA Garage Charpentier : *DF* 1998, n° 37, comm. 775.

dans la Charte à la date où ce document est remis au contribuable, dès lors que ces règles ont pour objet de garantir les droits du contribuable vérifié[1033].

II – Le contenu de la Charte

511. La Charte comporte deux types de dispositions. En premier lieu, ce sont des dispositions dont la violation n'a privé le contribuable d'aucune garantie essentielle. En deuxième lieu, il s'agit des dispositions dont la violation prive le contribuable d'une garantie essentielle. Le juge ne censure la non remise que si cela a privé le contribuable d'une garantie essentielle. Par exemple, la Charte doit être actualisée pour tenir compte des nombreuses modifications de la procédure de vérification de comptabilité. En raison de cette obligation d'actualisation, une difficulté peut naître de la remise au contribuable d'une Charte périmée. La jurisprudence a estimé que cette remise ne viciait la procédure que si les lacunes de ce document étaient de nature à priver l'intéressé d'une garantie essentielle[1034]. Ne constitue pas une irrégularité portant atteinte à une garantie substantielle le fait que la Charte du contribuable vérifié n'oblige l'administration ni à notifier le nom de l'interlocuteur départemental ni à informer le contribuable du remplacement de l'interlocuteur en cours de vérification[1035]. Par conséquent, pour contester le redressement, le contribuable doit soulever un moyen selon lequel l'envoi d'une charte incomplète l'a privé d'une garantie substantielle.

III – L'obligation de remise de la Charte

512. Pour le Conseil constitutionnel français, l'obligation de remise de la Charte répond très bien à l'objectif de la valeur constitutionnelle d'intelligibilité et d'accessibilité du droit[1036]. Ceci étant l'obligation de l'administration, la remise de la Charte n'est pas absolue. La jurisprudence judiciaire cherche à limiter la portée des vices de procédures dès lors que le contribuable dispose déjà de deux exemplaires de la Charte, remis à l'occasion de vérifications intervenues lors des deux années précédentes et qu'il ne prétend nullement que le texte aurait changé en modifiant les droits et obligations du contribuable[1037].

[1033] CE, 10 novembre 2000, n° 204805, Milhau.

[1034] CE, 20 octobre 2000, n° 204814, SA Comelec et n° 204797, Czepita : *DF* 2001, n°18, comm. 437 ; *RJF* 1/2001, n° 58 ; *JCP éd. E* 2001, n° 6, *pan.*, p. 258 ; concl. d'Emmanuelle MIGNON *BDCF* 1/2001, p. 37.

[1035] CE, 5 janvier 2005, n° 254556, Sté Raffypack : *DF* 2005, n° 13, comm. 318 ; *RJF* 03/2005, n° 236 ; concl. d'Emmanuel GLASER, *BDCF* 03/2005, n° 25 ; - 20 octobre 2004, n° 253089, Sté Présence Autos : *RJF* 01/2005, n° 10 ; concl. de Laurent VALLEE, *BDCF* 01/2005, n° 4 ; *JCP éd. E* 2004, n° 48, *pan.*, 1733.

[1036] CC, 16 décembre 1999, n° 99-421 DC : *Rec.*, p. 136 ; *JORF*, 22 décembre 1999, p. 1904 ; *AJDA* 2000, p. 31 ; *LPA*, 28 juillet 2000, p. 15 ; *D.* 2000, *somm.*, p. 425.

[1037] Cass. crim., 21 juin 2000, n° 4233, James : *DF* 2001, n° 7, comm. 135.

513. L'administration française expédie la Charte par pli recommandé séparé pour prévenir les difficultés de preuve de son envoi. En cas de contestation sur la réception de la Charte, il faut déterminer sur qui repose la charge de la preuve. Le Conseil d'Etat n'a pas tranché sur cette question. Il s'appuie sur un faisceau d'indices pour apprécier si le pli contenait effectivement l'avis de vérification[1038], sans jamais se prononcer sur la Charte. La CAA de Lyon a pour sa part refusé de faire peser sur l'administration la charge exclusive de l'envoi régulier[1039]. Cependant, le tribunal administratif de Rennes a jugé que l'administration entachait la procédure d'imposition d'une irrégularité substantielle en ne communiquant pas, lors de l'envoi de l'avis de vérification, en sus de la Charte du contribuable vérifié, l'additif de mise à jour de ladite Charte informant le contribuable vérifié des nouvelles garanties offertes par la loi[1040]. Autrement dit, la charge de la preuve de l'envoi pèse sur l'administration. Mais la CAA de Paris a jugé que l'obligation de remettre la Charte ne met pas à la charge de l'administration la preuve de l'envoi ou du contenu de la Charte[1041]. Il s'agit d'une règle de preuve objective qui évite de faire peser sur l'une ou l'autre partie la charge exclusive de l'envoi régulier.

Section III – Le droit d'être informé de la conclusion des opérations

514. L'information du contribuable quant aux résultats des vérifications est « *importante pour que le caractère contradictoire de la vérification soit assuré jusqu'à son terme* »[1042]. Lorsqu'une vérification de comptabilité a été pratiquée, l'administration française doit, même en l'absence de redressements, en porter les résultats à la connaissance du contribuable[1043]. L'IRS envoie des notifications aux contribuables. Une telle obligation existe sous une forme comparable au Royaume-Uni[1044]. Le droit chinois reste muet sur ce point. Mais en pratique, à la fin des opérations de contrôle, si l'administration chinoise envisage un redressement, la remise de la décision de redressement est effectuée en principe en main propre au contribuable.

515. Il est logique que le contribuable soit informé avant le recouvrement de l'impôt vérifié. Aux termes de l'article L. 48 du LPF, « *à l'issue d'une vérification de comptabilité, lorsque des rectifications sont envisagées,*

[1038] CE, 19 juin 1991, n° 64834, Baleston : *RJF* 8-9/1991, n° 1113.
[1039] CAA Lyon, 23 décembre 1998, n° 94-2167, SA Comelec.
[1040] TA Rennes, 4 février 1999, n° 94-2682, Houdart : *RJF* 6/1999, n° 737.
[1041] CAA Paris, 2e ch. B, 12 mars 2002, req. n° 99-1961, SARL Ember Taxis : *DF* 2002, n° 46, comm. 908.
[1042] Jean SCHMIDT, « Le contrôle des activités professionnelles », in : *L'amélioration des rapports entre l'administration fiscale et les contribuables*, actes du colloque organisé par la société française de droit fiscal de l'université d'Orléans les 15 et 16 septembre 1988, Paris : PUF, 1989, p. 20.
[1043] LPF, art. L. 49.
[1044] TMA 1970, section 22, 28 A, 28 AB et 29, 32.

l'administration doit indiquer, avant que le contribuable présente ses observations ou accepte les rehaussements proposés, dans la proposition le montant des droits, taxes et pénalités ». La section 6213 de l'IR Code prévoit que le recouvrement des impôts redressés ne peut être effectué qu'après que la notification de redressement[1045] décrite dans la section 6212 du même code ait été envoyée au contribuable par envoi recommandé sans ou avec accusé de réception. La particularité du système américain sur ce point est que la notification de redressement est préparée et envoyée en deux temps. À cet effet, le contribuable américain dispose de plus de temps que le contribuable français, britannique ou chinois pour contester la décision de l'inspecteur par un recours administratif ou contentieux. Les deux étapes se matérialisent par les deux courriers, la *30-days letter* appelée aussi l'avis à 30 jours (l'avis préalable de redressement) et la *90-days letter* appelée également l'avis à 90 jours (l'avis définitif de redressement).

516. La notification contient certaines mentions ou documents légaux. En premier lieu, il s'agit du résultat du contrôle, autrement dit : y aura-t-il ou non un redressement ? En France, l'obligation d'information s'impose à l'administration même en l'absence de redressement[1046]. À l'issue d'une vérification de comptabilité, l'envoi de l'avis d'absence de redressement est une mesure obligatoire de caractère législatif qui détermine la fin de la vérification et interdit tout contrôle ultérieur[1047]. Cette mesure prémunit le contribuable contre une éventuelle découverte permettant au vérificateur de reconsidérer la vérification. Le contribuable américain peut également recevoir soit une notification de redressement (*Statutory Notice of Deficiency)* soit une notification de renonciation de redressement (*Notice of Deficiency-Waiver*)[1048]. En Chine, la situation est différente. En pratique, en l'absence de redressement, il n'y aura pas remise d'une notification de clôture des opérations de contrôle. Par conséquent, le contribuable sera toujours dans l'inquiétude d'un possible redressement.

517. La notification française doit indiquer les conséquences financières des redressements, le montant des droits, taxes et pénalités[1049]. L'inspecteur américain joint à la notification une évaluation détaillée de l'effet fiscal du redressement. L'avis de clôture britannique expose les conclusions de l'inspecteur et les modifications proposées à l'assiette des impôts et informe le contribuable de l'achèvement des opérations.

[1045] Letter 1384 (DO)(Rev. 9-2000) Cat. No. 40693N.
[1046] Art. 11 de la loi n° 87-502 du 8 juillet 1987, codifié dans art. L. 49 du LPF.
[1047] LPF, art. L. 51.
[1048] Form 4089, Rev. January 1983.
[1049] LPF, art. L. 48.

518. La motivation est indispensable à la qualité de la justice car elle est le rempart contre l'arbitraire en forçant la personne qui prend la décision à avoir conscience de la portée de son opinion. En France, le principe de la motivation des décisions de justice est affirmé par le nouveau Code de justice administrative dans son article L. 9. Aux Etats-Unis, la motivation est au cœur du système judiciaire du « *juge made law* ». Cependant, l'obligation de motivation n'est pas réservée au domaine judiciaire. Aucune autorité ne semble échapper au respect de ces exigences procédurales lorsqu'elle est amenée à prendre une décision au détriment d'autrui [1050]. Le Conseil d'Etat étend l'exigence de motivation aux décisions des autorités administratives[1051]. La loi du 11 juillet 1979 [1052] relative à la motivation des actes administratifs et à l'amélioration des relations entre l'administration et le public, complétée par la loi du 17 janvier 1986, pose le principe selon lequel les personnes physiques ou morales ont le droit d'être informées sans délai des motifs des décisions administratives individuelles défavorables les concernant. L'administration fiscale n'y fait pas exception et elle doit faire connaître au contribuable la nature et les motifs des redressements envisagés [1053]. Le code de procédure administratif américain prévoit également l'obligation de motivation.

519. Pourquoi cette exigence ? L'exigence de motivation de la décision est une marque du respect dû au contribuable. L'obligation de motiver contraint l'administration à préciser sa propre position. La motivation doit être précise et complète pour que le contribuable soit en mesure de connaître précisément ce qui lui est reproché, d'apprécier le fondement légal des griefs et de discuter la pertinence des arguments qui lui sont opposés. L'article L. 57 du LPF exige que la motivation permette au contribuable de formuler ses observations ou de faire connaître son acceptation[1054]. Le juge a introduit un renforcement des droits du contribuable en imposant à l'administration l'obligation de motiver les

---

1050 Serge GUINCHARD, *Droit processuel– Droit commun et droit comparé du procès*, 3e édition, Paris : Dalloz, 2003, p. 989.

1051 CE, 25 septembre 1996, n° 152906 et 152907, Union des commerçants et artisans de Lambelle, Chambre de commerce et d'industrie des Côtés-d'Armor : *AJDA*, 20 janvier 1997, *juris.*, p. 103, concl. d'Anne-Françoise ROUL.

1052 Loi n° 79-587 du 11 juillet 1979 relative à la motivation des actes administratifs et à l'amélioration des relations entre l'administration et le public (*JORF*, 12 juillet 1979).

1053 LPF, art. L. 57. Voir Patrick PHILIP, « La notification de redressement et l'information du contribuable », *LPA*, 22 mai 2002, n° 102, p. 4 ; Jean-Pierre CASIMIR, *Contrôle fiscal : droits, garanties et procédures*, Code annoté RF 2003, L'article L. 57 du LPF, 8e édition, Paris : *Groupe Revue Fiduciaire*, 2002, p. 145.

1054 Une jurisprudence constante considère que les erreurs purement matérielles pouvant affecter une notification de redressement ne sont pas de nature à entacher la procédure d'irrégularité dès lors qu'elles n'ont pas pour effet d'empêcher le contribuable de connaître la nature et les motifs du redressement envisagé (CE, 31 octobre 1984, n° 23117 et n° 35965, SA Interparc : *DF* 1986, n°13, comm. 628, concl. de Pierre-François RACINE ; - 1er juillet 1987, n° 52984, M. Colas : *DF* 1987, n° 45, comm. 2096, concl. d'Olivier FOUQUET. CAA Paris, 5e ch., 30 décembre 2005, n° 01-3603, Bourthillon : *DF* 2006, n° 43, comm. 699).

propositions de rectification. Une jurisprudence constante considère qu'une notification de redressement est suffisamment motivée dès lors qu'elle permet au contribuable de comprendre la portée du redressement et d'en discuter utilement le bien-fondé[1055]. En principe, la notification de redressement ne peut pas être motivée uniquement par référence aux notifications adressées à d'autres contribuables, mais doit reprendre les extraits explicitant les motifs de redressements adressés à chaque contribuable. Mais, il en va autrement s'agissant d'une société mère d'un groupe fiscal intégré[1056] ainsi que des associés d'une société imposée selon le régime des sociétés de personnes[1057]. La motivation doit être suffisante[1058]. La solution est justifiée car elle permet au contribuable d'accéder aux informations dont l'administration dispose pour établir des propositions de rectification.

520. Le problème de la substance de la motivation concerne tant la teneur des motifs que leur formulation. La nature et les motifs des redressements envisagés doivent être suffisamment exposés pour permettre au contribuable de formuler ses observations[1059]. La rédaction de la proposition de rectification doit permettre d'apprécier la qualification juridique des faits constatés. Le redressement doit reposer sur des arguments juridiques incontestables[1060]. Cette

---

[1055] CE, 10 août 2005, n° 271843, Miotti : *DF* 2006, n° 20, comm. 405 ; RJF 12/2005, n° 1446 ; *Procédures*, décembre 2005, comm. 297.

[1056] CE, 7 février 2007, n° 279588, Sté Weil Besançon : *DF* 2007, n° 12, comm. 317. CAA Nantes, 18 décembre 2006, BSA, n° 04-00866.

[1057] CE, 6 janvier 1984, n° 29639, Vilain : *DF* 1984, n° 18, comm. 948 ; *RJF* 3/1984, n° 257 ; - 29 avril 1985, n° 42080 : *DF* 1985, n° 44, comm. 1862 ; *RJF* 6/1985, n° 835 ; - Plén., 31 juillet 1992, n° 67487, Germain : *DF* 1993, n° 7, comm. 282 ; - 8 avril 1994, n° 60405 et n° 65876, Touchais : *DF* 1994, n° 42, comm. 1826 ; *RJF* 5/1994, n° 579 ; - 2 novembre 1994, n° 126814 et 126815, Lefevre : *DF* 1995, n° 27, comm. 1471 ; - 3 décembre 2003, n° 239514, Ebel : *DF* 2004, n° 37, comm. 679, concl. de Sophie BOISSARD ; *JCP éd. E* 2004, n° 4, *pan.*, 108. La solution contraire, voir CAA Marseille, 4e ch., 28 mars 2006, n° 03MA01000, Zanchi : *DF* 2006, n° 51, comm. 816 ; *JCP éd. E* 2007, n° 3, comm. 1105.

[1058] CE, 2 octobre 2006, n° 271057, Sté Geldoc Holding : *DF* 2007, n° 10, comm. 258 ; *Procédures*, décembre 2006, comm. 283 ; *JCP éd. E* 2006, n° 48, comm. 2742 ; - 27 juillet 2005, n° 268136, Bernard : *RJF* 12/2005, n° 1445 ; - 10 août 2005, n° 271843, Miotti ; - 9 février 2005, n° 250920, SA Noirot-Manutention : *DF* 2005, n° 52, comm. 858 ; *RJF* 5/2005, n° 478 ; *JCP éd. E* 2005, n° 9, *pan.*, 354 ; *Procédures*, juin 2005, comm. 171 ; - 13 février 1995, n° 137014 : *RJF* 3/1995, n° 368 avec chron. de Guillaume GOULARD, « La motivation des notifications de redressement : où en est-on ? », *RJF* 3/1995, p. 163 ; - 14 avril 1995, n° 127358 : *RJF* 7/1995, n° 730. En ce qui concerne la Cour de cassation, voir Cass. com., 19 avril 2005, n° 650 F-D, Sté Fiat auto France : *RJF* 8-9/2005, n° 974 ; - 18 avril 2000, n° 858 D : *RJF* 8-9/2000, n° 1017.

[1059] CE, 22 janvier 1982, n° 22554, 22555 et 22556 : *RJF* 3/1982, n° 253 et 264.

[1060] L'article L. 103 A alinéa 1 du LPF, issu de l'article 99 de la loi de finances rectificative pour 2006, prévoit la possibilité pour l'administration des impôts de solliciter toute personne dont l'expertise est susceptible de l'éclairer dans l'exercice de ses missions d'étude, de contrôle, d'établissement de l'impôt ou de l'instruction des réclamations, lorsque ces missions requièrent des connaissances ou des compétences particulières (voir Rép. min., n° 114216 à M. ARTIGUES : *JOAN Q*, 3 avril 2007, p. 3337 ; *DF* 2007, n° 16, *act.*, 427).

obligation existe sous une forme comparable au Royaume-Uni[1061]. La notification américaine est accompagnée de la partie du rapport du vérificateur expliquant en bref les motifs de redressement[1062].

521. Vient enfin la remise du rapport de vérification. Le rapport n'étant pas obligatoire dans le pli de notification, le contribuable ayant fait l'objet d'une vérification de comptabilité peut se faire communiquer le rapport de vérification par l'administration française[1063]. La communication peut être refusée lorsque le rapport contient des éléments mettant en cause des secrets ou intérêts protégés par la loi, notamment s'il fait état d'éléments dont la divulgation porterait atteinte à la recherche des infractions fiscales[1064]. En revanche, quelle que soit l'opinion du contribuable vis-à-vis de la notification, l'inspecteur américain doit préparer un rapport de vérification dont une copie est communiquée au contribuable avant qu'il ne soit soumis au contrôle interne par le *Quality Review staff*. Le rapport n'est définitif qu'après que le contribuable ait reçu une notification du service l'avisant que ce rapport a été bien accepté par le *Quality Review staff*.

522. Prenant en compte l'importance de la notification de redressement dans la relation contribuable-administration, certaines mesures ont été prises

---

Le 11 mai 2005, afin d'accroître les garanties offertes à l'entreprise faisant l'objet d'une vérification de comptabilité, des députés français ont déposé une proposition de loi prévoyant l'intervention préalable à tout rejet des observations du contribuable d'un expert-comptable, expert judiciaire et l obligation pour l'administration de joindre à sa motivation de rejet de la comptabilité l'expertise judiciaire que cet expert aura réalisée (Proposition de loi, Assemblée nationale, n° 2310 : *DF* 2005, n° 25, *act.*, 133).

[1061] TMA 1970, section 22, 28A, 28AB et 29.

[1062] Form 5278(Rev. July 1992), *Statement – Income Tax Change.*

[1063] Le droit de se faire communiquer des documents administratifs ne s'applique qu'à des documents achevés. Sur ce fondement, le Conseil d'Etat a refusé d'annuler le refus de communication de notes provisoires prises par le vérificateur au début des opérations de vérification (CE, 28 septembre 1990, n° 98429, Bertier : *RJF* 11/1990, n° 1356).

[1064] CE, sect., 1er décembre 1989, n° 58277, Jacques Blanc et n° 58896, SARL Sté Nouvelle d'édition et de diffusion (SNED) : *DF* 1990, n° 10, comm. 469 ; *RJF* 01/1990, n° 45 ; *RF compt.* 1990, n° 211 ; concl. de Noël CHAHID-NOURAÏ, *AJDA* 1990, p. 174 ; *BGFE* 1990, n° 19, p. 13 ; - 25 avril 1990, n° 79951-79953, Lahterman : *RJF* 6/1990, n° 712 (le rapport de la brigade de contrôle et de recherche annexé au rapport de vérification n'était pas communicable) ; - 12 octobre 1990, n° 100036, Durand : *RJF* 11/1990, n° 1357 ; - 13 février 1991, n° 113302, Ciosi : *RJF* 4/1991, n° 463 (a été approuvée la façon dont l'administration avait communiqué un rapport de vérification de comptabilité après avoir occulté des passages relatifs à l'origine du contrôle et aux moyens de recherche) ; - 27 février 1991, n° 109860, Clary : *RJF* 4/1991, n° 465 (n'était pas communicable le rapport qui comportait des indications relatives aux enquêtes et recoupements opérés dont la divulgation porterait atteinte à la recherche des infractions fiscales) ; - 3 mai 1993, n° 119888, Gabriel : RJF 6/1993, n° 861 ; - 10 mai 1993, n° 87728 : *RJF* 7/1993, n° 1020. La communication résultait de la loi n° 78-753 du 17 juillet 1978. Par ailleurs, la violation de la loi n° 78-753 n'a pas d'incidence sur la régularité de la procédure d'imposition (notamment CE, 15 février 1989, n° 71364 : *RJF* 4/1989, n° 401).

récemment afin d'améliorer la situation. Il s'agit respectivement de modifications terminologiques en France et d'exigences plus concrètes aux Etats-Unis. En France, les intitulés de «*notification de redressement*» et de «*procédure de redressement contradictoire*» deviennent respectivement «*proposition de rectification*» et «*procédure de rectification contradictoire*»[1065]. Cet effort témoigne du souci de l'administration d'améliorer l'acceptation des contrôles par les usagers. La notification de redressement n'était en effet qu'une proposition de la part de l'administration fiscale. Le Congrès américain a promulgué la section 7522 de l'IR Code qui impose une obligation en ce qui concerne certaines notifications[1066], ces notifications se rapportant à des montants substantiels, le contribuable est en droit de vouloir qu'elles soient concises, claires et correctes. Bien que les dispositions de la section 7522 ne s'appliquent qu'à certaines catégories de contribuables, le Congrès américain a exprimé son désir que l'administration améliore toutes les notifications[1067].

523. Le droit chinois ne prévoit ni le principe de l'envoi de la décision de redressement au contribuable ni son contenu. Parmi tous les articles de la NLAPI, le seul article mentionnant la « *décision de redressement* » de l'administration est l'article 88 qui précise les modes de recours administratif et contentieux contre celle-ci. Il semble que sur ce point, les lacunes du droit chinois soient très importantes et qu'une réforme rapide soit souhaitable.

Conclusion du chapitre II

524. En conclusion, il ressort qu'au sein des garanties accordées au contribuable, le droit à l'information est essentiel. Il est la condition *sine qua non* de l'équilibre entre les pouvoirs de l'administration, qui doit alors avancer à visage découvert, et les garanties du contribuable, qui peut alors préparer sa défense. Il est d'ailleurs intéressant de relever qu'en Chine, où la procédure fiscale n'en est qu'à ses débuts, l'information du contribuable est minimale et se

---

1065 Art. 27 de l'ordonnance n° 2004-281 du 25 mars 2004 relative à des mesures de simplification en matière fiscale ; Décr. n° 2004-282 et n° 2004-283 du 25 mars 2004.

1066 IR Code, section 7522 (intitulé « *content of tax due, deficiency, and other notices* ») dispose que :

(a) Règle générale – la notification concernée par le présent article doit décrire l'assiette, identifier le montant de l'impôt dû, les intérêts, le montant additionnel, le surcroît d'impôt les pénalités applicables. Une description inadéquate selon la phrase précédente ne vicie pas la notification.

(b) Notifications auxquelles le présent article est applicable – l'article s'applique

(1) aux notifications d'impôts exigibles ou de redressements mentionnés dans les sections 6155, 6212 ou 6303.

(2) aux notifications produites par des programmes assortis de déclaration d'informations.

(3) aux premiers courriers de redressement proposé permettant au contribuable d'exercer son droit de recours administratif.

1067 H. Conf. Rept. 100-1104, at 219 (1988).

limite à la remise d'un avis de vérification lors de l'arrivée des agents des impôts au siège de l'entreprise. Dans les trois autres pays retenus, le droit à l'information existe tout au long de la procédure. L'avis de vérification marque le début des opérations de vérification, il est généralement accompagné d'une charte des droits et obligations du contribuable vérifié, document reprenant les droits du contribuable au cours de la vérification de comptabilité. Une telle charte n'existe pas en Chine.

525. Si, à l'évidence, l'information au cours de la vérification est importante, il ne faut pas sous-estimer l'importance de l'information de la clôture de la vérification. Le fait que le contribuable soit informé de la fin du contrôle présente deux avantages pour le contribuable. En premier lieu, ce dernier ne reste plus dans l'incertitude quant à un éventuel redressement. En deuxième lieu, il pourra préparer sa défense. Quant à la rédaction des propositions de rectification, l'amélioration est souhaitée car, selon l'enquête effectuée par un cabinet, 10% des entreprises regrettent un manque de clarté dans la rédaction de ces documents[1068].

526. La défense est au cœur du droit à l'information du contribuable. Certes, l'obligation d'informer le contribuable de l'engagement des procédures de vérification ainsi que de ses droits et obligations lui permet d'anticiper le contrôle. Toutefois, il semble que cette obligation d'information ne soit pas seulement dans l'intérêt du contribuable et qu'elle joue également un rôle positif en faveur de l'administration dans la mesure où elle a vocation à permettre à ce que les procédures de vérification se déroulent dans les meilleures conditions.

[1068] Enquête conduite en 2005 par Ernst & Young auprès d'un panel de cent soixante-six entreprises grandes et moyennes, « La nouvelle donne des relations entre l'administration fiscale et les entreprises : Concertation et contractualisation », compte rendu du colloque organisé le 28 juin 2005 par le CEFEP, *DF* 2006, n° 9, p. 512.

Chapitre III – L'équilibre dans les voies de recours non juridictionnelles du contribuable

527. Les conflits fiscaux opposant le contribuable à l'autorité publique sont, en principe, soumis à l'appréciation d'un juge. Ceci étant, dans les quatre pays comparés, la grande majorité des conflits fiscaux peut être résolue sans intervention du juge et, dans la plupart des cas, par les seules discussions entre contribuable et administration, que ce soit l'inspecteur chargé des contrôles, son supérieur hiérarchique ou un service de recours (Section I). Dans d'autres cas, le recours est exercé devant des institutions créées spécialement à cette fin en dehors de l'administration fiscale. Ce moyen externe offre plus de possibilités et est en voie de développement[1069] (Section II). Parallèlement, malgré la nature et l'objet spécifique du droit fiscal, les modes alternatifs de règlement des conflits fiscaux connaissent un fort développement (Section III).

528. Tous ces modes non juridictionnels sont destinés à compenser l'insuffisance des recours juridictionnels en raison de l'engorgement, de la lenteur et de l'inadaptation des procédures « *classiques* ». L'objectif est d'éviter la saisine du juge et de donner à l'administration publique la possibilité de reconsidérer sa décision. La prévention des recours juridictionnels n'est pourtant pas à l'abri des critiques. Deux questions se posent sur les voies de recours non juridictionnelles du contribuable. Première question : ces modes gardent-ils une spécificité en matière fiscale ? Deuxième question : actuellement les recours devraient-ils, d'une manière générale, porter sur la régularité de la procédure de contrôle fiscal et tenir ainsi un véritable rôle précontentieux ?

Section I - La procédure de recours administratif proprement dite

529. La voie de recours, historiquement, provient souvent de l'administration elle-même. Mais, si le recours hiérarchique est une possibilité, il n'est pas (sauf texte contraire) une obligation. En l'absence de textes légaux, la mention de cette possibilité de recours n'est donc pas obligatoire[1070]. La France a instauré le recours hiérarchique en 1976[1071]. En moyenne, environ 10% des opérations de

---

[1069] Henry Puget parle des « *recours quasi-contentieux* ». Entre les recours purement administratifs et les recours contentieux s'insère une classe intermédiaire : les recours quasi-contentieux. L'autorité saisie en cas de recours quasi-contentieux statue après une procédure qui prend des formes contentieuses et implique souvent l'intervention d'organes divers chargés de procéder à des enquêtes sur les points en litige, et d'émettre des avis sur la solution que le litige doit recevoir. Voir Henry PUGET, « Les recours quasi-contentieux en droit comparé », *RIDC* 1953, n° 2, p. 256.

[1070] CE, 29 mars 1985, n° 38405 : *RJF* 6/1985, n° 928 ; - 17 juin 1996, n° 140510 : *RJF* 8-9/1996, n° 966.

[1071] Note du 18 juin 1976, BODGI 13 L-9-76 : *DF* 1976, n° 29, instr. 5151. Réponse à la question orale de M. ICART, 30 avril 1976 : *JOAN*, 1er et 2 mai 1976, p. 2498. Rép. min., MAUJOÜAN contrôle externe donnent lieu à un recours hiérarchique[1072]. L'avantage du recours administratif est d'être d'une mise en œuvre facile et d'être fondé sur des motifs d'équité ou d'opportunité. Mais il présente peu de garanties pour le contribuable. La demande est examinée en l'absence de tout formalisme (l'autorité saisie n'est tenue ni de suivre une procédure contradictoire, ni de motiver sa décision), la décision est aléatoire. Selon le Conseil des impôts, les recours internes à l'administration tendent le plus souvent à confirmer la position de cette dernière. L'exercice d'un recours administratif soulève en outre la double question du délai de recours juridictionnel et de la suspension de l'exécution des décisions contestées.

530. Les recours administratifs internes proprement dits s'effectuent, en pratique, à trois échelons différents. En premier lieu, il est toujours plus efficient de se débarrasser du litige fiscal au niveau le plus bas, par exemple, devant le contrôleur initial. Ensuite, le contribuable peut faire appel au supérieur hiérarchique du vérificateur initial afin que ce dernier revoie sa position. En dernier lieu, il est parfois possible d'exercer un recours auprès d'un service chargé du recours administratif, service indépendant de l'inspecteur chargé des opérations de contrôle.

531. Les avantages sont réciproques. Au regard du contribuable, dans la plupart des cas, en essayant de régler immédiatement le différend avec le vérificateur chargé des contrôles, le contribuable ne perd rien ; même si la négociation n'a aucun succès, le contribuable obtiendra des informations et connaîtra les incertitudes et arguments du vérificateur. Le contribuable dispose de plus de temps pour reporter le paiement des impôts. La négociation laisse également le temps au contribuable de tenter d'autres modes non juridictionnels de règlement des conflits fiscaux et de se préparer aux contentieux éventuels afin de résoudre le différend. À l'égard de l'administration, les discussions avec le contribuable facilitent normalement les opérations de contrôle et à cette occasion, les fautes commises par les agents dans l'exécution des textes peuvent être corrigées, ce qui évite des contentieux inutiles devant les juridictions.

532. Aux Etats-Unis, les avantages du recours administratif sont encore plus nombreux. D'abord, le système américain permet au contribuable de conserver la possibilité d'introduire le contentieux devant un tribunal des impôts ou de droit commun. Il peut choisir la solution la plus avantageuse pour lui. Ensuite, le contribuable gagnant américain peut, sous certaines conditions, récupérer les dépenses raisonnablement subies, y compris celles de conseil pendant les

DU GASSET, n° 31305, 6 novembre 1976 : *JOAN* Q, 6 novembre 1976, p. 7679. Doc. adm. 13 L-1311, §§ 9 à 11, 15 août 1994.

[1072] Source : 20e rapport du Conseil des impôts au Président de la République.

procédures administratives, en prouvant que la position du Gouvernement n'était pas substantiellement justifiée[1073].

533. Le recours hiérarchique est, dans son principe, universellement admis. Le recours au supérieur hiérarchique est aussi en principe un moyen efficace car il fait entendre les arguments du contribuable à l'administration et cela constitue une garantie supplementaire qui renforce le caractère contradictoire du contrôle avant que le contribuable ne poursuive des procédures juridictionnelles.

534. Une divergence existe dans les quatre pays en ce qui concerne le service chargé du recours administratif. Dans le système français, la négociation avec l'inspecteur principal et l'interlocuteur est une faculté accordée dans l'intérêt du contribuable. En cas de contentieux ultérieur, elle n'est pas obligatoire tandis que dans la même circonstance, une réclamation est obligatoire et préalable[1074]. En Chine, une seule procédure de recours administratif est offerte au contribuable, qui peut être obligatoire ou facultative dans les contentieux fiscaux. Il s'agit de recours devant l'administration hiérarchiquement supérieure au centre des impôts dont dépend le vérificateur initial[1075].

535. Aux Etats-Unis, la possibilité de négocier avec l'inspecteur est relativement limitée car ce dernier est chargé de faire appliquer le droit fiscal interprété par l'administration, mais pas d'estimer le risque que la position de l'administration ne soit pas être confirmée si le contribuable porte le litige devant les tribunaux. En revanche, le contribuable peut, si la vérification a lieu dans les locaux de l'administration, demander un entretien immédiat avec le supérieur hiérarchique de l'inspecteur afin de lui expliquer sa situation[1076]. L'agent chargé du recours américain dispose de l'autorité de régler les conflits et d'agir de façon indépendante, sans être un défenseur de la position de

---

[1073] IR Code, section 7430(a).

[1074] Depuis 1928, la réclamation au directeur des services fiscaux est préalable et obligatoire. Le recours préalable constitue une exception au principe suivant lequel le justiciable peut saisir directement le juge d'un recours contentieux contre une décision administrative.

[1075] En Chine, le premier texte relatif au recours administratif a été instauré en 1950, par le Conseil politique et administratif (en pinyin, *zheng wu yuan*, origine du Conseil des affaires d'Etat actuel), selon la règle générale organique du Comité de recours fiscal. Celle-ci a été rédigée de manière particulièrement sommaire, et en tout état de cause, la décision du Comité de recours n'était susceptible ni de recours hiérarchique ni de recours juridictionnel. En 1958, ce Comité a été supprimé, mais les contribuables pouvaient toujours effectuer un recours hiérarchique. De 1973 jusqu'à la réouverture de la Chine au monde dans les années 80, le recours administratif a été prohibé. Il a fallu attendre jusqu'en 1989 pour que l'administration fiscale centrale publie le règlement d'essai relatif au recours administratif fiscal, qui a été modifié à la suite de la loi relative au recours administratif votée le 29 avril 1999. Actuellement, le règlement provisoire relatif au recours administratif du 17 janvier 2004 est applicable en la matière.

[1076] *Your Appeal Rights and How to Prepare a Protest if you don't agree*, Publication 5(Rev. 01-1999), catalogue Number 460741. The Examination process, Publication 3498 (Rev. 2-2004) Catalog Number 73074S, *What to do if you agree or disagree with the examination results.*

l'administration. Dans ce cas, le contribuable dispose de plus de liberté pour négocier. L'IRS résout entre 85% et 90% des conflits fiscaux grâce au recours administratif[1077]. La particularité britannique consiste en l'absence de service spécialisé en recours administratif proprement dit. Le recours administratif du contribuable britannique est effectué en deux échelons : d'abord, le contribuable est encouragé à prendre contact avec l'agent local chargé des réclamations (*Local tax office*)[1078] ; ensuite, le contribuable écrit au contrôleur régional (*Regional controller*). En cas d'insatisfaction persistante, le contribuable prend contact avec des organismes extérieurs à l'administration, d'abord l'*adjudicateur* puis le *Parliamentary Ombudsman*. Dès qu'il a reçu la demande d'engagement de procédure devant le *Commissioner*, l'inspecteur peut également prendre l'initiative de contacter le contribuable et essayer de résoudre le conflit par un accord mutuel. La plupart des différends sont réglés à cette étape.

536. En plus des procédures classiques, le succès des procédures de recours administratif aux Etats-Unis résulte également de nombreux recours exceptionnels. Ces procédures exceptionnelles peuvent être instituées au bénéfice de certaines catégories de contribuable (grandes et moyennes entreprises), ou par un souci d'efficacité et de rapidité des procédures (la procédure de renvoi préliminaire en recours ou demande d'accord anticipé/*Early referral to appeals*), ou en raison de la sécurité juridique (la consultation près du Bureau National de l'IRS) ou enfin, pour une bonne application du droit fiscal par l'IRS (la procédure de restitution).

537. À la suite d'un différend avec le vérificateur initial ou son supérieur, le contribuable pourra ou devra, avant d'engager un contentieux fiscal, effectuer son recours devant le service spécialement chargé du recours à l'intérieur de l'administration (I). Une question se pose sur l'existence de garanties en faveur du contribuable (II).

I - Le régime légal du recours administratif

538. L'organisation des recours administratifs varie suivant les pays tant en ce qui concerne la base légale de ces recours (A), la nature et la marge d'autonomie dont dispose le service de recours (B), que de la place et du rôle assignés au recours administratif au regard du contrôle contentieux (C) et des aspects pratiques (D).

1077 James J. CASIMIR, « United States Appeals in the 1990s : New Directions », *INTERTAX* 1993/3, p. 109. Voir aussi Thomas Carter Louthan et Steven C. Wrappe, « Building a Better Resolution : Adapting IRS Procedures To Fit the Dispute », *TNI*, 28 octobre 1996, p. 1473.

1078 Inland Revenue Leaflet IR 120, « *You and the Inland Revenue: Tax, Collection and Accounts Offices* » (mai 1997).

A/ La base légale du recours

539. En France, lorsque le vérificateur maintient totalement ou partiellement ses redressements initiaux après discussion avec le contribuable, celui-ci peut demander des éclaircissements supplémentaires à l'inspecteur principal. En cas d'insatisfaction persistante du contribuable, celui-ci peut faire appel à l'interlocuteur désigné par le directeur dont dépend le vérificateur[1079]. Le recours à l'interlocuteur départemental est-il réellement un recours ? Un tel droit était issu d'une instruction administrative du 18 juin 1976[1080] et aucun texte réglementaire ne régissait cette institution. Toutefois, les dispositions de la Charte des droits et obligations du contribuable vérifié et le contenu de l'avis de vérification y font référence. La jurisprudence a toujours reconnu l'exigence d'une rencontre avec l'interlocuteur départemental que pose la Charte des droits et obligations du contribuable vérifié et il a été jugé que la méconnaissance de cette exigence avait le caractère d'une irrégularité substantielle portant atteinte aux droits et garanties reconnus par la Charte du contribuable vérifié[1081]. Le contribuable pourra invoquer la Charte pour faire sanctionner le non respect du droit de saisir l'interlocuteur départemental. Pour que le recours à l'interlocuteur départemental devienne une garantie réelle pour le contribuable, il faudrait qu'il soit explicitement prévu par un texte et que le droit du contribuable vérifié à le saisir soit précisé et mieux garanti.

540. La loi américaine de 1789 instituant le ministère des Finances disposait que toute personne insatisfaite d'une vérification de comptabilité pouvait, dans le délai de 6 mois, effectuer un recours interne[1082]. Cependant, il a fallu attendre 1927, avec l'établissement de la loi relative aux impôts sur le revenu et le développement ces problématiques en droit fiscal pour qu'un service spécifique de recours administratif soit créé à l'intérieur de l'administration fiscale américaine, le Comité Consultatif Spécial (*Special Advisory Committee*)[1083]. Ce Comité a été transformé par la suite pour devenir le Service de recours actuel. En pratique une telle procédure connaît un grand succès.

541. Pourtant, malgré son importance pratique, la majorité des tribunaux considèrent qu'à défaut de fondement légal, la procédure du recours administratif ne dispose pas de force légale[1084] et ne fait donc pas partie des garanties offertes au contribuable. Les tribunaux considèrent que le recours

1079 Charte des droits et obligations du contribuable vérifié, version en vigueur en mai 2006, p. 16.

1080 Instr. adm., 18 juin 1976, BODGI 13 L-9-76 ; DB 13 L-1311.

1081 CE, 21 juin 2002, n° 219313 ; - 3 décembre 2003, n° 239514, Tristan.

1082 *Act of Congress Establishing the Department of the Treasury*, September 2, 1789, Chapter XII, section 5.

1083 *Id.*

1084 Luhring v. Glotzbach, 304 F2d 560 (4th Cir. 1962). Rosenberg v. Comm'r, 450 F2d 522(10th Cir. 1971). Cleveland Trust Co. v. United States, 421 F2d 475(6th Cir.), cert. denied, 400 US 819(1970).

judiciaire est largement suffisant. En pratique, des contribuables évitaient les procédures de recours qui étaient considérées comme arme du service de vérification ou comme un adversaire qui cherchait à confirmer les positions du Gouvernement[1085]. Le Congrès américain a imaginé, dans la loi de réforme fiscale de 1998, une fonction indépendante du recours administratif interne[1086]. Depuis, les demandes de recours administratifs sont en augmentation. Entre 2000 à 2004, l'augmentation a été de 78%, passant de 55 431 à 98 677[1087]. Aujourd'hui, 68% des contribuables seraient satisfaits des procédures de recours administratif[1088].

542. En Chine, ce sont des textes législatifs[1089] et réglementaires[1090] qui prévoient que si le contribuable considère que les décisions de l'administration portent atteinte à ses droits, il pourra formuler un recours devant l'administration hiérarchiquement supérieure du centre des impôts dont dépend le vérificateur initial. Les textes initiaux datant de 1989[1091] ont été modifiés en 1999[1092] et 2004[1093].

B/ La nature du recours

543. Le droit de demander des éclaircissements supplémentaires à l'inspecteur principal dont dépend le vérificateur initial et de faire appel à l'interlocuteur est-il un véritable recours hiérarchique ? La situation du droit français n'est, sur ce point, pas très claire[1094]. L'instruction administrative prévoyait initialement qu'« *aucune imposition supplémentaire ne peut être mise en recouvrement tant qu'il n'a pas été statué sur le recours* ». Or, actuellement, la Charte se contente d'indiquer que « *si le vérificateur a maintenu totalement ou partiellement les rectifications envisagées, des éclaircissements supplémentaires peuvent vous*

1085 IRS Document 7225, *History of Appeals*, 7-8 (Nov. 1987).
1086 144 Cong. Rec. S4182(1998).
1087 *Historical Data Report 1994 through 2004, complied by the Office of Appeals, Director of Tax Policy & Procedures* (Nov. 26, 2003 and Oct. 26, 2004).
1088 IRS Customer Satisfaction Survey, Appeals National Report results covering October 2003 through March 2004, Pacific Consulting Group, Report Summary, 6 (Sept. 2004).
1089 Loi relative aux sanctions administratives (votée et promulguée le 17 mars 1996, Président de la République Populaire [63] 1996, entrée en vigueur à compter du 1er octobre 1996). Son article 6 dispose qu'en cas de contestation de la décision définitive de l'administration, l'administré peut effectuer un recours administratif ou engager un contentieux administratif ; La loi relative au recours administratif, Président de la République Populaire de Chine [1999] 16, publiée le 29 avril 1999, entrée en vigueur le 1er octobre 1999.
1090 Règlement provisoire relatif au recours administratif fiscal, SAT, adopté le 17 janvier 2004, arrêté ministériel, n° 8, 24 février 2004, entré en vigueur le 1er mai 2004.
1091 Loi relative au contentieux administratif ; loi relative au recours administratif.
1092 Règlement d'essai relatif au recours administratif, SAT [1999] 177, 23 septembre 1999.
1093 Règlement provisoire relatif au recours administratif fiscal, SAT.
1094 Etude particulière, « Le recours à l'interlocuteur désigné par le directeur », in : Jean-Pierre CASIMIR, *Contrôle fiscal : contentieux – recouvrement, Collection les codes RF*, 10e édition, Paris : Groupe Revue Fiduciaire, 2007, p. 563.

être fournis si nécessaire par l'inspecteur divisionnaire ou principal. Si, après ces contacts des divergences importantes subsistent, vous (le contribuable) pouvez faire appel à l'interlocuteur spécialement désigné par le directeur dont dépend le vérificateur »[1095].

544. En premier lieu, l'emploi de deux termes différents (recours et appel) suscite des interrogations. Les éclaircissements supplémentaires et le droit de faire appel à l'interlocuteur départemental permettent au contribuable de s'exprimer et de mieux comprendre ce qu'on lui reproche, sans qu'il ne s'agisse d'un véritable recours hiérarchique. En pratique, l'interlocuteur départemental ou régional avait essentiellement, au début, pour mission de mieux personnaliser et d'humaniser les conflits avec le contribuable, dans un contexte alors particulièrement propice aux oppositions au contrôle fiscal. Actuellement, l'interlocuteur départemental désigné à cet effet par le directeur des services fiscaux départementaux est en pratique dans 70% des cas le supérieur hiérarchique direct du chef de brigade auprès duquel il est procédé à un recours hiérarchique. L'interlocuteur départemental dispose d'un pouvoir discrétionnaire pour décider du sens de la décision et du niveau de l'abandon ou du maintien.

545. La procédure devant l'interlocuteur départemental est libre. En cas de saisine, ce dernier n'est censé ni prendre position par écrit sur la demande du contribuable[1096], ni informer le contribuable des résultats de sa demande[1097]. Cette solution n'apparaît pas justifiée car un recours à l'interlocuteur départemental ne sera pas utile si celui-ci n'est pas tenu de donner suite à la saisine du contribuable. Dans ce cas, il ne s'agit pas d'une vraie voie de recours. Il faudrait imposer une réponse écrite de l'interlocuteur départemental motivant la décision prise.

546. Comment l'interlocuteur départemental effectue-t-il son réexamen des dossiers ? Il a été jugé que le simple examen du dossier par celui-ci en son cabinet était insuffisant[1098] et que la forme d'une conversation téléphonique était permise dans certaines circonstances[1099]. Il en résulte que l'entretien avec le contribuable concerné est en principe obligatoire. La question est de savoir si plusieurs entretiens sont exigés afin d'assurer la sincérité du réexamen par celui-ci. Pour la CAA de Nantes, les dispositions de la Charte des droits et

---

[1095] La Charte des droits et obligations du contribuable vérifié, dans sa rédaction en vigueur en mai 2006, p. 16.

[1096] CAA Nancy, 2e ch., 26 décembre 1996, req. n° 95-1131. CE, 3 décembre 2003, n° 239514, Tristan. CAA Marseille, 3e ch., 8 février 2007, n° 03MA000173, Sté du Port de CavalloRejet : *JCP éd. E* 2007, n° 22, 1699.

[1097] CE, 21 juin 2002, n° 219313.

[1098] TA Paris, 13 février 2004, n° 98-2826 et 98-2828 : *RJF* 7/2004, n° 749.

[1099] TA Strasbourg, 16 février 2005, n° 00-1266, 3e ch., Sté 3D Eclairage : *RJF* 12/2005, n° 1424.

obligations du contribuable vérifié n'ayant pas pour l'objectif d'instaurer un véritable recours hiérarchique mais uniquement pour tenter une conciliation afin de palier un débat insuffisant avec le vérificateur, il suffit qu'un entretien ait eu lieu à un moment précis[1100].

547. L'impartialité d'un agent exerçant une autorité hiérarchique sur le vérificateur semble pouvoir être remise en cause. Selon la Cour de cassation, une prise de position du fonctionnaire sur le bien-fondé de l'imposition avant sa désignation comme interlocuteur départemental ne le disqualifie pas comme interlocuteur départemental [1101]. Pour autant, il semblerait préférable que l'interlocuteur n'intervienne à aucun moment dans la procédure fiscale en amont afin d'assurer son impartialité.

548. Aux Etats-Unis, initialement, la loi a instauré la procédure de recours administratif comme une arme de l'administration afin de régler les conflits fiscaux avec le contribuable[1102]. Le contribuable américain a pourtant accepté ce procédé pour deux raisons. Premièrement, la procédure constitue un réexamen indépendant de la décision du vérificateur initial car il s'agit d'un moyen de recours devant un autre service administratif indépendant de celui qui a effectué le contrôle initial. Deuxièmement, l'idée de procédure se fonde sur une base équitable et impartiale vis-à-vis du contribuable et de l'IRS, et s'effectue d'une manière qui met en valeur une conformité volontaire et une confiance publique en l'intégrité et l'efficacité de l'IRS [1103]. Ainsi, aux yeux du contribuable américain, cette procédure constitue un véritable recours administratif.

549. En Chine, on peut douter que le recours accordé au contribuable devant l'administration hiérarchiquement supérieure du centre des impôts dont dépend le vérificateur initial soit un véritable recours. Différence fondamentale, le contribuable ne pourra faire appel au recours qu'après que l'administration aura pris sa décision de redressement[1104]. En outre, pendant l'examen du dossier par le service de recours, le contribuable n'est pas, en principe, dispensé d'acquitter l'intégralité de l'imposition redressée (y compris les pénalités et tous accessoires de l'impôt) dans le délai imparti par la notification de redressement à cet effet[1105]. En d'autres termes, avant que le vérificateur chinois ne prenne sa décision, le contribuable ne peut faire entendre ses arguments par l'administration hiérarchiquement supérieure du centre des impôts dont dépend

[1100] CAA Nantes, 7 avril 1998, req. n° 95-1339 : *DF* 1999, comm. 140.
[1101] Cass. com., 23 avril 2003, n° 652 FS-P, SCI Les Capucins : *RJF* 8-9/2003, n° 1061.
[1102] RRA 1998 ; IRM 8.2.1.2.
[1103] IRM 8.1.3.2. IRM 8631(2), MT 8-188 (Jan. 22, 1990).
[1104] Art. 9, al. 1 de la loi relative au recours administratif ; art. 13, al. 1 du règlement provisoire relatif au recours administratif fiscal, 2004.
[1105] Art. 21 de la loi relative au recours administratif ; art. 24 du règlement provisoire relatif au recours administratif fiscal, 2004.

le vérificateur initial. Par conséquent, cela n'est ni une véritable discussion entre contribuable et administration ni un véritable recours hiérarchique. Il s'agit déjà d'un commencement de procédure contentieuse.

C/ La nécessité du recours

550. Une question se pose : le recours administratif constitue-t-il un passage obligatoire en vue de contentieux ultérieurs ? Dans le système français, la demande d'éclaircissements supplémentaires à l'inspecteur principal et le recours à l'interlocuteur sont une faculté accordée dans l'intérêt du contribuable. Ils ne sont pas obligatoires dans les contentieux fiscaux. En revanche, il existe une autre procédure de réclamation préalable, obligatoire en cas de contestation devant le juge de l'impôt[1106]. En d'autres termes, les procédures de réclamation et de discussion sont deux procédures indépendantes, dont la première est obligatoire si le contribuable souhaite poursuivre sa contestation devant le juge, et la deuxième facultative.

551. Si le contribuable chinois souhaite porter ses conflits avec l'administration devant le juge, le recours administratif constitue tantôt une phrase obligatoire tantôt facultative. Tout cela dépend de l'objet du recours. Concernant les décisions sur l'assiette des impôts ou une majoration, le recours administratif est préalable et obligatoire[1107]. Quant à d'autres décisions, notamment celles sur les pénalités, les mesures conservatoires, les mesures d'exécution forcée, le recours administratif n'est que facultatif[1108]. Aux Etats-Unis, aucune procédure de recours de nature administrative n'est légalement obligatoire ni préalable aux contentieux fiscaux[1109]. Le contribuable pourra porter directement ses affaires devant un juge, sans avoir exercé son droit de recours administratif. Il pourra également aller vers le juge en l'absence de réponse satisfaisante à l'issue de son recours administratif. Il en va de même au Royaume-Uni.

[1106] LPF, art. R* 190-1 et s.

[1107] NLAPI, art 88, al. 1 ; art. 26, al. 1 de la loi relative à l'impôt sur les bénéfices des entreprises de droit chinois à capitaux étrangers et des entreprises étrangères, Président de la République populaire de Chine [1991] 45, 9 avril 1991 ; art. 37, al. 2 de la loi relative au contentieux administratif, Président de la République populaire de Chine [1989] 16, publiée le 4 avril 1989, entrée en vigueur le 1er octobre 1990.

[1108] NLAPI, art 88, al. 2 ; art. 26, al. 2 de la loi relative à l'impôt sur les bénéfices des entreprises de droit chinois à capitaux étrangers et des entreprises étrangères ; art. 37, al. 1 de la loi relative au contentieux administratif, Président de la République populaire de Chine [1989] 16.

[1109] Cependant, il paraît que la section 7429 de l'IR Code exige au moins un réexamen en ce qui concerne une mesure d'urgence d'évaluation ou de contrôle (*Jeopardy or termination assessment*). Les dispositions de la section 7430, qui permet au contribuable de récupérer les dépens raisonnables, exigent également d'organiser une procédure de recours administratif.

D/ Les aspects pratiques

1. Qui est compétent ?

552. L'agent français qui fournit des éclaircissements supplémentaires au contribuable est le supérieur hiérarchique direct dont dépend le vérificateur initial. L'interlocuteur départemental à qui le contribuable exprime ses arguments est un fonctionnaire de rang élevé (ayant au moins le grade de directeur divisionnaire) désigné dans chaque département par le directeur des services fiscaux dont dépend le vérificateur. Le service chargé du recours proprement dit aux Etats-Unis est un corps spécialisé *IRS Office of Appeals*, notamment *Regional Appeals Office*, instance régionale chargée d'examiner les réclamations. Au Royaume-Uni, il s'agit d'un agent chargé de réclamation et d'un contrôleur régional. Le service chinois compétent pour statuer sur les demandes de recours administratif est l'administration hiérarchiquement supérieure du centre des impôts dont dépend le vérificateur initial[1110]. Par exemple, si le redressement est décidé par un agent de l'administration du ressort d'un quartier de la ville, le recours doit être formulé auprès de l'administration du ressort de la ville. Dans l'hypothèse exceptionnelle où la décision est prise par l'Administration nationale centrale chinoise, le contribuable peut demander un réexamen devant le même organisme et en cas d'insatisfaction subsistante après ce réexamen, il pourra soit saisir directement le juge, soit demander au Conseil des affaires d'Etat de statuer[1111].

553. Le droit français exige que l'avis de vérification comporte les nom, grade et adresse du supérieur hiérarchique du vérificateur, lequel peut être saisi lors du déroulement de la vérification. À défaut, la procédure est viciée. En revanche, aucune disposition législative ou réglementaire n'oblige l'administration à communiquer les coordonnées de l'interlocuteur départemental, avant le début de la vérification[1112]. La notification de redressement américaine n'indique pas les coordonnées du service de recours, la requête de recours étant adressée à l'agent indiqué sur la notification de redressement, le vérificateur initial.

2. Quand le contribuable peut-il effectuer un recours administratif ?

554. Aux Etats-Unis, il est toujours possible de discuter avec le supérieur du vérificateur initial. Le dialogue peut avoir lieu pendant une visite sur le lieu de vérification où le supérieur, le vérificateur et le contribuable, ou son conseil, peuvent discuter. Si le contribuable n'a pas abouti à un accord avec le supérieur

---

[1110] Art. 10 du règlement provisoire relatif au recours administratif, 2004.

[1111] Art. 11 du règlement provisoire relatif au recours administratif fiscal, 2004. Dans ce cas, la décision du Conseil des affaires d'Etat est définitive. Aucun recours ni appel n'est possible ni devant une autre administration ni devant un tribunal (art. 5 et 14 de la loi relative au recours administratif).

[1112] CE, 20 mars 1985, n° 45589 : *RJF* 5/1985, n° 747.

hiérarchique, le vérificateur adressera au contribuable une *30-days letter* notifiant au contribuable son droit de recours interne. Dès réception de ce courrier, le contribuable peut demander un rendez-vous avec un agent de recours. La demande doit être reçue par l'inspecteur dans le délai de 30 jours à compter de la délivrance de la *30-days letter*. Ce dernier transmettra l'affaire au service chargé du recours.

555. L'intervention du supérieur hiérarchique du vérificateur français peut être sollicitée à tout moment au cours de la procédure de redressement. En revanche, la demande d'entrevue avec l'interlocuteur ne peut être formulée qu'après le maintien des redressements. L'entrevue doit avoir lieu avant la mise en recouvrement des impositions. Les textes chinois disposent que la demande de recours devant le supérieur hiérarchique doit être effectuée dans un délai de 60 jours à compter du jour de la réception par le contribuable de la décision de l'inspecteur en question[1113].

556. Comment le contribuable formule-t-il sa requête ? Les textes français et britannique ne précisent pas si la requête doit être écrite ou orale. Aux Etats-Unis, la requête peut être orale dans certains cas[1114]. Mais en principe, une requête de recours doit être écrite et contenir un énoncé des faits au soutien de la position du contribuable. L'entreprise est soumise à une exigence plus stricte que le particulier. Quant à un recours effectué par un *partnership* ou une société, une observation écrite est nécessaire. La demande du contribuable chinois peut être écrite ou orale. Dans ce dernier cas, la demande sera consignée par le service compétent dans un procès-verbal précisant l'identité du demandeur, sa demande, les faits, les motifs et l'heure de la demande[1115]. La décision sur l'admissibilité de la demande doit être notifiée par écrit au contribuable dans un délai de 5 jours à compter du jour de la réception de la demande[1116].

3. Le déroulement des procédures de recours

557 Aux Etats-Unis, la requête du contribuable peut être examinée d'abord par le vérificateur initial, qui, ensuite, prépare le dossier et le transmet, accompagné des documents, et notamment de ses travaux, au service chargé du recours. Ce dernier effectue un examen préliminaire afin de se prononcer sur l'admissibilité de la demande. En cas de réponse négative, le dossier sera renvoyé au vérificateur initial. N'ayant pas la qualité d'inspecteur, si le dossier exige un

---

[1113] Art. 9 de la loi relative au recours administratif ; art. 13 du règlement provisoire relatif au recours administratif fiscal, 2004.

[1114] Treas. Rug. § 601.106(a)(1)(iii)(a).

[1115] Art. 11 de la loi relative au recours administratif ; art. 16 du règlement provisoire relatif au recours administratif fiscal, 2004.

[1116] Art. 17 de la loi relative au recours administratif ; art. 20 et 21 du règlement provisoire relatif au recours administratif fiscal, 2004.

développement factuel éventuel significatif, l'agent chargé du recours peut le renvoyer devant la division opérationnelle compétente. Les entretiens avec l'agent chargé du recours sont des réunions informelles, par téléphone ou par correspondance. Les parties cherchent en discutant à élargir le champ d'accord et à diminuer les divergences. Il est généralement demandé au contribuable ou à son conseil de proposer une solution. Si la proposition n'est pas acceptable, l'agent de recours suggère une autre proposition. À la suite de procédure de recours, dans tous les cas, l'agent de recours prépare un mémorandum et un exposé de confirmation. Si un accord a été conclu, le contribuable en est informé. Dans le cas contraire, la délivrance d'une notification légale de redressement sera recommandée.

558. En Chine, la procédure des recours administratifs est principalement écrite[1117]. Le demandeur et un tiers peuvent demander la communication des réponses de l'autre partie. Le réexamen du dossier doit porter sur l'ensemble des éléments de droit et de fait. À compter de la décision sur l'admissibilité de la demande de recours, le service de recours doit y statuer dans le délai de 60 jours, ce délai étant susceptible d'être prolongé pour 30 jours au maximum[1118]. Dès la notification de la décision de l'administration chargée du recours par écrit au contribuable, ce dernier est obligé, soit d'exécuter la décision, soit de saisir le juge dans un délai de 15 jours[1119].

559. Les procédures de recours interne ne sont explicitement prévues ni en France ni au Royaume-Uni. Comment l'inspecteur principal examine la demande du contribuable ? La CAA de Marseille a jugé que les dispositions de la Charte du contribuable vérifié n'exigeaient pas que celui-ci prenne position par écrit sur la demande du contribuable ou que le contribuable soit en droit d'obtenir plusieurs entretiens avec celui-ci[1120]. En l'absence de décision écrite de l'inspecteur principal, le tribunal administratif de Cergy-Pontoise a jugé que celui-ci n'était pas satisfait à l'obligation de faire connaître au contribuable sa position, en l'absence de tout élément établissant qu'à l'issue de son entretien avec le contribuable, celui-ci avait rejeté verbalement ses présentions[1121].

560. De plus, la saisine de l'interlocuteur départemental prévue par la Charte des droits et obligations du contribuable vérifié française n'impose pas à l'administration d'informer le contribuable du résultat de ses démarches avant

[1117] Art. 22 de la loi relative au recours administratif ; art. 35 du règlement provisoire relatif au recours administratif fiscal, 2004.
[1118] Art. 31 de la loi relative au recours administratif ; art. 43 du règlement provisoire relatif au recours administratif fiscal, 2004.
[1119] Art. 38 de la loi relative au contentieux administratif.
[1120] CAA Marseille, 3e ch., 8 février 2007, n° 03-00173, Sté du Port de CavalloRejet : *JCP éd. E* 2007, n° 22, 1699.
[1121] TA Cergy-Pontoise, 5e ch., 1er février 2007, n° 500941, Marras : *DF* 2007, n° 23, comm. 579

de mettre en recouvrement les impositions[1122]. Le recours administratif interne doit avoir pour but d'examiner les arguments du contribuable susceptibles de conduire à une éventuelle révision de la position de l'administration. Dans cette hypothèse, le recours doit être effectif et efficace. En conséquence, il faut assurer une obligation d'examen effectif des observations du contribuable. En France, une circulaire du Premier ministre du 9 février 1995 a suggéré des mesures de déontologie administrative appliquées aux recours administratifs Dans un arrêt récent, la CAA de Lyon a qualifié d'illégitime le refus d'un interlocuteur départemental d'examiner les arguments de la société[1123]. En l'espèce, le représentant du contribuable avait été reçu par l'interlocuteur le 9 juillet 1996, soit le jour même de la mise en recouvrement de l'imposition, et par courrier du lendemain, l'interlocuteur a refusé de modifier la position de l'administration en précisant notamment qu'il n'avait plus à sa disposition le dossier fiscal du contribuable, transmis au service de recouvrement. Le courage du juge est admirable. Mais en pratique, une telle solution est difficile à mettre en œuvre. Les lacunes du système français sur ce point devraient être corrigées. Les modalités du recours devraient être précisées soit dans la Charte des droits et obligations du contribuable vérifié, soit par voie réglementaire.

II - Les garanties du contribuable pendant le recours administratif

561. Dans la plupart des cas, le recours administratif étant facultatif, le contribuable n'exerce pas sauf s'il peut facilement y avoir accès et qu'il est confiant dans le fait que le réexamen de son dossier par le service de recours est impartial et indépendant par rapport au vérificateur initial. Sinon, il préfère ne pas perdre du temps et introduire une requête immédiatement devant le juge. Pour le contribuable, le recours à des procédures de recours interne dépendra de l'accessibilité et de l'efficacité des procédures (A), du sentiment qu'il a que le service de recours agit de façon impartiale et indépendante (B) et de la certitude du résultat de procédure (C).

A/ L'accessibilité et l'efficacité des procédures

562. La première question qui se pose est de savoir si l'accès du contribuable aux procédures de recours est un droit. La réponse est positive selon les instructions administratives américaines[1124]. Il en va de même dans les trois autres pays. L'exercice de ce droit doit être portée à la connaissance du contribuable. Contrairement aux trois pays occidentaux, en Chine, non seulement la Charte du contribuable vérifié n'existe pas, mais encore aucun

---

[1122] CAA Paris, 8 octobre 2004, n° 00-3011, 2e ch. B, Sté Georges Rech : *RJF* 01/2005, n° 51. CE, 21 juin 2002, n° 219313 : *RJF* 10/2002, n° 1138 ; - 3 décembre 2003, n° 239514 : *RJF* 02/2004, n° 167.

[1123] CAA Lyon, 2e ch., 16 juin 2005, n° 99-313, SARL Immo Centrale : *DF* 2006, n° 23, comm. 437 ; *BDCF* 1/2006, p. 58.

[1124] Treas. Rug. § 601.106(b).

texte ne soumet le vérificateur à une obligation d'information. L'accès aux procédures ne doit pas être trop entravé, à défaut, la procédure n'a aucun sens. Les problèmes d'accès au recours sont liés à la durée de la procédure et au caractère adéquat des ressources employées par le service de recours[1125]. Le contribuable ne dispose pas d'un accès adéquat quand le délai des procédures est excessivement long. Ensuite, il faut s'assurer que les dossiers soient réexaminés par des agents compétents.

563. Un tel recours résulte généralement du souci de dialogue avec le contribuable. Mais est-il un moyen dilatoire en vue de retarder les opérations de redressement consécutives aux vérifications ? Un parlementaire français a interrogé l'administration sur ce point. Le Ministre a répondu que « *la possibilité de s'adresser aux supérieurs hiérarchiques (...) permet, notamment à ceux qui connaissent mal la loi fiscale ou l'organisation administrative, de saisir l'inspecteur principal ou l'interlocuteur départemental ; cette procédure facilite le règlement des conflits qui peuvent apparaître à l'occasion d'une vérification ; elle n'a pas pour effet d'interrompre les opérations de contrôle, qui doivent être poursuivies jusqu'à leur terme* »[1126]. Le droit au « *double recours* » organisé par la Charte des droits et obligations du contribuable vérifié est regardé constituant une garantie substantielle de la procédure de redressement contradictoire[1127].

B/ L'indépendance et l'impartialité des procédures

564. Les discussions entre contribuable et administration sont inefficaces en l'absence d'indépendance des échelons hiérarchiques. Il faut donc une indépendance et une impartialité de ces échelons hiérarchiques envers le vérificateur initial. Une fonction indépendante des procédures de recours administratif est à la fois vitale pour une administration fiscale impartiale et essentielle pour la mission de résoudre des conflits fiscaux sans intervention du juge. Un agent indépendant agit-il de façon systématiquement impartiale ? Un agent impartial est-il forcément indépendant ? À ces deux questions, la réponse est négative, de sorte que la réalité et la perception de procédures indépendantes et impartiales sont particulièrement importantes[1128]. L'indépendance et l'impartialité doivent être examinées sous deux aspects : structurel (1) et procédural (2).

[1125] IRS Customer Satisfaction Survey, Appeals National Report results covering October 2003 through March 2004, Pacific Consulting Group, Report Summary, 6 (Sept. 2004).

[1126] Réponse Ministre du Budget n° 38.693 à M. Gérard LONGUET : *JO Débat Ass. Nat.*, 6 avril 1981, p. 1499.

[1127] CE, 24 novembre 1997, n° 168995, M. Brun ; - 10 juin 1998, n° 167792, SA Garage Charpentier ; - 23 octobre 2002, n° 204052, Mounier : concl. de Pierre COLLIN, *DF* 2003, n° 5, comm. 61 ; *RJF* 1/2003, n° 73 ; *JCP éd. E* 2003, n° 1, *pan.*, 32.

[1128] Voir *IRS Strategic Plan for 2005-2009*.

1. L'indépendance et l'impartialité structurelle

565. Pour être efficace, l'agent chargé du recours ne doit pas seulement être impartial mais doit aussi apparaître comme impartial et désintéressé dans les conflits. Le contribuable croit en général que l'impartialité du recours administratif est assurée dans le seul cas où les conflits fiscaux sont examinés par quelqu'un d'autre que celui qui a initialement provoqué le conflit[1129]. Dans les quatre pays comparés, l'agent chargé du recours n'est pas le même que le vérificateur initial. Mais le supérieur hiérarchique intervient, en pratique, souvent dans les dossiers suivis par son subordonné, soit spontanément, soit à la demande de ce dernier. Quelle est la solution si le supérieur hiérarchique est déjà au courant du dossier avant d'être saisi d'un recours administratif ? Selon le Conseil d'Etat, l'existence d'un recours hiérarchique garantit un nouvel examen du dossier, mais n'assure pas que cet examen sera fait par un supérieur qui n'aura jamais eu connaissance du dossier[1130]. Mais certaines juridictions jugent en sens inverse : la signature de la réponse aux observations du contribuable directement effectuée par le supérieur hiérarchique a pour effet de priver le contribuable du bénéfice de l'examen de son désaccord d'abord par le vérificateur puis, si le désaccord persiste, par le supérieur hiérarchique[1131]. Il est évident que lorsque le supérieur hiérarchique a pris part à la procédure, son intervention sur le recours du contribuable peut ne pas présenter toutes les garanties d'impartialité auxquelles celui-ci a droit. Mais d'après les conclusions du commissaire du Gouvernement Célia Verot, on ne peut sanctionner une irrégularité purement potentielle, un soupçon de partialité tant que la garantie de faire appel au supérieur hiérarchique n'a pas été effectivement mise en œuvre.

[1129] IRS Document 7225, « *History of Appeals* », 7-8 (Nov. 1987).

[1130] CE, 8 juin 2005, n° 255920, 255921, 255918, SA Vetter : *DF* 2005, n° 38, comm. 624 ; *RJF* 8-9/2005, n° 893 ; concl. de Laurent Vallée, *BDCF* 8-9/2005, n° 108 ; *BGFE*, 1er novembre 2005, n° 5, p. 17. CAA Lyon, 16 décembre 2004, n° 03-457, 2e ch., Nevache : *DF* 2005, n° 14-15, comm. 345 ; *RJF* 4/2005, n° 349 ; - 28 juillet 2000, n° 99-1488 : *RJF* 12/2000, n° 1488. CAA Versailles, 1er février 2007, n° 04-00813, Newton. Laurent Vallée, dans ses conclusions sous l'arrêt Vetter, a précisé que la charte ne prévoyait pas que l'inspecteur principal (le supérieur hiérarchique) doit avoir conservé une telle virginité ; le pouvoir hiérarchique n'avait jamais subordonné le pouvoir d'annulation ou de réformation dont dispose le supérieur d'un agent à l'exigence qu'il n'ait pas pris une part quelconque aux décisions prise par son subordonné. L'arrêt du Conseil d'Etat du 30 mars 2007 (n° 271787, SA TMUA : *DF* 2007, n° 42, comm. 925) s'inscrit dans la même logique : la garantie substantielle qu'assure la charte des droits et obligations du contribuable vérifié pouvoir obtenir un débat avec le supérieur hiérarchique du vérificateur sur les points sur lesquels persiste un désaccord n'est pas affectée par la circonstance que le supérieur hiérarchique ait participé à une séance de la commission départementale des impôts directs relative au même litige.

[1131] TA Paris, 1re sect., 5e ch., 2 juillet 2004, n° 97-4756/1, Robert : *DF* 2005, n° 28, comm. 541. La même solution a été adoptée par TA Paris, 11 décembre 2003, n° 97-14206/1, Sté Paris New York Immobilier : *DF* 2004, n° 12, comm. 361 ; *RJF* 4/2004, n° 394.

Le Conseil d'Etat s'est prononcé conformément aux conclusions de son commissaire du Gouvernement[1132].

566. Selon le principe d'indépendance, l'agent de recours ne doit être subordonné à aucune autre fonction de l'administration. Bien que séparé du vérificateur initial, l'agent de recours reste toujours un agent de l'administration et doit opérer en conformité avec les politiques, pratiques et positions de l'administration. Comment un agent salarié par l'administration peut-il agir impartialement vis-à-vis des conflits fiscaux opposant le contribuable à l'administration ? Au Royaume-Uni, il a été jugé que l'agent de révision ou de réexamen, un employé de l'autorité fiscale, ne constituait pas un organe indépendant et impartial au sens de l'article 6-1 de la Convention européenne des droits de l'Homme[1133]. L'indépendance de l'agent de recours par rapport au vérificateur initial est également un véritable problème. Par conséquent, il est indispensable d'imposer des limitations intrinsèques sur l'indépendance de l'agent chargé du recours. Il s'agit de l'aspect procédural de l'indépendance et de l'impartialité des agents chargés du recours.

2. L'indépendance et l'impartialité procédurale

567. Une clé de l'indépendance et de l'impartialité des procédures de recours devrait être l'interdiction de communication unilatérale entre l'agent chargé du recours et d'autres agents de l'administration y compris le vérificateur initial dans la mesure où une telle communication est susceptible de compromettre l'indépendance de l'agent de recours. En Chine, la loi prévoit que le vérificateur initial doit transmettre au service chargé du recours ses observations écrites accompagnées des documents sur lesquels il fonde sa décision de redressement[1134]. Le service chargé du recours peut alors, d'office ou à la demande du contribuable, demander des renseignements aux organismes ou personnes concernés et entendre les observations orales du contribuable, de l'administration ou d'un tiers[1135]. Mais aucune précision n'indique dans quelles conditions des renseignements oraux ou écrits peuvent être obtenus. En outre, accorder un rendez-vous au contribuable pendant la procédure de recours ne constitue en aucun cas une obligation pour le service chargé du recours. De sorte que le contribuable n'est pas en mesure de savoir comment l'agent chargé du recours communique avec le vérificateur initial. Cette absence de

[1132] CE, 15 mai 2006, n° 267160, Mériot : *DF* 2006, n° 49, comm. 773, concl. de Célia VEROT ; *Procédures*, août 2006, comm. 196. Dans cette affaire, Monsieur Mériot se plaignait que l'inspecteur principal, désigné par l'avis de vérification comme supérieur hiérarchique, avait signé la notification de redressement, ce qui ne lui permettait pas de se prononcer de manière impartiale et qu'il n'avait donc pu exercer utilement sa faculté de recours devant cet agent.

[1133] CEDH, 22 novembre 1995, Bryan c/Royaume-Uni, Série A-335 A, para. 38. Rena Begum v. Tower Hamlets London Borough Council [2003] 1 *All ER* 731, 24 mars 2003, [2003] *UKHL* 5.

[1134] Art. 23, al. 1 de la loi chinoise relative au recours administratif.

[1135] Art. 22 de la loi chinoise relative au recours administratif.

transparence est source d'inquiétude pour le contribuable. Sur ce point, le droit positif américain est plus protecteur des garanties du contribuable.

568. La loi américaine de réforme fiscale de 1998 a renforcé l'indépendance de l'agent chargé du recours[1136]. En fait, la réforme a instauré une interdiction de communication entre agent chargé du recours et autres agents de l'administration au motif qu'une telle communication paraît compromettre l'indépendance du premier[1137]. L'objectif est d'assurer l'indépendance de l'agent chargé du recours. À l'évidence, l'interdiction de communication n'est pas absolue. D'abord, la prohibition ne porte que sur les communications unilatérales. Il s'agit d'une communication entre l'agent chargé du recours et d'autres agents de l'administration sans participation du contribuable ou de son conseil[1138]. Ensuite, toutes les communications unilatérales ne sont pas prohibées. De nombreuses exceptions sont prévues par les textes.

C/ La certitude du résultat du recours administratif

569. La certitude du résultat du recours administratif fait également partie des éléments dont le contribuable tient compte afin de décider s'il recourt aux procédures de recours administratif. Dans le cas où l'accord conclu entre contribuable et agent chargé du recours est irrévocable, le contribuable est prêt à faire plus de concessions pendant la négociation s'il l'estime nécessaire. Cela évite l'intervention postérieure du juge. Malheureusement, ce n'est le cas dans aucun des pays comparés. Cependant, la législation américaine essaye d'organiser une sécurité juridique vis-à-vis de l'accord conclu par les deux parties en faveur, dans la plupart des cas, du contribuable. Aux Etats-Unis, à la suite de la conclusion d'un accord, le contribuable est normalement invité à signer une acceptation de redressement. Cette acceptation peut être ordinaire ou spéciale. Les deux sortes d'acceptation diffèrent en ce qui concerne leurs conditions et leurs conséquences.

570. La question qui se pose est de savoir si le contribuable peut porter ultérieurement le litige devant le juge. Il est évident qu'un dossier clôturé par le service de recours sans concession d'aucune des parties peut être à nouveau examiné à la demande du contribuable par tous les moyens appropriés[1139]. Quelle est la solution en présence de concession mutuelle des deux parties ? Aux Etats-Unis, il existe deux formes d'accord : l'accord final (*Closing agreement*) en cas de contestation sur l'assiette des impôts et le compromis

[1136] RRA 1998, section 1001 (a)(4), Pub. L. 105-206, 112 Stat. 685.
[1137] RRA 1998, section 1001(a)(4). IRM 8.1.13.1 (Feb. 1st, 2003) *Ex p. Communications* ; Rev. Proc. 2000-43, 2000-43 IRB 404 (Oct. 23, 2000: *Prohibition of Ex Parte communications between appeals officers and other Internal Revenue Service employees*).
[1138] Rev. Proc. 2000-43, 2000-2 C.B. 404.
[1139] Treasury Reg. § 601.106(h)(4).

(*Compromise*) en matière de recouvrement des impôts[1140]. Théoriquement, le contribuable peut faire appel au juge car il n'est pas lié par cet accord qui n'est pas spécialement indiqué par la section 7121 de l'IR Code. Le contribuable, après avoir exécuté l'accord et acquitté les impôts, peut donc intenter un procès devant le juge. En pratique, il n'est pas fréquent qu'un contribuable, après avoir exécuté un accord, introduise une demande. Les conseils n'aiment pas ce type d'action. Il semble également immoral de revenir sur un accord conclu grâce à la bonne volonté des deux parties. Le cas est différent en présence de fraude, de fautes, de preuves découvertes ultérieurement ou d'un changement législatif. Quant au juge, généralement, il considère que l'acceptation spéciale est insuffisante pour fonder une demande de remboursement[1141]. Certains juges ont rejeté la demande du contribuable au motif que l'accord avait été exécuté sur le fondement d'un *Collateral estoppel*[1142]. Il est dommage que la plupart des accords conclus entre le contribuable et l'administration ne présentent pas un caractère irrévocable. Il serait juste pour les deux parties de conclure un accord qui les lie. Un changement législatif sur ce point apparaît souhaitable.

Section II – L'intervention d'organisme divers

571. Si les redressements sont confirmés par les recours hiérarchiques, ces recours demeurent encore possibles devant certains organismes. En France, ce sont souvent des organes administratifs, et la Commission départementale des impôts directs et des taxes sur le chiffre d'affaires[1143] est la plus sollicitée. En Grande-Bretagne et aux Etats-Unis, ce sont respectivement l'adjudicateur et le *Taxpayer Advocate*. En Chine, les textes ne prévoient aucune intervention d'un organisme administratif en cas de conflits opposant le contribuable à l'administration. Ces organismes seront étudiés tant du point de vue de leur nature (I), que de leur compétence (II), de leur indépendance (III) et de leur obligation de confidentialité (IV).

[1140] IR Code, section 7121.

[1141] Arch Engineering Co., Inc., 783 F. 2d 190, CA-FC, 86-1 USTC ¶ 9275. D.J. Lignos, (2nd Cir.), 71-1 USTC ¶ 9302. Uinta Livestock Corp., (10th Cir.), 66-1 USTC ¶ 9193.

[1142] M. R. Flynn, 786 F. 2d 586 (3rd Cir.), 86-1 USTC ¶ 9285. Elbo Coals, Inc., 763 F. 2d 818 (6th Cir.), 85-2 USTC ¶ 9454. Stair v. U.S. 516 F. 2D 560 (ca 2, 1975) USTC ¶ 9463. Kretchmar v U.S. 91 Cl. Ct. 191 (1985). Voir aussi McGraw-Hill, Inc. v. U.S. 90-1 USTC ¶ 50,053 (SDNY 1990). 65 Fordham L. Rev. 691 (1996), fn. 56. *Collateral Estoppel Doctrine* signifie que quand une question de fait définitive a été déterminée par un jugement valable, cette question ne pourra plus être plaidée à nouveau entre les mêmes parties dans un futur procès (Henri Campbell BLACK, *Black's Law Dictionary*, 5e édition, Etats-Unis : St Paul Minn West Publishing, 1979).

[1143] Il s'agit de la Commission la plus ancienne, qui date de 1941. Afin de mieux prendre en compte les particularités des grandes entreprises, l'article 16 de la loi de finances rectificative pour 2007 a créé une Commission nationale des impôts directs et des taxes sur le chiffre d'affaires sur le modèle de la commission départementale (LPF, art. L. 59).

I – La nature des organismes

572. En France, les intervenants sont souvent de nature administrative. À titre d'exemple, la Commission départementale des impôts directs et des taxes sur le chiffre d'affaires est composée des représentants de l'administration, des contribuables et présidée par le Président du tribunal administratif ou par un membre du tribunal délégué par lui. D'une manière générale, tout fonctionnaire qui a pris parti sur le fond du litige ne peut entrer dans la composition de la commission[1144]. Du point de vue structurel, les commissions françaises sont beaucoup plus indépendantes que les organismes intervenants aux Etats-Unis ou en Grande-Bretagne. Mais selon l'enquête réalisée en mai 2000 par le Conseil des impôts à la demande du Mouvement des entreprises en France, les entreprises estiment en majorité que le fonctionnement de ces organismes n'est pas satisfaisant. Les entreprises leur reprochent la longueur des procédures, l'opacité de leur fonctionnement, leur tendance à rendre systématiquement des avis conformes à la position de l'administration ou à se déclarer incompétents, ou encore le manque de pouvoir et un niveau d'expertise insuffisant.

573. Aux Etats-Unis, les procédures devant le *Taxpayer Advocate* constituent une phase administrative. En fait, la relation entre le *Taxpayer Advocate* et l'administration est beaucoup plus critiquable que celle de son homologue français, car il fait partie intégrante de l'effectif de l'administration. En revanche, l'adjudicateur britannique est relativement plus indépendant. *The Adjudicator's Office* a été établi en 1993. Son grand succès est attribué essentiellement aux deux armes dont l'adjudicateur dispose. Premièrement, les procédures existent en dehors des procédures de réclamation intérieures de l'administration. La séparation structurelle renforce son indépendance. Deuxièmement, il peut faire publier des dossiers dans la presse chaque fois qu'il l'estime nécessaire sans en demander l'autorisation à l'IR.

574. La nature de l'organisme intervenant se révèle également par l'effet de son intervention. En cas d'action devant ces organismes, le recouvrement engagé par l'administration n'est normalement pas suspendu. De plus, les intérêts courant à raison des impôts dus ne sont pas non plus suspendus.

II – La compétence des organismes

575. En France, la loi de Finances pour 2005[1145] étend la compétence matérielle de la Commission départementale des impôts directs et des taxes sur le chiffre d'affaires et aménage les modalités de sa saisine. La Commission est initialement compétente pour des questions de fait. Mais depuis la réforme, elle peut également trancher une question de droit ou se prononcer sur les faits

[1144] LPF, art. R* 60-2.

[1145] Art. 26 de la loi n° 2004-1484 : *JORF*, 31 décembre 2004, p. 22459 ; *DF* 2005, comm. 170.

susceptibles d'être pris en compte pour l'examen de cette question de droit alors qu'elle ne peut trancher ladite question de droit[1146]. Le rôle du *Taxpayer Advocate* américain est limité aux questions procédurales. Il en va de même en ce qui concerne l'adjudicateur britannique.

576. En France, la Commission départementale des impôts directs et des taxes sur le chiffre d'affaires peut être saisie à la demande du contribuable ou à l'initiative de l'administration. Il en va de même en Grande-Bretagne et aux Etats-Unis. En France, la seule condition de saisine tient au délai. Le contribuable dispose, à cette fin, d'un délai de 30 jours à compter de la réception de la réponse de l'administration rejetant ses observations[1147]. En revanche, le *Taxpayer Advocate* américain n'intervient que quand les procédures normales sont épuisées ou ont échoué. Au Royaume-Uni, avant de recourir à l'adjudicateur, le contribuable doit préalablement contacter le Service Clients de l'*IR* (*Customer Relations ou Complaints Manager of the office*). Insatisfait de la proposition de l'administration, le contribuable demandera au directeur responsable de réexaminer son dossier. Il faut attendre d'avoir reçu la décision du directeur pour que le contribuable puisse aller devant l'adjudicateur. Le droit britannique pose une condition de délai supplémentaire, le contribuable doit porter le recours dans le délai de 6 mois à compter de la dernière correspondance avec le directeur.

577. En général, le rôle de l'intervenant est de délivrer un avis (en France) ou une recommandation (en Grande-Bretagne et aux Etats-Unis). À l'évidence, la recommandation ne produit pas d'effet obligatoire. Mais qu'en est-il de l'avis ? En France, la Commission départementale des impôts directs et des taxes sur le chiffre d'affaires intervient pour formuler un avis dans le cadre des litiges opposant l'administration et les contribuables au cours des procédures de rectification contradictoire lorsque le désaccord concerne une matière prévue par l'article L. 59 A du LPF[1148]. Celui-ci est assimilé à un avis technique en droit américain. Il ne lie pas l'administration qui peut mettre en recouvrement les suppléments d'imposition. La situation est paradoxale concernant l'incidence de l'avis de cette commission sur la charge de la preuve. Selon

[1146] Voir Thierry LAMBERT, « Le droit et le fait devant la Commission départementale des impôts », *BF* 10/2006, p. 893.

[1147] Décr., n° 91-1386 du 26 décembre 1991 : *JORF*, 1er janvier 1992. Instr. BODGI 13 L-2-92 du 3 avril 1992 : *DF* 1992, n° 19-20, instr. 10604.

[1148] En vertu de l'article L. 59 A du LPF, une telle Commission intervient lorsque le désaccord porte : 1° sur le montant du résultat industriel et commercial, non commercial, agricole ou du chiffre d'affaires, déterminé selon un mode réel d'imposition ; 2° sur les conditions d'application des régimes d'exonération ou d'allégements fiscaux en faveur des entreprises nouvelles ; 3° sur l'application des textes relatifs aux rémunérations non déductibles pour la détermination du résultat des entreprises industrielles et commerciales ou dépenses ; 4° sur la valeur vénale des immeubles, des fonds de commerce, des parts d'intérêts, des actions ou des parts de sociétés immobilières servant de base à la TVA.

l'article L. 192 du LPF, sauf si la comptabilité comporte de graves irrégularités et que la commission a rendu un avis favorable à l'administration, l'avis de la commission n'a pas incidence sur la charge de la preuve, celle-ci incombant, en règle générale, à l'administration. Si le contribuable saisit la commission, il supportera la charge de la preuve dans la mesure où celle-ci rend un avis favorable à l'administration en présence de graves irrégularités dans la comptabilité. Dans cette hypothèque, le contribuable n'a pas l'intérêt de saisir la commission pour se trouver dans la possibilité de supporter la charge de la preuve. Si l'avis de la commission est favorable au contribuable, quelle est incidence sur la dévolution de la charge de la preuve ? Le Conseil d'Etat a jugé qu'il appartenait au contribuable de justifier sa position[1149]. Le défaut de consultation de la commission, lorsque le contribuable le demande, entraîne la nullité de la procédure. Le défaut de notification au contribuable de l'avis de la commission a la même conséquence. Mais l'avis rendu par cette commission en faveur du contribuable n'a aucune incidence. On se demande quel est intérêt pour le contribuable de saisir cette commission.

III – L'indépendance des organismes

578. L'indépendance des organismes est toujours un sujet de discussion. Normalement, ils doivent être indépendants de l'administration afin d'accomplir leur mission. L'indépendance est la qualité de ne pas être soumis à une autre autorité ou juridiction. L'indépendance signifie objectivité et impartialité. L'indépendance peut être antérieure ou postérieure à la saisine des organismes correspondants. Une difficulté se pose en France en ce qui concerne des Commissions composées de certains fonctionnaires de l'administration. Il a été jugé que le fonctionnaire, qui, en sa qualité de membre de la Commission départementale des impôts directs et des taxes sur le chiffre d'affaires, avait pris parti sur le fond du litige opposant le contribuable à l'administration, ne pouvait, sans méconnaître toutes les garanties d'impartialité auxquelles le contribuable vérifié a droit et, par suite, sans vicier de manière substantielle la procédure d'imposition, examiner à nouveau ce différend en qualité d'interlocuteur départemental après l'avis de la Commission[1150]. Sont également exclus les membres de la Commission de conciliation, les représentants de l'administration qui auraient eu à connaître le litige[1151].

[1149] CE, 20 juin 2003, n° 232832, sect., Sté Établissements Lebreton. Cette décision est fondée sur les règles gouvernant l'attribution de la charge de la preuve devant le juge administratif, les éléments de preuve qu'une partie est seule en mesure de détenir ne sauraient être réclamés qu'à celle-ci. Ainsi, le contribuable doit faire la preuve et apporter la justification par la production de tous éléments suffisamment précis. Ensuite, il incombe à l'administration d'apporter la preuve contraire. Voir également CAA Bordeaux, 21 novembre 2005, n° 01-1848, SA Compagnie Générale de location.

[1150] CAA Lyon, 10 novembre 2004, n° 98-510, 2e ch., SA Cotton Club 21: *RJF* 03/2005, n° 248.

[1151] Cass. com., 8 mars 2005, n° 01-17.758 et 02-13.301 FS-P+B+I, Geneste : *DF* 2005, n° 36, comm 582 ; *JCP éd. G* 2005, n° 17, IV, 1943.

579. La composition de ces organismes et les conditions de désignation de leurs membres ne donnent pas toujours de garanties au contribuable. Ce sont pourtant des éléments essentiels de la crédibilité des interventions de ces organismes. À l'évidence, la présence de certains fonctionnaires de l'administration concernée peut satisfaire à l'égard des exigences de compétence, en raison de leur connaissance technique, ce qui est de nature à faciliter l'acceptation par l'administration de résolution proposée. Certes, un employé de l'administration peut toujours garder le secret vis-à-vis des conflits fiscaux opposant un contribuable et un de ses collègues. Or, en tout état de cause, ses liens avec l'administration ne peuvent être ignorés.

IV – La confidentialité des procédures

580. Le problème de confidentialité est très important dans la mesure où il influence le choix du contribuable. Sur ce point, le droit français est protecteur du contribuable. Ainsi, la possibilité de saisine d'une autre Commission que celle du département dans lequel le contribuable est tenu de déposer ses déclarations est accordée à tous les contribuables pour des motifs de confidentialité[1152]. Mais, en l'absence de précision légale, il faut se demander si le contribuable doit justifier des motifs précis nécessitant la confidentialité ou s'il peut se borner à invoquer la confidentialité pour écarter la commission territorialement compétente. La question de la confidentialité est plus délicate aux Etats-Unis en raison du lien de subordination entre *Taxpayer Advocate* et IRS. C'est un véritable problème qui ne trouve pas à l'heure actuelle de solution. C'est pourquoi la doctrine propose son remplacement par un médiateur indépendant.

Section III – Les modes alternatifs de règlement des conflits fiscaux

581. Le développement des modes alternatifs de règlement de conflits entre administrations et administrés s'explique par des motifs conjoncturels et structurels. Les procédures juridictionnelles ne sont plus suffisantes pour satisfaire le besoin de justice des administrés. De plus, les procédures juridictionnelles restent trop formalistes. Le formalisme accentue les conflits et réduit la souplesse de la procédure. Le besoin de mécanismes plus souples pour pallier le formalisme de la justice et éviter les risques présentés par ce formalisme a poussé à rechercher des modes alternatifs. Les modes non contentieux sont également nécessaires dans l'objectif de l'amélioration des rapports entre contribuable et administration. En pratique, les procédures juridictionnelles ne sont toujours pas les plus appropriées au règlement de conflits administratifs[1153]. La généralisation de modes alternatifs de règlement

[1152] CGI, art. 1651 G, al.1.

[1153] Recommandation Rec (2001)9 du Comité des Ministres aux Etats membres sur les modes alternatifs de règlement des litiges entre les autorités administratives et les personnes privées, des conflits administratifs peut permettre de remédier à ces inconvénients et de rapprocher l'administration du public[1154].

I – L'émergence des modes alternatifs de règlement de conflits fiscaux

582. Au cours des années 1970, les opérateurs du commerce international ont perçu qu'il était plus avantageux de parvenir à un règlement négocié de leurs différends. Plus tard, les institutions publiques ou parapubliques ont promu des modes alternatifs, notamment les différentes Commissions et l'association de justice, dans l'objectif de permettre aux parties faibles de réaliser une économie de procédure. De multiples domaines du droit ouvrent leur porte aux modes alternatifs. Cependant, il n'existe pas en France, comme aux Etats-Unis, de texte général autorisant l'administration fiscale à utiliser un mode alternatif de règlement des litiges. En France, il est envisagé de faciliter le recours à ces modes alternatifs. Le ministère de Finances a mis en œuvre sur la période 2004-2005 une possibilité accrue de recours à la médiation[1155]. Une possibilité de saisir le conciliateur fiscal départemental est accordée. Il serait institué un conciliateur fiscal en matière de contrôle sur pièces.

583. La place des procédés non juridictionnels de règlement des conflits est, au Royaume-Uni, primordiale dans la mesure où ceux-ci visent à pallier l'inexistence d'une juridiction administrative séparée de la juridiction judiciaire. Le Gouvernement britannique a pris un engagement en 2001 de recourir le plus souvent possible à la médiation au sein des administrations centrales[1156]. Il existe maintenant des médiateurs dans de nombreux domaines d'intervention de l'Etat, dont l'administration fiscale. L'Ombudsman, dont le nom véritable est le *Parliamentary Commissioner for Administration*[1157] et qui a été créé par le *Parliamentary Commissoiner Act* 1967, est un médiateur totalement indépendant.

584. Aux Etats-Unis, en 1991, le Président a signé l'ordonnance (*Executive Order*) 12778 encourageant l'utilisation des modes alternatifs[1158]. Entre 1990 et 1997, l'IRS a mis en place plusieurs programmes spécifiques de résolution de

---

adoptée par le Comité des Ministres du Conseil de l'Europe le 5 septembre 2001 lors de la 762e réunion des Délégués des Ministres, art. 6.

1154 Recommandation Rec (2001) 9 sur les modes alternatifs de règlement des litiges entre les autorités administratives et les personnes privées adoptée par le Comité des Ministres du Conseil de l'Europe le 5 septembre 2001, art. 7.

1155 Communiqué MINEFI, 3 novembre 2004.

1156 Voir Sophie BOYRON, « Modes alternatifs de règlement des litiges : quelles leçons tirer des exemples anglais et allemands ? », *JCP éd. A* 2005, n° 30, 1288.

1157 Il est aussi *Health Service Commissioners* and *Commissioners for Local Administration*.

1158 *Executive Order* 12778, 56 Fed. Reg. 55,195 (Oct. 23, 1991).

conflits[1159], mais la plupart d'entre eux ont été réservés aux conflits fiscaux de montants considérables. Finalement, le Congrès américain a voté une loi relative aux règlements de litiges administratifs (*Administrative Dispute Resolution Act*) de 1996[1160]. Cette loi encourage les administrations à utiliser toutes les techniques alternatives de règlement afin de résoudre les conflits avec les citoyens pendant la phase administrative, notamment la conciliation, la médiation et l'arbitrage[1161]. En 1998, le champ d'application des modes alternatifs a été élargi à tous les conflits, quel que soit leur montant[1162]. L'IRS a décidé de soutenir le développement et l'utilisation des techniques alternatives afin de prévenir et de résoudre efficacement les conflits opposant Gouvernement et contribuable[1163]. Les modes alternatifs employés par l'IRS sont en principe de deux catégories : la médiation (*Fast Track Mediation : FTM*) et le règlement (*Fast Track Settlement : FTS*). Outre ces deux procédures principales, il existe aussi une médiation post-recours (*post-Appeals mediation*)[1164].

II - Les avantages et inconvénients des modes alternatifs

585. Les modes alternatifs de règlement consistent en des négociations informelles entre administration et contribuable dans l'objectif de trouver rapidement des solutions. Les avantages peuvent être, selon les cas, substantiels et procéduraux. L'avantage substantiel consiste à atténuer le caractère conflictuel des relations entre administration et usager, à offrir des garanties supplémentaires par rapport aux procédés de règlement direct (recours administratif ou transaction, intervention d'un organe extérieur). L'avantage procédural consiste en des procédures simplifiées et assouplies avec une célérité plus grande et un coût moindre. De plus, l'emploi des procédures alternatives réduit significativement le délai de résolution. Le médiateur français respecte en général le délai raisonnable de réponse aux usagers. Le délai de traitement est, dans la plupart des cas, de 3 mois. Le *Parliamentary Commissioner for Administration* britannique respecte un délai de 9 mois[1165]. Aux Etats-Unis, la procédure de médiation ultra-rapide diminue considérablement le délai. Les différends sont résolus en 30 à 40 jours en moyenne[1166], par comparaison avec les 261 jours requis, pour l'année fiscale 2004, pour les procédures de recours

---

1159 Voir *General Accounting Office, IRS Initiatives to Resolve Dispute Over Tax Liabilities*, GAO/GGD-97-71, Appendix II (May 9, 1997).

1160 Pub. L. 104-320, amendé Pub. L. 101-552 et 102-354.

1161 USC section 571 (3).

1162 Voir Sénat Rapport 105-174 (22 avril 1998).

1163 Policy Statement P-8-1, IRM 1.2.1.8.1 (Rev 11-4-1998). IRM 8.1.1.1 (Rev. 2-1-2003).

1164 D'autres procédures de médiation existent, par exemple, le Premier Conseil juridique de l'administration fiscale (*IRS Chief Counsel*) dispose de procédures de médiation afin de résoudre les dossiers déposés devant le juge. IRM 35.3.20 (Rev. 1-24-1996).

1165 *Annual report 1985 Ombudsman*, HC 275 p. 12, para. 11.

1166 Voir *General Appeals, FTM Technical and Procedural Guidelines* 1 (10 août 2003).

administratif classiques. Avec les procédures de médiation post-recours, les différends sont résolus en 144 jours en moyenne, les procédures devant le juge, quant à elles, pouvant durer des années[1167]. La résolution à la suite des modes alternatifs est moins contentieuse, mais plus créative et plus efficace. Elle peut être un règlement amiable, un règlement par des spécialistes, un recours à l'équité, avec une discrétion plus grande[1168].

586. Cependant, il faut nuancer l'efficacité des modes non juridictionnels de règlement des conflits. L'administration n'est jamais tenue de suivre les propositions des organes de règlement. L'efficacité de ces procédés est assez limitée pour le contribuable. Ce dernier est en effet dans l'ignorance des procédés, faute d'une information rapide et efficace. Les procédés n'offrent pas les mêmes garanties et résultats que le recours contentieux. Ils sont aléatoires, le contribuable risque de prendre du temps avant d'intenter une action juridictionnelle. Ces modes alternatifs peuvent même être dangereux. D'abord, il est évident que ces procédés peuvent être institués dans l'intérêt de l'administration pour essayer d'obtenir une renonciation à l'action juridictionnelle ou un désistement en cours d'instance, éviter la publication d'un procès et éviter les conséquences négatives d'un recours contentieux. Par ailleurs, le recours à ces modes alternatifs peut porter atteinte à la confidentialité des conflits fiscaux car un tiers en aura connaissance. Ensuite, le contribuable ne dispose d'aucune sécurité juridique vis-à-vis de la résolution engagée via les modes alternatifs, qui sont parfois aléatoires. La compétence des intervenants n'est pas sans limite. Bien que l'administration estime que les modes alternatifs soient moins onéreux que les modes juridictionnels, le coût financier et temporel est important. Il n'est donc pas adapté aux petites et moyennes entreprises. En outre, l'emploi des modes alternatifs de règlement des litiges est en contradiction avec un principe général du droit public français mis en lumière par l'avis d'Assemblée du Conseil d'Etat, et qui interdit aux personnes publiques de se soustraire aux règles qui déterminent la compétence des juridictions nationales en s'en remettant à un arbitre[1169].

587. Y a-t-il une cohérence entre toutes les voies de recours ? Il serait fâcheux que les principes substantiels développés par les systèmes juridictionnels et non-juridictionnels soient complètement différents. Chaque système de

---

[1167] Rapport annuel de 2004 du *Taxpayer Advocate Service*, p. 293, note 30 (Email en réponse au TAS Information Request by Director, Technical Services, Appeals (23 septembre 2004)).

[1168] Recommandation Rec (2001) 9 sur les modes alternatifs de règlement des litiges entre les autorités administratives et les personnes privées, adoptée par le Comité des Ministres du Conseil de l'Europe le 5 septembre 2001, art. 8.

[1169] CE, ass., Avis, 6 mars 1986, Eurodisney : *EDCE* 1987, p. 178. Voir Yves GAUDEMET, « L'entreprise publique à l'épreuve du droit public (domanialité publique, insaisissabilité, inarbitrabilité », in : *L'unité du droit, Mélanges en hommage à Roland DRAGO*, Paris : Economica, 1996, p. 259.

règlement des conflits, juridictionnel ou non, a acquis ou est en train d'acquérir une expérience, dont peuvent bénéficier les autres.

III - Les garanties du contribuable

588. Existe-t-il des garanties à l'égard du contribuable pendant le déroulement des modes alternatifs de règlement des conflits fiscaux ? D'une part, la réponse est négative car l'absence du respect des formalités procédurales est évidente pendant le déroulement des procédures, d'autre part, la réponse est positive concernant les garanties de fond dont certaines sont incontournables, même s'agissant de modes alternatifs de règlement des conflits.

A/ Le droit au juge

589. Le choix d'un mode non juridictionnel de règlement des conflits fiscaux ne devrait pas, dans tous les cas, faire perdre aux parties le droit de porter le litige devant une juridiction, qui constitue la garantie ultime des droits des administrés et de l'administration[1170]. En d'autres termes, au cas où la médiation ou l'arbitrage échouerait, le recours devant un juge est toujours possible. Aux Etats-Unis, le contribuable peut renoncer à tout moment aux modes alternatifs et retrouver ses droits habituels de recours[1171].

B/ Le droit de choisir librement

590. Pour Laurent Richer, les modes alternatifs correspondent à un règlement consenti des litiges[1172]. Mais en matière fiscale, le libre choix des parties concernant un mode alternatif est en réalité redoutable. On peut craindre que proposé par l'administration, le contribuable soit obligé d'accepter le jeu de la médiation ou de l'arbitrage essentiellement par l'effet d'une crainte. La liberté de refuser un mode alternatif apparaît *a priori* théorique. Il est souhaitable que l'administration, décidant de recourir aux procédures alternatives, invite le contribuable à se rendre devant un tiers désigné à cette fin pour savoir si le contribuable accepte ou non. On peut aussi se douter d'éventuelles pressions de l'administration fiscale sur ce tiers. Il est opportun que l'accord des parties sur les modes alternatifs soit recueilli séparément.

C/ La confidentialité

591. Il est indispensable que les procédures alternatives respectent une absolue confidentialité, qui est un élément essentiel pour la réussite des négociations. L'article 131-14 du NCPC français dispose que « *les contestations du médiateur*

[1170] Recommandation, Rec (2001) 9 sur les modes alternatifs de règlement des litiges entre les autorités administratives et les personnes privées, adoptée par le Comité des Ministres du Conseil de l'Europe, le 5 septembre 2001, art. 11.

[1171] Publication 3605, *Fast Track Mediation-A Process for Prompt Resolution of Tax Issues.*

[1172] Laurent RICHER, « Les modes alternatifs de règlement des litiges et le droit administratif » *AJDA*, n° 1, 1997, p. 5.

et les déclarations qu'il recueille ne peuvent être ni produites, ni invoquées dans la suite de la procédure sans l'accord des parties, ni en tout état de cause dans le cadre d'une autre instance ». L'article 24 alinéa 1er du même Code dispose également que le tiers est tenu à une obligation de secret. Ce secret est général, absolu et illimité dans le temps. Le médiateur français veille à ce qu'aucune mention permettant l'identification des personnes dont le nom lui aurait été révélé ne soit faite dans les documents publiés sous son autorité[1173]. Cette obligation de confidentialité a pour objectif de faciliter le déroulement des procédures. La nature des modes alternatifs impose que chaque partie puisse se confier librement au tiers désigné et que le secret soit conservé sur les informations, propositions ou concessions reçues[1174]. Ensuite, la confidentialité des renseignements, lors d'une tentative de règlement, participe à la confiance qui doit régner entre les parties et le tiers pour leur permettre de s'engager efficacement dans la recherche de solutions. Enfin, il faut préserver la qualité du débat judiciaire qui aura lieu en cas d'échec des modes alternatifs. En droit positif français, la confidentialité n'est pourtant pas sans limite. Ainsi, les documents qui existaient avant que les procédures de modes alternatifs ne soient engagées ne sont pas couverts par la confidentialité.

D/ Le droit processuel

592. Certains principes de procédure sont-ils si fondamentaux qu'il conviendrait de les appliquer également aux modes alternatifs de règlement des conflits ? Certains donnent une réponse différente selon le domaine dans lequel il est recouru aux modes alternatifs de règlement. Ils considèrent que, dans la matière où les parties n'ont pas la libre disposition de leurs droits, en l'espèce, en matière administrative, les règlements négociés des litiges sont par nature dérogatoires et ne peuvent être admis qu'à la condition de respecter certains garde-fous, définis par référence au droit processuel[1175]. D'autres considèrent que ces modes alternatifs doivent rester étrangers aux contraintes du procès équitable[1176].

1. La question de la justice contractuelle

593. Une question fondamentale est de savoir si la notion de justice est adaptée aux modes alternatifs de résolution des conflits. La justice dans les modes alternatifs résulte du contrat et émane de la volonté des parties. La justice qui doit y être recherchée consiste dans la recherche d'un équilibre substantiel dans

---

1173 Art. 13, al. 2 de la loi n° 73-6 du 3 janvier 1973.

1174 Voir en matière civile, TGI Paris, ord. référé, 10 janvier 1999, Sté Snecma c/Pierre Segui ès qual., inédit.

1175 Voir Xavier LAGARDE, « Droit processuel et modes alternatifs de règlement des litiges », *Revue de l'arbitrage*, 2001, n° 3, p. 423.

1176 Nathalie FRICERO, « Modes alternatifs de règlement des conflits et procès équitable », in : *Libertés, justice, tolérance, Mélanges en hommage au Doyen Gérard COHEN-JONATHAN*, Bruxelles : Bruylant, 2004, vol. 1, p. 839.

l'accord des parties mettant fin aux conflits[1177]. En matière fiscale, à l'évidence, il existe un déséquilibre entre l'administration fiscale et le contribuable. Mais, la justice ne base pas sur une égalité absolue. L'accent doit être mis sur l'aspect du « *vouloir* » faire appel à la justice contractuelle des parties.

2. Le principe du contradictoire

594. Concernant l'applicabilité du principe du contradictoire, la doctrine est divisée. La doctrine qui y est opposée soutient que les parties ne présentent aucune demande ni aucune défense, que le tiers n'ayant pas de pouvoirs juridictionnels ne peut imposer une solution. Dès lors, il est inutile d'obliger les parties à se faire connaître mutuellement leurs arguments de fait et de droit. En outre, le principe du contradictoire a pour objectif d'assurer la transparence, de sorte qu'il risquerait de porter atteinte à la spécificité et à la nature des modes alternatifs qui se caractérisent par la souplesse et l'absence de formalisme. Le principe de contradiction alourdirait considérablement le processus. Or, un arrêt ancien de la Cour de cassation n'hésitait pas à voir dans le principe du contradictoire une exigence de « *droit naturel* »[1178].

595. Le principe du contradictoire devrait-il s'appliquer aux modes alternatifs de règlement des conflits ? Si la réponse est négative, la différence serait trop forte. Il faudrait distinguer les différents modes, la médiation, la conciliation et l'arbitrage. Par ailleurs, l'inapplication du principe du contradictoire à certains modes alternatifs ne dispense pas de respecter certaines règles destinées à garantir l'égalité entre les parties. Au surplus, les parties doivent, de manière générale, être autorisées à prendre la parole et à faire valoir leurs arguments dans la mesure où tout cela a pour seul objectif : trouver une solution au différend.

3. L'indépendance et l'impartialité des tiers

596. L'indépendance et l'impartialité du conciliateur, médiateur ou arbitre sont indispensables. Est indépendant celui qui n'a de lien avec aucune des parties, est impartial celui qui n'a pas de préjugé. Le risque de pression de l'administration sur le contribuable est sans doute très fort si le tiers désigné à cet effet est issu de l'administration. Seul un médiateur indépendant et impartial permet de l'éviter. Un tiers extérieur à l'administration est-il absolument indépendant ? La réponse n'est pas forcément positive. Il a été imaginé que le

---

[1177] « Une justice contractuelle, l'autre », Loïc CADIET, in : *Le contrat au début du 21ème siècle, études offertes à Jacques GHESTIN*, Paris : LGDJ, 2001, p. 177.

[1178] Cass. civ., 7 mai 1828 : *S.* 1828, 1, 93 ; cité par H. MOTULSKI dans son article « Droit naturel dans la pratique jurisprudentielle, le respect des droits de la défense », in : *Mélanges en l'honneur de Paul ROUBIER*, Paris : Dalloz, 1961, Tome II, p. 175. Les auteurs contemporains auront tendance à se référer à l'expression des « *droits de l'Homme* ».

tiers soit invité à signer une déclaration d'indépendance, c'est le cas du règlement de médiation du Centre de Médiation et d'Arbitrage de Paris[1179].

4. Le principe du procès équitable

597. Les principes fondamentaux garantissant le caractère équitable d'un procès (par exemple, le délai raisonnable, la loyauté et les droits de la défense) sont-ils applicables aux modes alternatifs de règlement des conflits fiscaux ? Cette question difficile suscite des observations contradictoires. D'une part, ces principes paraissent incontournables dans un procès même de nature administrative opposant deux parties. D'autre part, l'application stricte de ces principes ne correspond pas à la nature des modes alternatifs[1180]. Les garanties procédurales ne s'appliquent pas naturellement à tous les modes alternatifs et cela dépend des modes choisis par les parties, la conciliation, la médiation ou l'arbitrage. Cependant, les modes alternatifs doivent se conformer aux principes d'égalité, d'impartialité et respecter les droits des parties[1181]. Les conflits ne peuvent être réglés que si les participants disposent d'une certaine autorité et que le tiers, médiateur, conciliateur ou arbitre est soumis à une certaine liberté. Par exemple, afin de faciliter la négociation, il est naturel que le médiateur rencontre séparément chacune des parties. De sorte qu'est nécessaire une adaptation, c'est-à-dire un assouplissement, des principes du droit processuel aux modes alternatifs de règlement des conflits.

598. Le déroulement d'un mode alternatif de règlement des litiges doit-il lui aussi être loyal ? La réponse est incertaine. Lorsqu'une partie forte, en l'espèce, l'administration fiscale, envisage de résoudre amiablement un litige l'opposant à une partie faible, le contribuable, elle doit en informer celui-ci. Une exigence de célérité est indispensable[1182]. En ce qui concerne le droit de se faire assister d'un conseil, les modes alternatifs ne sauraient priver les parties d'un tel droit. Quant au délai de résolution, la réglementation devrait prévoir une durée raisonnable pour l'aboutissement des procédures alternatives par l'introduction de délais ou par d'autres moyens[1183].

[1179] Art. 6, al. 3 du règlement de médiation du Centre de Médiation et d'Arbitrage de Paris.

[1180] Diégo POLLET, « Principe de contradiction et médiation », *Gaz. Pal.*, 3 juin 1999, 1e sem., *doc.*, p. 683. J.-P. MARTEL, « Quelles conditions pour une médiation réussie ? », *LPA*, 13 juillet 1999, n° 138, p. 17.

[1181] Recommandation Rec (2001) 9 sur les modes alternatifs de règlement des litiges entre les autorités administratives et les personnes privées, adoptée par le Comité des Ministres du Conseil de l'Europe, le 5 septembre 2001, art. 12.

[1182] Voir Serge GUINCHARD et Xavier LAGARDE, *Droit processuel, droit commun du procès*, Précis Dalloz, Paris : Dalloz, 2001, n° 597.

[1183] Recommandation Rec (2001) 9 sur les modes alternatifs de règlement des litiges entre les autorités administratives et les personnes privées, adoptée par le Comité des Ministres du Conseil de l'Europe, le 5 septembre 2001, Ann. I.3.

5. La force obligatoire des transactions conclues

599. La CEDH juge que « *l'exécution d'un jugement ou arrêt, de quelque juridiction que ce soit, doit être considérée comme faisant partie intégrante du procès au sens de l'article (6-1 de la Convention européenne des droits de l'Homme)* »[1184]. Cette solution est étendue aux actes notariés et aux actes de conciliation[1185]. Les dispositions du NCPC français renforcent la force des transactions conclues et facilitent les conditions de leur exécution[1186]. En matière fiscale, face aux accords et solutions amiables conclus entre contribuables et administration fiscale, les difficultés subsistent car la force juridique des ceux-ci peut être différente selon que l'accord sera conclu dans le cadre d'un texte spécifique (par exemple, la procédure de l'article L. 80 B du LPF relative à l'accord sur les prix de transfert), d'une transaction au sens du Code civil, ou d'une simple médiation.

IV – Les difficultés soulevées par les modes non juridictionnels de règlement des conflits

600. Malgré l'intérêt des modes alternatifs de règlement, le nombre des procédures n'est pas significatif. Aux Etats-Unis, seules 112 affaires ont été conclues grâce au recours aux procédures de médiation ultra-rapides au cours de l'année 2004. De façon similaire, de 1995 à 2004, il y avait seulement 146 demandes de médiation post-recours. En 2004, seuls 24 contribuables ont sollicité la mise en œuvre des procédures de médiation post-recours, 3 demandes ont été rejetées[1187]. Toutefois, les montants concernés par la médiation, environ 14 millions de dollars de redressement, sont eux, significatifs. Le programme de modes alternatifs de règlement ne peut pas atteindre son objectif si un grand nombre de contribuables ayant des conflits avec l'administration n'y recourent pas. Premièrement, les freins à l'utilisation de ces recours sont nombreux (A). Ensuite, le contribuable n'est pas parfaitement informé de l'existence et de l'utilité des procédures (B). En outre l'administration doit maximiser l'efficacité des procédures (C). Enfin, des questions se posent sur la neutralité (D), la confidentialité (E), l'accès (F) et le standard des procédures de modes alternatifs (G).

[1184] CEDH, 19 mars 1997, aff. n° 107/1995/613/701, n° 18357/91, Série A, n° 147, Hornsby c/Grèce : *Rec.*, 1997-II ; *Dr. adm.*, 1997, n° 185 ; *AJDA*, 20 décembre 1997, p. 986 ; *JDI* 1998, p. 185 ; *JCP éd. G* 1997, n° 47, II, 22949, note d'Olivier DUGRIP et Frédéric SUDRE ; *D.*, 1998, p. 74 ; *RTD civ.* 1997, p. 1009 ; in : Frédéric SUDRE, *Les grands arrêts de la Cour européenne des droits de l'Homme*, 2e édition, Paris : PUF, Thémis, 2004, n° 28.

[1185] CEDH, 21 avril 1998, Estima Jorge c/Portugal : *D.*, 1998, *somm.*, p. 369 ; *JCP éd. G* 1999, n°3, I, 105, n° 21 ; - 28 octobre 1998, Pérez de Rada Cavanilles c/Espagne : *Rec.*, 1998-VIII ; *JCP éd. G* 1999, n° 3, I, 105, n° 21.

[1186] NCPC, art. 384, 131-11 et 1441-4.

[1187] Rapport annuel 2004 du *Taxpayer Advocate Service*, p. 294, note 36 (Email en réponse au TAS Information Request by Appeals, Director, Tax Policy and Procedure (LMSB/TEGE) (5 novembre 2004).

A/ Le champ d'application

601. Sur ce point, il convient de se demander si la compétence du médiateur est cumulative ou exclusive avec celle d'une juridiction. Dans un pays où un contentieux administratif existe déjà (comme en France), le médiateur est-il un rival ou un allié du juge administratif ? Certains estiment que l'existence du juge administratif rend inutile l'institution de cet organe nouveau. Pour d'autres, au contraire, l'institution nouvelle pourra conjuguer utilement ses efforts avec ceux des organes traditionnels car elle comblera diverses lacunes dans l'action du juge administratif. En premier lieu, dans des domaines ou des situations particulières, là où s'arrête le droit, il est équitable que puisse intervenir une autorité qui invite l'administration à une solution à laquelle la loi ne l'oblige pas mais qui satisfait aux préoccupations d'une saine administration. En deuxième lieu, l'intervention du médiateur complète utilement celle du juge, en ce sens que sa mission n'est pas de reconnaître l'existence d'un droit, mais de faire régner l'équité dans les rapports de droit public.

B/ L'information du contribuable

602. Informer le contribuable de l'existence des modes alternatifs de règlement est essentiel. Aux Etats-Unis, les directives administratives disposent que les agents des impôts sont censés offrir au contribuable la possibilité d'utiliser les procédures de médiation ultra-rapides après l'achèvement des opérations de contrôle[1188]. Mais ces instructions administratives ne donnent pas une portée claire à cette nécessité d'information. Par exemple, elles disposent que les agents des impôts <u>peuvent</u> offrir au contribuable l'option d'utiliser les procédures de médiation ultra-rapides dans certains cas[1189]. Le droit à l'information du contribuable n'est pas non plus mieux assuré au Royaume-Uni, la *Taxpayer Charter* 1986 IV (i) se contentant d'une simple référence à l'ombudsman.

C/ L'efficacité

603. Du fait de l'inégalité des rapports de force entre autorité fiscale et contribuable, le résultat de ces procédures alternatives est variable selon les interlocuteurs de l'administration. Pour Christine Brechon-Moulènes, « *le règlement amiable, c'est un peu le fait du prince* ». La publicité très limitée donnée aux interventions de ces modes alternatifs prive le contribuable d'un moyen de pression précieux. Pourra-t-on rendre public les rapports de ces procédures alternatives ? En principe, l'obligation de confidentialité s'oppose à une telle publicité. Peut-être faudrait-il trouver une forme particulière de

[1188] *General Appeals, FTM Technical and Procedural Guideline.*

[1189] IRM 8.7.2.3.1.1 (Rev. 5-27-2004). En 2001, seuls 40% des inspecteurs des impôts ont offert au contribuable la possibilité de recours aux procédures de médiation ultra-rapides. Taxpayer Inspector General for Tax Administration, Taxpayer Should Be Informed of the Benefits of the Fast Track Mediation Program, Reference No. 2002-10-070, 4 (Mar. 29, 2002).

publication. On peut penser ici à une publication similaire à celle qui est faite depuis peu sur le site de l'administration fiscale française des rescrits fiscaux, sur une base anonyme et une description des faits a minima. En outre, pour que les modes alternatifs soient efficaces, les parties doivent faire confiance au tiers, que celui-ci soit un conciliateur, un médiateur ou un arbitre. Par ailleurs, le recours à un tiers est moins efficace si ce tiers est perçu comme ayant des intérêts dans les conflits qui lui sont soumis. La perception de la neutralité protège les procédures de modes alternatifs contre une réaction de défiance. La neutralité n'est pourtant pas entièrement assurée pour deux raisons. Premièrement, il existe un déséquilibre entre contribuable et administration, qui peut se répercuter sur le tiers. Deuxièmement, la personne qui sera nommée en tant que tiers peut avoir des liens plus ou moins étroits avec l'administration.

D/ La neutralité

604. Le système américain de médiation exige le recours à un agent de l'administration en tant que tiers neutre. La loi relative aux résolutions des litiges administratifs dispose que le tiers neutre peut être un employé permanent ou temporaire du Gouvernement fédéral, ou une personne agréée par les parties à cette fin. Normalement, les deux procédés de médiation exigent le recours à un médiateur employé par l'IRS. Toutefois, par exception, les procédures de médiation post-recours permettent au contribuable de faire appel à un co-médiateur qui n'est pas un agent des impôts, mais à ses frais[1190]. Il peut paraître surprenant de désigner comme médiateur un agent chargé du recours appartenant à l'administration pour résoudre des conflits fiscaux. Mais, selon l'administration américaine, un agent chargé du recours de l'administration peut être considéré comme plus neutre et plus utile qu'un médiateur étranger à l'administration. L'avantage principal réside dans ses connaissances techniques et sa compétence en droit fiscal. Il est évident que, dans certains cas, un médiateur venant de l'administration peut être considéré par le contribuable comme plus apte à convaincre l'administration de revenir sur ses positions qu'un médiateur extérieur à l'administration. De plus, les dépenses engendrées par le recours à un médiateur privé dilueraient le bénéfice de la procédure de médiation. Enfin, pour assurer qu'aucune partie ne soit dans une position d'exercer une influence excessive sur le médiateur, est prohibée la communication unilatérale avec le médiateur en dehors de la session de médiation. Toutefois, l'interdiction n'a pour objectif que d'éviter que le

---

[1190] Durant le test des procédures de médiation post-recours (*Pilot post-appeals mediation program*), le contribuable était libre de choisir un médiateur n'étant pas un agent des impôts et l'IRS participait aux frais. Voir Announcement 98-99, IRB 1998-46 § 4 (Oct 30, 1998). Dans les procédures de médiation post-recours en vigueur, le médiateur employé par l'administration fiscale est sélectionné par le contribuable et l'administration parmi une liste d'agents de recours éligibles. Voir Rev. Proc. 2002-44, supra § 5.07. Quant aux procédures de médiation ultra-rapides, le directeur du service de recours assigne simplement comme médiateur un agent de recours ayant une formation de médiateur. Voir Rev. Proc. 2003-41, supra § 5.02.

médiateur ne reçoive des informations ou des preuves dont l'autre partie n'a pas connaissance, et qu'elle n'est pas à même de réfuter.

605. Mais les critiques qui s'attachent au choix d'un médiateur appartenant à l'administration sont nombreuses. Tout d'abord, un médiateur vraiment impartial peut être plus créatif et a plus de chances de réussir en identifiant les différentes options de règlement tout en assistant les parties à analyser et évaluer leurs positions. Ensuite, un employé de l'administration est en conflit d'intérêts en raison de son devoir de rapporter toute violation du droit fiscal au Ministère. L'agent chargé du recours agissant souvent en tant que négociateur en faveur de l'administration, il lui est difficile d'agir en tant que partie neutre dans une procédure de médiation. Quant aux frais du médiateur, un tiers privé peut être nommé en tant que médiateur unique selon le programme de médiation devant un tribunal des impôts même si l'administration paie la moitié des dépenses. Donc, il ne s'agit pas d'un problème financier. En outre, l'exigence de désigner un agent chargé du recours comme médiateur est incompatible avec l'intention du Congrès américain. En effet, lorsque le Congrès a codifié les procédures en 1998, il a considéré qu'il importait que le contribuable garde son droit de choisir un médiateur privé (plutôt qu'un simple co-médiateur) soumis à l'autorisation de l'administration, comme dans les dispositions du programme d'essai.

E/ La confidentialité

606. Deux questions se posent en matière de confidentialité. Le tiers, notamment le médiateur, dispose-t-il du droit de représenter une des deux parties ultérieurement ? Le principe d'interdiction de communication unilatérale est-il applicable aux procédures dans la mesure où le médiateur est devenu ultérieurement agent chargé du recours ?

607. Le droit de représentation ultérieur du tiers, notamment du médiateur, est à géométrie variable. Si le tiers ne vient pas de l'administration, il ne peut pas représenter le contribuable dans les poursuites en cours ou futures impliquant les transactions ou problèmes qui ont un rapport avec le sujet des modes alternatifs[1191]. En revanche, si le tiers vient de l'administration, il peut être postérieurement désigné comme agent chargé du recours pour le dossier dans lequel il a joué le rôle d'intermédiaire[1192]. Dans ce cas, l'agent chargé du recours a accès à toutes les communications confidentielles obtenues pendant les procédures alternatives. La solution n'est pas équitable.

608. Il semble également inéquitable que le tiers, devenu agent chargé du recours pour le même dossier, puisse être interrogé directement par d'autres

---

[1191] Rev. Proc. 2002-44, *supra*. § 5. 13.

[1192] Voir *General Appeals, FTM Technical and Procedural Guidelines* 1 (8 octobre 2003).

agents des impôts sur le dossier. Une telle communication est normalement prohibée par le principe « *ex parte* »[1193] afin de favoriser l'indépendance de l'agent de recours. Mais le principe d'interdiction ne s'applique pas aux médiations ultra-rapides[1194].

609. Comment alors protéger la confidentialité des procédures alternatives de règlement ? Selon l'administration, ce souci n'est pas fondé. D'abord, l'agent des impôts est soumis à l'obligation légale de confidentialité en vertu des dispositions de la section 6103 de l'IR Code. Ensuite, la divulgation par le médiateur d'informations confidentielles violerait la loi relative aux résolutions des litiges administratifs[1195]. Enfin, les procédures de médiation ultra-rapides sont confidentielles aux termes d'un accord entre les parties[1196]. Cependant, les procédures de médiation exigent que le médiateur, agent des impôts, fournisse une copie de toutes les conclusions reçues de l'autre partie[1197]. Le même problème de confidentialité peut exister concernant les communications entre le médiateur post-recours (agent des impôts) et le Premier Conseil de l'administration si l'affaire est poursuivie devant le juge.

610. Peut-être est-il envisageable de proposer quelques solutions. La solution actuelle consiste à faire signer une déclaration séparée sur la confidentialité ou à inclure une clause de confidentialité dans l'accord sur la procédure de médiation[1198]. En outre, la règle de communication unilatérale devrait être modifiée. Seraient alors prohibées les discussions sur les problèmes substantiels avant que l'agent chargé du recours n'en ait discuté avec le contribuable ou, autrement, que les parties n'en aient discuté conjointement. Cette démarche réduirait le sentiment du contribuable que le service de recours a préjugé l'affaire.

611. Même si les modes alternatifs de règlement se sont développés au cours de ces dernières années, ils sont encore globalement peu répandus dans les conflits entre administration et contribuable et, même lorsque de tels modes existent,

---

1193 « *Ex parte* » signifie « *seulement pour une partie* ». Un procès judiciaire est considéré comme « *ex parte* » quand celui-ci est plaidé, à la demande et au bénéfice d'une seule partie, sans notification à, ni contestation par la personne défavorablement intéressée (Henry Campbell BLACK, *Black's Law Dictionary*, 5ᵉ édition, Etats-Unis : St Paul Minn West Publishong Co., 1979).

1194 Rev. Proc. 2003-41, *supra*. § 5.10.

1195 5 USCA § 574(a) (West 2004).

1196 Rev. Proc. 2003-41, *supra*, § 5.08. Rev. Proc. 2002-44, *supra*, § 5.10

1197 Rev. Proc. 2003-41, *supra*; Rev. Proc. 2002-44, *supra*.

1198 Le modèle d'agrément sur les procédures de médiation ultra-rapides (IRS Form 13369) prévoit que les parties sont avisées que les agents des impôts impliqués dans la procédure de médiation sont liés par la section 7214(a)(8) de l'IR Code et doivent signaler les informations relatives aux violations au droit fiscal au Ministre. Le contribuable engagé dans les procédures de médiation post-recours se voit remettre un avis similaire. Voir Rev. Proc. 2002-44, supra § 5.07.

leur usage est limité. Développer et encourager le recours à ces modes exige que ces procédures apportent des garanties réelles au contribuable. Il faudrait aménager ces procédures et instaurer une obligation, à l'égard de l'administration, de motiver de manière concrète les raisons pour lesquelles elle ne suit pas la décision ou la proposition résultant de ces modes de règlement.

V – La médiation

612. L'application de la médiation aux conflits fiscaux est récente. La médiation fiscale est prévue par les textes français[1199], américain[1200] et britannique[1201], mais non pas les textes chinois[1202]. L'origine du médiateur est suédoise, l'Ombudsman, qui est l'agent de l'assemblée parlementaire chargé d'assurer pour le compte de celle-ci le contrôle permanent des services administratifs et judiciaires. L'institution a fait écho. La Grande-Bretagne en 1967 a institué le *Parliamentary Commissioner for Administration* et, la France en 1973, le médiateur de la République. Les rapports annuels du médiateur fiscal français témoignent d'une forte croissance de ses activités. 2 891 demandes de médiation ont été reçues au cours de l'année 2005[1203], 2 942 en 2004, 2 400 en 2003, contre 711 au cours des 8 premiers mois d'activité en 2002[1204]. Il est constaté une forte croissance des demandes émanant des entreprises[1205]. Aux Etats-Unis, il existe également une fonction de *Taxpayer Ombudsman* (le médiateur fiscal). Le fonctionnaire local est le *Problem Resolutions Office*.

1199 Décr. n° 2002-612 du 26 avril 2002 instituant un médiateur du ministère de l'économie, des finances et de l'industrie. Avant que le médiateur propre à la matière fiscale ne soit nommé, le Médiateur de la République traitait chaque année plus de 10 000 réclamations portant sur les prélèvements fiscaux.

1200 IR Code, section 7123(b).

1201 *Parliamentary Commissioner Act* 1967.

1202 En Chine, les systèmes de médiation se subdivisent en trois catégories : les médiations administrative, populaire (citoyen) et juridictionnelle. Cette distinction est fonction de la personnalité du médiateur désigné. Dans la médiation administrative, une autorité administrative est désignée médiateur. La doctrine chinoise considère que la médiation organisée par une autorité administrative constitue un moyen indispensable pour que l'administration accomplisse sa mission de sauvegarder les intérêts publics, d'éduquer les particuliers et d'exécuter des lois. C'est en fait un moyen d'intervention étatique. Elle se distingue du recours administratif.

1203 Rapport annuel du Médiateur fiscal du MINEFI pour 2005, 28 mars 2006 : *LNF*, n° 959, 1er juin 2006, p. 15

1204 « Etude particulière, Le médiateur du ministère de l'Economie, des Finances et de l'Industrie », in : Jean-Pierre CASIMIR, *Code annoté RF 2005, Contrôle fiscal : contentieux, recouvrement*, 9e édition, Paris : groupe Revue fiduciaire, 2005, p. 415,.

1205 Le nombre des demandes émanant des entreprises est de 265 en 2003, 58 en 2002. La fiscalité des entreprises représente 12% des recommandations formulées en 2005, 15% en 2004. Toutefois, le Médiateur a rendu davantage de recommandations concernant des entreprises en 2005 : 293 contre 281 en 2004 (Rapport annuel du Médiateur fiscal du MINEFI de l'année 2005, 28 mars 2006).

A/ La différence entre intervention des organismes et celle du médiateur fiscal

613. En principe, les organismes intervenants sont souvent de nature administrative tandis que le médiateur est indépendant. La différence entre les deux réside tant dans l'indépendance que dans l'autorité suprême du médiateur. Toutefois, la question est délicate, le médiateur se situe en marge de l'administration tant par son statut que par son fonctionnement.

614. En France, le législateur n'ayant pas donné de qualification juridique précise au médiateur, la jurisprudence estime que le médiateur ne relève ni du pouvoir législatif ni du pouvoir juridictionnel[1206]. En pratique, le médiateur fiscal est nommé par arrêté du ministre chargé de l'économie, des finances et de l'industrie, placé auprès de ce dernier[1207]. De plus, il est le correspondant du médiateur de la République lui-même nommé par décret en Conseil des ministres[1208]. Il en résulte que le médiateur fiscal est nommé par le pouvoir exécutif. Par sa nature et sa fonction, celui-ci est l'homologue de l'adjudicateur britannique. Le médiateur fiscal des Etats-Unis semble présenter moins de garanties pour le contribuable car il est souvent un agent chargé du recours de l'administration. Sur ce point, le droit britannique est protecteur des droits du contribuable qui peut, insatisfait des recommandations de l'adjudicateur, porter ses réclamations devant le *Parliamentary Commissioner for Administration*. L'adjudicateur et le *Parliamentary Commissioner for Administration* sont deux corps indépendants. La différence entre les deux tient à ce que l'adjudicateur est recruté et rémunéré par l'IR alors que le *Parliamentary Commissioner for Administration* est une émanation du Parlement pour le compte de qui il agit.

B/ L'accès à la médiation

615. La médiation fiscale doit en principe reposer sur la volonté librement exprimée par le contribuable de se placer dans un cadre de discussion afin de régler le conflit. Une question se pose : l'accord de l'administration fiscale est-il indispensable ? Aux Etats-Unis, le recours à la médiation nécessite l'accord des deux parties. En d'autres termes, sans accord de l'administration, la procédure de médiation ne peut être engagée. En revanche, en Grande-Bretagne et en France, le contribuable peut seul adresser directement ou indirectement sa réclamation au médiateur ou au *Parliamentary Commissioner for Administration*. De ce point de vue, le modèle américain reste plus fidèle à la conception traditionnelle de la médiation. En revanche, les modèles français et britannique constituent un moyen de contrôler les actes de l'administration ou un moyen d'équilibrer les relations entre administration et usagers.

[1206] CE, ass., 10 juillet 1981, Retail : *RDP* 1981, p. 1441 ; *D*. 1981, 622.

[1207] Art. 2 du décret n° 2002-612 du 26 avril 2002.

[1208] Art. 2 de la loi n° 73-6 du 3 janvier 1973 instituant le médiateur.

616. Un particulier ou une entreprise peuvent s'adresser directement au médiateur fiscal français tandis que l'accès au *Parliamentary Commissioner for Administration* britannique est indirect, il faut solliciter un député. En effet, chaque député britannique est considéré comme un médiateur de ses électeurs et la masse des parlementaires constitue un filtre naturel utile afin de distinguer entre dossiers simples et dossiers compliqués. En réalité, les députés n'ont ni le temps ni les moyens d'effectuer une telle sélection. En outre, il est difficile à un député de rejeter une requête qui lui est adressée par un électeur insistant ou influent. La saisine de l'ombudsman, par l'intermédiaire d'un parlementaire, ne répond pas exactement aux besoins des citoyens qui devraient pouvoir s'y adresser directement. Une modification législative est envisageable.

C/ Le médiateur

617. Au Royaume-Uni, l'ombudsman principal est techniquement connu en tant que *Parliamentary Commissioner for Administration* ou moins formellement comme *Parliamentary Ombudsman*. La distinction entre l'ombudsman et une instance administrative est l'indépendance du premier à l'égard du pouvoir exécutif. Cette indépendance est garantie par son rattachement au pouvoir législatif. Les autres organismes de traitement des plaintes se trouvent placés sous l'autorité de l'exécutif tandis que dans l'exercice de ses fonctions, l'ombudsman parlementaire seconde le Parlement[1209]. Il en va différemment en France. Les termes de la Constitution française de 1958 où les pouvoirs du Parlement sont nettement définis, excluent que celui-ci puisse assurer directement un contrôle de l'activité administrative de l'exécutif.

618 Le statut du Médiateur de la République française est donc plus complexe. La décision du Conseil d'Etat du 10 juillet 1981 l'a qualifié d'une « *autorité administrative* ». Or, le médiateur a contesté cette qualification. Finalement, le législateur l'a qualifié d' « *autorité indépendante* » par la loi du 13 janvier 1989. Le Médiateur de la République rend un rapport annuel au Président de la République et au Parlement et pourrait « *recommander à l'organisme mis en cause toute solution permettant de régler en équité la situation du requérant* »[1210]. L'essence de la fonction du médiateur de la République est la recherche de l'amélioration des rapports entre les particuliers et les services publics en cas de conflits. Les critiques formulées à l'encontre du médiateur de la République française sont nombreuses. En premier lieu, en raison de son statut d'autorité administrative, le médiateur est considéré par le Conseil d'Etat comme un organe de contrôle interne à l'administration[1211]. Les conditions de sa nomination présentent un risque grave de dépendance à l'égard de

[1209] Guy BRAIBANT, Nicole QUESTIAUX et Céline WIENER, *Le contrôle de l'administration et la protection des citoyens (étude comparative)*, p. 120.
[1210] Art. 9 de la loi du 3 janvier 1973 instituant le Médiateur de la République Française.
[1211] CE, ass., 10 juillet 1981, Retail.

l'administration. Sa nomination est discrétionnaire. Le Parlement est écarté de la procédure de nomination, contrairement au *Parliamentary Commissioner for Administration* britannique. Le médiateur est une personne située entre les deux parties concernées et non un protecteur des droits individuels et libertés publiques comme dans les pays scandinaves[1212]. Le législateur n'a donc pas prévu de garanties suffisantes pour assurer l'indépendance du médiateur.

619. Le médiateur fiscal français est considéré plus comme un intercesseur auprès de l'administration[1213] et un régulateur de l'action administrative que comme un protecteur du contribuable. Son intégration au sein du ministère en fait un organe de règlement des conflits interne à l'administration. En revanche, l'ombudsman britannique est considéré comme un défenseur du citoyen. Le *Parliamentary Commissioner for Administration* britannique exerce une forme de contrôle de l'administration avec certaines garanties d'indépendance et de liberté, plus ou moins directement au nom du Parlement. Il assure la protection du citoyen contre une administration oppressive et inefficace.

620. Le choix du médiateur fiscal ne pose pas de problèmes en France et au Royaume-Uni. Le médiateur français est un intervenant institutionnalisé tandis que le *Parliamentary Commissioner for Administration* est un instrument du Parlement. En revanche, des difficultés persistent aux Etats-Unis. En premier lieu, l'administration préfère choisir, comme médiateur, un agent chargé du recours de l'administration. Dans ce cas, c'est l'administration qui prend en charge les frais du médiateur. Le contribuable peut choisir, à ses frais, dans certains cas, un médiateur ou un co-médiateur venant de l'extérieur de l'administration. La difficulté découle des dispositions de la section 7214(a)(3) de l'IR Code qui exigent des employés de l'IRS qu'ils signalent toutes les violations du droit fiscal qu'ils découvrent. Actuellement, si le contribuable a choisi un agent de l'administration comme médiateur, il doit être informé de l'existence de cette disposition. En effet, la doctrine française est également hostile à un médiateur extérieur à l'administration. D'une part, au nom de l'égalité devant les charges fiscales[1214], l'application du droit fiscal devrait laisser aussi peu de place que possible à de pures considérations d'opportunité, et d'autre part, un médiateur n'aurait pas les pouvoirs de décision que possède

---

1212 Selon le Gouvernement, la défense des droits et libertés des citoyens doit rester l'apanage des tribunaux administratifs et des tribunaux judiciaires, et finalement du Conseil d'Etat et de la Cour de cassation (Garde des Sceaux, *JO, Déb., Ass. Nat.*, 2e séance, 14 décembre 1972, p. 6211).

1213 *JO, Déb. Ass. Nat.*, 15 décembre 1972, p. 6210.

1214 En France, le principe d'égalité devant les charges fiscales est un principe constitutionnel (CC, 21 juin 1993, n° 93-320 DC : *Rec.*, p. 146 ; *JORF*, 23 juin 1993, p. 8869 ; *RJF* 9/1993, n° 1198 ; *Dr. soc.*, 1993, p. 787, note d'Xavier PRETOT ; *RFD const.*, 1993, p. 576, note de Loïc PHILIP ; *LPA*, 5 janvier 1994, p. 16, note de Bertrand MATHIEU ; CC, 19 décembre 2001, n° 00-437 DC : *Rec.*, p. 190 ; *RFFP* 2001, n° 76, p. 261, note de Didier RIBES ; *D.*, 2001, *somm.*, p. 1766 ; *LPA*, 20 août 2001, p. 21, note de Bertrand MATHIEU).

l'agent des impôts, ce dernier étant tenu d'offrir au contribuable une véritable possibilité de recours, et de remplir son rôle essentiel qui est d'appliquer équitablement la loi fiscale[1215]. Ensuite, une autre difficulté se présente si le contribuable est obligé de choisir et de désigner un médiateur parmi une liste. Selon la doctrine administrative, le contribuable n'est pas obligé de choisir un co-médiateur parmi la liste approuvée[1216]. Il n'existe pas de réponse s'agissant du choix d'un médiateur unique.

621. Les pouvoirs du médiateur fiscal américain sont limités à faciliter le règlement des conflits. En revanche, le rôle des médiateurs français et anglais est plus important. Les textes français accordent des facilités juridiques au médiateur pour exercer ses fonctions. Le principe est que les ministres et toutes autorités publiques doivent faciliter la tâche au médiateur, notamment lorsqu'il demande communication de tout document ou de tout dossier concernant l'affaire dont il est saisi. Le médiateur peut demander la communication de tout document ou dossier concernant l'affaire à propos de laquelle il fait son enquête. Le caractère secret ou confidentiel des pièces dont il demande communication ne peut, en principe, lui être opposé[1217]. Cependant, les pouvoirs du médiateur sont caractérisés par l'absence de pouvoirs d'investigation autonomes, par la nécessité de respecter le pouvoir hiérarchique de l'administration, et l'exigence du secret de la défense nationale. Il est très dépendant de l'administration. En outre, le médiateur ne dispose pas d'un pouvoir de sanction pour contraindre une administration de mauvaise volonté.

622. Le *Parliamentary Commissioner for Administration* britannique bénéficie d'une large autonomie dans la façon d'employer ses pouvoirs[1218]. Si après enquête, il apparaît qu'une injustice a été commise en raison d'une faute de l'administration et qu'il n'y a pas été remédié, il peut saisir le Parlement afin que ce dernier apprécie s'il y a matière à réparation. Il est toutefois rare que le Parlement intervienne à ce stade car les recommandations du *Parliamentary Commissioner for Administration* sont généralement acceptées. Si l'autorité concernée ne respecte pas ses recommandations, le *Parliamentary Commissioner for Administration* peut préparer un rapport spécial en vue de le publier, ce qui est très rare. Toutefois, le *Parliamentary Commissioner for Administration* ne peut engager une enquête de sa propre initiative, ni traiter des affaires qui sont de la compétence des cours et des tribunaux. En effet, le médiateur peut toujours demander à l'administration de faire un effort particulier et d'assouplir la règle de droit. Le rôle du médiateur fiscal est limité

[1215] Conseil des impôts, 20e rapport au Président de la République.
[1216] *Interview with Office of Appeals, Technical Services, Director, Tax Policy/Procedure* (LMSB/TEGE) (Jun 9, 2004).
[1217] Art. 13, al. 1 de la loi n° 73-6 du 3 janvier 1973. LPF, art. L. 115.
[1218] PCA 1967, section 5 (5).

à faciliter la communication et à aider les parties à régler les problèmes factuels. Un élément essentiel du succès de la médiation est l'adoption de décisions créatrices. Un dialogue constructif et compréhensif entre administration et contribuable est plus efficace.

D/ Le champ d'application de la procédure

623. Initialement, la procédure de médiation américaine avait un champ d'application assez restreint. À la suite de la réforme de 1998, elle devient une procédure destinée à tous les contribuables et à tous les problèmes de fait et de droit à condition qu'une instance juridictionnelle ne soit pas engagée [1219]. À l'évidence, certaines problématiques sont plus adaptées à ce genre de procédure. Ainsi, par exemple, les problèmes factuels, l'appréciation des faits, les prix de transfert, la répartition des frais, sont particulièrement appropriés à la procédure de médiation.

624. Le médiateur français reçoit les réclamations individuelles concernant le fonctionnement des services du ministère de l'économie et des finances dans leurs relations avec les usagers. Mais il ne peut intervenir dans une procédure engagée devant une juridiction, ni remettre en cause le bien fondé d'une décision juridictionnelle[1220].

625. L'une des raisons pour lesquelles le Royaume-Uni a ressenti le besoin de se doter d'un ombudsman est que, de nombreuses erreurs commises par l'administration n'étant pas réellement contraires à la loi. Le *Parliamentary Commissioner for Administration* est compétent pour les réclamations du contribuable qui prétend avoir subi une injustice en raison de la mauvaise gestion de l'administration (*maladministration*)[1221]. La loi n'a défini ni ce qu'était une injustice ni ce qu'était la mauvaise gestion de l'administration. La doctrine considère que l'injustice est une situation dans laquelle le plaignant a un sentiment d'intense indignation en raison des conditions dans lesquelles son dossier a été traité[1222]. En pratique, l'interprétation devrait être encore plus large et l'injustice devrait inclure la mauvaise gestion des agents des impôts. La plupart des injustices concernent les délais ou le mauvais conseil donné au contribuable par un agent des impôts. La mauvaise gestion de l'administration n'est pas définie par les textes. Au cours du débat parlementaire sur la proposition de loi devant la *House of Commons* en 1966, Richard Crossman a proposé une liste non exclusive sans en donner une définition, la partialité, la

[1219] IR Code, section 7123 (b). Elle a été ajoutée suite à l'*Act* de 1998 § 3465(a)(1).

[1220] Art. 11, al. 1 de la loi n° 73-6 du 3 janvier 1973.

[1221] Stanley DE SMITH et Rodney BRAZIER, *Constitutional and Administrative Law*, 6e édition, London/New York : Penguin Books, p. 647.

[1222] D. David WILLIAMS, *Maladministration : Remedies for Injustice, a guide to the powers and practice of the British Ombudsmen and Similar bodies*, London : Oyez Publishing Ltd, 1976.

négligence, le manque de vigilance, les retards, l'incompétence, l'incapacité, la forfaiture, l'arbitraire, etc. Le troisième *Parliamentary Commissioner for Administration*, Idwal Pugh, a reconnu qu'en raison de l'imprécision de ces notions, il disposait d'une grande flexibilité pour définir la mauvaise gestion[1223]. En revanche, les textes n'exigent ni permettent à l'ombudsman de remettre en cause les mérites d'une décision prise sans mauvaise gestion par une administration dans l'exercice de son autorité[1224].

E/ Les conditions de l'intervention du médiateur

626. L'intervention du médiateur est soumise à certaines conditions. En France, toute réclamation adressée au médiateur doit avoir été précédée des démarches nécessaires auprès du service concerné. Le droit positif exige une démarche de l'usager auprès du service concerné, cette démarche ayant fait l'objet d'un rejet total ou partiel[1225]. Une difficulté se pose si le service concerné n'a pas réagi après la démarche du contribuable réclamant. En pratique, le médiateur exige seulement l'alerte de l'administration par une demande du contribuable, la production de la réponse de l'administration n'est pas obligatoire. Aucun texte ne détermine précisément à quel moment il faut saisir le médiateur. Il semble souhaitable de le saisir après qu'un dialogue avec l'administration ait été tenté, soit lorsqu'une décision de rejet de la réclamation qu'il a adressée à l'administration parvient au contribuable, soit lorsqu'il y a une décision implicite de rejet. Aux Etats-Unis, l'administration ou le contribuable ne recourt à la procédure de médiation que si tous les points en litige autres que ceux pour lesquels la procédure de médiation a été demandée ont été résolus. Le contribuable américain qui a été reconnu comme n'étant pas de bonne foi pendant la négociation est exclu de la procédure de médiation.

F/ La portée des décisions du médiateur

627. En général, le médiateur établit un document écrit, qui est un bref rapport écrit aux Etats-Unis, une recommandation en France et au Royaume-Uni. Le support est transmis à l'administration et au contribuable. Le médiateur ne dispose ni du droit de modifier unilatéralement les situations juridiques, ni d'un droit d'injonction, ni d'un pouvoir de sanction. Il peut seulement suggérer les moyens permettant d'aboutir à un règlement amiable. Si l'administration entend maintenir la position initialement portée à la connaissance du contribuable, le médiateur dispose-t-il de moyens efficaces ? Le médiateur ne formule que des recommandations, qui ne sont pas revêtues de l'autorité de la chose jugée. La recommandation n'a d'autorité juridique que si l'autorité compétente accepte de la prendre en considération. Aucune disposition ne fait obligation à l'administration de modifier ses comportements et de changer sa décision.

1223 PCA Annual Report 1977, p. 5. § 19.
1224 PCA 1967, section 12(3).
1225 Art. 7 de la loi n° 73-6 du 3 janvier 1973 ; Art. 3 du décret n° 2002-612 du 26 avril 2002.

628. La véritable force du médiateur sera l'autorité morale dont il disposera, et l'appui que pourront lui apporter l'opinion publique et l'opinion parlementaire[1226]. Ses moyens d'obliger l'administration à se conformer aux recommandations sont extra-juridiques, son autorité personnelle, son rapport présenté au ministre et la publication de ses recommandations au Journal officiel. Son influence est donc indirecte. En France, si l'administration concernée entend maintenir sa position initiale, le médiateur peut soumettre l'affaire à l'appréciation du Ministre[1227]. Il peut rendre public le refus de l'administration, en espérant que les réactions de l'opinion publique, ou la mise en jeu de la responsabilité politique du ministre, consécutives à cette publication, amènent les récalcitrants à plus de compréhension. Le *Parliamentary Commissioner for Administration* britannique compte également sur la publicité faite à son rapport, qui est envoyé au député à qui la réclamation a été adressée[1228], au contrôleur principal de l'agent concerné et à toute personne qui est présumée dans la réclamation avoir engagé ou autorisé l'acte, objet de la réclamation[1229]. En cas d'inaction de l'administration, il dispose de deux possibilités, mentionner son insatisfaction dans son rapport annuel ou Interim au Parlement[1230] ou en cas de nécessité, remettre à chaque chambre un rapport spécial sur le dossier[1231].

629. Les travaux du médiateur sont-ils utiles, en dépit de leur absence de valeur juridique ? Pour beaucoup de contribuables anglais, le *Parliamentary Commissioner for Administration* constitue un intermédiaire inappréciable et son travail présente une valeur certaine, le recours devant lui est autant apprécié qu'un jugement favorable[1232]. La doctrine française estime que la grande souplesse de l'intervention du médiateur lui permet, dans sa réponse au réclamant, dont il ne peut accueillir la demande, d'expliquer très clairement les raisons de son refus et d'indiquer éventuellement le service compétent pour traiter cette demande. L'administré a, au moins, la satisfaction de connaître précisément les raisons des difficultés qu'il a pu connaître dans ses rapports avec l'administration. Le travail du médiateur facilite la compréhension entre contribuable et administration. Il joue un rôle d'information et d'éducation du public qui amène une amélioration de l'image des services publics.

630. Ce système connaît cependant des limitations significatives. Le médiateur n'a pas assez attiré l'attention du public sur son existence ce qui est une condition *sine qua non* de son efficacité. Est envisagée la possibilité d'accroître

[1226] *JO, Déb. Ass. Nat.*, 15 décembre 1972, p. 6209.
[1227] Art. 5 du décret n° 2002-612 du 26 avril 2002.
[1228] PCA 1967, section 10 (1).
[1229] PCA 1967, section 10 (2).
[1230] PCA 1967, section 10 (4).
[1231] PCA 1967, section 10 (3).
[1232] *Annual report 1981* HC 258 p.1, § 5.

les attributions des ombudsmans en donnant aux citoyens des informations sur les possibilités offertes par cette institution. Les Etats membres du Conseil de l'Europe sont appelés à étudier la possibilité d'accroître les pouvoirs des Ombudsmans afin de leur permettre de faire directement référence aux instruments relatifs aux droits de l'Homme et de leur permettre de donner leur avis sur les mesures législatives concernant la protection des droits de l'Homme[1233]. Quelques améliorations pourraient être envisagées. Il est en effet souhaitable que le médiateur français soit désigné par le législateur comme l'est son homologue au Royaume-Uni (afin d'assurer son indépendance) et que la Charte du contribuable vérifié mentionne cette institution (afin d'informer le contribuable de l'existence de cette voie nouvelle de recours).

VI – L'arbitrage

631. Bien que le législateur ait longtemps ignoré le recours à l'arbitrage en matière de conflits fiscaux, le droit et la pratique sont aujourd'hui un peu plus ouverts à ce mode particulier de règlement des litiges. Malgré l'apparition de relations contractuelles entre citoyens et puissance publique, l'aspect de contrainte domine. La difficulté juridique réside dans la détermination du régime juridique de l'arbitrage. On ne trouve jamais en matière fiscale de convention pouvant être assimilée à un compromis, convention qui détermine le recours à l'arbitrage, la désignation des arbitres et l'étendue de leurs pouvoirs. En France, l'incompatibilité entre le droit administratif et l'arbitrage est longtemps apparue comme indiscutable et ne souffrait aucune exception. C'est à partir de 1906[1234] que le législateur français allait apporter des dérogations à cette incompatibilité[1235], notamment en matière de travaux publics et en droit international. La loi du 31 décembre 1987 réformant le contentieux administratif a prévu la prise de décrets pour déterminer les conditions dans lesquelles des litiges contractuels concernant les personnes publiques, ainsi que des actions mettant en jeu leur responsabilité extracontractuelle, pourraient être soumis « *avant toute instance arbitrale ou contentieuse* » à une procédure préalable, soit de recours administratif, soit de conciliation[1236]. Mais l'arbitrage

---

[1233] Conseil de l'Europe, *Les moyens non judiciaires pour la protection des droits de l'homme : l'institution de l'ombudsman*, p. 6. Recommandation n° R (85) 13 du Comité des Ministres aux Etats membres relative à l'institution de l'ombudsman adoptée par le Comité des Ministres le 23 septembre 1985 lors de la 388e réunion des Délégués des Ministres.

[1234] Loi du 17 avril 1906, art. 69 ; Code des marchés publics, art. 132.

[1235] Le Conseil constitutionnel a précisé que le principe de l'interdiction du recours à l'arbitrage pour les personnes publiques n'avait pas valeur constitutionnelle et qu'il était donc possible au législateur d'y déroger (CC, 2 décembre 2004, décision n° 2004-506 DC).

[1236] Le groupe de travail sur l'arbitrage conduit par Daniel LABETOULLE a remis au Garde des sceaux ses conclusions le 27 mars 2007. Il a été proposé d'autoriser de manière générale le recours à l'arbitrage pour les litiges, nés d'un contrat et opposant les parties à ce contrat, intéressant les personnes morales de droit public. Cependant, l'extension du recours à l'arbitrage au-delà du champ contractuel a été considérée comme inopportune. Ainsi, n'ont pas été considérés comme devant être « *arbitrables* », le contentieux de la légalité des actes administratifs est toujours refusé aux administrations de l'Etat sauf texte dérogatoire, qui n'existe pas en matière fiscale réserve faite de l'arbitrage fiscal international[1237].

632. La situation est différente aux Etats-Unis, où aucune loi n'interdisait expressément aux personnes publiques de recourir à l'arbitrage et aux différents modes de règlement amiable des litiges. Mais certaines objections d'inconstitutionnalité ont été soulevées au plus haut niveau, en particulier par le Contrôleur général des Etats-Unis. C'est pourquoi l'*Administration Conference of the United States* a recommandé le vote d'une loi autorisant et encourageant explicitement les agents fédéraux à recourir à tous les modes de règlement des litiges. L'*Administration Dispute Resolution Act* a été voté en octobre 1993. Désormais, l'arbitrage est expressément autorisé pour les litiges gouvernementaux contractuels et, dans la limite d'un certain montant, pour les litiges gouvernementaux extracontractuels. En matière fiscale, le tribunal des impôts a, en 1990, promulgué la règle des tribunaux des impôts 124 (*Tax Court Rule 124*), qui institue l'arbitrage dans les procédures de conflits fiscaux[1238]. En outre, l'IRS a adopté un programme pour que des problèmes factuels apparus mais non résolus, issus d'un recours administratif, puissent être soumis à l'arbitrage[1239].

633. Le problème n'est pas seulement que l'autorité fiscale accepte de transférer son pouvoir régalien à un arbitre mais également que le contribuable accepte la mission de l'arbitre. En conséquence, pour initier une procédure d'arbitrage, le contribuable et l'administration doivent conjointement se mettre d'accord et convenir d'être liés par les constatations de l'arbitre. Le contribuable doit, à cet effet, adresser une demande écrite qui nécessite une autorisation du supérieur hiérarchique de l'agent de recours. La convention d'arbitrage doit déterminer la désignation de l'arbitre, les différends soumis à l'arbitre, les preuves admises par exemple, les parties se mettent d'accord sur les noms des personnes que l'arbitre peut interroger, les questions que l'arbitre peut poser en présence des

unilatéraux et les litiges indemnitaires mettant en jeu la responsabilité quasi-délictuelle des personnes morales de droit public.

1237 Le recours à l'arbitrage a été introduit dans certaines conventions fiscales. Il s'agit d'un arbitrage de droit international public car les parties à l'arbitrage sont les deux Etats et non l'autorité fiscale et le contribuable.

1238 Voir Smith M. CARLETON, « Innovative Settlement Techniques Can Reduce Litigation Costs », *Journal of Tax'n of Investments*, 76,78(février 1993).

1239 Ann. 2000-4, 2000-1 IRB (Jan 18, 2000). La section 7123(b)(2) de l'IR Code, issue de la réforme de 1998 (section 3465), oblige le service à adopter un programme pilote par lequel le contribuable et le service de recours peuvent conjointement demander à engager un arbitrage sur les différends non résolus dans le cadre d'une procédure normale. Ce programme a débuté le 18 janvier 2000 et a duré deux ans. Pendant ces deux ans, le service de recours a reçu cinq demandes d'arbitrage dont quatre ont été autorisées par le service. L'avis (Announcement) 2002-60 a modifié et prolongé la procédure d'arbitrage pour une période d'un an à partir du 1er juillet 2002 (IRB 2002-26, July 1, 2002, p. 28).

parties. L'arbitre peut être sélectionné parmi les agents de recours (dans ce cas, il faut l'accord du contribuable) ou dans la liste d'une organisation professionnelle. Les différends soumis à la compétence de l'arbitre sont ceux susceptibles d'être résolus simplement par une appréciation des faits.

634. Le principe de l'interdiction de l'arbitrage en matière fiscale apparaît aujourd'hui inadapté et une réforme législative semble indispensable. La simple institution d'une procédure d'arbitrage n'est cependant pas suffisante. L'essentiel est de rechercher des solutions rendant l'arbitrage efficace. En pratique, le terme d'« *arbitrage* » est souvent utilisé pour désigner une série de procédures qui ne correspondent pas obligatoirement aux éléments constitutifs d'une véritable procédure arbitrale. En effet, la procédure arbitrale en matière fiscale se situe à la frontière de la procédure arbitrale et rejoint les procédures de conciliation et de médiation. Une autre question se pose : peut-on exiger du contribuable qu'il renonce à tout recours devant le juge pour être engagé dans une procédure d'arbitrage ? Afin de mettre à la disposition du contribuable un mécanisme d'arbitrage transparent et fiable, il faut que la législation nouvelle tienne compte de la spécificité de l'administration fiscale et renvoie aux règles du code de procédure civile pour le mécanisme d'arbitrage. Autre difficulté, la décision de l'arbitre en matière fiscale est semi-arbitrale et n'a qu'une valeur d'avis technique ou de projet de transaction, alors que l'autorité de la chose jugée constitue un élément essentiel de l'arbitrage. Des questions multiples se posent : alors existerait-il des voies de recours ou faudrait-il réexaminer la décision ? Quelle serait la nature de ces voies de recours ? Quelle juridiction serait compétente pour connaître ces recours ? Quel serait le moyen de faire exécuter la décision de l'arbitre fiscal ?

Conclusion du chapitre III

635. Les procédures de recours à la disposition du contribuable, contre la décision de l'administration, sont généralement plus protectrices que les procédures de contrôle. Le recours administratif a pour objet d'aplanir les difficultés rencontrées tant par le contribuable que par le vérificateur. En pratique, le contribuable a au moins l'impression d'être entendu par quelqu'un qui dispose d'une autorité supérieure à celle du vérificateur initial et qui réexamine son dossier avec impartialité. Les interventions d'organismes informels se sont multipliées. Parmi les modes alternatifs de règlement des conflits, les contribuables sont généralement attirés par la médiation.

636. Aux Etats-Unis, les voies de recours administratif sont plus souples et offrent plus de possibilités, tant au contribuable qu'à l'administration, pour résoudre les différends. Les agents des impôts américains ont tendance à favoriser davantage la négociation afin d'aboutir à un accord amiable avec le contribuable. Le contribuable britannique préfère les méthodes non

institutionnelles, telles que celles employées, par exemple, par le *Parliamentary Commissioner*, ou encore par l'adjudicateur. En France, les commissions de nature consultative donnent souvent davantage satisfaction au contribuable.

637. En Chine, contrairement aux matières civile et commerciale où la médiation et la conciliation jouent un rôle essentiel, le litige fiscal ne peut pas être réglé par ces modes alternatifs de règlement des litiges. La seule voie de recours ouverte au contribuable chinois avant le contentieux juridictionnel est le recours administratif. Théoriquement, la procédure de recours administratif en Chine est particulièrement protectrice du contribuable[1240]. Or, en pratique, la situation est tout à fait différente. D'une part, les agents chargés des recours administratifs sont peu qualifiés et peu nombreux, et d'autre part, les contribuables ayant peur des mesures de rétorsion que pourraient prendre les agents des impôts concernés, les demandes de réexamen administratif déposées sont rares.

638. Cependant, les voies de recours mises à la disposition du contribuable ne sont pas à l'abri de critiques. Comme constate Olivier Fouquet, l'administration tentant de résoudre les conflits avant que ceux-ci ne se cristallisent devant le juge, néanmoins, cette résolution préalable des conflits n'étant pas suffisamment encadrée par la loi, il convient alors de légiférer afin de permettre des prises de décision rapides en amont de la phase contentieuse[1241]. En ce qui concerne le recours devant le supérieur du vérificateur initial, à l'évidence, ce supérieur s'investit dans les opérations de vérification quand le vérificateur initial rencontre des difficultés. En France, l'interlocuteur départemental est souvent le directeur divisionnaire en charge de l'animation du contrôle fiscal et il intervient plus ou moins directement dans les contrôles effectués sous sa direction. Il semble important d'établir une impartialité structurelle afin d'assurer le contribuable que son dossier sera traité objectivement.

639. Le caractère substantiel du droit au recours administratif est généralement admis. Néanmoins, le bénéfice de cette garantie est soumis à un certain nombre de contraintes. Il en résulte un manque de substance de la garantie. Il semble que, pour assurer l'efficacité du règlement des conflits fiscaux, l'ensemble des voies de recours doive être connu de façon uniforme et qu'il faille garantir une impartialité dans les interventions des modes de règlement non contentieux.

[1240] On notera à ce propos que des auteurs français sont allés jusqu'à proposer l'adoption en France des règles chinoises du recours administratif. Voir Marc BARBET, « De l'ombudsman au médiateur », in : *Aspects nouveaux de la pensée juridique, Recueil d'études en hommage à Marc ANCEL*, Paris : A. Pedone, 1975, Tome 1, p. 242.

[1241] Jean-Pierre LE GALL (président du CEFEP), « La nouvelle donne des relations entre l'administration fiscale et les entreprises : concertation et contractualisation », compte rendu du colloque organisé le 28 juin 2005 par le CEFEP, *DF* 2006, n° 9, p. 511.

Titre II : L'établissement d'un équilibre entre les pouvoirs de l'administration fiscale et les garanties du contribuable dans le déroulement de la vérification

640. L'inégalité des rapports entre administration fiscale et contribuable résulte principalement de l'existence d'un pouvoir unilatéral de décision. Le pouvoir unilatéral se manifeste dans le fait que les décisions de l'administration sont élaborées sans que celle-ci ne recueille le consentement ou simplement l'avis du contribuable concerné. Cependant, ce pouvoir unilatéral n'est pas absolu. En France, les demandes du contribuable vérifié se sont développées en faveur d'une démocratisation des décisions administratives. Ceci étant, ce n'est pas uniquement dans l'intérêt du contribuable, mais aussi dans celui de l'administration.

641. Par conséquent, une procédure contradictoire a été instituée. Une telle procédure est destinée à protéger les droits individuels, prévenir les risques d'arbitraire et d'erreur, assurer la légalité et l'opportunité de la décision. En pratique, d'après l'enquête conduite par un cabinet, est constaté de manière générale un véritable dialogue à tous les stades du contrôle à la suite des efforts consentis par l'administration française [1242]. Cependant, le principe du contradictoire est écarté dans certains cas prévus par l'article L. 56 du LPF. Le débat n'est pas fermé après l'action de l'administration. En droit fiscal, la proposition de rectification ne clôture pas le dialogue et la continuité du dialogue est confirmée. D'abord, le contribuable a le droit de présenter des observations auxquelles l'administration doit répondre par des développements motivés [1243] ; ensuite, le dialogue est appliqué dans les voies de recours administratives et non juridictionnelles.

642. Les modalités de déroulement normal des procédures de contrôle sont révélatrices des rapports entre les pouvoirs de l'administration et les garanties du contribuable (Chapitre I). La contradiction n'est pas incompatible avec la procédure de vérification. Bien plus, elle participe à son amélioration certaine. Les procédures de vérification établissent en fait un dialogue et mettent en place un véritable échange entre contribuable et administration (Chapitre II).

[1242] Enquête conduite en 2005 par Ernst & Young auprès d'un panel de 166 entreprises grandes et moyennes (Source : « La nouvelle donne des relations entre l'administration fiscale et les entreprises : concertation et contractualisation », *DF* 2006, n° 9, p. 512).

[1243] LPF, art. L. 57, al. 4.

Chapitre I – L'équilibre dans les modalités de la vérification de comptabilité

643. Le déroulement de la vérification de comptabilité doit être surveillé. La question de savoir comment une vérification de comptabilité se déroule consiste à étudier le délai d'achèvement d'une vérification (Section I), le lieu de déroulement de la vérification (Section II) et sur quels documents porte la vérification (Section III).

Section I – La durée de la vérification

644. Les droits du contribuable sont à l'évidence mis à mal si les opérations de vérification durent trop longtemps. Par conséquent, des règles procédurales protègent le contribuable contre des contrôles trop longs. La durée des opérations est donc limitée dans les quatre pays comparés (I). Corollaire de cette limitation, les vérifications abusivement successives sont prohibées (II).

I – Le principe de limitation de la durée de la vérification

645. La question principale ici est de déterminer si le principe de limitation de durée de la vérification s'applique uniquement au contrôle sur place. En France, c'est la durée des interventions sur place qui est limitée[1244]. Il en va de même en Chine[1245]. Une autre problématique concerne les méthodes de limitation de la durée. En France, la limitation concerne la durée des opérations de contrôle depuis le début jusqu'à l'achèvement alors qu'au Royaume-Uni et aux Etats-Unis, la règle est que les opérations de vérification doivent être engagées ou achevées avant une date donnée. En France, la limitation de la durée est d'origine légale (A). Au Royaume-Uni, elle n'est pas prévue par les textes alors que la doctrine britannique recommande que le délai soit le plus court possible[1246]. Le contribuable britannique dispose en fait de moyens de se protéger contre des vérifications trop longues (B).

A/ La limitation légale en droit français

646. En France, la durée des interventions sur place est limitée pour toutes les entreprises. La limitation est dans la plupart des cas de 9 mois. Cette règle est respectée pour 100% des entreprises moyennes et 90% des grandes entreprises[1247]. Le délai général de 9 mois peut être prorogé pour certains

[1244] LPF, art. L. 51.

[1245] Instru. adm. chinoise, SAT [2004] 108, 24 août 2004, Avis de l'administration fiscale centrale relatifs au renforcement de la procédure d'imposition, n° 5.

[1246] Inland Revenue : *COP 14 Corporation Tax Self Assessment Enquiries.*

[1247] L'enquête conduite en 2005 par Ernst & Young auprès d'un panel de cent soixante-six entreprises grandes et moyennes constate que 45% des contrôles subis par les sociétés objet de l'enquête ont duré moins de 6 mois, 25% des contrôles ont duré plus d'un an (Source : « La dossiers complexes, frauduleux ou nécessitant un recours à l'assistance administrative internationale, ainsi que pour les grandes entreprises. Un délai de 3 mois a été prévu pour les petites entreprises[1248], sauf exceptions[1249]. S'agissant des petites entreprises, la question se pose sur l'appréciation du chiffre d'affaires en vue de restreindre la durée de vérification sur place. La situation est en faveur de l'administration. D'une part, il faut tenir compte des rehaussements apportés à bon droit au chiffre d'affaires par le service des impôts. D'autre part, l'administration peut se prévaloir du chiffre d'affaires déclaré par le contribuable[1250]. En revanche, cette rectification n'a pas à être vraiment effectuée dans le délai de 3 mois[1251].

647. Afin d'apprécier si la durée de 9 ou 3 mois a été respectée, l'essentiel est de déterminer les points de départ et d'achèvement des opérations de vérification. Concernant le point de départ, en principe, c'est la date figurant sur l'avis de vérification qui est retenue pour déterminer le point de départ du délai de vérification[1252]. Si cela ne pose pas de difficultés particulières, il n'en va pas de même quant au point d'achèvement.

648. La question est de savoir si la date d'envoi de la proposition de rectification marque la fin des opérations de vérification. Une autre difficulté se pose en l'absence de cette proposition. Selon la doctrine administrative[1253], une vérification peut être considérée comme achevée : (1) à défaut de rehaussements, lorsque le contribuable a reçu de l'administration un avis d'absence de redressement ; (2) en cas de rehaussement, lorsque le contribuable a donné son accord aux propositions de rectification ou n'y a pas répondu dans le délai de 30 jours. La position du juge est plus souple. Il considère que l'achèvement de la vérification peut résulter tout d'abord des indications

---

nouvelle donne des relations entre l'administration fiscale et les entreprises : concertation et contractualisation », *DF* 2006, n° 9, p. 512).

1248 En vertu des dispositions de l'article L. 52 du LPF, les vérifications sur place de comptabilité ne peuvent s'étendre sur une durée supérieure à 3 mois en ce qui concerne les entreprises dont le chiffre d'affaires ou le montant annuel des recettes brutes n'excède pas les limites prévues au I de l'article 302 septies A du CGI ou b du II de l'article 69 du CGI. Cette limitation à 3 mois de la durée de la vérification de comptabilité vaut pour l'ensemble des impositions contrôlées au titre d'une même période (CE, 13 janvier 2006, n° 256797, Gravas : *DF* 2006, n° 20, comm. 403 ; *BDCF* 4/2006, p. 64, concl. de Stéphane VERCLYTTE).

1249 L'article 52 du LPF a été modifié par les articles 14, 15 et 18 de la loi de finances rectificative pour 2007. Désormais, en cas de graves irrégularités privant de valeur probante la comptabilité, de flagrance fiscale ou de mise en œuvre d'une procédure de contrôle des comptabilités informatisées, la limitation à 3 mois de la durée de la vérification sur place n'est pas opposable à l'administration.

1250 Cass. com., 6 mars 2007, n° 05-18.113, F-B+B, SARL Clemenceau II : *DF* 2007, n° 27 comm. 710.

1251 CE, 20 mai 1998, n°155738 : *DF* 1998, n°45, comm. 107.

1252 CE, 23 juin 1993, n° 96477, Bichet : *RJF* 8-9/1993, n° 1183 ; *JCP éd. E* 1993, *pan.*, 1058.

1253 DB, 13 L 1324/B, n° 2. 13 L 1514/B, n° 21.

données par le vérificateur lui-même[1254]. Par exemple, les opérations de vérification se terminent le jour de la dernière intervention sur place précédant l'envoi de la notification de redressement[1255]. Par conséquent, les démarches du vérificateur auprès du contribuable avant l'envoi de la notification de redressement se rattachent nécessairement à la vérification de comptabilité[1256]. C'est le cas des demandes écrites de documents adressées au redevable postérieurement à la dernière visite sur place, ou du temps consacré par le vérificateur à l'examen de ces documents jusqu'à l'envoi de la notification de redressement[1257]. En revanche, l'examen des observations adressées par le contribuable en réponse à une proposition de rectification ne constitue pas une prolongation de la vérification[1258]. L'achèvement de la vérification est donc une question de fait[1259]. Dans tous les cas, une vérification de comptabilité est achevée au plus tard à la date d'envoi de la notification de redressement[1260].

649. La limitation de la durée de la vérification est-elle opposable à l'administration ? En d'autres termes, l'administration a-t-elle le droit de continuer le contrôle fiscal après l'expiration du délai légal ? L'opposabilité n'est pas absolue. La limitation de la durée ne peut être opposée à l'administration lors de l'examen des observations et des requêtes présentées par le contribuable après l'achèvement des opérations de vérification ou lors des vérifications portant sur des activités distinctes.

650. Une autre question essentielle est de savoir qui supporte la charge de la preuve en ce qui concerne la durée de la vérification. La jurisprudence française considère que le contribuable ne supporte pas la charge de prouver la durée exacte de la vérification de comptabilité dont il a fait l'objet et qu'elle doit être appréciée par le juge au regard des éléments de l'instruction[1261].

1254 CE, 17 janvier 1979, req. n° 8735.

1255 CE, 12 décembre 1979, n° 11741 : *DF* 1980, n° 8, comm. 385 ; - 11 mars 1983, n° 28890 : *DF* 1984, n° 12, comm. 625.

1256 CE, 23 mars 1988, n° 62742 : *RJF* 5/1988, n° 625 ; - 19 mars 2001, n° 206846, Mme Crousel : *DF* 2001, n° 37, comm. 811 ; *RJF* 06/2001, n° 820 ; *BDCF* 6/2001, n° 82, concl. de Gilles BACHELIER ; *JCP éd. E* 2001, n° 41, p. 1637 ; - 6 avril 2001, rec. n° 205365, M. Bertrand : *DF* 2001, n° 40, comm. 896.

1257 CAA Marseille, 17 décembre 1998, n° 96-1998 : *DF* 1999, n° 28, comm. 582. CE, 19 mars 2001, n° 206846, Mme Crousel.

1258 CE, 6 juillet 1977, n° 3289 : *RJF* 9/1977, n° 454 ; - 28 janvier 1981, n° 16600 : *DF* 1981, n°18, comm. 981 ; - 29 novembre 1989, n° 68469 : *DF* 1990, comm. 604 ; - 4 août 2006, n° 276555, Tcherbakov : *DF* 2007, n° 13, comm. 350.

1259 CE, 27 février 1991, req. n° 73995.

1260 CE, 3 décembre 1990, n° 66385, Lassourd : *DF* 1991, n° 5, comm. 147, concl. de Jacques ARRIGHI DE CASANOVA ; *RJF* 2/1991, n° 195.

1261 CE, 20 mars 1996, n° 123716, Angelvy : *DF* 1997, n° 41, comm. 1045 ; *RJF* 5/1996, n° 598.

B/ La limitation de la durée de la vérification en droit américain et anglais

651. Aux Etats-Unis, la pratique de l'administration est d'effectuer et de terminer la vérification dans un certain délai après que la déclaration fiscale ait été déposée. Ce délai est appelé « *Audit Cycle* (Cycle de contrôle) ». Il ne s'agit pas d'une obligation légale imposée par les textes mais d'une pratique administrative que s'impose l'administration elle-même. L' « *Audit Cycle* » ne s'applique qu'en cas de contrôle sur place (*Field Examinations*). Il est limité à 26 mois en ce qui concerne une personne physique et à 27 mois pour une société[1262]. Dans certains cas, une telle limitation ne s'applique pas, notamment en cas de fraudes fiscales, d'opérations internationales, etc. La durée du contrôle sur place n'étant pas réglementée, le *Taxpayer Bill of Right* de 1988 impose aux agents des impôts de fixer la durée et le lieu de la vérification d'une façon raisonnable et adaptée aux circonstances.

652. Dans le cadre du système dit de *Corporation Tax Self-Assessment* (le principe de l'évaluation par chaque contribuable de l'impôt dû), l'IR britannique dispose d'un délai relativement court de 12 mois à partir de la date du dépôt des déclarations fiscales afin de décider d'une vérification[1263]. Ce délai ne s'applique qu'à l'ouverture des opérations de vérification, la durée des opérations de vérification n'étant pas réglementée. La doctrine exige que le délai soit le plus court possible. En pratique, la durée de vérification varie en fonction de la nature et de la complexité de l'affaire. Pourtant, si le contribuable a déjà fourni tous les renseignements et justifications nécessaires et que l'IR a disposé d'un délai suffisant pour les examiner, le contribuable peut demander à l'administration de justifier pour quel motif continuent les contrôles. À tout moment, pendant le contrôle, le contribuable peut en appeler à l'*Appeal Commissioner*, dans le but de demander que le contrôle soit arrêté[1264] et qu'une notification de clôture de vérification soit délivrée[1265]. La charge de la preuve pèse alors sur l'IR qui doit prouver l'existence de motifs raisonnables de ne pas clôturer le contrôle. L'*Appeal Commissioner* peut ordonner la délivrance d'une notification de clôture.

653. À mesure que l'on se rapproche de la fin du délai légal, une carence du vérificateur pendant la vérification pourrait sembler avantageuse à l'égard du contribuable. Le vérificateur finira rapidement voire « *bâclera* » le contrôle à défaut de temps pour l'achever dans le délai. Cependant, en pratique, le

---

[1262] IRM 4111.2, MT 4100-252 (July 24, 1995) (*Examination Cycles*). L'examen des situations fiscales personnelles est limité à 26 mois. Michael Saltzman, *IRS Practice and Procedure*, para 8.06, citing IRM 4.111.2.

[1263] TMA 1970, section 24(2)-(4). Par exemple, la déclaration fiscale ayant été déposée dans le délai, un contrôle n'est valable que si l'avis de contrôle est délivré au contribuable avant l'expiration du délai de 12 mois.

[1264] TMA 1970, section 28A.

[1265] TMA 1970, section 33.

vérificateur peut établir un redressement simplement et partiellement développé sans prolonger la durée de vérification. Il peut également établir un redressement contre le contribuable s'il a soupçonné que le contribuable, ou son conseil, a tenté de tirer des avantages injustifiés.

II – L'intérêt de la limitation de la durée

654. L'intérêt de la limitation de la durée de la vérification est à l'évidence l'interdiction de la double vérification [1266]. L'objectif est de priver l'administration d'un pouvoir discrétionnaire de réexaminer abusivement les documents du contribuable[1267].

655. En Chine, l'article 4 du règlement limitant les contrôles économiques effectués à l'encontre des entreprises, approuvé par le Conseil des affaires d'Etat[1268], a établi le principe de la limitation des vérifications successives à l'encontre d'une entreprise[1269] et l'article 7 a prévu que les administrations fiscales ne pouvaient contrôler une entreprise plus de deux fois par an. Mais ces dispositions ont une portée limitée car il ne s'agit que de règlements internes de l'administration. De sorte qu'elles ne sont pas opposables à l'administration et le contribuable ne peut les utiliser comme moyen de défense contre les vérifications successives[1270]. En outre, en cas de vérifications successives, il n'y a de sanction qu'à l'encontre des agents des impôts, par exemple, des sanctions disciplinaires[1271]. En définitive, la limitation des vérifications n'est pas un droit pour le contribuable, mais une obligation disciplinaire pour les agents des impôts. Ultérieurement, le règlement d'application de la NLAPI s'est contenté de poser le principe selon lequel l'administration doit limiter strictement le nombre de contrôles sur place opérés à l'encontre d'un contribuable ou d'un tiers tenu à l'obligation de retenue à la source[1272]. Sans autres précisions légales,

---

[1266] LPF, art. L. 51. TMA 1970, section 24(5). IR Code, section 7605.

[1267] United States v. Powell, 379 U.S. 48, 54-55 (1964).

[1268] Règlement chinois limitant les contrôles économiques effectués à l'encontre des entreprises, 23 juillet 1999, Comité d'économie et de commerce du Conseil des affaires d'Etat chinois [1999]706. Ce règlement a été rédigé par dix administrations centrales, Comité d'Économie et de Commerce, Comité de Planification du Développement, ministère des Finances, ministère des Ressources Humaines, Comité National d'Audit, SAT, administration nationale de statistique, administration nationale d'industrie et de commerce, administration nationale de surveillance de la qualité et des techniques, administration nationale de contrôle d'échange de devises étrangères.

[1269] L'article 4 du règlement chinois limitant les contrôles économiques effectués à l'encontre des entreprises prévoit que « *les administrations doivent, pendant le contrôle économique en vertu des lois et règlements à l'encontre des entreprises, établir un calendrier de contrôle, améliorer l'efficacité, assurer la qualité et éviter les vérifications successives* ».

[1270] L'article 14 du règlement chinois limitant des contrôles économiques effectués à l'encontre des entreprises, qui prévoit qu'en cas de contrôle économique en violation de ce règlement, l'entreprise a le droit de refuser, ne précise pas comment l'entreprise peut réagir.

[1271] Art. 12, al. 2 du règlement chinois limitant des contrôles économiques effectués à l'encontre des entreprises.

[1272] Art. 85 du règlement d'application de la NLAPI.

l'application de ce principe ressort du pouvoir discrétionnaire de l'administration fiscale.

656. Quant à la durée de la vérification, le SAT a donné comme instruction à ses agents de limiter la durée des vérifications sur place et le nombre d'interventions afin d'éviter des vérifications successives[1273]. En 2005, la norme temporaire relative au service contribuable précise que les administrations fiscales doivent fixer le délai de vérification en fonction des circonstances de fait [1274]. Pour autant, la sanction des vérifications trop longues et des vérifications successives n'est mentionnée nulle part. Il en résulte que les agents des impôts ne respectant pas ces règles ne sont pas sanctionnés et que le contribuable chinois risque de devoir affronter des vérifications successives, s'écoulant sur une longue période.

657. Quand un contribuable invoque qu'une vérification secondaire a été effectuée, l'administration réplique souvent en soutenant que ses opérations initiales n'étaient que sommaires donc insuffisantes pour constituer une opération de vérification au sens strict. Dans ce cas, il faut apprécier si les agissements de l'administration constituent une vérification de comptabilité. La jurisprudence américaine considère que le temps que le vérificateur passe constitue un facteur significatif et qu'une sérieuse vérification prend du temps et peut nécessiter plusieurs vérifications sur les documents du contribuable[1275].

658. La question est de savoir quelles sont les sanctions des violations de l'interdiction des vérifications successives. En France, la violation d'un tel principe vicie le supplément de redressement opéré du fait de la nouvelle vérification irrégulière[1276]. Il en résulte qu'une nouvelle vérification n'entraînant aucun redressement n'a aucune influence sur la procédure d'imposition. La jurisprudence française considère que la circonstance que la comptabilité d'un contribuable ait fait l'objet, en violation de l'article L. 51 du LPF, de deux vérifications successives est sans influence sur la validité de l'impôt à partir du moment où cette imposition ne découle pas des constatations faites lors de ces vérifications[1277], et qu'une nouvelle visite, qui n'entraîne aucun redressement, ne vicie pas la procédure[1278]. Cette solution est-elle justifiée ? D'un côté, la solution est justifiée, tant par le principe d'indépendance des procédures, dans la mesure où la nouvelle vérification n'entraînant aucun redressement n'a rien à

[1273] Instru. adm. chinoise, SAT [2004] 108, 24 août 2004, Avis de l'administration fiscale centrale relatifs au renforcement de la procédure d'imposition, n° 5.
[1274] Art. 18 de la norme temporaire chinoise relative au service contribuable, SAT [2005] 1●5 du 16 octobre 2005.
[1275] United States v. Crespo 281. F. Supp. 928 (D.M.1968).
[1276] CAA Lyon, 7 décembre 1994, n° 93-953 : *DF* 1995, n° 17, comm. 995.
[1277] CE, 19 décembre 1980, req. n° 9234.
[1278] CAA Nantes, 1re ch., 22 juillet 1997, req. n° 94-533.

voir avec la procédure d'imposition en cause, que par la logique selon laquelle les vices d'une procédure n'entachent la procédure subséquente que dans la mesure où cette dernière tire les conséquences de la première. Cependant, d'un autre côté, cette solution apparaît injustifiée dans la mesure où la violation de l'interdiction des vérifications successives, qui crée un sentiment d'insécurité chez le contribuable, n'est pas effectivement sanctionnée.

659. La limitation de la durée de la vérification n'est que relative. La dérogation au principe de l'interdiction des vérifications successives peut être fondée sur une prolongation de la vérification et sur le droit général de reprise (A), sur les modifications de redressement (B), sur d'autres moyens de contrôle (C), sur les vérifications nouvelles distinctes ou nécessaires (D) ou encore sur des mesures exceptionnelles (E).

A/ La prolongation de la vérification dans le délai

660. En France, le principe de l'interdiction des vérifications successives ne remet pas en cause le droit général de reprise de l'administration. Les dispositions de l'article L. 51 du LPF n'ont nullement enlevé au service le droit de réparer à tout moment, dans le délai de prescription défini par le CGI, les insuffisances, omissions ou erreurs[1279]. Mais il ne s'agit pas de n'importe quelle insuffisance. Pour que l'administration puisse exercer son droit de reprise, la découverte des insuffisances, omissions ou erreurs doit résulter, soit du réexamen critique des pièces du dossier détenu par le vérificateur[1280], soit de la vérification elle-même, des rapports établis à la suite de celle-ci ou de renseignements provenant de toute autre source[1281]. De toute façon, il ne s'agit que d'erreurs apparues dans la détermination de l'assiette de l'impôt qui n'ont pas été découvertes à la suite d'une nouvelle vérification ou des insuffisances ou omissions constatées qui ont donné lieu à des redressements notifiés dans le cadre d'un contrôle sur pièces et non dans celui d'une nouvelle vérification de comptabilité[1282]. De plus, rien n'empêche l'administration fiscale de prolonger les opérations de vérification de comptabilité dans la durée légale des opérations.

B/ La modification de redressement

661. L'administration n'est pas privée du droit de modification. Au Royaume-Uni, il est prévu par les textes que l'IR ne dispose pas du droit d'effectuer des

[1279] LPF, art. L. 51. CE, 27 février 1985, n° 41451.

[1280] CE, 28 juin 1991, n° 70410, Jaine. CAA Paris, 4 mars 1993, n° 91-00297, Tirilly.

[1281] CE, 7 décembre 1988, n° 88433, Wollf.

[1282] CE, 5 décembre 1990, n° 80360, Bouvier ; - 29 septembre 1989, n° 75305, SARL Venutolo. CAA Marseille, 19 octobre 2004, n° 00-01286, Sitael. CAA Nancy, 6 juin 1996, n° 94-01745, Pinto. CAA Paris, 4 mars 1993, n° 91-00297, Tirilly.

vérifications successives, à l'exception des modifications[1283]. En France, la jurisprudence estime que l'administration a le droit de réparer ultérieurement les erreurs ou omissions apparues dans les mêmes délais et sous les mêmes garanties[1284]. Aux Etats-Unis, la doctrine administrative estime qu'un contact repris par l'administration avec le contribuable afin de corriger une erreur matérielle après la clôture d'une vérification ne constitue pas un réexamen[1285].

C/ D'autres moyens de contrôle que la vérification

662. Interprétées strictement, les dispositions de l'article L. 51 du LPF ne s'appliquent qu'en matière de vérification de comptabilité. Le contribuable peut invoquer le principe de l'interdiction seulement lorsque l'administration a effectivement pratiqué deux vérifications. Ce n'est ni le cas du droit de communication[1286], ni des constatations matérielles[1287], ni d'un examen contradictoire de la situation fiscale[1288]. Aux Etats-Unis, l'interdiction ne s'applique qu'aux documents détenus par le contribuable. Rien n'empêche l'administration de rechercher des informations dans d'autres sources[1289]. Par conséquent, il peut rechercher des informations sur le contribuable auprès d'un tiers[1290].

D/ Les vérifications nouvelles distinctes ou nécessaires

663. Au sens strict, le principe de l'interdiction ne concerne pas les vérifications nouvelles distinctes. S'agissant du même contribuable, une nouvelle vérification distincte est toujours possible[1291]. Deux vérifications de comptabilité réalisées à des périodes distinctes et portant sur des années différentes constituent des vérifications distinctes alors même qu'elles ont été conduites par le même vérificateur[1292]. Par ailleurs, l'intervention du vérificateur dans les locaux de l'entreprise en vue de procéder à l'instruction de la réclamation présentée par le contribuable ne constitue pas une vérification successive[1293].

664. La difficulté réside dans la distinction entre un nouvel examen et un prolongement de la vérification initiale. La jurisprudence française estime que le nouvel examen des documents comptables, nécessité par l'instruction des observations du contribuable, constitue le prolongement de la première

---

1283 TMA 1970, section 24(5).
1284 CE, 30 décembre 2002, n° 81989, SARL Twenty shop : *RJF* 3/03, n° 333.
1285 Rev, Proc. 85-13.
1286 CE, 24 octobre 1979, req. n° 10143; - 21 octobre 1987, req. n° 59760.
1287 CE, 30 juin 1972, req. n° 83437.
1288 CE, 23 mars 1977, req. n° 99528 ; - 29 juin 1988, req. n° 53026.
1289 United States v. Howard, 360 F2d 373 (3d Cir. 1966).
1290 Hubner v. Tucker, 245 F2d 35 (9th Cir. 1957).
1291 CE, 17 décembre 2003, req. n° 247988.
1292 CAA Marseille, 6 mars 2003, n° 98-2172, 3e ch., Vadillo : *RJF* 8-9/2003, n° 998.
1293 CE (na), 4 novembre 2005, n° 274049, Bohy : *RJF* 01/2006, n° 66.

vérification et non une nouvelle vérification[1294]. Aux Etats-Unis, s'agissant de contribuables différents, le principe de l'interdiction ne s'appliquant qu'à la vérification du propre assujettissement d'un contribuable, des vérifications en vue de déterminer l'assujettissement d'autres contribuables ne sont pas interdites[1295].

665. Aux Etats-Unis, les textes prohibent des vérifications successives non nécessaires et autorisent en revanche des vérifications successives à condition que le contribuable soit expressément averti de la nécessité d'effecteur une vérification additionnelle[1296]. La difficulté se pose alors de déterminer ce qu'est la nécessité des vérifications additionnelles. Le contribuable peut soutenir que si l'administration est déjà en possession des informations recherchées, la vérification à l'égard du contribuable est présumée non nécessaire[1297]. Une vérification ultérieure doit être autorisée par le chef de la division de vérification ou le chef de la division de conseil si l'affaire se trouve dans son ressort[1298]. Le concept de vérifications nécessaires n'existe pas en droit français.

E/ Des mesures exceptionnelles

666. L'article L. 51 du LPF indique explicitement quelles sont les exceptions au principe de l'interdiction des vérifications de comptabilité successives : vérification de comptabilité portant à la fois sur les taxes sur le chiffre d'affaires et l'impôt sur le résultat, agissements frauduleux, régime d'intégration des groupes de sociétés, demande de renseignements à une autorité étrangère. Aux Etats-Unis, le principe est similaire. L'IRS ne peut rouvrir un contrôle clôturé pour effectuer un ajustement défavorable au contribuable excepté (1) en cas de fraude, collusion, dissimulation ou présentation déformée d'un fait matériel ; (2) si une erreur substantielle dans la vérification clôturée s'est fondée sur une position de l'administration existant déjà au moment de la vérification clôturée ; ou (3) si d'autres circonstances existantes indiquent que le défaut de réouverture du contrôle serait une omission sérieuse de l'administration[1299].

[1294] CE, 14 juin 1967, n° 66306 : *DF* 1967, n° 28, comm. 795 et n° 51 *doctr.* ; – 25 juillet 1986, n° 44404 : *DF* 1986, n° 51, comm. 2264.

[1295] United States v. Chemical Bank, 539 F2d 451(2d Cir. 1979). Hubner v. Tucker, 245 F2d 35 (9th Cir. 1957).

[1296] IR Code, section 7605(a) et 7605(b).

[1297] United States v. Powell, 379 U.S. 48,56(1964).

[1298] IRM 4023.6, MT 4000-235 (Apr. 25, 1983) (Requesting Approval to Reopen).

[1299] 26 CFR § 601.105(j). Rev. Proc. 85-13, 1985-1 CB 514. La dernière hypothèse couvre les cas suivants si le défaut : (1) entraînera une critique sérieuse sur l'exécution du droit fiscal par l'administration ; (2) établira un précédent qui pourra gêner sérieusement les tentatives postérieures de l'administration en vue de corriger les erreurs ; (3) entraînera un traitement incohérent entre les contribuables se trouvant dans la même situation. IRM 4023.5, MT 4000-239 (June 8, 1976) (*Definition of Reopening Criteria*).

667. Au Royaume-Uni, l'IR dispose d'un pouvoir exceptionnel de recouvrement sans engager nécessairement une nouvelle vérification, soit en cas de *Discovery Assessment* (imposition sur divulgation ultérireure), soit en cas de redressement en vue de recouvrer l'impôt non perçu[1300]. Toutefois, la règle de *self-assessment* restreint le pouvoir de l'IR de faire un *Discovery Assessment*. Si le contribuable a déjà rempli son obligation fiscale, une imposition sur divulgation ultérieure ne s'effectue que dans les cas suivants : (1) fraude ou négligence du contribuable ; (2) l'administration n'est pas en mesure de découvrir la minoration d'impôt en se basant sur les informations raisonnablement disponibles dans les déclarations ou dans les documents concernés[1301]. Suite à deux arrêts[1302], l'IR a été amené à préciser les limites du principe du *Discovery Assessment*[1303]. Depuis, le pouvoir de l'IR de procéder à une nouvelle imposition ne joue pas dans les deux cas suivants : (1) lorsque le point invoqué pour justifier la nouvelle imposition avait fait l'objet, au cours de la procédure initiale de redressement, d'une discussion et d'un accord spécifiques entre contribuable et service ; (2) lorsque le point, bien que n'ayant pas fait l'objet d'une discussion ou d'un accord spécifique entre contribuable et service, constitue un élément central du redressement initial, de sorte qu'il avait nécessairement dû être implicitement admis par l'inspecteur responsable du redressement, et qu'une personne raisonnable peut en déduire que l'inspecteur était d'accord sur l'imposition. L'objectif est de restreindre le pouvoir discrétionnaire de l'IR et d'accorder plus de sécurité au contribuable.

Section II – Le lieu de la vérification

668. Dans les quatre pays comparés, la vérification de comptabilité constitue en principe un contrôle sur place, ce qui est distinct du contrôle sur pièces. Ceci est expressément confirmé par les textes français[1304] et chinois[1305]. Au Royaume-

[1300] TMA 1970, section 29 (3). Court of Appeal, 1989, 1990 STC 1, Blackpool Marton Rotary Club v. Martin, *Tolley's Tax Cases* 2001, 5.9. Court of Appeal, 1986, Bye v. Coren, 1986 STC 393.

[1301] TMA 1970, section 42(2).

[1302] Cenlon Finance Co. Ltd v. Ellwood ; Scorer v. Olin Energy Systems 1985.

[1303] *Statement of practive* (SP 8/91) daté du 26 juillet 1991.

[1304] Tout d'abord, les dispositions des articles L. 13 et L. 52 du LPF précisent que la vérification de comptabilité doit en principe se dérouler dans les locaux de l'entreprise vérifiée. Ensuite la doctrine administrative BODGI 13-L-12-76 en date du 16 septembre 1976 prévoit que : « *le représentant de l'administration doit se rendre sur place pour examiner les documents comptables*... ». Enfin, la jurisprudence estime qu'une vérification de comptabilité doit se dérouler au siège de l'entreprise vérifiée et non ailleurs (CE, 21 mai 1976, n° 94052) et qu'est irrégulière une vérification de comptabilité qui s'est déroulée au centre des impôts par décision du vérificateur, alors que le représentant de la société avait proposé que les opérations de contrôle se déroulent à son domicile, lieu où étaient détenus les documents comptables de cette société en cours de liquidation, qui ne disposait plus de locaux professionnels (CAA Nancy, 1er décembre 1994, req. n° 91-765 : *DF* 1995, n° 25, comm. 1357).

[1305] NLAPI, art. 54. Règlement d'application de la NLAPI, art. 86.

Uni, les rencontres entre agents des impôts et contribuable n'ont pas exclusivement lieu sur place, mais soit au bureau du conseil professionnel du contribuable, soit dans les locaux de l'IR, soit dans les bureaux du contribuable, soit à son domicile. Il n'existe pas non plus aux Etats-Unis de dispositions légales fixant l'heure et le lieu de la vérification. Cependant, celles-ci exigent que le lieu et le temps de la vérification doivent être raisonnables au regard des circonstances[1306]. La vérification peut avoir lieu dans un endroit autre que les locaux de l'entreprise si cela est raisonnable[1307]. En pratique, le vérificateur tente de donner rendez-vous au contribuable dans les temps et lieu convenant à ce dernier en conformité avec les dispositions légales et administratives. De plus, le vérificateur s'engage à minimiser l'effet négatif du contrôle sur les activités du contribuable, même si une vérification peut avoir lieu pendant les heures normalement ouvrables pour les agents sans prendre en considération les fluctuations saisonnières des activités du contribuable[1308]. Une vérification effectuée par l'inspecteur américain se déroule normalement sur le lieu d'exploitation du contribuable.

I – L'intervention sur place

669. En France, contrairement à l'examen contradictoire de l'ensemble de la situation fiscale personnelle où les textes ne prévoient pas le lieu de l'examen, « *le législateur de 1955 a conçu la procédure de vérification de comptabilité comme une procédure de contrôle sur place (...)* »[1309]. Ce principe n'a cependant pas une portée absolue. Ainsi, le vérificateur peut demander au contribuable de venir dans son bureau pour un entretien, ce qui ne contrevient pas à l'obligation de vérification sur place. Le contribuable peut-il apporter des documents comptables à l'occasion de l'entretien avec le vérificateur dans le local de l'administration pour les examiner avec ce dernier ? En France, la jurisprudence estime que des documents comptables peuvent être apportés par le contribuable dès lors qu'un débat a déjà eu lieu dans l'entreprise, que l'essentiel du contrôle y a été effectué et que le contribuable emporte ses documents à l'issue de l'entretien sans en avoir à aucun moment été dessaisi[1310]. Cet apport peut être à l'initiative du contribuable ou à la demande du vérificateur.

670. Par ailleurs, dans certains cas, l'intervention sur place n'est pas aisée, notamment quand il s'agit de petites entreprises, d'entreprises saisonnières, ou encore de sociétés en liquidation ne disposant plus de locaux d'exploitation. La

---

[1306] IR Code, section 7605 (a).
[1307] Reg § 301. 7605-1 T(d) (3)(ii).
[1308] Temp. Reg. § 301. 7605-1T(b)(1).
[1309] Concl. de Marie-Aimée LATOURNERIE, arrêt CE, 21 mai 1976, req. n° 94052.
[1310] CE, 10 janvier 2001, n° 211966, Cantié : *DF* 2001, n° 29, comm. 702 ; *RJF* 4/2001, n° 517 ; *BDCF* 4/2001, n° 59 ; *JCP éd. E* 2001, n° 39, p. 1536.

vérification peut alors être poursuivie dans un local autre que le siège social de l'entreprise vérifiée. Si au cours de la vérification, l'entreprise vérifiée a déménagé, il sera opportun de changer le lieu de vérification. Il peut arriver que l'intervention sur place ne soit pas souhaitée par le contribuable. Il se peut aussi que le vérificateur souhaite que le contrôle se passe au cabinet du comptable, entre professionnels. Tant du point de vue de l'administration que de celui du contribuable, il est admis que le contrôle puisse se dérouler en dehors de l'entreprise. Ce principe est affirmé en France comme au Royaume-Uni ou aux Etats-Unis.

671. Aux Etats-Unis, le contribuable peut demander par écrit à l'administration d'effectuer la vérification dans un autre endroit. Dans ce cas, l'administration examine au cas par cas s'il convient ou non de faire droit à la demande[1311]. La demande est, en principe, accueillie si le contribuable a déménagé ou que les documents comptables sont détenus dans un autre endroit que le local professionnel du contribuable. Le lieu de la vérification est souvent celui où se trouvent les documents comptables[1312]. Un changement de lieu de vérification peut toujours être sollicité si cela permet à l'administration de conduire plus efficacement les opérations de vérification[1313], que l'entreprise vérifiée est tellement petite qu'une vérification sur place entraînerait une fermeture de l'établissement ou perturberait excessivement les activités du contribuable[1314]. Au Royaume-Uni, le contribuable peut également solliciter que les opérations aient lieu dans l'endroit qui lui convient le mieux.

672. En France, la vérification effectuée à l'extérieur peut être admise, soit à la demande du contribuable, soit lorsque les circonstances le justifient et si le contribuable ne s'y oppose pas. En pratique, la vérification peut avoir lieu dans les locaux d'une autre société[1315], au domicile du contribuable[1316], dans les locaux de l'administration[1317], dans un local utilisé pour les besoins de

---

[1311] Reg. § 301.7605-1(e)(1).
[1312] Temp. Reg. § 301. 7605-1T(e)(2)(ii)(B), § 301. 7605-1T(d)(3).
[1313] Temp. Reg. § 301. 7605-1T(e)(1).
[1314] IRM 4591.2 ; Temp. Reg. § 301. 7605-1T(d)(3)(ii). IRM 4261.2, MT 4200-593 (Apr. 29, 1991) (publié 1990-17 IRB 11) (*Arrangement for Examinations*).
[1315] Dès lors que la comptabilité était déposée dans ces locaux : CE, 15 février 1999, n° 187962, SARL « Sporting Plage » : *DF* 1999, n° 23, comm. 462 et 821 ; *BDCF* 4/1999, p. 33, concl. de Gilles BACHELIER ; - 9 juillet 2003, n° 230167, Dang-Collin : *DF* 2004, n° 6, comm. 226 ; *RJF* 11/2003, n° 1265 ; *BDCF* 2003 n° 143, concl. de Gilles BACHELIER.
[1316] Lorsque le contribuable a son domicile sur le lieu de son exploitation, qu'il y conserve ses documents comptables et que la configuration des lieux permet au vérificateur de prendre connaissance des conditions réelles de l'exploitation : CE, 15 juin 2001, n° 217330, Gonzales : *DF* 2001, n° 42, comm. 954 ; *RJF* 10/2001, n° 1266 ; - 26 janvier 1990, n° 85761, M Goldsztejn : *DF* 1990, n° 13, comm. 659. Voir CE, 15 décembre 1999, n° 170919, M. Bessière *DF* 2000, n° 18-19, comm. 388 ; *JCP éd. E* 2000, n° 3, *pan.*, p. 68.
[1317] CE, 10 janvier 2001, n° 211966, Cantié.

l'exploitation de l'entreprise mais autre que le siège social[1318] ou au lieu où se trouve la comptabilité[1319]. En raison de la nature légale de l'obligation d'intervention sur place en France, force est de constater que ce sujet suscite beaucoup plus de commentaires en France qu'au Royaume-Uni ou qu'aux Etats-Unis[1320].

673. Dans l'hypothèse où la vérification a lieu en dehors des locaux de l'entreprise vérifiée, le vérificateur est-il tenu de se rendre sur place en vertu du principe de l'intervention sur place ? Après des hésitations[1321], dans les arrêts Milhau et Moréra[1322], le juge français a reconnu la possibilité qu'il n'y ait pas d'intervention sur place dans les locaux de l'entreprise et que l'intervention sur place ne constituait pas une formalité substantielle conditionnant la régularité de la vérification. Toutefois, d'une part, il est préférable que la vérification ait lieu dans les locaux du contribuable même si les documents comptables sont conservés chez son comptable, puisque, sur place, le vérificateur peut faire des observations utiles, interroger les employés. Pour le commissaire du Gouvernement Guillaume Goulard, « *ce principe (selon lequel la vérification de comptabilité se déroule normalement dans les locaux de l'entreprise) doit être maintenu pour trois raisons : (...) le texte de l'article L. 13 LPF indique que la vérification se déroule sur place, (...) la vérification sur place comporte une garantie pour le contribuable. (...) cette règle est utile à la qualité de la vérification* »[1323]. D'autre part, quel que soit le lieu de vérification, l'administration se réserve le droit de visiter les locaux professionnels du contribuable en vue de vérifier les constatations qui ne peuvent être établies que par une visite sur place.

674. En Chine, le contribuable n'a pas le droit de solliciter que la vérification ait lieu hors de l'entreprise. Néanmoins, l'agent des impôts peut, à sa discrétion, décider d'emporter des documents en cas de nécessité dans les locaux de l'administration afin de les examiner[1324]. Pour minimiser l'impact d'un tel

---

1318 CE, 8 juin 2005, n° 241932, SA France Equipements Industriels : *DF* 2005, n° 40, comm.657 ; *RJF* 8-9/2005, n° 894.

1319 CE, 27 juillet 2005, n° 255446, 255447 et 255448, Charles : *DF* 2005, n° 51, comm. 832 ; *RJF* 11/2005, n° 1213.

1320 Concl. de Guillaume GOULARD sur CE, sect., 26 février 2003, n° 232841 et 232842, Moréra.

1321 La jurisprudence française exigeait que lorsque le contribuable demandait que le contrôle ait lieu chez l'expert-comptable, le vérificateur doive se rendre sur place pour se rendre compte des conditions d'exploitation réelles de l'entreprise : CE, 10 décembre 1999, n° 201067 : *DF* 2000, n°24, comm. 493.

1322 CE, 10 novembre 2000, n° 204805, Milhau. CE, sect., 26 février 2003, n° 232841 et 232842, Moréra.

1323 Concl. de Guillaume GOULARD sur CE, sect., 26 février 2003, n° 232841 et 232842, Moréra.

1324 Règlement d'application de la NLAPI, art. 86.

emport sur l'activité de l'entreprise, le droit chinois distingue les documents de l'année en cours des documents des années antérieures. Les deux catégories de documents sont soumises à des conditions d'emport différentes. Concernant les livres, documents comptables, pièces justificatives ou autres documents des années antérieures, l'emport doit (1) être nécessaire ; (2) être autorisé par le directeur du centre des impôts de l'arrondissement ou d'un centre des impôts hiérarchiquement supérieur ; (3) un reçu détaillé des documents emportés doit être établi par les agents ; (4) les documents emportés doivent être intégralement restitués dans un délai de 3 mois. En ce qui concerne les documents de l'année en cours, l'emport (1) ne peut qu'être exceptionnel ; (2) doit être autorisé par le directeur de centre des impôts de la ville ou d'un établissement des impôts hiérarchiquement supérieur ; (3) les documents doivent être restitués dans un délai de 30 jours[1325]. Répondent au caractère « *exceptionnel* », selon le SAT, les situations suivantes : (1) le contrôle concerne les factures spécifiques de TVA ; (2) le contribuable est soupçonné d'avoir commis des infractions graves ; (3) le contribuable ou toute autre personne concernée est susceptible de détruire, cacher ou déplacer les documents ou autres preuves ; (4) les agents des impôts estiment nécessaire d'emporter les documents[1326]. En pratique, la portée de ce dispositif est limitée puisque l'agent des impôts qui prend l'initiative d'emporter des documents obtient systématiquement l'autorisation du directeur du centre des impôts compétent et prouve facilement la nécessité d'un tel emport.

675. Le principe des interventions sur place signifiant en théorie l'examen des documents comptables par l'inspecteur sur place, l'emport des documents hors de l'entreprise reste interdit sauf dans certaines hypothèses particulières. Cette interdiction occupe une place en France qu'elle n'a pas dans les trois autres pays. Au Royaume-Uni comme en Chine, l'interdiction d'emport des documents n'existe pas, en revanche, les documents emportés par l'agent des impôts doivent être restitués, soit le plus tôt possible, soit dans un délai imposé par la loi. Aux Etats-Unis, le problème d'emport de documents hors de l'entreprise vérifiée ne pose pas de difficultés particulières car les textes ne prévoient pas expressément une obligation de contrôle sur place similaire à celle qui existe en France.

II – L'emport de documents hors de l'entreprise

676. En France, l'emport des documents n'est en théorie pas autorisé. En outre, documents comptables, déclarations fiscales et pièces justificatives sont la propriété du contribuable et son droit de propriété sur ceux-ci doit être

---

1325 Règlement d'application de la NLAPI, art. 86.

1326 Instru. adm. chinoise, [2003] 47, 23 avril 2003, Communication de l'administration fiscale centrale relative à quelques questions précises en application de la NLAPI et de son règlement d'application.

protégé[1327]. De sorte que pour ne pas porter atteinte au droit de propriété du contribuable, seul ce dernier peut en disposer et les confier temporairement au vérificateur. La première grande interrogation à ce sujet est de déterminer si tous les déplacements de documents comptables constituent un emport de documents. À l'évidence, ne devraient être considérés comme emport de documents ni un déplacement de certains documents comptables du siège social de l'entreprise à un lieu d'exploitation[1328], ni le fait que le contribuable ait apporte des documents à l'occasion d'un entretien avec le vérificateur dans les locaux de l'administration. Il faut alors s'interroger successivement sur les conditions d'un emport régulier (A) et les sanctions de l'emport irrégulier (B).

A/ Les conditions d'emport des documents hors de l'entreprise

677. L'emport de documents conserve un caractère exceptionnel. La jurisprudence française limite étroitement la possibilité, pour le vérificateur, d'emporter à son cabinet les documents comptables du contribuable. Notamment, cette pratique ne peut priver le contribuable des garanties que la loi lui accorde, ni dénaturer le caractère contradictoire de la procédure de vérification[1329]. La jurisprudence veille strictement au respect des conditions permettant d'effectuer un examen des documents comptables hors de l'entreprise[1330]. La jurisprudence a conditionné le caractère régulier d'un emport à une demande préalable (1), à la délivrance d'un reçu (2), à la restitution des documents emportés (3) et à la garantie du débat contradictoire (4). Des difficultés particulières se posent en ce qui concerne la nature des documents susceptibles d'être emportés (5) et l'emport de photocopies (6).

1. La demande préalable du contribuable vérifié

678. La jurisprudence française admet que le vérificateur puisse emporter à son bureau les documents comptables du contribuable, sur demande écrite de ce dernier et avec son accord[1331]. Il appartient au contribuable de prendre l'initiative de proposer le déplacement des documents comptables. Sans doute, le vérificateur pourra prendre l'initiative de suggérer la mesure d'emport des documents ; mais le contribuable doit seul en décider et il remet au vérificateur

---

[1327] D.B., 13 L-1313 du 15 août 1994, n° 5. Concl. de Marie-Aimée LATOURNERIE, CE, 21 mai 1976, req. n° 94052.

[1328] CE (na), 29 décembre 2000, req. n° 221733 : RJF 03/2001, n° 287 et 336a (sur CAA Lyon, 29 mars 2000, 2e ch., n° 96-2053, Gurfinkiel : *RJF* 11/2000, n° 1304 ; *BF* 11/2000, *Inf.*, 1105, p.622).

[1329] Deux décisions les plus importantes du CE : 21 mai 1976, req. n° 94052 ; - 2 juillet 1986, n°50872, Aribaut : *DF* 1986, n° 43, comm. 1830 ; *RJF* 10/1986, n° 908. Voir aussi CE, 7 décembre 1983, n° 36722 : *RJF* 2/1984, n° 188 ; - 2 mai 1990, rec. n° 58215 : *DF* 1991, n° 12, comm. 1484 ; - CE, 27 juillet 2005, n° 261111, Epoux Louise : *DF* 2005, n° 40, comm. 658 ; *RJF* 12/2005, n° 1426.

[1330] CE, 17 mai 1982, n°16999 ; - 13 novembre 1991, n° 75430.

[1331] CE, sect., 21 mai 1976, req. n° 94052.

une demande écrite dans ce sens, demande qui doit être préalable à l'emport des pièces. Même lorsqu'il y a emport volontaire des documents comptables dans les locaux de l'administration, le vérificateur ne peut pas les conserver sans demande écrite préalable du contribuable[1332].

679. La demande d'emport doit être formulée par le contribuable lui-même, ou son représentant légal, ou un représentant dûment mandaté, à l'exclusion des tiers[1333]. La jurisprudence est rigoureuse en ce qui concerne la demande d'emport de documents. Ne constitue une demande ni une autorisation[1334], ni une proposition[1335], ni une attestation contresignée par le contribuable mentionnant son accord, ayant été rédigée de la main du vérificateur l'autorisant à emporter les documents[1336]. En revanche, une demande écrite d'un contribuable tendant à ce que la vérification de comptabilité ait lieu dans les locaux de l'administration peut être interprétée, sans dénaturation des faits, comme équivalant à une demande écrite d'emport de documents[1337]. Ces règles ont été reprises dans les instructions données par l'administration à ses services[1338].

2. Le reçu visant les documents emportés

680. Le commissaire du Gouvernement Marie-Aimée Latournerie a considéré que « *l'emport, (...), la base juridique de telle pratique ne peut être en fait qu'un contrat de dépôt* »[1339]. Suite à cet arrêt fondamental, la doctrine administrative a précisé que, « *le représentant de l'administration (...) ne peut emporter ceux-ci (les documents comptables) à son bureau qu'à titre tout à fait exceptionnel sous réserve d'obtenir l'accord préalable du contribuable et de remettre une décharge écrite à l'intéressé* »[1340]. Le juge a ultérieurement confirmé cette recommandation de l'administration[1341]. Se pose alors la question de savoir quelle est la conséquence de la non signature du reçu par le

---

[1332] CE, 21 juillet 1989, n° 52156, Deloménie : *DF* 1989, n° 49, comm. 2327.

[1333] CE, 21 avril 1989, n° 54763 et 54764 : *DF* 1989, n° 29, comm. 1482 ; *RJF* 6/1989, n° 716

[1334] CE, 17 mai 1982, n° 16999 : *DF* 1982, n° 31, comm. 1650 ; *RJF* 1982, n° 695 ; - 17 février 1986, n° 49926 : *DF* 1986, n° 18, comm. 917 ; *RJF* 4/1986, n° 401.

[1335] CE, 11 juillet 1991, n° 69831, Lelouch : *DF* 1993, n° 5, comm. 171 ; *RJF* 10/1991, n° 1260 ; *LPA* 1991, n° 125, p. 4.

[1336] CE, 31 mars 1989, Schnell, req. n° 75652 : *DF* 1990, n° 7, comm. 284 ; *RJF* 5/1989, n° [illegible]. CAA Nancy, 2e ch., 21 mai 1992, rec. n° 90-53 : *DF* 1994, n° 3, comm. 58. Une exception a été introduite par le Conseil d'Etat mais elle reste limitée : CE, 27 mars 1991, n° 61234 : *RJF* 5/1991, n° 647.

[1337] CE, 19 mars 2001, n° 197352, Renoux : *RJF* 6/2001, n° 818.

[1338] Instr. 30 août 1988, BOI 13 L-7-88 : *DF* 1988, n° 44, *I.D.-C.A.* 9574.

[1339] Concl. de Marie-Aimée LATOURNERIE, CE, 21 mai 1976, req. n° 94052.

[1340] BODGI 13-L-12-76, 16 septembre 1976.

[1341] CE, 9 janvier 1981, Plén., req. n° 19229.

contribuable. Selon la jurisprudence, il ne prive le contribuable d'aucune garantie de procédure et ne vicie pas la procédure de vérification[1342].

3. La restitution des documents emportés

681. L'objectif de la restitution des documents emportés est de ne pas priver le contribuable de la possibilité de discuter les résultats de la vérification[1343]. La restitution doit porter sur l'ensemble des documents emportés. Il a ainsi été jugé qu'est irrégulière la vérification au cours de laquelle a été restituée une partie des documents comptables alors que le reste l'est le jour même de la clôture du contrôle[1344]. Cependant, la demande d'emport vaut pour toute la durée de la vérification sauf en cas de demande de restitution définitive en cours de contrôle[1345], le vérificateur n'est donc pas tenu de restituer les documents entre chaque entrevue. La restitution doit avoir lieu en temps utile pour que le contribuable soit en mesure de discuter les résultats de la vérification[1346]. La jurisprudence n'est pas homogène en ce qui concerne la notion de temps utile. « *En temps utile* » peut signifier avant la fin des opérations de vérification[1347], avant l'envoi de la notification de redressement [1348] ou avant la dernière intervention sur place du vérificateur[1349].

4. Le débat avec le vérificateur

682. La garantie du débat oral et contradictoire est essentielle dans l'emport de documents. Les aspects de ce débat seront développés dans le chapitre suivant.

5. Les documents susceptibles d'être emportés

683. Quels documents peuvent être emportés par le vérificateur ? Quels sont les documents dont l'emport irrégulier vicie la procédure ? Dans un premier temps, la jurisprudence a considéré que la règle de l'emport des documents portait sur tous les documents comptables n'étant pas étrangers à l'objet de la vérification [1350]. Mais des difficultés se produisaient en cas d'emport de documents extra-comptables ou de documents comptables tenus en dehors de toute obligation fiscale. Pour certains, l'emport de tels documents devait être soumis aux mêmes conditions que celles des pièces que le vérificateur est en

---

1342 CE, 25 avril 2003, n° 235177, Boulogne : *DF* 2003, n° 51, comm. 925, concl. de Gilles BACHELIER ; *RJF* 7/2003, n° 876 ; *BF* 7/2003, *Inf.*

1343 CE, 10 avril 1991, req. n° 68705 : *DF* 1991, n° 44, comm. 2102 ; *RJF* 6/1991, n° 825 ; - 29 décembre 1993, n° 115942, SFAE : *RJF* 3/1994, n° 298.

1344 CE, 2 mai 1990, req. n° 58212 : *RJF* 6/1990, n° 721.

1345 CAA Paris, 5e ch. 7 octobre 1999, req. n° 96-803, Arnhold : *DF* 2000, n° 28, comm. 587, concl. de V. HAÏM.

1346 CE, 25 septembre 1989, n° 59495 et 74076 : *DF* 1989, n° 49, comm. 2307 ; *RJF* 11/1989, n° 1251 ; - 2 mai 1990, n° 58212 à 58215 : *DF* 1991, n° 12, comm. 644 ; *RJF* 6/ 1990, n° 721.

1347 CE, 5 mai 1992, n° 66884, Mattelin : *RJF* 8-9/1992, n° 1199.

1348 CE, 10 avril 1991, req. n° 68705 ; - 29 décembre 1993, n° 115942.

1349 CE, 25 septembre 1989, n° 59495 et 74076 ; - 2 mai 1990, n° 58212 à 58215.

1350 CE, 6 juin 1984, req. n° 42802 à 42805 : *DF* 1985, n° 43, comm. 1863 ; *RJF* 8-9/1984, p. 476.

droit de consulter[1351]. Or, la jurisprudence distingue selon que les documents en cause présentent ou non le caractère de pièce justificative de la comptabilité. En premier lieu, l'emport d'un document non comptable étranger à l'objet de la vérification de comptabilité est sans influence sur la régularité de celle-ci[1352]. Ensuite, la consultation hors du siège de l'entreprise de documents saisis ne faisant pas partie de la comptabilité officielle est régulière[1353]. En revanche, l'emport d'un document non comptable, sans demande écrite du contribuable et sans délivrer un reçu, vicie la régularité de la vérification, dès lors que ce document qui est de nature à éclairer le vérificateur, a été utilisé par celui-ci pour l'accomplissement de sa mission, circonstance qui confère à la pièce emportée le caractère de pièce justificative de la comptabilité[1354].

6. L'emport de photocopies

684. D'abord, la prise de copies ne prive pas le contribuable de la propriété de son bien, qui est l'original des documents. Ensuite, le contribuable n'est pas privé de la possibilité de discuter avec le vérificateur. Enfin, l'emport de photocopies ne porte atteinte à aucun secret protégé puisque le vérificateur a le droit de prendre connaissance de la comptabilité et des pièces justificatives. C'est pourquoi cette pratique ne constitue pas un emport irrégulier de documents[1355] et peut être réalisée sans respecter de formalités particulières[1356]. Dans la même logique, il est aussi permis d'emporter des listages informatiques tirés de la disquette sur laquelle était registrée la comptabilité du contribuable, ainsi que la copie de divers fichiers informatiques[1357]. Cependant, tout emport de copies n'est pas régulier. Il a été jugé que l'emport irrégulier était établi par la présence au dossier de photocopies de pièces comptables du contribuable alors que l'entreprise ne possédait pas de photocopieuse, autrement dit le

[1351] CE, 29 juillet 1983 : RJF 10/1983 p. 499, concl. de VERNY « *Hormis les cas prévus par une disposition législative expresse (vérification matérielle des stocks), le vérificateur n'est en droit de se faire communiquer par le contribuable vérifié que les documents comptables dont la tenue est prescrite par la loi fiscale et les pièces justificatives correspondantes. Il ne peut avoir accès à d'autres pièces, qu'il s'agisse de pièces extra-comptables ou de documents tenus en dehors de toute obligation fiscale, que si le contribuable accepte librement de les lui communiquer. L'emport de tels documents doit être soumis aux mêmes conditions strictes que celles des pièces que le vérificateur est en droit de consulter* ».

[1352] CE, 28 mars 1984, n° 38737 : *RJF* 5/1984, n°635 ; - 30 septembre 1992, n° 73824, Pigeré : *RJF* 11/1992, n° 1532.

[1353] CE, 15 février 1982, n° 27439 : *RJF* 4/1982, p. 206.

[1354] CE, 20 avril 1984, req. n° 30926 : *DF* 1984, n° 41, comm. 1735 ; - 6 juin 1984, n° 42803 et 42802 : *RJF* 8-9/1984, n° 1014.

[1355] CE, 2 octobre 1985, n° 45549 : *RJF* 11/1985, n° 1457 ; - 25 mars 1991, n° 87731 et 87732, Jullian : *RJF* 5/1991, n° 646 ; - 28 février 2007, n° 283441, SARL Louvigny.

[1356] CE, Plén., 29 juillet 1983, req. n° 27794 : *RJF* 10/1983, p. 499 ; - 18 novembre 1985, req. n° 43321 : *DF* 1986, n° 10, comm. 447, concl. d'Olivier FOUQUET ; - 20 mars 1996, n° 12[illegible]76, Angelvy.

[1357] CE, 5 mai 1999, req. n° 197379, SA Ardex : *RJF* 6/1999, n° 739.

vérificateur était soupçonné d'avoir emporté des originaux pour en prendre copie dans ses locaux[1358].

685. La technique de la photocopie permettant au vérificateur de conduire un travail de vérification sur pièces dans son bureau risque de priver le contribuable de son droit à un débat oral et contradictoire au siège de l'entreprise. De ce fait, il faut maintenir la garantie d'une présence suffisante du vérificateur dans l'entreprise pour qu'en aucun cas le contribuable ne puisse être privé de la possibilité d'un débat sur les documents tout au long de la période de vérification. En fait, il ne s'agit pas d'une règle particulière à l'emport de copies, mais d'un principe général applicable tout au long de la vérification.

686. Aux Etats-Unis, les informations demandées doivent être présentées en original. Le droit de demander des informations comprend le droit de faire des photocopies. Normalement, l'agent photocopie les documents dans les locaux du contribuable. Si le contribuable refuse, l'agent peut faire les copies dans les locaux de l'administration[1359]. Au Royaume-Uni, l'administration est en droit de faire des photocopies de tous les documents produits par le contribuable vérifié[1360]. Il en va de même en Chine[1361].

B/ Les sanctions de l'emport irrégulier

687. Depuis l'arrêt du 21 mai 1976, l'emport irrégulier de documents comptables vicie les redressements issus de la vérification[1362]. La jurisprudence est constante sur ce point. L'irrégularité n'est pas susceptible d'être régularisée *a posteriori*[1363], et un seul document comptable suffit à vicier l'ensemble de la vérification de comptabilité[1364]. L'emport de documents après l'achèvement des opérations de vérification sur place entache la procédure d'une irrégularité substantielle car l'achèvement des opérations sur place ne met pas un terme à la procédure contradictoire[1365]. Cette solution est justifiée car elle assure le respect du principe d'intervention sur place, ce qui est fondamental dans la vérification de comptabilité.

[1358] CE, 2 octobre 2002, n° 224719, Vial : *RJF* 12/2002, n° 1398.
[1359] IRM 4235 § 330, MT 4235-5 (Apr. 11, 1980) (*Authority to Request Books, Records and Accountants' workpapers*).
[1360] FA 1998, 18 Schedule 27 (4).
[1361] HLAPI, art. 58.
[1362] Voir aussi CE, 20 juin 1987, req. n° 39008 : *RJF* 8-9/1987, n° 911, même si le contrôle est sans rapport avec l'examen du document irrégulièrement emporté.
[1363] CE, Plén., 9 janvier 1981, n° 19229 : *DF* 1981, n° 23, comm. 1227, concl. de Jean-François VERNY ; *RJF* 3/1981, n° 237 ; - 13 décembre 1982, n° 23871 : *DF* 1983, n° 14, comm. 700 ; *RJF* 2/1983, n° 256.
[1364] CE, Plén., 29 juillet 1983, n° 27794 : *DF* 1984, n° 9, comm. 444 ; *RJF* 10/1983, n° 1173.
[1365] CE, 3 décembre 1990, n° 66385, Lassourd.

Section III – Les documents comptables soumis à vérification

688. La vérification de comptabilité porte sur des documents comptables ou justificatifs du contribuable. Il convient alors d'examiner si le contribuable est tenu à une obligation de fournir des documents au vérificateur (I), puis quels sont les documents que le contribuable doit fournir (II).

I – L'obligation pour le contribuable de fournir des documents

689. Pour qu'une vérification de comptabilité soit effective, le contribuable est normalement tenu de présenter sa comptabilité au vérificateur. Ce principe existe dans les quatre pays comparés et les conséquences du refus sont l'imposition d'office ou des pénalités. Le droit de refuser de fournir toute information, y compris des documents, est un des éléments du droit de se taire. Une question est ensuite de savoir comment le droit de ne pas s'incriminer peut être concilié avec l'obligation de fournir des documents. Ces problématiques seront étudiées dans la section II du chapitre suivant.

690. En France, le défaut de présentation de la comptabilité est constaté par un procès-verbal que le contribuable est invité à contresigner[1366]. Le principe de l'évaluation d'office de la base d'imposition [1367] s'applique non seulement lorsque le contribuable a délibérément cherché à empêcher la vérification, mais aussi lorsque le contribuable refuse de communiquer sa comptabilité[1368], ou des éléments permettant de reconstituer la comptabilité[1369]. Constitue un refus de communication de la comptabilité, le fait de laisser sans réponse plusieurs mises en demeure d'avoir à présenter la comptabilité[1370], d'utiliser différents moyens pour repousser la vérification[1371]. Constitue une opposition à contrôle le fait pour un contribuable qui s'était abstenu de communiquer sa comptabilité, de négliger tant de réunir les éléments comptables et extra-comptables demandés par le vérificateur que de communiquer les pièces encore détenues par son comptable[1372]. Constitue également une opposition à contrôle, le fait pour un contribuable de se borner à indiquer qu'il a cessé son activité, puis de se contenter de signaler le nom de son ancien comptable, dont il ne précise pas l'adresse[1373]. Un contribuable ne peut pas s'opposer aux contrôles matériels qu'effectue sur place un vérificateur dans le cadre d'une vérification de

---

[1366] LPF, art. L. 13 A.

[1367] LPF, art. L. 74.

[1368] CE, 16 février 1987, req. n° 50422.

[1369] CAA Bordeaux, 3e ch., 7 mars 1995, req. n° 94-1250 ; - 25 février 2003, req. n° 99-2355.

[1370] CE, 15 juin 1987, req. n° 48864.

[1371] CE, 29 décembre 2000, req. n° 196633 ; - 19 mars 2001, req. n° 169880, Chabannier *DF* 2001, n° 38, comm. 841 ; *BDCF* 6/2001, n° 83, concl. de Jean COURTIAL.

[1372] CAA Bordeaux, 7 mars 1995, n° 94-1250, 3e ch., Bonhomme : *RJF* 11/1995, n° 1275. Dans cette espèce, le fils du contribuable s'était par ailleurs livré à des manœuvres d'intimidation sur le vérificateur.

[1373] CE, 15 juin 1987, n° 48864 : *DF* 1987, comm. 1878 ; *RJF* 8-9/1987, n° 916.

comptabilité[1374]. La jurisprudence française estime à juste titre que l'opposition doit également s'apprécier par rapport à l'attitude du vérificateur[1375].

691. Au Royaume-Uni, une fois que l'avis de vérification a été remis, l'IR peut formuler au contribuable une demande écrite de renseignements[1376]. En pratique, l'agent de l'IR formule d'abord une demande informelle de documents ou d'informations et n'utilise son pouvoir formel que si la demande initiale n'a pas été satisfaite. La non-production de renseignements demandés peut être sanctionnée par une pénalité[1377]. En Chine, l'intéressé risque des amendes en cas de refus de vérification[1378]. Aux Etats-Unis, au moment du contact avec le contribuable ou avec son conseil, en vue d'une prise de rendez-vous, il est recommandé au vérificateur d'informer le contribuable des documents qu'il devra mettre à sa disposition. À défaut, le conseil du contribuable pourrait demander un éclaircissement au vérificateur car celui-ci doit informer le contribuable, ou son conseil, afin de leur permettre de pré-sélectionner les documents à fournir. Sur ce point, force est de constater que le droit britannique fournit plus de garanties. Au Royaume-Uni, tout d'abord, la demande du vérificateur doit être raisonnable ; ensuite, la demande doit préciser le délai dans lequel le contribuable est tenu de se mettre en conformité[1379] ; enfin, l'intéressé peut faire un recours dans le délai de 30 jours à compter de la date où la demande a été délivrée au contribuable[1380].

II – Les documents à fournir

692. En théorie, une vérification de comptabilité consiste en l'examen des documents comptables. Toutefois, la vérification sur place est également en fait une révision complète de l'ensemble des données financières du contribuable.

1374 CE, 1er avril 1987, n° 50291 et 60420 : *RJF* 5/1987, n° 541.

1375 CE, 10 avril 1991, req. n° 107710 : *RJF* 6/1991, p. 424 ; - 17 novembre 1997, req. n° 136114, Duteil : *DF* 1998, n° 27, comm. 629 ; *BDCF* 1/1998, n° 17.

1376 § 27, Schedule 18 FA 1998.

1377 § 29, Schedule 18 FA 1998. La pénalité initiale est de 50 pounds. En cas de persistance, des pénalités additionnelles journalières peuvent être prononcées, qui varient de 30 à 150 pounds par jour (TMA 1970, section 100 ; TMA 1970, section 100 C). Le contribuable est en droit de contester les pénalités. Les pénalités ne seront pas appliquées si : (1) le contribuable a finalement produit les renseignements demandés ; (2) le contribuable est dans l'impossibilité de fournir les renseignements demandés ; (3) le contribuable n'a pas produit des renseignements qui en fait, n'existent pas.

1378 NLAPI, art. 70.

1379 Ce délai ne doit pas être inférieur à 30 jours à compter de la date de réception de la demande écrite. Le contribuable peut demander une prolongation du délai.

1380 § 28, Schedule 18 FA 1998. Le recours porte essentiellement sur les deux questions suivantes: (1) la production de documents ou la fourniture de renseignements demandés est-elle raisonnablement demandée au regard de l'objectif de la vérification ? (2) le contribuable dispose-t-il d'un délai suffisant afin de se mettre en conformité avec la demande ? Le recours est exercé devant le *Commissioner*. La décision de ce dernier est définitive et concluante puisqu'il s'agit d'une question de fait.

En France, il s'agit non seulement des documents comptables mais aussi des pièces non comptables dès lors que celles-ci ont effectivement servi au vérificateur pour l'accomplissement de sa mission[1381]. La section 7602 de l'IR Code autorise le ministère des Finances à examiner les livres, supports en papier, journaux et autres documents qui peuvent être utiles pour le redressement fiscal. Le droit britannique parle des documents nécessaires et pertinents à la détermination de l'assiette des impôts. La vérification en Chine peut porter sur tous les documents que le vérificateur juge nécessaires à sa mission. Malgré les principes, des difficultés subsistent, qui seront examinées ci-dessous : les documents comptables (A), les documents détenus par le comptable de l'entreprise vérifiée (B) et les communications entre le contribuable et son conseil (C).

A/ Les documents comptables

693. La notion de documents comptables peut être large ou étroite. Une acception large des documents comptables est dans l'intérêt de l'administration. Les documents qu'une entreprise possède comprennent ceux dont la tenue est obligatoire (l'obligation de tenue de comptes varie selon les pays. Cependant le principe est le même. Cela ne pose pas de difficultés particulières). Ceux dont la tenue n'est pas prévue par les textes (1), ceux autres que purement comptables (2), les autres déclarations (3), les papiers personnels (4), et la comptabilité informatisée (5). Une difficulté particulière concerne les documents non existants dont l'agent des impôts demande communication (6).

1. Les documents comptables dont la tenue n'est pas prévue par la loi

694. En principe, conformément à l'objectif de la vérification de comptabilité, l'inspecteur peut examiner tous les documents comptables y compris ceux dont la tenue n'est pas obligatoire. En France, l'essentiel est le caractère justificatif de la comptabilité. Au Royaume-Uni, l'examen de la comptabilité ne se limite pas aux seuls documents dont la tenue est obligatoire en vertu des dispositions du Schedule 18 § 21 du FA 1998. Tant que les documents sont en possession du contribuable et sont nécessaires et pertinents pour les opérations de vérification, l'administration est en droit d'en demander la communication. Le même principe existe en Chine et aux Etats-Unis.

2. Les documents autres que purement comptables

695. Il arrive que le vérificateur demande certains documents autres que ceux purement comptables, notamment les pactes d'actionnaires, les procès-verbaux d'assemblées générales d'actionnaires ou de conseil d'administration[1382]. En

[1381] CE, 2 octobre 1986, req. n° 45548 : *DF* 1986, n° 5, comm. 146.

[1382] C'est ce que constate le compte rendu du colloque organisé le 28 juin 2005 par le CEFEF : *l'administration fiscale fonde de plus en plus souvent ses rectifications sur d'autres documents*

France, la jurisprudence est abondante à ce sujet. Il en résulte que le vérificateur est en droit de demander à consulter les comptes bancaires[1383], un livre de réservations faites par les clients et tenu par le contribuable restaurateur[1384], un inventaire des stocks[1385], les factures d'achat non comptabilisées[1386], un contrat de bail[1387], un tableau des amortissements[1388], un livre de police, destiné à contrôler les recels, sur lequel un antiquaire note ses achats[1389], l'échange de correspondance entre une SARL française et une société allemande à laquelle allaient être cédées les actions composant le capital social de la première[1390], un contrat d'association en vue de l'exercice conjoint de la profession et qui définit les relations financières entre les associés[1391], etc. Ce droit est reconnu dans les trois autres pays.

3. L'examen d'autres déclarations

696. L'administration fiscale peut demander communication des déclarations souscrites par d'autres contribuables afin de les comparer avec celle du contribuable vérifié. Il s'agit de l'application du droit de communication. Cette pratique a pour objectif de veiller à ce que ces déclarations aient bien été déposées et que les informations ont bien été rapportées. Par exemple, l'agent qui vérifie une entreprise pourra demander aux cadres de cette entreprise de lui fournir leurs déclarations individuelles.

4. Les papiers personnels

697. Ils sont en principe protégés par la loi. Mais la jurisprudence américaine considère que tout dépend de leur caractère suffisamment personnel[1392]. La jurisprudence française retient la même solution. Le droit chinois reste muet sur

---

(que de simples documents comptables) ; loin est le temps où il ne s'agissait que de rapprocher les déclarations fiscales et les documents comptables, source : *DF* 2006, n° 9, p. 513.

1383 CE, 5 mars 1986, n° 47877 : *DF* 1986, n° 20-21, comm. 1023 ; *RJF* 5/1986, n° 522 ; - 2 juillet 1986, req. n° 55961 : *RJF* 10/1986, n° 909.

1384 CE, 20 avril 1984, req. n° 30926 : *DF* 1984, n° 41, comm. 1735.

1385 CE, 2 juillet 1986, n° 54642, SARL La Poterne 21 : *DF* 1987, comm. 116 et 117 ; *RJF* 10/1986, n° 910.

1386 CE, 3 juin 1983, req. n° 34253 : *DF* 1983, comm. 2060 ; *RJF* 1983, n° 997 ; *DF* 1984, n° 18, comm. 947.

1387 CE, 26 juin 1987, n° 39008, 40438 et 40437, Sté Spécial-Poids-Lourds : *DF* 1988, n° 10, comm. 497 ; *RJF* 8-9/1987, n° 911.

1388 CE, Plén., 29 juillet 1983, n° 27794, SA Edouard Knecht : *DF* 1984, n° 9, comm. 444 ; *RJF* 10/1983, n° 1173.

1389 CE, 27 février 1984, req. n° 37785 : *DF* 1984, n° 26, comm. 1275 ; *RJF* 4/1984, n° 420 ; *LPA* 54/1984, p. 5.

1390 CE, 18 novembre 1985, req. n° 43321, SARL Beauvallet : *DF* 1986, n° 10, comm. 447, concl. d'Olivier FOUQUET ; *JCP éd. E* 1986, II, 14680, note de Cyrille DAVID ; *BJS* 1986, p. 33, note de LE CANNU.

1391 CE, 6 juin 1984, req. n° 42802 à 42805.

1392 Fisher. Andresen v. Maryland, 427 U.S. 463 (1976).

ce point. Le droit britannique exclut la communication des *Personal Records* prévus à l'article 12 du *Police and Criminal Evidence Act of* 1984[1393].

5. La comptabilité informatisée

698. Le contribuable est actuellement autorisé à maintenir ses documents et registres comptables par moyen informatique. Aux Etats-Unis, le contribuable doit permettre la photocopie des originaux[1394]. S'agissant des garanties du contribuable, la section 7612 de l'IR Code est destinée à protéger le logiciel comptable du contribuable américain. En France, l'article 18 de la loi de finances rectificative pour 2007 (n° 2007-1824) a aménagé l'obligation de présentation des documents comptables ainsi que les dispositions régissant les modalités de contrôle des comptabilités informatisées instaurées par l'article 103 de la loi de Finances pour 1990[1395]. Désormais, le contribuable peut satisfaire à l'obligation de présentation des documents comptables en remettant sous forme dématérialisée une copie des fichiers des écritures comptables. L'administration doit restituer au contribuable, avant la mise en recouvrement, les copies des fichiers qui lui ont été remises et elle doit n'en conserver aucun double. En ce qui concerne l'emport de fichiers informatiques, il est admis en France que les règles applicables en la matière sont rigoureusement identiques à celles qui régissent l'emport de documents papier. La solution soulève en pratique de nombreuses difficultés.

6. Les documents non existants

699. La Cour suprême américaine considère que la section 7602 de l'IR Code autorise l'administration à exiger des exemples manuscrits nécessaires à sa mission de vérification [1396]. La Cour estime que l'administration n'a pas l'intention d'ordonner à un témoin de créer ou de préparer un document non existant. Cette solution est contradictoire avec les dispositions de la section 7602. Un revirement de jurisprudence est souhaitable.

B/ Les documents détenus par le comptable de l'entreprise vérifiée

700. L'administration fiscale questionne souvent les comptables afin d'obtenir des informations. Les comptables concernés peuvent être des comptables salariés par l'entreprise vérifiée, des comptables indépendants ou un cabinet de comptables. Les comptables possèdent souvent, en matière fiscale, deux catégories de documents : les *tax workpapers* joints à la déclaration et les *audit workpapers* relatifs aux comptes financiers.

1393 TMA 1970, section 20 A (1A).

1394 United States v. Davey, 543 F2d 996 (2d Cir. 1976).

1395 « Aménagement du contrôle des comptabilités informatisées (art. 18) » : *DF* 2008, n° 6, comm. 160. Ces dispositions sont applicables aux contrôles pour lesquels l'avis de vérification a été adressé à compter du 1er janvier 2008.

1396 United States v. Euge, 444 U.S. 707 (1980).

1. Le principe

701. En principe, les registres comptables préparés à partir des documents du contribuable ne sont pas confidentiels. Ainsi, aux Etats-Uni, ceux-ci peuvent être réclamés par l'IRS au cours d'un contrôle fiscal[1397]. En pratique, l'avocat du contribuable se fait assister par un comptable. Les communications faites au comptable antérieurement à la désignation d'un avocat ne sont pas des informations couvertes par le secret professionnel alors que celles communiquées postérieurement le sont. Il est donc préférable de travailler avec un autre comptable que le comptable initial car il sera alors plus facile de distinguer les informations couvertes par le secret professionnel de celles qui ne le sont pas.

2. Les comptables salariés par l'entreprise vérifiée

702. Dans le cadre de la vérification sur place, il est logique que le vérificateur puisse examiner les feuilles de travail des comptables salariés par l'entreprise vérifiée. Aux Etats-Unis, ces feuilles doivent être produites à l'IRS[1398]. Il n'existe pas en effet d'obligation au secret professionnel du comptable salarié par l'entreprise. Un fondement pour contester la communication des documents du comptable salarié par l'entreprise vérifiée peut être le principe du respect de la vie privée prévu par le 5ème Amendement[1399]. Le droit britannique ne garantit le secret professionnel des comptables que dans la limite des besoins de l'enquête. Jusqu'à aujourd'hui, aucune juridiction ne s'est prononcée sur ce point Cependant, il semble que ni le *Commissioner of Inland Revenue* ni le tribunal ne veuille étendre le secret professionnel aux communications entre le contribuable et son comptable. La même solution s'applique en Chine.

3. Les comptables indépendants

703. En droit français, le fait de demander des renseignements au comptable externe à l'entreprise vérifiée constitue l'exercice du droit de communication[1400]. Normalement, l'IR utilise le pouvoir que lui confère la section 20 (3) du TMA intitulé « *droit de communication auprès des tiers* » afin de demander la communication des feuilles de travail, des opinions légales concernant des questions fiscales (*Tax Advice Papers*) et des documents similaires. En raison des restrictions légales imposées à l'utilisation de cette section, l'IR préfère en fait le pouvoir accordé par la section 20 (1) du TMA « *droit de communication auprès de ceux qui sont vérifiés* » prévoyant que l'IR

[1397] Fisher v. United States 425 U.S. 391 (1976) , 76-1 USTC ¶ 9353. Couch v. United States, 409 U.S. 322 (1973). United States v. Beattie 522 F2d 267 (2d Cir. 1975).

[1398] Fisher v. United States, 425 U.S. 391 (1976).

[1399] United States v. Slutsky 352 F. Supp. 1105. 1109 (SDNY 1972).

[1400] CE, 12 mai 1976, req. n° 94895 : *DF* 1976, n° 39, comm. 1348 ; *Dupont*, 7 août 1976, n°343 : *les agents ne commettent aucune irrégularité en consultant les documents comptables de l'entreprise chez le comptable qui les détient et ils n'ont pas à demander à celui-ci la production d'un mandat écrit* ; - 18 mars 1981, req. n° 17336 : *DF* 1982, n° 16, comm. 937.

peut, par avis écrit, demander au contribuable la communication des informations nécessaires qui sont en sa possession ou qu'il peut se procurer. En Chine, la NLAPI, prévoyant que les entités ou particuliers à qui l'administration demande des renseignements sont soumis à l'obligation de les fournir, n'exclut pas les commissaires aux comptes de cette obligation[1401]. Dès lors, en Chine, personne ne peut opposer le secret professionnel à un contrôle fiscal.

704. Aux Etats-Unis, les documents de travail d'un comptable (*the Accountant's workpapers*) ne sont pas préparés par le contribuable lui-même et ne constituent pas un témoignage du contribuable lui-même, de sorte que la communication de ces documents ne constitue pas une violation du 5ème Amendement[1402]. Selon le *Tax Guide and Checklists*[1403], les annexes aux déclarations fiscales (*Tax Reconciliation Workpapers*) et le rapport du commissaire aux comptes (*Tax Accrual Workpapers* ou *Audit Workpapers*) ne sont pas protégés par le secret professionnel et l'IRS peut donc demander à les consulter. La seule garantie du contribuable est que les documents de travail du commissaire aux comptes ne peuvent être exigés qu'en cas de nécessité pour compléter la vérification principale[1404]. En pratique, l'IRS conseille à ses agents de limiter l'accès aux documents préparés par le comptable afin de préserver les relations entre le comptable et son client. Par ailleurs, l'IRS considère que les documents du contribuable sont la première source d'informations et que les documents du comptable ne sont que complémentaires. La solution est justifiée.

705. Une difficulté se pose en ce qui concerne le cas d'une personne qui est à la fois conseil et comptable. La consultation ayant été faite à la fois pour un conseil d'affaires et pour un conseil juridique, les documents remis à ces fins ne sont pas confidentiels car la confidentialité des correspondances, levée pour le conseil d'affaires, entraîne la levée de la confidentialité pour le conseil juridique[1405]. Dans la même logique, les mémorandums d'une société de comptabilité indépendante du cabinet de conseils ne sont pas confidentiels car d'une part, ne sont pas confidentiels les documents d'un contribuable remis à un comptable puis à un avocat[1406] et d'autre part, au cas d'espèce, aucune preuve n'avait été rapportée qu'il existait un lien contractuel entre le cabinet de comptabilité et le cabinet de conseil[1407]. Dans la mesure où le comptable est

---

[1401] NLAPI, art. 57.
[1402] United States v. Doe, 465 U.S. 605 (1984).
[1403] American Institute of Certifited Public Accountant, 2000 édition.
[1404] IRM Handbook 34.12.3.13.1 et IRM 4024.2, 3 et 4.
[1405] United States v. Frederick 1999 U.S. App. LEXIS 7420 (7th Cir. 1999)
[1406] United States v. Kovel 296 F2d 918 (2th Cir. 1961).
[1407] United States v. Adlman 68 F3d 1495 (2d Cir. 1995). United States v. Ackert 169 F3d 136 (2d Cir. 1999) (une banque propose un investissement à une entreprise et soumet ce dossier à un cabinet de conseil pour régler certaines problématiques du dossier. Le fait que les consultations

employé par un avocat dans le but de rendre des conseils fiscaux, les documents sont protégés par le biais de la confidentialité des correspondances entre avocat et client[1408].

4. Les travaux de l'auditeur

706. Le problème des documents de travail de l'auditeur est complexe car ils ne font pas partie des documents comptables courants mais sont établis par le comptable pour préparer les constatations financières formelles. En principe, un auditeur a l'obligation professionnelle de sauvegarder la nature confidentielle de ses travaux. C'est le cas en France. Au Royaume-Uni, il en va de même : le droit de communication de l'IR ne peut obliger un auditeur à lui communiquer ses *Working papers*[1409]. Cette mesure a pour objet de protéger l'intérêt propre de l'auditeur. Pourtant, la protection ne concerne que les documents qui sont la propriété de l'auditeur et ont été créés par ou pour ce dernier dans l'exercice de ses fonctions.

707. La question se pose sur les études internes de l'entreprise. Jean Schmidt considère que « *comme elles ne sont pas visées par les textes sur le droit de communication et qu'elles ne sont pas comptabilisées en tant qu'elles, nous ne voyons pas ce qui légalement justifierait leur production. Mais ce n'est pas toujours l'opinion de l'administration* »[1410].

708. Aux Etats-Unis, la difficulté réside dans le fait que les documents de travail de l'auditeur sont normalement protégés par la confidentialité, mais ce n'est pas toujours le cas. Alors que les conseils techniques (*Technical memorandums*) préparés par le commissaire aux comptes communiqués au contribuable sont protégés, les travaux d'ajustement fiscal des comptes préparés par celui-ci dans le cadre d'un audit financier ne sont pas protégés[1411]. Afin de faire appliquer ce principe jurisprudentiel, l'IRS distingue trois catégories de documents : (1) les travaux de réconciliation fiscale (*tax reconciliation workpapers*), (2) les documents d'audit (*audit workpapers*) et (3) les travaux

---

avec le banquier aient été faites avec un tiers, l'entreprise en question, lève le secret professionnel).

1408 United States v. Kovel 296 F2d 918 (2th Cir. 1961).

1409 Section 20 B (9)(a) du TMA 1970.

1410 Jean SCHMIDT, « Le contrôle des activités professionnelles », in : *L'amélioration des rapports entre l'administration fiscale et les contribuables*, actes du colloque organisé par la société française de droit fiscal de l'université d'Orléans les 15 et 16 septembre 1988, p. 18.

1411 United States v. Arthur Young & Co., 465 U.S. 805 (1984). La Cour suprême estime que la position de la Cour d'appel, selon laquelle les travaux d'un commissaire aux comptes indépendant sont couverts par le secret professionnel, est erronée et contraire à la volonté du Congrès. United States v. Rockwell International, 897 F.2d 1255(3rd Cir. 1990). « Preparing for and managing a large case IRS audit », in : *Tax Strategies for Corporate Acquisitions, Dispositions, Spin-Offs, Joint Ventures, Financing, Reorganization & Restructurings*, Practising Law Institute Tax Law & Estate Planning Course, Handbook Series No 1009, PLI n° J0-002R, octobre-novembre 2000.

d'ajustement fiscal (*tax accrual workpapers*)[1412]. Contrairement aux travaux de réconciliation fiscale qui peuvent être demandés dès le début de la vérification[1413], l'accès aux documents d'audit et d'ajustement fiscal n'est autorisé que dans des circonstances exceptionnelles[1414].

709. Il semble que les instructions administratives américaines conseillent au vérificateur de contrôler d'abord les registres détenus par le contribuable tout en gardant la possibilité d'accéder aux travaux des commissaires aux comptes dans la seule hypothèse où les informations tirées des registres du contribuable sont insuffisantes. La solution est justifiée. Or, la règle ne s'applique pas aux communications écrites entre comptable, directeur, actionnaire, employé, agent ou représentant de la société à propos de la promotion ou des participations directes ou indirectes dans la société[1415]. Le guide de l'Institut Américain des Commissaires aux comptes distingue le *tax planning* et les *tax controversies* : le premier comprend des conseils donnés directement au client, opinions, notes ou autres documents, ils sont soumis au secret professionnel ; les deuxièmes sont des observations ou réponses adressées à l'administration, ainsi que des recours exercés, ils sont examinés en complément de la déclaration fiscale.

C/ Les communications entre le contribuable et son conseil

1. Le principe de la confidentialité ou du secret professionnel

710. La confidentialité a pour objectif d'inciter le contribuable à confier sans retenue, des informations à son conseil, dans la certitude que tout ce qu'il divulgue reste confidentiel, et d'obtenir le conseil le plus adapté à sa situation. Au niveau de l'Union européenne, le principe de la confidentialité a été mentionné pour la première fois dans la directive relative à l'avocat et aux services par l'avocat de 1977[1416]. Il a ensuite été codifié dans le Code de

---

[1412] IRM 4024-4026, MT 4000-251 (May 14, 1981))(*Accountant's Workpapers*). Le service continue à suivre ce guide postérieurement à la fameuse décision « *Arthur Young* ».

[1413] IRM 4024.3, MT 4000-251 (May 14, 1981) (*Guidelines for Requesting reconciliation Workpapers*).

[1414] IRM 4.10.2.9.4, MT 4000-235 (May 14, 1981) (*Guidelines for Requesting Audit of Tax Accrual Workpapers*). Le vérificateur doit d'abord avoir pris toutes les mesures raisonnables afin d'obtenir des informations auprès du contribuable lui-même avant de se tourner vers l'auditeur. Ensuite, il doit obtenir une autorisation préalable écrite de son chef. Une fois l'existence d'une circonstance exceptionnelle constatée, il limite sa demande à la partie des documents qu'il croit pertinents et déterminants pour les opérations de vérification. La notion de pertinence est déterminée en fonction de critères qualitatifs et quantitatifs. Si une injonction de communication est nécessaire, celle-ci doit préciser la partie des documents que le vérificateur croit pertinents et les circonstances matérielles donnant lieu à l'injonction doivent être réexaminées par le conseil juridique de l'administration.

[1415] IR Code, section 7525(b).

[1416] Directive du Conseil 77/249/CEE tendant à faciliter l'exercice effectif de la libre prestation de services par les avocats, 22 mars 1977 : *JOCE*, 26 mars 1977, L. 078, p. 17.

conduite des avocats de l'Union européenne, adopté par le Conseil des Barreaux de l'Union européenne en 1988. Ce principe a également été reconnu par la jurisprudence européenne comme un élément nécessaire aux droits de la défense et s'étendant à toute communication échangée après l'ouverture de la procédure administrative ainsi qu'à la communication antérieure ayant un lien de connexité avec l'objet de la procédure en cause[1417].

711. En France, une telle confidentialité est garantie au travers d'une obligation de secret professionnel, ayant pour fondement l'intérêt général[1418]. Elle est conçue comme une obligation des personnes tenues à un tel secret et non comme un droit des bénéficiaires[1419]. En revanche, le droit anglais considère le *legal privilege* comme un droit fondamental des bénéficiaires de conseils[1420]. Au Royaume-Uni, le droit de communication n'autorise pas l'IR à obliger un conseil à lui communiquer des documents qui sont sa propriété[1421]. L'arrêt de principe en la matière est l'arrêt *Morgan Grenfell*[1422]. L'IR a invoqué que la loi n'avait pas expressément prévu une telle confidentialité. Le juge a récusé cette analyse. Ainsi, le juge a estimé que des atteintes à ce droit fondamental ne pouvaient être prévues que par le législateur. L'IR a également invoqué que cette confidentialité n'était pas un droit fondamental mais une simple clause ayant pour objet d'assurer qu'un avocat ne soit pas placé dans une situation de conflit. Lord Hoffmann a considéré qu'il résultait des termes de la section 20 B (8) du TMA que le devoir de confidentialité était primordial. Cet arrêt est

---

[1417] CJCE, 18 mai 1982, AM & S Europe Ltd c/Commission, aff. 155/79 : *Rec.*, p. 1575 ; note de G. CANIVET, *Gaz. Pal.*, 2005, n° 49, p. 57. CJCE, 19 février 2002, aff. C-309/99, Wouters : *Rec.*, I, p. 1577 ; *JCP éd. G* 2002, n° 21, I, 136.

[1418] Emile GARÇON, *Code pénal noté*, Paris : Sirey, 1956, ancien article 378, n° 7, *la loi la (la violation du secret professionnel) punit parce que l'intérêt général l'exige*. Aujourd'hui, la violation du secret professionnel est réprimée par l'article 226-13 du Nouveau Code pénal français.

[1419] Bien que les agents des impôts soient eux-mêmes tenus au secret professionnel, le Conseil d'Etat français n'accorde pas de dérogation en ce qui concerne le secret professionnel de l'avocat, qui est au cœur de la profession (CE, 21 juillet 1972, n° 72-508 : *Lebon*, p. 564).

[1420] Le principe du *legal privilege* en droit anglais a été posé par l'arrêt *Duchess of Kingson* (1776) 20 St Tr 355. Ce principe a pour objectif de créer un rapport de confiance dans le cadre duquel des conseils juridiques seront prodigués et reçus confidentiellement, ce qui est conforme à l'idée de justice et qui est le gage d'une société libre (Baker v. Campbell, 1983, 153 *CLR* 52). Cette règle est une condition fondamentale sur laquelle repose l'administration de la justice (R v. Derby Magistrate' Court, Ex p. B 1996 *AC* 487).

[1421] Section 20B (9) (b) et (10) du TMA 1970. R. v. I.R.C. Ex p. Goldberg [1988] *STC* 524 ; R (Morgan Grenfell & Co Ltd). v. Special Comr of Income Tax, [2003] *AC* 563 ; [2002] UKHL 21 ; [2002] 2 *W L.R.* 1299 (HL) ; [2002] *STC* 786. Dans l'arrêt *Morgan Grefell*, Lord HOBHOUSE a considéré que la CEDH avait reconnu l'importance du *Legal Professionnal Privilege* dans l'arrêt CEDH, 20 juin 2000, Foxley c/Royaume-Uni et que l'intérêt public de recouvrement des impôts ne justifiait pas, par lui-même, l'obtention des informations protégées.

[1422] R (Morgan Grenfell & Co. Ltd). v. Special Comr of Income Tax, [2003] *AC* 563; [2002] UKHL 21; [2002] 2 *W.L.R.* 1299 (HL); [2002] *STC* 786. Voir aussi R. v. Derby Magistrates' Court, Ex p. B [1996] *AC* 487, per Lord Taylor of Gosforth CJ.

intéressant dans la mesure où le juge attache une importance à ce qu'il considère comme un droit fondamental dans le droit commun et dans la Convention européenne des droits de l'Homme. Selon Lord Hoffmann, seul le Parlement peut déroger aux droits fondamentaux de l'Homme dans certaines circonstances et il doit le faire expressément et sans aucune ambiguïté.

712. Aux Etats-Unis, la protection accordée au travail des conseils juridiques peut être fondée soit sur l'*Attorney-Client Privilege* en matière de preuve[1423] soit sur la confidentialité en tant que principe déontologique de la profession[1424]. En matière fiscale, les communications entre un contribuable et son conseil sont protégées[1425]. Cependant, la situation devient inquiétante en raison d'une politique du Gouvernement américain consistant à inviter à la révélation de tout document couvert par le secret professionnel entre l'avocat et son client lorsqu'une enquête du Gouvernement est en cours en matière d'infractions commises par des sociétés[1426]. L'objectif de l'enquête l'emporte sur celui poursuivi par le secret professionnel de l'avocat et la confidentialité des correspondances.

713. Les textes chinois relatifs aux avocats disposent que ces derniers sont tenus de garder les secrets de leurs clients, obtenus dans l'exercice de leur activité professionnelle[1427], et la violation de cette obligation est sanctionnée par des mesures disciplinaires[1428]. Le conseiller fiscal est également tenu de garder secrètes les informations commerciales obtenues lors de l'exercice de ses fonctions[1429]. Néanmoins, en vertu des règlements administratifs, les conseillers fiscaux chinois sont tenus d'informer leurs cabinets ainsi que l'administration fiscale des faits lorsque leurs clients exigent de leurs conseillers fiscaux qu'ils

---

1423 Rules 501 of the Federal Rules of Evidence.

1424 Voir Model Rules of Prof'l Conduct R. 1.6 (1983).

1425 IR Code, section 7525(a). La loi de 1998 a légalisé le secret professionnel par la section 7525 de l'IR Code (*sont confidentielles les consultations faites dans le but d'obtenir un conseil fiscal*).

1426 En janvier 2003, le Ministère de la Justice a initié une nouvelle politique connue sous le nom de *Memorandum Thompson* : le procureur pourra prendre en considération l'existence d'une convention en vertu de laquelle la société faisant l'objet des investigations accepte de lever volontairement le secret professionnel et tout autre principe de confidentialité protégés par les règles déontologiques régissant les relations entre l'avocat et son client, afin de s'assurer que cette société coopère parfaitement avec les services du procureur. Cette politique a été adoptée sous des formes similaires par d'autres autorités administratives indépendantes, dont la SEC. Après contestation des ordres, en octobre 2006, la SEC a refusé de considérer que la décision du client de lever le secret professionnel de son avocat puisse être considérée comme un facteur établissant sa coopération avec la commission.

1427 Art. 33 de la loi chinoise sur les avocats, votée le 15 mai 1996 par la 19ᵉ réunion du CPANP et amendée le 29 décembre 2001 par la 25ᵉ réunion du même Comité.

1428 Art. 44, al. 6 de la loi chinoise sur les avocats. Ces sanctions sont la suspension d'activité pour une durée de trois mois ou d'un an et la confiscation du gain illégalement réalisé.

1429 Art. 18 de la règle chinoise temporaire relative au conseiller fiscal inscrit, SAT, n° 14 du 30 décembre 2005.

effectuent des actes illégaux ou lorsque les contribuables effectuent eux-mêmes des actes illégaux[1430]. Dans ces cas-là, le cabinet de conseillers fiscaux peut résilier unilatéralement la relation de représentation[1431]. Il en résulte que l'obligation au secret du conseiller fiscal ne s'applique qu'aux informations commerciales et non aux actes illégaux.

2. La portée du principe de la confidentialité et du secret professionnel

714. En France, le principe du secret professionnel ne s'applique qu'aux avocats, professionnels libéraux, mais pas aux praticiens en entreprise. Au Royaume-Uni, le champ d'application du *Legal Privilege* englobe tous les conseillers juridiques y compris les juristes d'entreprise, qui sont membres de l'association professionnelle des avocats et bénéficient du même statut que les avocats. Le principe américain est assez proche du principe britannique. Aux Etats-Unis, le principe de la confidentialité s'applique à toute personne agissant en tant que conseil, mais uniquement au conseil, à condition que, (1) le conseil soit habilité à exercer cette activité devant l'administration, (2) l'activité du conseil exige une présentation d'informations devant l'administration après l'intervention d'un événement[1432]. Ce sont essentiellement des avocats et leurs employés. Toutefois, si la même personne agit à d'autres titres, par exemple, un avocat s'engageant à préparer ses propres déclarations fiscales, le principe de la confidentialité ne joue plus. Il en va de même quant aux personnes n'étant ni des conseils légaux ni leurs clercs ou employés.

715. En France, l'obligation de secret professionnel couvre les consultations et correspondances échangées entre le client et son conseil, toutes les notes d'entretien et toutes les pièces du dossier. Aux Etats-Unis, la doctrine des documents de travail personnels de l'avocat (*Work product rule*)[1433] s'applique en matière de contrôle fiscal[1434], de sorte que les notes et les mémorandums rédigés par un conseiller juridique de l'entreprise constituent des notes de travail de l'avocat qui, selon les règles de la procédure civile fédérale (la section 26(b)(3)), ne peuvent être révélées que sur démonstration de la nécessité ou de l'incapacité d'obtenir les pièces équivalentes autrement. Toutes les informations adressées par un employé d'une entreprise à un conseil sont confidentielles[1435]. Au Royaume-Uni, les documents détenus par un *barrister*, *advocate* ou

---

[1430] Art 22, al. 2 et 3 de la règle chinoise relative à la représentation fiscale (provisoire), SAT [2001] 117 du 8 octobre 2001.

[1431] Art. 37, al. 2 de la règle chinoise relative à la représentation fiscale (provisoire), SAT [2001]117 du 8 octobre 2001.

[1432] Cir. 230.

[1433] Hickman v. Taylor, 329 U.S. 495 (1947). Règle fédérale de procédure civile 26(b)(3).

[1434] Upjohn Company v. US, 449 U.S. 383 (1981); US v. Euge, 444 US 707 (1980). Adlman II (134 F3d 1194 2d Cir. 1998).

[1435] United States v. Mobil Corp 149 FRD 533 (ND TEX. 1993).

sollicitor sont protégés[1436]. Ceci étant, les principes du secret professionnel et de la confidentialité n'ont pas tout à fait la même portée. En France, le secret professionnel s'applique à tous les documents échangés entre l'avocat et son client, quel qu'en soit leur contenu. En revanche, dans les systèmes américain et anglais, le contenu des documents détermine l'application du *Legal Privilege*

716. Aux Etats-Unis, la confidentialité couvre toutes les communications, orales ou écrites, entre conseil et client en vue de donner ou obtenir des conseils légaux[1437]. Il s'agit uniquement des notes personnelles préparées exclusivement ou principalement dans l'objectif d'anticiper un litige. Pour définir l'objet principal d'une communication, il faut s'en tenir à un critère objectif les motivations subjectives des auteurs n'étant pas prises en compte. Le *Legal Privilege* s'applique également à toutes les communications entre conseil et tiers dans la mesure où celles-ci ont été faites dans la perspective d'un conflit, par exemple obtenir une preuve auprès d'un témoin potentiel. Ce n'est pas le cas au Royaume-Uni, où la notion de « *client* » est limitée à un individu, ou à un groupe d'individus, qui correspond directement avec le conseil extérieur à l'entreprise[1438].

717. La protection est-elle absolue ? En France, il est interdit à l'avocat auquel le client en ferait la demande de révéler des informations sur un dossier à des tiers. Cette solution correspond à l'idée selon laquelle le secret professionnel constituant une obligation du conseil, mais pas un droit du client, ce dernier ne peut relever son avocat de son obligation de secret professionnel. En revanche, le client peut lui-même rendre public des informations dont il a connaissance[1439]. C'est également la position de la CJCE qui a jugé que le principe de confidentialité n'empêche pas l'entreprise de révéler sa correspondance avec son avocat, s'il estime y avoir intérêt[1440]. Dans les systèmes américain et anglais, le client peut demander expressément à son conseil de fournir, à des tiers, des informations sur un dossier.

718. La confidentialité peut être levée dans certaines circonstances exceptionnelles. En premier lieu, aux Etats-Unis, la divulgation peut être ordonnée par un tribunal en cas de nécessité absolue de révélation, à défaut de quoi, l'administration subirait un préjudice inéquitable. La situation est identique au Royaume-Uni : si un fiscaliste non avocat (*tax accountant*) se

---

1436 Section 20B(8) et 20C(4) du TMA 1970.
1437 Fisher v. United States, 425 U.S. 391 (1976), 76-1 USTC ¶ 9353.
1438 Three Rivers District Council and others v. Governor and Company of Bank of England (No. 6)[2005]1 *AC* 610.
1439 Le client, en rendant lui-même les informations publiques, leur ôte leur caractère confidentiel. Voir Cass. 1re civ., 4 avril 2006, n° 04-20.735, P+B, Salvati c/SARL Ryv : *JCP éd. G* 2006 n° 26, II, 10106 ; *Procédures*, juin 2006, comm. 125. CE, 28 février 2007, n° 283441, SARL Louvigny.
1440 CJCE, 18 mai 1982, aff. 155/79, AM & S Europe Ltd c/Commission.

trouve soupçonné d'avoir aidé à la commission d'une infraction fiscale ou dont le client risque une pénalité fiscale, l'inspecteur est en droit de lui notifier une demande spécifique de documents concernant ses clients[1441]. En second lieu, toutes les informations ou documents communiqués par le contribuable à son conseil ne sont pas systématiquement confidentiels et cela dépend du régime applicable à ceux-ci entre les mains du contribuable. Au Royaume-Uni, le *Legal Privilege* ne s'applique pas à la copie d'un original qui, lui-même, n'est pas protégé par celui-ci, même si la copie a été faite dans l'objectif d'obtenir des conseils auprès d'un avocat[1442]. Aux Etats-Unis, le principe est identique[1443]. Dans l'arrêt *Fisher*, le juge a considéré que les documents de travail d'un comptable étaient des documents préexistants qui auraient pu être obtenus chez le contribuable ainsi que chez son conseil[1444]. Par conséquent, d'une part, un document préexistant n'est pas confidentiel à moins qu'il ne le soit entre les mains du contribuable et il ne devient pas confidentiel après avoir été remis à un conseil et, d'autre part, les documents d'un contribuable, remis à son conseil pour obtenir des conseils, sont confidentiels s'ils le sont entre les mains de celui-ci. La solution est justifiée. Les travaux du comptable d'un contribuable font partie des pièces justificatives de la comptabilité de celui-ci et elles existent avant l'intervention du conseil. Le contribuable est tenu de présenter la comptabilité ainsi que toute pièce justificative de celle-ci. Pour affirmer le principe dégagé dans l'arrêt *Fisher*, certains juges américains analysent l'intention objective du contribuable au moment de la remise des informations ou documents afin de décider si ceux-ci sont confidentiels. Il y a confidentialité si, au moment de la remise des informations ou documents, le contribuable a pu raisonnablement croire que ceux-ci seraient gardés secrets.

719. Une difficulté se pose si une partie obtient indépendamment un document qui aurait dû être couvert par la règle de confidentialité. Ainsi, par exemple, si la copie de communications confidentielles entre un contribuable et son avocat vient à se trouver entre les mains d'un tiers. Au Royaume-Uni, l'IR peut délivrer une *subpoena duces tecum* à ce tiers afin d'obtenir cette copie. Cette solution n'est pas justifiée car la règle de confidentialité entre avocat et client est un droit fondamental dans la relation de ces derniers et dans l'exercice de la profession de l'avocat. Il ne saurait y avoir de dérogation à ce principe du seul

---

[1441] Cet avis spécial nécessite l'autorisation du *Board of Inland Revenue* et d'un *circuit judge* ou *sheriff*.

[1442] La solution dégagée par l'arrêt *R. v. I.R.C. Ex p. Goldberg* [1988] *STC* 524, selon laquelle la copie d'un document produit dans l'objectif d'obtenir des conseils fiscaux est couverte par le *Legal Privilege* même si l'original ne l'était pas, a été cassée par la *Court of Appeal* in *Dubai Bank Ltd. v. Galadari* [1989] 3 *W.L.R.* 1044.

[1443] Colton v. United States 306. F2d 633 638 2d Cir. 1962 ; United States v. Cote 456 F2d 142 (8th Cir 1972) ; United States v. Abrahams 905 F2d 1276 (9th Cir 1990).

[1444] Fisher v. United States, 425 U.S. 391 (1976), 76-1 USTC ¶ 9353.

fait que les informations sont obtenues par un tiers qui n'est pas soumis au secret professionnel.

720. Enfin, en vertu des textes américains, la confidentialité entre conseil et client n'est pas applicable si le conseil a aidé le contribuable à organiser sa fraude fiscale[1445]. Il en va de même en France où la Cour de cassation a considéré qu'une saisie de consultations adressées par un avocat à son client et de correspondances échangées entre le client et son avocat ne pouvait être autorisée ou maintenue qu'à la condition que les documents saisis soient de nature à établir la preuve de la participation de l'avocat à la fraude présumée[1446]. Par ailleurs, un projet de texte français sur les schémas d'optimisation fiscale[1447] voudrait créer une obligation déclarative des montages dénommés « *schémas d'optimisation fiscale* » pour les personnes ayant une activité d'élaboration, développement ou commercialisation de tels schémas, en particulier les avocats, à condition que les schémas aient pour objet l'obtention d'un avantage d'un montant supérieur à 100 000 euros.

721. Un tel système déclaratif existe tant au Royaume-Uni qu'aux Etats-Unis[1448]. Le système britannique est purement informatif tandis que le système américain est à la fois préventif et informatif. La situation en France n'est en rien comparable. Il existe déjà une procédure préventive : les rescrits fiscaux[1449],

---

[1445] Inre Schroeder 842 F2d (11th Cir) 1987. United States v. Friedman 445 F2d 1076, 1085 1086 (9th Cir 1971). IR Code, section 7525 (b).

[1446] Cass. com., 5 mai 1998, n° 96-30116, n° 1020 P, Sté Value Investing Partners Inc : *Bull. civ.*, 1998, IV, n° 146, p. 117 ; *DF* 1998, n° 43, comm. 939 ; *JCP éd. G* 1998, n° 30, II, 10126 ; *JCP éd. E* 1998, n° 37, p. 1413 ; *Procédures*, Janvier 1999, comm. 21 ; - 16 décembre 1997, n° 95-30237 et 95-30238, Carlill : *JCP éd. E* 1998, n° 10, *pan.*, p. 358.

[1447] La tribune, 14 septembre 2005 ; *JCP éd. N* 2005, n° 39, *act.*, 485 ; *Projet de texte sur les schémas d'optimisation fiscale et réponse de l'ensemble des organisations professionnelles*, Institut des avocats conseils fiscaux (IACF) La Lettre n° 84, décembre 2005. En 2006, un avant-projet de texte de loi et un projet de décret renouvellent en profondeur l'économie du projet élaboré en 2005. Ces projets sont fondés sur une logique de dissuasion et d'amélioration réciproque de la transparence.

[1448] Aux Etats-Unis, cette obligation déclarative était uniquement requise des sociétés. Le 14 juin 2002, une instruction (*Regulations*) l'a étendue aux particuliers, aux sociétés de personnes, aux « *S Corporations* » et aux trusts participant directement ou indirectement à des transactions définies comme des « *Tax Shelters* » (IR Code, sections 6111 et 6112). Les contribuables américains ne sont cependant pas soumis à sanction pécuniaire lorsqu'ils s'abstiennent de déclarer. En pratique, la pénalité consiste dans la privation de la possibilité de soutenir qu'ils ont agi de bonne foi. *L'American Jobs Creation Act 2004* (Pub. L. 108-357) a réduit le champ d'application du secret professionnel protégeant les relations entre un avocat et son client, lorsque l'administration fiscale exerce son droit de contrôle au regard d'un « *tax shelter* ». Des pénalités spécifiques s'appliquent aux conseils en cas de non-respect de leurs obligations déclaratives au regard des « *tax shelters* ».

[1449] LPF, art. L. 64 B. La procédure de rescrit a été présentée comme une transposition de la procédure du « *Ruling* » anglo-saxon, qui consiste à obtenir par avance l'accord de qui ne rencontre cependant pas le succès escompté[1450]. En outre, une forte corrélation entre le résultat comptable et le résultat fiscal, la procédure spécifique de l'abus de droit, le but poursuivi répressif de ce projet vont poser de sérieuses questions d'application et de responsabilité pour les professionnels du droit et de la finance, notamment ceux astreints à des obligations de secret[1451]. Aux Etats-Unis, la loi fiscale est complétée par des textes administratifs, dont les *Regulations*, qui constituent de véritables constructions juridiques. L'administration américaine entretient avec le Congrès des relations très spécifiques, l'*Assistant secretary for tax policy* est souvent auditionné et les projets de *Regulations* font l'objet d'auditions publiques devant les commissions du Congrès. En revanche, le système constitutionnel français précise que la fiscalité est du domaine du législateur, de sorte que les textes administratifs français sont un commentaire et non une construction juridique autonome[1452]. Tout cela semble défavorable à l'adoption d'un tel projet.

3. Les consultations données par les juristes internes de l'entreprise vérifiée

722. Une des questions qui a suscité le plus de commentaires concerne les avis donnés à l'entreprise par son juriste interne. Dans l'Union européenne, quatre Etats membres, la Belgique, l'Italie, la France et le Luxembourg, ne permettent pas aux juristes internes d'être membres d'un barreau et ne reconnaissent pas le privilège de communication entre juristes internes et entreprises qui les salarient. Au Royaume-Uni, le principe de confidentialité dont bénéficient les conseils juridiques, le *Legal Privilege*, existe en dehors de tout contexte contentieux ou potentiellement contentieux[1453]. En l'état actuel de la jurisprudence européenne, les avis des juristes internes ne sont protégés que

---

l'administration sur une situation fiscale, dont les conséquences, une fois acceptées, ne pourraient plus être remises en cause.

1450 D'une part, après avoir fourni les éléments utiles à l'administration en vue d'un rescrit fiscal, le contribuable craint de subir un contrôle fiscal. D'autre part, si l'administration a donné une appréciation négative de l'opération envisagée, le contribuable ne peut poursuivre son opération.

1451 *Projet de texte sur les schémas d'optimisation fiscale et réponse de l'ensemble des organisations professionnelles*, Institut des avocats conseils fiscaux (IACF), La Lettre n° 84, décembre 2005.

1452 Frédéric TIXIER (propos recueillis par), « Optimisation fiscale ou abus de droit ? », Interview de Michel TALY, chef du Service de la Législations fiscales, *MTF*, n° 45, novembre 1992, p. 16.

1453 R. v. Cox and Railton (1884) 14 Q.B.D. 153, R. v. Commissioners of Inland Revenue, Ex p. Tamosius Partners 1999, QB [1999] *STC* 1077, [2000] 1 *WLR* 453 ; *TNLR*. No. 796, The Times, 10 novembre 1999 (en l'espèce, l'IR était persuadé qu'un avocat américain exerçant à Londres avait aidé un de ses clients à éluder des impôts britanniques. Les agents de l'IR ont obtenu le mandat de perquisition sur le fondement de la section 20 C du TMA afin de perquisitionner le bureau de l'avocat. Selon les dispositions de la section 20C (3) du TMA, les agents sont également habilités à saisir et emporter des documents. L'avocat s'est plaint que les documents était protégés par le *Legal Privilege*), R. v. Chesterfield Justices, Ex p. Bramley 1999 *TNLR*. No. 798, The Times, 10 novembre 1999, cités par Gavin MURPHY dans son article « A proposed strategy to settle legal professional privilege claims under the Competition Act 1998 », *ECLR*, mars 2000, p. 180.

dans la mesure où ils reprennent le contenu des avis juridiques de l'avocat[1454]. Le 30 septembre 2003, le Président du Tribunal de première instance de Luxembourg a relancé le débat sur la confidentialité et a invité le juge du fond à se prononcer sur l'extension éventuelle du champ d'application du secret professionnel aux juristes internes[1455]. Finalement, le TPICE refuse d'étendre le *legal privilege* à tous les documents émanant des juristes d'entreprises, mais étend la protection accordée aux documents élaborés exclusivement aux fins de demander un avis juridique à un avocat, dans le cadre de l'exercice des droits de la défense de l'entreprise [1456]. Un problème se pose pour les entités multinationales employant des juristes internes en Europe. De telles entreprises peuvent décider de ne plus embaucher des juristes en Europe ou prendre des mesures de précaution afin de se protéger contre le risque lié à l'absence de confidentialité des communications avec leurs juristes.

723. Aux Etats-Unis, où la situation est inverse à celle qui prévaut en Europe, les juristes *In-house Counsel* bénéficient aussi de l'*attorney-client privilege*[1457] à condition que : (1) les communications soient faites dans le but d'obtenir des conseils juridiques ; (2) le juriste le fasse sous la direction de son supérieur ; (3) le supérieur exige ces communications afin d'obtenir des conseils juridiques ; (4) le contenu des communications soit dans le champ des obligations du juriste ; (5) les communications ne soient pas au-delà de ce que l'on a besoin de savoir[1458].

Conclusion du chapitre I

724. Pour engager des opérations de contrôle, l'administration fiscale doit respecter certaines procédures. Il est dans l'intérêt de l'administration d'effectuer correctement des contrôles afin d'éviter des contentieux futurs, et dans celui du contribuable de connaître le déroulement des opérations. Il en résulte que, dans les trois pays occidentaux, la durée des vérifications est limitée, le lieu de vérification est réglementé et les documents sur lesquels porte la vérification sont limitativement, du moins en principe, énumérés.

725. En revanche, la situation n'est pas identique en Chine. Tout d'abord bien que les textes réglementaires et instructions administratives exigent que la durée

[1454] Ordonnance du TPICE, 4 avril 1990, T-30/89, Hilti c/Commission : *Rec.*, p. II-163 ; *Contrats Concurrence Consommation*, 2005, n° 8, comm. 151, § 22. Voir CJCE, 18 mai 1982, AM & S Europe Ltd c/Commission 1982, aff. 155/79.

[1455] TPICE, ordonnance, 30 octobre 2003, Akzo Nobel Chemicals et Akcros Chemicals Ltd c/Commission, aff. T-125/03 R et T-253/03 R : *Rec.*, p. 04771 ; *JCP éd. E* 2004, n° 44, 595 ; *JCP éd. E* 2004, n° 1, *pan.*, 7.

[1456] TPICE, 1re ch., 17 septembre 2007, aff. T-253/03, Akzo Nobel Chemicals Ltd c/Commission CE : *JCP éd. E* 2007, n° 49, 2508, note d'Emmanuel DIENY.

[1457] Voir Upjohn 449 U.S. at 383.

[1458] Voir Upjohn 449 U.S. at 394-95.

des vérifications sur place soit limitée, l'agent des impôts n'est soumis à aucune limite temporelle concrète dans ses opérations de vérification. Ensuite, il décide unilatéralement où se déroule la vérification, soit sur place, soit dans son bureau, soit ailleurs. Enfin, ses pouvoirs de vérification portent sur tous les documents qu'il juge nécessaires à l'établissement des impositions, qu'ils soient professionnels, privés, de nature comptable ou extra-comptable. Ces solutions ne sont pas satisfaisantes dans la mesure où les pouvoirs de vérification de l'administration ne connaissent aucune limite. Une réforme, calquée sur la procédure occidentale sur ces points, paraît indispensable.

726. Le droit français est particulièrement rigoureux quant à la limitation de la durée des opérations de vérification. L'objectif est d'empêcher les vérifications successives. La jurisprudence française interprète strictement la notion de vérification sur place. Par conséquent, l'emport des documents par le vérificateur dans l'intention de les examiner dans les locaux de l'administration est sévèrement encadré. Les droits américain et britannique, ignorant la notion de vérification sur place, portent beaucoup moins d'attention à l'emport des documents, par les agents des impôts, dans leurs locaux.

727. L'obligation pour le contribuable de fournir les documents exigés par l'agent des impôts existe dans les quatre pays comparés. Cette solution est essentielle pour assurer l'effectivité des opérations de vérification. Néanmoins, les pouvoirs de vérification ou de communication de l'administration trouvent leur limite dans le secret professionnel ou la confidentialité de certains professionnels, par exemple, les avocats. Une question délicate se pose en ce qui concerne les avis juridiques donnés par des juristes internes. Au Royaume-Uni comme aux Etats-Unis, les juristes internes bénéficient des mêmes droits que les avocats indépendants. Mais, ce n'est pas le cas en France. La jurisprudence européenne retient la même solution que la jurisprudence française. Un débat sur ce point a été relancé en France et au sein de l'Union européenne. Une réforme prochaine est attendue.

Chapitre II – L'équilibre dans le débat contradictoire entre l'administration et le contribuable

728. Le principe du contradictoire n'est expressément indiqué ni dans l'article 6 de la Convention européenne des droits de l'Homme ni dans l'article 14 du Pacte international, mais il se déduit nécessairement de l'équité. Le droit à un procès équitable implique par principe, pour une partie, la faculté de prendre connaissance des observations ou des pièces produites par l'autre, ainsi que d'en discuter. Le principe du contradictoire est aujourd'hui presque universel dans son principe et ses fondements. Il est inscrit dans la Constitution américaine. En France, le Conseil d'Etat a reconnu en 1945 que le principe général des droits de la défense (dont le principe du contradictoire) était applicable même sans texte[1459]. L'idée de procédure contradictoire a été immédiatement associée à l'idée de juridiction. Pour autant, comme l'observait un auteur, elle est « *loin d'être inconnue en procédure administrative non contentieuse* »[1460]. Mais la doctrine ne partage pas ce point de vue. D'après Hocine Zeghbib, dans la procédure administrative non contentieuse, « *les garanties offertes ne sont pas véritablement celles que l'on aurait dans la procédure contentieuse (...)* »[1461]. Force est de constater que le principe du contradictoire se développe en dehors du contentieux sous l'influence de la recherche d'une amélioration des relations entre administration et usager, et ce, pour une meilleure adhésion des administrés à l'action administrative.

729. En France, le pouvoir réglementaire a contribué à renforcer la contradiction en dehors du contentieux. Ainsi, l'article 8 du décret du 28 novembre 1983 a introduit au moins une ébauche de contradictoire[1462]. La loi du 12 avril 2000 dispose par ailleurs que les décisions individuelles n'interviennent qu'après que la personne intéressée ait été mise à même de présenter des observations écrites et le cas échéant, sur sa demande, des observations orales[1463]. Le droit communautaire reconnaît également le principe des droits de la défense dans la procédure administrative, le respect des droits de la défense constitue une forme substantielle dont la violation doit être soulevée

---

[1459] CE, ass., 26 octobre 1945, n° 77726, Aramu : *Rec.*, p. 213 ; *D.*, 1946, p. 158 ; *EDCE* 1947, n° 1, p. 48 ; *S.* 1946, n° 3, p. 1 ; Jean-François LACHAUME, *Les grandes décisions de la jurisprudence, Droit administratif*, Paris : PUF, 1991, p. 72.

[1460] Jean-Marie AUBY, « Autorités administratives et autorités juridictionnelles », *AJDA* 1995, numéro spécial du cinquantaire sur le Droit administratif, p. 96.

[1461] Hocine ZEGHBIB, « Principe du contradictoire et procédure administrative non contentieuse », *RDP*, 2-1998, p. 478.

[1462] Cet article a été abrogé par l'article 5 du décret n° 2001-492 du 6 juin 2001 (*JORF*, 10 juin 2001, p. 9246).

[1463] Art. 24, al. 1er de la loi n° 2000-321 du 12 avril 2000 relative aux droits des citoyens dans leurs relations avec les administrations (*JORF*, 13 avril 2000, p. 5646).

d'office[1464] ; le principe des droits de la défense dans les procédures non contentieuses s'applique en tant que principe fondamental du droit communautaire, même sans texte[1465]. Il s'applique à toute procédure susceptible d'aboutir à une décision affectant de manière sensible les intérêts d'une personne[1466]. Autrement dit, il va bien au-delà des procédures juridictionnelles. Néanmoins, il est vrai que le caractère contradictoire d'une procédure de règlement non juridictionnel n'a pas à être comparé avec celui d'une procédure se déroulant devant un tribunal.

730. La question se pose alors de savoir pourquoi la procédure de vérification de comptabilité est contradictoire. Selon le commissaire du Gouvernement Gilles Bachelier, puisque les contribuables sont astreints à une obligation de présenter des documents comptables et des pièces justificatives alors que le service fiscal confronte de manière active ces documents avec les déclarations souscrites, le contribuable doit pouvoir faire connaître ses arguments. En d'autres termes, l'obligation de produire des documents comptables de la part du contribuable implique le caractère nécessairement oral et contradictoire de la procédure. Un débat est obligatoirement bilatéral. D'une part, l'administration organise le dialogue (Section I) et d'autre part, le contribuable participe au dialogue (Section II). La question se pose alors de savoir si cela constitue une obligation réciproque pour les deux parties.

Section I – L'obligation pour l'administration fiscale d'engager un débat

731. En raison du déséquilibre existant entre administration fiscale et contribuable, pour qu'un débat ait lieu, il faut imposer à l'administration l'obligation de l'organiser. En France, l'administration doit engager un débat <u>oral et contradictoire</u>. Le débat consiste pour le contribuable à avoir le droit d'être entendu et de présenter des observations. Le droit anglais est moins protecteur du contribuable car le droit de celui-ci d'être entendu est prévu seulement devant les *Commissioners* et non devant l'inspecteur fiscal, ce qui ne va pas sans poser de problème du point de vue du traitement équitable du contribuable selon les termes mêmes du *Butterworth's Tax Guide*[1467].

732. En Chine, la procédure de contrôle est purement interne à l'administration. Elle est dépourvue de caractère contradictoire et elle est très éloignée des

---

[1464] Voir déjà CJCE, 7 mai 1991, Interhotel, aff. C-291/89 : *Rec.*, I, p. 2257 ; - 2 avril 1998, Sytraval et Brink's France, aff. C-367/95 P : *Rec.*, I, p. 1719 ; *Europe* 1998, comm. 182 et 202.

[1465] TPICE, 10 mai 2001, Kaufring et alii, aff. T-186/97 : *Europe*, juillet 2001, comm. 2[illegible]2, observations de D. SIMON. Voir aussi CJCE, 12 février 1992, Pays-Bas PTT Nederland et PTT-Post c/Commission, aff. C-48/90 et C-66/90 : *Rec.*, I, p. 565.

[1466] CJCE, 10 juillet 2001, Ismeri Europa Srl, aff. C-315/99 P : *Europe*, octobre 2001, comm. 255, note de M. PIETRI ; CJCE confirme l'analyse du TPICE, 15 juin 1999, aff. T-277/97 : *Rec.*, I, p. 1825 ; *Europe*, août-septembre 1999, D. RITLENG, comm. 290.

[1467] *Tax Guide*, Butterworth, 1999-2000, 1. 41.

procédures françaises. Force est donc de constater l'absence d'un débat au sens strict. En revanche, le contribuable chinois a le droit de présenter ses observations et de se défendre avant que l'administration ne prenne une décision de sanction administrative à son égard[1468]. Lorsque l'administration envisage d'appliquer une sanction administrative, elle est tenue de le notifier au contribuable en précisant les faits, preuves, bases légales de la décision ainsi que la sanction envisagée et le droit de demander une audience publique[1469]. Les sanctions administratives en matière fiscale sont essentiellement des pénalités fiscales[1470]. Sont donc exclus les intérêts de retard et les impôts rappelés. On peut en conclure que le contribuable chinois est privé du droit à un débat en l'absence de pénalités fiscales.

733. Le débat relève des droits de la défense. Pour le juge, le caractère contradictoire des procédures est le corollaire du principe du respect des droits de la défense[1471], et pour la doctrine, assurer le respect des droits de la défense est l'objectif de la procédure contradictoire[1472]. Le principe du contradictoire doit concerner toutes les décisions individuelles défavorables. La portée du principe du contradictoire est pourtant nuancée au cours du contrôle fiscal en raison de la conciliation nécessaire entre les pouvoirs de l'administration et la protection du contribuable. Certains distinguent la procédure d'imposition de la procédure de contrôle, la première permettrait à l'administration d'établir un redressement alors que la seconde aurait pour objet de permettre à l'administration de rassembler les éléments d'information sur le contribuable et devrait toujours rester contradictoire[1473]. La solution est raisonnable. Le débat oral et contradictoire tient une place importante et constitue une condition essentielle dans les opérations de contrôle. Le bénéfice de cette garantie devrait être indépendant de la procédure de redressement ultérieurement mise en œuvre.

[1468] Art. 6 de la loi chinoise relative aux sanctions administratives (votée le 17 mars 1996, promulguée le même jour par le Président de la République Populaire [63]1996 et entrée en vigueur à compter du 1er octobre 1996).

[1469] Art. 24 de la loi chinoise relative aux sanctions administratives.

[1470] Art. 8 et 42 de la loi chinoise relative aux sanctions administratives ; art. 3 du règlement d'essai chinois relatif à la procédure d'audience en vue d'une sanction fiscale ; art. 2 du règlement d'essai chinois relatif au système de séparation du corps chargé des vérification ou/et enquête et de celui chargé de la décision de sanction administrative.

[1471] CE, sect., 5 mai 1944, Dame Trompier-Gravier : *Rec.*, CE 1944, p. 133. CC, 20 juillet 1977, n° 77-83 DC : *Rec.*, p. 39 ; *JORF*, 22 juillet 1977, p. 3885 ; *RA* 1977, p. 586 ; *AJDA* 1977, p. 599 ; *RDP* 1978, p. 827 ; *D.*, 1979, *juris.*, p. 297.

[1472] Georges DUPUIS, Marie-José GUEDON et Patrice CHRETIEN, *Doit administratif*, 9e édition, p. 458.

[1473] CAA Lyon, Plén., 25 juin 1992, n° 89-1687, Armao, concl. de Lucienne HAELVOËT : *DF* 1993 n° 25, comm. 1303.

I – Le principe

734. En France, l'obligation pour l'administration d'engager un débat oral et contradictoire dans le cadre de la vérification de comptabilité a été dégagée tant par la jurisprudence administrative[1474] que judiciaire[1475], à partir de l'article L.13 du LPF. L'administration française a rappelé l'exigence d'un débat lors du commentaire de l'arrêt du 21 mars 1976 [1476]. L'expérience démontre l'incontestable efficacité de ce dialogue entre administration et contribuable, qui permet de trouver une solution en amont à de très nombreux litiges et limite la survenance de véritables situations contentieuses[1477]. En outre, ce principe est en fait également reconnu par la loi. L'article L. 10 du LPF dispose qu'une charte du contribuable vérifié doit être remise au contribuable avant l'engagement de la vérification. Le texte de cette charte précise qu'une vérification est fondée avant tout sur un dialogue, qui « *(...) repose, pour l'essentiel, sur un débat oral et contradictoire entre le vérificateur et le contribuable vérifié (...)* »[1478]. Le débat offre au contribuable la possibilité de discuter avec le vérificateur des points soulevés avant toute prise de position de l'administration sur les redressements envisagés.

735. À la différence des obligations prévalant en matière de vérification de comptabilité[1479], le juge refuse de reconnaître le caractère « *oral* » à un débat contradictoire dans le cadre de l'examen contradictoire de la situation fiscale personnelle (ESFP). Le juge fonde sa décision sur trois motifs. Le premier motif est qu'aucune disposition législative ou réglementaire n'oblige l'administration à engager sous une forme orale le débat contradictoire avec le contribuable dans le cadre de l'ESFP. Le second est que l'administration a supprimé dans l'édition de la « *Charte des droits et obligations des contribuables vérifiés* » de mars 1997 le mot « *oral* » pour le dialogue en cas d'ESFP[1480]. En d'autres termes, la version de la charte actuellement en vigueur ne mentionne pas que le débat doit être oral. Le troisième est que les garanties qui entourent la vérification de comptabilité ne sont pas transposables à l'ESFP[1481]. Il en résulte que les

---

[1474] CE, sect., 21 mai 1976, req. n° 94052, concl. de Marie-Aimée LATOURNERIE.

[1475] Cass. crim., 23 novembre 1992, n° 90-86657 : *DF* 1993, n° 20, comm. 1059.

[1476] BODGI 13 L-12-76 du 16 septembre 1976 : *DF* 1976, n° 42, 1491 ; BODGI 13 L-12-79 du 4 décembre 1979 : *DF* 1980, n° 4, 173.

[1477] François PILLET et Eugène BANGOURA, *Guide pratique de la procédure dans le contentieux fiscal*, 3e édition, Paris : Litec, 2003, p. 2.

[1478] Charte des droits et obligations du contribuable vérifié, version en vigueur en mai 2006, p. 3.

[1479] CE, 5 décembre 2001, n° 215649, Giresse : *JCP éd. E* 2002, n° 7, *pan.*, 316 ; *DF* 2003, n° 26, comm. 500, chron. de Jean LAMARQUE, « L'ESFP et la jurisprudence Giresse sur le dialogue écrit : le facteur sonnera plus de trois fois », Étude 26 ; *RJF* 3/2002, n° 263 ; *BDCF* 3/2002, concl. de Christine MAUGÜE, p. 25 ; - 30 décembre 2003, n° 233169, Vandière de Vitrac d'Abzac : *DF* 2004, n° 22-23, comm. 529 ; *DF* 2004, n° 50, *chron.*, 49 ; *RJF* 3/2004, n° 223 ; *BDCF* 3/2004, n° 29.

[1480] Charte des droits et obligations du contribuable vérifié, version en vigueur en mai 2006, p. 8.

[1481] CE, 7 novembre 1986 : *DF* 1988, n° 12, comm. 592, concl. de Philippe MARTIN.

garanties applicables en matière d'examen des situations fiscales de personnes sont moindres sur ce point que celles à respecter en matière de vérification de comptabilité. Certains estiment que cette différence de traitement constitue une régression et appellent à une affirmation claire du principe du débat oral et contradictoire dans toutes les procédures, y compris l'ESFP[1482].

736. Pourquoi le caractère « *oral* » du débat contradictoire est-il une garantie essentielle dans le cadre de vérification de comptabilité, alors qu'il ne l'est pas en cas d'ESFP ? Cette solution n'a pas de justification. En effet, le caractère « *contradictoire* » de l'ESFP est reconnu expressément par la loi[1483] et par la jurisprudence[1484]. Le contradictoire consiste en l'échange de points de vue entre vérificateur et contribuable. Un échange ne sera vraiment efficace que sous forme orale, alors qu'un dialogue sous forme écrite prendra beaucoup plus de temps et sera beaucoup plus formaliste. Rien ne justifie que le contribuable, objet de l'ESFP soit moins bien protégé que celui qui fait l'objet d'une vérification de comptabilité. Le principe du débat oral et contradictoire devrait être applicable en définitive à toutes les procédures de contrôle aboutissant à une proposition de rectification.

737. Une difficulté se pose quand le contribuable refuse de participer au dialogue ou que le débat ne peut pas avoir lieu. En théorie, l'obligation d'engager le débat n'est qu'une obligation de moyen (A) et l'absence du débat peut être prouvée (B).

A/ Une obligation de moyen

738. L'absence de débat oral et contradictoire n'est pas opposable à l'administration dès lors qu'elle résulte du comportement du contribuable[1485] car il ne s'agit que d'une obligation de moyen et non d'une obligation de résultat, l'administration fiscale n'étant pas en mesure d'assurer seule que le débat ait lieu. Celle-ci doit seulement ne pas priver le contribuable de la possibilité d'un débat oral et contradictoire[1486]. Il n'est pas obligatoire que le débat oral et contradictoire ait matériellement lieu, mais il faut que la faculté en ait été offerte au contribuable par le vérificateur, même si le contribuable l'a refusée[1487]. Le juge doit seulement contrôler si des conditions favorables au

---

1482 Jean LAMARQUE, « L'ESFP et la jurisprudence Giresse sur le dialogue écrit : le facteur sonnera plus de trois fois ». Gilles AMEDEE-MANESME, « Le débat oral et contradictoire au cœur du contrôle fiscal, retour sur l'arrêt du Conseil d'Etat du 30 décembre 2003 Vandière de Vitrac d'Abzac rendu à propos de l'ESFP », *DF* 2004, n° 5, *chron.*, 49.

1483 LPF, art. L. 47 à L. 50. Loi n° 87-502 du 8 juillet 1987 : *DF* 1987, n° 31-32, comm. 1489.

1484 CE, 26 juillet 1991, n° 81253, Giron : *DF* 1992, n° 40, comm. 1790, concl. d'Olivier FOUQUET ; *RJF* 10/1991, n° 1180.

1485 CE, 27 juillet 1988, req. n° 60112 et 62761 : *RJF* 11/1988, n° 1238 ; *LPA* 1989, n° 9, p. 6.

1486 CE, 9 mars 1988, n° 66954, Thiévenaz : *DF* 1988, n° 26, comm. 1355 ; *RJF* 5/1988, n° 624.

1487 CE, 27 juillet 1988, req. n° 60112 et 62761.

débat contradictoire sont réunies[1488] car le contrôle sur le contenu du débat serait en fait impossible à exercer, à la fois parce que la réalité de ce contenu est difficile à apprécier et que celui-ci ne peut être défini par rapport aux éléments de la notification de redressement[1489]. Ne contrôlant pas l'étendue du débat oral et contradictoire, le juge se montre exigeant sur la possibilité offerte au contribuable par l'administration de débattre.

739. Le contenu du débat est peu abordé par la jurisprudence. La procédure de vérification de comptabilité se distinguant de la procédure de redressement[1490], le vérificateur n'est pas tenu de discuter avec le contribuable des conséquences qu'il entend tirer des constatations opérées ou des redressements qu'il pourrait envisager[1491]. En d'autres termes, le vérificateur n'a pas à faire connaître dès la phase de vérification ses intentions de redressement, par exemple, l'objet de la proposition de rectification.

740. Quant à l'objet du débat, il doit être celui de la vérification de comptabilité. L'objet de la vérification de comptabilité est la comptabilité ainsi que les pièces comptables ou toutes les pièces utiles à la gestion de l'entreprise. Le débat équivaut également à un échange de vues sur la comptabilité entre vérificateur et contribuable. Certaines décisions jurisprudentielles indiquent, de façon générale, que ce débat doit porter sur les constatations auxquelles donne lieu le contrôle fiscal[1492]. En fait, le débat porte sur l'interprétation faite par le vérificateur sur les informations qu'il a collectées.

741. Le contradictoire ne signifie pas pouvoir discuter de tout ce que les parties avancent en fait et en droit. On ne peut pas discuter de tout. En matière de contentieux fiscal, la question est de savoir si le débat doit porter sur tous les

---

[1488] Conl. de Pierre COLLIN sous CE, 30 décembre 2002, n° 231167, Le Grand Bazar : *BDCF* 3/2003, n° 41.

[1489] CE, 22 décembre 1989, req. n° 50674 et 50675, Sté civile de moyens du cabinet médical d'Origny : *DF* 1990, n° 19, comm. 926, concl. d'Olivier FOUQUET. La jurisprudence estime que, pour des raisons juridiques et pratiques, le juge doit se contenter de vérifier l'existence de contacts ou de possibilités de contacts entre l'inspecteur et le contribuable. Également les observations de MARTIN LAPRADE relatives à l'arrêt Renolleau du Conseil d'Etat n° 82537 en date du 10 juin 1972 (*RJF* 7-8/1976, p. 224).

[1490] La procédure de vérification de comptabilité se distinguant d'autres moyens de contrôle, la question est de savoir si le débat oral et contradictoire porte ou non sur les renseignements que l'administration s'est procuré indépendamment de la vérification de comptabilité, notamment par l'exercice de son droit de communication sera traitée au paragraphe 754 et s.

[1491] CE, 10 juillet 1972, n° 82537, Renolleau ; - 9 mars 1988, n° 66954, Thiévenaz ; - 11 avril 2001, n° 175082, Sévilla : *DF* 2001, n° 41, comm. 936, concl. de Guillaume GOULARD ; *RJF* 7/2001, n° 1009 ; *BDCF* 7/2001, p. 58.

[1492] CE, 25 avril 2003, n° 234812, Sté Impremanus : *DF* 2003, n° 48, comm. 859, concl. de Gilles BACHELIER ; *RJF* 7/2003, n° 877 ; *BDCF* 7/2003, n° 68 ; - 14 janvier 2004, n° 249302, Bratt : *DF* 2004, n° 25, comm. 569, concl. de Sophie BOISSARD ; *RJF* 4/2004, n° 403 ; *JCP éd. E* 2004, n° 31, 1156 ; *Procédures*, 2004, n° 4, comm. 89.

points contenus dans la proposition de rectification. Jean Schmidt considère que le débat oral et contradictoire doit porter sur tous les chefs de redressement envisagés par le vérificateur[1493]. La solution est justifiée car le contribuable doit être en mesure de se défendre sur tous les points de redressement. La question est de savoir si le vérificateur doit établir une corrélation entre le débat oral et contradictoire et la proposition de rectification. Il semble qu'une telle corrélation soit nécessaire, à défaut, le débat oral et contradictoire ne constituerait pas une garantie effective pour le contribuable. Or, il faut ici distinguer les moyens invoqués par le contribuable des arguments échangés entre administration et contribuable. Il est possible que l'administration refuse de débattre sur tous les arguments invoqués par le contribuable. Il est alors important que les points mentionnés dans la proposition de rectification soient effectivement discutés entre contribuable et vérificateur. Une autre question est de savoir si l'inspecteur peut élargir l'objet du débat. Il semble que le champ du débat puisse être élargi à condition que le contribuable dispose d'assez de temps pour présenter ses observations concernant les points nouveaux.

B/ La preuve de l'absence de débat

742. Certains contribuables réalisent des manœuvres dilatoires visant à empêcher tout débat avec le vérificateur, et par la suite, à nier avoir eu un débat oral et contradictoire. La jurisprudence française en est cependant consciente et est sur ce point favorable aux intérêts de l'administration. Concernant la charge de la preuve de l'absence du débat, les mécanismes de dévolution de la charge de la preuve revêtent un caractère déterminant. La procédure civile est commandée par un principe simple, selon lequel, « *il incombe à chaque partie de prouver conformément à la loi les faits nécessaires au succès de sa prétention* »[1494]. Par ailleurs, « *celui qui réclame l'exécution d'une obligation doit la prouver. Réciproquement, celui qui se prétend libéré doit justifier le paiement ou le fait qui a produit l'extinction de son obligation* »[1495]. Même si le droit fiscal présente toujours une spécialité, les règles de preuve restent classiques dans la plupart des cas. En matière d'impôts déclaratifs, supporte la charge de la preuve celui qui remet en cause la situation issue de la déclaration du contribuable.

743. Il faut distinguer selon que la vérification de comptabilité d'une entreprise a été effectuée ou non dans ses propres locaux. Lorsque la vérification se déroule dans les locaux de l'entreprise vérifiée, le débat est présumé, le contribuable ayant la charge de prouver que l'absence de débat serait le fait du

---

[1493] Jean SCHMIDT, « Le contrôle des activités professionnelles », in : *L'amélioration des rapports entre l'administration fiscale et les contribuables*, actes du colloque organisé par la société française de droit fiscal de l'université d'Orléans les 15 et 16 septembre 1988, p. 17.
[1494] NCPC, art. 9.
[1495] Code civil, art. 1315.

vérificateur[1496]. Lorsque la vérification se déroule dans les locaux distincts de ceux de l'entreprise vérifiée, il y a alors en principe deux possibilités : la vérification a lieu soit dans le local où est détenue la comptabilité soit dans le local de l'administration avec le consentement du contribuable. Dans le premier cas, le principe est que le fait d'effectuer la vérification de comptabilité dans le local où la comptabilité est détenue ne prive pas *a priori* le contribuable d'un débat oral et contradictoire[1497]. Il en va de même si le contrôle se déroule au cabinet du conseil du contribuable à sa demande, que le conseil ait reçu ou non mandat exprès pour représenter son client. Dans ce cas, la possibilité d'un débat est présumée offerte à celui-ci, même en l'absence de mandat exprès de représentation[1498], de sorte que le débat est présumé lorsque la vérification de comptabilité se déroule au cabinet du comptable ou du conseil du contribuable concerné[1499]. Autrement dit, dans le cas où la vérification de comptabilité d'une entreprise a été effectuée soit dans ses propres locaux soit dans les locaux du comptable auprès duquel sont déposés les documents comptables, il appartient au contribuable de démontrer que les opérations de vérification ont été conduites sans qu'il ait eu la possibilité d'avoir un débat oral et contradictoire avec le vérificateur qui se serait refusé à un tel débat[1500]. Dans le deuxième cas, en cas de contestation du contribuable, la charge de la preuve pèse sur l'administration[1501].

744. Aux termes de l'article L. 101 du LPF, l'administration fiscale est en droit d'obtenir de l'autorité judiciaire la communication de toute indication de nature à faire présumer une fraude fiscale ou une manœuvre quelconque ayant eu pour objet ou ayant eu pour résultat de frauder ou de compromettre un impôt. Si au cours de la vérification de comptabilité, des documents comptables ont été saisis par l'autorité judiciaire, le vérificateur ne peut poursuivre cette vérification dans les locaux du magistrat instructeur pour un examen de ces pièces sans avoir indiqué au contribuable que lui-même, ou son conseil, a la

---

[1496] CE, 20 mars 1985, n° 52477 : *DF* 1985, n° 42, comm. 1760 et 1763 ; *RJF* 5/1985, n° 782 ; - 18 octobre 1996, req. n° 160839 : *RJF* 12/1996, n° 1406.

[1497] CE, 12 mai 1976, n° 94895 : *RJF* 7-8/1976, n° 343 ; - 5 juin 1981, req. n° 20948 : *DF* 1981, n° 50, comm. 2226 ; *RJF* 9/1981, n° 78 ; - 2 juillet 1986, req. n° 50872 : *DF* 1986, n° 43, comm. 1830 ; *RJF* 10/1986, n° 908 ; - 27 juillet 2005, n° 255446, 255447 et 255448, Charles : *DF* 2005, n° 51, comm. 832 ; *RJF* 11/2005, n° 1213.

[1498] CE, 31 mai 2000, req. n° 178122, Catania : *JCP éd. E* 2000, n° 30, *pan.*, p. 1218 ; *DF* 2001, n° 5, comm. 70 ; *RJF* 7-8/2000, n° 956.

[1499] CE, 26 mai 1982, n° 26230 : *DF* 1982, n° 48, comm. 2291 ; - 12 juillet 1989, n° 72131 et 86331, Vuarand : *DF* 1989, n° 49, comm. 2321 ; *RJF* 10/1989, n° 1095 ; - 17 février 1997, n°165573, Paul Brunetti : *DF* 1997, n° 26, comm. 748, concl. de François LOLOUM ; *RJF* 3/1997, n° 238, chron. de Stéphane AUSTRY, p. 142 ; *BGFE* 2/1997, avril 1997, p. 15 ; *Revue Générale de procédure*, 1998, n° 1, p. 118.

[1500] CE, 27 juillet 2005, n° 255446, 255447 et 255448, Charles ; - 10 août 2005, n° 269885, Chatelus : *DF* 2006, n° 9, comm. 222 ; *RJF* 11/2005, n° 1214 et 1233.

[1501] CE, 2 mai 1990, rec. n° 58215 : *DF* 1991, n° 12, comm. 644.

possibilité de demander à avoir accès aux documents saisis. À défaut, le contribuable est privé du droit à un débat oral et contradictoire[1502].

745. Rapporter la preuve de l'absence de débat oral et contradictoire, est souvent très difficile pour l'entreprise vérifiée. À plusieurs reprises, le Conseil d'Etat n'a pas donné raison au contribuable en jugeant que ce dernier n'était pas en mesure d'établir que le vérificateur s'était refusé à tout échange de vues avec lui lors son intervention sur place[1503].

II – Des questions d'application

A/ Un débat sans formalités

746. Le dialogue entre vérificateur et contribuable n'est pas formel. La loi n'impose aucun formalisme particulier de nature à matérialiser l'exercice de ce débat. Une réponse ministérielle a précisé que « *les échanges écrits entre le contribuable et le vérificateur ne peuvent pas tenir lieu de débat oral et contradictoire mais peuvent (...) le matérialiser, pour conserver de part et d'autre trace des échanges verbaux* »[1504]. Par conséquent, les écrits utilisés par l'administration peuvent matérialiser le fait que le contribuable refuse de lui fournir des pièces. La question qui se pose alors est de savoir si une demande écrite du contribuable pourra apporter la preuve de l'absence de débat du fait de l'administration. Il semble que la réponse soit positive en raison du principe de l'égalité des armes.

747. Un parlementaire a demandé l'enregistrement sur bande magnétique du déroulement de la vérification, mais l'administration a considéré que ce procédé nuirait au déroulement serein de la vérification et ne constituerait pas une garantie juridique pour le contribuable[1505]. Dans une deuxième réponse au même parlementaire, le ministre a indiqué que « *si la loi ne s'oppose pas à la faculté pour un contribuable, de demander au vérificateur dans le cadre de la vérification de comptabilité l'enregistrement sur bandes magnétiques des*

[1502] CE, 13 novembre 1996, rec. n° 148578, SARL Au cheval blanc : *Rec.*, p. 815 ; *DF* 1997, n° 13, comm. 373, concl. de Gilles BACHELIER, « Droit de communication et droit de vérification » ; *RJF* 1/1997, n° 54 ; *BDCF* 1/1997, n° 20 ; *JCP éd. E* 1997, n° 1, *pan.*, 25. Voir aussi CAA Nantes, 1er mars 1999, 1re ch., n° 95-1471, SA Denys Motoculture : *JCP éd.E* 1999, n° 46, *pan.*, p. 1809.

[1503] CE, 18 octobre 1996, n° 160839 : *RJF* 12/1996, n° 1455 ; - 20 mai 1998, n° 159877, Sté Véticlam ; - 23 octobre 2002, n° 204052.

[1504] Rép. min. n° 21014 à M. BOURG-BROC : *JOAN Q*, 1er juin 1987, p. 3171 ; *DF* 1987, n° 50, comm. 2247.

[1505] Rép. min. n° 31102 à Edouard FREDERIC-DUPONT : *JOAN Q*, 28 janvier 1991, p. 312 ; *DF* 1991, n° 20, comm. 1087.

conversations échangées au cours de leurs entretiens, aucun texte ne fait obligation au vérificateur de se soumettre à une telle exigence »[1506].

B/ Un débat minimum

748. La notion même de débat impose un minimum de contacts physiques entre contribuable et vérificateur. Le juge est très exigeant concernant le temps passé à débattre. Le principe est qu'il doit exister entre le commencement et la fin des opérations un intervalle de temps minimum permettant au débat de se dérouler utilement. De sorte qu'un nombre et une durée trop limités d'interventions sur place peuvent objectivement empêcher l'instauration d'un débat[1507]. Il en a lait de même dès lors que la vérification s'était limitée à une simple entrevue de deux heures pendant lesquelles le vérificateur s'était borné à consulter la comptabilité du contribuable sans faire le moindre commentaire[1508].

C/ Un débat au cours de la vérification de comptabilité

749. Le débat doit avoir lieu pendant la vérification de comptabilité. Les échanges oraux et écrits qui peuvent s'instaurer après l'envoi de la notification de redressements ne peuvent tenir lieu de débat oral et contradictoire[1509].

D/ Un débat sur place

750. Le vérificateur doit prendre l'initiative de rencontrer le contribuable sur place. Le contribuable doit, à un moment quelconque de la vérification, pouvoir rencontrer le vérificateur et parler avec lui au siège de son entreprise[1510]. Le vérificateur ne peut pas seulement convoquer le contribuable[1511]. Le fait que le contribuable ne réponde pas à une convocation, ou à une invitation du vérificateur à le rencontrer dans les locaux de l'administration est sans influence sur l'irrégularité consécutive à l'insuffisance du nombre d'interventions sur place[1512]. Le débat doit s'effectuer sur place et non ailleurs.

751. Dans le cas où la vérification se déroule en dehors de l'entreprise, il n'est pas nécessaire qu'il y ait un minimum d'interventions sur place, au sein de l'entreprise vérifiée, pour établir un débat oral et contradictoire[1513]. Le déroulement des opérations de vérification au cabinet du comptable à la

---

[1506] Rép. min. n° 39225 à Edouard FREDERIC-DUPONT, : *JOAN Q*, 3 juin 1991, p. 216■ ; *DF* 1991, n° 40. comm.1798.
[1507] CE, 27 juillet 1979, n° 9101 et 8862 : *DF* 1980, n° 5, comm. 255 ; *RJF* 11/1979, n° 657 ; 7 décembre 1983, req. n° 36722 : *DF* 1984, n° 14, comm. 734 ; *RJF* 2/1984, n° 188.
[1508] CAA Nancy, 2e ch., 4 juin 1992, n° 90-567 : *DF* 1992, n° 42, comm. 1924.
[1509] CAA Bordeaux, 31 juillet 1992, req. n° 90-403 : *DF* 1993, n° 28, comm. 1464.
[1510] Chron. de Bruno MARTIN LAPRADE : *RJF* 7-8/1976, p. 224.
[1511] CE, 25 septembre 1989, n° 59495 et 74076 : *RJF* 11/1989, n° 1251. CAA Nantes, 14 avril 1993, Jamain : *RJF* 10/1993, n° 1338.
[1512] CAA Nantes, 14 avril 1993, n° 91-499 : *RJF* 10/1993, n° 1338.
[1513] CE, 26 février 2003, req. n° 232841 et 232842, sect., Moréra.

demande du contribuable fait présumer l'existence d'un débat oral et contradictoire sans qu'il y ait lieu de rechercher si l'intéressé avait donné à son comptable un mandat exprès de le représenter[1514]. Les avocats ont qualité pour représenter leurs clients sans mandat écrit[1515]. En l'absence de dispositions exigeant une présence constante du contribuable aux côtés du vérificateur pendant les opérations sur place, la circonstance que les investigations menées dans le second établissement se soient déroulées en l'absence du contribuable ne suffit pas à démontrer que celui-ci a été privé de la possibilité d'un débat oral et contradictoire avec le vérificateur[1516].

E/ Un débat sur des documents

752. L'obligation de débat porte-t-elle uniquement sur des pièces comptables ? Normalement, tous les documents étrangers à la comptabilité du contribuable vérifié sont exclus de l'obligation de débat, par exemple, un procès-verbal d'audition ne présentant pas un caractère comptable[1517] ou encore, les factures du fournisseur de l'entreprise vérifiée que l'administration a obtenues lors de l'exercice de son droit de communication et qui ne présentent pas le caractère de pièces comptables de l'entreprise vérifiée[1518]. Cependant, lorsque les documents non comptables sont utiles à l'établissement de l'impôt, il semble logique de soumettre l'examen de ces pièces à un débat oral et contradictoire avec le contribuable. Le débat porte souvent d'une part sur les documents comptables du contribuable[1519] et, d'autre part, sur les conditions d'exploitation et de fonctionnement de l'entreprise[1520], d'une façon plus générale, sur toute pièce de nature à éclairer le vérificateur sur les modalités de l'activité professionnelle du contribuable[1521].

753. À l'évidence, le débat porte sur les éléments recueillis par le vérificateur au cours de la vérification. Mais deux questions se posent : (1) la vérification de

---

1514 CE, 23 octobre 2002, n° 204052 : *DF* 2003, n° 5, comm. 61.

1515 CE, 5 juin 2002, n° 227373 : *DF* 2002, n° 36, comm. 662 ; *RJF* 8-9/2002, n° 980.

1516 CE (na), 29 décembre 2000, req. n° 221733, Gurkinfel.

1517 CE, 28 novembre 2003, n° 255954, SA Tekelec Airtronic : *Rec.*, p. 465 ; *JCP éd. E* 2003, n° 51, *pan.*, 1787 ; *DF* 2004, n° 21, comm. 507, concl. de Guillaume GOULARD ; *RJF* 2/2004, n° 160. CAA Bordeaux, 12 mai 2005, n° 01-1485, Arnal : *RJF* 12/2005, n° 1428.

1518 CE, 22 novembre 2006, n° 280252, Bozzi : *DF* 2007, n° 2, comm. 50 ; *DF* 2007, n° 39, comm. 873 ; *Procédures* 2007, n° 2, comm. 50. Lorsqu'il ne s'agit pas de documents comptables de l'entreprise vérifiée, s'applique seulement la garantie selon laquelle l'administration doit informer le contribuable, avant la mise en recouvrement de l'imposition, de la teneur et de l'origine des documents qu'elle a obtenus des tiers et lui en communiquer copie si celui-ci en fait la demande.

1519 Par exemple, un tableau d'amortissements, un inventaire des stocks ou des relevés de comptes bancaires.

1520 Par exemple, un bail afférent à des locaux commerciaux ou un projet de révision de ce bail.

1521 CE, 20 avril 1984, req. n° 30926 : *DF* 1984, n° 41, comm. 1735 ; - 6 juin 1984, n° 42802 : *RJF* 8-9/1984, n° 1014.

comptabilité étant définie comme un contrôle sur place, le débat doit-il porter uniquement sur les pièces dont le vérificateur prend connaissance à l'occasion de ses investigations sur place chez le contribuable ou peut-il s'étendre jusqu'aux renseignements obtenus auprès de tiers et utilisés par l'administration ? (2) le débat doit-il porter sur tous les renseignements obtenus soit antérieurement soit concomitamment à la vérification ?

754. Certaines juridictions françaises considèrent que le caractère contradictoire de la vérification ne concerne que les investigations propres à celle-ci, et non les renseignements obtenus par ailleurs, et que s'agissant de renseignements obtenus auprès de tiers et utilisés par l'administration, la seule obligation de celle-ci est d'indiquer au contribuable, dans la notification de redressement, la teneur de ces renseignements pour mettre le contribuable à même de les discuter[1522]. Mais il ne s'agit ni d'une communication spontanée ni d'un débat oral et contradictoire entre contribuable et vérificateur. L'administration, qui a informé le contribuable de la teneur des renseignements qu'elle a recueillis auprès de tiers, n'est tenue de lui communiquer les pièces que si l'intéressé le demande [1523]. Dans l'hypothèse où l'administration a fondé certains redressements sur les informations figurant dans des extraits du grand livre d'un autre contribuable, obtenus dans le cadre de son droit de communication, une CAA a jugé que le service des impôts n'était pas tenu de soumettre ces pièces à un débat oral et contradictoire, s'agissant de documents étrangers à la comptabilité du contribuable vérifié, mais seulement de permettre à ce dernier d'en demander communication avant la mise en recouvrement de l'imposition[1524]. La solution est-elle justifiée ? L'administration fiscale peut employer son droit de communication avant le début des opérations de vérification pour recueillir des informations supplémentaires sur le contribuable à vérifier. Ensuite, en diligentant la vérification de comptabilité, elle peut utiliser conjointement son droit de communication pour obtenir auprès de tiers des renseignements de source extérieure qui viendront éventuellement conforter

---

[1522] CE, 8 décembre 1968, n° 74520 : *Dupont* 1969, p. 66 ; - 7 mai 1980, n° 8255 : *RJF* 6/1980, n°499 ; - 14 mai 1986, n° 59590 : *DF* 1986, n° 40, comm. 1674 ; *RJF* 7/1986, n° 719 ; - 22 décembre 1989, n° 50674 et 50675, SCM cabinet médical d'Origny ; - 3 décembre 1990, n° 103101, SA Antipolia ; - 6 juillet 1994, Thiry, n° 120120 (au cas d'espèce, il a été jugé qu'au cours d'une vérification de comptabilité, le vérificateur n'était pas tenu de faire part au contribuable des éléments d'informations qu'il avait pu recueillir auprès de tiers en vertu du droit de communication ; si les notifications de redressement doivent contenir des indications suffisantes sur l'origine et la teneur des informations recueillies par le vérificateur dans l'exercice de son droit de communication, l'administration n'est pas tenue de communiquer spontanément ces informations) ; - CE CAPC, 19 décembre 1994, n° 153224, Gallez : *RJF* 4/1995, n° 500. CE, 6 décembre 1995, n° 126826, SA Samep : *DF* 1996, n° 7, comm. 203 ; *RJF* 1/1996, n° 61, chron. de Guillaume GOULARD, « L'indépendance des procédures – retour à un principe traditionnel », p. 2 ; *BDCF* 1/1996, p. 62 ; *JCP éd. E* 1996, n° 11, 800.

[1523] CE, 3 décembre 1990, n° 103101, SA Antipolia.

[1524] CAA Bordeaux, 12 mai 2005, n° 01-1485, 4e ch., Arnal.

les investigations. Il semble qu'il faille distinguer deux situations : (1) le droit de communication a été exercé sans que la procédure de vérification de comptabilité ne s'engage ; (2) les demandes de communication ont été adressées avant ou au cours de la vérification.

755. Dans le premier cas, il s'agit de l'exercice du droit de communication au sens strict, qui est une procédure distincte de la vérification de comptabilité. Par conséquent, l'administration ne doit respecter que les garanties spécifiques au droit de communication. Le débat oral et contradictoire, étant une des garanties réservées à la vérification de comptabilité, son respect n'est pas exigé. L'administration n'est pas non plus tenue de débattre oralement avec le contribuable sur les renseignements collectés si elle se fonde, pour établir les redressements, sur les seules informations acquises dans l'exercice de son droit de communication auprès de tiers, même si elle exerce simultanément son droit de vérification auprès du contribuable, le droit de communication étant étranger à la procédure de vérification de comptabilité[1525]. L'administration risque cependant de détourner la procédure de vérification tout en s'engageant dans un simple contrôle sur pièces.

756. Dans le deuxième cas, le droit de communication est absorbé par la procédure de vérification de comptabilité. Autrement dit, il ne s'agit plus du droit de communication au sens strict et il entre dans le champ de la vérification de comptabilité. Lorsqu'une vérification de comptabilité a commencé sur place, le fait que le vérificateur examine des pièces détenues par un magistrat instructeur, dans les locaux de celui-ci, doit être considéré comme la poursuite de la vérification[1526]. Le débat oral et contradictoire caractérisant la vérification de comptabilité doit couvrir toute période correspondant à celle-ci. Le débat oral et contradictoire s'impose dans tous les cas de figure, que les pièces sur lesquelles porte le droit de communication aient été obtenues avant, dès le début ou en cours de vérification de comptabilité[1527]. Lorsque, faisant usage de son droit de communication, l'administration consulte au cours d'une vérification de comptabilité des pièces comptables saisies et détenues par l'autorité

[1525] CE, 1er décembre 2004, n° 258774, Jallet. Cass. crim., 24 novembre 2004, n° 03-86.162.
[1526] CAA Lyon, 15 juillet 1999, n° 95-21229, SA Papéterie Nouvelle : *RJF* 2/2000, n° 239. CE, 26 octobre 2001, n° 212456, SA Papéterie Nouvelle.
[1527] CE, 2 octobre 2002, n° 224786, de Nayer : *JCP éd. E* 2002, n° 46, *pan.*, 1635 ; *Procédures*, 2002, comm. 240 ; *RJF* 12/2002, n° 1399 ; *BDCF* 12/2002, n° 153 ; *DF* 2003, n° 11, comm. 215, concl. de Marie-Hélène MITJAVILE ; *RJF* 1/2003, n° 72-a et *chron.*, de Laurent OLLÉON, p. 3 ; - 25 avril 2003, n° 234812, Sté Impremanus ; - 28 novembre 2003, n° 255954, SA Tekelec Airtronic. CAA Nantes, 10 novembre 2004, n° 01-2071, 1e ch., EURL Probat : *RJF* 5/2005, n°470.

judiciaire[1528] ou un tiers simple[1529], elle est tenue de soumettre l'examen de ces pièces à un débat oral et contradictoire avec le contribuable.

757. Un débat efficace, du point de vue du contribuable, suppose que ce dernier ait une connaissance parfaite des informations à la disposition de l'administration. Pour le commissaire du Gouvernement Emmanuelle Mignon, cette loyauté du débat permet d'éviter que le contribuable ne s'engage dans une contestation vaine. Elle est en outre de bonne administration[1530]. Certes, des difficultés surgissent concernant le contenu du débat. Mais ces difficultés ne suffisent pas à justifier l'absence de débat sur les renseignements obtenus auprès des tiers. En revanche, le contribuable et le vérificateur doivent discuter à armes égales. Pour le commissaire du Gouvernement Lucienne Haelvoët, dans la mesure où il existe une procédure de vérification au cours de laquelle les pouvoirs du service des impôts doivent s'équilibrer avec la possibilité pour le contribuable de se défendre, ce dernier doit disposer d'une information complète[1531]. Il semble que le débat soit *a fortiori* nécessaire pour les documents étrangers à la comptabilité du contribuable, détenus par des tiers, dont le contribuable n'a pas *a priori* connaissance. Par conséquent, la solution dégagée par la CAA de Bordeaux dans son arrêt du 12 mai 2005 n'est pas justifiée si une vérification de comptabilité a également été effectuée[1532].

F/ L'échange de renseignements avec une autorité étrangère

758. L'échange de renseignements avec une autorité étrangère pose des problèmes spécifiques : l'autorité fiscale doit-elle informer le contribuable des demandes d'assistance reçues ? doit-elle également informer celui-ci d'une demande d'assistance adressée à l'étranger ? Dans certains Etats, comme en Allemagne, le contribuable doit être informé de tout échange de renseignements le concernant. Dans la majorité des pays y compris les quatre pays comparés, le contribuable n'est pas informé de l'échange de renseignements. En l'absence d'information, le contribuable n'est pas en mesure de contester un tel échange.

759. En France, les informations obtenues par l'administration grâce à l'exercice de son droit de communication doivent être transmises au contribuable afin qu'il puisse en discuter avec le vérificateur, sauf lorsque les informations sont fournies par l'administration fiscale d'un autre Etat membre. En outre, la plupart des conventions fiscales internationales signées par la

---

1528 CE, 14 janvier 2004, n° 249302, Bratti. CAA Nantes, 15 décembre 2004, n° 01-2305, 1 ch. SARL Claude Raimbert : *RJF* 6/2005, n° 577.

1529 CAA Marseille, 15 mars 2005, n° 99-1835, 4e ch., Bozzi : *Rec.*, CE 2005, p. 824 ; *RJF* 12/2005, n° 1427.

1530 CE, 29 décembre 2000, n° 209523, Rouch.

1531 Concl. de Lucienne HAELVOËT sous CAA Lyon, 25 juin 1992, n° 89-1687, Armao.

1532 CAA Bordeaux, 12 mai 2005, n° 01-1485.

France anéantissent l'obligation du débat oral et contradictoire. Le Conseil d'Etat a décidé, par deux fois, qu'une convention fiscale inspirée du modèle OCDE de 1963 s'opposait à la divulgation, au contribuable, par l'administration fiscale, de renseignements obtenus de son homologue étrangère en considérant que les dispositions de conventions internationales étaient supérieures à celles du droit interne. Au cas d'espèce, le contribuable avait soutenu que la rétention, par l'administration, des documents communiqués par les services fiscaux américains violait le respect des droits de la défense, et le privait de la garantie de la procédure contradictoire instituée par l'article L. 57 du LPF[1533]. De plus, le Conseil d'Etat estime que la loi du 17 juillet 1978 relative à la liberté d'accès aux documents administratifs est inapplicable à une situation régie par une disposition d'une convention internationale[1534]. Le juge fonde ses arrêts uniquement sur les dispositions de la convention.

760. En pratique, l'administration française accepte de communiquer les renseignements dans le cadre de l'assistance à l'assiette lorsque les renseignements sont employés pour le redressement, néanmoins il ne s'agit pas d'une obligation générale d'informer le contribuable de l'existence d'un échange de renseignements. En outre, les documents ne sont pas communiqués spontanément et il appartient au contribuable de formuler une demande expresse de communication de documents[1535]. Si le contribuable formule tardivement sa demande, après l'établissement de l'imposition, le fait que l'administration ne lui réponde pas est sans influence sur la régularité des opérations[1536]. La communication n'étant pas automatique, le caractère communicable des informations obtenues est subordonné aux dispositions particulières de chaque convention. Or, les dispositions de certaines conventions prévoient de façon expresse la communication, au contribuable, des renseignements obtenus dans le cadre de l'assistance administrative internationale, alors que d'autres précisent que les informations conserveront un caractère secret et ne seront adressées qu'aux personnes chargées de l'assiette et du recouvrement de l'impôt.

761. Ces divergences sont sources d'ambiguïté et la solution est, en pratique, peu pertinente. En premier lieu, le contribuable concerné par l'assistance administrative internationale se trouve dans une situation défavorable vis-à-vis du contribuable redressé sur la base de renseignements obtenus dans le seul cadre du droit de communication national. Que la solution soit plus stricte en

---

[1533] CE, 5 mars 1993, n° 105069, Rohard : *DF* 1993, n° 45, comm. 2127 ; *RJF* 05/1993, n° 674 (arrêt rendu dans le cadre de la convention franco-américaine de 1967) et CE, 30 juin 1995, n°140891, Fontana : *DF* 1995, n° 49, comm. 2256 ; *RJF* 8-9/1995, n° 990 (arrêt rendu dans le cadre de la convention franco-suisse). Voir aussi TA Nice, 10 avril 1990, Mehlber.

[1534] CE, 30 juin 1995, req. n° 140891, Fontana.

[1535] CAA Nancy, 9 juillet 1992, n° 320, SA Wilvia International : *RJF* 12/1992, n° 1625.

[1536] CE, 6 décembre 1990, n° 103101, SA Antipolia.

matière internationale qu'en doit interne n'apparaît pas justifié. Par ailleurs, certaines conventions fiscales, comme la convention franco-belge du 10 mars 1964[1537], admettent la communication au contribuable des renseignements le concernant. Il existe donc une inégalité injustifiée entre contribuables, selon que la convention entre la France et l'Etat auquel il est demandé des renseignements contient ou non une clause de droit de communication au contribuable. En troisième lieu, la situation est paradoxalement en faveur du contribuable en matière d'ESFP. L'administration doit en effet informer le contribuable soit lorsque celui-ci fait l'objet d'un ESFP et que la durée de vérification dépasse le délai d'un an en raison d'une demande de renseignements adressée à une administration étrangère [1538] , soit lorsque le service a demandé des renseignements sur une opération internationale, ces renseignements pourront être exploités au-delà du délai normal de reprise[1539]. Rien ne justifie que la solution soit différente en ce qui concerne la vérification de comptabilité. En quatrième lieu, le débat oral et contradictoire constitue une garantie substantielle dans la procédure de vérification de comptabilité. Normalement, lorsque le droit de communication s'exerce après la fin de la vérification sur place, il se distingue en principe de celle-ci et n'en prolonge pas la durée. En pratique, l'échange de renseignements est souvent utilisé pour compléter ou opérer des recoupements avec les informations recueillies au cours de la vérification de comptabilité. Il a été jugé que l'examen critique des pièces comptables obtenues dans le cadre de l'assistance administrative internationale après la dernière intervention sur place du vérificateur, et leur rapprochement avec les pièces comptables consultées dans le cadre de la vérification de comptabilité, constituaient une poursuite de la vérification de comptabilité et impliquaient l'obligation de soumettre les pièces comptables ayant servi à fonder les impositions à un débat oral et contradictoire[1540].

762. En outre, dans le cadre des échanges de renseignements internes à la CEE, la directive du Conseil du 19 décembre 1977 concernant « *l'assistance mutuelle des autorités compétentes des États membres dans le domaine des impôts directs* » prévoit, en son article 7, que « *les informations dont un État membre a connaissance pour application de la présente directive ne sont accessibles qu'aux personnes directement concernées par l'établissement de l'impôt ou par le contrôle administratif de l'établissement de l'impôt* ». Le contribuable devrait être inclus dans cette liste. La convention bilatérale conclue par la France avec

---

[1537] Voir paragraphe 223 de la présente thèse.

[1538] LPF, art. L. 12. Rép. min., n° 6648 à Mme Monique CERISIER-BEN GUIGA.

[1539] LPF, art. L. 188-A. Rép. min., n° 6648 à Mme Monique CERISIER-BEN GUIGA.

[1540] Concl. de Bernard CHEMIN sur CAA Bordeaux, 3 février 2005, n° 03-29 et 03-34, 4e ch., Sté Ets Michel Baudry, « L'exercice du droit de communication après la dernière intervention sur place du vérificateur traduit-elle la poursuite de la vérification de comptabilité ? », *RJF* 6/2005 n° 578 ; *BDCF* 6/2005, p. 49.

un État membre entrant en contradiction avec ladite directive, cette convention ne devrait pas s'appliquer.

763. La Cour de cassation française a toujours jugé que l'article 26 de la convention franco-américaine du 28 juillet 1967 relative à l'échange de renseignements ne s'opposait pas à la divulgation des renseignements détenus par l'administration aux personnes qui sont elles-mêmes concernées par ces informations, dès lors que la stipulation selon laquelle des documents peuvent être communiqués à un juge implique qu'ils « *soient communiqués au justiciable selon les règles de procédure en vigueur dans chaque pays* »[1541]. Quant à la Commission européenne des droits de l'Homme, elle a estimé que le défaut de communication de l'intégralité des documents fournis par les autorités fiscales étrangères, en application des stipulations d'une convention internationale, ne permettait pas d'assurer un procès équitable, respectueux du principe de l'égalité des armes, au sens de l'article 6-1 de la Convention européenne des droits de l'Homme[1542].

764. En France, le débat jurisprudentiel sur ce point a été relancé par un jugement du tribunal administratif de Besançon, qui a jugé que la non-communication au contribuable de renseignements reçus de l'IRS avait « *pour effet de restreindre les garanties essentielles des justiciables (...)* »[1543]. À cet effet, il laisse, avant-dire droit, un délai de 6 mois à l'administration fiscale afin qu'elle demande à l'administration fiscale américaine l'autorisation de communiquer au contribuable les renseignements échangés entre les deux administrations. Postérieurement, le Conseil d'Etat a jugé que « *les dispositions de la convention qui interdisent à l'administration de communiquer les renseignements obtenus d'une autre administration dans le cadre de l'assistance administrative permettent à l'administration de refuser de communiquer ces renseignements au contribuable qui le demande (...). En revanche, lorsque l'administration décide de verser de tels renseignements au dossier soumis au juge, elle ne peut pas demander au juge de ne pas les communiquer au contribuable (...). L'administration choisit de verser ou non au dossier les renseignements, mais si elle choisit de le faire, le juge est tenu de les communiquer au contribuable. Les dispositions de la convention s'imposent sur ce point à l'administration mais non au juge* »[1544]. Autrement dit, l'administration ne peut invoquer, devant le juge, des renseignements obtenus

---

[1541] Cass. com., 6 avril 1999, n° 778 D et 779 D, Privas et Conceptair BV : *BF* 7/1999, n° 799 ; - 20 octobre 1998, n° 96-30.134, Hampton Simpson Lynch.

[1542] Comm. EDH, 6 avril 1994, n° 18978/91, Miailhe.

[1543] TA Besançon, 17 avril 1997, n° 94-1.127, Sté Decoflock Clara Lander : *DF* 1997, n° 37, comm. 944 ; *RJF* 01/1998, n° 67 ; *Procédures*, 1997, comm. 303.

[1544] CAA Paris et CE, 13 octobre 1999, n° 191191, SA Diebold Courtage : *RJF* 03/1998, n° 216 ; *JCP éd. E* 1999, n° 48, *pan.*, p. 1904 ; *RJF* 12/1999 n° 1492 ; *DF* 1999, n° 52, comm. 948 ; *International Tax Law Reports*, 1999. 2. 365 ; *RA* 2006, p. 264.

d'une administration étrangère que si elle les verse au dossier contentieux et accepte, par suite, que le contribuable y ait accès. En effet, c'est le caractère contradictoire de la procédure contentieuse qui impose au juge de verser au dossier toutes les pièces ainsi produites par l'administration à l'appui de ses observations[1545].

765. La doctrine invoque également la communication nécessaire au contribuable. Ainsi, « *il semble que le principe de respect des droits de la défense et du contradictoire impose la communication au contribuable des renseignements utilisés à son encontre, même lorsque la convention internationale qui a permis de les obtenir paraît s'y opposer. En outre, l'évolution (...) de la jurisprudence sur le droit de communication devrait permettre d'obtenir une telle communication. (...) Les conventions bilatérales signées par la France avec les pays de l'Union européenne doivent être compatibles avec la directive du Conseil du 19 décembre 1977 précisant que les informations échangées ne sont accessibles qu'aux personnes directement concernées par l'établissement de l'impôt* »[1546].

766. En effet, le modèle de convention fiscale de l'OCDE de 1963 prévoit que tout renseignement échangé ne pourra être communiqué qu'aux personnes ou autorités chargées de l'établissement ou du recouvrement des impôts visés par la présente convention. Sur cette base, la doctrine administrative précise que les renseignements communiqués doivent rester confidentiels et n'être transmis qu'aux personnes chargées de l'établissement ou du recouvrement des impôts, ou du règlement du contentieux relatif à ces impôts[1547]. En revanche, les modèles de 1977 et 2003 prévoient que les « *renseignements obtenus ne peuvent être communiqués qu'aux personnes et autorités concernées par l'établissement ou le recouvrement des impôts visés par la convention, par les procédures ou poursuites concernant ces impôts ou par les décisions sur les recours relatifs à ces impôts* ». Cela devrait inclure le contribuable vérifié. Selon les commentaires de l'OCDE, la procédure de communication au contribuable peut « *contribuer à empêcher des erreurs (par exemple dans les cas d'erreur sur l'identité de la personne) et faciliter les échanges (en permettant au contribuable qui fait l'objet de la notification de coopérer volontairement avec les autorités fiscales dans l'Etat requérant) (...)* »[1548]. Les

---

1545 TA Paris, 5 juillet 2000, n° 95-10041, 95-10227 et 95-14219, 1er sect., 4e ch., Sté People Production : *RJF* 01/2001, n° 64.

1546 Frank LE MENTEC, « L'intensification de l'assistance fiscale internationale : les administrations fiscales à l'heure de la mondialisation », *Année fiscale*, 2005, p. 240.

1547 Instr. 17 décembre 1981, n° 21 (BODGI 13-K-81).

1548 Commentaires OCDE sur l'article 26 concernant l'échange de renseignement en date du 1er juin 2004.

commentaires de l'OCDE n'ont cependant aucune valeur juridique en France[1549].

767. Est-il normal que le contribuable puisse ne pas avoir connaissance des documents utilisés à son encontre pour fonder un redressement ? Dans ce cas, l'assistance administrative internationale est une arme d'autant plus efficace qu'elle prive le contribuable du droit de discuter des fondements du redressement. Il paraît alors inéquitable que le contribuable concerné ne se voie pas communiquer des renseignements le concernant. En France, comme au Royaume-Uni et aux Etats-Unis, les principes généraux du droit exigent qu'il y ait toujours communication des documents à l'autre partie en cas d'utilisation de ces documents au cours d'un litige. Cyrille David soutient, et on ne peut qu'y adhérer, que, « *l'absence de communication au contribuable de documents le concernant directement qui proviennent d'une administration fiscale étrangère me paraît clairement contraire au principe du contradictoire (...) ; (elle) aboutit à une opposition de régimes entre vérifications internes et internationales qui est à la fois contraire au principe fiscal de non discrimination et au principe procédural de respect du contradictoire* »[1550]. La doctrine américaine rappelle également que l'impossibilité pour le contribuable d'obtenir communication de documents le concernant et provenant d'une autorité fiscale étrangère n'est pas légitime car elle ne respecte pas le droit constitutionnel américain. Si l'administration a produit à la procédure des termes de comparaison qui ne seront pas susceptibles d'être efficacement discutés et contestés par le contribuable, on peut s'interroger sur un éventuel non respect du principe du contradictoire.

768. De quoi le contribuable doit-il alors être informé ? L'administration française précise que les lettres recommandées avec accusé de réception informant les contribuables de l'envoi de la demande, et de la réception de la réponse, doivent indiquer le pays concerné, les années visées, la date d'envoi de la demande ou celle de la réponse. Néanmoins, l'administration considère qu'elle n'a pas à communiquer aux contribuables l'objet, la nature, la teneur ou la copie de la demande ainsi que de la réponse[1551].

769. Lorsque l'autorité compétente étrangère adresse une réponse d'attente, ou précise que sa réponse est partielle et appelle un complément, de quelle réponse le contribuable doit-il être informé ? L'administration estime que c'est alors de l'intervention de la réponse définitive qu'il convient d'informer le

---

1549 Voir paragraphe 241 de la présente thèse.

1550 Note de Cyrille DAVID sur l'arrêt Cass. com., Hampton S. Lynch, 20 octobre 1998.

1551 Instr. adm. 6 novembre 1997 de la DGI et du SLF, BOI 13 L-5-97 du 18 novembre 1997 : *DF* 1997, n° 49, 11393, § 14.

contribuable[1552]. Or, le contribuable doit être informé de l'intervention de la réponse ; une réponse reste une réponse même si elle est insuffisante ou provisoire. De sorte qu'il faut informer le contribuable du contenu de la réponse dès lors qu'elle est intervenue.

770. Lorsque l'administration a, dans le délai initial de reprise, demandé certains renseignements à l'autorité compétente d'un autre Etat, le délai de reprise sera allongé[1553]. Sa mise en œuvre suppose que « *le contribuable a été informé de l'existence de la demande de renseignements, au moment où celle-ci a été formulée, ainsi que de l'intervention de la réponse de l'autorité compétente de l'autre Etat ou territoire au moment où cette réponse est parvenue à l'administration* »[1554]. La date de réponse de l'autorité étrangère est la date à laquelle est reçue la réponse définitive de l'administration étrangère[1555].

771. Quelle conséquence tirer du fait que le contribuable vérifié n'a pas eu connaissance des demandes formulées par l'administration fiscale auprès des autorités étrangères ? La Cour de cassation considère implicitement que le contribuable a bénéficié d'un débat oral et contradictoire avec l'administration lorsque cette dernière lui a communiqué les renseignements fournis par les autorités fiscales étrangères, alors même que, nonobstant sa demande en ce sens, le contribuable n'a pas eu connaissance des demandes formulées par l'administration française auprès des autorités fiscales étrangères[1556]. La solution est justifiée. En pratique, il arrive que le contribuable invoque des arguments fallacieux au moment du contentieux pour contester le redressement. Dans ce cas, il faut trouver un équilibre entre le formalisme procédural et la répression de la mauvaise foi du contribuable. En l'espèce, dans la mesure où les éléments de réponse donnés par une administration fiscale étrangère, et communiqués au contribuable, sont suffisants pour satisfaire aux exigences du débat oral et contradictoire, et que le contribuable a pu effectivement débattre avec le vérificateur, l'absence de communication de la demande adressée par l'administration française à une autorité étrangère ne saurait autoriser le contribuable à obtenir la nullité de la procédure.

Section II – L'obligation du contribuable de coopérer avec l'administration lors du débat

772. Le débat oral et contradictoire peut-il être un moyen de pression au profit de l'administration pour obtenir la participation du contribuable au contrôle ?

[1552] Instr. adm. 6 novembre 1997, BOI 13 L-5-97 : *DF* 1997, n° 49, 11893, § 13.
[1553] LPF, art. L. 188 A.
[1554] LPF, art. L. 188 A, al. 2.
[1555] Instr. adm. 6 novembre 1997, BOI 13 L-5-97 : *DF* 1997, n° 49, 11893, § 31.
[1556] Cass. crim., 1er décembre 2004, n° 04-81436, M. V. : *DF* 2005, n° 6, comm. 185.

L'administration veut transformer le débat en une obligation de coopération de l'entreprise pour approfondir les contrôles. La référence à cette obligation de coopération se trouve pourtant de plus en plus fréquemment dans les textes ou imprimés administratifs[1557]. Mais une obligation au sens juridique du terme doit être prévue dans une loi et son non-respect doit être sanctionné. Les textes concernant les procédures aussi bien devant le Conseil de la concurrence que devant l'AMF prévoient de façon expresse, une obligation pour la partie poursuivie de coopérer lors de l'enquête. Cette obligation se traduit par un droit de communication et un droit de demande d'explication des enquêteurs, droits assortis d'une sanction en cas de refus[1558]. Le contribuable a-t-il intérêt à coopérer avec le vérificateur ? En pratique, « *le contribuable a intérêt à coopérer et à répondre aux questions du vérificateur, tout en lui fournissant un minimum d'informations (...) la meilleure stratégie du contribuable vérifié est celle de la coopération réfléchie* »[1559]. Le fait de coopérer ne saurait cependant effacer les droits de la défense. En revanche, les droits de la défense, la vérité et la loyauté dans la recherche doivent trouver un équilibre.

773. Par souci de rapidité et d'efficacité, des pouvoirs spécifiques sont conférés aux agents administratifs dans les procédures fiscales, comme d'ailleurs aux agents chargés des enquêtes boursières, de concurrence et de sécurité sociale. En raison de ces pouvoirs spécifiques, on hésite sur une reconnaissance du droit de se taire. La coopération du contribuable au profit de l'administration est-elle équivalente à un système auto-incriminant ? Comment s'apprécie la relation entre le droit de se taire et l'obligation de débat oral et contradictoire avec l'agent de vérification ? Certes, le droit de se taire peut constituer une entrave à la manifestation de la vérité. Mais le droit de ne pas contribuer à sa propre incrimination fait partie intégrale des droits de la défense résultant de l'article 6-1 de la Convention européenne des droits de l'Homme et ces droits de la défense contiennent le droit de se taire dont le droit de ne pas contribuer à sa

[1557] Certains voient une obligation de coopération non prévue par le texte. Voir Jean LAMARQUE, *Droit fiscal général*. Les cours de droit, 1998, tome 2, p. 562 et André BICHON, « Du débat oral et contradictoire au cours des contrôles fiscaux externes à l'obligation de coopération du contribuable », *DF* 1999, n° 43, p. 1325.

[1558] En matière de concurrence, C. com., art. L. 450-3 ; en matière boursière, C. mon. fin., art. L.621-10. La Commission des Communautés européennes considérait que les entreprises concernées devaient prêter un concours actif à ses agents (Commission des Communautés européennes, décision du 20 décembre 1979 infligeant une amende au titre de l'article 15 du règlement n° 17 à l'entreprise Fabbrica Lastre di vetro pietro Sciarra, 80/355/CEE : *JOCE*, L. 75, 21 mars 1980, p. 35 ; - décision du 20 décembre 1979 infligeant une amende au titre de l'article 15 du règlement n° 17 à l'entreprise Fabbrica Pisana, 80/334/CEE : *JOCE*, L. 75, 21 mars 1980, p. 30).

[1559] Marc LEROY, *Le contrôle fiscal : une approche cognitive de la décision administrative*, Paris : L'Harmattan, 1993, p. 242.

propre incrimination est lui-même une composante[1560]. Aux Etats-Unis, le droit de se taire est mentionné dans le 5ème Amendement de la Constitution : « nul ne *doit être contraint, dans une affaire pénale, de témoigner contre soi-même* »[1561].

774. Le droit de se taire est-il absolu ? Pour le juge Pettiti, il s'agit d'un principe majeur auquel toute contrainte porte atteinte[1562]. Pour le juge Martens au contraire, ce droit n'est pas absolu[1563]. Pour un juge britannique, Lord Hope, le fait que le droit à un procès équitable soit un droit absolu ne signifie pas que le droit de ne pas témoigner contre soi-même doit l'être également car si la CEDH a dégagé des droits implicites des dispositions de la Convention, il existe également des restrictions implicites sur ces droits implicites[1564]. Cette position, a été confirmée par la CEDH[1565].

775. L'extension aux entreprises du bénéfice du droit de se taire pose des problèmes. Certains auteurs estiment que le droit au silence concerne non seulement les personnes physiques mais aussi les personnes morales dans la mesure où ces droits sont compatibles avec la nature de ces personnes[1566]. La CJCE décide qu'une entreprise peut se prévaloir des droits de la défense, sans en préciser le contenu[1567]. Au Royaume-Uni, il n'existe pas au profit des personnes morales un droit de ne pas témoigner contre soi-même et la Convention européenne des droits de l'Homme est considérée comme écartant aussi le droit de ne pas témoigner contre soi-même au profit d'une entreprise.

776. Aux Etats-Unis, le 5ème Amendement de la Constitution est cantonné à sa fonction historique de protection d'un individu contre une accusation forcée par son propre témoignage ou registres personnels[1568]. Ne constitue pas une violation du 5ème Amendement la circonstance que les documents demandés

---

[1560] CEDH, 8 février 1996, 18731/91, John Murray c/Royaume-Uni : *Rec.*, 1996, I, p. 30 ; *Revue de science criminelle et de droit pénal comparé*, 1997, 476 ; *Justices*, 1997, n° 5, 203 ; 17 décembre 1996, Saunders c/Royaume-Uni, aff. 43/1994/490/572, point 68 : *Rec.*, 1996, V, p. 2044 ; Jean-François FLAUSS, « Actualité de la Convention européenne des droits de l'Homme », *AJDA*, décembre 1997, n° 12 ; Frédéric SUDRE, « Droit de la Convention européenne des droits de l'homme », *JCP éd. G* 1997, n° 6, I, 4000, n° 18 ; *Revue de science criminelle et de droit pénal comparé*, 1997, 478.

[1561] Règle Miranda (*Miranda Rule*), décision célèbre de la Cour suprême des Etats-Unis : Miranda v. Arizona, 13 juin 1966, 384 US 436 (1966). Voir aussi Boyd v. United States, 116 US 616 (1886).

[1562] CEDH, 8 février 1996, John Murray c/Royaume-Uni.

[1563] CEDH, 17 décembre 1996, Saunders c/Royaume-Uni.

[1564] PC, Brown v. Stott [2001] 2 WLR 817, 825 A-B, 836 B, 838 A-B, 843D-844 E.

[1565] CEDH, 21 décembre 2000, Heaney and McGuinness c/Irland, req. n° 34720/97, 4e sect., : *JCP éd. G* 2001, n° 4, I, 291, n° 27.

[1566] Jacques VELU et Rusen ERGEC, *La Convention européenne des droits de l'homme*, Bruxelles : Bruylant, 1990, n° 82, n° 83 et n° 395.

[1567] CJCE, 18 octobre 1989, Orkem, aff. 374/87.

[1568] United States v. White, 322 U.S. 694, 701, p. 87-101.

puissent témoigner contre le contribuable car le 5ème Amendement ne protège une personne que contre l'incrimination par son propre témoignage forcé (l'établissement des registres d'entreprise est entièrement volontaire et on ne peut dire qu'ils contiennent des preuves testimoniales forcées)[1569]. La non contribution à sa propre incrimination ne peut être invoquée ni pour des documents comptables ou autres documents professionnels[1570] ni pour les personnes morales[1571]. Le droit tiré du 5ème Amendement peut être invoqué pour des registres personnels, individuels ou professionnels de la propriété du seul contribuable[1572], aux registres d'entreprise d'un propriétaire ou praticien à titre individuel ou ses documents personnels contenant majoritairement des informations intimes sur sa vie privée[1573], aux sociétés de personnes familiales de petite taille ou aux société de personnes lorsqu'il existe un *intuitu personae* fort entres les *parners*[1574]. En revanche, le principe de non contribution à sa propre incrimination n'est pas applicable aux documents comptables des sociétés et des sociétés de personnes[1575], ni aux registres d'une entité collective détenus par un individu à titre de représentant (même si ces registres peuvent l'accuser)[1576], ni au comptable du contribuable chez qui celui-ci a laissé ses documents[1577], ni au détenteur des documents de l'entreprise (car l'acte de production n'est pas jugé comme un acte personnel mais un acte de l'entreprise)[1578].

1569 Schmerber v. California 384 U.S. 757 (1966). United States v. Wade 388 U.S. 218 (1967). Gilbert v. California 388 U.S. 263 (1967). United States v. Doe, 465 U.S. 605 (1984).

1570 Fisher v. United States, 425 U. S. 391 (1976) a jugé que le contenu des registres d'entreprise est normalement non confidentiel car ils sont créés de façon volontaire et sans contrainte. United Stata v. Doe 465 US 605 (1984) a jugé qu'un individu ne peut revendiquer le 5ème Amendement au nom d'une société, un *partnership* ou un groupement. La notion de « *groupement* » a été définie dans l'arrêt Bellis v. US, 417 US 85 (1974) comme une organisation reconnue comme une entité distincte des membres qui la composent (417, at 92).

1571 Bellis v. United States, 471 U.S. 85(1974).

1572 United States v. Doe, 465 U.S. 605 (1984).

1573 Boyd v. United States. Couche v. United States. Hill v. Philpott. Stuart v. United States 416 F. 2d 459 462.

1574 Bellis v. Untied States, 417 U.S. 85 (1974).

1575 Braswell v. United States, 487 U.S. 99 (1988), 88-2 USTC ¶ 9546. Bellis v. Untied States, 417 U.S. 85 (1974)(en cas d'une société de personnes dissoute). Wheeler v. United States, 226 U.S. 478 (1913) et Grant v. United States 227 U.S. 74 (1913)(en cas d'une société dissoute).

1576 Wilson v. United States. Dreier v. United States 221 U.S. 394 (1911).

1577 Couch v. United States 409 U.S. 322 (1973)73-1 USTC ¶ 9159(le propriétaire d'un restaurant avait donné ses justificatifs comptables à son expert-comptable pour que ce dernier prépare sa déclaration fiscale. Le contribuable a laissé ses documents au comptable après l'établissement de la déclaration. Le restaurant a fait l'objet d'un contrôle fiscal, le vérificateur a notifié une injonction au comptable. Le contribuable a contesté cette injonction. Le juge a estimé que l'injonction était rédigée contre le comptable et non contre le contribuable et que ce dernier ne pouvait donc pas se prévaloir du 5ème Amendement). Wilson v. United States 221 US 361 (1911).

1578 United States v. White, 322 U.S. 694, 701, p. 87-101. United States v. Fleischman 339 U.S. 349 357 358 (1950). Rogers v. United States 340 U.S. 367 371 372 (1951). McPaul v. United

777. Le droit de se taire est le droit de refuser de témoigner devant tous les organes investis par la loi de pouvoirs inquisitoriaux. Pour la CEDH, les conditions d'application du principe de non contribution à sa propre incrimination résident dans la nature pénale du procès, le degré de coercition, l'usage intentionnel des documents demandés et l'intention au moment de la collecte des documents[1579]. Le droit de se taire s'applique à tous les types de procédure pénale (arrêt *Saunders*). C'est en fait le degré de coercition imposé aux requérants en vue de les contraindre à fournir des informations qui porte atteinte à la substance de leur droit de ne pas contribuer à leur propre incrimination et à leur droit de garder le silence. Pour savoir s'il a ou non été porté une atteinte injustifiée au droit de ne pas s'auto-incriminer, il faut examiner l'usage fait des dépositions par l'accusation (arrêt *Saunders*) Cette utilisation intentionnelle des informations doit exister dès la collecte des informations. En d'autres termes, le droit de ne pas témoigner contre soi-même est mis en cause uniquement quand une accusation criminelle a été envisagée par la partie demanderesse d'informations au moment où celles-ci ont été recherchées[1580]. La CEDH juge que seul le fait qu'une procédure pénale ait commencé permet d'appliquer les garanties prévues à l'article 6-1 de la Convention européenne des droits de l'Homme[1581].

778. Aux Etats-Unis, le principe est similaire. Les droits tirés du 5ème Amendement s'appliquent au contribuable, cible d'une enquête fiscale avec poursuite au pénal, questionné par un agent des impôts spécialisé[1582]. Dans ce cas, le contribuable doit démontrer qu'il ne peut répondre à la question car ce a lui causerait un préjudice[1583]. Si le tribunal décide que les documents litigieux ne bénéficient pas de la protection du 5ème Amendement, le contribuable doit se conformer à l'injonction administrative.

779. Le droit de se taire s'applique-t-il au droit administratif ? La CEDH a décidé que pour que les dispositions de l'article 6 s'appliquent, il n'était pas nécessaire que les deux parties au procès soient des personnes privées et le caractère de la législation civile, commerciale ou administrative est peu important[1584]. En d'autres termes, les droits de la défense doivent être respectés pendant les procédures administratives risquant d'entraîner des pénalités, et il est nécessaire d'éviter que ces droits soient irrémédiablement compromis. La position de la CJCE est très proche car elle admet que le droit au silence fait

States 364 U.S. 372 380 (1960). Curcion v. United States 354 U.S. 118 125 (1957). Bellis v United States, 471 U.S. 85(1974). Braswell v. United States, 487 U.S. 99 (1988).
1579 CEDH, 17 décembre 1996, Saunders c/Royaume-Uni, aff. 43/1994/490/572.
1580 CEDH, 23 février 1993, Funke ; - JB c/Suisse, 31827/96.
1581 CEDH, 26 février 1997, Abas c/Pays-Bas, req. n° 27943/95 : *DR*, vol. 88, p. 120.
1582 Mathis v. United States 391 US 1 (1968).
1583 Hoffman v. United States 34 U.S. 479 486 (1951).
1584 CEDH, 16 juillet 1971, Ringeisen c/Autriche, Series A, n° 13.

partie des droits de la défense et que ces droits doivent être respectés dans les procédures administratives susceptibles d'aboutir à des sanctions[1585].

780. Le droit de se taire s'applique-t-il en matière fiscale ? Le Conseil d'Etat conclut que le juge de l'impôt ne statuant pas en matière pénale et ne tranchant pas des contestations sur des droits et obligations de caractère civil, les dispositions de l'article 6-1 de la Convention européenne des droits de l'Homme ne s'appliquent pas aux procédures relatives aux impositions[1586], de sorte que le principe de l'interdiction de contribuer à sa propre incrimination ne s'applique pas aux affaires fiscales[1587]. Depuis 2004, la Cour de cassation tient la même position. Mais une distinction est faite entre procédure de contrôle administratif et procédure pouvant aboutir à des sanctions à caractère pénal. Dans une procédure susceptible d'entraîner des amendes ou pénalités, le contribuable bénéficie du droit à un procès équitable. Par conséquent, on ne peut obliger le contribuable à fournir des informations qui équivalent à avouer une infraction dont la charge de la preuve incombe à l'administration.

781. Quel est le lien entre le droit de se taire du contribuable et le pouvoir de procéder à une vérification de l'administration fiscale ? La jurisprudence majoritaire française considère que la demande de renseignements n'étant pas une sanction et ne présumant en aucun cas d'une condamnation du contribuable, le droit de se taire ne peut porter atteinte au pouvoir de l'administration de procéder aux demandes de renseignements et le refus de communiquer des documents conduit en conséquence à une amende et à une condamnation à la présentation desdits documents sous astreinte[1588].

782. Dans d'autres domaines, notamment en droit de la concurrence, les décisions sont également favorables au pouvoir de contrôle de l'autorité. La Commission européenne des droits de l'Homme a estimé que le devoir de

---

1585 CJCE, 21 septembre 1989, Hoechst, 46/87, 227/88 : *Rec.*, p. 2859, point 15 ; - 18 octobre 1989, Orkem, aff. 374/87, point 33.

1586 CE, 2 juin 1989, Bussoz, req. n° 62979 : *Rec.*, p. 563 ; *DF* 1990, n° 8, comm. 342 ; - 2 juin 1989, de Saint Pern, req. n° 66604 : *DF* 1990, n° 1, comm. 4 ; *RJF* 08-09/1989, n° 1019 ; - 15 avril 1992, Smets, req. n° 96407 : *RJF* 6/1992, n° 880 ; - 15 avril 1992, Hades et Compagnie, req. n° 96407 : *RJF* 6/1992, n° 880 ; - 22 avril 1992, Perseguers, req. n° 85159 : *DF* 1992, n° 41, comm. 1837 ; - 11 janvier 1993, SA Georges Best, req. n° 78985 et 78986 : *DF* 1995, n° 17, comm.. 993 ; *RJF* 03/1993, n° 429 et n° 816.

1587 CE, 10 juillet 1989, Brancourt et Fouquet, req. n° 67268 et 60489 : *DF* 1990, n° 1, comm. 4 ; *RJF* 10/1989, n° 1072.

1588 Cass. com., 4 janvier 1994, n° 42 P, Bruyelle a jugé que lorsque le contribuable n'a pas répondu dans le délai réglementaire à la demande de justification relative à la prétendue mutation d'un fonds de commerce et à son estimation, le juge, en entérinant les prétentions de l'administration, n'inversait pas la charge de la preuve ni ne méconnaissait les dispositions de l'article 6-1 de la Convention européenne des droits de l'Homme reconnaissant aux particuliers le droit à un procès équitable.

produire des documents « *refléterait la confiance de l'état envers tout citoyen, par la renonciation à l'usage de mesures de surveillance plus strictes* » et qu'en raison de leur particularisme, les procédures d'enquête en matière économique et financière imposeraient au justiciable de collaborer avec l'administration[1589]. La CEDH a refusé de reconnaître que le pouvoir accordé à l'autorité britannique dans le *Companies Act* 1985 avait violé le droit de ne pas témoigner contre soi-même[1590]. La CJCE, dans un premier temps, considérait que le droit de se taire trouvait son fondement non pas dans l'article 6-1 de la Convention européenne des droits de l'Homme, mais dans un principe reconnu par les droits nationaux selon lequel la Commission ne saurait imposer à l'entreprise l'obligation de fournir des réponses par lesquelles celle-ci serait amenée à admettre l'existence de l'infraction dont il appartient à la Commission d'établir la preuve[1591]. En d'autres termes, ni les termes de l'article 6 ni les décisions de la CEDH ne protègent un droit de ne pas contribuer contre soi-même. Ensuite, la CJCE fait prévaloir un objectif d'efficacité du contrôle en admettant que pèse sur les entreprises incriminées un devoir de collaboration active à la manifestation de la vérité[1592]. Le juge britannique fait l'application d'un tel principe[1593]. La justice française admet dans certains cas le devoir de collaboration qui pèse sur les entreprises, notamment devant le Conseil de la concurrence[1594] ou l'administration des Douanes[1595].

783. Il en résulte que le droit au silence n'existe pas en matière fiscale contrairement à la matière pénale. Lorsque le suspect, ou l'accusé, exerce son droit de garder le silence, il est interdit à l'administration de prendre ces mesures pour le contraindre à fournir des informations. L'aveu étant traditionnellement considéré comme la reine des preuves, on interroge forcément celui qui est soupçonné d'avoir commis une infraction. En général, l'incriminé n'est pas obligé de répondre mais en fait s'il refuse, il est sûr d'être condamné. De sorte qu'en pratique, il préfère ne pas garder le silence. Cependant, le droit de se taire exige que le fait pour un accusé, ou un suspect de

---

1589 CEDH, 23 février 1993, Funke c/France, §43.

1590 CEDH, sect. III, 19 septembre 2000, IJL, GMR and AKP c/Royaume-Uni : *Rec.*, 2000-IX.

1591 CJCE, 18 octobre 1989, Orkem c/Commission, aff. 374/87 : *Rec.*, 3283, point 30. La Cour a écarté les trois sources du droit au silence dont se prévalait la requérante: (1) les principes communs aux Etats-membres (*Rec.*, p. 3283, point 29), (2) le Pacte international relatif aux droits civils et politiques du 19 décembre 1996 (point 31), (3) l'article 6 de la Convention européenne des droits de l'Homme (point 30). La CJCE a jugé, dans l'arrêt Orkem, que le fait d'obliger l'entreprise à produire des documents ne portait pas atteinte aux droits de la défense.

1592 Commission, « Livre Blanc sur la modernisation des règles d'application des articles 85 et 86 du Traité CE », *JOCE*, 12 mai 1999, C. 132/1.

1593 R. v. Hertfordshire County Council, Ex p. Green Environmental Industries [2000] 2 *WLR* 373 Court of Appeal, R. v. Kearns [2002] 1 *WLR* 2815. Court of Appeal, Customs of Excise v. Han [2001] *STC* 1188.

1594 En ce sens, CA Paris, 21 mai 1990 : *Gaz. Pal.*, 14 août 1990, p. 2.

1595 Cass. crim., 5 février 1998 : *Procédures*, mai 1998, obs. de Jacques BUISSON.

choisir de se taire ne puisse, par ce seul fait, créer une présomption de culpabilité ou, *a fortiori*, donner lieu à une déclaration de culpabilité[1596]. Le 5ème Amendement de la Constitution américaine ne protège que les personnes physiques[1597] car l'entreprise a une identité indépendante de ses actionnaires. En revanche, en Europe, la notion de droit au silence a une portée plus large car il est applicable aux documents professionnels et aux personnes morales.

784. Dans le cas où le contribuable est sanctionné pour avoir refusé de révéler les informations demandées par l'administration, il n'y a pas forcément de violation du droit de se taire. Il n'y a violation que quand il apparaît au contribuable que les autorités fiscales ont l'intention d'utiliser ces informations contre lui dans une procédure criminelle. Dans la même logique, il n'y pas violation si les informations ne sont utilisées que pour calculer le montant des impôts dus par le contribuable. En d'autres termes, dans toute procédure pouvant mener à l'application d'amendes ou d'autres sanctions, le contribuable peut invoquer le droit de se taire. Ce que le droit de se taire interdit est la révélation ou la remise de preuves par le contribuable lorsqu'elles sont compromettantes pour lui-même. Le fait que le contribuable exerce un droit de silence n'empêche pas l'autorité fiscale de mener autrement ses enquêtes, par exemple, exerçant son droit de communication auprès d'un tiers. En pratique, le droit de se taire incite l'administration à renforcer son droit de communication auprès des tiers.

785. Le juge britannique Lord Hutton a estimé que le droit au silence et à ne pas s'auto-incriminer était un standard international généralement reconnu qui était au cœur de la notion de procès équitable en vertu de l'article 6-1 de la Convention européenne des droits de l'Homme[1598]. La publication de l'IR en date du 11 septembre 2002[1599] donne des indications à ses agents en ce qui concerne cet article. Il est recommandé que le contribuable soit informé qu'il n'est pas soumis à l'obligation de s'accuser soi-même et que les pénalités seront réduites en cas de coopération avec l'inspecteur. L'agent des impôts doit rendre le contribuable conscient (1) de la nécessité de produire des informations, (2)

[1596] Stefan N. FROMMEL, « Cour européenne des droits de l'homme, le droit de l'accusé au silence peut-il être invoqué par les contribuables ? », *RDAI*, n° 6, 1994, p. 711.
[1597] Wilson v. United States 221. U.S. 361. at. 382. 385 (1911). White v. Uinted States 322 U.S. 694 (1944). United States v. Bellis 417 U.S. 85.88 (1974) (le 5ème Amendement ne s'applique pas aux documents litigieux appartenant à une société de personnes). Grant v. United States 227 U.S. 74 (1913) (le 5ème Amendement ne s'applique pas à une entreprise dissoute lorsque les preuves sont détenues par l'ancien et unique actionnaire de l'entreprise, personne physique). United States v. Mid-W. Business Forms, Inc. 447 F2d 722 (8th Cir. 1973) (le 5ème amendement ne s'applique pas à une société constituée par une personne physique).
[1598] R v. Allen (2002) 1 AC 509.
[1599] Inland Revenue, *Guidance to Inland Revenue Staff on Human Rights and Penalties*, 11 septembre 2002 : Tax Bulletin No. 61, disponible sur internet : www.inlandrevenue.gov.uk/specialist/humanrights.pdf.

des pénalités en cas de non production, (3) des pouvoirs formels à la disposition de l'administration afin d'obtenir des informations si le contribuable refuse, (4) du fait que lorsqu'il a librement et complètement fourni des informations, l'administration le prenne en compte dans le calcul des pénalités, et (5) du fait que, dans l'hypothèse où l'IR n'est pas d'accord avec lui, les informations ou documents fournis par lui puissent être utilisés lors des procédures de recours. Cette simple information est-elle suffisante pour la protection des droits du contribuable ? Dans la plupart des cas, le contribuable est au courant de ses droits mais il sera toujours sanctionné s'il ne révèle pas les informations demandées. La peur de la sanction pesant sur lui peut obliger le contribuable à fournir les informations demandées.

786. Un contribuable ou un témoin peut invoquer le 5ème Amendement de la Constitution américaine pour refuser de témoigner ou de répondre à des questions, qui peuvent l'auto-accuser. Ce principe est-il applicable uniquement en cas de poursuites pénales ? En général, le 5ème Amendement ne peut être invoqué dans une affaire fiscale en l'absence de poursuites judiciaires même si des pénalités fiscales pour fraude sont encourues[1600] puisqu'une pénalité fiscale n'est pas de nature criminelle[1601]. En d'autres termes, les dispositions du 5ème Amendement ne sont applicables qu'en cas de poursuites répressives. Cependant, selon la jurisprudence, « *le 5ème Amendement a également pour objectif d'accorder au contribuable le droit de refuser de répondre aux questions potentiellement à charge quand il est convoqué devant l'administration* »[1602]. Dans la mesure où le contribuable a été forcé de répondre, tout ce qu'il a révélé ne peut être utilisé contre lui[1603]. Dans la mesure où le contribuable soupçonne objectivement et raisonnablement des poursuites judiciaires ultérieures, le principe d'interdiction de contribuer à sa propre incrimination s'applique à tous les types de procédure, civile, administrative, d'enquête, etc[1604].

787. Le principe s'applique dans le contexte d'une investigation effectuée par l'IRS sur l'imposition du contribuable qui craint raisonnablement qu'une telle investigation entraîne des poursuites judiciaires[1605]. Dans cette dernière hypothèse, le tribunal vérifie au cas par cas si la crainte du contribuable est

[1600] Nickell v. United States, 79-1 USTC ¶ 9206 (D.W. Va. 1979). En fait, le motif est que les pénalités fiscales pour fraude ne sont pas de nature criminelle non quasi-criminelle.
[1601] Helvering v. Mitchell, 303 U.S. 391 (1938). United States v. Ward, 448 U.S. 242 (1980).
[1602] Smith v. United States, 337 U.S. 137 (1949).
[1603] Garrity v. New Jersey, 385 U.S. 493 (1967). Murphy v. Waterfront Commission, 378 U.S. 52 (1964).
[1604] Maness v. Meyers, 419 U.S. 449, 454 (1975).
[1605] United States v. Sharp, 920 F2d 1167, 1170 (4th Cir. 1990). United States v. Argomaniz, 925 F2d 1349 (11th Cir. 1991).

réaliste[1606]. Ce sera le cas lorsque le contribuable aura été confronté à un risque de poursuites judiciaires réel et sérieux, et non pas à un simple risque insignifiant ou imaginaire[1607]. Lorsque le risque de poursuites judiciaires ne découle pas à l'évidence des implications des questions posées ou des circonstances entourant l'investigation, la charge de la preuve de prouver l'existence d'une contrainte réelle repose sur le contribuable[1608].

788. Ce principe vise non seulement les réponses qui soutiennent par elles-mêmes une condamnation, mais aussi des documents qui sont susceptibles de fournir un lien dans la chaîne de preuves nécessaires afin de poursuivre judiciairement le requérant. Pour pouvoir invoquer le principe, il suffit de vérifier, dans la manière de poser les questions, si la réponse aux questions est dangereuse car une révélation nuisible peut en résulter[1609]. Il faut que les trois conditions soient remplies, que la contrainte soit nécessaire, que la contrainte s'exerce sur le requérant lui-même et non sur un tiers, que la contrainte vise à tirer une sorte de preuves d'auto-accusation constituant des communications ou témoignage.

789. Il est difficile de faire application du droit au silence en matière de contrôle fiscal. Les commentaires de l'OCDE considèrent que « *le droit de ne pas témoigner contre soi-même devrait n'avoir qu'une application limitée en ce qui concerne la plupart des demandes de renseignements. Ce droit est personnel et ne peut être invoqué par un individu qui ne risque pas lui-même des poursuites pénales. Le droit de ne pas témoigner contre soi-même ne s'applique généralement qu'aux personnes physiques* »[1610]. Pour Jonathan Hilliard, il y a bien un besoin de limiter les circonstances dans lesquelles la contrainte d'avoir à fournir des renseignements constitue une violation de l'article 6 de la Convention européenne des droits de l'Homme dans le domaine fiscal en raison des besoins nécessaires d'informations sur les contribuables afin de s'assurer

---

[1606] Voir United States v. Moss, 90-2 USTC ¶ 50,531 (D. Md. 1990)(au cas d'un contribuable qui a déposé sa déclaration fiscale alors que l'administration lui demande de compléter les relevés financiers) ; United States v. Cates, 686 F. Supp. 1185 (D. Md. 1975) (au cas d'un contribuable qui n'a pas déposé sa déclaration fiscale alors que l'administration lui demande de produire des registres afin de déterminer sa responsabilité fiscale). Comparer avec United States v. Sanchez, 90-2 USTC ¶ 50,439 (SD Fla. 1990) (au cas d'un agent de l'administration ayant essayé d'obtenir des informations financières afin de recouvrer l'impôt du contribuable qui n'avait pas payé l'impôt normalement dû. Le tribunal a constaté l'absence d'une crainte réaliste d'incrimination chez le contribuable. Le principe d'interdiction de l'auto-accusation s'applique en ce qui concerne la source du revenu, mais pas pour le montant).

[1607] Marchetti v. United States, 390 U.S. 39, 53 (1968).

[1608] Estate of Fisher v. Comm'r, 905 F2d 645, 649 (2d Cir. 1990).

[1609] Hoffman v. United States, 341 U.S. 479, 486-487 (1951).

[1610] Commentaires OCDE relatifs à l'article 26 concernant l'échange de renseignements en date du 1er juin 2004.

que le système fiscal fonctionne correctement[1611]. Pour lui, la solution est de reconnaître le droit de ne pas témoigner contre soi-même en matière fiscale à condition qu'un tel droit ne soit pas absolu et que, par conséquent, une atteinte proportionnée au but poursuivi puisse être justifiée dans certaines circonstances[1612].

Conclusion du chapitre II

790. Le dialogue fiscal est sociologiquement et techniquement nécessaire. Les avantages sont réciproques. Pour le contribuable, il accepte mieux d'accomplir son devoir fiscal et pour l'administration, elle augmente la productivité de ses services et réduit le risque de contentieux. En outre, l'exigence du respect des droits de la défense appelle nécessairement le respect du principe du contradictoire, qui trouve application dans tous les procès et qui n'est nullement incompatible avec la procédure administrative de contrôle. En pratique, le contradictoire est essentiel dans la vérification de comptabilité et permet de la distinguer d'autres procédés de contrôle, tels que le droit de communication, le droit de perquisition, etc. Le lieu où se déroule la vérification de comptabilité n'est pas décisif si un débat oral et contradictoire a lieu. Le dialogue doit être minimum. Tout est une question de modalités d'application des pouvoirs de vérification et d'ampleur des opérations entreprises. Afin d'assurer le respect du principe du contradictoire, en premier lieu, le contribuable doit être informé. L'information préalable de celui-ci doit être efficace, c'est-à-dire aboutir à ce que l'intéressé soit effectivement averti. Pour être efficace, l'information doit intervenir suffisamment à l'avance (parce que le but est de permettre à l'intéressé de préparer ses observations) et communiquer les éléments qu'elle envisager à retenir. En second lieu, le contribuable doit être en mesure de présenter utilement ses observations. En dernier lieu, la décision de l'inspecteur doit être motivée. La motivation consiste à exprimer les motifs pour lesquels le redressement a été retenu et permet au contribuable de connaître directement les raisons de la mesure prise et de les contester.

[1611] Jonathan HILLIARD, « Article 6 and the scope of the right not to incriminate oneself in the tax field », *BTR* 2002, n° 6, p. 487.

[1612] Joanthan HILLIARD, « Article 6 and the scope of the right not to incriminate oneself in the tax field », *BTR* 2002, n° 6, p. 472.

CONCLUSION GENERALE

791. La doctrine exprime souvent le souhait que la relation entre le contribuable et l'administration fiscale soit équilibrée. Mais cette relation peut-elle être vraiment équilibrée ? Cette question est rarement posée. C'est pourtant l'interrogation fondamentale qui a fondé la présente étude. Plus exactement, la thèse défendue est que cet équilibre est impossible puisque les fondements de la confrontation entre contribuable et administration sont trop déséquilibrés. Si ceci apparaît en filigrane lorsque l'on étudie la spécificité des pouvoirs de l'administration et des garanties du contribuable, ceci apparaît clairement si l'on se place dans une optique dynamique, dans une confrontation des pouvoirs et garanties tout au long de la vérification de comptabilité. Cette réflexion sur la vérification de comptabilité n'est cependant pas vaine, elle permet d'améliorer la procédure existante, voire de façonner la procédure d'Etats, comme la Chine, dont la procédure fiscale est balbutiante.

792. D'une façon générale, la multiplication des réglementations engendre la multiplication des contrôles. La première partie de cette étude, dans laquelle ont été étudiés les différents types de contrôle auxquels est confrontée l'entreprise, pour motif fiscal, social, financier, économique ou encore juridique, montre que l'absence d'harmonisation aboutit nécessairement à une coexistence de procédures conférant des pouvoirs spécifiques aux autorités de contrôle et des droits différents à l'entreprise contrôlée. En tout état de cause, pour chaque type de contrôle l'administration dispose d'agents spécialisés, ce qui n'est pas forcément le cas pour l'entreprise contrôlée.

793. Au regard des pouvoirs d'autres autorités de contrôle, les pouvoirs de l'administration fiscale apparaissent en définitive extrêmement larges, ce qui serait nécessaire, d'une part pour préserver les recettes de l'Etat, et d'autre part, pour sanctionner les actes constitutifs de fraude ou d'évasion fiscale. L'impôt a en effet ceci de particulier, qu'étant imposé et présentant un caractère quasi confiscatoire, il est mal ressenti par la majorité des contribuables, et certains tentent de s'y soustraire. L'impôt nécessite donc un système de contrôle spécifique, certes encadré, mais qui se doit d'être efficace. Du fait de la multiplication exponentielle des transactions transfrontalières, ce souci d'efficacité a poussé les Etats à renforcer les méthodes internes de contrôle, et notamment les dispositifs anti-évasion et le contrôle des prix de transfert. Ce renforcement des contrôles internes trouve un écho en matière de coopération

internationale entre les Etats, ainsi par exemple, du développement de l'assistance administrative mutuelle et des contrôles simultanés.

794. À l'évidence, conférer à l'administration les moyens nécessaires à la prééminence de l'intérêt général, ne signifie pas pour autant qu'il faille ignorer les intérêts privés légitimes[1613]. Même si la procédure de vérification conservera toujours une certaine originalité, face à ces pouvoirs de l'administration, il est de l'essence de la démocratie que l'administré, et donc que le contribuable vérifié bénéficie de garanties. La tendance générale dans les pays occidentaux est au renforcement des droits de l'Homme, et ainsi, au renforcement des droits du contribuable. Ces garanties trouvent leurs sources non seulement dans les textes nationaux et internationaux, mais également dans les principes généraux du droit et la jurisprudence. Le deuxième temps de la première partie de cette étude confirme qu'en raison de la spécificité du droit fiscal et de la procédure fiscale, la mise en œuvre des opérations de vérification de comptabilité n'accorde pas aux entreprises des garanties identiques à celles dont bénéficient les entreprises contrôlées pour des motifs autres que fiscaux, et ce, tantôt à son avantage, tantôt à son désavantage.

795. Le formalisme du droit fiscal, et notamment du droit fiscal français, est jugé comme favorable au contribuable dans la mesure où il encadre les actes de l'administration fiscale. En revanche, la complexité du droit fiscal ne facilite pas la défense du contribuable. Le secret fiscal a été instauré pour protéger les intérêts du contribuable, mais de nombreuses exceptions en affaiblissent la portée. Par ailleurs, la protection du contribuable devrait être améliorée sur plusieurs points et les lacunes du modèle français sont caractéristiques. En effet, en raison du principe d'indépendance des procédures administrative et répressive, le juge judiciaire, bien que gardien des libertés de l'individu, ne contrôle pas le respect des droits du contribuable par l'administration, ce contrôle étant de la compétence du juge administratif. En outre, le contribuable ne bénéficie pas explicitement de l'interdiction du cumul des sanctions. Enfin, le champ d'application des dispositions de la Convention européenne des droits de l'Homme est restreint en matière de procédure fiscale. Plus fondamentalement encore, le fait que le législateur se montre particulièrement prolixe en textes, toujours plus complexes, porte indirectement atteinte aux droits de l'entreprise, ce qui est particulièrement vrai en droit fiscal.

796. La deuxième partie de cette étude a montré qu'il convenait de replacer la confrontation des pouvoirs de l'administration et des garanties du contribuable dans une perspective dynamique, cette confrontation devant, selon le souhait

---

[1613] Bénédicte DELAUNAY, *L'amélioration des rapports entre l'administration et les administrés : contribution à l'étude des réformes administratives entreprises depuis 1945*, Paris : LGDJ, 1993, préface, p. 4.

général, tendre à un équilibre. L'idée d'équilibre renvoie à l'idée d'une confrontation de deux données *a priori* contradictoires, sans qu'il y ait, en théorie, de préséance entre les pouvoirs de l'administration et les garanties du contribuable. Dans un monde en constante évolution, la question est de savoir si un équilibre théorique ou effectif est possible et ensuite, s'il peut être maintenu. Des réflexions sont donc menées de façon récurrente pour définir cet équilibre et chaque système juridique apporte sa propre réponse à ce double souci d'efficacité et de respect des droits du contribuable.

797. À l'évidence, une tendance forte dans la définition de cet équilibre est le renforcement des garanties du contribuable face aux pouvoirs de l'administration, et ce renforcement des garanties est visible à tous les stades de la procédure, à savoir au début, pendant et à la fin de la vérification. Ce renforcement des garanties est la résultante des efforts combinés du législateur, du juge et de l'administration elle-même, mais on doit souligner que le juge y tient une place prépondérante. L'utilisation des procédures existantes conformément à leur objet apparaît comme une condition *sine qua non* de ce renforcement. Une simplification des procédures, souhaitée par la doctrine, est en cours de réalisation. L'adaptation des procédures fiscales à la mondialisation croissante de l'économie a également été associée au renforcement des droits du contribuable.

798. Peut-être qu'un moyen simple de protéger le contribuable est de prévenir les problèmes, de le mettre dans une situation où il puisse réellement se défendre et faciliter son dialogue avec l'administration avant que celle-ci ne prenne une décision définitive. C'est dans cette voie que se sont engagés les Etats-Unis et le Royaume-Uni. C'est pour cela aussi que se multiplient les espaces de discussion avec les agents des impôts par le biais de recours à des organismes informels, de recours administratifs fiscaux, ou pour les grandes entreprises, de modes alternatifs de règlement de conflits. Mais, des améliorations sont souhaitables. Pour assurer l'efficacité du règlement des conflits fiscaux, l'ensemble des voies de recours devrait être connu de façon uniforme et il faudrait notamment garantir une impartialité des interventions des modes de règlement non contentieux.

799. L'administration semble soucieuse des intérêts du contribuable vérifié, lorsqu'elle diversifie les modes d'intervention, qu'elle réduit le nombre de visites sur place et le délai d'accomplissement des vérifications, ou qu'elle recourt aux modes alternatifs de règlement des conflits. Mais ces mesures prises par l'administration constituent-elles de véritables avancées vers un équilibre ? En définitive, elles ne constituent pas, à proprement parler des garanties. Il s'agit plutôt de mesures qui vont faciliter l'acceptation du contrôle par le contribuable, et ainsi, tendre à augmenter le « *rendement* » de l'impôt.

800. Par ailleurs, toutes ces améliorations peinent à cacher la spécificité de la relation entre administration fiscale et entreprise vérifiée, traditionnellement présentée comme inégale et conflictuelle, d'autant que l'on observe parallèlement au renforcement des garanties, un renforcement des pouvoirs de l'administration. Ceci est notamment vrai lors du contrôle des prix de transfert. Mais on observe également une extension du pouvoir de contrôle « *en amont* » de l'administration, ainsi, par exemple, des projets en France de dispositifs de déclaration des schémas fiscaux sur le modèle anglo-saxon.

801. Alors, à défaut d'équilibre global, il faut se contenter d'un équilibre à certains moments de la vérification. Ainsi, la doctrine s'accorde pour estimer que pouvoirs et garanties sont équilibrés en cas d'exercice du droit de visite et de saisie. En revanche, cet équilibre n'est qu'imparfait en cas de recours administratif dans la mesure où l'agent chargé du recours appartient à l'administration des impôts et qu'il confirme souvent la décision de l'inspecteur initial. On peut douter de l'effectivité de ce recours.

802. À défaut d'être équilibré, le droit français de la vérification de comptabilité, appréhendé dans sa globalité, apparaît très formaliste, le législateur a tenté au maximum de prévenir les contentieux. On peut alors regretter que les garanties ne profitent véritablement qu'aux contribuables fins connaisseurs des arcanes de la procédure, ou bien conseillés. Le système anglo-saxon est plus souple, il repose sur la bonne volonté des parties. Mais qu'une partie soit de mauvaise foi, et le système se grippe. En définitive, le contrôle fiscal aux Etats-Unis se présente comme une négociation permettant d'aboutir à un accord entre l'administration et le contribuable.

803. Finalement, le fait que parler d'équilibre ne soit que théorique, ne doit pas empêcher les Etats de réfléchir à leur propre système de vérification de comptabilité pour tenter de l'améliorer. Ainsi, au terme de cette étude, il est certain que le modèle chinois est le moins satisfaisant des quatre systèmes comparés. S'il est évident que le droit chinois est à l'écoute des autres systèmes juridiques, qu'en est-il des droits anglo-américains ? Les auteurs anglais ne citent que rarement des références françaises, mais plus fréquemment les arrêts de la CEDH et de la CJCE, ce qui est logique puisque les solutions dégagées ne constituent pas des solutions extérieures à leur système juridique. De telles références sont inexistantes chez les auteurs américains. On y voit une manifestation du sentiment, communément partagé chez les anglo-saxons que la *Common law* est le meilleur système juridique et qu'il faut l'exporter à tout prix. Une autre limite à la transposition de concepts civilistes dans des systèmes de *Common law* semble liée à la cohérence générale des systèmes juridiques, tels le droit français, le droit anglais ou le droit américain notamment, au cas particulier de la vérification de comptabilité. Contrairement à ces trois systèmes

occidentaux, le droit chinois étant un droit en formation, une telle cohérence n'existe pas, ce qui facilite les transplantations. À titre d'exemple, la jurisprudence française a construit une théorie du formalisme fiscal, considérée comme favorable aux droits du contribuable. Cette théorie semble difficilement transportable dans le système anglo-saxon caractérisé par sa souplesse.

804. À l'évidence, il n'en résulte pas que les trois pays occidentaux n'ont aucun enseignement à tirer de la procédure applicable dans les autres pays. À titre d'exemple, l'administration américaine tend à favoriser les modes alternatifs de règlement des litiges dans le domaine fiscal. Ces modes ne sont pas réellement exploités en France, en dépit de quelques succès. Il conviendrait d'améliorer le recours à ces voies en France. Autre exemple, le réalisme fiscal est très fort aux Etats-Unis. Cela produit des effets désavantageux à l'égard du contribuable, notamment en ce qui concerne les documents volés au contribuable par un employé et communiqués à l'administration[1614]. Aux Etats-Unis, il a été jugé que lorsque l'administration n'était pas impliquée dans le vol, par exemple, en tant que complice, elle était autorisée à utiliser les documents volés en tant que preuve. Le juge français a pour sa part, considéré que l'administration ne pouvait établir des redressements que sur la base d'éléments de preuve légalement admissibles et qu'elle ne pouvait valablement s'appuyer sur des pièces qu'elle a détenues de manière manifestement illicite, notamment en cas de documents volés par un salarié de l'entreprise. Autre illustration, au Royaume-Uni, le secret bancaire est extrêmement fort. Dans les trois autres pays, le droit de communication de l'administration est très efficace auprès des banques. Le secret bancaire ne devrait pas gêner inutilement les autorités fiscales et les empêcher d'obtenir les informations indispensables au bon déroulement du contrôle. Il faudrait concilier le secret bancaire et l'efficacité du contrôle.

805. Si les trois systèmes juridiques occidentaux ont chacun leurs avantages et leurs inconvénients, que peuvent-ils apporter à la procédure fiscale chinoise ? La procédure, au sens d'une garantie accordée à la partie faible au cours d'une situation conflictuelle, est balbutiante en Chine. Des droits ont été reconnus au contribuable par la nouvelle loi sur l'administration et la perception de l'impôt en 2001[1615], mais on est très loin de droits effectifs. Outre l'absence de protection constitutionnelle des droits du contribuable et de loi relative à la

---

[1614] Voir paragraphe 461.

[1615] Le contribuable chinois n'était pas totalement privé de droits avant 2001. Les lois relatives au recours administratif (1999), au contentieux administratif (1989), aux sanctions administratives (1996) et au remboursement par l'Etat du préjudice subi par l'administré (1994) lui permettait de bénéficier de certaines garanties. Mais ces textes ne sont que d'une portée très limitée en matière de protection du contribuable puisque d'une part, ils ne sont pas spécifiques au droit fiscal et, que d'autre part, ils ne sont susceptibles d'être appliqués qu'à un stade avancé de la procédure, après la décision des agents des impôts.

procédure administrative ou plus précisément à la procédure fiscale, les textes chinois sont très sommaires. Ceux-ci n'évoquent que de façon très vague les droits du contribuable, sans limiter de façon précise les pouvoirs de l'administration. Les textes chinois sont par ailleurs épars, non codifiés, ce qui ne facilite pas la bonne connaissance des dispositions en vigueur, d'autant plus que le droit chinois est à l'heure actuelle particulièrement évolutif. Or, la simple connaissance de ses droits est, en soi, une garantie.

806. En pratique, l'administration fiscale chinoise traite toujours le contribuable comme une personne tenue à l'obligation de contribuer, et rechigne à intégrer une logique de légalisme procédural. Par ailleurs, le contribuable chinois peut difficilement prendre conscience du fait que dans la plupart des systèmes juridiques, être contribuable signifie être titulaire de droits particuliers.

807. On comprend dès lors pourquoi la doctrine chinoise se tourne vers l'étranger, pour l'instant, sans privilégier aucun système en particulier. Mais au regard des modèles français et anglo-saxon, quel serait celui retenu par le législateur chinois ? Il est probable que la Chine, pays civiliste, s'orienterait vers le modèle français. On comprend alors que le système chinois ne peut cependant changer que si le Gouvernement accepte d'être soumis au contrôle des citoyens-contribuables. À l'heure actuelle, une réforme de la procédure fiscale n'est pas envisagée, et qui sait quand elle verra le jour, les droits de l'Homme se construisent moins rapidement que les buildings.

BIBLIOGRAPHIE

I/ Manuel de droit fiscal et de procédure fiscale

Gabriel ARDANT, *Histoire de l'impôt*, Fayard, 1971-1972, 2 volumes, 634 p. et 870 p.

Michel BOUVIER et Marie-Christine ESCLASSAN, *L'administration fiscale en France*, « Que sais-je ? », PUF, 1988, 127 p.

Lesley BROWNING BA (*et al.*), *Revenue Law – Principles and Practice*, 32e éd. Lexisnexis, UK

Jacques BRURON, *Le contrôle fiscal*, collection Système, LGDJ, 1991, 114 p.

Jean-Pierre CASIMIR, *Contrôle fiscal : droits, garanties et procédures*, Code annoté RF, 8e éd. Groupe Revue Fiduciaire, 2002, 686 p.

Shaoying CHEN, *Recherches en droit fiscal des sociétés* (en pinyin, *gong si she shui fa lun*), Librairie du droit économique, Presses de l'Université de Pékin, 2005.10, 362 p.

Philippe COLIN, *La vérification fiscale*, Economica, 1979, 302 p.

Cyrille DAVID, Olivier FOUQUET, Bernard PLAGNET et Pierre-François RACINE, *Les grands arrêts de la jurisprudence fiscale*, 4e éd. Dalloz, 2003, 1085 p.

Alan DOLTON et Saunders GLYN, *Tolley's Tax cases 2001*, Tolley, 2001

Jean DUBERGÉ, *Les Français face à l'impôt, essai de psychologie fiscale*, LGDJ, 1990, 320 p.

Jean DUBERGÉ, *Dédramatiser l'impôt*, PUAM, 1994, 139 p.

Jean-Baptiste GEFFROY, *Grands problèmes fiscaux contemporains*, PUF, 1993, 671 p.

Bruno GOUTHIERE, *Les impôts dans les affaires internationales, trente études pratiques*, 6e éd. Francis Lefebvre, 2004, 1056 p.

Jacques GROSCLAUDE et Philippe MARCHESSOU, *Procédures fiscales*, 3e éd. Dalloz, 2004, 341 p.

Jacques GROSCLAUDE et Philippe MARCHESSOU, *Droit fiscal général*, 5e éd. Dalloz, 2005, 588 p.

Minghao HE, *Business tax planning*, Edition du management de l'entreprise, 2002.5, 450 p.

Dongsheng JIN, *Administrer l'impôt selon la loi : études sur l'environnement de l'application du droit fiscal* (en pinyin, *yi fa zhi shui : shui shou zhi fa huan jing yan jiu*), Edition des sciences économiques, 2006.2, 470 p.

Thierry LAMBERT, *Redressement fiscal*, 2e éd. Economica, 1988, 190 p.

Thierry LAMBERT, *Contrôle fiscal : Droit et pratique*, 2e éd. PUF, 1998, 464 p.

Thierry LAMBERT (études coordonnées par), *Contrôle fiscal, principes et pratiques*, Economica, 1988, 223 p.
FRANCIS LEFEBVRE, *La pratique de la vérification de comptabilité : préparation, déroulement du contrôle, garanties du contribuable, comptabilisation, formulaires et imprimés*, 1997, 707 p.
FRANCIS LEFEBVRE, Mémento pratique fiscal, 2004, 2005, 2006
Marc LEROY, *Le contrôle fiscal : une approche cognitive de la décision administrative*, L'Harmattan, collection Logiques sociales, 1993, 287 p.
Xueping LIANG et Dengyi FAN, *Pratique de la perception et de l'administration de l'impôt* (en pinyin, *shui shou zheng guan shi wu*), Presses de l'Université de Nan Kai, Tianjin, 2005.4
Jianwen LIU, *Etudes sur le droit fiscal* (en pinyin, *shui fa zhuan ti yan jiu*) Presses de l'Université de Pékin, 2002, 399 p.
Jianwen LIU, *Etudes sur le droit fiscal* (en pinyin, *shui fa xue*), 2e éd. Presses du peuple, 2003
Jianwen LIU, *Le légalisme fiscal induit par l'appartenance de la Chine à l'OMC* (en pinyin, *WTO ti zhi xia de zhong guo shui shou fa zhi*), Librairie d'études en droit fiscal, Presses de l'Université de Pékin, 2006.1, 284 p.
Longheng LIU, *Introduction au droit fiscal* (en pinyin, *zhong guo shui fa gai lun*), 4e éd. Presses de l'Université de Pékin, 2003.11, 318 p.
André MARGAIRAZ et Roger MERKLI, *La fuite devant l'impôt et les contrôles du fisc*, Librairie Marguerat (diffusion LGDJ),1985, 160 p.
Jean-Claude MARTINEZ et Pierre DI MALTA, *Droit fiscal contemporain, Tome 1, L'impôt, le fisc, le contribuable*, Litec, 1986, 478 p.
Robert E. MELDMAN et Richard J. SIDEMAN, *Federal taxation : Practice and procedure*, 6e éd. CCH Incorporated Chicago, 2001, 945 p.
Geoffrey MORSE et David WILLIAMS, *Davies: Principles of tax law* 4e édition, Sweet & Maxwell 2000, 455 p.
Loïc PHILIP, *Droit fiscal constitutionnel*, Economica, 1990, 220 p.
D.C. POTTER Q.C. et K. J. PROSSER LL.B., *Tax Appeals*, First Edition British Tax Library, London Sweet & Maxwell, 1991
Michael I. SALTZMAN, *IRS practice and procedure*, 2e éd. Warren Gorham Lamont, 1991
Michael I. SALTZMAN, *IRS practice and procedure*, 2e éd. 2000, Cumulative Student Supplement, Warren, Gorham & Lamont of Ria
Zhengwen SHI, *Taxation procedure law*, Presses de l'Université de Pékin, 2003.5, 349 p.
Zhengwen SHI, *Discussions sur la procédure fiscale, études en théorie juridique et législative relatives au contrôle du pouvoir de lever l'impôt* (en pinyin, *shui shou cheng xu fa lun – jian kong zheng shui quan yun xing de fa li yu li fa yan jiu*), Forum du droit, Recueil d'études en droit fiscal, Presses de l'Université de Pékin, 2003.5, 349 p.

François TERRÉ (sous la direction de), *Archives de philosophie du droit*, Tome 46, *L'impôt*, Dalloz, 2002, 547 p.
Muriel TREMEUR, *La politique publique du contrôle fiscal : analyse rétrospective sur les deux dernières décennies*, collection Finances publiques, Economica, 1993, 220 p.
Longli TU et Hongmao WANG, *Etudes sur le droit fiscal fondamental* (en pinyin, *shui shou ji ben fa yan jiu*), Presses de l'Université de finance et d'économie de Dongbei, 1998, 256 p.
Michael WALPOLE et Chris EVANS, *Tax administration in the 21st century*, Prospect
Chris WHITEHOUSE (*et al.*), *Revenue Law – Principles and Practice*, LexisNexis, UK, 21e éd. 2004, 1135 p.
Shouwen ZHANG, *Théories du droit fiscal* (en pinyin, *shui fa yuan li*), 3e éd. Presses de l'Université de Pékin, 2004, 352 p.
Shouwen ZHANG, *Etudes générales du droit fiscal* (en pinyin, *shui fa tong ze*), Presses de l'Université de Pékin, 2004.6, 526 p.

II/ Vérifications effectuées par des organismes autres que l'administration fiscale

1) Ouvrages

Jeremy BOADLE et Yvonne LANG, *Tolley's Accounts and audit of limited liability partnerships*, 1er éd. Tolley, 2002
Thierry BONNEAU et Drummand FRANCE, *Droit des marchés financiers*, 2e éd. Economica, 2005, 847 p.
Yves CHAPUT, *Le commissaire aux comptes : partenaire de l'entreprise*, Presses de la fondation nationale des sciences politiques, 1999, 143 p.
Jean-Jacques DUPEYROUX (*et al.*), *Droit de la sécurité sociale*, 15e éd. Dalloz, collection Précis, 2005, 1245 p.
Mark FURSE, *Competition law of the EC and UK*, 4th edition, Oxford University Press, 2004, 385 p.
Xiangjiu KONG, *Application et perfection de la loi relative à la concurrence*, Edition du droit en Chine, 1998, 758 p.
Dongfang LI, *Etudes sur le système juridique de surveillance des marchés financiers*, collection Droit financier international, Presses de l'Université de Pékin, 2002.6, 232 p.
David SMAILES et Robert WAREHAM, *Tolley's Company law handbook*, 4e éd. Tolley, 1997, 750 p.
Jean-Paul VALETTE, *Droit de la régulation des marchés financiers*, Mémentos LMD, Gualino éditeur, 2005, 174 p.
Louis VOGEL, *Droit français de la concurrence*, collection JuriScience, 2006, Lawlex, 858 p.

2) Actes de colloques, documentations et travaux collectifs

Gide Loyrette Nouel, « Comment gérer les enquêtes administratives ? », *Option Finance*, Hors-série, n° H20, 26 mars 2007, p. 1

La Revue Fiduciaire Mensuel, « Contrôle URSSAF », *RF* 936, 1er avril 2005, supplément au numéro 1132 du 29 avril 2005, p. 569

Claude LUCAS DE LEYSSAC (*et al.*), « Sécurité et droit des affaires après la loi sur la sécurité financière », colloque organisé par le Centre de recherches de droit des affaires de l'Université Paris 1 Panthéon-Sorbonne le 2 octobre 2003, *Rev. soc.*, 4/2003, p. 179

Alain SAYAG (sous la direction de), *Le commissariat aux comptes, renforcement ou dérive ?* Centre de recherche sur le droit des affaires, Litec, 1989, 558 p.

3) Articles

Jean-François BARBIERI, « Code de déontologie et indépendance des commissaires aux comptes (D. n° 2005-1412, 16 novembre 2005) », *BJS*, mars 2006, § 89, p. 409

Hervé-Georges BASCOU et Philippe COURSIER, « Les principes directeurs de la procédure de recouvrement des cotisations URSSAF », *BS Lefebvre*, 7/1995, p. 360

Hervé-Georges BASCOU, « Les pouvoirs et obligations des inspecteurs du recouvrement lors de la phase de contrôle des cotisations URSSAF », *Dr. tra.*, novembre 1996, p. 3

Hervé-Georges BASCOU et Philippe COURSIER, « L'obligation d'information du cotisant mise à la charge des URSSAF », *Dr. soc.*, 1997, p. 721

Hervé-Georges BASCOU et François TAQUET, « La nécessaire réforme de la procédure de contrôle et de recouvrement des cotisations URSSAF…réflexions, propositions », *DP*, n° 70, avril 1999, p. 33

Alain BOUILLOUX, « Les nouvelles garanties des cotisants face à un contrôle de l'URSSAF (décret n° 99-434 du 28 mai 1999) », *Dr. soc.*, 1999, n° 11, p. 896

Alain COURET et Michel TUDEL, « Le nouveau contrôle légal des comptes (à propos de la loi n° 2003-706 du 1er août 2003 pour l'initiative économique) », *D.* 2003, *aff.*, n° 33, p. 2290

Cyrille DAVID, « Administration et citoyens face aux prélèvements obligatoires (contrôle des déclarations) », *Dr. soc.*, décembre 2001, n° 12, p. 1072

Frédérique DAUDRET, « Des applications particulières des droits de la défense dans le domaine des pratiques anticoncurrentielles ou quelques remarques sur l'efficacité dans le respect des droits fondamentaux », *RCC*, n° 76, novembre-décembre 1993, p. 25

Bénédicte DELAUNAY, « La loi du 12 avril 2000 relative aux droits des citoyens dans leurs relations avec les administrations », *RDP* 4/2000, p. 1191

André DERUE, « Décret du 28 mai 1999 : une réforme du contrôle URSSAF ? », *JCP éd. E* 1999, p. 1280
André DERUE, Eric RAVIER et Caroline BIGARD, « Le contrôle URSSAF », *Semaine sociale Lamy Droit-Gestion Rémunération*, Supplément n° 936, 31 mai 1999, p. 2
Olivier FLECHEUX, « Libre concurrence et garantie d'un procès équitable », *Gaz. Pal.* 2000, *doc.*, p. 429
Charles FREYRIA, « Le commissariat aux comptes : mission d'intérêt public ? », *JCP éd. E* 1996, n° 1, *ét. et chron.*, p. 1
Natalie FRICERO, « Procédure de contrôle du règlement de cotisations de sécurité sociale et procès équitable (note sur Cour de cassation, 2e civ., 16 novembre 2004) », *D.* 2005, n° 16, p. 1067
Anne-Marie FRISON-ROCHE, « Les garanties de la défense dans les procédures de sanction devant la COB », *RDBB*, octobre 1997, p. 182
Thierry GARNIER, « La réforme du contrôle légal par la loi de sécurité financière », *LPA*, 14 novembre 2003, n° 228, numéro spécial sur la loi de sécurité financière, p. 82
Yves GUYON, « L'indépendance des commissaires aux comptes », *JCP éd. G*, I, 2831
Bernhard JANSEN, « Les pouvoirs d'investigation de la Commission des Communautés européennes en matière de concurrence », *RMC*, n° 342, décembre 1990, p. 696
Isabelle LAUZERAL, « Royaume-Uni : le droit de la concurrence, le *Competition Act* 1998 », *Cahiers juridiques et fiscaux de l'exportation*, 1er octobre 2000, n° 5, p. 1195
Niamh McCARTHY, « The UK Competition Act 1998, loi britannique sur la concurrence de 1998 », *RDAI* 1999, n° 5, p. 521
Gavin MURPHY, « A proposed strategy to settle legal professionnal privilege claims under the Competition Act 1998 », *ECLR* 2000, n° 3, p. 180
Alain PIETRANCOSTA, « La réforme du commissariat aux comptes », in : Hubert DE VAUPLANE et Jean-Jacques DAIGRE (sous la direction de), *La loi sur la sécurité financière*, Revue Banque, Collection Droit/Fiscalité, 2004, p. 227
Xavier PRÉTOT, « La mise en demeure émise par l'URSSAF doit-elle comporter les nom, prénom et qualité de son signataire? », *TPS*, juin 2004, p. 7
Robert SAINT-ESTEBEN, « Les droits de la défense dans l'application aux entreprises du droit communautaire de la concurrence », *RAE* 1994, n° 4, p. 49
Renaud SALOMON, « Le pouvoir de sanction des autorités administratives indépendantes en matière économique et financière et les garanties fondamentales », *RDBF*, Janvier/février 2001, p. 40
François TAQUET, « Pouvoirs des agents de l'URSSAF et garanties des cotisants », *JCP éd. E* 1992, n° 16, I, *chron.*, n° 140

François TAQUET, « La réforme inachevée des règles relatives au contrôle URSSAF », *Dr. soc.*, 2000, n° 12, p. 1100
François TAQUET, « Comment appréhender un contrôle des cotisations de sécurité sociale », *Gaz. Pal.*, juillet-août 2001, p. 1269
François TAQUET, « Le décret du 11 avril 2007 ou le renforcement des pouvoirs des Urssaf », *Semaine sociale Lamy*, 30 avril 2007, n° 1305, p. 2
François TAQUET et Thomas DEMESSINE, « Premier aperçu sur le décret n° 2007-546 du 11 avril 2007 relatif aux droits des cotisants », *JCP éd. E* 2007, n° 18, 1587
François TAQUET et Hervé Georges BASCOU, « Renforcement des droits des cotisants ou des pouvoirs des URSSAF, décret du 11 avril 2007 relatif aux "droits des cotisants" », *Les annonces de la Seine*, 24 mai 2007, n° 34, p. 3
Anne WACHSMANN et Nicolas ZACHARIE, « Comment faire face à un contrôle des autorités de concurrence ? », *Option Finance*, n° 812, 13 décembre 2004, p. 30
Chao WANG, « Etudes sur les dispositions concernant le système de surveillance de la bourse dans la loi relative aux marchés financiers », in : *Les marchés financiers et le droit*, Presses de l'université du droit et des sciences politiques, 2000.4, p. 23

III/ Droit comparé

1) Ouvrages

Michel FROMONT, *Grands systèmes de droit étrangers*, Mémentos, Dalloz, 5e éd. 2005, 197 p.
Patricia KINDER-GEST, *Droit anglais 1/ Institutions politiques et judiciaires*, 3e éd. LGDJ, 1997, 622 p.
FRANCIS LEFEBVRE, *Dossiers internationaux Etats-Unis*, 7e éd. 2001, 54[illegible] p.
FRANCIS LEFEBVRE, *Dossiers internationaux Royaume-Uni*, 3e éd. 2003, 535 p.
Christian LOPEZ, *Les pouvoirs d'investigation de l'administration fiscale en France et au Canada*, collection logique juridique, L'Harmattan, 1997, 361 p.
Zhongqiu ZHANG, *Culture juridique comparée* (*Legal culture in comparative vision)*, Collection de l'Institut de recherches en droit asie-pacifique de l'Université de Nanjing (Chine), Edition du droit en Chine (Law Press) (Pékin), 2003, N°(2003)004244, 347 p.

2) Thèses ou mémoires

Henriette BERTRAND, *Le contrôle fiscal aux Etats-Unis*, th. univ. Paris 1 Panthéon-Sorbonne, 2004, sous la direction de Monsieur Michel BOUVIER, polycop., 382 p.
Michel DISTEL, *Le droit d'être entendu dans la procédure administrative en Grande-Bretagne*, th. univ. Paris II, sous la direction de Jean RIVERO, 1979

Raymond FARHAT, *Le secret bancaire, étude de droit comparé (France, Suisse, Liban)*, th. univ. Paris, 1967, sous la direction de René DAVID, publiée LGDJ, 1980, 2e éd., préface par Michel VASSEUR, 285 p.
Banggui JIN, *La réforme des procédures fiscales en Chine*, th. univ. Aix-Marseille, 2000, sous la direction de Monsieur Christian LOUÏT, publiée par l'Université de droit, d'économie et des sciences d'Aix-Marseille Institut de recherche Europe-Asie, 507 p.
Aurélia JOYCE RAPPO, *Le secret bancaire, sa portée dans le temps, dans l'espace et dans les groupes de sociétés*, Etudes de droit suisse, Stæmpfli Edition SA Berne (Suisse) 2002 (texte remanié de thèse de doctorat en droit de l'Université de Lausanne 2000), 321 p.
André LEGRAND, *L'ombudsman scandinave : études comparées sur le contrôle de l'administration*, th. univ. Lille, 1968, publiée LGDJ, 1970, 549 p.

3) Actes de colloques, documentations et travaux collectifs

Paolo BERNASCONI (sous la direction de), *Les nouveaux défis au secret bancaire suisse : enquêtes fiscales, commissions rogatoires, fusions d'entreprises*, Centre d'études bancaires de l'Association bancaire tessinoise Méta-Editions, Presses universitaires de Lyon, 1996, 130 p.
EUROPEAN COMMISSION, *Study of Exchange of Confidential Information Agreements and Treaties between the US and member States of the EU in areas of Securities, Criminal, Tax and Customs*, Luxembourg, 1996, 76 p.
IFA, *Form and substance in tax law* (56e Congrès, Oslo, 2002), Cahiers de droit fiscal international, 2002, vol. LXXXVIIa, Kluwer Law and Taxation Publishers, 2002, 669 p.
IFA, *La protection de la confidentialité en matière fiscale* (XLV Congrès, Barcelone, 1991, 2e sujet), Cahiers de droit fiscal international, vol. LXXVIb, Kluwer Law and Taxation Publishers, 1991, 659 p.
IFA, *L'échange des informations dans le cadre de l'assistance administrative internationale* (44e Congrès, Stockholm, 1990, 2e sujet), Cahiers de droit fiscal international, vol. LXXVb, Kluwer Law and Taxation Publishers, 1990, 532 p.
IFA, *Régime fiscal international des sociétés de personnes en matière d'impôt sur le revenu* (49e Congres, Cannes, 1995), Cahiers de droit fiscal international, 1995, vol. LXXXa, Kluwer Law and Taxation Publishers, 1995, 857 p.
IFA, *Taxation and Human Rights* (41e Congrès, Bruxelles, 1987), Kluwer Law and Taxation Publishers, 1987, 83 p.
OCDE, *Droits et obligations des contribuables : description de la situation légale dans les pays de l'OCDE*, éd. OCDE, 1990, 115 p.
A. P., « La réforme américaine et ses répercussions mondiales – aperçu », *RDBF* 2002, p. 326
National taxpayer advocate (2002, 2003, 2004, 2005 et 2006) annual report to Congress

4) Articles

Patrick BLASER, « L'entraide judiciaire pénale en matière fiscale entre la France et la Suisse », *Banque et Droit*, 2001, n° 78, p. 32

Dominique BORDE et Pierre KIRCH, « Le contentieux de l'impôt en droit fédéral américain », *RFFP*, n° 24, 1988, p. 35

Sophie BOYRON, « Modes alternatifs de règlement des litiges : quelles leçons tirer des exemples anglais et allemands ? », *JCP éd. A* 2005, n° 30, 1288

William H. CONNETT, « Le service des contributions directes des Etats-Unis d'Amérique », *RFFP* 1988, n° 24, p. 61

Louis-David DURON, « L'Inland Revenue au Royaume-Uni », *RFFP* n° 83, septembre 2003, p.189

Patrick GERARD, « Les tribunaux administratifs britanniques », *AJDA*, n° 1, 1991, p. 3

Philippe KERAUDREN, « Les réformes récentes dans le Civil Service britannique : des Next Steps à la Citiezn's Charter », *RFAP* 1992, n° 64, p. 699

Sébastien LITOU, « Le contrôle des comptes en France et aux Etats-Unis », *LPA*, 25 juillet 1997, n° 89, p. 11

Christian LOUÏT et Banggui JIN, « L'amélioration des procédures fiscales : quelles garanties pour le contribuable ? », *Gaz. Pal.*, 2 au 4 juillet 2000, p. 70

Christian LOUÏT et Banggui JIN, « Le règlement des litiges fiscaux en Chine », *Gaz. Pal.*, 14-17 juillet 2004, *doct.*, 2268

François PERRUCHO-TRIBOULET, « Le système fiscal britannique » *Lettre de l'Institut des avocats spécialistes de Droit fiscal*, 1992, n° 52, 18 p.

Henry PUGET, « Les recours quasi-contentieux en droit comparé », *RIDC* 1953, n° 2, p. 255

IV/ Droit administratif

1) Ouvrages

Georges DUPUIS, Marie-José GUEDON et Patrice CHRETIEN, *Droit administratif*, 9e éd. Armand Colin, 2004, 682 p.

Haocai LUO, *La science du droit administratif (version mise à jour)*, Presses de l'Université du droit et des sciences politiques de Chine, 1998, 357 p.

Haikun YANG, *Science du droit administratif en Chine au seuil du 21ème siècle* (en pinyin, *kua ru 21 shi ji de zhong guo xing zheng fa xue*), Edition des ressources humaines de Chine, mai 2000, 1er éd., 654 p.

2) Thèses ou mémoires

Alexandre IKONOMOU, *Les modes non juridictionnels de règlement des litiges administratifs*, th. univ. Paris 2 Panthéon-Assas, sous la direction de Pierre DELVOLVE, 1993, 569 p.

Pierre STILLMUNKES, *L'arbitrage en droit administratif*, th. univ. de Paris, 1960, 407 p.

3) Articles

Dominique FOUSSARD, « L'arbitrage en droit administratif », *Revue de l'arbitrage*, 1990, p. 53

V/ Pouvoirs de l'administration fiscale

1) Thèses ou mémoires

Jacques AMAR, *De l'usager au consommateur de service public*, th. univ. Aix-Marseille, préface d'Alain GHOZI, PUAM, 2001, 591 p.

Marcel AVON, *Les avocats du fisc dans le monde romain*, th. univ. Aix-en-Provence, 1972, 261 p.

Jean-Claude DRIE, *Procédure de contrôle fiscal : la voie de l'équilibre*, publiée L'Harmattan, 2005, collection Finances Publiques, préface de Thierry LAMBERT, 383 p.

Jérôme Nirmal THOMAS, *Le contrôle fiscal des opérations internationales*, th. univ. Paris II, sous la direction de Guy GEST, 2004, publiée collection Finances Publiques, L'Harmattan, 395 p.

2) Actes de colloques, documentations et travaux collectifs

Pierre BELTRAME (avant-propos), « Administration de l'impôt et communication », actes du colloque organisé par le Centre d'Etudes fiscales les 23 et 24 novembre 1995 à Aix-en-Provence, *RFFP* 1997, n° 57, p. 1

Bilin LIU (sous la direction de), *Théorie et pratique de l'application du droit fiscal par l'administration* (en pinyin, *shui wu xing zheng zhi fa li lun yu shi wu quan shu*), Edition des affaires en Chine, 2003.10, 362 p.

Bernard ZIMMERN et Sandrine GORRERI, *Contrôle fiscal. Le piège, Comment faire changer l'administration fiscale*, colloque organisé le 14 mai 2001 par l'Institut français de recherches sur les administrations publiques (IFRAP), L'Harmattan, 2001, 144 p.

CENTRE DE RECHERCHES DE FINANCES PUBLIQUES ET DE DROIT FISCAL DE L'UNIVERSITE DE PEKIN, Association de recherches en droit fiscal des étudiants en Master 2e année de l'Université de Pékin, actes du colloque, *les deux parties à la perception des impôts au regard de la légalité de l'impôt*, 14e tribune de finances publiques et de droit fiscal de l'Université de Beijing, le 30 mai 2004

3) Articles

Tifu AN et Qiang REN, « Rendre service au contribuable (en pinyin, *lun wei na shui ren fu wu*) », *Finance & Trade Economics* (en pinyin, *cai mao jing ji)*, 2006, n° 4

Jean-Pierre BIZEAU, « Usagers ou clients du service public ? Le discours de l'administration », *RA*, n° 296, 1997, p. 209

Bob BROWN, « Inland Revenue Powers of Search », *BTR* 1999, n° 1, p. 16

Shaohua CHEN, « Réflexions sur la représentation dans la procédure fiscale chinoise (en pinyin, *cong zhong guo de shui shou zhi du tan shui wu dai li zhi* du) », *Journal de l'institut de techniques professionnelles de Nanning*, 2005, vol. 10, n° 2

Patrick DIBOUT, « L'extension des prérogatives de l'Administration fiscale dans le contrôle des opérations internationales (L. 12 avril 1996 portant DDOEF, art. 39 et 40) », *DF* 1996, n° 18-19, p. 651

Richard GAUDET, « Contrôles fiscaux, sachez déceler les vices de procédure », *LPA*, n° 206, 15 octobre 2002, p. 4

Rémi GOUYET, « Contrôle fiscal des comptabilités informatisées : ce qu'il faut savoir », *LNF*, n° 924, 15 novembre 2004, p. 21

Philippe LE MOING-SURZUR, « Pilotage, contrôle de gestion et contrat de performance à la DGI », *RFFP*, février 2005, n° 89, p. 101

Jianwen LIU, « Réformer la loi sur l'administration et la perception de l'impôt : bonne nouvelle pour l'instauration d'une procédure fiscale », *Revue Contribuable* (en pinyin, *na shui ren*), 2001, n° 2

Jianwen LIU et Gang LI, « Nouvelles réflexions sur la relation juridique entre le contribuable et l'administration dans la perception des impôts (en pinyin, *shui shou fa lü guan yi xin lun*) », *Revue Recherches en droit* (en pinyin, *fa xue yan jiu*), 1999, n° 4

Jianwen LIU et Li SONG, « Questions importantes en procédure fiscale (en pinyin, *shui shou zheng guan fa zhong de ji ge zhong yao wen ti*) », *Revue Etudes fiscales*, 2000, n° 10-11

Jianwen LIU et Jianguo WEI, « Impact de la nouvelle loi sur l'administration et la perception de l'impôt sur le droit fiscal chinois (en pinyin, *xin (zheng guan fa) zai wo guo shui fa xue shang de yi yi*), *Revue Etudes fiscales* (en pinyin, *shui wu yan jiu*), 2001, n° 9

Jianwen LIU et Wei XIONG, « Histoire récente et perspectives d'avenir pour les recherches en droit fiscal en Chine (en pinyin, *er shi nian lai zhong guo shui fa xue yan jiu de hui gu yu qian zhan*) », *Revue de finances publiques et de droit fiscal* (en pinyin, *cai shui fa lun cong*), vol. 1, Edition du droit 2002 ; in *Etudes sur le droit fiscal*, Presses de l'Université de Pékin, 2002

Jean-Claude MARTINEZ, « La protection de l'administration fiscale contre les contribuables », in : *Service public et libertés : Mélanges offerts au professeur Robert-Edouard CHARLIER*, éd. de l'Université et de l'enseignement moderne, p. 447

Steve MATHESON, « Inland Revenue Powers of Search – Why they are essential and how they are used », *BTR* 1998, n° 4, p. 278

Gilles NOËL, « Une manifestation pernicieuse d'impressionnisme fiscal : la perméabilité de la procédure de vérification de comptabilité », *DF* 2007, n° 3, 201

Xavier PRÉTOT, « L'amélioration des relations entre l'Administration et ses usagers », *BF* 2000, n° 11, p. 591

Alain PUPIER, « Le contrôle fiscal : drame ou relation juridique ? », *RRJ* 1997, n° 1, p. 315

Susan THOMPSON et Wilma TEVIOTDALE, « Self Assessment : Revenue Authorities v. Taxpayers A State of Conflict ?», *BTR* 1999, n° 4, p. 272
Charles VITEZ, « Corporation tax self-assessment in the United Kingdom », *TNI*, 10 avril 2000, p. 1683

VI/ Droits du contribuable

1) Ouvrages

Guy BRAIBANT, Nicole QUESTIAUX et Céline WIENER, *Le contrôle de l'administration et la protection des citoyens (étude comparative)*, éd. Cujas, 1973, 325 p.
Jacques BRURON, *Droits et garanties du contribuable vérifié*, collection Systèmes, LGDJ, 1991, 127 p.
Pierre DELVOLVE et Georges VEDEL, *Le système français de protection des administrés contre l'administration*, collection Droit Public, Sirey, 1991, 280 p.
Louis FAVOREU et Loïc PHILIP, *Les grandes décisions du Conseil constitutionnel*, 13 e éd. Dalloz, 2005, 1065 p.
Gongren GAN, *Etudes spéciales sur les droits du contribuable* (en pinyin, *na shui ren quan li zhuan lun*), Presses d'audio-visuel de Chine, 2003, 307 p.
Kechang GE, *Procédure administrative et droits fondamentaux du contribuable* (en pinyin, *xing zheng chen xy yu na shui ren ji ben quan*), Librairie d'études en droit fiscal, Presses de l'Université de Pékin, 2005.1, 273 p.
Kechang GE et Qingxiu CHEN, *Représentation fiscale et droits du contribuable* (en pinyin, *shui wu dai li yu na shui ren quan li*), Librairie d'études en droit fiscal, Presses de l'Université de Pékin, 2005.4, 212 p.
Jean-Philippe MATTEI, *L'effet relatif des vices de procédure lors de la mise en œuvre des garanties du contribuable vérifié*, PUAM, 2002, 107 p.
Patrick PHILIP, *Les droits de la défense face au contrôle fiscal*, Economica, 2002, 282 p.
Yequn SUN, *Les droits du contribuable et leur consécration* (en pinyin, *lun na shui ren de quan li ji qi que ren*), Edition des impôts en Chine, 2001
Yarong WU, *Réflexions pour un nouvel équilibre entre les droits et obligations du contribuable* (en pinyin, *na shui ren quan li he yi wu de chong xin ding wei*), Presses des impôts en Chine, 2002, 153 p.
Tianci YANG, *Utilité des droits du contribuable* (en pinyin, *na shui ren quan li de yi yi*), Presses de finances publiques et d'économique en Chine, 1999, 32 p.
Wenli YANG, *Les droits du contribuable* (en pinyin, *na shui ren quan li*), Presses des impôts en Chine, 1999, 192 p.

2) Thèses ou mémoires

Corinne BAYLAC, *Le formalisme du droit fiscal*, th. univ. sous la direction de Monsieur Jean LAMARQUE, Paris Budapest Torino, publiée L'Harmattan, 2002, 515 p.
Bénédicte DELAUNAY, *L'amélioration des rapports entre l'administration et les administrés : contribution à l'étude des réformes administratives entreprises*

depuis 1945, th. univ. Poitiers, 1990, publiée LGDJ, 1993, préface de Christian DEBOUY, 1003 p.
Yi DING, *Les droits du contribuable dans un régime constitutionnel* (en pinyin, *xian zheng xia de na shui ren quan li*), th. univ. sous la direction de Jianwen LIU, Université de Pékin, 2004, 171 p.
Frédéric DOUET, *Contribution à l'étude de la sécurité juridique en droit fiscal interne français*, th. univ. Rouen, 1996, publiée Bibliothèque de droit privé, Tome 280, LGDJ, avant-propos de Jean SCHMIDT, 1997, 383 p.
Guanhai LIU, *Recherches sur les droits du contribuable et le système de protection*, mémoire de Master 2, Université de Suzhou, 2004, 53 p.
Patrick PHILIP, *L'erreur substantielle dans la procédure d'imposition*, th. univ. Aix-Marseille III, 1997, 319 p.
Daniel RICHER, *Les droits du contribuable dans le contentieux fiscal*, th. univ. Jean-Moulin, sous la direction de Gabriel MONTAGNIER, publiée LGDJ, 1997 431 p.
Karim SID AHMED, *Droits fondamentaux du contribuable et procédures fiscales (étude comparative : France, Espagne, Allemagne et Royaume-Uni)*, th. univ. sous la direction de Cyrille DAVID, Paris 1 Panthéon-Sorbonne, 2006, 552 p.
Manon SIERACZEK et Alain ABITAN, *Les garanties des contribuables dans les procédures d'imposition,* th. univ. sous la direction de Jean LAMARQUE, Paris 2 Panthéon-Assas, 1999, 776 p.
Anne-Laure VALEMBOIS, *La constitutionnalisation de l'exigence de sécurité juridique en droit français*, th. univ. Bourgogne, publiée Bibliothèque constitutionnelle et de science politique, Tome 122, LGDJ, 2005, préface de Bertrand MATHIEU, 534 p.
Tong WANG, *Etudes sur quelques problèmes en matière des droits du contribuable en Chine*, mémoire de Master 2, Université du Jilin, sous la direction de Yufan CHEN, 2004, 58 p.
Zheng WANG, *Analyse de la protection des droits du contribuable*, mémoire de Master 2, sous la direction de Shaoying CHEN, Faculté de droit et de science politique de Huadong, 2005, 46 p.
Qinghua ZHU, *Etudes de quelques problématiques juridiques en matière de contrôle fiscal*, mémoire de Master 2, sous la direction de Ying YU, Université du Jilin, 2005, 51 p.

3) Actes de colloques, documentations et travaux collectifs

BUREAU CFI DE LA DGI, « Pour un dialogue constructif : le contrôle fiscal et les droits des contribuables », *Les notes bleues de Bercy*, 1er au 15 mai 1996
COLLECTION UNIVERSITE D'ORLEANS, *L'amélioration des rapports entre l'administration fiscale et les contribuables*, actes du colloque d'Orléans des 15 et 16 septembre 1988 organisé par la société française de droit fiscal de l'Université d'Orléans, la faculté de droit, d'économie et de gestion, PUF, 1989, 326 p.

CONSEIL DES IMPOT, *Les relations entre les contribuables et l'administration fiscale*, Vingtième rapport au Président de la République 2002, Les éditions Journaux Officiels, 2002, 293 p.
DGI, DIRECTION DE LA LEGISLATION FISCALE, *Présentation de la jurisprudence du Conseil constitutionnel en matière financière et fiscale (année 1973-2004)*, 6e éd. juin 2004, 452 p.
Bernard HATOUX (sous la direction de), *Droits du contribuable, état des lieux et perspectives*, actes du colloque organisé par la CCIP le 17 octobre 2000, Economica, 2002, 170 p.
Jean-Paul VERMES (propos introductif), « L'amélioration des relations entre les contribuables et l'administration fiscale », compte rendu du colloque organisé le 15 septembre 2003 par la CCIP et le Conseil des impôts, *DF* 2004, n° 9, p. 485
4) Articles
Gabriel ARDANT, « La double origine du formalisme », *RA* 1952, p. 499
Zichuan BAO, « Conscience des chinois de leur qualité de contribuable et bonne administration du droit fiscal (en pinyin, *na shui ren yi shi yu yi fa zhi shui*) », *Revue Etudes fiscales*, 2003, n° 5
André BARILARI, « Les droits du citoyen face aux administrations fiscales et douanières », *RFFP* 1987, n° 17, p. 147
Leonard J. H. BEIGHTON, « Simplification of Tax Legislation : How Are We Getting On? », *BTR* 1996, n° 6, p. 601
Zhigang BING, « Protection des droits du contribuable et légalisme fiscal (en pinyin, *na shui ren quan li bao zhang yu shui shou fa zhi*) », *ITIC* 2003, n° 2
Guy BRAIBANT, « Le droit et l'équité dans la protection des citoyens à l'égard de l'administration », in : *Itinéraires, Etudes en l'honneur de Léo HAMON*, Economica, 1982, p. 99
Guy BRAIBANT, «Nouvelles réflexions sur les rapports du droit et de l'équité», *RFAP*, n° 64, octobre-décembre 1992, p. 687
Christopher CHARLES, « L'évolution de la charte du contribuable vérifié », *BF* 3/2005, p. 181
Baoxi CHEN et Gaoxing LIN, « Etudes sur les droits du contribuable et leur protection (en pinyin, *dui na shui ren quan li ji qi bao hu ti xi de tan tao*) », *ITIC* 2005, n° 2
Gang CHEN, « Réflexions juridiques sur l'impôt et la protection des droits fondamentaux du contribuable (en pinyin, *shui de fa lü si kao yu na shui zhe ji ben quan li de bao zhang*) », *Revue Science de droit moderne* (en pinyin, *xian dai fa xue)*, 1995, n° 5
Gang CHEN, « Constitutionnalisme du droit fiscal et des droits fondamentaux du contribuable (en pinyin, *xian fa hua de shui fa xue yu na shui ren ji ben quan*) », préface de l'ouvrage *Théories originales du droit fiscal* de Kitano Hirohisa, traduit du japonais par Chen Gang et Yang Jianguang, Edition de parquets de Chine (en pinyin, *jia cha chu ban she*), janvier 2001, 1er éd., p. 10

Shaoying CHEN, « Essai sur l'égalité du statut juridique du contribuable et de l'administration fiscale dans le système des impôts (en pinyin, *shi lun shui shou fa lü guan xi zhong na shui ren yu shui wu ji guan fa lü di wei de ping deng xing)* », *Revue Juristes* (en pinyin, *fa xue jia)* 1996, n° 4
Jean-Pierre CHEVALIER, « Confidentialité et droit fiscal », *RIDC* 2-1998, p 611
Guy DELORME, « La protection du contribuable », *RFFP* 1987, n° 17, p. 125
Yi DING, « Les standards légaux minimums de protection des droits du contribuable, au regard des droits de l'Homme (on the minimum legal standard in protecting the rights of taxpayers in the perspective of human right) », *Revue de finances et de fiscalité*, édition du droit en Chine, Pékin, 2002, vol. 2, p. 66
Jian FAN, « Etudes critiques de l'engagement pris par l'administration fiscale d'"assister le contribuable" (en pinyin, *lun shui shou zheng guan zhong de "wei na shui ren fu wu ")* », *Revue Etudes fiscales*, 1998, n° 4
Pierre FERRARI, « Les droits des citoyens dans leurs relations avec les administrations, commentaire général de la loi n° 2000-321 du 12 avril 2000 » *AJDA* 6/2000, 20 juin 2000, p 471
Olivier FOUQUET, « Complexité et instabilité de la loi fiscale », in : *Regards critiques et perspectives sur le droit et la fiscalité, Liber Amicorum Cyrille David*, Régulation des activités économiques et sociales, Tome 8, LGDJ, 2005 p. 3
Guillaume GOULARD, « L'accès aux documents administratifs, quelle portée pour le contribuable ? », *RJF* 6/1993, p. 447
Hong HONG, « Comparaison internationale des droits du contribuable ainsi que de protection (en pinyin, *na shui ren quan li ji qi bao hu cuo shi de guo ji bi jiao*) », *ITIC* 2005, n° 5
Marjorie E. KORNHAUSER, « When Bad things Happen to Good Taxpayers A Tale of Two Advocates », *TNI,* 16 février 1998, p. 537
Shijun LI et Hua QIN, « Analyse globale de la conscience des chinois de leur qualité de contribuable (en pinyin, *na shui ren yi shi chu yi*) », *Revue Tribune de l'économie (*en pinyin, *jing ji lun tan)*, 2004, n° 24
Jianwen LIU et Yi DING, « Pour en finir avec une conception erronée des droits et obligations du contribuable chinois (en pinyin, *zou chu wo guo na shui ren qu li yi wu guan de wu qu*) », *Journal des impôts* (en pinyin, *zhong guo shui wu bao*), 10 août 2001, page de théorie
Jianwen LIU et Duoqi XU, « Droits du contribuable et conscience de son obligation de contribuer (en pinyin, *na sui ren quan li yu gong min de na shui yi shi*) », *Recueil d'articles ou d'ouvrages choisis à feuillet mobile* (en pinyin, *fu yin ji huo ye wen xuan*), Edition économique et financière de Chine, 1999, n° 7, p. 3
Yi LIU, « Protéger les droits du contribuable c'est également protéger les intérêts de l'Etat (en pinyin, *bao zhang na shui ren quan li zui zhong ye shi bao zhang guo jia li yi*) », *Recueil d'articles ou d'ouvrages choisis à feuillet mobile*

(en pinyin, *jing ji huo ye wen xuan*), Edition économique et financière de Chine, 1999, n° 7, p. 9

Chancai LUO, « Perfection des droits du contribuable dans le cadre de finance publique (en pinyin, *zhi lun gong gong cai zheng xia na shui ren quan li de wan shan*) », *Journal de l'Université Jimei, édition Sciences philosophiques et sociales*, 2006, n° 2

Jean MAÏA, « La charte des droits et obligations du contribuable vérifié, son utilité et son opposabilité », *RJF* 4/2001, p. 295

Philippe MALHERBE, « Vers un droit fiscal à visage humain ? », in : *Mélanges en hommage à Michel WAELBROECK*, vol. II, Bruylant, 1999, p. 1216

Gilles NOËL, « La Charte du contribuable ou l'administration fiscale de service : véritable révolution ou simple miroir aux alouettes ? Les réponses de l'administration fiscale aux souhaits des usagers contribuables », *DF* 2005, n°47, Études

Patrick PHILIP, « Le respect des engagements de l'administration en matière de procédure fiscale, l'opposabilité des dispositions de la Charte du contribuable vérifié », *DF* 1995, n° 20, p. 848

Jean-Raphaël PELLAS, « Le principe de sécurité juridique en droit fiscal », in : *Étude en l'honneur de Georges DUPUIS, Droit public*, LGDJ, 1997, p. 261

Loïc PHILIP, « L'évolution récente de la jurisprudence constitutionnelle en matière fiscale », *DF* 1998, n° 23, p. 730

Patrick PHILIP, « L'état de la jurisprudence sur la vérification de comptabilité : un encadrement confirmé », *DF* 2003, n° 7, p. 279

Pierre-François RACINE, « Vérification de comptabilité : obligation pour l'Administration d'avertir le contribuable en temps utile », *RJF* 7/1982, *chron.*, p. 319

Sophie RAIBAULT DE FONTAINE, « Pour une protection rénovée de la confiance légitime en droit fiscal », *RFFP*, n° 68, décembre 1999, p. 227

Jean RIVERO, « Le système français de protection des citoyens contre l'arbitraire administratif à l'épreuve des faits », in : *Mélanges en l'honneur de Jean DABIN, vol. 2 Droit positif*, Emile Bruylant et Sirey, 1963, p. 820

Paul SABOURIN, « Réflexion sur les rapports des citoyens et de l'Administration », *D.* 1978, *chron.*, XIV, p. 64

Jean SCHMIDT, « Le contrôle des activités professionnelles », contribution au Colloque intitulé *L'amélioration des rapports entre l'administration fiscale et les contribuables*, Actes du colloque de la Société française de droit fiscal, Orléans, 15-16 septembre 1988, p. 13

Jean SCHMIDT, « L'utilité et le juste dans les rapports des contribuables avec l'administration », in : *Études offertes à Jacques Ghestin, Le contrat au début du XXIe siècle*, LGDJ, 2001, p. 769

Delphine SIQUIER, « La sécurité des entreprises face au contrôle fiscal », *LNF*, 1er avril 2003, n° 889, p. 20

Li SONG, « Le droit fiscal chinois au regard de la démocratie (China's Tax law-making Reviewed in the Prospective of democracy) », *Revue de Finances et de fiscalité*, édition du droit en Chine (Law Presse), Pékin, 2002, vol. 2, p. 1
Yequn SUN, « Réflexions sur les droits du contribuables et leur protection (en pinyin, *lun na shui ren de quan li ji qi bao hu*) », *Revue Science du droit contemporain* (en pinyin, *dang dai fa xue*), 2000, n° 1
Lucile TALLINEAU, « La Charte des droits et obligations du contribuable vérifié », in : *Territoires et libertés*, Mélanges en hommage au Doyen Yves MADIOT, Bruylant, Bruxelles, 2000, p. 449
Richard WALSON, « Case Note, R. v. Special Commissioner », *BTR*, n° 6, 2002, p. 452
Fuyou WANG, « Transformation du statut juridique du contribuable et réforme de la théorie du droit fiscal (en pinyin, *na shui ren fa lv di wei de zhuan bian yu shui fa li nian de geng xin*) », *Revue Etudes fiscales* 2004, n° 3
Wenyan WANG, « Assistance fournie par l'administration fiscale : condition *sine qua non* de l'instauration d'une administration fiscale moderne (en pinyin, *na shui fu wu – gou jian xian dai shui shou zheng guan gong zuo xin ge ju de shou yao ren wu*) », in : *Le droit financier et économique en Chine*, ouvrage collectif sous la direction de Gongren GAN et Xuan LI, Edition économique et financière de Chine, 2003
Yan WANG, Dongsheng JIN et Bingrui LI, « Etudes comparatives des droits du contribuable aux Etats-Unis et en Chine (en pinyin, *wo guo yu mei guo na shui ren quan li de bi jiao yan jiu*) », *ITIC* 2000, n° 2
Zheng WANG, « Réflexions sur les droits du contribuable (en pinyin, *guan yu na shui ren quan yi de si kao*) », *Revue Etudes fiscales* 2003, n° 12
Mingtong XIAO et Guangping CHEN, « Faire obligation à tous les agents des impôts chinois de fournir assistance au contribuable », *ITIC* 2000, n° 5
Yuan XIN, « Jouissance par le contribuable de ses droits constitutionnels (en pinyin, *lun na shui ren xian fa quan li zhi xiang you*) », *Journal d'étude de la faculté de droit et de science politique de Huadong*, 2003, n° 2
Maozhong XU, « Analyse globale des droits du contribuable chinois (en pinyin, *wo guo na shui ren de quan li chu yi*) », *Revue Sciences sociales du Henan* (en pinyin, *he nan she hui ke xue*), 1998, n° 3
Jiamin YAO, Lifeng LI et Zisheng YU, « Quelques problèmes sur l'amélioration au service contribuable (en pinyin, *you hua wei na shui ren fu wu de ru gan wen ti*) », *Revue Etudes fiscales* 2002, n° 5, p. 60
Bruce ZAGARIS, « US Bar Association withdraws taxpayer notification resolution », *TNI*, 3 octobre 2005, p. 37
Qi ZHANG, « Recherches sur la protection des droits du contribuable (en pinyin, *na shui ren quan li bao zhang wen ti de fa lü tan tao*) », *Journal d'études de l'Université Centrale de finances et d'économie*, 2005, n° 6

Shouwen ZHANG, « Etudes élémentaires sur le droit du contribuable au remboursement des impôts indus (en pinyin, *lüe lun na shui ren de tui huai qing qiu quan*) », *Revue Critiques du droit* (en pinyin, *fa xue ping lun*), 1997, n° 6
Tao ZHANG, « Analyse des droits du contribuable (en pinyin, *xi na shui ren de quan li*) », *ITIC* 2004, n° 4
Xiaoping ZHANG, « Le principe de légalité de l'impôt dans le contrôle fiscal (en pinyin, *shui wu jian cha zhong de shui shou fa ding yuan ze*) », *Revue Etudes fiscales* 2004, n° 4, p. 56
Kongwu ZHU, « Droits du contribuable en droit comparé (en pinyin, *bi jiao fa shi ye zhong de na shui ren quan li*) », *Forum académique* (en pinyin, *xue shu lun tan*), 2006, n° 8

VII/ Droit de visite et de perquisition

<u>Articles</u>

Stéphane AUSTRY, « L'article L. 16 B et le juge : les dernières mésaventures .. », *RJF* 4/1996, p. 231
Gilles BACHELIER, « Un interrogatoire prohibé au cours d'une visite domiciliaire peut-il constituer le début occulte d'une vérification de comptabilité ? CE, 29 octobre 2003, n° 239914, SA Meubles Ortelli », *RJF* 1/04, n° 66 ; *BDCF* 1/04, n° 15, p. 54
Joseph BRANDEAU, « Régularité des visites domiciliaires et saisies en matière fiscale : le juge administratif est-il compétent ? » *LPA*, 18 janvier 2006, n° 13, p. 7
Pierre COURTOIS, « Le droit de perquisition et de saisie », in : *L'amélioration des rapports entre l'administration fiscale et les contribuables*, Actes du colloque de la Société française de droit fiscal, Orléans, 15–16 septembre 1988, p. 49
Bernard HATOUX, « À propos d'arrêts de la Cour de cassation en matière de visites domiciliaires, un revirement inutile? » *RJF* 3/2000, p. 209
Bruno MARTIN-LAPRADE, « L'irrégularité d'une perquisition peut-elle vicier la procédure d'imposition ou les poursuites pour fraude fiscale ? », *RJF* 8-9/1988, p. 518
Patrick PHILIP, « Les limites aux garanties du contribuable dans la mise en œuvre du droit de visite et de saisie », *DF* 2000, n° 22-23, p. 833
Patrick PHILIP, « L'évolution des garanties des contribuables face aux perquisitions fiscales », *LPA*, 5 novembre 2002, n° 221, p. 4
Bernard VIGNERON, « Perquisitions fiscales et libertés individuelles », *DP* 1999, n° 73, p. 35
Delphine RAVON et Christian LOUÏT, « Le dispositif de visites domiciliaires remis en cause par la Cour européenne des droits de l'Homme », *DF* 2008, n° 12, comm. 227

VIII/ Droit de communication

Articles

André BICHON, « La communication par l'administration fiscale au contribuable de renseignements obtenus par elle auprès de tiers », *DF* 1999, n°9, p. 405

Bernard BOUTEMY et Eric MEIER, « Renseignements recueillis auprès de tiers et opposés au contribuable redressé : l'administration doit jouer cartes sur table, étude d'ensemble », *DF* 2001, n° 40, p. 1391

Olivier FOUQUET, « Le droit de communication, moyen spécifique du contrôle fiscal », *Gaz. Pal.*, 7 février 1986, p. 2

André LEFEUVRE, « Le devoir de l'administration fiscale de communiquer au contribuable les renseignements obtenus auprès de tiers », *DF* 2007, n° 38, 842

Jean MAÏA, « Les outils du contrôle fiscal et leur combinaison, précisions sur les domaines respectifs du droit de communication et de la vérification de comptabilité », *RJF* 12/2000, p. 895

Jack MEURANT, « La distinction entre droit de communication et vérification de comptabilité : application aux entreprises et aux sociétés », *Rev. soc.* 1984, p. 483

Laurent OLLÉON, « Quand la vérification de comptabilité absorbe le droit de communication, CE, 2 octobre 2002, n° 224786, de Nayer », *RJF* 1/2003, *chron.*, p. 3

Patrick PHILIP, « La notification des redressements et l'information du contribuable », *LPA* 2002, n° 102, p. 4

Patrick PHILIP, « Le droit de communication de l'administration fiscale et l'information du contribuable », *DF* 2003, n° 21, p. 720

IX/ Contrôle inopiné

Articles

Olivier FOUQUET, « La légalité des contrôles inopinés de l'administration fiscale en matière d'impôts directs et de taxes sur le chiffre d'affaires », *Gaz. Pal.*, 11 mars 1984, p. 2

Thierry LAMBERT, « Effet de surprise et contrôle fiscal : le contrôle inopiné », *BF* 10/2003, p. 671

Christian LOUÏT, « Vérifications inopinées et délais raisonnables », note sous CE, sect., 19 octobre 1990, n° 56370 et 57392, Faverot, *RF compt.* 1991, n° 221, p. 54

X/ Débat oral et contradictoire

Articles

Jamel AJROUD, « L'obligation du débat oral et contradictoire sur les renseignements obtenus auprès de tiers : à propos des arrêts Baudry et Bozzi », *DF* 2006, n° 5, étude 4

Gilles AMEDEE-MANESME, « Le débat oral et contradictoire au cœur du contrôle fiscal, retour sur l'arrêt du Conseil d'Etat du 30 décembre 2003 (Vandière de Vitrac d'Abzac) rendu à propos de l'ESFP », *DF* 2004, n° 50, étude 49
André BICHON, « Du débat oral et contradictoire au cours des contrôles fiscaux externes à l'obligation de coopération du contribuable », *DF* 1999, n°43, p. 1325 ; *JCP* 1999, n° 13, p. 561
Emmanuel de CROUY-CHANEL, « Retour sur le débat oral et contradictoire : remarques sur le respect du contradictoire en cas de saisie de documents », *DF* 2004, n° 42, p. 1504
Jean LAMARQUE, « L'ESFP et la jurisprudence Giresse sur le dialogue écrit : le facteur sonnera plus de trois fois », *DF* 2003, n° 26, étude 26

XI/ Emport de documents

Articles

Thierry LAMBERT, « La vérification de comptabilité hors de l'entreprise (CE, 26 février 2003) », *LPA*, 27 juin 2003, n° 128, p. 13
Christian LOUÏT, « L'emport de documents comptables dans le cadre des vérifications de comptabilité », *LPA* 1988, n° 66, p. 14
Jean-François VERNY, « L'emport irrégulier de documents comptables, CE, 29 juillet 1983, n° 27794, plén. SA Edouard Knecht », *RJF* 10/1983 p. 499

XII/ Fraude et évasion fiscales

1) Ouvrages

Thomas DELAHAYE, *Le choix de la voie la moins imposée, étude de droit fiscal comparé (Belgique, France, Pays-Bas, Royaume-Uni)*, préface de John KIRKPATRICK, Emile Bruylant, 1977, 230 p.

2) Thèses ou mémoires

Gaston LEROUGE, *Théorie de la fraude en droit fiscal*, sous la direction de Monsieur Georges RIPERT, publiée LGDJ, 1944, 260 p.
Pierre LEVINE, *La lutte contre l'évasion fiscale de caractère international en l'absence et en présence de conventions internationales*, th. univ. Paris 1, 1987, publiée LGDJ, 1988, 480 p.
Charles ROBBEZ-MASSON, *La notion d'évasion fiscale en droit interne français*, th. univ. publiée Bibliothèque de science financière, préface de Maurice COZIAN, Tome 29, LGDJ, 1990, 503 p.
José VIDAL, *Essai d'une théorie générale de la fraude en droit français, le principe « fraus omnia corrumpit »*, th. univ. Toulouse, 1956, publiée Dalloz, 1957, préface de Gabriel MARTY, 481 p.
Daxin SHENG, *Analyse et réflexion sur l'état actuel de la législation chinoise et les problèmes en matière de lutte contre l'évasion fiscale*, Mémoire de Master 2, sous la direction de Li NA, Université de Jilin, octobre 2004, 55 p.

Wanjiang ZHANG, *Solutions à l'évasion fiscale internationale par les entreprises à capitaux étrangers via les prix de transfert*, mémoire de Master 2 Université du droit et des sciences politiques de Chine, sous la direction de Ping YANG, 2003, 39 p.

3) Actes de colloques, documentations et travaux collectifs

Jean-Luc ALBERT (rapport introductif général), « Du contrôle fiscal à la détection de la fraude, actes du colloque du CEFEP », *DF* 2007, n° 3, p. 2

Jean-Pierre BRARD, *Rapport d'information (n° 1802, en application de l'article 145 du Règlement) sur la lutte contre la fraude et l'évasion fiscales : Retrouver l'égalité devant l'impôt*, Assemblée nationale, 1999, 427 p.

IFA (INTERNATIONAL FISCAL ASSOCIATION), *Evasion fiscale/fraude fiscale* (37e Congrès, Venise, 1983), Cahiers de droit fiscal international, 1983 vol. LXVIIIa, Premier sujet, Kluwer, 1983, 644 p.

INTERNATIONAL BAR ASSOCIATION, *Tax Avoidance, Tax Evasion* London: Sweet & Maxwell Ltd, 1982

CONSEIL DES PRELEVEMENTS OBLIGATOIRES, « Premier rapport, La fraude et son contrôle », *DF* 2007, n° 16, 434

4) Articles

Patrick DIBOUT, « La lutte contre la fraude et l'évasion fiscales internationales », in : Loïc CADIET et Erik NEVEU, *Regards sur la fraude fiscale*, Economica, 1986

Patrick DIBOUT, « Territorialité de l'impôt, répression de l'évasion fiscale et liberté d'établissement dans la Communauté européenne, à propos de l'arrêt « Imperial Chemical Industries (ICI) » (CJCE, 16 juillet 1998, aff. C-264/96) » *DF* 1998, n° 48, p. 1475

Paul ESMEIN, « La fraude dans les actes juridiques », *Répertoire général pratique du notariat et de l'enregistrement* 1933, Art. 23398 et 23409

James KESSLER, « Tax avoidance purpose and section 741 of the Taxes Act 1988 », *BTR* 2004, n° 4, p. 376

Jianwen LIU et Yi DING, « La notion d'évasion fiscale (en pinyin, *bi shui zhi fa li xin tan*) », *ITIC*, 2003, n° 8-9

William D. POPKIN, « Judicial Anti-Tax Avoidance Doctrine in England : A United States Perspective », *BTR* 1991, p. 283

Julien RUDERMAN, « Les dispositions de lutte contre l'évasion fiscale face à la primauté du droit communautaire sur les conventions fiscales », *RDAI*, n° 3 2004, p. 411

Violeta RUIZ ALMENDRAL, « Tax avoidance and the European Court of Justice : what is at stake for European General Anti-avoidance Rules ? » *Intertax*, vol. 33, 2005, p. 562

Minger ZHANG, « Point majeur dans le travail anti-évasion, renforcer le contrôle et la surveillance des évasions fiscales, notamment les prix de transfert (en pinyin, *fan bi shui zhong dian – jia qiang dui zhuan rang ding jia deng bi shui huo dong de jian kong*) », *ITIC*, 1998, n° 4, p. 26

XIII/ Répression des abus de droit

1) Thèses ou mémoires

Florence DEBOISSY, *La simulation en droit fiscal*, th. univ. sous la direction de Maurice COZIAN, Dijon, 1995, publiée LGDJ, 1997, 472 p.

2) Actes de colloques, documentations et travaux collectifs

COMITE CONSULTATIF POUR LA REPRESSION DES ABUS DE DROIT, « Rapport annuel 2006 », *DF* 2007, n° 19, 486

Pierre-François RACINE (avant-propos), « L'abus de droit en fiscalité », actes du colloque du 16 mai 2002 organisé par l'Université de Paris-Dauphine Institut de Droit Economique, Fiscal et Social, *Rev. soc.*, juillet-septembre 2002, n° 3, p. 453

3) Articles

Maurice COZIAN, « Qu'est-ce que l'abus de droit ? », *LPA*, 14 janvier 1991, n°6, p. 5

Maurice COZIAN, « La notion d'abus de droit en matière fiscale », *Gaz. Pal. 1993, doctr.*, p. 50

Cyrille DAVID, « L'abus de droit en Allemagne, France, Italie, Pays-Bas et Royaume-Uni », *Riv. dir. fin.*, juin 1993, p. 220

Cyrille DAVID, « L'abus de droit-fraude en Allemagne, France et Royaume-Uni », *Droit & Economie* 2004, n° 92, p. 14

Patrick DIBOUT, « La procédure de répression des abus de droit. Pratique et critique », *DF* 1992, n° 45, p. 1734

Olivier FOUQUET, « Interprétation française et interprétation européenne de l'abus de droit », *RJF* 5/2006, p. 383

Stefan N. FROMMEL, « L'abus de droit et la fiscalité britannique », *LPA*, 14 janvier 1991, n° 6, p. 9 ; *RIDC* 1991, p. 585 (« United Kingdom Tax Law and Abuse of Rights », *Intertax* 54 (1991/1992)

Guillaume GOULARD, « L'abus de droit à la lumière du droit communautaire, à propos de l'arrêt CE, 18 mai 2005, SA Sagal », *DF* 2005, n° 44-45, p. 1715

Robert HENREY, « L'abus de droit aux Etats-Unis », in : Noël CHAHID-NOURAÏ et Olivier FOUQUET (préface), *Optimisation fiscale et abus de droit*, EFE, Diffusion Litec, 1990, p. 151

Nicolas JACQUOT, « La réaction des Etats face à l'optimisation fiscale », *LPA*, 15 mai 2002, n° 97, p. 20

Felix LESSAMBO, « The Abuse of Rights in Taxation : Comparative Approach Between the United States and France », *Tax Planning International Review*, 08/2006, p. 15

Marie-Agnès SABIRAU-PERER, « La notion fiscale de simulation à l'épreuve du droit civil », *Gaz. Pal.*, 2 octobre 2005, p. 2

Yolande SERANDOUR, « L'abus de droit selon la CJCE : à propos de l'arrêt Halifax (CJCE, 21 février 2006, aff. C-255/02) », *DF* 2006, n° 16, étude n° 16

Jean-Philippe SOLLBERGER, « La notion d'abus de droit : développements récents en matière de fiscalité européenne et de restructuration d'entreprise », *Revue fiscalité européenne et droit international des affaires*, 2006, n° 144, p.17
Jérôme TUROT, « Réalisme fiscal, abus de droit et opposabilité à l'administration des actes juridiques (ou l'abus de droit rampant) », *RJF* 8-9/1989, p. 458
Stéphane VERCLYTTE, « Abus de droit et garanties des contribuables ayant appliqué la doctrine administrative : le triomphe de la sécurité juridique », *RJF* 5/1998, p. 359

XIV/ Droits de l'Homme
1) Ouvrages
Vincent BERGER, *Jurisprudence de la Cour européenne des droits de l'Homme*, 8ᵉ éd. Sirey, 2002, 783 p.
2) Thèses ou mémoires
Laurent BARONE, *L'apport de la Convention européenne des droits de l'homme au droit fiscal français*, th. univ. Paris XIII, sous la direction de Monsieur Thierry LAMBERT, publiée L'Harmattan, 2000, 439 p.
3) Actes de colloques, documentations et travaux collectifs
Pierre BELTRAME et Christian LOUÏT (avant-propos), « Le procès équitable en droit fiscal », *RFFP*, n° 83, 2003, p. 7
Jacques GROSCLAUDE (*et al.*), « La Convention européenne des droits de l'Homme et fiscalité », *LPA*, 6 juillet 1994, n° 80
4) Articles
Philip BAKER, « Taxation and the European Convention on Human Rights », *BTR* 2000, n° 4, p. 211
Philip BAKER, « Retrospective tax legislation and the European Convention on Human Rights », *BTR* 2005, n° 1, p. 1
Jean-Pierre CASIMIR, « L'application de l'article 6-1 de la Convention européenne des droits de l'homme aux procédures fiscales », étude particulière n° 18, in : Jean-Pierre CASIMIR, *Contrôle fiscal : Contentieux – Recouvrement* 10ᵉ éd. Groupe Revue Fiduciaire, 2007, p. 582
P. FITZPATRICK et J. PEACOCK, « The impact of the Human Rights Act 1998 in the tax field », *BTR* 2000, n° 4, p. 202
Stefan N. FROMMEL, « Cour européenne des droits de l'Homme : le droit de l'accusé au silence peut-il être invoqué par les contribuables? », *RDAI*, n° 6 1994, p. 671 (« The European Court of Human Rights and the Right of the Accused to Remain Silent : Can it be Invoked by Taxpayers ? », *BTR* 1994, p. 598 ; *Intertax* 1993/11, p. 520)
Guillaume GOULARD, « Applicabilité de l'article 6-1 de la convention européenne des droits de l'Homme », *RJF* 6/1994, p. 383
Jonathan HILLIARD, « Article 6 and the scope of the right not to incriminate oneself in the tax field », *BTR* 2002, n° 6, p. 470

Jonathan HILLIARD, « The *Hansard* procedure and the right against self-incrimination : recent developments », *BTR* 2003, n° 1, p. 6
Maurice-Antoine LAFORTUNE, « L'application de la Convention européenne des droits de l'Homme aux procédures de sanctions administratives », *RDBB*, novembre/décembre 1999, n° 76, p. 217
Thierry LAMBERT, « L'article 6-1 de la Convention EDH au contentieux fiscal : le revirement de la Cour de cassation (Cass. com., 12 juillet 2004) », *LPA*, 27 janvier 2005, n° 19, p. 9
Jean-Pierre LE GALL et Laurence GERARD, « Les recours des contribuables sur le fondement de la Convention européenne de sauvegarde des droits de l'Homme et des libertés fondamentales », *DF* 1994, n° 21-22, p. 878
Jean-Pierre MARGUENAUD, « Le pouvoir de sanction des Autorités administratives indépendantes à l'épreuve de l'article 6 de la CEDH », in : *Mélanges en l'honneur de Jean STOUFFLET*, LGDJ, Presses Universitaires de la Faculté de Clermont-Ferrand, Université d'Auvergne, 2001, p. 213
Thibauld MASSON, « La Convention européenne des droits de l'Homme et le droit des affaires : la confirmation d'une complémentarité », *Revue Fiscalité européenne et droit international des affaires*, 2001, n° 127, p. 3
Thibauld MASSON, « La protection du contribuable à travers la Convention européenne des droits de l'Homme : une nouvelle considération des droits de la défense ? », *Revue Fiscalité européenne et droit international des affaires*, 2002, n° 131, p. 17
Mark McKAIG, « Human Rights and Taxation in the United Kingdom », *TNI*, 25 juin 2001, p. 3203
Smyth MICHAEL, « The United Kingdom's incorporation of the European Convention and its implications for business », [1998] *EHRLR*, n° 3, p. 273
Ann MUMFROD, « The new American Bill of Rights », *BTR* 1997, p. 481
Stephen C. NEFF et Eric AVEBURY, « Human Rights Mechanisms in the United Kingdom », in : K. HOSSAIN (*et al.*), *Human Rights Commissions and Ombudsman Offices*, Royaume-Uni : Kluwer Law International, 2001, p. 667
H.H. Stephen OLIVER, «The Human Right Act in prospect : some reflections», *BTR* 2000, n° 4, p. 199
Jonathan PEACOCK et Francis FITZPATRICK, « The impact of the Human Right Act 1998 in the tax field », *BTR* 2000, n° 4, p. 202
Pierre-François RACINE, « Contrôle fiscal et libertés publiques », *BF* 5/1984, p. 275
Pierre-François RACINE, « Les sanctions fiscales et la CEDH », in : *Regards critiques et perspectives sur le droit et la fiscalité, Liber Amicorum Cyrille David*, LGDJ, 2005, p. 63

XV/ Droit communautaire

1) Ouvrages

Philippe DEROUIN et Philippe MARTIN, *Droit communautaire et fiscalité, sélection d'arrêts et de décisions*, Litec, 2004, 495 p.

2) Articles

Pierre BELTRAME et Gabriel MONTAGNIER, « L'influence de l'Union européenne sur la fiscalité française », *RFFP*, n° 68, 1999, p. 142

Maurice-Christian BERGERES, « Droit communautaire et conventions fiscales internationales », *DF* 2007, n° 19, 487

Bernard BOUTEMY et Eric MEIER, « Conventions fiscales bilatérales au sein de l'Union européenne ou l'histoire d'une passation de pouvoir ? », *BF* 2005, n°1

Delphine COSTA, « L'influence du droit européen sur la procédure administrative française », *AJDA* 22/2002, 9 décembre 2002, p. 1394

Cyrille DAVID, « Les normes fiscales imparfaites sur les plans international et communautaire », in : *Etudes offertes à Jacques BEGUIN, Droit et actualité*, Litec 2005, p. 249

Léon GOFFIN, « Le droit de ne pas s'incriminer soi-même, fait-il partie du droit communautaire ? », in : *Mélanges en hommage à Michel WAELBROECK*, Bruxelles Bruylant, 1999, p. 1001

Jacques MALHERBE et Dominique BERLIN, « Conventions fiscales bilatérales et droit communautaire », *RTD eur.*, (2), avril-juin 1995, p. 245 et (3), juillet-septembre 1995, p. 509

Joël MOLINIER, « Les conventions fiscales internationales et le droit communautaire », *RFFP* 1994, n° 48, p. 233

Laurent OLLÉON, « Déductibilité des intérêts, traité de Rome et conventions fiscales », *RJF* 3/2003, p. 191

Melchior WATHELET, « Refus d'harmonisation fiscale et condamnation de la Cour de justice : cohabitation diabolique? », *RJF* 7/2005, p. 469

3) Articles électroniques

Commission européenne, Direction générale Fiscalité et Union douanière Politique fiscale, document de travail du Groupe d'experts, « Droit communautaire et conventions fiscales », 9 juin 2005, http://ec.europa.eu/taxation_customs/resources/documents/taxation/personal_tax/double_tax_conventions/ECLawTaxTreaties_fr.pdf

XVI/ Recours juridictionnel ou non juridictionnel

1) Ouvrages

Jean-Pierre CASIMIR, *Contrôle fiscal : contentieux – recouvrement*, collection les Codes RF, 10e éd., 2007, Groupe Revue Fiduciaire, 678 p.

Guy ISAAC, *La procédure administrative non contentieuse*, LGDJ, 1968, 732 p.

Georges LATIL, *Contentieux fiscal : réclamations, sursis de paiement, recours juridictionnels, modèles et formulaires*, Dossiers pratiques Francis Lefebvre, éd. Francis Lefebvre, 2002, 845 p.
Shishan LI et Hua YANG, *Le recours administratif en matière fiscale* (en pinyin, *shui wu xing zheng fu yi*), Série de livres sur l'administration de l'impôt dans la Chine contemporaine, Presses de l'Université de Wuhan, 2002.3, 246 p.
Jianwen LIU, Youqi SHI et Lihong DING, *Contentieux administratif en matière fiscale* (en pinyin, *shui wu xing zheng su song*), Série de livres sur l'administration de l'impôt dans la Chine contemporaine, Presses de l'Université de Wuhan, 2002.3, 333 p.
François PILLET et Eugène BANGOURA, *Guide pratique de la procédure dans le contentieux fiscal*, 3e éd. Litec, 2003, 252 p.
Emmanuel PUTMAN, *Contentieux économique*, Thémis droit privé, PUF, 1998, 609 p.
Françoise DE ROCCA et Jean-Michel ROUGIE, *Précontentieux fiscal : instances de médiation pour l'entreprise et le particulier*, collection Pratique du droit, Eyrolles, 1992, 175 p.
Frank STACEY, *The British Ombudsman*, Clarendon Press – Oxford, 1971, 351 p.
Jacques VIGUIER, *Le contentieux administratif*, 2e éd. Dalloz, 2005, 146 p.
Mingshan ZHU, *Le contentieux administratif en matière fiscale : jurisprudence de référence et application du droit* (en pinyin, *shui wu xing zheng su song : dian xing an li yu fa lv shi yong*), Edition de droit en Chine, 2004.9

2) Thèses ou mémoires

Ludovic AYRAULT, *Le contrôle juridictionnel de la régularité de la procédure d'imposition*, th. univ. Paris 2 Panthéon-Assas, 2002, sous la direction de Messieurs Jean LAMARQUE et Yves BRARD, publiée L'Harmattan, 2004, 444 p.
Dong CHEN, *L'amélioration du système chinois du contentieux administratif en matière fiscale*, Mémoire de Master 2, sous la direction de Lihong LIN, Université de Wuhan, 2005, 38 p.

3) Actes de colloques, documentations et travaux collectifs

COMITE DES MINISTRES, Recommandation n° R (85) 13 du Comité des ministres aux Etats membres relative à l'institution de l'Ombudsman adoptée le 23 septembre 1985 lors de la 388e réunion des Délégués des Ministres
CONSEIL DE L'EUROPE, DIRECTION DES DROITS DE L'HOMME, *Les moyens non judiciaires pour la protection des droits de l'homme : l'institution de l'Ombudsman*, 1987, 14 p.
CONSEIL D'ETAT, *Régler autrement les conflits : conciliation, transaction, arbitrage en matière administrative, Les études du Conseil d'Etat, le 4 février 1993*, La documentation française, 1993, 163 p.
Patrick FRYDMAN (mis en forme par), *Justice, médiation et équité*, Colloque Droit et Démocratie, La documentation française, 1992, 66 p.

Eric LOQUIN (avant-propos), « Arbitrage et fiscalité », colloque organisé par le Centre de recherches sur le droit des marchés et des investissements internationaux et le Comité français de l'arbitrage à Dijon le 6 octobre 2000, *Revue de l'arbitrage*, 2001, n° 2, p. 264
« Médiateur fiscal : rapport annuel pour 2003 », *LNF*, n° 911, 1er avril 2004, p.16
Laurent RICHER (*et al.*), « Les modes alternatifs de règlement des litiges », *AJDA*, 20 janvier1997, p. 3

4) Articles

Jean-Marie AUBY, « Les recours administratifs », *AJDA* 1955, p. 117
Jean-Marie AUBY, « La procédure administrative non contentieuse », D. 1956, *chron.* VII
Marc BARBET, « De l'ombudsman au médiateur », in : *Aspects nouveaux de la pensée juridique, recueil d'études en hommage à Marc ANCEL*, 1975, Paris, A. Pedone, Tome 1, p. 231
R. T. BARTLETT, « The Ombudsman in Taxation : A Tripartite Perspective », *BTR* 1988, p. 164
Leonard BEIGHTON, « The Success of a Uniquely British Institution – the Adjudicator », *TNI*, 4 mai 1998, p. 1439
A. W. BRADLEY, « The role of the ombudsman in relation to the protection of citizens' rights », *CLJ* 39(2), novembre 1980, p. 304
Jacques BRURON, « Le juge de l'impôt et les garanties du contribuable », *RFFP*, n° 40, 1992, p. 175
Thomas CARTER LOUTHAN et Steven C. WRAPPE, « Building a Better Resolution : Adapting IRS Procedure To Fit the Dispute », *TNI* 1996, p. 1473
James J. CASIMIR, « United States Appeals in the 1990s : New Directions », *Intertax* 1993/3, p. 109
Manuel CHASTAGNARET, « Le règlement non contentieux des litiges : l'exemple du droit fiscal », *RRJ* 2004/3, 1er juin 2004, p. 1993
Gavin DREWRY, « Ombudsmen in the U.K – Small-part actors in search of a big role? », *REDP*, vol. 2, n° 1, été 1990, p. 19
Malcolm GAMMIE, « Sham and Reality : The Taxation of Composite Transactions », *BTR* 2006, n° 3, p. 294
Stuart HAMILTON, « Putting the Client First : the Emerging Copernican Revolution of Tax Administration », *TNI*, 10 février 2003, p. 569
Guoqing HUA, « La réforme du contentieux fiscal en Chine à partir de la protection juridictionnelle des droits du contribuable (en pinyin, *cong na shui ren quan li de si fa bao zhang tan wo guo shui shou si fa gai ge*) », *ITIC* 2006, n° 8
Sophie LAMBERT-WIBER, « Les modes alternatifs au règlement des litiges fiscaux », *LPA*, 22 mai 2007, n° 102, p. 8
Jean-Pierre LE GALL, « Fiscalité et arbitrage », *Revue de l'arbitrage*, 1994, n°1, p. 3

Thierry LAMBERT, « Le droit et le fait devant la Commission départementale des impôts », *BF* 10/2006, p. 893
André LEGRAND, « Un instrument du flou : le pouvoir hiérarchique », in : *Mélanges en hommage à Roland DRAGO, L'unité du droit*, Economica, 1996, p. 67
Jianwen LIU et Hong ZHANG, « De grandes avancées vers l'instauration d'un système de recours administratif en Chine (en pinyin, *wo guo xing zheng fu yi zhi du jian she de zhong da jin zhang*) », *Revue Etudes fiscales*, 1999, n° 10
Thomas Carter Louthan et Steven C. Wrappe, « Building a Better Resolution : Adapting IRS Procedures To Fit the Dispute », *TNI*, 28 octobre 1996, p. 1473
Guohua LUAN, « La réforme du contentieux fiscal au regard de la protection des droits du contribuable (en pinyin, *na shui ren quan li bao hu shi ye de shui shou si fa gai ge*) », *ITIC* 2006, n° 8
Geneviève MATTEI-DAWANCE, « L'arbitrage en droit public », *Gaz. Pal.*, 1987, 1er sem., *doctr.*, p. 470
Antoine PINAY, « Quelques réflexions sur l'institution du Médiateur », *RA* 1973, n° 156, p. 617
William REID, « Le commissaire parlementaire pour l'administration au Royaume-Uni », *RFAP*, n° 64, octobre-décembre 1992, p. 591
Françoise DE ROCCA, « La médiation, une approche nouvelle dans l'intérêt du contribuable », *AJPI* 1993, n° 5, p. 340
Chantal STEBBINGS, « The Revenue Adjudicator », *BTR* 1993, n° 5, p. 301
Chantal STEBBINGS, « The General Commissioners of Income Tax : Assessors or Adjudicators ? », *BTR* 1993, n° 1, p. 52.
Xiaoqing XIONG, « Problèmes et solutions : recherches en contentieux fiscal (en pinyin, *wen ti he dui ce : shui shou zheng su fa lv zhi du tan tao*) », *Revue de finances publiques et de droit fiscal*, vol. 1, Edition du droit, 2002, p. 287
Weimin ZHOU, « Protection juridictionnelle des droits du contribuable aux Etats-Unis (en pinyin, *mei guo shui shou fa yuan fa lv zhi du bao hu na shui ren quan li*) », *Journal des impôts* (en pinyin, *zhong guo shui wu bao*), 5 janvier 2005, p. 10

5) Articles électroniques

Daniel LABETOULLE (Groupe de travail sur l'arbitrage conduit par), « Rapport rendu au Garde des sceaux », 27 mars 2007, http://lesrapports.ladocumentationfrancaise.fr/BRP/074000267/0000.pdf

XVII/ Droit processuel

1) Ouvrages

Serge GUINCHARD, Monique BANDRAC et Constantin s. DELICOSTOPOULOS, *Droit processuel – Droit commun et droit comparé du procès*, 3e éd. Dalloz, 2005, 1289 p.

2) Thèses ou mémoires

Armand-Ari BETTAN, *Le contournement de la procédure de vérification de comptabilité*, th. univ. Paris 2 Panthéon-Assas, 2001, sous la direction de Monsieur Jean LAMARQUE, 457 p.

Marie-Emma BOURSIER, *Le principe de loyauté en droit processuel*, th. univ. Paris 2 Panthéon-Assas, sous la direction de Monsieur le Doyen Serge GUINCHARD, publiée Nouvelle bibliothèque de thèses, Dalloz, 2003, 527 p.

Olivier GOHIN, *La contradiction dans la procédure administrative contentieuse*, th. univ. Paris 2, 1985, publiée LGDJ, 1988, préface d'Yves GAUDEMET, 495 p.

3) Articles

Jean-Pierre DARRIEUTORT, « Le renforcement du principe du contradictoire », *DF* 2005, n° 12, p. 597

Cyrille DAVID, « Justice fiscale (aspects processuels) », contribution au *Dictionnaire de la Justice* dirigé par Loïc CADIET, PUF, 2004, p. 757

Cyrille DAVID, « Réflexion sur les aspects processuels de la justice fiscale » *L'année fiscale*, 2003, p. 215

Christophe DE LA MARDIERE, « La preuve en droit fiscal », in : *La preuve* (sous la direction de Catherine PUIGELIER), Economica, 2004, p. 133

Anne FAUCHON, « La preuve de l'acte anormal de gestion », in : *La preuve* (sous la direction de Catherine PUIGELIER), Economica, 2004, p. 141

Éric GARAUD, « Droit au procès équitable : le champ d'application en matière fiscale s'amenuise (Cass. com., 12 juillet 2004) », *LPA*, 14 janvier 2005 n° 10 p. 16

Xavier LAGARDE, « Droit processuel et modes alternatifs de règlement des litiges », *RA* 2001, n° 3, p. 423

Jean LAMARQUE, « À propos de la preuve : trois questions dérangeantes » *DF* 2007, n° 23, étude n° 563

Christian LOPEZ, « Le principe d'indépendance des procédures appliqué au contrôle fiscal », *DF* 2003, n° 37, p. 1102

Jean-Pierre MAUBLANC, « Le contribuable n'a pas droit au procès équitable », *RMC* 2005, n° 488, p. 334

Georges MORANGE, « Le principe des droits de la défense devant l'Administration active », *D.* 1956, *Chron.* XXIII

Patrick PHILIP, « Le principe d'indépendance des procédures en matière fiscale », *DF* 2004, n° 21, p. 900

Zhengwen SHI, « Critiques sommaires relatives aux droits procéduraux en matière fiscale (on the privilege of the tax programme) », *Revue Etudes fiscales* 2003, n° 1

Frédéric SUDRE, « Le droit à un procès équitable hors les juridictions ordinaires », in : *Au carrefour des droits : Mélanges en l'honneur de Louis DUBOUIS*, Dalloz, 2002, p. 205

A. VIALA, « Le nouveau régime de la preuve dans les rapports entre le contribuable et l'administration fiscale, lois des 30 décembre 1986 et 8 juillet 1987 », *Gaz. Pal.*, 12 décembre 1987, *doctr.*, p. 805
Hocine ZEGHBIB, « Principe du contradictoire et procédure administrative non contentieuse », *RDP* 2-1998, p. 478

XVIII/ Assistance administrative internationale

1) Actes de colloques, documentations et travaux collectifs

Patrick DIBOUT, « Assistance fiscale internationale », *Juris-Classeur* Droit fiscal international, Fasc. 358
OCDE, *Coopération fiscale, vers des règles du jeu équitables*, évaluation de 2006 du Forum mondial sur la fiscalité, éd. OCDE, 2006
OCDE, *Échange de renseignements fiscaux entre les pays membres de l'OCDE. Vue d'ensemble des pratiques actuelles*, Rapport du Comité des affaires fiscales, éd. OCDE, 1994, 54 p.

2) Articles

Malcolm COUCH, « Cross-Border Tax Cooperation : Why Somme Approaches don't Work », *TNI*, 22 janvier 2007, p. 237
Fabrice GOGUEL, « Assistance fiscale internationale et droits de la défense », *JCP éd. E* 1993, n° 11, comm. 228
A.W. GRANWELL et J.S. DESIRGH, « International fiscal cooperation in exchanges of information : the United States Perspective », *RDAI* 1988, n° 1, p.118
Thierry LAMBERT, « Un aspect méconnu du contrôle fiscal : l'assistance fiscale internationale », *BF* 4/2000, p. 215
Franck LE MENTEC, « L'intensification de l'assistance fiscale internationale : les administrations fiscales à l'heure de la mondialisation », *L'Année fiscale*, 2005, p. 221
G-L Perez NAVARRO, « Les frontières fiscales dans une économie mondialisée », *APD* 19/1999, p. 5

XIX/ Prix de transfert

1) Ouvrages

Yongwei LIU, *Etudes des problèmes juridiques en matière de prix de transfert* (en pinyin, *zhuan yi dong jia fa lv wen ti yan jiu*), Librairie d'études en droit fiscal, Presses de l'Université de Pékin, 2004.8, 233 p.

2) Thèses ou mémoires

Berangère GIACCARDO, *Le contrôle des prix de transfert*, Mémoire, univ. Paris 2 Panthéon-Assas, 2002, sous la direction de Monsieur Patrick DIBOUT, 157 p.
Jeanne IVANTCHEVA-FLAMANT, *Le contrôle des opérations internationales par l'administration fiscale les prix de transfert*, th. univ. Paris 2 Panthéon-Assas, 2002, sous la direction de Monsieur Jean LAMARQUE, 504 p.

3) Articles

Helmut BECKER, « Documentation of transfer prices », *BIBFD*, décembre 1995, p. 560

Caroline SILBERZTEIN et Jean-Marc PRIOL, « Contrôle des prix de transfert, un dispositif critiquable ? », *DF* 1998, n° 42, p. 1285

XX/ Sanctions

Articles

Stéphane AUSTRY, « Cumul des sanctions fiscales et des sanctions pénales : requiem en trois temps pour la règle *non bis in idem* », *RJF* 5/1997, *Études et doctrine*, p. 287

Cyrille DAVID, « Taxpayer protection and tax fines in France », contribution au Colloque organisé les 13 et 14 mai 1996 par l'Erasmus University Rotterdam Foundation for European Fiscal Studies, in : *Taxpayer protection in the European Union* (éd. Dirk ALBREGTSE et Henk VANARENDONK, Kluwer Law International 1998), p. 99

Olivier FOUQUET, « Cumul des sanctions fiscales et pénales », *RA* 1997, n°296, p. 170

Thierry LAMBERT, « La place des sanctions pénales dans le dispositif général de lutte contre la fraude fiscale », *LPA*, 30 avril 1999, n° 86, p. 4

Pascal SCHIELE, « Cumul des sanctions fiscales répressives et des sanctions pénales pour fraude fiscale », *Procédures*, août-septembre 1998, p. 4

Xinli ZHU, « Réflexions sur le principe d'interdiction du cumul des sanctions », *Revue chinoise de la Science juridique* (en pinyin, *Fa Xue*), 2001, n° 11

XXI/ Secret professionnel

1) Thèses ou mémoires

Raymond FARHAT, *Le secret bancaire, étude de droit comparé (France, Suisse, Liban)*, th. univ. Paris, 1967, sous la direction de René DAVID, publiée LGDJ, 1980, 2e éd., préface par Michel VASSEUR, 285 p.

Aurélia JOYCE RAPPO, *Le secret bancaire, sa portée dans le temps, dans l'espace et dans les groupes de sociétés*, Etudes de droit suisse, Stæmpfli Edition SA Berne (Suisse) 2002 (texte remanié de thèse de doctorat en droit de l'Université de Lausanne 2000), 321 p.

2) Actes de colloques, documentations et travaux collectifs

Bertrand MOREAU et Bénédicte BURY (sous la direction de), « Secret bancaire en Europe », Gazette de droit bancaire n° 3, *Gaz. Pal., doct.*, 8 juin 2005

OCDE (Comité des affaires fiscales), *Améliorer l'accès aux renseignements bancaires à des fins fiscales*, éd. OCDE, 2000, 124 p.

Pierre-Henri TEITGEN, *Le secret bancaire dans la CEE et en Suisse*, rapport national du colloque des 15-16 octobre 1971 organisé par le centre d'économie bancaire internationale et le centre universitaire d'études des Communautés européennes de l'Université de Paris 1, Publication de l'Université de Paris 1 Panthéon-Sorbonne, PUF, 1973, 207 p.

3) Articles

Thomas BAUDESSON et Peter ROSHER, « Le secret professionnel face au *Legal Privilege* », *RDAI*, n° 1, 2006, p. 37

Emmanuel DIENY, « Pouvoirs de vérification de la Commission européenne et protection de la confidentialité des communications entre avocats et clients », *JCP éd. E* 2007, n° 49, 2508

Pierre GATE, « Le secret professionnel de l'avocat », *Gaz. Pal.*, 17 mars 1987, *doctr.*, p. 199

Rémi GOUYET, « Le secret professionnel de l'avocat à l'épreuve du droit fiscal : l'exemple du droit de communication », *LPA* 1999, n° 115, p. 3

Rémi GOUYET, « Le secret professionnel de l'avocat à l'épreuve du droit fiscal », *LPA* 2000, n° 203, p. 4

Emmanuelle MIGNON, « Y a-t-il encore un secret fiscal ? CEDH, 21 janvier 1999, n° 29183/95, Fressoz et Roire c/France », *RJF* 3/1999, p. 178

Philippe-Emmanuel PARTSCH, « Le secret bancaire et le droit communautaire : réflexion sur la jurisprudence de la CJCE », *Gaz. Pal.*, 8 juin 2005, n° 159, p. 31

Bettina PLEVAN, « Les règles applicables en matière de secret professionnel aux Etats-Unis », *Gaz. Pal.*, 22 mars 2007, *Libres propos*, p. 7

Patrick VILBERT, « À propos du secret professionnel de l'avocat et du droit de communication de l'administration fiscale, la brèche », *Gaz. Pal.*, 19 septembre 1987, *doctr.*, p. 601

INDEX ALPHABETIQUE

(*les chiffres renvoient aux numéros des paragraphes*)

TABLE DES MATIERES

Tax Agents Powers and Rights of the corporate body taxpayer in case of a tax audit (a comparative analysis: France, China, United Kingdom and United States)

Taxes have always been one of the main resources of governments. Consequently, the administration in charge of the control of the collection of taxes has always played an important role within the state administrations. At present, the control of the collection of taxes, with respect to companies, is known as a tax audit. Amongst the controls carried out by the administration, the power of tax agents are specific, as are the rights granted to the taxpayer. A tax audit may so be regarded as a confrontation between the powers of the tax agents and the rights granted to the taxpayer.

At the light of comparative law, a tax audit may be regarded as the definition of a balance between, in the one hand, the powers of the tax agents and in the other hand, the rights granted to the taxpayer, at each step of the tax audit. Each legal system defines its own answer to this concern for both taxpayer rights and efficiency of the audit.

The answer of the Chinese legal system is in stark contrast to the answers of the studied Western countries, where a strengthening of the taxpayer's rights may be noticed. Insofar as it seems that there is a broad international consensus on the protection of the audited taxpayer's rights, a change of the Chinese tax procedure, in light of the Western countries procedure, appears absolutely necessary.

L'HARMATTAN, ITALIA
Via Degli Artisti 15 ; 10124 Torino

L'HARMATTAN HONGRIE
Könyvesbolt ; Kossuth L. u. 14-16
1053 Budapest

L'HARMATTAN BURKINA FASO
Rue 15.167 Route du Pô Patte d'oie
12 BP 226
Ouagadougou 12
(00226) 50 37 54 36

ESPACE L'HARMATTAN KINSHASA
Faculté des Sciences Sociales,
Politiques et Administratives
BP243, KIN XI ; Université de Kinshasa

L'HARMATTAN GUINEE
Almamya Rue KA 028
En face du restaurant le cèdre
OKB agency BP 3470 Conakry
(00224) 60 20 85 08
harmattanguinee@yahoo.fr

L'HARMATTAN COTE D'IVOIRE
M. Etien N'dah Ahmon
Résidence Karl / cité des arts
Abidjan-Cocody 03 BP 1588 Abidjan 03
(00225) 05 77 87 31

L'HARMATTAN MAURITANIE
Espace El Kettab du livre francophone
N° 472 avenue Palais des Congrès
BP 316 Nouakchott
(00222) 63 25 980

L'HARMATTAN CAMEROUN
BP 11486
Yaoundé
(00237) 458 67 00
(00237) 976 61 66
harmattancam@yahoo.fr